Paul Herrmann

Rechnerarchitektur

Leserstimmen zur 3. Auflage

„Übersichtliche Darstellung der hardwaretechnischen Merkmale moderner Rechnerarchitekturen."
Achim Gottscheber, FH Heidelberg

„Gute, schrittweise Einführung,/.../."
Prof.Dr. Dieter Homeister, FH Heidelberg

„/.../ sehr guter und anschaulicher Aufbau; /.../ anschaulich dargestellt."
Juergen Wohlrab, FH Nürnberg

„/.../ es stellt das von mir gelehrte Fach in seiner Gesamtheit dar und einige Kapitel könnten als Vertiefung genutzt werden."
Prof. Dr. Ludwig Krauß, Westsächsische Hochschule Zwickau

„Dieses Buch werde ich meinen Studenten empfehlen, weil es eines der wenigen guten deutschen Bücher auf diesem Gebiet ist."
Prof. Dr. Peter Martini, Universität Bonn

„/.../ ein gelungenes Buch zum Thema Rechenarchitektur."
Prof. Dr.-Ing. Damian Weber, Saarbrücken

„Sehr detaillierte und umfassende Darstellung."
Prof. Gabriele Roth, FH Heilbronn

„Umfassende und sehr gute Darstellung des Gebietes Rechnerarchitektur."
Bernd Müller, FH Giessen-Friedberg

„/.../ alle wichtigen Gebiete abgedeckt – verständlich – übersichtlich – ein excellentes Werk."
Prof. Dr. Wolfgang Lemppenau, FH Gelsenkirchen

www.viewegteubner.de

Paul Herrmann

Rechnerarchitektur

Aufbau, Organisation und Implementierung,
inklusive 64-Bit-Technologie und Parallelrechner

4., aktualisierte und erweiterte Auflage

Mit 360 Abbildungen

STUDIUM

VIEWEG+
TEUBNER

Bibliografische Information der Deutschen Nationalbibliothek
Die Deutsche Nationalbibliothek verzeichnet diese Publikation in der
Deutschen Nationalbibliografie; detaillierte bibliografische Daten sind im Internet über
<http://dnb.d-nb.de> abrufbar.

Das in diesem Werk enthaltene Programm-Material ist mit keiner Verpflichtung oder Garantie irgendeiner Art verbunden. Der Autor übernimmt infolgedessen keine Verantwortung und wird keine daraus folgende oder sonstige Haftung übernehmen, die auf irgendeine Art aus der Benutzung dieses Programm-Materials oder Teilen davon entsteht.

Höchste inhaltliche und technische Qualität unserer Produkte ist unser Ziel. Bei der Produktion und Auslieferung unserer Bücher wollen wir die Umwelt schonen: Dieses Buch ist auf säurefreiem und chlorfrei gebleichtem Papier gedruckt. Die Einschweißfolie besteht aus Polyäthylen und damit aus organischen Grundstoffen, die weder bei der Herstellung noch bei der Verbrennung Schadstoffe freisetzen.

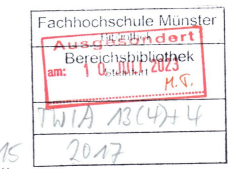

1. Auflage 1997
2. Auflage 2000
3. Auflage 2002
4., aktualisierte und erweiterte Auflage 2011

Alle Rechte vorbehalten
© Vieweg+Teubner Verlag | Springer Fachmedien Wiesbaden GmbH 2011

Lektorat: Christel Roß | Maren Mithöfer

Vieweg+Teubner Verlag ist eine Marke von Springer Fachmedien.
Springer Fachmedien ist Teil der Fachverlagsgruppe Springer Science+Business Media.
www.viewegteubner.de

Das Werk einschließlich aller seiner Teile ist urheberrechtlich geschützt. Jede Verwertung außerhalb der engen Grenzen des Urheberrechtsgesetzes ist ohne Zustimmung des Verlags unzulässig und strafbar. Das gilt insbesondere für Vervielfältigungen, Übersetzungen, Mikroverfilmungen und die Einspeicherung und Verarbeitung in elektronischen Systemen.

Die Wiedergabe von Gebrauchsnamen, Handelsnamen, Warenbezeichnungen usw. in diesem Werk berechtigt auch ohne besondere Kennzeichnung nicht zu der Annahme, dass solche Namen im Sinne der Warenzeichen- und Markenschutz-Gesetzgebung als frei zu betrachten wären und daher von jedermann benutzt werden dürften.

Umschlaggestaltung: KünkelLopka Medienentwicklung, Heidelberg
Gedruckt auf säurefreiem und chlorfrei gebleichtem Papier.
Printed in Germany

ISBN 978-3-8348-1512-5

Vorwort zur vierten Auflage

'L´essentiel est invisible pour les yeux´, *répéta le petit prince, afin de se souvenir.*

Antoine de Saint-Exupéry: Le petit prince

Das Buch in seiner vierten Auflage hat sich in seinem Aufbau nicht wesentlich geändert. Ich habe mich bemüht, einige Neuentwicklungen von Mikroprozessor-Architekturen, die bereits auf dem Markt erschienen sind bzw. evtl. bald verfügbar sein werden, zu beschreiben. Wenn ältere Architekturen weiterhin in meinem Buch ihren Platz behaupten, dann erfolgt diese Entscheidung aus unterschiedlichen Gesichtspunkten. Einer davon besteht in meiner persönlichen Überzeugung, dass dem Leser besonders die verschiedenen Mechanismen in der Rechnerarchitektur verständlich dargestellt werden sollten. Dazu bedarf es nicht notwendigerweise neuster Rechner-Implementierungen. Das Wesentliche an einem Automobil bilden weder Turboloader noch ESP, sondern in erster Linie die Funktion eines Verbrennungsmotors und dessen Kraftübertragung auf die Antriebsräder. Deshalb werde ich z. B. weiterhin die grundlegenden Schritte der virtuellen Adressumsetzung an der veralteten Siemens 4004/46-Architektur erklären. Der Leser wird auf diese Art sukzessiv mit komplizierteren Verfahren vertraut gemacht. Die Philosophie der kleineren Schritte in der Erkenntnis wird von Anfang an verfolgt, d.h. das Buch beginnt nicht mit einer 32 oder 64 Bit-Architektur sondern mit einem Einfachstrechner, den der Leser notfalls selbst aufbauen könnte. Einen weiteren Grund für das Festhalten an sogenannten "veralteten" Architekturen bildet die Tatsache, dass Neues nur auf der Grundlage von alten Erkenntnissen entstehen kann, d.h. wer alte Architekturen nicht kennt, kann nur schwer neuartige verstehen. Die Liste der Argumente könnte man weiter fortsetzen. Wenn z.B. in einem Lehrbuch nur neueste Entwicklungen behandelt werden sollen, dann sind Artikel in spezifischen Fachzeitschriften besser geeignet: Sie sind kürzer, billiger und (fast) immer auf dem neusten Stand!

Die vierte Auflage enthält gegenüber der dritten ein weiteres Kapitel: Das Kapitel 3.3.9 beschreibt, wie ein Steuerwerk (Leitwerk) entworfen wird. Das Steuerwerk soll der Verständlichkeit halber nur 6 Befehle implementieren. Alle weiteren Kapitel der vorliegenden dritten Auflage wurden überarbeitet und aktualisiert.

Herrn W.G. Spruth möchte ich für die Bereitstellung seiner Vorlesungsunterlagen danken.

Für die jederzeit kompetente und schnelle Hilfe bei der Anfertigung von Graphiken und bei der Verwaltung des gesamten Dokuments sowie für die unkomplizierte Zusammenarbeit danke ich Herrn R. Recknagel und Herrn J. Demter.

Besonderer Dank gilt Frau Dr. C. Roß und Frau A. Broßler des Verlages Vieweg+ Teubner für die gute Kooperation und für die Motivation zur Anfertigung der vierten Auflage dieses Lehrbuches.

Bei meiner Familie möchte ich mich für die geübte Nachsicht während der letzten Monate bedanken.

Paul Herrmann   Leipzig, Oktober 2010

Inhalt

1 Einführung 1
    1.1   Allgemeine Einführung 1
    1.2   Rechnerarchitektur-Begriff 4
    1.3   Definitionen 6
    1.4   Software-Architektur 6
    1.5   Hardware-Architektur 8
    1.6   Prinzipieller Rechneraufbau 9
    1.7   Hardware-Kosten eines Rechnersystems 12
    1.8   Wichtige Kenngrößen einer Rechnerarchitektur 13

2 Technologische Grundlagen 15
    2.1   Einführung 15
    2.2   Integration in der Chip-Technologie 15
    2.3   Prozessor-Design und Hardware-Implementierung 19
    2.4   Energieprobleme in Rechnersystemen 27
    2.5   SOI-Technologie 33

3 Einfachst-Rechner 37
    3.1   Einführung 37
    3.2   Architektur-Entscheidungen 37
    3.3   Funktions-Einheiten 38
        3.3.1   Logische Einheit 38
        3.3.2   Steuerung der ALU 39
        3.3.3   Die Register 40
            3.3.3.1   Funktion der Register 40
            3.3.3.2   Register-Implementierung 41
        3.3.4   Multiplexer 44
        3.3.5   Der Hauptspeicher 45
        3.3.6   Bussystem 47
        3.3.7   Ablaufsteuerung 49
        3.3.8   Das Steuerwerk 52
        3.3.9   Steuerwerk eines Einfachstrechners 56
            3.3.9.1   Spezifikation des Steuerwerkes 57
            3.3.9.2   Modellierung des Steuerwerkes als endlicher Automat . 66
            3.3.9.3   Schaltwerk des Steuerwerkes 70
        3.3.10   Ein- und Ausgabe-Einheit 81
        3.3.11   Unterschiede zu realen Rechner-Implementierungen 82

4 Adressierung 87
- 4.1 Einführung 87
- 4.2 Universalregister-Maschinen 88
- 4.3 Byte Ordering 90
- 4.4 Befehlsarten..93
- 4.5 Registersatz der Zentraleinheit...94
- 4.6 Befehlsformat und Adressierungsarten..94
- 4.7 64 Bit-Architekturen 97

5 Speichernutzung...99
- 5.1 Einführung 99
- 5.2 Aufteilung des Hauptspeichers 99
- 5.3 Speicherschutz 102
- 5.4 Multitasking und Multiprogrammierung 103
  - 5.4.1 Multitasking..103
  - 5.4.2 Multiprogrammierung 103
  - 5.4.3 Speicherschutz in multiprogrammierten Betriebssystemen 105
  - 5.4.4 Speicherzerstückelung 110
  - 5.4.5 Overlay-Technik..111

6 Virtuelle Speicher...113
- 6.1 Einführung 113
- 6.2 Virtueller und realer Adressraum...113
- 6.3 Adressumsetzung..114
- 6.4 Demand Paging 119
- 6.5 Prozessverwaltung..122
  - 6.5.1 Einfache virtuelle Speicher 122
  - 6.5.2 Mehrfacher virtueller Speicher...123
    - 6.5.2.1 DEC VAX-Architektur 124
    - 6.5.2.2 IBM /390-Architektur 129
    - 6.5.2.3 Motorola-IBM-Architekturen 132
  - 6.5.3 Seitengrößen...136
- 6.6 Lokalitäts-Prinzip 138
- 6.7 Seiten-Attribute...140
- 6.8 Adressumsetzpuffer 141
  - 6.8.1 Voll-assoziativer Adressumsetzpuffer..143
    - 6.8.1.1 Aufbau und Funktionsweise 143
    - 6.8.1.2 Adressumsetzpuffer-Ersetzungs-Algorithmen 146
  - 6.8.2 Set-assoziativer Adressumsetzpuffer..150
- 6.9 Der externe Seitenspeicher 155

7	Virtuelle Speicherverwaltung in Multiprogrammsystemen		159
	7.1	Funktionsweise	159
	7.2	Gemeinsame Seitentafel verschiedener Prozesse	160
	7.3	Ein- /Ausgabe-Operationen	162
8	**Segmentierung**		**165**
	8.1	Einführung	165
	8.2	IBM RS/6000 Segmentierung	167
	8.3	IBM ESA/370 (/390) Segmentierung	168
	8.4	Segmentierung der Intel-Architekturen	169
9	**Hauptspeicher**		**173**
	9.1	Hauptspeicher-Technologien	173
	9.2	Implementierungsarten einer Speicherzelle	175
		9.2.1 Statische Speicherzelle	175
		9.2.2 Dynamische Speicherzelle	176
		9.2.2.1 Funktionsweise	176
		9.2.2.2 Fehlererkennung und -korrektur	177
		9.2.2.3 Zuverlässigkeit und Fehler-Codes	180
	9.3	Adressierung des Hauptspeichers	186
	9.4	Preisgestaltung von Hauptspeicher-Chips	190
	9.5	Erweiterungsspeicher (expanded storage)	192
	9.6	Extended Refresh Devices	196
	9.7	Techniken zur Beschleunigung der Hauptspeicherzugriffe	197
		9.7.1 Einführung	197
		9.7.2 Speicherverschachtelung (Memory Interleaving)	198
		9.7.3 Cache-Speicher	200
		9.7.3.1 Technologie	200
		9.7.3.2 Cache-Prinzip	201
		9.7.3.3 Cache ohne virtuelle Speichertechnik	202
		9.7.3.4 Leistungsfähigkeit des Cache-Speichers	212
		9.7.3.5 Datengültigkeit	216
		9.7.3.6 Nachladen des Cache	217
		9.7.3.7 L1 -, L2-Cache	220
		9.7.3.8 Cache mit virtueller Speichertechnik	222
		9.7.4 Prefetch-Buffer	223
		9.7.5 Pro und Kontra Havard-Architektur	224
10	**Mikroprogrammierung**		**225**
	10.1	Horizontale Mikroprogramme	229
	10.2	Vertikale Mikroprogramme	230
	10.3	Adressierung mittels Statusinformation	231
	10.4	Zweistufige Mikroprogramme	232

	10.5	High Level Microcode	235
11		**Pipelines**	**237**
	11.1	Einführung	237
	11.2	Daten- und Steuerfluss	239
	11.2.1	Datenflusskonflikt	241
	11.2.2	Steuerflusskonflikt	243
	11.2.2.1	Delayed Branch	244
	11.2.2.2	Branch Prediction	244
	11.2.2.3	Branch History Table	246
	11.3	Pipeline-Speedup	248
12		**RISC-Architektur**	**249**
	12.1	Einführung	249
	12.2	Theoretische Eigenschaften von RISC-Architekturen	250
	12.3	Praktische Merkmale moderner RISC-Implementierungen	252
	12.4	Moderne RISC-Architekturen	253
	12.5	RISC-Identifikation	258
	12.6	Swing-Architekturen	259
13		**Leistungsverhalten von Rechnern**	**261**
	13.1	Einführung	261
	13.2	CPU-Leistung	261
	13.3	Hauptspeicher-Effizienz	264
	13.4	E/A-Leistung	267
	13.5	Benchmark	269
	13.5.1	Einführung	269
	13.5.2	Whetstone-Benchmark	269
	13.5.3	Dhrystone	270
	13.5.4	Linpack	271
	13.5.5	SPEC-Benchmarks	271
	13.5.6	TPC-Benchmarks	272
	13.5.7	Hard- und Software-Monitore	274
14		**Superskalare Architekturen**	**275**
	14.1	Einführung	275
	14.2	Superskalare Architekturen	277
	14.3	Der Intel Pentium als ein Beispiel superskalarer Architekturen	280
	14.4	Superpipelining	282
	14.4.1	DEC Alpha	284
	14.4.2	Intel 80860	285
	14.4.3	IBM RS/6000	291
	14.5	VLIW-Architekturen	295

15	**Dynamic Execution**		**301**
15.1	Einführung		301
15.2	Pentium Pro		301
	15.2.1	P6-Branch Prediction	305
	15.2.2	Mittlerer Teil der P6-Pipeline	308
		15.2.2.1 Speculative Execution	310
		15.2.2.2 Register Renaming	310
		15.2.2.3 Out of Order Execution	311
	15.2.3	Reservation Station	312
	15.2.4	Memory Reorder Buffer	314
15.3	P6-kompatible Rechnerarchitekturen		315
15.4	Pentium 4		316
	15.4.1	Trace-Cache	318
	15.4.2	Die Pipeline	318
	15.4.3	Rapid Execution Engine	322
15.5	Entwicklungs-Tendenzen		323

16	**Reale 64 Bit-Architekturen**		**325**
16.1	IA-64		325
	16.1.1	Befehlsformat	328
	16.1.2	Assembler-Format	331
	16.1.3	Predication	333
	16.1.4	Control Speculation	336
	16.1.5	Data Speculation	338
	16.1.6	Software Pipelining	340
	16.1.7	Register der IA-64-Architektur	344
	16.1.8	Register Stack	346
	16.1.9	Itanium-Implementierung	348
16.2	X86-64		350
16.3	MIPS64		353
	16.3.1	MIPS64-Architektur	353
	16.3.2	5Kf	353
	16.3.3	20Kc	354
16.4	Sun Ultra Sparc III		355
16.5	IBM Power 4		356

17	**Vektorrechner**		**359**
17.1	Einführung		359
17.2	CDC CYBER 205		361
17.3	Cache-Speicher		366
17.4	Register		367
	17.4.1	Steuerregister	367
	17.4.2	Vektorregister	368

17.5	CRAY-Vektorrechner	369
17.6	Leistung von Vektorrechnern	372
17.7	Entwicklungs-Trends	375

18 Hardware-Komponenten zur Unterstützung des Betriebssystems 377

18.1	Einführung	377
18.2	Privilegstufen	377
18.3	Stapel	380
18.4	Unterbrechungen	385

19 Ein- und Ausgabe-Organisation 393

19.1	Einführung	393
19.2	Plattenspeicher	394
19.2.1	Magnetische Plattenspeicher	394
19.2.2	Optische Plattenspeicher	396
19.2.3	Holographische Speicher	398
19.3	Festplattenspeicher-Ansteuerung	398
19.4	Ein-/Ausgabe-Befehle	401
19.5	Arten der Ein-/Ausgabe	402

20 Parallelrechner 405

20.1	Einführung	405
20.2	Klassifizierung	405
20.2.1	Tightly coupled MIMD-Architekturen	407
20.2.2	Loosely coupled MIMD-Architekturen	412
20.3	Leistung von Parallelrechnern	421
20.4	Datenabhängigkeit	423

21 Multimedia-Rechner 427

21.1	Einführung	427
21.2	Multimediale Datenverarbeitung	427
21.3	Multimedia-Erweiterungen	428
21.3.1	SIMD	430
21.3.2	MMX	430
21.3.3	SSE	431
21.3.4	SSE2	431

Literaturverzeichnis 42733

Stichwortverzeichnis 42739

1 Einführung

1.1 Allgemeine Einführung

Das Bedürfnis und der Wunsch der Menschheit nach informationsverarbeitenden Maschinen sind sehr alt. Bereits im klassischen Altertum hat man Rechner benutzt, die im Wesentlichen aus einer Vielzahl von Zahnrädern bestanden. Die Griechen benutzten derartige Rechner zur Positionsbestimmung ihrer Schiffe in unbekannten Gewässern.

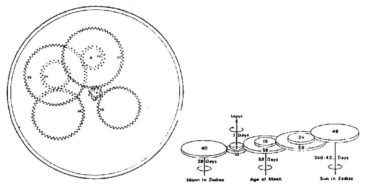

Abbildung 1.1   Klassischer Rechner aus dem Altertum

Abbildung 1.1 zeigt eine derartige Maschine, die aus einem Schiffswrack geborgen wurde, das aus dem 1. Jahrhundert vor Christi stammt. Die Araber benutzten Rechenwerke, um die Planetenbewegungen um die Sonne bzw. um die Erde, wie man damals irrtümlicherweise glaubte, berechnen zu können. Im alten Rom war der Abakus die Rechenmaschine der Kaufleute, und dieser hat sich bis in die heutige Zeit besonders im osteuropäischen und asiatischen Raum gehalten.

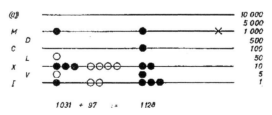

Abbildung 1.2   Darstellung eines Rechenbrettes

Während des Mittelalters war in Europa das sogenannte Rechenbrett weitverbreitet. Abbildung 1.2 zeigt ein solches Rechenbrett, das erstmals in einem Buch von Adam Riese erwähnt wurde. Das Rechenbrett bestand aus untereinander gemalten Linien, die man mit Kreide auf den Tisch zeichnete. Jede Linie repräsentierte eine bestimmte

1 Einführung

Zahl und wurde mit einem Kreuz markiert. Die Linien wurden mit römischen Ziffern beschriftet. Eine Zahl wurde dargestellt, indem man die entsprechende Anzahl von Objekten (Getreidekörner, Linsen etc.) auf die Linien legte. Für die Zahl 1031 legte man beispielsweise ein Objekt in die Einerstelle (I), drei Objekte in die Zehnerstelle (X) und ein Objekt in die Tausenderstelle (M). Bei der Addition wurde die zweite Zahl ebenfalls auf diese Art im Rechenbrett dargestellt. Die Summe erhält man durch Verschieben der entsprechenden Objekte in die betreffenden Zeilen. Adam Riese hat auch ein Rechenbuch für Dezimalzahlen geschaffen, das für die damaligen Verhältnisse bahnbrechend war. Zur Zeit des Dreißigjährigen Krieges wurde das dezimale Zahlensystem in zunehmendem Maße populärer als das römische Zahlensystem. Man lernte unter Benutzung der Finger, an beiden Händen dezimal zu rechnen.

Abbildung 1.3   Rechenmaschine von Schickard

Die erste Rechenmaschine, die je gebaut worden ist, stammt von Wilhelm Schickard. Abbildung 1.3 zeigt die Maschine, von der aber nur noch Nachbildungen existieren. Der Schickard´sche Rechner besteht aus zwei Elementen, einer Additions- und einer Multiplikations-Einrichtung. Die Addition wird durch eine Vielzahl kleiner Zahnräder, eines für Einer-, eines für die Zehner- und für die Hunderter-Stelle usw. realisiert. Zunächst wird hiermit eine Zahl eingestellt und durch Weiterdrehen eine zweite Zahl adressiert. Der Übertrag von einer Stelle zur nächst höheren wanderte durch Weiterdrehen des betreffenden Zahnrades automatisch in diese hinein. Die Multiplikationseinrichtung wird mit Hilfe von Stäben realisiert. Das Prinzip ist das der Nepperche´schen Stäbe, der Vorläufer unseres Rechenschiebers. Die Rechenmaschine von Schickard ist offenbar nur einmal gebaut worden und ging an den deutschen Astronomen Kepler. Man kann davon ausgehen, dass die Entdeckung der drei Kepler´schen Gesetze wesentlich mit Hilfe dieses Rechners erfolgte. Der nächste Schritt in der Entwicklung des Rechenautomaten war eine Maschine, die im Jahre 1674 von Wilhelm Leibniz konstruiert und gebaut wurde. Die Funktionsweise beruhte ebenfalls auf der Mechanik von Zahnrädern. Sie hatte aber den Vorteil, dass sie alle vier Grundrechenarten ausführen konnte. Zu dieser Zeit kam auch der Gedanke wieder auf, mit anderen Zahlensystemen anstatt des dekadischen zu arbeiten. Leibniz hatte vorgeschlagen, mit der Basis 12 zu rechnen, weil in diesem System mehr gemeinsame Teiler vorhanden sind.

Abbildung 1.4   Hollerith-Lochkartensortiermaschine

Die Anfänge der Datenverarbeitung gehen auf das Jahr 1823 zurück. In dieser Zeit baute Babbage den ersten automatischen Webstuhl, dessen Steuerung über Informationen erfolgte, die in Lochkarten gespeichert waren. Ein umfassender Einsatz dieser Technik scheiterte aber an mangelnden technologischen Voraussetzungen. Der erste große Durchbruch gelang erst in den Jahren der industriellen Revolution Ende des 19. Jahrhunderts. Hermann Hollerith gilt als der Erfinder der Lochkarte. Lochkarten wurden erstmalig im Jahre 1890 zur amerikanischen Volkszählung erfolgreich eingesetzt. Die amerikanische Firma Hollerith gründete auch 1894 in Deutschland die Deutsche Hollerith GmbH mit Sitz in Berlin. Die Firma Hollerith war eine der Mitbegründer der Firma IBM in den USA. In den Sortiermaschinen (Abbildung 1.4 zeigt einen Typ, in denen die Lochkarten verarbeitet werden) wird nach bestimmten Lochmustern selektiert. Für jedes Muster steht ein entsprechendes Fach zur Verfügung, in das die Lochkarten nach dem Abtastvorgang im freien Fall gelangen. In den darauffolgenden Jahren wurde die Hollerith-Technik immer mehr verbessert. Zunächst wurden Additions- und Subtraktionsmaschinen gebaut. Später kamen komplexere Rechenoperationen wie die Multiplikation und die Division hinzu. Die Rechentechnik

1 Einführung

nach dem 1. Weltkrieg bis zum Ende der 30er Jahre des 20. Jahrhunderts war nahezu identisch mit der Hollerith-Maschine. Der große Wandel begann mit der sprunghaften Entwicklung der Elektronik. Die Elektronenröhre wurde nicht nur in Radioempfängern und in den wenigen Fernsehgeräten eingesetzt, sondern auch vielfach für militärische Zwecke genutzt. Gestaltete sich der Fortschritt in der Rechentechnik bis Ende des 2. Weltkrieges noch sehr langsam, explodierte er danach plötzlich. Die Ursache dafür liegt darin, dass die technologischen Voraussetzungen endlich geschaffen waren. Die 1. Rechnergeneration arbeitete noch ausschließlich mit Röhren. In der 2. Rechnergeneration wurden diese durch Transistoren ersetzt. Inzwischen befindet sich der Computer in der 4. oder 5. Generation.

Neben dem digitalen Rechner entwickelte sich in den 60er Jahren eine Architektur, die auf analoger Basis aufgebaut war und für spezielle Anwendungen erfolgreich eingesetzt wurde. Der elektronische Analogrechner implemetierte mit der Integration als Grundoperation einen Rechnertyp, der für die Lösung von gewöhnlichen und partiellen Differentialgleichungen sowie Systemen davon diente. Die Hardware bildeten Gleichspannungsverstärker, die z.B .beim Integrierer in der Rückkopplung einen Kondensator und am Eingang einen bzw. mehrere Widerstände enthielten. Der Gleichspannungsverstärker war so abgeglichen, dass dieser bei Spannungseingang gleich Null am Ausgang Null-Pegel zeigen musste. Gerechnet wurde auf dem linearen Teil der Verstärkerkennlinie. Eingaben erfolgten über Potentiometer, die Ausgabe über Oszillograf bzw. xy-Schreiber in analoger Form. Diese Architektur implementierte einen idealen Parallelrechner auf analoger Basis, da alle Rechenelemente (Integrierer, Summierer, Inverter, Multiplizierer, Funktionsgeneratoren) zeitlich parallel arbeiteten. Da die Verstärkung nicht der oft geforderten Genauigkeit ($>10^{-6}$) entsprechen konnte, kamen die Analogrechner nur noch selten zum Einsatz bzw. verschwanden Anfang der 80er Jahre gänzlich.

1.2 Rechnerarchitektur-Begriff

Für den Laien ist der Begriff ´Rechnerarchitektur´ etwas ungewöhnlich, denn unter Architektur stellt man sich im Normalfall ein Bauwerk vor, das von Bauingenieuren entworfen und nach bestimmten Plänen gebaut wurde. Der Begriff ´Rechnerarchitektur´ wurde 1964 von Brooks, Blaauw und Amdahl eingeführt. Da ein Rechner zu den komplexesten Strukturen gehört, die jemals entworfen und gebaut worden sind, ergibt sich die Schwierigkeit, wie eine solche Maschine umfassend und exakt zu beschreiben ist. Brooks, Blaauw und Amdahl unterscheiden die Art und Weise, wie sich ein Rechner dem Benutzer gegenüber darstellt, davon, wie die Maschine implementiert wird. Die Architektur ist das äußere Erscheinungsbild eines Rechners, wie der Benutzer ihn sieht. Unter der Implementierung versteht man die Art und Weise, wie die Architektur realisiert ist.

Der Begriff der Rechnerarchitektur wird im Reference Manual der Alpha Architektur der Firma DEC wie folgt beschrieben [DEC 92]:

'The Alpha architecture is a RISC architecture that was designed for high performance and longevity. Following Amdahl, Blauuw and Brooks, we distinguish between architecture and implementation:

- Computer architecture is defined as the attributes of a computer seen by a machine-language programmer. This definition includes the instruction set, instruction formats, operations codes, addressing modes, and all registers and memory locations that may be directly manipulated by a machinelanguage programmer.
- Implementation is defined as the actual hardware structure, logic design, and datapath organization.'

Wenn ein Haus gebaut werden soll, so wird zunächst vom Bauherrn ein Architekt beauftragt, einen Entwurf zu erarbeiten. Der Architekt zeichnet in den Projektunterlagen die Aufteilung der Grundfläche in Wohnzimmer, Schlafzimmer, Gästezimmer, Diele, Bad etc. Desweiteren wird die Lage der Fenster und Türen angegeben sowie die Art des Putzes, des Fußbodens usw. All diese Details bilden das, was der Bauherr als Endbenutzer letztendlich von seinem Haus sieht. Ob das Haus aber aus Holz oder aus Ziegelsteinen und die Rohre für die Wasserversorgung aus Blei oder aus Kupfer verlegt sind, das ist zunächst nicht sichtbar. Ein anderes Beispiel in diesem Zusammenhang bildet die Architektur der Uhr. Diese kann sich dem Benutzer in zwei unterschiedlichen Formen darstellen, entweder mit einem Ziffern- oder mit einem Zeigerblatt. Beide Erscheinungsbilder in der Abbildung 1.5 sind vollkommen äquivalent und in der Lage, die Uhrzeit eindeutig anzuzeigen. Die Uhrarchitektur wurde vor etwa 5000 Jahren von einem babylonischen Priester erfunden. Dabei legte er fest, dass der Tag aus 24 Stunden, die Stunde aus 60 Minuten und die Minute aus 60 Sekunden besteht. Einer der Gründe dafür war, dass die alten Babylonier als gute Astronomen der Meinung waren, Zahlensysteme wären dann besonders gut, wenn alle Zahlen die Teiler 3, 4, 5 und 6 enthielten. Die Übernahme dieser Festlegung bis in die heutige Zeit bringt gewisse Umrechnungsprobleme mit sich.

Abbildung 1.5   *Verschiedene Architekturen der Armbanduhr*

Um diese zu beseitigen, hat Napoleon im Jahre 1800 versucht, neben der Einführung dezimaler Längen- und Gewichts-Einheiten auch die Architektur der Uhr dahingehend zu ändern, dass der Tag 10 Stunden, die Stunde 100 Minuten und die Minute 100 Sekunden hat. Während sich die Einheiten für Maße und Gewichte auf Grund des relativ niedrigen Bildungsniveaus der Bevölkerung durchsetzten, gelang das bezüglich der Uhr nicht. Der Hauptgrund dafür war der von Generation zu Generation überlieferte Umgang mit der alten babylonischen Uhrarchitektur. Würde ein Informatiker heute die Uhr erfinden, so hätte der Tag höchstwahrscheinlich 16 Stunden, die Stunde 64 Minuten und die Minute 64 Sekunden.

1.3 Definitionen

Neben der traditionellen Begriffsbildung von Brooks, Blaauw und Amdahl gibt es inzwischen neuere Definitionen für den Begriff ´Rechnerarchitektur´ [Mär 94].

´Rechnerarchitektur umfasst die Teilgebiete Struktur, Organisation, Implementierung und Leistung. Unter Struktur versteht man die Art der Verknüpfung der verschiedenen Hardwarekomponenten eines Rechners miteinander. Organisation steht für die zeitabhängigen Wechselwirkungen zwischen Komponenten und die Steuerung dieser Komponenten. Implementierung bezeichnet die Ausgestaltung einzelner Bausteine, und Leistung beschreibt das nach außen hin sichtbare Systemverhalten´ [Bae 84].

´To design a powerful and cost-effective computer system and to devise efficient programs to solve a computational problem, one must understand the underlying hardware and software system structures and the computing algorithms to be implemented on the machine with some user-oriented programming languages. These disciplines constitute the technical scope of computer architecture. Computer architecture is really a system concept integrating hardware, software, algorithms, and languages to perform large computations. A good computer architect should master all these disciplines´.

´Rechnerarchitektur umfasst die Analyse, die Bewertung, den Entwurf und die Synthese von Rechnern und Rechnerkomponenten. Dazu müssen strukturelle, organisatorische und implementierungstechnische Aspekte berücksichtigt und auf der globalen Systemebene, der Maschinenbefehlsatzebene und der Mikroarchitekturebene untersucht werden. Zwischen den beteiligten Ebenen und den verschiedenen Teilaspekten der Rechnerarchitektur sind gegenseitige Rückkopplungen möglich. Auf allen Ebenen und für alle Teilaspekte finden umfangreiche Wechselwirkungen mit anderen Disziplinen der Informatik, der Ingenieurwissenschaften und der Mathematik statt´ [Mär 94].

Letztere Definition ist die umfassendste, weil sie die für den Entwurf wichtigsten Ebenen in den Begriff der Rechnerarchitektur einschließt.

1.4 Software-Architektur

Auf der obersten Ebene einer Rechnerarchitektur unterscheidet man zwischen Software- und Hardware-Architektur [BoH 80]. Zur Software-Architektur hat der Nutzer Zugang in Form einer Schnittstelle (siehe Abbildung 1.6) und tritt über diese mit dem

Rechner in Kontakt. Er muss sich nicht mehr damit auseinandersetzen, ob die Maschine mit VLSI-Schaltkreisen [Gei 90], Relais oder rotierenden Zahnrädern bestückt ist. Der erste IBM-PC aus dem Jahre 1980, der C64 von Commodore und der Apple II Rechner hatten die Eigenschaft, nach dem Einschalten unmittelbar den BASIC-Interpreter zu starten. Dem Benutzer des PCs schien es somit, als ob der Computer ausschließlich BASIC beherrschen würde. In Wirklichkeit stellte die Software sicher, dass nur dieser Teil des ROMs beim Einschalten benutzt wurde, alle anderen Fähigkeiten waren unsichtbar. Die Projektion dieses Sachverhalts auf einen modernen PC ist etwas komplizierter. Heute ist das Betriebssystem des Rechners die definierte Schnittstelle. Über spezielle System-Calls erfolgt die Kommunikation zwischen Benutzer und Computer.

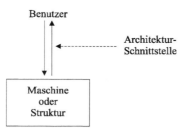

Abbildung 1.6   Äußeres Erscheinungsbild eines Rechners

In verschiedenen Betriebssystemen stellt sich dem Nutzer diese Kommunikationsschnittstelle unterschiedlich dar. MS-DOS und UNIX verwenden einen Kommandointerpreter - im UNIX als Betriebssystem für Workstations „Shell" genannt - der die vom Nutzer eingegebenen Kommandos (z.B. copy, dir bzw. cp, ls, ...) ausführt. Die Windows-Oberfläche ist ein Beispiel für modernere Realisierungen von Nutzerschnittstellen. Die angebotenen Schnittstellen richten sich in ihrer Komplexität jeweils nach dem speziellen Anwendungsgebiet und befinden sich auf unterschiedlichen Ebenen im Schichtenmodell der Rechnerarchitektur. Der Entwickler neuer Hard- oder Software wird eine andere bevorzugen als der Nutzer, der sich in erster Linie mit Textverarbeitung beschäftigt. Für diesen sind bestimmte Systemdateien, z.B. ´autoexec.bat´ im Betriebssystem DOS, so gestaltet, dass der benutzte PC beim Einschalten das Textverarbeitungsprogramm automatisch startet.

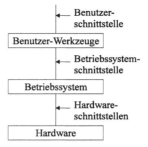

Abbildung 1.7   Schichtenmodell eines Rechners

Das Schichtmodell eines Rechners, wie es sich heute dem Nutzer darstellt, zeigt Abbildung 1.7. Daraus ergeben sich 3 Schnittstellen: Die Benutzer-, Betriebssystem- und Hardware- Schnittstelle. Die ersten beiden Ebenen bilden die Software-Architektur des Rechners.

1.5 Hardware-Architektur

Die Hardware-Architekturen können in verschiedene Kategorien gegliedert werden. Das sind zunächst die **Mikroarchitekturen.** Vertreter dieser Kategorie sind Mikroprozessoren wie der Intel 8080, der Motorola 6800, der Zilog Z 80 sowie der noch sehr weit verbreitete 6502-Mikroprozessor. Der Apple II-Rechner und der Commodore C64 sind mit dem 6502-Mikroprozessor ausgerüstet und waren seinerzeit sehr erfolgreiche 8 Bit-Architekturen.

Zu den sogenannten **Miniarchitekturen** (16 Bit) zählen die PDP/11-Familien von DEC, der S/1 Mikroprozessor von IBM und der 80286 von Intel.

Neben den beiden erstgenannten existieren noch **Spezial-Architekturen**, zu denen die Burroughs und der klassische Cray-Rechner zählen. Die Architektur der Burroughs ist sehr eigenwillig, sie hat aber noch immer ihre Nischenanwendungen.

Die **Vollarchitekturen** haben folgende charakteristische Merkmale: 32 Bit Wort-Verarbeitung, Adresslänge von 31 oder 32 Bit, Einrichtungen für die virtuelle Speichertechnik, der Speicherschutz und umfangreiche Recovery-Maßnahmen. 64 Bit-Architekturen stellen eine evolutionäre Erweiterung der Vollarchitekturen dar und werden mehr und mehr der Standard heutiger Rechner. Einer der ersten derartigen Prozessoren war der von Intel entwickelte IA-64 Itanium [Dul 98]. Die Vollarchitekturen werden in größeren Stückzahlen hergestellt, und für sie wird in größerem Umfang Software entwickelt. Zu ihnen gehören die z-Architektur von IBM, die PowerPC-Architektur von IBM/Motorola/Apple, die Intel-Architekturen (Pentium/Core) und die Sparc-Architektur [GAB 88]. Diese Architekturen sind relativ weit verbreitet und die Software, die für sie entwickelt wird, ist mit großer Wahrscheinlichkeit noch in 10 Jahren gültig. Die Gründe dafür liegen auf der Hand: Die Investitionen in die Softwarebasis sind so enorm, dass nur eine Lebensdauer in dieser Größenordnung ökonomisch vertretbar ist.

Vier weitere Architekturen, die gleichfalls von Bedeutung sind und eine relativ breite Anwendung finden, stellen die Alpha-Architektur, die HP-PRECISION-Architektur (PA), die ARM-Architektur und die MIPS-Architektur dar.

Die schnelle technologische Entwicklung zwingt die Hersteller von Rechnern dazu, in kurzer Zeit ein neues Produkt auf den Markt zu bringen, das bei möglichst gleichen Preisen in seinen Leistungsparametern besser ist als das vorhergehende. Die Kosten für diese Investitionen liegen bei etwa 100 Millionen Dollar. Damit das Geschäft ökonomisch bleibt, müssen die Stückzahlen entsprechend groß sein. Daraus resultiert der momentane Konzentrations-Prozess in der Computerindustrie, d.h. die Anzahl der Hardware-Architekturen nimmt ab.

Im Zusammenhang damit steht die Lebensdauer einer Architektur. Erklärtes Ziel von Brooks, Blaauw und Amdahl im Jahre 1964 war es, mit der /360-Architektur [ABB 64] eine Architektur zu schaffen, die über mehrere Jahrzehnte Bestand hat. Die Vergangenheit hat gezeigt, dass dieses Ziel erreicht worden ist. Aus der /360-Architektur wurde nach bestimmten revolutionären Verbesserungen die /370-Architektur [CaP 78] und daraus nach weiteren Fortschritten in der Computertechnik die ESA /390-Architektur entwickelt. Das entscheidende Merkmal an diesen Architekturen von IBM ist, dass Programme, die im Jahre 1965 implementiert wurden und auf der /360-Architektur liefen, noch heute auf den Rechnern der /390-Serie bzw. zSeries ohne jegliche Änderungen laufen. Ein Gegenbeispiel in diesem Zusammenhang bilden die VAX-Architekturen [Str 78] der Firma DEC. Anfangs hatte DEC mit seiner VAX-Architektur großen Erfolg, und die Produktion dieser Rechner zeigte große Wachstumsraten. Ende der siebziger Jahre gab es die ersten Schwierigkeiten, die VAX-Architektur zeigte die ersten Anzeichen eines ´Alterungsprozesses´. Die Nutzer mussten ihre Programme ändern, um auf den modifizierten VAX-Rechnern lauffähig zu bleiben. Der Hauptgrund dafür ist, dass die Architekturen im Schnellverfahren entwickelt wurden und zu wenig zukunftsorientiert waren. Weiterhin hat man es versäumt, die Architektur zu ´pflegen´. Unter Pflege verstand man z.B. bei IBM, dass die /360-Architektur, die in ihrer Konzeption nicht für die virtuelle Speichertechnik ausgelegt war, später um diese erweitert wurde. Dieser Prozess der Integration musste sehr sorgfältung durchdacht und realisiert werden, um jeglichen Wildwuchs zu verhindern. Der Nutzer einer moderneren Maschine darf von diesen Änderungen nichts merken. Diese Probleme hat man nicht nur bei IBM rechtzeitig erkannt. Die Firma Intel in Zusammenarbeit mit Microsoft hat es mit seiner Produktpalette ebenfalls geschafft, den Prozess der Weiterentwicklung der Architektur für den Nutzer weitgehend transparent zu gestalten und die Kompatibilität der benutzten Software zu erhalten. Das gleiche gilt auch für die Firmen Hewlett Packard, MIPS und Sun. Letztere Firmen garantieren ihren Kunden, dass die entwickelte Software für ein Rechner-Modell mindestens auch auf dem darauf folgendem lauffähig sein wird.

1.6 Prinzipieller Rechneraufbau

Ein Rechner besteht im Wesentlichen aus drei Komponenten, die in Abbildung 1.8 dargestellt sind. Die Bearbeitung der Daten wird im Allgemeinen von der CPU (Central Processing Unit) vorgenommen. Bei der Betrachtung der Speicherung findet man im Wesentlichen 2 Elemente: Den Hauptspeicher (Main Memory), der bei handelsüblichen PCs momentan meist zwischen 2 und 4 Gigabyte groß ist, und den Plattenspeicher (Hard Disk) als Sekundärspeicher, der über eine Plattenspeicheransteuerung in das Rechnersystem integriert ist. Diese Ankopplung des Plattenspeichers wird im Allgemeinen von einem Mikroprozessor gesteuert, der wiederum einen eigenen Siliziumspeicher hat. Zu den Ein-/Ausgabe-Geräten gehören u. a. Tastatur, Zeigergeräte

1 Einführung

(z. B. Maus), Bildschirm, Drucker sowie ein Gerät, das die Kommunikation mit anderen Rechnern ermöglicht. Diese Geräte, die in PCs oder Workstations in Form von Adapterkarten implementiert sind, haben ebenfalls einen steuernden Mikroprozessor mit eigenem Speicher. Eine Stromversorgung, die den Rechner am Leben erhält, gehört letztendlich auch dazu.

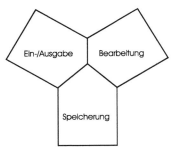

Abbildung 1.8   System-Architektur-Komponenten

Die Informationen, die der Rechner verarbeiten soll, sind entweder in einem Read-/Write-Speicher (Random Accessed Memory, RAM) einem Read-Only-Memory-Speicher (ROM) bzw. einem Programmable ROM (PROM) oder Electrical Programmable ROM (EPROM) abgespeichert.

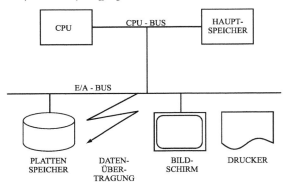

Abbildung 1.9   Elemente einer digitalen Rechenanlage

Die einzelnen Rechnerelemente sind über ein Bussystem miteinander verbunden. Das Bussystem ist in Abbildung 1.9 dargestellt. Ein Bus ist eine Menge von parallelen Datenleitungen. Der CPU-Bus (auch System-Bus genannt) verbindet die CPU mit dem Hauptspeicher. Er ist bei den heute vertriebenen PCs in der Regel 64 Bit breit. Der Trend geht zu noch größeren Busbreiten von 128 oder gar 256 Bit. Der Ein-/Ausgabe-Bus verbindet sowohl die Ein-/Ausgabe-Geräte untereinander als auch mit dem CPU-Bus, durch den die Verbindung zur CPU und zum Hauptspeicher hergestellt wird.

1.6 Prinzipieller Rechneraufbau

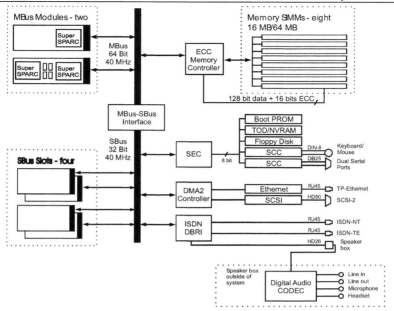

Abbildung 1.10   Architektur der SPARCstation 10

Abbildung 1.10 zeigt die sehr komplexe Systemarchitektur einer SPARCstation 10 der Firma Sun. Oben links im Diagramm befindet sich die CPU, darin enthalten sind der SuperSPARC als Mikroprozessor und der SuperCache, ein kleiner Schnellspeicher zwischen CPU und Memory. Die SPARCstation 10 kann wahlweise mit einem oder zwei Prozessoren ausgerüstet werden. Der System-Bus aus der Abbildung 1.10 ist im Falle der SPARCstation 10 in MBus und SBus unterteilt. An den MBus ist über einen ECC- (Error Checking and Correction) Kontroller der Hauptspeicher angekoppelt. Der Name des Kontrollers sagt bereits aus, dass dieser nicht nur Fehler des Hauptspeichers erkennt, sondern auch automatisch korrigieren kann. Zwischen MBus und SBus liegt ein Bus-to-Bus-Adapter. Dieser ist notwendig, weil der MBus die doppelte Verarbeitungsbreite des SBuses hat. Der SBus ist ein Standard, der von der Firma Sun propagiert wird und den auch andere Hersteller benutzen. Am SBus als Ein-/Ausgabe-Bus liegen eine ganze Reihe von Ein-/Ausgabe-Kontrollern. Einer steuert die Maus und die Tastatur, der zweite den Ethernet- oder einen anderen Kommunikations-Kontroller, der dritte ist für ISDN (Integrated Service Data Network) und andere Kommunikationsleitungen zuständig. Zusätzlich sind eine Anzahl von freien Steckplätzen (4 SBus-Slots) für Adapter-Karten vorgesehen, die wiederum ihre eigene Kontroll-Logik haben. Durch diese können weitere Ein-/Ausgabe-Geräte angeschlossen werden.

1.7 Hardware-Kosten eines Rechnersystems

Die Kostenverteilung eines Rechnersystems ist relativ unabhängig davon, ob es sich um einen Supercomputer oder einen PC handelt. Abbildung 1.11 zeigt die Kostenaufschlüsselung eines Rechnersystems.

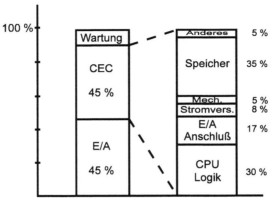

Abbildung 1.11   Rechnerkosten

Die Gesamtkosten setzen sich aus den Anschaffungs- und Wartungskosten zusammen. Letztere fallen bei größeren Rechnern jährlich an. Die Wartungskosten beziehen sich nicht auf die Zuverlässigkeit oder auf möglicherweise gegebene Garantien des Herstellers, sie müssen jedes Jahr vom Nutzer eingeplant werden und sind oft Bestandteil des Kauf- oder Leasingvertrages. Werden die Gesamtkosten mit 100% angesetzt, so erhebt sich die Frage: Was kostet der Rechner im Laufe seines Lebens? Die Kosten der Hardware gliedern sich in 2 Teile: Den ersten Teil bildet der Central Electronic Complex (CEC), bestehend aus der CPU, Ein-/Ausgabe-Anschlüssen, Stromversorgung, dem Gehäuse, dem Hauptspeicher und Sonstigem, der zweite Teil wird vom Ein-/Ausgabe-System des Rechners eingenommen. Beide Anteile sind etwa gleich groß (45%). Innerhalb des CEC verschlingt der Hauptspeicher einen größeren Anteil als die CPU. Daraus folgt, dass der Verwendungszweck des Rechners für dessen spezielle Ausstattung und damit für die anfallenden Hardwarekosten maßgeblich ist. So werden von einem Computer, der vorrangig für die Lösung wissenschaftlich-technischer Aufgaben eingesetzt werden soll, nicht unbedingt hohe Ein-/Ausgabe-Leistungen verlangt. Es wird aber eine leistungsfähige CPU gebraucht, die sich insbesondere durch eine schnelle Verarbeitung von Gleitkommazahlen auszeichnet. Gleichzeitig ist in diesem Fall ein Maximum an Hauptspeicher wichtiger als eine große Ein-/Ausgabe-Leistung. Für die kommerzielle Datenverarbeitung, die etwa 80% der Datenverarbeitung insgesamt ausmacht, ist fast immer die Art und Weise, wie die Ein-/Ausgabe-Geräte angeschlossen sind, entscheidend für die Leistungsfähigkeit des eingesetzten Rechnersystems. Es wäre demnach unsinnig, einen Großrechner auszusondern und stattdessen eine Workstation anzuschaffen, nur weil diese eine Matrix-Inversion in fast derselben Zeit ausführen kann wie ein Großrechner. Letztere sind darauf ausgerichtet, sehr große Ein-/Ausgabe-Leistungen zu verkraften. Diese Eigenschaft hat aber eine Workstation in der Regel nicht.

1.8 Wichtige Kenngrößen einer Rechnerarchitektur

In der Informatik gibt es eine Vielzahl von Kenngrößen. Zu den wichtigsten zählen die folgenden drei Kenngrößen. Zum einen ist die Größe des Hauptspeichers zu nennen, die abhängig vom Anwendungszweck und der verwendeten Rechnerklasse (PC: 1 bis 6 Gigabyte; Workstation: 4 bis 16 Gigabyte; Mainframe: 32 Gigabyte bis 3 Terabyte) variiert. Die Plattenspeicher-Größe ist die zweite markante Größe. Während Ende der 80er Jahre die untere Grenze noch bei nur 10 Megabyte lag, sind heute praktisch keine Festplatten mit weniger als 40 Gigabyte Speicherplatz erhältlich. Plattenspeicher mit einer Speicherkapazität von mehr als einem Terabyte sind bereits jetzt keine Seltenheit mehr; eine weitere Zunahme ist sehr wahrscheinlich. Die dritte merkenswerte Größe bildet die Rechengeschwindigkeit einer Rechenanlage. Hier gibt eine Vielzahl verschiedener Größen, welche alle jedoch nur eine bedingte Aussagekraft besitzen. Zwei Beispielwerte: Bei PCs liegt die Rechengeschwindigkeit derzeit zwischen 25.000 und 100.000 MIPS (Million Instruction Per Second). Der aktuell schnellste Einzelrechner (Jaguar Cray XT5) hat hingegen eine Rechenleistung von mehr als 1.750 TeraFLOPS (Floating Point Operation Per Second) [TOP 10].

2 Technologische Grundlagen

2.1 Einführung

Die Rechnerarchitektur wird wesentlich von zwei Faktoren bestimmt. Diese sind erstens die Benutzerschnittstelle und zweitens die zur Fertigung der Komponenten verwendete Technologie. Die Benutzerschnittstelle des Rechners muss so gestaltet werden, dass sie den Anforderungen und Fähigkeiten des Menschen entspricht. Die Technologie bestimmt entscheidend die spezifischen Merkmale eines Rechnersystems. Trotz gewaltiger technologischer Fortschritte bei der Fertigung elektronischer Schaltkreise bezüglich Hochintegration und Leistungsverhalten treten in den heutigen Rechnern Probleme auf, die technologisch bedingt sind. Bei einer anderen Technologie würden die heutigen Rechnerarchitekturen ein entsprechend verschiedenes Verhalten zeigen. Der Nutzer ist z. B. daran gewöhnt, dass der Hauptspeicher nach Abschalten des Rechners seinen Inhalt verliert. Wäre dies nicht so, dann könnte man, die entsprechende Größe des modifizierten Hauptspeichers vorausgesetzt, auf den Plattenspeicher verzichten. EPROMs als nichtflüchtige Speicherbausteine könnten Verwendung finden, verbieten sich aber auf Grund der langsamen Lese- und Schreibzugriffe. Der technologische Fortschritt [SBN 82], der die Rechnerarchitektur wohl am nachhaltigsten beeinflusst hat, war die Verwendung von integrierten Schaltkreisen anstelle von Röhren beim Aufbau von Rechnersystemen. Damit wurde die Grundlage für die Computersysteme geschaffen, die heute üblicherweise benutzt werden.

2.2 Integration in der Chip-Technologie

Seit Beginn der Verwendung von Halbleiterbauelementen in der Computerindustrie nahm der Integrationsgrad der Halbleiter-Chips in großem Maße zu. Ende der sechziger Jahre begann die Industrie mit der Serienfertigung von Speicherchips mit einer Größe von 1.024 Bit. Seitdem ist die Dichte der Halbleiter-Chips bis in die heutige Zeit immer wieder deutlich gesteigert worden, wobei man berücksichtigen muss, dass man während der Entwicklung von Einchipspeichern auf Speichermodule mit mehreren Chips übergegangen ist. Abbildung 2.1 zeigt den Entwicklungstrend für einzelne Speicherchips.

Momentan sind zu einem relativ günstigen Preis 1 Gigabit-Chips im Handel erhältlich, zu einem erhöhten Preis gilt das gleiche für einen 2 Gigabit-Chip, während funktionsfähige 8 Gigabit-Chips vorläufig nur in den Laboratorien der betreffenden Branchenführer zu besichtigen sind. Es ist damit zu rechnen, dass die Serienproduktion des 8 Gigabit-Chips im Jahre 2011 anlaufen wird. Die Frage, ob und wann sich das technologische Wachstum verlangsamt, ist sehr umstritten. Obwohl mit Sicherheit die Integrationsdichte der Halbleiter-Chips noch weiter zunimmt, wird dies unter den Bedingungen der heutigen Siliziumhalbleitertechnologie nicht endlos voranzutreiben sein [Wie 92]. Andererseits gibt es signifikante Fortschritte auf dem Gebiet der Molekular-

2 Technologische Grundlagen

Elektronik, in der einzelne Moleküle benutzt werden, um Informationen abzuspeichern. Die Frage wird auch nicht sein, ob und wann diese molekularen Elektronikstrukturen verfügbar sind, sondern ob sie dann noch bezahlbar sein werden. Der 16 Gigabit-Chip ist wahrscheinlich noch mit der heutigen Technologie produzierbar, für die Herstellung des 64 Gigabit-Chips ist aber voraussichtlich eine Erweiterung bzw. Verbesserung der momentanen Halbleitertechnologie notwendig [Kat 97].

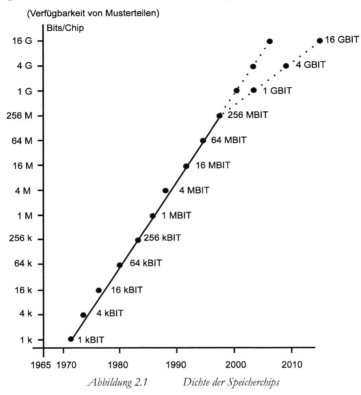

Abbildung 2.1   Dichte der Speicherchips

Einen ähnlichen Stand zeigt die Entwicklung der Integrationdichte bei den logischen Chips auf, d.h. bei den Chips, auf denen die Mikroprozessoren implementiert werden. Die Technologie, auf der die Mikroprozessor-Chips aufbauen, stimmt mit der für Halbleiter-Chips im Wesentlichen überein. Wie schon in der Grafik zur Entwicklung der Speicherchips, ist auch in Abbildung 2.2 kein lineares Wachstum ersichtlich. Die Entwicklung flacht immer mehr ab, da man immer näher an die Grenzen der aktuell verwendeten Technologien stößt. Die Fertigungsdichte für aktuelle Mikroprozessor-Chips ist inzwischen bis auf 32 Nanometer gesunken. Währenddessen steigt die Anzahl der Transistoren pro Chip immer weiter auf mittlerweile zum Teil über 2 Milliarden. Ebenso steigt die Anzahl der Prozessorkerne. Abbildung 2.3 zeigt eine Gegenüberstellung der Transistorenanzahl gegenwärtiger Hochleistungsprozessoren. Um

2.2 Integration in der Chip-Technologie

deutlich zu machen, was mittlerweile erreicht wurde, ist ein Grafikprozessor (GPU) in die Darstellung aufgenommen.

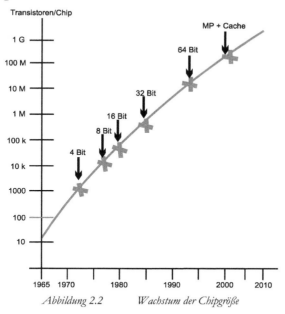

Abbildung 2.2   *Wachstum der Chipgröße*

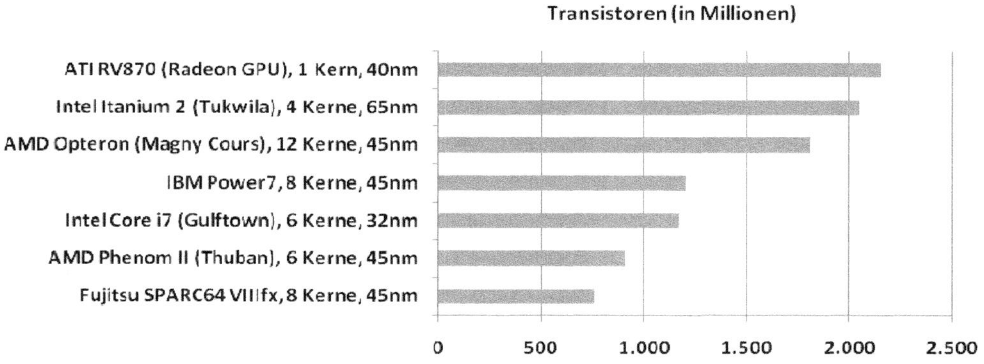

Abbildung 2.3   *Zuordnung von Transistoren in aktuellen Hochleistungsarchitekturen*

Betrachtet man die Geschwindigkeit der Mikroprozessoren, so kann festgestellt werden, dass diese jedes Jahr um 50% wächst. Der Begriff der Geschwindigkeit eines Prozessors bzw. eines Rechners soll sich auf die CPU-Leistung beziehen, die von der Taktzykluszeit (Reziproke der Taktfrequenz), der Taktezyklen pro Befehl (Cycles Per Instruction, CPI) und der Befehlsanzahl abhängt [HeP 96]. Eine Geschwindigkeitssteigerung der Mikroprozessoren kann rein technologisch durch mehrere Maßnahmen erreicht werden. Die erste besteht in einer Erhöhung der Anzahl der Transistoren, die den Prozessor auf dem Chip implementieren. Dieser Anzahl ist aber eine natürliche Grenze gesetzt, d.h. eine Geschwindigkeitssteigerung ist nicht mehr durch die Erhöhung der Transistorzahl im Prozessorentwurf zu erreichen. Die Geschwindigkeit eines Designs wird von dem kritischen Pfad bestimmt, und dieser kann mit zunehmender Transistoranzahl größer werden. Ein Effektivitätsschub kann durch noch kürzere Schaltzeiten der Transistoren erreicht werden, was einen Geschwindigkeitsgewinn bedeutet. Die letztere Komponente wird wesentlich beeinflusst durch die Taktzykluszeit des Prozessors, wobei sich die CPU-Leistung bzw. die Geschwindigkeit des Rechners proportional zur Taktzykluszeit verhält. Bei aktuellen Prozessoren liegt die Taktzykluszeit in der Regel zwischen 0,25 und 0,4 Nanosekunden. Damit ist man mittlerweile sehr nahe an der unteren Grenze mit der aktuellen Silizium-Halbleitertechnologie machbarer Taktzykluszeiten. Neben einigen anderen Faktoren spielt die Lichtgeschwindigkeit eine entscheidende Rolle, was die weitere Minimierung der Taktzykluszeiten angeht. Die Geschwindigkeit der elektromagnetischen Signale im Silizium beträgt etwa zwei Drittel der Lichtgeschwindigkeit im Vakuum, d.h. 200.000 km/s. Umgerechnet sind das 20 cm/ns. Wenn ein Schaltkreis in der Lage ist, in 100 ps zu schalten, dann wird durch diesen Schaltkreis ein Eingangssignal um diese Zeit bzw. um den Weg von 2 cm, den es in dieser Zeit zurücklegen könnte, am Ausgang verzögert. Bei einer Schaltzeit von 10 ps würde sich dieser Weg auf 2 mm verkürzen. Ein moderner Mikroprozessor hat momentan eine Kantenlänge von ca. 20 mm. Ein Signal, das die Diagonale des Prozessor-Chips von etwa 28 mm Länge ohne Verzögerung durchlaufen würde, brauchte dafür 140 ps. Das ist die absolute untere Grenze der Signallaufzeit für einen Chip dieser Größe unter der Bedingung, dass alle Gatter verzögerungsfrei durchlaufen werden. Dieser Fall ist aber praktisch nicht realisierbar. Diese Problematik ist einer der Gründe, die die Rechnerarchitekten zur Entwicklung von Parallelrechnern veranlassten. Bei einer parallelen Rechnerarchitektur wird die Bearbeitung einer Aufgabe auf mehrere CPUs verteilt. Dadurch wird im Idealfall (Overhead sei vernachlässigbar) bei n CPUs eine Leistungssteigerung des Gesamtsystems um den Faktor n im Vergleich zu einer einzelnen CPU erreicht. Die Realisierung eines Parallelrechners in Hardware ist relativ einfach. Die Entwicklung paralleler Software, d.h. geeignete Programmiermodelle, funktionierende parallelisierende Compiler und letztlich parallele Anwender-Programme, gehört zu einem Aufgabengebiet, an dem schon seit über 20 Jahren intensiv gearbeitet wird.

2.3 Prozessor-Design und Hardware-Implementierung

Für den elektronischen Entwurf eines Mikroprozessors wird zunächst das Design mit Hilfe spezieller Software (z.B. Schematic Entry, VHDL Entry) auf einem geeigneten Rechner erarbeitet. Die Verifikation der Schematics erfolgt in der anschließenden Simulation. Hier werden die Eingänge der Funktionseinheiten mit spezifischen Testmustern belegt und die Ausgangssignale ausgewertet. Bei der Simulation wird zwischen ´Functional´- und ´Timing´-Simulation unterschieden. Die ´Functional´-Simulation überprüft, ob die Schematics logisch richtig arbeiten, wobei für alle Verbindungen die gleiche Verzögerungszeit eingetragen wird. Die Verzögerungen der Gatter und FlipFlops werden experimentell gemessen und als bekannt vorausgesetzt. Nach der Partionierung des Gesamt-Designs, der Plazierung der Schaltkreise bzw. der Funktionseinheiten wird die Verdrahtung durchgeführt. Diese 3 Schritte nehmen moderne Entwurfssoftware-Systeme automatisch vor. Nach der Verdrahtung wird in einem Backannotation-Schritt die aktuelle Verzögerung jeder Verbindung in das Schematic eingetragen. Jetzt erst kann die ´Timing´-Simulation des Designs durchgeführt werden, weil je nach Beschaffenheit einer Verbindungsleitung die entsprechend vorher berechnete Verzögerung in die Simulation eingeht.

Nach der erfolgreichen Simulation des Prozessor-Designs erfolgt dessen Implementierung in Hardware. Mit Hilfe der Integrationstechnik werden heute Schaltkreise, Funktionseinheiten (Verknüpfungsglieder, Schaltnetze, Schaltwerke) hergestellt. In monolithisch integrierten Schaltungen entstehen alle benötigten Bauelemente aus einem Einkristall (z.B. Silizium), der gleichzeitig als gemeinsamer Träger (Substrat) dient. Die Bauelemente (Transistoren, Dioden, Widerstände) werden durch lokal begrenzte Zonen mit unterschiedlicher Dotierung erzeugt. Mittels Masken werden diejenigen Flächen abgedeckt, an denen keine Dotierung des Siliziums erfolgen soll. An den nicht maskierten Stellen diffundieren die Dotieratome in das Substrat, während alle anderen Bereiche vor dem Eindringen der Dotieratome geschützt sind. Die Masken werden aus Siliziumdioxid hergestellt, das für Dotieratome undurchdringlich ist. Die Kosten derartiger Maskensätze für moderne Mikroprozessoren liegen bei ca. 50.000 €.

Als wichtigster Baustein für alle Schaltkreise dient heute bei monolithischen Verfahren der Isolierschicht-Feld-Effekt-Transistor (MOS-FET). Abbildung 2.4 zeigt einen Schnitt durch einen MOS-FET. Bei diesem Typ ist das Gate durch eine dünne Oxidschicht vom Halbleitermaterial isoliert. Je nachdem, ob der Halbleiter, dessen Leitfähigkeit gesteuert wird, ein n- oder ein p-Halbleiter ist, spricht man von einem p-Kanal bzw. n-Kanal MOS-FET.

2 Technologische Grundlagen

In der Abbildung 2.4 handelt es sich um einen n-Kanal-MOS-FET, d.h. bei positiver Gate-Spannung relativ zum Substrat (threshold-Spannung) entsteht ein leitender Kanal aus freien Elektronen zwischen den beiden n-Zonen, d.h. der Transistor leitet. Im Fall negativer Gate-Spannung relativ zum Substrat sperrt der Transistor.

Der Grund dafür, warum sich MOS-Schaltkreise für integrierte Schaltungen durchgesetzt haben, besteht darin, dass sich bei Feld-Effekt-Transistoren die Isolierung im HerstellungsProzess (Lithographieverfahren) durch die Realisierung der Funktionseinheiten von selbst ergibt (Selbstisolation).

Die Entwicklung von modernen, leistungsfähigen Mikroprozessoren ist ein sehr kostenintensiver Prozess und setzt ein erfahrenes und gut geführtes Team von Entwurfsingenieuren voraus. Außer im Entwicklungslabor der Firma IBM Böblingen werden in Deutschland von der Firma Hyperstone Electronics Mikroprozessoren entwickelt.

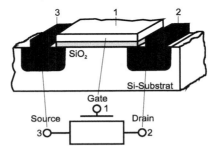

Abbildung 2.4   Schnitt durch einen MOSFET-Transistor

Für ein derartiges Entwicklungs-Projekt sind zunächst von einer Arbeitsgruppe Schaltkreise zu entwerfen. Diese werden zu Schaltkreisbibliotheken zusammengefaßt.

Die Abbildung 2.5 zeigt einen Invertierschaltkreis und einen invertierenden 2 Eingangs-UND- sowie einen invertierenden 2 Eingangs-ODER-Schalter.

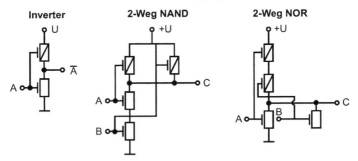

Abbildung 2.5   Schaltbilder einfacher Funktionen

Im Normalfall werden Bibliotheken von bis zu 50 verschiedenen Schaltkreistypen verwendet. Neben den schon erwähnten Schaltern beinhalten diese Bibliotheken FlipFlops der unterschiedlichsten Formen, komplizierte Latches, Treiberschaltkreise usw. Eine weitere Arbeitsgruppe verwendet diese Bibliotheken, um die entsprechenden Funktionseinheiten (Multiplexer, Schaltwerke) zu entwerfen, auf dem Chip zu plazieren (Placement) sowie zu verdrahten (Routing). Nach Abschluss des Entwurfes kann der Chip produziert werden.

Der Querschnitt durch einen Prozessor-Chip ist in Abbildung 2.6 dargestellt. In der untersten Schicht befinden sich die Transistoren, die über die schraffiert gekennzeichneten Anschlüsse verbunden werden müssen. Die Verdrahtung erfolgt typischerweise in mehreren Metallisierungsebenen, wobei normalerweise mindestens 2 Ebenen verwendet werden. Mittlerweile wird die Verdrahtung auf deutlich mehr Metallisierungsebenen vorgenommen, was die Produktion dieser Chips sehr viel aufwendiger und damit teurer macht. Es ist auch durchaus normal, wenn in einem Chip von beispielsweise 700 Millionen Transistoren nur etwa 70% benutzt werden. Die restlichen 210 Millionen Transistoren sind physisch auf dem Chip vorhanden, sie sind aber nicht angeschlossen und haben folglich auch keine Funktion.

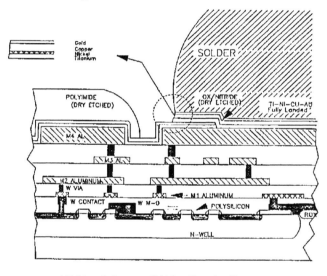

Abbildung 2.6   Schichtaufbau eines Prozessors

Bei der Betrachtung eines Chips von oben sieht man nicht etwa die Transistoren sondern nur das Verdrahtungsmuster (Abbildung 2.7).

2 Technologische Grundlagen

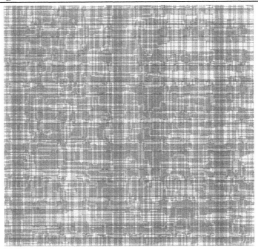

Abbildung 2.7   Verdrahtungsmuster eines Prozessors

Die Abbildung 2.8 stellt den Ausschnitt eines Verdrahtungsmusters, der mit Hilfe eines Plotters erzeugt wurde, dar. Die dickeren Linien sind Stromverteilungsschienen, die die Transistoren mit Spannung versorgen. An den Kreuzungspunkten, an denen sich in der Perspektive scheinbar die Verbindungsleitungen schneiden, wird mit einer der beiden Leitungen in eine andere Ebene aufgestiegen. In der Abbildung 2.9 ist ein kleiner Chip-Teilbereich mit 2 Metallisierungsebenen gezeigt. Als Größenvergleich zu einer Leiterbahn (Abbildung 2.9) dient die Stärke eines menschlichen Haares.

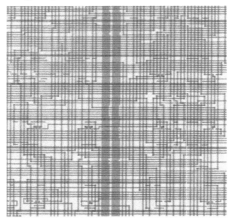

Abbildung 2.8   Vergrößerter Ausschnitt einer Prozessor-Verdrahtung

Bei der Verdrahtung von 10.000.000 Transistoren müssen ca. 100.000.000 Leitungszüge auf dem Chip untergebracht werden. Bei Abmessungen von etwa 2 cm Kantenlänge des Chips bilden diese Leitungen eine Entfernung von rund 100 m. Eine der

2.3 Prozessor-Design und Hardware-Implementierung

Hauptschwierigkeiten bei der Produktion bildet die saubere Ausbildung aller 100.000.000 Leiterbahnen. Bei einem einzigen Entwicklungsfehler ist der gesamte Chip nicht funktionsfähig. Eine Nachbesserung bei einem Fehler ist aus dem Grund ausgeschlossen, weil Eingriffe in den fertigen Chip unmöglich sind.

Abbildung 2.9   links: Mikroaufnahme der Leiterbahnen , rechts: Menschliches Haar als Vergleich zu den Leiterbahnen des Chips

Oft werden bei der Neuentwicklung eines Mikroprozessors gleichfalls unerprobte Herstellungsprozesse eingesetzt. Letztere haben die Eigenschaft, Chips zu produzieren, von denen 99 % defekt sind, da diese Prozesse in der Serienfertigung noch nicht beherrscht werden. Die Ausbeute wird im Nachhinein auf etwa 50 % angehoben. Bevor man jedoch eine weitere Effektivitätssteigerung erreicht, wird bereits auf die nächste Fertigungstechnologie umgestellt.

In der Abbildung 2.10 ist die vollständige Verdrahtung eines Chips gezeigt.

Abbildung 2.10   Eine vollständige Verdrahtung eines Chips

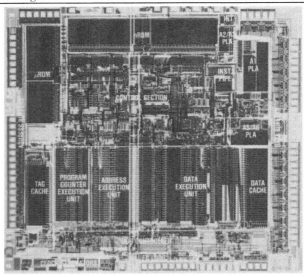

Abbildung 2.11   Prozessoraufbau des Motorola 68020

Die Abbildung 2.11 stellt den Prozessor-Chip 68020 von der Firma Motorola dar. Die einzelnen Strukturen sind noch per Hand erzeugt worden. Der Mikroprozessor PowerPC 601, eine Entwicklung von IBM/Motorola, zeigt in eine komplexere Struktur (Abbildung 2.12), in der alle notwendigen Schritte wie Partitionierung, Placement und Routing rechnergestützt vorgenommen wurden. Die Kantenlänge des Chips beträgt etwa 20 mm. Die einzelnen Funktionseinheiten wie Caches, Memory Management Unit (MMU), Fetch- und Branch-Unit, Load- und Store-Unit, Integer-Unit mit einem 32 Bit-Addierwerk, Mehrzweckregister und Floating Point Unit (FPU) verteilen sich auf einzelne Bereiche und sind nicht erkennbar.

2.3 Prozessor-Design und Hardware-Implementierung

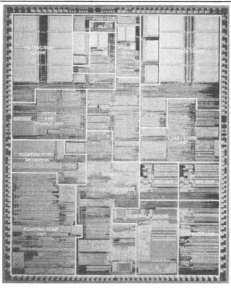

Abbildung 2.12   PowerPC Prozessor

Um einen Chip benutzen zu können, muss er einer Platine mit entsprechenden Leiterbahnen, auch gedruckte Schaltung genannt, aufgesetzt werden. Der Chip wird zunächst auf ein sogenanntes Keramik-Substrat (z.B. Bariumtitanat) aufgelötet, anschließend müssen die nach außen führenden Verbindungen des Chips mit entspechend größeren Anschlüssen, die letztlich mit der gedruckten Schaltung in Kontakt stehen, verbunden werden (Packaging). Prinzipiell existieren zwei grundsätzlich verschiedene Verfahren, wie diese Verbindung hergestellt werden kann. Bei der sogenannten Dual-in-line-Methode, die in der Abbildung 2.13 gezeigt ist, werden über feine Drähte die Chip-Anschlüsse mit Lötbällchen verschweißt. Diese stehen in direktem Kontakt mit den Pins des gesamten Moduls, wobei letzterer aus dem eigentlichen Chip, dem Bariumtitanat-Substrat, den einzelnen Verbindungsdrähten und den Pins einschließlich der Lötbällchen besteht. Bei dieser Methode befinden sich alle Pins an der Außenseite des Moduls.

Abbildung 2.13   Dual-in-line-Methode

Bei modernen Mikroprozessoren sind das einige hundert Anschlüsse. Die zweite, modernere Flip-Chip-Methode dreht den Chip um, d.h. wenn die Oberfläche des Chips unter dem Elektronenmikroskop betrachtet wird, so sind keinerlei Strukturen sichtbar sondern nur reines Silizium. Bei der Dual-in-line-Methode wären sämtliche Muster erkennbar, weil in diesem Fall die entscheidende Seite oben liegt.

In der Abbildung 2.14 ist zu erkennen, dass der Chip wieder über Lötbällchen mit einer gedruckten Schaltung verbunden ist. Als Basis dient auch hier das Keramik-Substrat, aus dem letztlich die Pins herausgeführt werden. Wird beim Flip-Chip die Schutzkappe abgenommen, so ist der vollständige Mikroprozessor mit etwa 15 * 15 externen Anschlussstiften (Pins) sichtbar. Diese Pins haben einen Abstand von ca. 100 mil, wobei 1 mil ein tausendstel Inch beträgt.

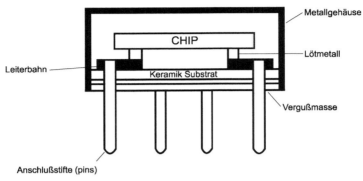

Abbildung 2.14   Flip-Chip-Methode

In der Abbildung 2.15 ist die Rückseite eines Dual-in-line Chips dargestellt, die entscheidende Fläche ist die zwischen dem Chip und der Oberfläche des Keramikmoduls. Der schraffierte Teil zeigt das Modul, während der Chip schwarz gezeichnet ist. Die Kreise stellen die Lötbällchen dar, mit denen der Chip auf das Keramiksubstrat aufgelötet ist. Das Keramiksubstrat wiederum wird mittels spezifischer Verfahren mit der gedruckten Schaltung leitend verbunden.

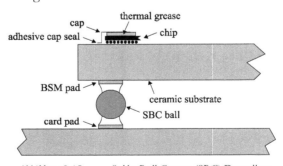

Abbildung 2.15   Solder Ball Connect (SBC) Darstellung

Bei der klassischen ´Pin-through-hole´-Methode werden die Pins durch speziell dafür gebohrte Löcher geführt und dann anschließend in einem Schwallötbad entweder auf der Ober- oder Unterseite oder auf beiden verlötet. Bei der ´Solder Ball Connect (SBC)´-Methode, einem moderneren Verfahren, wird über sehr kleine Lötbällchen das

Keramiksubstrat mit der gedruckten Schaltung verbunden. In der Abbildung 2.16 sind beide Methoden gegenübergestellt.

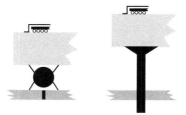

Abbildung 2.16   Das modene SBC-Verfahren und das Pin-through-hole-Verfahren

Die Flip-Chip-Methode ist das einzig anwendbare Verfahren, wenn es sich um einige hundert Kontakte handelt, weil hier die Verbindungen der Außenanschlüsse des Chips mit den Pins automatisch hergestellt werden können. Dieser Arbeitsgang muss im Fall der Dual-in-line-Methode manuell erfolgen.

2.4 Energieprobleme in Rechnersystemen

Eine der Hauptschwierigkeiten, die der Rechnerarchitekt zu bewältigen hat, ist darauf zurückzuführen, dass die Rechnenoperationen des Computers durch eine Vielzahl von Schaltern und Schaltvorgängen realisiert werden. Während vor einigen Jahrzehnten z.B. UND- bzw. ODER-Schalter noch in Form von Relais implementiert wurden, werden heute Transitoren benutzt.

Abbildung 2.17 zeigt das Prinzip des UND- sowie des ODER-Schalters. Der UND-Schalter wird durch zwei in Reihe angeordnete Schalter gebildet, beim Oder-Schalter liegen beide parallel.

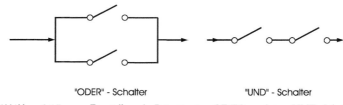

"ODER" - Schalter   "UND" - Schalter

Abbildung 2.17   Darstellung des Prinzips eines ODER- und eines UND-Schalters

Immer dann, wenn ein Schalter geöffnet oder geschlossen wird, verbraucht dieser Energie. Der Hauptanteil der Energie entfällt auf Umladungsvorgänge infolge des Ohmschen Widerstandes R=U/I der Leitungen. Hinzu kommen die Leitungskapazitäten der Verbindungsdrähte innerhalb eines Rechners. Beim Schalten werden die Leitungen entweder auf- oder entladen. Jeder dieser Lade- oder Entlade-Vorgänge verbraucht die elektrische Energie $½*C*U^2$, dabei bedeuten C die Leitungskapazität und U die anliegende Spannung. Bei genauerer Betrachtung gehen noch die Leitungskapazitäten der Transistor-Anschlüsse mit ein, sie sind aber im Verhältnis zu den Verbindungsleitungen vernachlässigbar. Die elektrische Energie wird in Wärmeenergie umgewandelt und an die Umgebung abgegeben. Die umgesetzte Energie wächst linear mit der Taktrate des Prozessors, weil die Schalter in einer festgelegten Zeit öfter schalten.

Zwei unterschiedliche Probleme ergeben sich aus der Existenz der zum Rechnen notwendigen Schaltvorgänge. Das erste Problem besteht darin, den Transistoren auf dem Chip bei zunehmender Integration genügend Energie zuzuführen. Durch den immer mehr abnehmenden Querschnitt der Leitungsdrähte wird die Stromdichte in den Leitungen sehr groß. Der Strom hat bei solch hohen Dichten die Eigenschaft, Atome aus dem Gitterverband herauszureißen, was nach einer bestimmten Betriebsdauer zur Folge hat, dass durch diese Elektronen-Migration keine Atome im Gitter mehr vorhanden sind. Das bedeutet den Ausfall des Mikroprozessors, d.h. die Betriebsdauer eines Mikroprozessors ist infolge der Elektron-Migration begrenzt. Da es sich hierbei um statistische Effekte handelt, kann trotzdem davon ausgegangen werden, dass ein heutiger Mikroprozessor das gesamte Rechnersystem überlebt. Der physische Verschleiß anderer Rechnerteile und natürlich der moralische Verschleiß der gesamten Anlage schreiten schneller fort als der Alterungsprozess des Mikroprozessors. Das zweite unmittelbare Problem während des Betriebs ist neben dem Heranführen der elektrischen Energie das Abführen der Wärmeenergie. Als Vergleich möge an dieser Stelle das Bügeleisen dienen. Die von diesem Gerät ausgestrahlte Energiedichte beträgt etwa 5 Watt / cm^2. In der Mikroprozessortechnik sind heute Werte um 50 Watt/cm^2 üblich. Einer der ersten Pentium 60 Mikroprozessoren hatte einen Wert von etwa 13 Watt, allerdings war der Chip größer als 1 cm^2, d.h. der Wert bewegte sich zwischen 7 und 9 Watt / cm^2. Der erste Alpha-Chip hatte bei ca. 2 cm^2 Chipoberfläche eine Energieabstrahlung von 30 Watt bzw. 15 Watt / cm^2. Der Prozessor des IBM-Großrechners der /390 Architektur hatte vor 10 Jahren einen Wert um 20 Watt/cm^2. Die Aufgabe besteht nun vorrangig darin, entsprechende Kühlmechanismen zu entwickeln, die verhindern, dass sich das ganze System soweit erhitzt, dass dadurch Bauelemente oder ganze Funktionseinheiten durchbrennen und die Rechenanlage ausfällt. Jeder Computer-Hersteller hat diesbezüglich seine eigene Technologie entwickelt. Die Lösung der Firma Motorola ist in Abbildung 2.18 gezeigt.

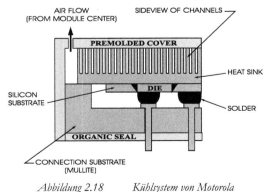

Abbildung 2.18   *Kühlsystem von Motorola*

Das Flip-Chip (DIE) ist über die Lötbällchen mit den Pins verbunden. Letztere sind vom Keramiksubstrat umgeben. Um in diesem Fall die Wärmemengen abführen zu können, wird auf das Silizium-Substrat ein Kühlkörper aufgesetzt. Dieser Kühlkörper besitzt eine Menge von Lamellen, durch die Luft geblasen wird. Im Gegensatz dazu hat der Pentium-Prozessor anstatt dieses Kühlkörpers einen kleinen, speziellen Lüfter, der direkt auf dem Prozessorchip angebracht ist und dafür sorgt, dass die Wärmeenergie von 10 Watt abgeführt wird. Da der Lüfter für seinen Betrieb ebenfalls elektrische Energie verbraucht und davon auch einen Teil in Wärme umsetzt, wird sehr viel Aufwand betrieben, um diese Energiebilanzen zu optimieren.

Bei allen Maßnahmen der Energie-Zufuhr und -abfuhr stellt sich die Frage, ob es bei einem Schaltvorgang unbedingt zu einem Energieumwandlungsprozess kommen muss. Momentan werden weltweit große Anstrengungen unternommen (z.B. IBM-Forschungszentrum in Yorktown), um Antworten auf diese Fragen zu finden. Die derzeitig am weitesten verbreitete Meinung ist, dass es theoretisch möglich sein müßte, Rechner zu bauen, bei denen der Energieverbrauch pro Schaltvorgang vernachlässigbar klein ist. Die Praxis zeigt aber, dass zurzeit noch niemand weiß, wie derartige Schaltelemente aussehen sollen. Die derzeitige Lösung des Problems besteht darin, die Spannungspegel sämtlicher Transistoren immer weiter herabzusetzen. Beispielsweise arbeiteten die ersten Pentium 60-Chips noch mit 5 Volt Spannungspegel, die neuen Mikroprozessor-Chips wurden dagegen auf meist deutlich unter 1,5 Volt reduziert. Da die Spannung mit der 2. Potenz in die Gleichung für den Energieverbrauch bei einem Schaltvorgang eingeht, bedeutet die Herabsetzung auf 3,5 Volt bereits einen um den Faktor 2 geringeren Energieverlust. In den nächsten Jahren wird der Trend in Richtung noch niedrigerer Spannungen gehen, da durch die höhere Fertigungsdichte und die immer mehr in einem Chip untergebrachten Bauelemente eine immer höhere Verlustwärme produzieren. Es darf bei allem Optimismus aber nicht vergessen werden, dass mit dem Herabsetzen der Spannungspegel auch Schwierigkeiten auftreten. Dieser Maßnahme ist dadurch eine untere Grenze gesetzt, dass die Transistorkennlinien nicht genügend scharf abknicken, was Auswirkungen auf das Schaltverhalten dieser Bauelemente hat. Andere Überlegungen beschäftigen sich damit, die Transistoren nicht bei Zimmertemperatur sondern bei Temperaturen um 77°K, d.h. bei der Temperatur des flüssigen Stickstoffs, zu betreiben.

Der Umstand, warum die Temperatur des flüssigen Stickstoffs als Betriebstemperatur gewählt wird, hat nichts mit dem Kühlproblem zu tun. Es hat sich jedoch herausgestellt, dass der Knick in der Tansistorkennlinie bei Temperaturen um 77 K (~ -200 °C) wesentlich schärfer ist und die Transistoren bei gleicher Geschwindigkeit mit weniger Energie zu betreiben sind bzw. die Transistoren bei gleichem Energieverbrauch schneller schalten. Es ist demzufolge vorstellbar, dass zukünftige Rechner nicht mehr bei Zimmertemperatur sondern bei der Temperatur des flüssigen Stickstoffs betrieben werden. Derartige Rechner sind nicht neu, sie sind schon gebaut worden aber nur mit mäßigem Erfolg. Auf Grund der immer mehr wachsenden Integration und der oben

2 Technologische Grundlagen

erwähnten Probleme ist es durchaus vorstellbar, dass diese Idee wieder größere Beachtung erfährt.

Einen weiteren Schritt auf dem Weg zur Lösung des Energieproblems stellt die Supraleitung dar. Mit Supraleitung wird der Effekt bezeichnet, bei dem bei Temperaturen in der Nähe des absoluten Nullpunkts (~ -273 °C) der elektrische Strom widerstandslos die Materie passiert. Dieses Phänomen wurde erstmals von den beiden Physikern Müller und Bednorz in bestimmten Keramiken experimentell nachgewiesen. Der Gedanke, supraleitende Computer zu bauen, ist aber auf Grund von technologischen Schwierigkeiten noch weit von der Realität entfernt. Er könnte aber langfristig die Lösung der Energie-Probleme in Rechenanlagen bedeuten.

Das Energie-Problem wird noch prekärer infolge des Technologie-Trends, mehrere Chips auf ein Substrat aufzulöten. Ein Beispiel dafür bildete der Prozessor P6 der Firma Intel als Nachfolger des Pentium. Hier sind 2 Chips auf einem Modul aufgelötet. Der erste Chip ist der eigentliche Mikroprozessor, der zweite ist der sogenannte L2-Cache.

Auf Grund der Tatsache, dass die Chips jetzt noch enger aneinander rücken, wird die Wärmeabfuhr noch dringender. Während die Energiedichte der Wärmeabstrahlung bei der Technologie vor 2 oder 3 Jahren noch um 20 Watt / cm^2 lag, liegt diese jetzt bei 40 bis 50 Watt pro cm^2. Das stellt erhöhte Anforderungen an die Wärmeableitung und es muss auf andere Methoden zurückgegriffen werden. Das am weitesten entwickelte Verfahren ist die TCM-(Thermal Conduction Module) Technologie der Firma IBM. Abbildung 2.19 zeigt ein derartiges TC-Modul, bei dem ein Rechteck ausgeschnitten ist. Einem keramischen Chip-Träger sind z.B. 35 Chips (z900) aufgelötet. Jedem Chip wird ein Aluminium-Stempel aufgesetzt, der mittels einer Feder im oberen Teil der Führung auf den Chip drückt und so den Kontakt herstellt. Der untere Teil des Chips und der Stempel sind von flüssigem Helium umgeben. Die Energie wird von dem Chip über den Stempel in den umgebenden Aluminium-Körper und von diesem in das sogenannte Cold Plate übertragen. Durch das letztere wird entweder eine Kühlflüssigkeit oder Luft gespült. Bei einer Luftkühlung sind die Öffnungen in dem Kühlkörper größer. Der Luftstrom muss mit hoher Geschwindigkeit durch die Kanäle gedrückt werden, um diese hohe Wärmemenge abzuführen. Es werden dabei ultraschall-ähnliche Geschwindigkeiten verwendet, so dass der Geräuschpegel Werte erreicht, die ein Arbeiten in der Nähe dieser Anlagen unmöglich machen. Im Gegensatz dazu kühlt die Firma CRAY ihre Zentraleinheit mit Schwefelhexafluorid (SF_6). Dabei wird diese Flüssigkeit mittels einer Pumpe in schnellem Umlauf gehalten; Schwefelhexafluorid hat eine bessere Wärmeleitfähigkeit als Wasser oder Luft, bei Wartungsarbeiten an den CRAY-Rechenanlagen wird die Kühlflüssigkeit in besondere Vorratsbehälter gepumpt. Ein Nachteil dieses Kühlmittels ist der hohe Preis für seine Entsorgung.

2.4 Energieprobleme in Rechnersystemen

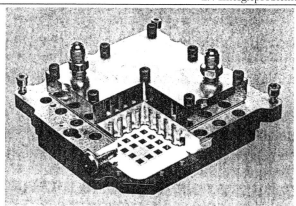

Abbildung 2.19   TCM-Technologie von IBM

Die TCM-Technologie ist heute die am weitesten verbreitete, da sie als einzige in der Lage ist, auf relativ einfache Weise sehr große Wärmemengen zu tranportieren. Der Nachteil liegt in den hohen Herstellungskosten dieser Module. Ihr Vorteil besteht dagegen in der hohen Zuverlässigkeit. Nach Aussagen des Herstellers sind in der gesamten Zeit des Betriebes der TC-Module keinerlei Ausfälle registriert worden.

Eine weitere Schwierigkeit wird von der TCM-Technologie beseitigt. Die einzelnen Verbindungen der Kontakte müssen von den Chips zu den Pins nach außen geführt werden. Bei einem einzelnen Chip ist das noch mit einigem geometrischen Aufwand möglich. Befinden sich aber mehrere Chips auf einem Keramik-Modul (**M**ulti **C**hip **M**odul), dann müssen die Verbindungen zwischen den verschiedenen Chips extrem kurz ausfallen. Als Folge davon werden keine gedruckten Schaltungen mehr benutzt, vielmehr sind für derartig komplizierte Verdrahtungsmuster spezielle mehrlagige Keramik-Module entwickelt worden. Als Substrat für die Mehrlagen-Module verwendete man Aluminiumoxid (Al_2O_3). Neuerding wird anstatt Aluminiumoxid Keramik verwendet, dessen relative Dielektrizitätskonstante um 1/3 kleiner ist und damit die Laufzeiten der Signalverbindungen verkürzt. Innerhalb der verschiedenen Schichten, deren Anzahl bei der IBM-MCM-Technologie bis zu 107 (z900) betragen kann, entstehen sehr komplexe Verdrahtungsmuster. Die senkrechten Verbindungen zwischen den verschiedenen Schichten bestehen aus leitenden Bohrungen, die wiederum innerhalb einer Schicht in horizontalen Leiterbahnen weitergeführt werden und an einer Bohrung zu einer darunter- oder darüberliegenden Schicht enden usw. Die Abbildung 2.20 zeigt ein ESA/9000 Mehrschichtkeramik TC-Modul.

2 Technologische Grundlagen

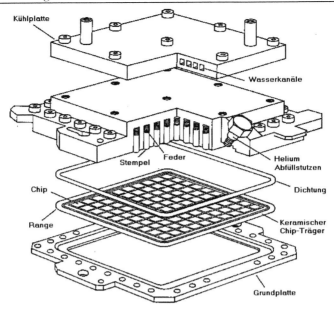

Abbildung 2.20   ESA/9000 Mehrschichtkeramik TC-Modul

Die Frage nach der Optimierung des Energieverbrauchs wird heute im Wesentlichen schon bei der Auswahl der verwendeten Transistor-Technologie geklärt. Vor ca. 10 Jahren wurden für die Implementierung von Mikroprozessoren der mittleren Leistungsklasse fast ausschließlich CMOS- (Complementary MOS) Schaltkreise verwendet. Für CMOS-Transistoren ist die Schaltzeit umgekehrt proportional zur angelegten Spannung, d.h. der Transistor schaltet umso schneller, je mehr Energie ihm zugeführt wird. Dieser lineare Zusammenhang zwischen angelegter Spannung und Schaltgeschwindigkeit gilt aber nur für einen bestimmten Bereich. Wird die Spannung weiter über diesen Grenzbereich hinaus gesteigert, erhöht sich die Schaltgeschwindigkeit nicht mehr. Die Grenze liegt momentan für CMOS-Schaltkreise bei etwa 2-5 Picosekunden. Ein ähnlich linearer Zusammenhang ergibt sich für ECL-(Emitter Coupled Logic) Schaltkreise. Der Unterschied zu CMOS-Schaltkreisen besteht darin, dass ein ECL-Schaltkreis bei gleicher Schaltgeschwindigkeit etwa das Hundertfache an Energie verbraucht. Die ECL-Schaltkreise haben dagegen den Vorteil eines signifikant größeren linearen Bereichs. Somit kann, auf Kosten des Energieverbrauches, die Schaltgeschwindigkeit weiter gesteigert werden. Letzteres hat zur Folge, dass in leistungsfähigen Großrechenanlagen bevorzugt bipolare Schaltkreise eingesetzt wurden, die entsprechend kostspielige Flüssigkeitskühlsysteme benötigten.

Inzwischen sind die Unterschiede zwischen Großrechnern und Workstations bezüglich der CPU-Nutzer-Zeit geringer geworden, d.h. die Energie-Probleme übertragen sich auf die PC- und Workstation-Generationen.

Obwohl die Bipolar- als auch die CMOS-Technik jedes Jahr weiter verbessert wurden, blieb der relative Abstand zwischen beiden um den Faktor 4-5 erhalten. Desweiteren konnten die Kosten eines Rechnersystems mit der schnelleren Bipolar-Technologie verringert werden, wenn anstatt Flüssigkeitskühlung eine Luftkühlung verwendet wurde. Damit verringerte sich natürlich die Rechnergeschwindigkeit. Prognosen, die in Richtung Weiterentwicklung der Bipolar-Technologie und deren Einsatz in luftgekühlten Großrechenanlagen zielen, haben sich als falsch herausgestellt. Momentan zeichnet sich auf dem internationalen Computermarkt ab, dass das Marktvolumen für den Umsatz von Großrechnersystemen gleich geblieben ist. Die Preise dieser Produkte sind aber dramatisch gesunken. Dafür konnten die Hersteller in der gleichen Zeit höhere Stückzahlen verkaufen. Infolge ungeheuer gestiegener Kosten für die Technologieentwicklung haben alle großen Computerfirmen (SGI, Hitachi, Fujitsu, IBM, Intel) beschlossen, die Bipolar-Technologie, obwohl diese etwa bis zu einer halben Größenordnung schneller ist als die CMOS-Technik, nicht mehr weiterzuentwickeln. Man hat sich dafür auf den Kompromiß geeinigt, auf dem Silizium-Chip sowohl FET- als auch Bipolar-Transistoren unterzubringen. Die Strategie ist folgende: An bestimmten kritischen Stellen, an denen besondere Geschwindigkeitsgewinne zu erreichen sind, werden gezielt bipolare Transistoren eingesetzt, selbst wenn der Energieverbrauch um den Faktor 30 höher liegt als bei CMOS-Transistoren. Der Anteil der Bipolar-Technologie an der sogenannten BICMOS-Technologie liegt zwischen 2 und 4 %. Der Alpha-Mikroprozessor der Firma DEC stellt mit einem Anteil von bis zu 20 % eine Ausnahme dar. Dies ist auch der Grund dafür, dass der Prozessor sehr hohe Betriebstemperaturen entwickelt.

Eine weitere Möglichkeit zur Steigerung der Schaltgeschwindigkeit von Transistoren bildet die Gallium-Arsenid-Technologie. Gallium-Arsenid besitzt im kristallinen Zustand eine analoge Struktur zu Silizium, hat aber durch die asymmetrische Bindung eine größere Elektronenbeweglichkeit. Schaltkreise auf Gallium-Arsenid-Basis haben deutliche Geschwindigkeitsvorteile gegenüber der Silizium-Technologie. Die Entwicklung und die Produktion sind aber dermaßen kostenintensiv, dass Aufwand und Nutzen zurzeit in keinem vertretbaren Verhältnis stehen. Es existieren in den USA einige Firmen (Vitess), die Gallium-Arsenid-Chips vertreiben. Die Firma Convex produziert mit ihrer C3-Serie ebenfalls Rechner, in denen Funktionseinheiten in Gallium-Arsenid-Technik implementiert werden. Vermutlich wird sie aber mittelfristig wieder zur Silizium-Technologie zurückkehren, weil der Markt einfach nicht bereit ist, diese teure Technik zu bezahlen.

2.5 SOI-Technologie

In den letzten zehn Jahren ist weltweit intensiv an der Entwicklung einer neuen Technologie für die Produktion von Mikroprozessoren gearbeitet worden. Die Firmen Motorola und IBM haben maßgeblichen Anteil daran, dass die SOI-Technologie (Silicon On Insulator) einen Stand erreicht hat, um vollfunktionsfähige Mikroprozessoren herzustellen (http://www.chips.ibm.com/bluelogic/showcase/soi/). SOI bildete auch die Grundlage für die innovativen Architekturen PowerPC 7400/G4 und 7500/G5 von Motorola.

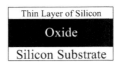

Abbildung 2.21   SOI-Schicht

Die SOI-Technologie bezieht sich auf eine dünne Silizium-Schicht, die auf dem Silizium-Oxid plaziert wird (Abbildung 2.21). Die Idee besteht darin, dass die SOI-Schicht die Kapazität eines Schalters, der als Transistor implementiert ist, reduziert. Die kleinere Kapazität äußert sich in einer verkürzten Schaltzeit des Transistors. In einem MOS-Schalter können Ladungen in einem Bereich zwischen dem dotierten Silizium und dem Silizium-Substrat gespeichert werden (Abbildung 2.22). Diese Grenz-Kapazität (junction capacitance) wird durch die Silizium (Glas)-Isolationsschicht eliminiert.

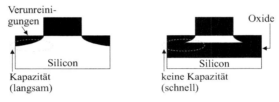

Abbildung 2.22   SOI mit Verunreinigungen

Das Problem der SOI-Technologie besteht darin, dass die kristallinen Eigenschaften von perfekt reinem Silizium und Silizium-Oxid sehr unterschiedlich sind. Das Aufbringen eines reinkristallinen Silizium-Films auf die Oxid-Schicht bildet einen sehr schwierigen technologischen Prozess. Der Forschungsschwerpunkt liegt in der Herstellung perfekter SOI-Schichten. Dabei hat sich gezeigt, dass Saphir den Kristalleigenschaften von reinem Silizium sehr nahe kommt. Als Isolationsmaterial kommen aber SOS (Silicon On Saphir)-Schichten nicht in Frage. Eine weitere Schwierigkeit entsteht bei entsprechender Qualität der SOI-Schicht, wenn der MOS-Transistor darauf plaziert wird. Durch diesen Arbeitsgang entsteht parallel dazu ein bipolarer Transistor, d.h. dem MOS-Transistor auf der SOI-Schicht entspricht die Parallelschaltung eines MOS- und eines Bipolar-Transistors (Abbildung 2.23), die zu unerwünschten Nebeneffekten führt. Als Lösung dieses Dilemmas wurden sehr dünne SOI-Schichten mit weniger als 0.1μ (fully-depleted films) verwendet. IBM benutzt dagegen etwas dickere SOI-Schichten von etwas mehr als 0.15μ.

2.5 SOI-Technologie

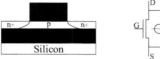

Abbildung 2.23   MOS-Transistor auf SOI und äquivalente Parallelschaltung

Momentan existieren zahlreiche Methoden für die Herstellung von SOI-Material und Wafer. Die Firma IBM, die speziell für die SOI-Entwicklung ein Technologie-Zentrum (Advanced Silicon Technology Center, ASTC) in East Fishkill (New York) aufgebaut hat, produziert seine eigenen SOI-Wafer in der SIMOX (Separation by Implantation of Oxygen)-Technik. Bei diesem Verfahren wird Sauerstoff in sehr großer Konzentration implantiert und das Wafer bei hoher Temperatur abgekühlt bis sich eine dünne SOI-Schicht gebildet hat (Abbildung 2.24). Der SOI CMOS-Prozess unterscheidet sich vom klassischen Bulk CMOS-Prozess (Bulk Silicon: Massives Silizium, monokristallin) nur minimal, er benutzt genau dieselbe Lithographie, Toolset und Metallisierung.

Abbildung 2.24   Implantierter Sauerstoff und SOI-Schicht nach der Abkühlung

Auf der Grundlage der SOI-Technologie werden momentan Mikroprozessor-Chips produziert. Diese können mit wesentlich höheren Taktraten (20-25%) arbeiten und eine Leistungsverbesserung von 25-35% erreichen im Vergleich zu äquivalenten Chips in Bulk CMOS-Technologie (Abbildung 2.25).

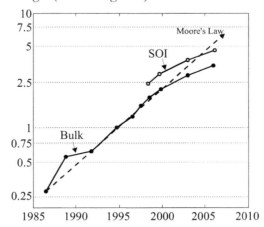

Abbildung 2.25   Abhängigkeit der Performance von der Technologie

3 Einfachst-Rechner

3.1 Einführung

Im folgenden Kapitel wird am Beispiel eines Einfachst-Rechners der Entwurf eines Prozessors schrittweise dargestellt und seine Funktionseinheiten einzeln und in ihren Wechselwirkungen untereinander erläutert. Dieser Rechner stammt ursprünglich von Phil Koopman [Kop 87] und wurde an einigen Universitäten der Südstaaten der USA tatsächlich für Praktika in Hardware implementiert.

Um einen Rechner implementieren zu können, muss zunächst über seine Architektur nachgedacht werden. Wenn ein Haus gebaut werden soll, dann muss der Architekt zuerst die Architektur in Form von Bauzeichnungen entwickeln. Das bedeutet, dass er überlegt, wie lang und wie breit der Grundriß sein soll, wieviele Zimmer und mit welchen Maßen entstehen sollen, wie die Türen und Fenster aussehen etc. Auch bei einem Rechner muss sich der Rechnerarchitekt auf eine bestimmte Architektur festlegen. Die wichtigste Entscheidung betrifft die Länge (Anzahl der Bits) eines Maschinenbefehls. Maschinenbefehle stellen die atomaren Operationen einer Rechnerarchitektur dar. Die maschinennahe Programmierung mittels der Assembler-Sprache einer Rechenanlage war vor ca. 30 Jahren unerläßlich für jeden Programmierer. Heute verwendet man dagegen fast ausschließlich problemorientierte Sprachen, die eine detailliertere Kenntnis des Rechners nicht mehr erfordern. Für den Informatiker erscheint aber der Umgang mit einer Assembler-Sprache auch heute noch als sehr hilfreich für das Verständnis der Zusammenhänge in einer Rechenanlage, da sich hier die Architektur-Entscheidungen der Rechenanlage am deutlichsten widerspiegeln (siehe Abschnitt 1.2).

3.2 Architektur-Entscheidungen

Die Maschinenbefehle einer Rechenanlage werden jeweils sequentiell aus dem Hauptspeicher geholt und nacheinander abgearbeitet. Sie können alle eine identische Länge haben (PowerPC-, Hewlett Packard-8001-Prozessor) oder ihre Länge ist variabel (Intel 80x86).

Für den Einfachst-Rechner werden folgende Architektur-Entscheidungen getroffen: Alle Maschinenbefehle haben eine identische Länge von 16 Bit und bestehen aus einem 4 Bit-Feld, Operationscode bzw. Op-Code genannt, sowie einem 12 Bit-Adressfeld. Der Operationscode spezifiziert die Operation, die ausgeführt werden soll (2 Zahlen addieren, verzweigen, ein Datum im Hauptspeicher abspeichern usw.). Das Adressfeld dient zur Adressierung eines Datums im Hauptspeicher. Der Hauptspeicher wird in Worten zu 16 Bit Länge organisiert. Die 12 Bit der Adresse legen die Größe des Hauptspeichers mit 2^{12} = 4096 Worten bzw 8192 Byte (1 Byte = 8 Bit) fest.

Der Hauptspeicher ist über Datenleitungen mit der CPU verbunden. Die Datenleitungen sind 16 Bit breit, d.h. bei jedem Zugriff der CPU auf den Hauptspeicher kann genau ein Wort (Maschinenbefehl oder Datenwort) geladen werden.

Der Rechner hat Operanden, die genau eine Länge von 16 Bit besitzen. Er gestattet Operationen auf diesen Operanden, z.B. eine 16 Bit Addition (parallele Addition von zwei 16 Bit Operanden). Der Rechner hat weiterhin eine arithmetisch-logische Einheit (ALU) und drei jeweils 16 Bit breite Register. Diese Register heißen Akkumulator (Akku), Befehlsregister (IR, Instruction Register) und Befehlszähler (PC, Program Counter). Neben dem Hauptspeicher verfügt der Einfachst-Rechner noch über eine Steuerlogik (Steuerwerk).

Alle diese Angaben bilden zusammen die grundlegende Architektur des Rechners. Es handelt sich hierbei um eine sehr einfache Architektur, aber sie hat den Vorteil, dass sie einfach und leicht verständlich ist.

3.3 Funktions-Einheiten

3.3.1 Logische Einheit

In der ALU sind die arithmetischen und logischen Operationen zusammengefasst. Die logische Einheit nimmt logische Verknüpfungen zwischen zwei Operanden (16 Bit) vor. Zwei Operanden werden miteinander logisch verknüpft (AND, OR, XOR usw.), indem jedes Bit des einen Operanden mit der entsprechenden Bitstelle des anderen Operanden logisch verknüpft wird. Bei einer XOR-Verknüpfung zweier 16 Bit Operanden werden 16 XOR-Gatter benötigt, die diese Operation zeitlich parallel ausführen. Die Abbildung 3.1 zeigt Beispiele der logischen Verknüpfungen AND, OR und XOR.

Für den Aufbau der ALU des Einfachst-Rechners werden Standardbaugruppen der Firma Texas Instruments vom Typ SN 74181 benutzt (siehe Abbildung 3.2).

Der Baustein SN 74181 ist für 4 Bit breite Operanden ausgelegt. Innerhalb dieses Bausteins kann die Art der Operation durch die Belegung von 5 Steuersignalen festgelegt werden. Binäre Addition, Subtraktion, logische Funktionen (AND, OR, XOR) sowie die Invertierung des Eingangsoperanden sind ausführbar.

3.3 Funktions-Einheiten

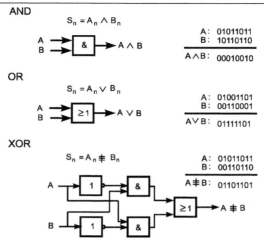

Abbildung 3.1   AND, OR und XOR-Darstellung (Logische Verknüpfung, Schaltbild und Wirkungsweise)

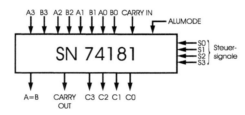

Abbildung 3.2   Volladdierer der Firma Texas Instruments

3.3.2 Steuerung der ALU

Für den Aufbau des Einfachst-Rechners wird eine ALU benötigt, die nicht nur 4 Bit Operanden sondern 16 Bit Operanden verarbeiten kann. Um dieses Ziel zu erreichen, werden 4 Bausteine vom Typ SN 74181 parallel verschaltet, so dass das Carry-Out-Signal des 0. Bausteins ($A_{(0..3)}$, $B_{(0..3)}$, $C_{(0..3)}$) das Carry-In-Signal des 1. Bausteins ($A_{(4..7)}$, $B_{(4..7)}$, $C_{(4..7)}$) darstellt usw. Diese einfache 16 Bit ALU ist in Abbildung 3.3 gezeigt.

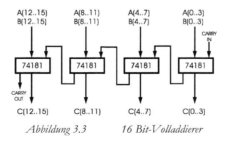

Abbildung 3.3   16 Bit-Volladdierer

Mit Hilfe der 4 Steuersignale S_0, S_1, S_2, S_3 sind 16 verschiedene Operationen implementierbar, deren Ausführung noch vom Mode-Bit M abhängen. Für

3 Einfachst-Rechner

$M = 1$ werden in Abhängigkeit von den Signalen S_0, S_1, S_2, S_3 16 verschiedene logische Funktionen, für $M = 0$ arithmetische mit bzw. ohne Carry ausgeführt.

Abbildung 3.4 veranschaulicht tabellarisch die verschiedenen Operationen in Abhängigkeit von den 5 Steuersignalen. Zum Beispiel führt die ALU für die Auswahl $S_0 = 1$, $S_1 = 1$, $S_2 = 0$, $S_3 = 1$ und $M = 1$ die logische Funktion AND(A, B) aus. Für $S_0 = 0$, $S_1 = 1$, $S_2 = 1$, $S_3 = 0$ und $M = 0$ sowie mit Carry (Carry-In = 1) wird die Subtraktion A-B realisiert.

Auswahl $S_3\ S_2\ S_1\ S_0$	M = 1 (ALUMODE)	M = 0 ($\overline{C}_n = 1$ (o. Carry))	M = 0 ($\overline{C}_n = 0$ (m. Carry))
0 0 0 0	F:=¬A	F:=A	F:=A +1
0 0 0 1	F:=¬(A∨B)	F:=A∨B	F:=(A∨B)+1
0 0 1 0	F:=¬A∧B	F:=A∨¬B	F:=(A∨¬B)+1
0 0 1 1	F:=0	F:=-1$_{10}$ = 1111$_2$	F:=0
0 1 0 0	F:=¬(A∧B)	F:=A + (A∧¬B)	F:=A + (A∧¬B) +1
0 1 0 1	F:=B	F:=(A∨B) + (A∧¬B)	F:=(A∨B)+(A∧¬B) +1
0 1 1 0	F:=A≠B	F:=A - B -1	F:=A - B
0 1 1 1	F:=A∧¬B	F:=(A∧¬B)-1	F:=A∧¬B
1 0 0 0	F:=A∨B	F:=A + (A∧B)	F:=A + (A∧B) +1
1 0 0 1	F:=¬(A≠B)	F:=A + B	F:=A + B +1
1 0 1 0	F:=B	F:=(A∨¬B) + (A∧B)	F:=(A∨¬B) + (A∧B) +1
1 0 1 1	F:=A∧B	F:=(A∧B)-1	F:=A∧B
1 1 0 0	F:=1	F:=A +2*A	F:=A + A +1
1 1 0 1	F:=A∨¬B	F:=(A∨B) + A	F:=(A∨B) + A +1
1 1 1 0	F:=A∨B	F:=(A∨¬B)+ A	F:=(A∨¬B) + A +1
1 1 1 1	F:=A	F:=A -1	F:=A

(A=A_3...A_0, B=B_3...B_0 Operanden; F=F_3...F_0 Ergebnis; ¬ Inversion; ∨ ODER; ∧ UND; ≠ Antivalenz)

Abbildung 3.4   Funktionen der ALU74181

3.3.3 Die Register

3.3.3.1 Funktion der Register

Der Einfachst-Rechner umfasst drei 16 Bit Register. Der Akkumulator (Akku) dient als Lese- oder Schreibregister der ALU. Im Akkumulator befindet sich der 2. Operand bei einer Verknüpfungsoperation innerhalb der ALU. Das Ergebnis dieser Operation wird entweder in den Hauptspeicher oder zurück in den Akkumulator geschrieben.

Das Befehlsregister (IR, Instruction Register) hat die Aufgabe, den Maschinenbefehl, der gerade ausgeführt wird, solange zu speichern, bis seine Ausführung abgeschlossen ist. Der Befehlszähler (PC, Program Counter) wird benutzt, um den nächsten Maschinenbefehl zu adressieren. Während der Ausführung eines Maschinenbefehls wird der Befehlszähler um 1 erhöht und zeigt auf den nächsten Maschinenbefehl des sequentiellen Maschinenprogramms oder kann bei Verzweigungsbefehlen mit einer neuen Adresse geladen werden.

3.3.3.2 Register-Implementierung

Die Implementierung des Akkumulators und des Befehlsregisters unterscheidet sich grundlegend von der des Befehlszählers.

Akkumulator und Befehlsregister werden im Fall des Einfachst-Rechners als getaktetes D-Latch oder als D-FlipFlop realisiert. Dieser serielle Logik-Baustein besteht aus dem eigentlichen Kippglied (RS-FlipFlop), das in Form zweier rückgekoppelter OR-Gatter implementiert wird und 2 vorgeschalteten AND-Gatter, die das Eingangssignal D invertiert bzw. nicht invertiert mit dem Clock-Signal verknüpfen. Das Eingangssignal D gelangt nur dann an den Eingang des Basis-FlipFlops, wenn das Clock-Signal High-Pegel besitzt, d.h. während des kurzen Taktimpulses kann das FlipFlop gesetzt werden, wenn der Eingang D High-Pegel zeigt. Das Ausgangssignal liegt invertiert oder nichtinvertiert vor (Q oder $\overline{Q}$). In der Abbildung 3.5 wird dieser Sachverhalt verdeutlicht. Da der Akku und das Befehlsregister als 16 Bit Register definiert sind, müssen in beiden Fällen 16 D-FlipFlops parallel verschaltet werden, die alle dasselbe Clock-Signal erhalten. Die Abbildung 3.6 zeigt den vereinfachten Fall eines 8 Bit-Registers.

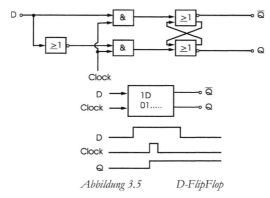

Abbildung 3.5   D-FlipFlop

3 Einfachst-Rechner

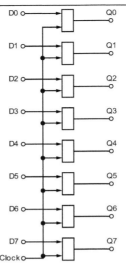

Abbildung 3.6   *Vereinfachtes 8 Bit-Register mit Hilfe von D-FlipFlops*

Um zu entscheiden, ob der betreffende Ausgang der FlipFlops weitergeleitet werden soll oder nicht, werden alle Ausgangssignale Q_i mit einem Steuersignal in jeweils einem AND-Gatter verknüpft.

Die Implementierung des Befehlszählers ist unterschiedlich zu der von Akkumulator und Befehlsregister. Der Befehlszähler soll einerseits genau wie die beiden anderen Register Informationen während des Maschinenzyklus speichern (z.B. Laden der Verzweigungsadresse) und wieder zur Verfügung stellen, andererseits soll sein Inhalt in einem zusätzlichen Modus incrementiert werden können. Eine einfache Art und Weise, den Befehlszähler zu implementieren, ist die Verwendung von sogenannten J-K-Master-Slave-FlipFlops. Die Abbildung 3.7 stellt die Schaltung eines derartigen FlipFlops einschließlich des Symbols dar. Das J-K-Master-Slave-FlipFlop entsteht aus dem R-S-Master-Slave-FlipFlop durch Rückkopplung des Ausgangs $\overline{Q}$ auf den Master-Eingang S und des Ausgangs Q auf den Master-Eingang R. Es ergibt sich so:

$$S = J \text{ AND } \overline{Q} \qquad R = K \text{ AND } Q$$

Durch die Rückkopplung wird vermieden, dass $R = S = 1$ werden kann, denn es muss stets gelten: $R \text{ AND } S = 0$.

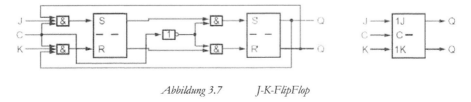

Abbildung 3.7   *J-K-FlipFlop*

3.3 Funktions-Einheiten

Aus $R \text{ AND } S = (J \text{ AND } \overline{Q}) \text{ AND } (K \text{ AND } Q) = 0$ folgt, dass $J = K = 1$ sein kann. Die Zustandstabelle ist in Abbildung 3.8 dargestellt.

J	K	Q_{n+1}
0	0	Q_n
0	1	0
1	0	1
1	1	$\overline{Q}_n$

Abbildung 3.8   *Zustandstabelle des J-K-FlipFlop*

Man erkennt, dass der Zustand des FlipFlops für $J = K = 1$ und für das Clock-Signal $C = 1$ geändert wird. Um aus dem *J-K*-Master-Slave-FlipFlop ein *T*-Master-Slave-FlipFlop zu erhalten, werden die beiden Dateneingänge *J* und *K* in der Abbildung 3.7 auf High-Pegel gelegt. Diese Maßnahme hat zur Folge, dass bei einem Clock-Impuls am Eingang *C* der Ausgang des *T*-Master-Slave-FlipFlops geändert wird, d.h. aus einem High-Pegel wird Low und umgekehrt. Die Schaltung und das Symbol des *T*-Master-Slave-FlipFlops zeigt die Abbildung 3.9. Aus der Übergangsfunktion des *J-K*-Master-Slave-FlipFlops

$$Q_{(n+1)} = (J \text{ AND } \overline{Q}_n) \text{ OR } (\overline{K} \text{ AND } Q_n)$$

ergibt sich für

$$S = \overline{Q}$$
$$R = Q$$
$$Q_{(n+1)} = \overline{Q}_n$$

Der Zustand Q_n ist der vor dem Kippen des FlipFlops. $Q_{(n+1)}$ stellt den Zustand nach dem Kippen dar.

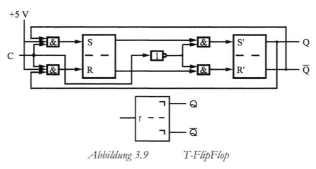

Abbildung 3.9   *T-FlipFlop*

3 Einfachst-Rechner

Um einen 12 Bit Befehlszähler aufzubauen, werden 12 der *T*-Master-Slave-FlipFlops benötigt. Für das Verständnis der Arbeitsweise sind 3 dieser Funktionseinheiten ausreichend.

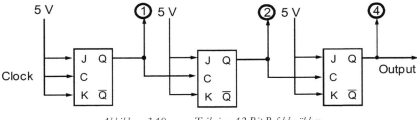

Abbildung 3.10   *Teil eines 12 Bit-Befehlszählers*

In der Abbildung 3.10 ist ein 3-stufiger asynchroner Befehlszähler abgebildet. Die einzelnen Stufen werden mit Hilfe von *T*-Master-Slave-FlipFlops implementiert. Da es sich um flankengesteuerte FlipFlops handelt, ändert sich der Zustand des ersten FlipFlops bei jeder eintreffenden Low → High-Flanke, d.h. wenn der Zustand des ersten FlipFlops Low war, dann kippt sein Ausgang Q beim Eintreffen der ersten positiven Flanke (Low → High) auf High, beim Eintreffen der zweiten positiven Flanke wieder auf Low usw. Die 2. Stufe des Befehlszählers erhält aber ihr Clock-Signal vom Ausgang Q der ersten Stufe. Dadurch, dass dieses Signal die doppelte Zykluszeit des ursprünglichen Clock-Signals hat, kippt der Ausgang des zweiten FlipFlops nur bei jeder zweiten positiven Flanke des Clock-Signals der 1. Stufe. Die 3. Stufe des Zählers erhält wieder ihr Clock-Signal vom Ausgang Q der 2. Stufe, so dass der Ausgang Q des dritten FlipFlops bei jedem 4. Clock-Signal des ersten FlipFlops kippt usw.

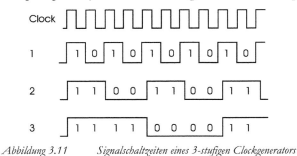

Abbildung 3.11   *Signalschaltzeiten eines 3-stufigen Clockgenerators*

Die Signalverhältnisse der drei FlipFlop-Ausgänge relativ zum Clock-Signal sind in der Abbildung 3.11 gezeigt.

3.3.4 Multiplexer

Ein Multiplexer ist ein auswählendes Schaltnetz. Im Einfachst-Rechner wird er benutzt, um wahlweise 12 Bit aus dem Befehlsregister oder aus dem Befehlszähler auf die 12 Bit Adressenleitung des Hauptspeichers zu schalten.

3.3 Funktions-Einheiten

Prinzipiell besitzt ein Multiplexer 2*n Dateneingänge, n Datenausgänge und m Steuereingänge. In der Abbildung 3.12 ist aus Gründen der Einfachheit ein 2*4:4 Multiplexer dargestellt. Für den Einfachst-Rechner ist ein 2*12:12 Multiplexer erforderlich. Der Multiplexer in Abbildung 3.12 hat die beiden Eingangszweige A (A_0, A_1, A_2, A_3) mit dem zugehörigen Steuersignal S_1 und B (B_0, B_1, B_2, B_3) mit dem Steuersignal S_2.

In jedem Zweig werden die einzelnen Eingänge mit dem entsprechenden Steuersignal über ein AND-Gatter verknüpft. Falls S_1 High-Pegel führt, liegen an den Ausgängen der entsprechenden AND-Gatter die Signale A_0, A_1, A_2, A_3; S_2 ist das invertierte Signal von S_1. Die Ausgänge sämtlicher AND-Glieder beider Zweige werden über OR-Gatter verknüpft und bilden die Ausgangssignale des Multiplexers. Zwei gebräuchliche Schaltsymbole des Multiplexers zeigt Abbildung 3.12.

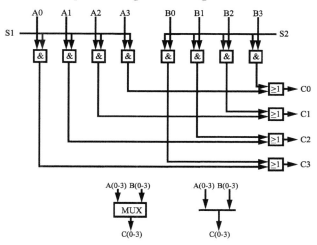

Abbildung 3.12   Darstellung des Multiplexers mit Schaltsymbol

3.3.5 Der Hauptspeicher

Wie festgelegt, wird der Hauptspeicher des Einfachstrechners über 12 Adressleitungen angesprochen. Somit können 2^{12} Worte unterschieden werden. Jedes Speicherwort besitzt eine Breite von 16 Bit, so dass die gesamte Speicherkapazität des Hauptspeichers 8192 Byte (8 KByte) beträgt. Die kleinstmögliche Einheit des Zugriffs auf den Hauptspeicher ist ein Wort zu 16 Bit, d.h., byteweise Zugriffe sind nicht vorgesehen.

Den Aufbau des Hauptspeichers zeigt Abbildung 3.13. Er wurde aus 16 Speichermodulen zu je 512 Byte aufgebaut, zu deren Ansteuerung 4 Adressleitungen benötigt werden. Die entsprechenden 4 Adressleitungen (2^4=16) werden in 2 Gruppen zu je 2 Adressleitungen aufgeteilt: Die eine Gruppe heißt Row-Dekoder, zu dem die Leitungen A_0, A_1 und die invertierten Signale sowie die 4 AND-Gatter gehören. Die zweite Gruppe bildet den Column-Dekoder, der die Leitungen A_2, A_3 sowie die entsprechenden invertierten Signale und die zugehörigen AND-Gatter umfasst. Jede der 16

3 Einfachst-Rechner

Speichermodule (256 Worte zu je 16 Bit) wird adressiert, indem eine der 4 Row-Signale und eine der 4 Column-Signale auf High-Pegel liegt.

Die Speichermodule setzen sich aus 256 Speicherworten (16 Speicherzellen a 1 Bit) zusammen, die mittels der verbleibenden 8 Adressbits angesteuert werden. Der Aufbau einer einzelnen Speicherzelle ist in der Abbildung 3.14 dargestellt. Sie besteht aus einem Basis-FlipFlop und zwei AND-Gattern sowie dem Inverter, über den die Daten invertiert an den Eingang des unteren AND-Gatters gelangen, während die nichtinvertierten Daten am Eingang des oberen AND-Gatters anliegen.

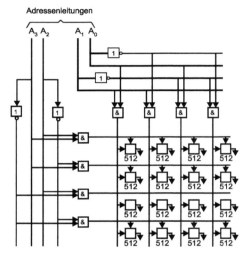

Abbildung 3.13   Zweidimensionaler adressierter Datenspeicher

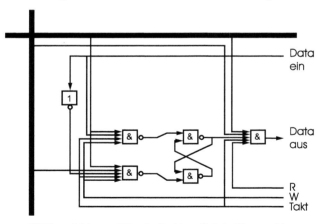

Abbildung 3.14   Einzelne Speicherzelle S des Hauptspeichers

Um die Daten in das FlipFlop einschreiben zu können, wird das Write-Signal W auf die Eingänge der beiden AND-Gatter vor dem Basis-FlipFlop geführt. Das Write-

Signal bestimmt, ob in die Speicherzelle geschrieben wird. Das Clock-Signal schließlich bestimmt, zu welchem Zeitpunkt die Daten in das FlipFlop übernommen werden. Am Ausgang des Basis-FlipFlops befindet sich ein weiteres AND-Gatter, das den Lesevorgang der Speicherzelle steuert. Die Eingänge des AND-Gatters sind der Ausgang des Basis-FlipFlops, die beiden Auswahlleitungen der Speicherzelle (Row-, Column-Signale), das Read-Signal und das Clock-Signal.

Um die Anzahl der Eingänge in den Speicherbaustein weitgehend zu reduzieren, wird der Schreib-Eingang W eingespart. Das kann geschehen, indem das Write-Signal W durch die Invertierung des Read-Signals R implementiert wird, denn ein gleichzeitiges Lesen und Schreiben ist nicht möglich. Die Konvention legt fest: Führt der Eingang R High-Pegel, so wird gelesen. Desweiteren wären normalerweise 16 Daten-Eingabe- und 16 Daten-Ausgabe-Leitungen für einen Speicherbaustein notwendig. Die Gesamtzahl dieser Leitungen wird auf jeweils eine Eingabe- und eine Ausgabe-Leitung beschränkt. Diese Einsparung ist mit Hilfe von Schaltkreisen möglich, deren Ausgänge die 3 Zustände (Tristate) High, Low und Hochohmig führen können. So wird z.B. jedes der 16 Ausgangssignale durch einen Tristate-Treiber-Schaltkreis geleitet und anschließend werden alle 16 Ausgänge in einem OR-Gatter miteinander verknüpft. Das Steuersignal der Tristate-Treiber stellt sicher, dass jeweils nur ein Ausgangssignal High- oder Low-Pegel führt, während sich die übrigen 15 Tristate-Ausgänge im Zustand Hochohmig befinden.

3.3.6 Bussystem

Das Bussystem des Einfachst-Rechners gliedert sich in 3 Teile: Datenbus (16 Bit), Adressbus (12 Bit), Steuerbus (12 Signale).

Eine ähnliche Aufteilung findet man in jedem modernen Rechner. Der Pentium-Prozessor [Sch 93] verfügt über 32 Datenleitungen anstatt über 16. Neuere Implementierungen verfügen über 64 Datenleitungen. Auch die Anzahl der Adressleitungen hat die 64 erreicht, da sonst große Speicher nicht mehr vollständig adressiert werden könnten. Die Anzahl der Steuersignale hängt von der Architektur des Steuerwerks ab. Ein mittels Hardware implementiertes Steuerwerk stellt einen Automaten mit einer endlichen Menge von Zuständen dar. Die Zahl der Zustände hängt von der Anzahl der verwendeten FlipFlops ab, d.h. für n FlipFlops existeren 2^n Zustände. Die Steuersignale sind einer bestimmten Menge von Befehlsklassen zugeordnet und bestimmen die Bedingungen für den Übergang von einem Zustand in einen anderen.

In der Abbildung 3.15 ist der Datenfluss des Einfachst-Rechners skizziert. Der Datenbus verbindet den Hauptspeicher einerseits mit der ALU und andererseits mit dem Befehlsregister. Außerdem empfängt die ALU über einen weiteren Abschnitt des Datenbusses Daten von dem 16 Bit-Akkumulator. Das Ergebnis der Verknüpfung mit einem Operanden aus dem Hauptspeicher ist ein 16 Bit-Resultat, das ebenfalls wieder über einen dritten Abschnitt des Datenbusses entweder in den Hauptspeicher oder zurück in den Akkumulator geschrieben wird.

Der Adressbus wird von den Leitungsbündeln zwischen Befehlsregister und Hauptspeicher gebildet. Dabei ermöglicht der Multiplexer, dass die Adresse vom IR oder vom PC übernommen werden kann. Das Befehlsregister trennt von dem 16 Bit Datenwort aus dem Hauptspeicher die niederwertigsten 4 Bit ab (OP-Code) und legt die restlichen 12 Bit auf den Adressbus.

Der Steuerbus ist aus der Abbildung 3.15 nicht als Bus erkennbar. Vielmehr ist er in mehrere Segmente zu jeweils 6 (ALU), 2 (PC) und Einzelsignale (MPX, IR, Akku, Hauptspeicher) aufgeteilt. Die Steuersignale werden aus den 4 niederwertigsten Bits des Befehlsregisters im Steuerwerk generiert. Mit dem 4 Bit großen OP-Code lassen sich 16 verschiedene Befehle codieren, für die unterschiedliche Sequenzen von Steuersignalen für die Funktionseinheiten generiert werden. Der Einfachst-Rechner verwendet 12 Steuersignale, die in Abbildung 3.15 dargestellt sind. Als 5. Eingang empfängt das Steuerwerk noch das Clock-Signal, das insbesondere über die FlipFlops die Zustandsübergänge des Automaten bewirkt.

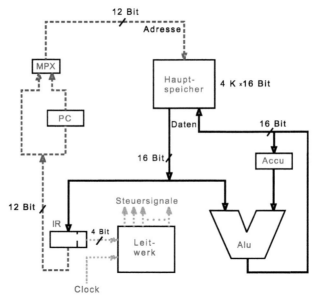

Abbildung 3.15   Datenfluss im Einfachst-Rechner

Die benutzten 12 Steuersignale haben folgende Funktionen: 6 Steuersignale werden für den ALU-Baustein SN 74181 verwendet (S_0, S_1, S_2, S_3, M, C_n), deren Wirkung oben erläutert wurde. Der Programmzähler benötigt 2 Steuersignale (Clock(PC), INC(PC)). Das Steuersignal ADDR entscheidet, ob der rechte oder der linke Pfad vom Multiplexer auf den Hauptspeicher durchgeschaltet wird. Vom Steuersignal Clock(IR) wird festgelegt, wann eine Adresse aus dem Hauptspeicher in das Befehlsregister übernommen wird. Das gleiche gilt für die Übernahme des 16 Bit Ergebnis-Wortes aus der ALU in den Akku, die durch das Steuersignal Clock(Akku) realisiert wird. Das Signal Write(RAM) bestimmt die Art des Zugriffes auf die adressierte Speicherzelle. Ein Datum kann aus der ALU in den Speicher geschrieben (Write(RAM) = 1) bzw aus dem Speicher in das Befehlsregister oder als Operand in die ALU gelesen werden (Write(RAM) = 0).

3.3.7 Ablaufsteuerung

Das System-Clock-Signal wird über den Clock-Generator erzeugt und in zwei um eine halbe Periode gegeneinander verschobene Impulsfolgen zerlegt (siehe Abschnitt 3.3.3.2). Die System-Taktfrequenz liegt im Falle des Einfachst-Rechners bei einigen MHz. Der Maschinenzyklus oder die ´Schwingungsdauer´ des Clock-Signals (Abbildung 3.16) wird in 2 gleiche Teile eingeteilt. Während der ersten Halbperiode (Pegel des Clock-Signals liegt auf High) wird der nächste sequentielle Befehl aus dem Hauptspeicher ausgelesen und in der zweiten Halbperiode (Pegel des Clock-Signals liegt auf Low) ausgeführt. Danach wird in der nächsten Halbperiode wieder der folgende sequentielle Befehl aus dem Hauptspeicher geholt usw. Der erste halbe Maschinenzyklus heißt Instruktionszyklus (I-Cycle), der zweite heißt Ausführungszyklus (E-Cycle). In modernen Mikroprozessoren wird eine feinerer Teilung der Ablaufsteuerung vorgenommen (IF = Instruction Fetch, ID = Instruction Decode, EX = Execution, MEM = Memory access, WB = Write Back). Computer mit einem Maschinenzyklus ähnlich dem des Einfachst-Rechners sind noch bis Mitte der 70er Jahre gebaut worden.

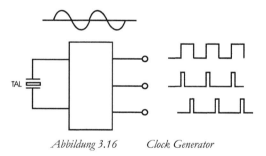

Abbildung 3.16   Clock Generator

Die Ausführungszeit eines Maschinenbefehls des Einfachst-Rechners besteht nur aus einem I-Cycle und einem E-Cycle. Der I-Cycle ist für alle Maschinenbefehle identisch. Während des I-Cycle wird der Adressteil des Befehlszählers ausgelesen und passiert den Multiplexer. Das Steuersignal des Multiplexers wird vom Steuerwerk entsprechend gesetzt (ADDR = 1). Aus dem Hauptspeicher wird das adressierte 16 Bit Wort ausgelesen, indem das Steuersignal Write(RAM) auf 0 gesetzt wird. Das Datum gelangt zum Befehlsregister und durch das Steuersignal Clock(IR) erfolgt die Übernahme in das Register.

Um den weiteren Ablauf des Ausführungszyklus zu verstehen, müssen die einzelnen Maschinenbefehle untersucht werden. Der einfachste Maschinenbefehl ist die STORE-Anweisung, die ein 16 Bit Wort speichert. Es wird vorausgesetzt, dass sich dieser

3 Einfachst-Rechner

Befehl bereits im Befehlsregister befindet. Während die niederwertigsten 4 Bit abgetrennt und zusammen mit dem System-Clock-Signal die benötigten Steuersignale vom Steuerwerk generiert werden, passieren die restlichen 12 höherwertigen Bits mit Hilfe des Signals ADDR=IR=High den Multiplexer MPX (Abbildung 3.17) und adressieren für das zu speichernde 16 Bit Wort den Platz im Hauptspeicher. Danach wird mit CLOCK(ACCU)=High der Akkumulator ausgelesen, indem durch das CLOCK (ACCU)-Steuersignal alle AND-Verknüpfungsglieder an den Ausgängen der D-FlipFlops des Akkumulators durchgeschaltet werden können. Die Daten des Akkumulators gelangen unmodifiziert durch die ALU ($S_3 - S_0 = 1111$, $M = 1$), und so über den 16 Bit Datenpfad an die Datenleitung des Hauptspeichers. Da die Auswahlleitungen für die Adresse im Hauptspeicher bereits gesetzt sind, wird mittels des Steuersignals WRITE (RAM)= $\overline{\text{Read (RAM)}}$ =High das 16 Bit Datenwort in den Hauptspeicher eingeschrieben. Während des Ausführungszyklus erhält auch der Befehlszähler zusätzlich zum Signal CLOCK(PC) das Steuersignal COUNT/LOAD, das durch die Clock-Freigabe den Befehlszähler um +1 erhöht. Das Erhöhen des Befehlszählers erfolgt immer während des E-Cycle, da sein Zählerstand nur im I-Cycle benötigt wird, d.h. am Ende des E-Cycle muss der Zählerstand aktualisiert sein, damit der nächste auszulesende Befehl im Hauptspeicher adressiert werden kann. Damit ist der Ausführungszyklus des STORE-Befehls beendet.

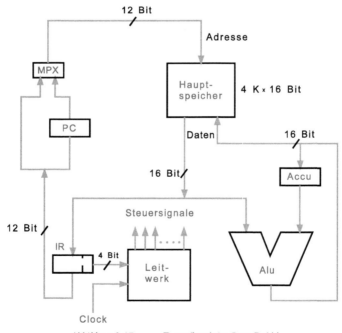

Abbildung 3.17   Datenfluss beim Store-Befehl

3.3 Funktions-Einheiten

Als nächster Befehl soll die ADD-Anweisung (Additionsbefehl) diskutiert werden. Dabei wird der Inhalt des Akku's mit dem Inhalt einer Hauptspeicherzelle verknüpft. Es wird wieder vorausgesetzt, dass sich der ADD-Befehl schon mittels einer Lese-Operation im Befehlsregister befindet. Das Steuerwerk erzeugt mit Hilfe des 4 Bit Operationscodes einschließlich des System-Clock-Signals die notwendigen Steuersignale. Zunächst wird über das Steuersignal READ= $\overline{\text{Write (RAM)}}$ =High ein 16 Bit Wort aus dem Hauptspeicher ausgelesen und direkt in die ALU transportiert. Die Adresse des ausgelesenen Wortes ist in dem vollständigen ADD-Befehl enthalten. Parallel dazu wird wieder durch das Signal CLOCK(ACCU)=High das Akku-Register ausgelesen. Beide 16 Bit Operanden werden anschließend mittels der 6 für die ALU zugeordneten Steuersignale, die eine arithmetische Addition definieren, miteinander verknüpft. Das Ergebnis der Addition wird wieder im Akkumulator gespeichert.

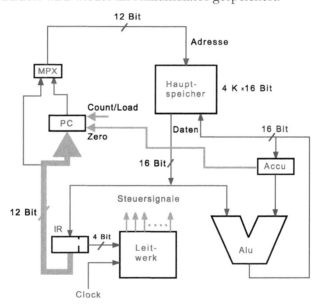

Abbildung 3.18   Datenfluss des Branch-On-Zero Befehls

Der dritte Befehl, dessen Mitwirkung bei der Ablaufsteuerung behandelt werden soll, ist die BRANCH-ON-ZERO-Anweisung, die eine Verzweigung unter einer Bedingung bewirkt. Die Verzweigung erfolgt genau dann, wenn der Inhalt des Akkumulators ´0´ ist. Im anderen Fall erfolgt keine Verzweigung. Geht man davon aus, dass der Befehl bereits im Befehlsregister steht, so liegt der Adressteil des Befehlswortes am Befehlszähler an. Gleichzeitig wird der Inhalt des 16 Bit Akku's auf ´0´ (ZERO) geprüft, indem die Ausgänge des Akku's durch ein NOR-Gatter miteinander verknüpft werden. Nur wenn alle Ausgänge eine ´0´ führen, erscheint am Ausgang des NOR-Gatters ein High-Pegel. Dieses Signal wird benutzt, um den Befehlszähler von der Betriebsart COUNT auf LOAD umzuschalten. Das Steuersignal INC(PC) wird zwar vom Steuerwerk auf High-Pegel gelegt, es hat aber keine Wirkung, da der Befehlszähler sich nicht im Modus COUNT befindet.

Der Befehlszähler übernimmt die anliegende Adresse, die identisch mit dem Adressteil des Befehlsregisters ist. Somit wird der Befehlszähler mit einem neuen Wert geladen und adressiert nun die Speicherzelle im Hauptspeicher, an der die Befehlsverarbeitung fortgeführt werden soll.

Die Adresse gelangt durch den Multiplexer (ADDR=IR=Low) an den Hauptspeicher. Der auf dieser Adresse stehende Befehl wird im folgenden I-Cycle als nächster in das Befehlsregister gelesen (Abbildung 3.18).

Die prinzipielle Ablaufsteuerung des Einfachst-Rechners zeigt die Abbildung 3.19.

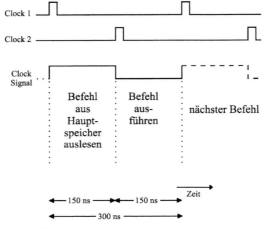

Abbildung 3.19   Prinzipielle Ablaufsteuerung des Einfachst-Rechners

3.3.8 Das Steuerwerk

Das Steuerwerk (mitunter auch Leitwerk genannt) erzeugt aus dem 4 Bit OP-Code des Befehlswortes und dem System-Clock-Signal alle für die Ablaufsteuerung notwendigen Steuersignale. Mit dem 4 Bit OP-Code kann man insgesamt 16 Befehle unterscheiden, von denen aber nur 12 implementiert werden. Das Steuerwerk generiert für die einzelnen Funktionseinheiten (ALU, MPX, IR usw.) 12 unterschiedliche Steuersignale. In der Abbildung 3.20 ist das in Hardware implementierte Steuerwerk dargestellt.

Abbildung 3.20 zeigt den Schaltplan des Steuerwerkes, der nach der Tabelle in Abbildung 3.21 entworfen wurde. Das Steuerwerk benötigt einen Controller mit 2 Zuständen, die den beiden Clock-Zyklen aus der Abbildung 3.19 entsprechen. Das *D*-FlipFlop generiert das Signal CLOCK 1, wenn ein neuer Befehl in das Befehlsregister eingetaktet wird (CLOCK=IR=High) und geht bei CLOCK=IR=Low in den Zustand CLOCK 2 über.

3.3 Funktions-Einheiten

Die 4 Signale $OP_0...OP_3$ und das System-Clock-Signal bilden die Eingänge und die Signale $ALU_0...WRITE(RAM)$ die Ausgänge für das Steuerwerk, das aus NOT-, AND-, OR-Gattern und einem FlipFlop aufgebaut ist.

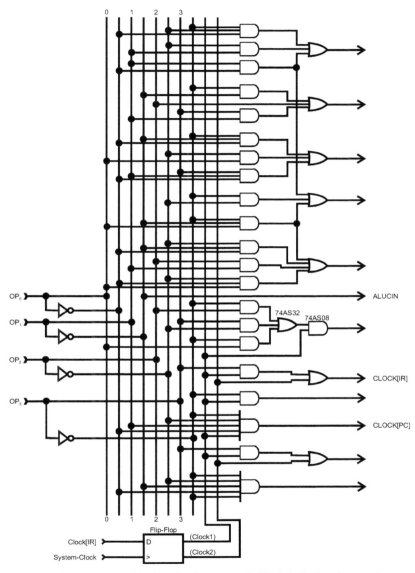

Abbildung 3.20   Hardware-Implementierung des Einfachst-Rechner-Steuerwerks

3 Einfachst-Rechner

Eine Alternative zum Hardware-Aufbau des Steuerwerks bildet ein Mikroprogramm-Steuerwerk. Das mikrocodierte Design unterscheidet sich vom Hardware-Design dadurch, dass die Steuerlogik-Gatter von einem Mikroprogramm-Speicher (ROM) ersetzt werden. Im Falle des Einfachst-Rechners wäre ein Speicher mit einer 5 Bit Adresse, mit dem also 32 Worte zu jeweils 12 Bit abgespeichert werden könnten, ein Ersatz für das kombinatorische Netzwerk aus der Abbildung 3.20. Analog der Hardware-Implementierung werden der OP-Code und der Ausgang des Steuer-FlipFlops als Eingänge des Mikroprogrammspeichers benutzt. Die Ausgänge des ROM bilden direkt die Steuersignale für die CPU. Jeder ROM-Speicherplatz enthält die geeignete Bitkombination für die Steuerung eines einzelnen Clock-Cycle´s und einer OP-Code-Ausführung. Der Inhalt des ROM für den Mikrocode geht aus der Abbildung 3.21 hervor.

OP CODE	ROM ADDR	WRITE [RAM]	INC [PC]	CLOCK [PC]	ADDR WIR	CLOCK [IR]	CLOCK [ACC]	ALUC IN	ALU MODE	ALU_0	ALU_1	ALU_2	ALU_3
0	0	1	0	0	1	0	0	0	1	1	1	1	1
	1	0	1	0	0	1	0	0	0	0	0	0	0
1	2	0	0	0	1	0	1	0	1	1	0	1	0
	3	0	1	0	0	1	1	0	0	1	0	0	1
2	4	0	0	1	1	0	0	0	0	0	0	0	0
	5	0	1	0	0	1	0	0	0	0	0	0	0
3	6	0	0	0	1	0	1	0	0	1	0	0	1
	7	0	1	0	0	1	0	0	0	0	0	0	0
4	8	0	0	0	1	0	1	1	0	0	1	1	0
	9	0	1	0	0	1	0	0	0	0	0	0	0
5	10	0	0	0	1	0	1	0	1	1	1	1	0
	11	0	1	0	0	1	0	0	0	0	0	0	0
6	12	0	0	0	1	0	1	0	1	1	0	1	1
	13	0	1	0	0	1	0	0	0	0	0	0	0
7	14	0	0	0	1	0	1	0	1	0	1	1	0
	15	0	1	0	0	1	0	0	0	0	0	0	0
8	16	0	0	0	1	1	0	0	1	0	0	0	0
	17	0	0	0	0	0	0	0	0	0	0	0	0
9	18	0	1	0	0	1	1	1	0	0	0	0	0
	19	0	0	0	0	0	0	0	0	0	0	0	0
10	20	0	1	0	0	1	1	0	0	1	1	1	1
	21	0	0	0	0	0	0	0	0	0	0	0	0
11	22	0	1	0	0	1	1	0	1	0	0	1	1
	23	0	0	0	0	0	0	0	0	0	0	0	0
12	24	0	1	0	0	1	0	0	0	0	0	0	0
	25	0	0	0	0	0	0	0	0	0	0	0	0
13	26	0	1	0	0	1	0	0	0	0	0	0	0
	27	0	0	0	0	0	0	0	0	0	0	0	0
14	28	0	1	0	0	1	0	0	0	0	0	0	0
	29	0	0	0	0	0	0	0	0	0	0	0	0
15	30	0	1	0	0	1	0	0	0	0	0	0	0
	31	0	0	0	0	0	0	0	0	0	0	0	0

Abbildung 3.21   Mikrocode-Worte des Einfachst-Rechners

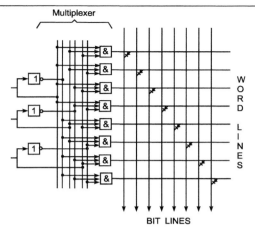

Abbildung 3.22   Mikroprogrammspeicher für 8 Bit-Worte

Des besseren Verständnisses wegen wird in Abbildung 3.22 ein Mikroprogrammspeicher vorgestellt, der nur 8 Worte von je 8 Bit enthält. Die Anzahl der Eingänge ist auf 3 Bit reduziert. Die Eingänge werden invertiert und nichtinvertiert über 8 AND-Gatter so auf das Decodiernetzwerk geschaltet, dass zu jedem Zeitpunkt auf einer der 8 waagerechten Wortleitungen ein High-Pegel anliegt. Um das Netzwerk des Mikroprogrammspeichers (ROM) zu programmieren, werden an beliebigen Kreuzungspunkten von Wort- und Bit-Leitungen entsprechend dem einzuprogrammierenden Bitmuster Dioden angebracht oder nicht. Liegt z.B. die oberste Wortleitung auf High-Pegel, so würde eine Diode auf dem linken oberen Kreuzungspunkt ebenfalls High-Pegel auf der linken Bitleitung erzeugen. Die Vorgehensweise entspricht der einer gewöhnlichen ROM-Programmierung.

Der Einfachst-Rechner hat im Unterschied dazu 32 Worte zu je 12 Bit. Aus der Abbildung 3.21 geht hervor, dass für jeden Opcode 2 Mikrocode-Worte zu je 12 Bit benötigt werden, d.h. das obere 12 Bit Wort gilt für den Instruktionszyklus und das darunterstehende für den Ausführungszyklus. Das Mikroprogramm besteht also aus Maschinenbefehlen, wobei jeder Maschinenbefehl aus zwei nacheinander ablaufenden Mikroprogamm-Befehlen besteht.

Der Unterschied zu realen Rechnerarchitekturen mit mikroprogrammiertem Steuerwerk besteht darin, dass pro Maschinenbefehl eine Mikroprogramm-Routine mit bis zu einigen hundert Mikroprogramm-Befehlen zur Verfügung steht. Die Wortlänge beträgt nicht 12 sondern bis zu 100 Bit. Daraus resultiert, dass der Umfang eines derart realen Mikroprogramms ca. 100.000 Bit ausmacht (inklusive Ein-/Ausgabe). Das Mikroprogramm des Interpreters für die S/370-Architektur der Firma IBM umfasst beispielsweise etwa 300.000 Bit. Natürlich ist man bestrebt, die Größe des Mikroprogrammspeichers so weit wie möglich zu reduzieren. Dieses Ziel kann durch Verringerung der Mikrobefehlsanzahl sowie der Breite jedes Mikrobefehls oder beides erreicht werden. Prinzipiell können Mikrobefehle kürzer gehalten werden, wenn verschiedene

3 Einfachst-Rechner

Formate, die man am OP-Code unterscheiden kann, verwendet werden. Letzteres stellt heute in modernen Rechnerarchitekturen eine Maßnahme zur Reduzierung der Hardwarekosten dar. Leider führt diese Methode zu Leistungsverlusten infolge der Ausführung einer größeren Anzahl von Mikrobefehlen. In diesem Zusammenhang spielt auch die Frage nach der Verwendung des sogenannten vertikalen (Speicher-Chips sind ´schmal und lang´) oder horizontalen (Speicher-Chips sind ´breit und kurz´) Mikrocodes eine Rolle.

Als Beispiel einer modernen mikroprogrammierten Rechnerarchitektur ist in der Abbildung 3.23 das Steuerwerk des 68000 Mikroprozessors der Firma Motorola dargestellt. Es enthält das Dekodiernetzwerk, das die Maschinenbefehle dekodiert, und den Mikroprogrammspeicher mit einem eigenen Befehlszähler. Das Steuerwerk ist im Falle des 68000 Mikroprozessors zweistufig ausgeführt, d.h. die Ausgangssignale des Mikroprogrammspeichers bilden nicht die Ausgangssignale des Steuerwerks, sondern sie werden als Eingänge eines zweiten ROMs, des sogenannten Nanoprogrammspeichers benutzt. Dieser gibt erst über einen Demultiplexer die endgültigen Steuersignale für den 68000 Mikroprozessor auf den Steuerbus aus.

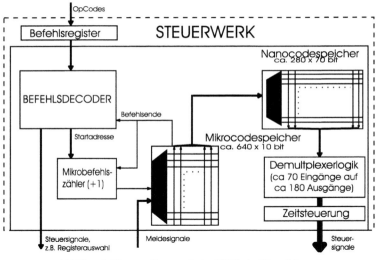

Abbildung 3.23   Steuerwerk des 68000 der Firma Motorola

3.3.9 Steuerwerk eines Einfachstrechners

Ein Einfachstrechner besteht aus den Komponenten Rechenwerk und Steuerwerk [HMK99]. Das Rechenwerk kann arithmetische und logische Operationen ausführen. Das Steuerwerk (Leitwerk) erzeugt aus jedem Op-Code (Operations-Code) passende Steuersignale für das Rechenwerk und alle weiteren Komponenten des Einfachstrechners, wie z.B. Multiplexer, Akkumulator, Befehlsregister. Seine Aufgabe besteht darin, eine korrekte Befehlsausführung zu gewährleisten.

3.3.9.1 Spezifikation des Steuerwerkes

3.3.9.1.1 Die Befehlsklassen

Das zu entwerfende Steuerwerk soll Steuersignale für Befehle aus drei Befehlsklassen generieren, und zwar Steuersignale für:

Rechenbefehle

Diese führen eine Operation auf Operanden im Rechenwerk aus und legen das Ergebnis im Akkumulator ab.

Sprungbefehle

Sie steuern den Programmfluß und können in Abhängigkeit von Sprungbedingungen an die im Befehl angegebene Adresse verzweigen.

Speicherbefehle

Sie dienen zum Laden bzw. Ablegen von Daten in Hauptspeicher bzw. Register.

3.3.9.1.2 Der Befehlssatz

Das Steuerwerk soll die korrekte Ausführung von den folgenden sechs Befehlen unterstützen:

1) **LOAD** (Speicherbefehl)

   Laden eines 16-Bit-Wortes von der angegebenen Adresse aus dem Hauptspeicher in den Akkumulator.

2) **STORE** (Speicherbefehl)

   Ablegen eines 16-Bit-Wortes aus dem Akkumulator in den Hauptspeicher an die angegebene Adresse.

3) **JMPZ** (Sprungbefehl)

   Verzweigt zur angegebenen Adresse, falls das Zero-Flag 1 (High) ist. Das soll genau dann der Fall sein, wenn der Inhalt des Akkumulators Null ist. JMPZ implementiert einen bedingten Sprungbefehl.

4) **ADD** (Rechenbefehl)

   Addiert das an der angegebenen Speicheradresse befindliche Datum zum im Akkumulator befindlichen Datum hinzu und legt das Ergebnis wiederum im Akkumulator ab.

5) **NAND** (Rechenbefehl)

   Führt eine bitweise NAND-Verknüpfung zwischen dem an der angegebenen Speicheradresse stehenden Datum und dem im Akkumulator befindlichen Datum durch und legt das Ergebnis im Akkumulator ab.

3 Einfachst-Rechner

6) **NOP**

Ein Taktzyklus lang wird keine Operation ausgeführt (**NO** o**P**eration). Dieser Befehl kann als Platzhalter für später zu ergänzende Befehle genutzt werden oder für eine Pause in der Programmausführung sorgen.

3.3.9.1.3 Die Befehlskodierung

Diesen sechs Befehlen sollen die in Tabelle 3.1 gezeigten Op-Codes (Operation Codes) zugeordnet werden:

Befehlsklasse	Befehl	Op-Code dezimal	Op-Code binär
Speicherbefehl	STORE	0	0000
Speicherbefehl	LOAD	1	0001
Rechenbefehl	NAND	2	0010
Rechenbefehl	ADD	3	0011
Sprungbefehl	JMPZ	4	0100
Keine Operation	NOP	5 - 15	0101-1111

Tabelle 3.1: Befehlssatz

3.3.9.1.4 Der Einfachstrechner

Das Steuerwerk steht im Zentrum eines Einfachstrechners (Abbildung 3.24). Seine Aufgabe ist es, für alle weiteren Komponenten des Einfachstrechners Steuersignale so zu erzeugen, dass dieser seine Befehle korrekt ausführt. Der Einfachstrechner enthält neben dem Steuerwerk noch folgende Komponenten:

- Hauptspeicher
- Akkumulator (kurz: Akku)
- ALU (Arithmetisch-logische Einheit)
- Befehlsregister
- Befehlszähler
- 16-Bit-Multiplexer
- 12-Bit-Multiplexer

3.3 Funktions-Einheiten

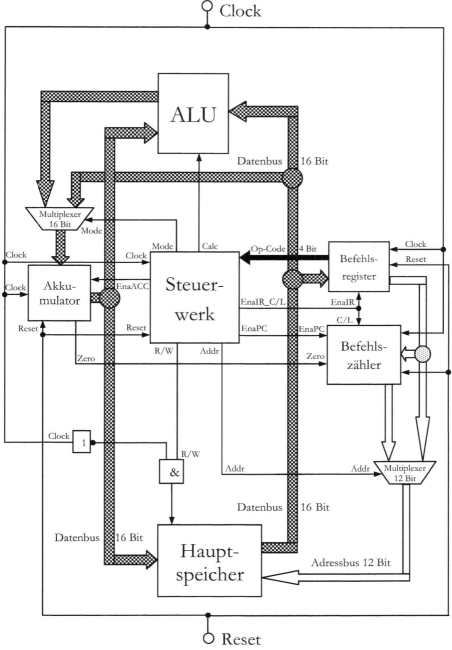

Abbildung 3.24   Steuerwerk im Zentrum des Einfachstrechners

3.3.9.1.5 Die Funktionalität des Steuerwerkes

Das zu entwerfende Steuerwerk muss dafür sorgen, dass die sechs Befehle (s. Tabelle 3.1) des Einfachstrechners korrekt arbeiten. Das Steuerwerk hat die folgende Funktionalität zu erfüllen:

Die Befehlsausführung aller Befehle, außer NOP, wird in genau zwei Taktzyklen erfolgen. NOP soll in einem Taktzyklus abgearbeitet werden. Im ersten Takt erfolgt die Dekodierung des spezifischen Befehls, und im zweiten Takt wird die Speicherzelle adressiert und der Befehl ausgeführt. Deshalb ist die angestrebte Funktionalität des Steuerwerkes auch in zwei Tabellen beschrieben, eine für den ersten und eine für den zweiten Taktzyklus (Tabelle 3.2 und Tabelle 3.3). Die Tabellen zeigen, welcher Op-Code welche Steuersignale erzeugen soll. 0 bedeutet: Das Signal hat Low-Pegel; 1 bedeutet: Das Signal steht auf High-Pegel. Ein Bindestrich (-) zeigt an, dass für den entsprechenden Op-Code das jeweilige Steuersignal keine Bedeutung hat und somit einen beliebigen Wert annehmen kann.

Die maximale Zyklenzahl bei der Befehlsausführung wird somit 2 betragen. Deshalb muß das Steuerwerk genau 2 unterschiedliche Zustände annehmen können; je einen Zustand für genau einen Befehlszyklus.

Op-Code				Takt 1 (Op-Code ins Befehlsregister laden)							
3	2	1	0	EnaAcc	Mode	Calc	EnaIR	EnaPC	C/L	Addr	R/W
0	0	0	0	0	-	-	1	1	1	0	0
0	0	0	1	0	-	-	1	1	1	0	0
0	0	1	0	0	-	-	1	1	1	0	0
0	0	1	1	0	-	-	1	1	1	0	0
0	1	0	0	0	-	-	1	1	1	0	0
0	1	0	1	0	-	-	1	1	1	0	0
0	1	1	0	0	-	-	1	1	1	0	0
0	1	1	1	0	-	-	1	1	1	0	0
1	-	-	-	0	-	-	1	1	1	0	0

Tabelle 3.2: Funktionalität Steuerwerk (Takt 1)

Sämtliche Aktionen des Steuerwerkes wie auch des gesamten Einfachstrechners werden durch die aktive Taktflanke des Taktsignals (Clock) ausgelöst. Letztere soll eine Low-High-Flanke sein.

3.3 Funktions-Einheiten

Das Steuerwerk muss Steuersignale erzeugen, die alle weiteren Komponenten des Einfachstrechners ansteuern, damit diese die Befehle korrekt ausführen. Das betrifft **Akkumulator**, **Programmzähler**, **Befehlsregister** sowie zwei **Multiplexer**.

Akkumulator

Ein vom Steuerwerk zu generierendes Steuersignal EnaAcc soll regeln, ob die am Akkumulator anliegenden 16 Bit breiten Daten zur aktiven Taktflanke in den Akkumulator übernommen werden oder nicht. Wenn ja, wird dieses auf High-Pegel, wenn nein, auf Low-Pegel liegen.

Im Takt 1 der Befehlsausführung wird lediglich die Dekodierung des Op-Codes vorgenommen; somit darf zu diesem Zeitpunkt kein Befehl die Möglichkeit haben, ein 16-Bit-Wort in den Akkumulator zu schreiben. Folglich hat EnaAcc im ersten Takt grundsätzlich Low-Pegel (Tabelle 3.2, Spalte EnaAcc).

Im Takt 2 der Befehlsausführung wird der jeweilige Befehl ausgeführt (Tabelle 3.3, Spalte EnaAcc). STORE (Op-Code 0000) liest ein 16-Bit-Wort aus dem Akkumulator (kurz Akku) aus, um dieses in den Hauptspeicher zu schreiben. Somit findet ein beschreibender Zugriff auf den Akku nicht statt; EnaAcc muss also Low-Pegel haben. Ebenfalls beschreibt der Befehl JMPZ (Op-Code 0100) den Akku nicht. Somit muss EnaAcc für diesen Befehl auch auf Low stehen. Die beiden Rechenbefehle ADD und NAND sowie der Befehl LOAD beschreiben den Akku neu. ADD und NAND legen ihre Ergebnisse im Akku ab, LOAD transferiert den Inhalt einer Speicherzelle in den Akku. Deshalb muss EnaAcc zur Ausführung dieser drei Befehle auf High-Pegel stehen.

Op-Code				Takt 2 (Befehlsausführung)							
3	2	1	0	EnaAcc	Mode	Calc	EnaIR	EnaPC	C/L	Addr	R/W
0	0	0	0	0	-	-	0	0	-	1	1
0	0	0	1	1	1	-	0	0	-	1	0
0	0	1	0	1	0	0	0	0	-	1	0
0	0	1	1	1	0	1	0	0	-	1	0
0	1	0	0	0	-	-	0	1	0	1	0

Tabelle 3.3: Funktionalität Steuerwerk (Takt 2)

3 Einfachst-Rechner

Befehlsregister

Das Befehlsregister (Instruction Register) wird im ersten Takt im Anschluss an die aktive Taktflanke einen kompletten Befehl aus 4 Bit Op-Code und 12 Bit Adresse speichern. Danach liegt der Op-Code sofort an den Eingängen des Steuerwerkes an, und alle notwendigen Steuersignale werden vom Steuerwerk generiert.

Die Speicherung im ersten Takt soll grundsätzlich der High-Pegel von EnaIR ermöglichen (Tabelle 3.2, Spalte EnaIR).

Im zweiten Takt wird der jeweilige Befehl ausgeführt. Ein zu frühes Speichern des Nachfolgebefehls in das Befehlsregister muss zu diesem Zeitpunkt ausgeschlossen werden. Folglich muss EnaIR für alle Befehle im zweiten Takt Low-Pegel haben (Tabelle 3.3, Spalte EnaIR).

Befehlszähler

Der Befehlszähler (Program Counter) hat die Aufgabe, jeweils die Adresse des Nachfolge-Befehles zu speichern. Zu diesem Zweck muss der Befehlszähler jeweils um eine Adresse hochzählen (der im Programmcode unmittelbar nachfolgende Befehl ist der nächste auszuführende Befehl). Im Fall eines bedingten Sprunges zu einer anderen Stelle im Programm (Befehl JMPZ) wird die Zieladresse in den Befehlszähler geladen. Beide Aktionen finden wieder zur aktiven Taktflanke statt.

Das Steuerwerk muss nun zwei Signale für den Befehlszähler generieren: EnaPC (Enable Program Counter) sowie C/L (Count oder Load). EnaPC=1 ermöglicht eine Änderung des Wertes, d.h. entweder durch Inkrementieren oder durch Laden, EnaPC = 0 verhindert eine Änderung des Befehlszähler-Inhalts.

Im ersten Takt erfolgt grundsätzlich die Inkrementierung des Befehlszähler, damit letzterer bei Ausführung des Befehles an der Adresse n anschließend die Adresse des Folgebefehls n+1 enthält. Folglich muss eine Änderung des Befehlszählerswertes ermöglicht werden und EnaPC im ersten Takt auf High-Pegel liegt (Tabelle 3.2, Spalte EnaPC).

Im zweiten Takt der Befehle STORE, LOAD, NAND und ADD muss ein Inkrementieren oder Laden des Befehlszählers verhindert werden, denn der Befehlszähler soll jeweils nur im ersten Takt inkrementieren. Folglich muss EnaPC für diese Befehle auf Low-Pegel stehen. Wird der bedingte Sprungbefehl JMPZ ausgeführt, könnte ein bald auszuführender Sprung ein Ablegen der Zieladresse in den Befehlszähler notwendig machen. Deshalb muss eine Änderung möglich sein und folglich EnaPC auf High-Pegel stehen (Tabelle 3.3, Spalte EnaPC).

Das Steuersignal C/L bestimmt die Art der Änderung des Befehlszählerwertes: Bei C/L = 1 soll zur aktiven Taktflanke inkrementiert, bei C/L = 0 der anliegende Wert in den Befehlszähler geladen werden. Werte für C/L sind natürlich nur erforderlich, wenn dem Befehlszähler überhaupt eine Aktivität erlaubt ist, also wenn gilt: EnaPC = 1.

3.3 Funktions-Einheiten

Im ersten Takt übernimmt prinzipiell der Befehlszähler die Adresse des Folgebefehls, somit muss hier C/L = 1 das Inkrementieren anweisen (Tabelle 3.2, Spalte C/L).

Im zweiten Takt benötigt nur ein einziger Befehl eine Aktion des Befehlszählers, nämlich der bedingte Sprung JMPZ. Es wird unter der Bedingung, dass der Akkumulator Null enthält, die Zieladresse des Sprungs geladen, damit der Sprung anschließend ausgeführt werden kann. Das Laden wird durch C/L = 0 angewiesen (Tabelle 3.3, Spalte EnaPC).

Der Befehlszähler benötigt noch das Steuersignal Zero. Letzteres wird allerdings nicht vom Steuerwerk erzeugt. Es kommt direkt vom Akkumulator und teilt dem Befehlszähler mit, ob dieser Null oder ungleich Null ist. Dadurch kann der Sprung unter der Bedingung Akku = 0 technisch realisiert werden.

Arithmetisch-Logische Einheit (ALU)

Die Aufgabe des Steuerwerkes besteht darin, dafür zu sorgen, dass die Arithmetisch-Logische Einheit (ALU) den richtigen Befehl ausführt. Um diese Funktion erfüllen zu können, wird das Steuersignal *Calc* vom Steuerwerk generiert.

Calc hat im ersten Takt überhaupt keine Funktion und kann deshalb einen beliebigen Wert annehmen (Tabelle 3.2, Spalte Calc).

Im zweiten Takt nimmt *Calc* im Falle einer bitweisen NAND-Verknüpfung (NAND-Befehl, Op-Code 0010) Low-Pegel sowie im Fall einer binären Addition (ADD-Befehl, Op-Code 0011) High-Pegel an. Für alle anderen Befehle ist der Pegel von Calc nicht von Bedeutung, d. h. dieser Pegel ist beliebig (Tabelle 3.3, Spalte Calc).

Multiplexer 1

Der Akkumulator kann Daten aus dem Speicher aber auch Ergebnisse der ALU aufnehmen. Somit wird ein Steuersignal benötigt, das einen Multiplexer entsprechend ansteuert. Dieses Steuersignal, das auch das Steuerwerk zur Verfügung stellen muss, wird mit Mode bezeichnet.

Für Mode=0 ist das 16-Bit-Ergebnis der ALU aufzunehmen. Ist Mode=1, soll ein 16-Bit-Wort aus dem Speicher in den Akkumulator geholt werden.

Im Takt 1 wird jeder Befehl nur decodiert aber nicht ausgeführt. Somit wird im Takt 1 auch niemals ein Abspeichern irgendeines Datums in den Akkumulator erforderlich sein. Folglich spielt in diesem Takt der Pegel von Mode keine Rolle (Tabelle 3.2, Spalte Mode).

Im Takt 2 ist der Pegel von Mode nur für die Befehle von Bedeutung, die den Akkumulator-Inhalt verändern. Dies sind die Befehle LOAD, NAND und ADD. Die beiden Rechenbefehle NAND und ADD transportieren in ihrem Ausführungstakt ihre Rechenergebnisse vom Ausgang der ALU zum Akkumulator-Eingang und speichern anschließend diese dort ab. Folglich muss das Steuerwerk aus dem Op-Code von

NAND (0010) und dem von ADD (0011) ein Steuersignal Mode = 0 generieren. Der Befehl LOAD legt ein 16-Bit-Datum aus dem Hauptspeicher im Akumulator ab. Daher muss aus dem Op-Code von Load (0001) ein Steuersignal Mode = 1 vom Steuerwerk generiert werden (Tabelle 3.3, Spalte Mode).

Hauptspeicher

Zur aktiven Taktflanke wird entweder ein anliegendes 16-Bit-Datum an die anliegende 12-Bit-Adresse gespeichert oder es wird lediglich ein 16-Bit-Datum aus dem Hauptspeicher ausgelesen. Sinnvoll wäre hier, ein Steuersignal R/W vorzusehen, welches bei R/W = 1 zur aktiven Taktflanke das anliegende Datum abspeichert sowie bei R/W = 0 ein Abspeichern des anliegenden Datums an irgendeine Hauptspeicheradresse unmöglich macht.

Im Takt 1 (Befehlsdekodierung) sollte niemals der Hauptspeicher beschreibbar sein. Somit muss in diesem Takt Mode grundsätzlich auf Low-Pegel liegen (Tabelle 3.2, Spalte R/W).

Im Takt 2 wird genau ein Befehl den Hauptspeicher beschreiben, nämlich der Befehl STORE. Allen anderen Befehlen (LOAD, ADD, NAND, JMPZ) ist ein Beschreiben untersagt. Somit muss zur Befehlsausführung von STORE (Op-Code 0000) R/W auf High-Pegel liegen, zur Befehlsausführung aller anderen Befehle auf Low-Pegel. (Tabelle 3.3, Spalte R/W).

Multiplexer 2

Die Adressierung des Hauptspeichers erfolgt aus zwei Quellen: Aus dem Befehlszähler oder aus dem Befehlsregister. Ein weiterer Multiplexer, von Addr gesteuert, legt entweder den einen oder den anderen 12-Bit-Bus auf den Adresseingang des Hauptspeichers. Im Befehlszähler befindet sich immer die Adresse des Befehls, der als nächstes ausgeführt werden soll. Im Befehlsregister liegt neben dem 4 Bit Op-Code noch ein Zeiger auf 12 Bit Daten, die bei der Befehlsausführung eventuell benötigt werden. Addr = 0 verwendet den Ausgang des Befehlszählers zur Adressierung des Hauptspeichers, Addr = 1 das 12-Bit-Adressfeld des Befehlsregisters.

Im ersten Takt ist aus dem Speicher der Op-Code des als nächst auszuführenden Befehls zu holen, um diesen im Befehlsregister abzulegen und anschließend zu dekodieren. Die Hauptspeicheradresse, wo dieser Op-Code liegt, befindet sich im Befehlszähler. Somit ist Addr im ersten Takt vom Steuerwerk immer auf Low-Pegel zu setzen (Tabelle 3.2, Spalte Addr).

Im zweiten Takt wird jeder Befehl, ausgenommen NOP, ausgeführt. Zur Ausführung von beispielsweise ADD [1100 1011 0101]$_b$ ist der Inhalt der Hauptspeicheradresse [110010110101]$_b$ aus dem Speicher zu holen und dieser dann zum Inhalt des Akumulators binär zu addieren. Im zweiten Beispiel STORE [1100 0011 1011]$_b$ ist der Inhalt der Hauptspeicheradresse [1100 0011 1011]$_b$ mit dem aktuellen Akkumulatorinhalt zu überschreiben. Die jeweiligen Adressen [1100 1011 0101]$_b$ und [1100 0011 1011]$_b$

befinden sich im 12-Bit-Adressfeld des Befehlsregisters, und die Lese-Hauptspeicherzugriffe auf diese gelingen nur, wenn für alle fünf Befehle (Op-Codes 0000 bis 0100) Addr vom Steuerwerk auf High-Pegel gesetzt wird (Tabelle 3.3, Spalte Addr).

3.3.9.1.6 Vereinfachung des Steuerwerkes

Bei der Betrachtung der Funktionstabellen des Steuerwerks (Tabelle 3.2 und Tabelle 3.3) fällt auf, dass zwei Signale nahezu identisch sind: EnaIR und C/L. Der einzige Unterschied besteht in Tabelle 3.3 darin, dass für die Op-Codes 0000 bis 0011 EnaIR Low-Pegel haben muss und C/L für diese Op-Codes einen beliebigen Wert annehmen kann.

Op-Code				Takt 1 (Op-Code ins Befehlsregister laden)						
3	2	1	0	EnaAcc	Mode	Calc	EnaPC	EnaIR_C/L	Addr	R/W
0	0	0	0	0	-	-	1	1	0	0
0	0	0	1	0	-	-	1	1	0	0
0	0	1	0	0	-	-	1	1	0	0
0	0	1	1	0	-	-	1	1	0	0
0	1	0	0	0	-	-	1	1	0	0
0	1	0	1	0	-	-	1	1	0	0
0	1	1	0	0	-	-	1	1	0	0
0	1	1	1	0	-	-	1	1	0	0
1	-	-	-	0	-	-	1	1	0	0

Tabelle 3.4: Funktionstabelle des vereinfachten Steuerwerkes (Takt 1)

Somit lassen sich beide Signale zum Signal EnaIR_C/L zusammenfassen. Die beliebigen Signale von C/L können im Ergebnissignal EnaIR_C/L einfach auf den Wert von EnaIR, nämlich auf Low-Pegel, gesetzt werden. Die vereinfachten Funktionstabellen des Steuerwerkes, die anstatt von 8 jetzt nur noch 7 Ausgangssignale enthalten, zeigen Tabelle 3.4 und Tabelle 3.5.

Op-Code				Takt 2 (Befehlsausführung)						
3	2	1	0	EnaAcc	Mode	Calc	EnaPC	EnaIR_C/L	Addr	R/W
0	0	0	0	0	-	-	0	0	1	1
0	0	0	1	1	1	-	0	0	1	0
0	0	1	0	1	0	0	0	0	1	0
0	0	1	1	1	0	1	0	0	1	0
0	1	0	0	0	-	-	1	0	1	0

Tabelle 3.5: Funktionstabelle des vereinfachten Steuerwerkes (Takt 2)

3.3.9.2 Modellierung des Steuerwerkes als endlicher Automat

Es ist möglich, die im vorigen Kapitel festgelegte Funktionalität des Steuerwerkes auf einen endlichen Automaten abzubilden. Einen von mehreren möglichen Automaten passender Funktionalität zeigt Abbildung 3.25. Dieser implementiert einen Automaten mit vier Eingabe- und sieben Ausgabebändern. Den Automaten als Graph zeigt Abbildung 3.26.

Das Steuerwerk soll zwei Takte haben: Takt 1 und Takt 2. Jeder Takt im Modell des endlichen Automaten kann einen Wert des Zustandes von diesem annehmen. Somit hat die Zustandsmenge Z die beiden Elemente "takt1" und "takt2":

Z = { takt1, takt2 }

"0" modelliert einen Low-Pegel eines Eingangssignals ins Steuerwerk, "1" einen High-Pegel eines Eingangssignals. Man kann nun einen Automaten mit einem Eingabeband, mit vier Eingabebändern oder eine Zwischenlösung wählen.

Entscheidet man sich für ein Eingabeband, muss man alle 4 Bits des jeweiligen Befehls-Op-Codes als 4-Bit-Bus ansehen. Das Eingabealphabet hat in diesem Fall 2^4 = 16 Werte, nämlich die Binärzahlen "0000" bis "1111":

E = {0000,0001,0010,0011,0100,...,1111}

Entscheidet man sich für vier Eingabebänder, dann steht jedes Eingabeband nur für ein Bit des Op-Codes. Somit würde ein Eingabealphabet von E = {0,1} entstehen. "0" steht für einen Low-Pegel, "1" dagegen für einen High-Pegel. Theoretisch wären auch Zwischenlösungen mit zwei oder drei Eingabebändern möglich.

Die Ausgabeeinheit des endlichen Automaten kann ebenfalls mit 1 bis 7 Ausgabebändern modelliert werden. Bei 7 Ausgabebändern steht jedes Band für genau ein Ausgangssignal des Steuerwerkes. Man modelliert somit je ein Band "EnaAcc", "Mode", "Calc" u.s.w. Das Ausgabealphabet wäre dann folglich A = {0;1}.

Bei einem Ausgabeband müsste man alle sieben Ausgangssignale des Steuerwerkes zu einem 7 Bit-Bus zusammenfassen. Somit hätte das Ausgabealphabet $2^7 = 128$ Zeichen, alle siebenstelligen Binärzahlen von "0 00 00 00" bis "1 11 11 11". Wenn für die korrekte Arbeitsweise des endlichen Automaten ein Bit beliebig ist, so kann wahlweise "0" oder "1" geschrieben werden.

Als Anfangszustand muss "Takt 1" festgelegt werden, denn bei keinem Befehl des Einfachstrechners soll Takt 2 ausgeführt werden, ohne dass zuvor Takt 1 abgearbeitet wurde. Takt 1 ist zwingend für jeden Befehl erforderlich, denn in diesem wird der jeweilige Befehl dekodiert, d.h. das Steuerwerk erzeugt die sieben Steuersignale.

Einen Endzustand festzulegen, ist nicht sinnvoll. Denn beispielsweise würde das Steuerwerk des Einfachstrechners endlos arbeiten, wenn in diesem eine programmierte Endlosschleife immer wieder durchlaufen wird.

Die Überführungsfunktion $f_ü: Z \times E \Rightarrow Z$ ermittelt in Abhängigkeit vom Zustand des endlichen Automaten und in Abhängigkeit von den eingelesenen Eingabewerten den Folgezustand. Konkret bedeutet das hier: Aus dem aktuellen Zustand (Takt1 oder Takt2) und den eingelesenen 4 Bits des Op-Codes ist der Folgetakt zu ermitteln. Der Automat startet im Takt 1. Soll er einen anderen Befehl als NOP ausführen (eingelesener Op-Code 0000 bis 0100) soll er nach Takt 1 in Takt 2 und nach Takt 2 in Takt 1 übergehen, denn diese Befehle werden bekanntlich in zwei Taktzyklen ausgeführt. Soll der Automat einen NOP-Befehl ausführen, so bleibt er grundsätzlich in Takt 1, weil NOP bekanntlich nur einen Taktzyklus für seine "Befehlsausführung" benötigt. Formal ist die Überführungsfunktion somit wie folgt definiert:

$Z_{t+1} = f_ü(Z_t, E) = $ takt2, wenn $Z_t = $ takt1 $\wedge$ (E=0000 $\vee$ E=0001 $\vee$ E=0010 $\vee$ E=0011 $\vee$ E=0100), sonst $Z_{t+1} = f_ü(Z_t, E) = $ takt1.

3 Einfachst-Rechner

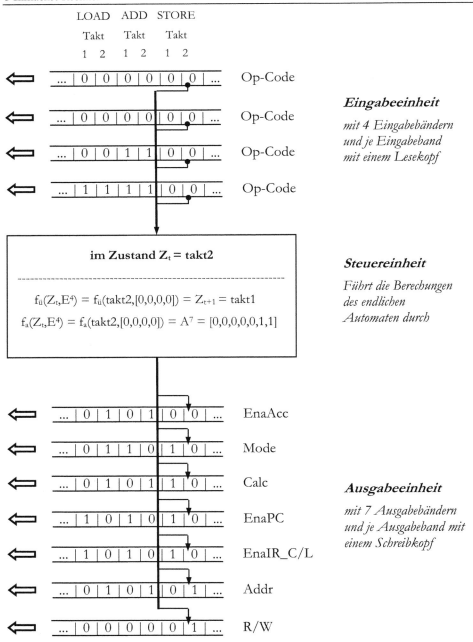

Abbildung 3.25   Steuerwerk als endlicher Automat

3.3 Funktions-Einheiten

Die Ausgabefunktion f_a definiert, welche Werte auf das Ausgabeband geschrieben werden. Sie ist abhängig von den eingelesenen Eingabewerten (= Op-Code) und dem aktuellen Zustand (= Takt). Die Funktionswerte implementieren die Pegel der vom Steuerwerk zu erzeugenden Ausgangssignale EnaAcc, Mode, EnaIR_C/L u.s.w. Die Funktionalität dieser Ausgabefunktion $f_a : Z \times E \Rightarrow A$ ist durch Tabelle 3.4 und Tabelle 3.5 gegeben. Ist Z_t=takt1, so läßt sich der Funktionswert (7-Bit-Vektor) unter Nutzung von Tabelle 3.4 ermitteln, ist Z_t=takt2, so enthält Tabelle 3.5 die jeweiligen Funktionswerte.

Die Abbildung 3.25 zeigt einen als Steuerwerk fungierenden endlichen Automaten, der die beiden Befehle LOAD und ADD mit je 2 Takten sowie den ersten Takt des Befehls STORE schon ausgeführt hat. Er ist gerade dabei, den zweiten Takt des Befehls STORE abzuschließen.

Die Abbildung 3.26 zeigt diesen endlichen Automaten als Graphen. Man betrachte den obersten Bogen des Graphen. Dieser ist wie folgt zu verstehen: Wenn sich der Automat im Zustand "Takt2" befindet und er die Eingabewerte "0010" liest, so geht er in den Zustand "Takt1" über, und er schreibt EnaAcc = 1, Addr = 1, Mode = 0, Calc = 0, EnaIR = 0 u.s.w.

Für das Steuerwerk eines Einfachstrechners bedeutet das: Takt 2 des Befehles mit dem Op-Code "0010", also des Befehles NAND, wird gerade ausgeführt. Um NAND korrekt auszuführen, werden EnaAcc und Addr auf High- sowie alle übrigen für diesen Befehl relevanten Steuersignale auf Low-Pegel gesetzt.

In der Prozessoren-Entwicklung ist es durchaus möglich, die Funktionalität eines zu entwerfenden Steuerwerkes lediglich als endlichen Automat zu entwerfen. Es gibt kommerzielle Tools, die aus einem solchen endlichen Automaten automatisch das entsprechende Steuerwerk als Schaltwerk generieren. In [M99] wurde der State Editor des Werkzeuges XILINX Foundation 1.3 benutzt, um ein Steuerwerk als endlichen Automaten zu entwerfen. Der Automat wurde als Graph gezeichnet. Foundation 1.3 ist anschließend verwendet worden, um aus diesem Graph ein korrekt funktionierendes Schaltwerk zu generieren.

Nach [SS92] hängen beim Mealy-Automaten dessen Ausgabewerte vom aktuellen Zustand und von den gerade eingelesenen Eingabewerten ab. Für die Ausgabewerte eines Moore-Automaten ist dagegen nur der aktuelle Zustand verantwortlich.

Somit muss es sich bei diesem Automaten um einen Mealy-Automaten handeln, denn die Ausgabewerte sind von den Eingabewerten und den Zuständen abhängig, d.h. die Ausgabewerte werden nicht ausschließlich vom Zustand bestimmt: Der Abbildung 3.26 ist zu entnehmen, dass EnaAcc entweder auf 0 oder auf 1 gesetzt wird, wenn sich der Automat im Zustand "Takt2" befindet. Somit bestimmen auch die letzten Eingabewerte die Ausgabe mit.

3 Einfachst-Rechner

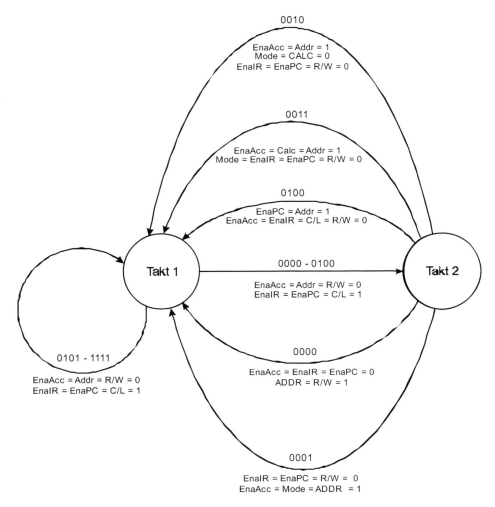

Abbildung 3.26   Steuerwerk als endlicher Automat, Graph

3.3.9.3 Schaltwerk des Steuerwerkes

Das Schaltwerk lässt sich auch aus der Kenntnis seiner Eingabe- und Ausgabesignale sowie seiner Funktionalität (Tabelle 3.4, Tabelle 3.5) entwerfen.

Das Steuerwerk hat einen Rücksetz-Eingang (Reset), einen Takt-Eingang (Clock) sowie einen 4 Bit breiten Eingang für den Op-Code. Es bestimmen 7 Signale die Ansteuerung von diversen anderen Komponenten des Einfachstrechners.

3.3 Funktions-Einheiten

Durch geeignete boolesche Verknüpfungen können die 7 Steuersignale aus den Eingangssignalen generiert werden. Wie man diese booleschen Verknüpfungen finden kann, wird nachfolgend beschrieben.

Das Steuerwerk soll als Schaltwerk implementiert werden. Ein Schaltwerk besteht aus Schaltnetz und Speichergliedern. In diesem speziellen Schaltwerk bestehen "die Speicherglieder" nur aus einem einzigen D-Flipflop (Kapitel 3.3.9.3.1). Das Schaltnetz setzt sich aus verschiedenen Einzelkomponenten, die in den Kapiteln (3.3.9.3.2-0) beschrieben werden, zusammen Diese Einzelkomponenten werden im Kapitel 3.3.9.3.3 zum Gesamt-Schaltnetz zusammengefaßt.

3.3.9.3.1 Implementierung der Zustände des Steuerwerkes

Das Steuerwerk benötigt nur zwei Zustände: Takt1 und Takt2. Diese Zustände werden üblicherweise mit FlipFlops schaltungstechnisch realisiert. Für nur zwei Zustände reicht genau ein FlipFlop: Hat es Low-Pegel (Z = 0), so ist das Steuerwerk im Zustand "Takt1", hat es High-Pegel (Z=1), so ist es im Zustand "Takt2".

Allgemein können maximal 2^n Zustände durch n Flipflops schaltungstechnisch realisiert werden. In diesem konkreten Fall ist n=1 und damit $2^n = 2^1 = 2$ die maximale Anzahl der möglichen Zustände. Als FlipFlops werden in der Regel D-FlipFlops eingesetzt.

Zur Implementierung des Steuerwerkes als Schaltwerk bietet sich ein taktflankengesteuertes D-FlipFlop an, das genau dann das Eingangssignal an seinem Eingang D als seinen neuen Inhalt Q abspeichert, wenn eine aktive Taktflanke am Clock-Eingang wirksam ist. Diese aktive Taktflanke sollte sinnvollerweise die Low-High-Flanke sein, da die aktive Taktflanke des Einfachstrechners ja auch die Low-High-Flanke ist. Das Schaltzeichen eines flankengesteuertem D-FlipFlops zeigt Abbildung 3.27.

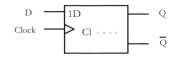

Abbildung 3.27   Flankengesteuertes D-Flipflop

3.3.9.3.2 Generierung der Steuersignale

EnaAcc

Tabelle 3.4 und Tabelle 3.5 zeigen: Das Steuersignal EnaAcc soll genau dann auf High-Pegel stehen, wenn das Steuerwerk sich im Takt 2 befindet (FlipFlop-Ausgang High-Pegel) und (Op0=1 oder Op1=1 oder beide 1) gilt. In der Boolescher Algebra geschrieben:

EnaAcc $\Leftrightarrow$ $Z \wedge (Op0 \vee Op1)$

3 Einfachst-Rechner

Daraus lässt sich nun ein Schaltnetz aus je einem UND- und einem ODER-Gatter entwerfen, dass genau EnaAcc generiert (Abbildung 3.28).

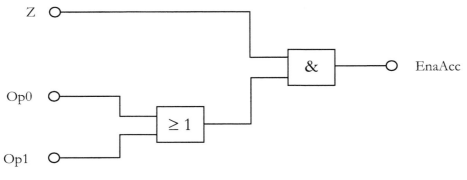

Abbildung 3.28   Schaltnetz zur Generierung von EnaAcc

Mode

Für Takt 1 gilt: Das Steuersignal Mode wird nicht verwendet und kann somit einen beliebigen Wert annehmen (Tabelle 3.4).

Für Takt 2 gilt: Das Signal Mode steht laut Tabelle 3.5 beim Op-Code [Op3,Op2,Op1,Op0] = [0,0,0,1] auf High-Pegel sowie bei den Op-Codes [0,0,1,0] und [0,0,1,1] auf Low-Pegel. Für alle anderen Op-Codes kann Mode im Takt 2 einen beliebigen Wert annehmen.

Man sollte nun eine boolesche Verknüpfung des aktuellen Taktes und der Op-Codes finden, die möglichst wenige logische Gatter enthält. Zur Generierung von Mode reicht ein einziges logisches Gatter aus, ein Inverter. Beim Betrachten der Tabelle 3.5 fällt die Korrelation von Mode zu Op1 auf: Mode ist genau dann High, wenn Op1 Low ist. Abbildung 3.29 zeigt das Schaltnetz zur Generierung von Mode. Diese logische Verknüpfung in boolescher Algebra ist:

Mode $\Leftrightarrow$ $\neg$ Op1

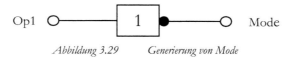

Abbildung 3.29   Generierung von Mode

Calc

Calc läßt sich noch einfacher als Mode generieren. Calc ist im Takt 2 für zwei Op-Codes ([0,0,1,0] und [0,0,1,1]) identisch zu Op0. Für alle anderen Op-Codes in Takt 2 sowie für alle Op-Codes in Takt 1 ist der Wert von Calc nicht von Bedeutung. Somit gilt:

Calc ⇔ Op0

und das Schaltnetz ist das denkbar einfachste Schaltnetz überhaupt: Nur eine Leitung (Abbildung 3.30).

Op0 O────────────────────────O Calc

Abbildung 3.30   Generierung von Calc

EnaPC

Um ein Schaltnetz zur Generierung des Steuersignals EnaPC zu finden, betrachte man wieder Tabelle 3.4 und Tabelle 3.5: Funktionstabelle des vereinfachten Steuerwerkes (Takt 2). Aus der Tabelle 3.5: Funktionstabelle des vereinfachten Steuerwerkes (Takt 2) ist eine Korrelation zwischen Op2 und EnaPC erkennbar: Hier (Takt 2) ist Op2 ⇔ EnaPC. Im Takt 1 liegt EnaPC konstant auf High-Pegel. Man findet die folgende Boolesche Verknüpfung:

EnaPC ⇔ ¬Z ∨ Op2

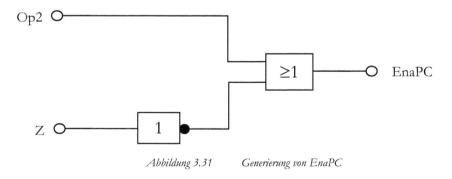

Abbildung 3.31   Generierung von EnaPC

3 Einfachst-Rechner

EnaIR_C/L

Dieses Steuersignal hat das Modifizieren des Befehlsregisters erlaubt oder gesperrt und als zweite Aufgabe den Befehlszähler angewiesen, seinen Inhalt zu inkrementieren oder einen neuen Inhalt zu laden. Tabelle 3.4 und Tabelle 3.5 zeigen, dass EnaIR_C/L im ersten Takt generell auf High-Pegel, im zweiten Takt generell auf Low-Pegel liegt. Somit ist die Generierung dieses Steuersignals einfach: Es muß der Zustand des Steuerwerkes (der aktuelle Takt) einfach invertiert werden. In der Booleschen Algebra:

EnaIR_C/L $\Leftrightarrow$ $\neg$ Z

Als Schaltnetz:

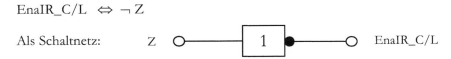

Addr

Das Signal Addr, das den Adressbus steuert, läßt sich wieder trivial generieren. Es muß im ersten Takt grundsätzlich Low-Pegel, im zweiten Takt grundsätzlich High-Pegel annehmen. Somit ist Addr absolut identisch zum Taktsignal Z:

Addr $\Leftrightarrow$ Z

Als Schaltnetz: Z O————————————O Addr

R/W

Das Signal R/W, welches das Beschreiben der Speicherzelle, auf die der Adressbus zeigt, ermöglicht, muß genau dann auf High-Pegel stehen, wenn der Op-Code 0000 beträgt (Befehl STORE) und der Einfachstrechner sich im zweiten Takt befindet (Z = 1):

RW $\Leftrightarrow$ Z $\wedge$ $\neg$Op3 $\wedge$ $\neg$Op2 $\wedge$ $\neg$Op1 $\wedge$ $\neg$Op0   (Gleichung 1)

Ein passendes Schaltnetz könnte aus vier Invertern sowie einem Und-Gatter mit fünf Eingängen bestehen:

3.3 Funktions-Einheiten

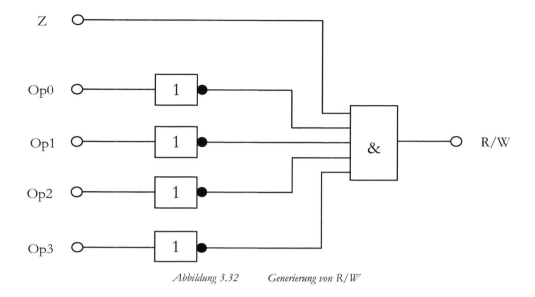

Abbildung 3.32   Generierung von R/W

3.3.9.3.3 Das Schaltnetz für den jeweiligen Folgetakt

Werden alle "richtigen" Befehle, also alle Befehle ausgenommen NOP, ausgeführt, so benötigen die Befehle zwei Taktzyklen. Somit muß das Steuerwerk in der Lage sein, diese "richigen" Befehle zu erkennen und bei einem "richtigen" Befehl von Takt 1 in den Takt 2 zu wechseln und umgekehrt. Das Steuerwerk muß auch einen NOP-Befehl erkennen und bei einem solchen grundsätzlich im Takt 1 bleiben. Ein Schaltnetz, das dieses gewährleistet, soll entworfen werden.

Im ersten Schritt muss eine Boolesche Funktion f gefunden werden, die ermittelt, ob der gerade ausgeführte Befehl ein "richtiger" Befehl oder ein NOP-Befehl ist. Sie soll den Wert 1 haben, wenn es sich um einen "richtigen" Befehl handelt und im Fall NOP den Wert 0 haben. Natürlich muss der jeweilige Wert dieser Funktion f von der Belegung der vier Variablen Op0, Op1, Op2 und Op3 abhängen. Tabelle 3.6 zeigt diese Funktion.

Op3	Op2	Op1	Op0	f (Op3,Op2,Op1,Op0)
0	0	0	0	1
0	0	0	1	1
0	0	1	0	1
0	0	1	1	1
0	1	0	0	1
Sonstige mögliche Belegungen für Op3, Op2, Op1, Op0				0

Tabelle 3.6: Funktion, die ermittelt, ob NOP oder nicht

Durch entsprechende Überlegungen kann man die Funktion f in möglichst einfacher Form finden. Die Funktion kann aber auch aus der Tabelle 3.6 abgelesen und anschließend vereinfacht werden. Aus der Tabelle ergibt sich folgende Funktion f in kanonisch disjunktiver Normalform:

$$
\begin{aligned}
f(\text{Op3,Op2,Op1,Op0}) = \; & (\neg\text{Op3}) \wedge (\neg\text{Op2}) \wedge (\neg\text{Op1}) \wedge (\neg\text{Op0}) \\
& \vee (\neg\text{Op3}) \wedge (\neg\text{Op2}) \wedge (\neg\text{Op1}) \wedge (\text{Op0}) \\
& \vee (\neg\text{Op3}) \wedge (\neg\text{Op2}) \wedge (\text{Op1}) \wedge (\neg\text{Op0}) \\
& \vee (\neg\text{Op3}) \wedge (\neg\text{Op2}) \wedge (\text{Op1}) \wedge (\text{Op0}) \\
& \vee (\neg\text{Op3}) \wedge (\text{Op2}) \wedge (\neg\text{Op1}) \wedge (\neg\text{Op0})
\end{aligned}
$$

(Gleichung 1: Die Funktion f in kanonisch disjunktiver Normalform)

Obige Funktion kann mittels des KV-Diagramms ermittelt werden. Daraus ergibt sich für f:

$f = (\neg\text{Op3} \wedge \neg\text{Op2}) \vee (\neg\text{Op3} \wedge \neg\text{Op1} \wedge \neg\text{Op0})$ (Gleichung 2)

Da ¬Op3 in beiden UND-Termen vorkommt, läßt es sich nach den Regeln der Booleaschen Algebra noch ausklammern zu

$f = \neg\text{Op3} \wedge (\neg\text{Op2} \vee (\neg\text{Op1} \wedge \neg\text{Op0}))$ (Gleichung 3)

3.3 Funktions-Einheiten

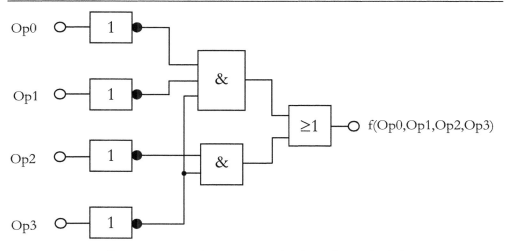

Abbildung 3.33   Ein die Funktion f berechnendes Schaltnetz nach Gleichung 2

Abbildung 3.33 und Abbildung 3.34 zeigen zwei alternative Schaltnetze, die beide die Funktion f berechnen. Das Schaltnetz nach Abbildung 3.33 berechnet f nach Gleichung 3, das nach Abbildung 3.34 berechnet f nach Gleichung 2. Beide alternative Schaltnetze haben Vor- und Nachteile, die in Tabelle 3.7 zusammengefasst sind. Nach Abwägung dieser wird man sich meist für das Schaltnetz nach Abbildung 3.33 entscheiden. Dieses soll auch für die Aufstellung der Funktion g (siehe Seite 78) sowie für die Integration in das Gesamtschaltwerk des Steuerwerkes (Kapitel 3.3.9.3.4) verwendet werden.

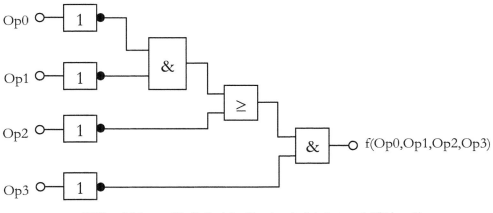

Abbildung 3.34   Ein die Funktion f berechnendes Schaltnetz nach Gleichung 3)

Vorteile	Nachteile
Schaltnetz nach Abbildung 3.33 gegenüber Schaltnetz nach Abbildung 3.34	
Schnellere Signallaufzeit, da nur zwei Gatter-Ebenen (die Invertierung der Eingangssignale nicht mitgerechnet)	Etwas größerer Flächenbedarf. Die Anzahl der Gatter sind zwar in beiden Schaltnetzen gleich, doch wird im Schaltnetz nach 3.33 ein Und-Gatter mit drei Eingängen, dafür im Schaltnetz nach 3.34 ein Und-Gatter mit zwei Eingängen verwendet.
weniger störende Hazards	

Tabelle 3.7: Vor- und Nachteile Abbildung 3.33 gegenüber Abbildung 3.34

Im zweiten Schritt ist nun eine Boolesche Funktion g zu finden, die den Folgetakt Z_{t+1} aus dem aktuellen Takt Z_t und der Funktion f ermittelt:

$Z_{t+1} = g(Z_t, f(Op3, Op2, Op1, Op0))$

Wenn $f(Op3,Op2,Op1,Op0) = 1$ ist (es handelt sich um "richtige" Befehle, die zwei Takte lang sind), soll zwischen den Takten 1 und 2 immer hin- und hergewechselt werden.

Wenn $f(Op3,Op2,Op1,Op0) = 0$ ist (NOP-Befehle), soll das Steuerwerk immer im Takt 1 bleiben. Tabelle 3.8 zeigt die für das Steuerwerk relevanten Funktionswerte dieser Funktion g noch einmal.

z_t	f	z_{t+1}
0	1	1
1	1	0
0	0	0

Tabelle 3.8: $g(Z_t, f)$

3.3 Funktions-Einheiten

Aus der Tabelle 3.8 ist erkennbar, dass die gesuchte Funktion g eine Exclusive-Oder-Verknüpfung implementieren kann, denn das Ergebnis einer solchen Verknüpfung zweier binärer Werte ist genau dann 1, wenn genau einer der beiden Input-Werte 1 ist. Somit ergibt sich:

$Z_{t+1} = g(Z_t, f(Op3, Op2, Op1, Op0)) = Z_t \not\equiv f(Op3, Op2, Op1, Op0)$

$Z_{t+1} = Z_t \not\equiv (\neg Op3 \wedge \neg Op2) \vee (\neg Op3 \wedge \neg Op1 \wedge \neg Op0)$

Diese Boolesche Gleichung als Schaltnetz zeigt die

Abbildung *3.35*.

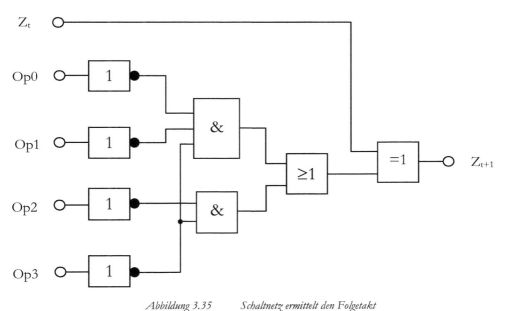

Abbildung 3.35   Schaltnetz ermittelt den Folgetakt

3.3.9.3.4 Das Gesamt-Schaltwerk des Steuerwerkes

Das Speicherglied (Kapitel 3.3.9.3.1) und die Einzel-Schaltnetze aus den Kapiteln 3.3.9.3.2 bis 3.3.9.3.3 werden jetzt zum Gesamt-Schaltwerk des Steuerwerkes zusammengesetzt (Abbildung 3.36).

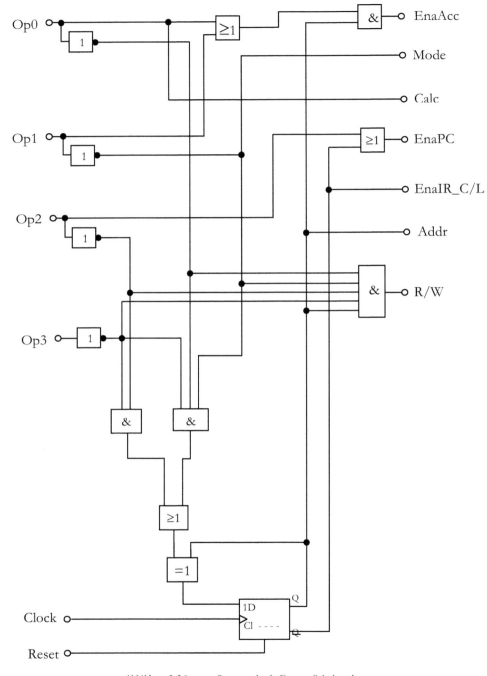

Abbildung 3.36   Steuerwerk als Gesamt-Schaltwerk

3.3.10 Ein- und Ausgabe-Einheit

Der vorangehend beschriebene Einfachst-Rechner ist nun fast komplett. Er ist in der Lage, den Inhalt des Akkumulators in den RAM zu speichern, oder umgekehrt, den Akku von einer RAM-Adresse zu laden sowie den Inhalt einer RAM-Adresse zum Akku-Inhalt zu addieren bzw. ihn vom Akku-Inhalt zu subtrahieren. Von den restlichen 12 Befehlen sind 4 sogenannte NOP-Anweisungen, die ´nichts´ bewirken. Um den Einfachst-Rechner für einen Anwender akzeptabel zu gestalten, muss er Ein- und Ausgabefunktionen ausführen können. Diese Aufgabe soll wieder von der CPU übernommen werden. Der gesamte Aufbau des Einfachst-Rechner-Systems, einschließlich des Adress-(12 Bit), Daten-(16 Bit) und Steuerbus sowie der Ein-/Ausgabe und des erforderlichen Dekoders, ist in der Abbildung 3.37 skizziert. Um auf einfachste Art und Weise die Daten in ein spezielles Eingabe-Register einzulesen, können einfache, mit der Hand zu betätigende Umschalter verwendet werden. Der Mittelkontakt liegt jeweils am Eingang des betreffenden FlipFlops, die beiden anderen Kontakte sind mit High- bzw. Low-Pegel verbunden. Über ein Programm wird anschließend der Inhalt des Eingabe-Registers auf den Datenbus und weiter in den Hauptspeicher gelesen. Der Inhalt des Eingabe-Registers kann zusätzlich mit Hilfe von 7-Segment-Anzeigen sichtbar gemacht werden. Umgekehrt werden Daten aus dem Hauptspeicher in ein Ausgabe-Register über den Datenbus gelesen. Der Dekoder bestimmt jeweils die Adresse, auf der gelesen bzw. geschrieben wird.

Eine wichtige Voraussetzung dafür, dass der Rechner nach dem Einschalten der Stromversorgung in einen definierten Anfangszustand versetzt wird, ist das Setzen bestimmter Steuersignale auf einen definierten Anfangs-Pegel. Diese Aufgabe übernimmt das RESET-Signal, das bisher noch nicht erwähnt wurde. Dieses Signal setzt sämtliche Ausgänge der seriellen Logik im Rechner (FlipFlops) auf Low-Pegel und ist somit das 13. Steuersignal des Einfachst-Rechners. Weiterhin muss durch das RESET-Signal der Befehlszähler beim Initialisieren mit einer Anfangsadresse geladen werden, deren Inhalt als erste Anweisung aus dem Hauptspeicher in den Befehlszähler geladen wird. Dieser sogenannte Boot-Vorgang wurde in den 50er Jahren bei den Hobby-Computern mittels Kippschalter realisiert.

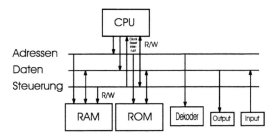

Abbildung 3.37   Prinzipieller Aufbau des Einfachst-Rechners

3 Einfachst-Rechner

Die Folge davon war, dass diese Rechner rund um die Uhr betriebsbereit gehalten wurden, um diese Prozedur nicht jeden Tag vollziehen zu müssen. Später ist man dazu übergegangen, zusätzlich zum Hauptspeicher Festwertspeicher (ROMs, EPROMs, EEPROMs) zu benutzen, die im Gegensatz zu einem RAM ihre einmal eingespeicherten Informationen bei Stromabschaltung nicht verlieren. Heute sind solche Bausteine für die Boot-Routine und eine Reihe anderer, immer wieder verwendeter Programme unverzichtbar.

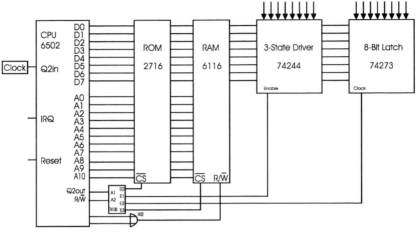

Abbildung 3.38   Vereinfachter Hardware-Aufbau des Einfachst-Rechners

In der Anzahl der verschiedenen RESET-Signale unterscheidet sich u. a. auch der Personal-Computer von der leistungsfähigeren Workstation. Letztere hat nicht nur ein RESET-Signal sondern mehrere. Für Leser, die in der Tat vorhaben, ihren eigenen Rechner zu bauen, seien noch einige Ratschläge erlaubt: Um die Arbeit bei der Rechnerimplementierung zu minimieren, wird der Kauf eines 6502 Mikroprozessors, einiger RAM-Speicher vom Typ 6116 und ROM-Bausteine 2716 sowie Tristate-Treiber 74244 und des 8 Bit Latch 74273 empfohlen. Der Schaltkreis 74130 für die Steuerung der Speicher und des Registers, einschließlich der Tristate-Treiber und eines System-Clock-Generators, machen das Rechner-Design mit einem geringen Aufwand komplett (Abbildung 3.38).

3.3.11 Unterschiede zu realen Rechner-Implementierungen

Der Einfachst-Rechner stellt die primitivste Rechnerarchitektur dar, die als überschaubar und mit einfachsten Mitteln implementierbar gilt. Wie schon mehrfach bemerkt ist eine Architektur immer technologieabhängig. Aus diesem Grund existieren signifikante Unterschiede zu Rechnerimplementierungen vor und nach der Idee des vorgestellten Einfachst-Rechners. Als die Hauptspeicher-Technologie noch ganz am Anfang stand, ist anstelle eines Silizium- oder Magnetkernspeichers eine rotierende

3.3 Funktions-Einheiten

Trommel als Hauptspeicher verwendet worden. Ein typisches Beispiel einer solchen Rechnerarchitektur bildet der IBM 650-Trommelrechner.

Der 650-Trommelrechner besitzt eine magnetische Trommel als Hauptspeicher. Der Zylinder hat einen Durchmesser von 4" und eine Länge von 12". Er dreht sich mit einer Geschwindigkeit von 13.000 Umdrehungen/min und verfügt über 20.000 Worte Speicherkapazität. Auf der Oberfläche der Trommel sind Spuren angeordnet, wobei jede dieser Spuren über einen Lese-und einen Schreibkopf verfügt (Abbildung 3.39).

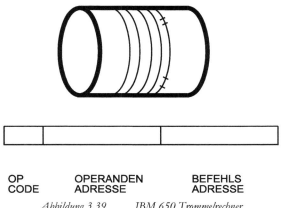

OP CODE OPERANDEN ADRESSE BEFEHLS ADRESSE

Abbildung 3.39   IBM 650 Trommelrechner

Im Gegensatz zum Einfachst-Rechner besteht das Maschinenbefehlsformat des 650-Trommelrechners aus drei Feldern. Neben dem Feld des Operationscodes und der Operanden-Adresse existiert noch ein drittes, das aber nicht wie bei den modernen Rechnern eine weitere Operanden-Quell-oder-Ziel-Adresse darstellt, sondern die Adresse des nächsten auszuführenden Befehls enthält. Durch diese Maßnahme kann sowohl auf den Multiplexer als auch auf den Befehlszähler des Einfachst-Rechners verzichtet werden. Die Zahlendarstellung und die Verarbeitung erfolgt dezimal. Ein- und Ausgabe des Trommelrechners erfolgt über gestanzte Lochkarten. Um die maximal mögliche Performance des Rechners zu erreichen, ist es wichtig, die Ausführungszeiten der einzelnen Befehle genau zu kennen. Optimal legt man den nächsten Maschinenbefehl auf der Trommelspur so ab, dass er genau unter dem Lese-/Schreibkopf liegt, wenn die Ausführung des letzten Maschinenbefehls abgeschlossen ist.

Gegenüber dem IBM 650-Trommelrechner stellt der beschriebene Einfachst-Rechner schon einen Fortschritt in Richtung moderner Architekturen dar. Eine der wesentlichen Unterschiede dieser Einfachst-Architektur zu den heute verwendeten Rechnerarchitekturen ist die Anzahl der Register. Die drei Register (Befehlsregister, Befehlszähler und Akkumulator) sind sichtbar oder unsichtbar in jeder modernen Rechnerarchitektur implementiert. Befehlsregister und Akkumulator kommen in derzeitigen Rechnern mehrfach vor, und der Befehlszähler ist bis auf einige Ausnahmen absolut transparent. Die Anzahl der Mehrzweckregister beträgt typischerweise 8, 16 oder 32. Einige Workstation-Modelle der Firma Sun (SPARC) haben bis zu 144 Mehrzweckregister.

Die heutigen Rechenanlagen verfügen neben dem Hauptspeicher über eine Vielzahl von Registern (Registerarchitektur). Die Mehrzweckregister werden im Allgemeinen folgendermaßen genutzt:

1. Zwei Operanden werden in je einem dieser Register abgelegt. Anschließend werden sie an die ALU geschickt. Das Ergebnis der ALU-Operation wird wieder in einem Register abgespeichert. Letzteres Ziel-Register kann eines der beiden ersten Quell-Register oder ein von diesen unabhängiges drittes sein.

2. Ein Register kann benutzt werden, um Daten zwischen ihm und dem Hauptspeicher auszutauschen, d.h. der Inhalt eines Registers kann im Hauptspeicher abgelegt oder umgekehrt ein Hauptspeicherwort kann in einem Register untergebracht werden.

3. In einem Register kann eine Adresse abgelegt sein, über die ein Wort vom Hauptspeicher in ein Register oder umgekehrt transportiert wird.

Ein weiterer Unterschied zum Einfachst-Rechner besteht darin, dass die Adressen bei den heutigen Rechenanlagen nicht eine Länge von 12 Bit, sondern im Allgemeinen eine Länge von 32 Bit oder 64 Bit haben. Damit läßt sich ein Hauptspeicher von 2^{32} bzw. mehr Worten adressieren. Die Worte haben prinzipiell eine Länge von einem einzigen Byte (Byte = 8 Bit). Desweiteren ist der Datenpfad nicht nur 16 Bit breit, sondern er weist vielmehr eine Breite von 32 Bit oder 64 Bit auf. Die ALU besitzt ebenfalls eine Verarbeitungsbreite von 32 Bit bzw. 64 Bit. Der Nutzer hat es heute mit Operanden zu tun, die nicht ausschließlich Festkommawerte mit einer Länge von 16 Bit repräsentieren, sie können stattdessen Längen von 8, 16, 32 oder 64 Bit haben.

In modernen Rechnern sind Gleitkomma-, Vektor- und String-Operationen (Textverarbeitung) implementiert. Die ersten beiden Operationsarten sind inzwischen unverzichtbar für wissenschaftlich-technische Rechner.

Die Register werden nicht nur zur Datenspeicherung sondern auch zum Ablegen von Adressen benutzt (Mehrzweck-Register). Für die Programmierung eines Rechners in einer maschinennahen Sprache (Assembler) ist es erforderlich, die Registerarchitektur zu kennen, um den Inhalt der Register manipulieren zu können.

Für die Implementierung von Gleitkomma-Operationen besitzen die meisten Rechnerarchitekturen bis auf einige Ausnahmen (z.B. VAX) separate Gleitkomma-Register. Letztere haben eine Breite von 64 bis 80 Bit. Während die Anzahl der Gleitkomma-Register von Architektur zu Architektur schwankt, liegt deren Breite zumeist bei 64 Bit.

In modernen Architekturen sind im Vergleich zum Einfachst-Rechner zusätzlich eine Reihe von Steuer-Registern, in denen interne Zustände festgehalten werden, vorgesehen. In einem dieser Steuer-Register wird z.B. das Programm-Status-Wort (PSW) abgelegt (in älteren Versionen auch als Flag-Register bezeichnet). Andere Steuer-Register dienen dazu, die Anfangsadressen bestimmter Tabellen im Hauptspeicher, auf die das Betriebssystem (Überwacher) häufig zugreifen muss, zu speichern. Eine dieser Adressen, die in einem Steuerregister abgelegt sind, ist die Anfangsadresse einer Seitentabelle bei der virtuellen Adressumsetzung. Ein anderes Steuer-Register beinhaltet die sogenannte Vector-Jump-Table, die Vektortafel im Hauptspeicher, die für die Unterbrechungsbehandlung benutzt wird.

Um einen Rechner einer beliebigen momentan marktüblichen Architektur z.B. in Assembler zu programmieren, ist es notwendig, das Programmiermodell im Architektur-Manual zu studieren. Diese Programmiermodelle sind zumeist sehr ähnlich. So besitzt z.B. der Motorola 68020 Prozessor 16 Mehrzweck-Register und ein Status-Register, das in der ursprünglichen Version 16 Bit breit war, heute inzwischen 32 Bit Breite besitzt. Dieses Register wird häufig auch als 'Statuswort' bezeichnet. Die Gleitkomma-Register und eine ganze Reihe von Steuerregistern (Steuerregister 0-15) haben teilweise sehr unterschiedliche Namen.

Die Firma Intel verfolgt dagegen ein gänzlich anderes Programmiermodell. Es umfasst insgesamt 8 Mehrzweck-Register und ist in der

Abbildung 3.40 dargestellt. Die Intel-Architekturen haben noch eine Besonderheit, sie besitzen zusätzlich Segment-Register, die inzwischen bei vielen modernen Architekturen vorhanden sind.

Vektor-Register waren zunächst nur in sogenannten Super-Computern (z.B. CRAY, CONVEX) zu finden. Seit über zehn Jahren werden sie auch in Rechnerarchitekturen der mittleren Leistungsklasse implementiert.

Die Breite von Mehrzweck-Registern hat in der Regel einen Wert von 32 Bit = 4 Byte, dagegen umfassen Gleitkomma-Register 64 Bit = 8 Byte. Vektor-Register haben unterschiedliche Breiten. Ein Wert von 512 Bytes ist nicht ungewöhnlich. Im Normalfall sind Mehrzweckregister, wie der Name schon aussagt, für beliebige Operationen nutzbar. Diese Aussage gilt leider nicht in jedem Fall für jede Architektur. Besonders betroffen sind die VAX-Rechner, bei denen 16 Register in ihrer Benutzung stark eingeschränkt sind. Die Register 0...5 werden z.B. intern als Zwischenspeicher für Ergebnisse von Dezimal-Operationen benutzt und stehen deshalb dem Nutzer nicht generell zur Verfügung.

Eines dieser 6 Register dient noch als Befehlszähler, das den Vorteil der Manipulation durch den Programmierer beinhaltet. Drei weitere Register der VAX-Architektur sind außerdem als Stacks implementiert und entziehen sich deshalb ebenfalls einer allgemeinen Nutzung. Ähnlich signifikante Einschränkungen bezüglich der Register-Nutzung enthalten die Intel-Architekturen. Die Firma Motorola ging ursprünglich bei der Entwicklung der 68000-Familie davon aus, bestimmte Register als Daten- und andere als Adressregister zur Verfügung zu stellen. Später wurde diese Einschränkung wieder fallengelassen. Trotzdem sind Rudimente des ursprünglichen Konzepts erhalten geblieben, so dass es auch weiterhin bei der 68000 Mikroprozessor-Architektur Unterschiede zwischen Daten- und Adressregister gibt.

Bei der MIPS- und der PowerPC-Architektur existieren 32 Mehrzweck-Register, deren Restriktionen bezüglich der Benutzung minimiert sind. Die einzigen Rechnerarchitekturen, die keinerlei Einschränkungen im Gebrauch ihrer Mehrzweckregister vornehmen, sind die der Firmen UNISYS, CRAY und HP.

Für alle Mikroprozessor-Implementierungen gilt eine fundamentale Regel:

Der Hauptspeicher wird immer in Einheiten eines Byte adressiert!

Das bedeutet nicht, dass bei einem Zugriff auf den Hauptspeicher immer nur ein Byte gelesen oder geschrieben werden kann. Vielmehr verfügen in modernen Rechnerarchitekturen die Objekte, die im Hauptspeicher adressiert werden, über die Länge von mehr als einem Byte, d.h. es gibt sogenannte Halbworte (16 Bit), Vollworte (32 Bit), Doppelworte (64 Bit) und Quadworte (128 Bit). Weiterhin gibt es noch Seiten und Rahmen, die häufig eine Länge von 4096 Byte besitzen. Eine Reihe von Herstellern bezeichnet das 16 Bit Halbwort als Vollwort und das 32 Bit Vollwort als Langwort (Motorola, Intel). Beim PowerPC- und 88000-Mikroprozessor ist ein Wort mit 32 Bit definiert.

Alle heute auf dem Markt befindlichen Rechnerarchitekturen haben folgende Konvention: Das Halbwort (16 Bit), das Wort (32 Bit), das Doppelwort (64 Bit) usw. sind ausgerichtet im Hauptspeicher, d.h. ein Halbwort beginnt immer auf einer geraden Adresse, ein Vollwort beginnt auf einer Adresse, die sich ganzzahlig durch 4 teilen läßt, und eine Seite (4096 Byte) oder ein Rahmen befindet auf einer Adresse, die ganzzahlig durch 4096 teilbar ist.

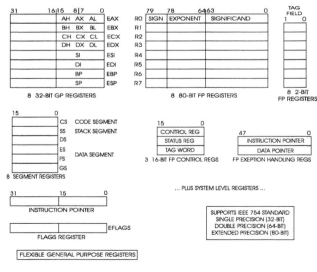

Abbildung 3.40   Register-Struktur der Intel 80x86-Familie

4 Adressierung

4.1 Einführung

Die Art der internen Speicherung von Operanden in der CPU ist das wichtigste Unterscheidungsmerkmal zur Klassifizierung von Befehlssatz-Architekturen [HeP 96]. Die Hauptvarianten bilden der Stack, der Akkumulator und ein Registersatz. In einer Stack-Architektur sind die Operanden implizit an der Spitze des Stack enthalten. In der Akkumulator-Architektur dagegen ist der Operand implizit der Akkumulator, und Universalregister-Architekturen verfügen nur über explizite Operanden (Register oder Speicherplätze).

Maschinentyp	Vorteile	Nachteile
Stack	Einfaches Modell der Ausdrucksbewertung (umgekehrte polnische Notation). Kurze Befehle können zu einer guten Codedichte führen.	Zu einem Stack kann nicht direkt zugegriffen werden. Diese Begrenzung erschwert eine effektive Codeerzeugung. Er ist auch schwer effektiv zu implementieren, weil der Stack zum Flaschenhals wird.
Akkumulator	Reduziert den internen Zustand der Maschine; kurze Befehle	Weil der Akkumulator der einzige temporäre Speicher ist, ergibt sich bei dieser Methode der höchste Speicherverkehr.
Register	Allgemeinstes Modell für die Codeerzeugung.	Alle Operanden müssen adressiert werden; dadurch ergeben sich längere Befehle.

Abbildung 4.1   Speichermöglichkeit in der CPU [HeP 96]

Die Abbildung 4.1 zeigt die Alternativen der Speicherung von Operanden in der CPU. Die Vor- und Nachteile der drei Speicher-Möglichkeiten sowie die entsprechenden Code-Folgen sind in Abbildung 4.2 und Abbildung 4.3 dargestellt.

Bereitgestellter temporärer Speicher	Beispiele	Explizite Operanden pro ALU-Befehl	Ziel für Ergebnisse	Art des Zugriffs zu expliziten Operanden
Stack	B 5500 HP 3000 /70	0	Stack	Push und Pop zum oder vom Stack
Akkumulator	PDP-8 Motorola 6809	1	Akkumulator	Laden/Speichern Akkumulator
Registersatz	IBM 360 DEC VAX	2 oder 3	Register oder Speicher	Laden/Speichern von Registern oder dem Speicher

Abbildung 4.2   Vor- und Nachteile der Speichermöglichkeiten [HeP 96]

4 Adressierung

Stack	Akkumulator	Register
PUSH A PUSH B ADD POP C	LOAD A ADD B STORE C	LOAD R_1, A ADD R_1, B STORE C, R_1

Abbildung 4.3   Codefolgen der Speichernutzungs-Varianten im Vergleich [HeP 96]

4.2 Universalregister-Maschinen

Gegenüber Stacks und Akkumulatoren haben Universalregister bedeutende Vorteile. Diese ergeben sich zum einen aus der effektiven Ausnutzung der Register durch einen Compiler. Zum anderen erlauben Register eine flexiblere Reihenfolge bei der Ausdrucksbewertung als Stacks oder Akkumulatoren. Weiterhin reduziert sich der Speicherverkehr, und die Programmausführung wird beschleunigt, wenn die Register zur Ablage von Variablen verwendet werden. Ideal für den Compiler ist eine uneingeschränkte Register-Nutzung.

Die Adressierungs-Einheit in jedem modernen Rechner ist, wie oben schon erwähnt, das Byte (8 Bit). Abgesehen von der Tatsache, dass in einer Rechnerarchitektur nur in Ausnahmen ein Byte zwischen Hauptspeicher und Zentraleinheit hin- und hertransportiert wird, sind alle größeren Einheiten wie Halbwort, Wort, Doppelwort oder Seite im Hauptspeicher und in den Registern ausgerichtet. Letzteres bedeutet, dass z.B. bei einem Halbwort die Adresse ohne Rest durch 2, bei einem Wort durch 4, einem Doppelwort durch 8 usw. teilbar ist.

Daraus ergibt sich die Frage: „Wie wird ein Halbwort, Wort oder Doppelwort im Hauptspeicher abgespeichert?" Als Antwort darauf muss zunächst der Begriff des werthöchsten (most significant) und des wertniedrigsten (least significant) Bits definiert werden. Hat z.B. eine Ware im Supermarkt einen Preis von 4712,- €, so ist die Ziffer 4 die werthöchste und 2 die wertniedrigste Stelle.

Im Normalfall sind die Register in der Zentraleinheit 32 oder 64 Bit breit. Auf welche Weise wird ein Operand (von 8, 16, 32, 64 Bit Größe) in einem solchen Register abgespeichert? Als allgemein gültige Konvention hat sich durchgesetzt, dass ein Operand immer rechtsbündig in das Register geladen wird, d.h. soll ein Byte in ein 32 Bit-Register geladen werden, so wird das Byte auf die Bit-Positionen beginnend mit 0 bis zur Position 7 geschrieben (Abbildung 4.4). Die gleiche Regelung gilt natürlich auch für Halbworte, Worte usw.

In einem 32 Bit-Register ist das Bit 0 das wertniedrigste und das Bit 31 das werthöchste. Die Firma IBM macht diesbezüglich eine Ausnahme. Sie trifft die Regelung gerade umgekehrt: Das wertniedrigste ist das Bit 31 und das werthöchste ist das Bit 0. Eine weitere Ausnahme gilt für die Intel-Architektur. Dort ist es ab dem 80286 Mikroprozessor möglich, ein Byte wahlweise in den höher- oder niederwertigen Teil der Mehrzweckregisters (AX, BX, CX, DX) zu laden (z.B. mov AH, 0xFFh). Ursprünglich hatten die Register des 80286 eine Breite von 16, und vermutlich wurde aus Kompati-

4.2 Universalregister-Maschinen

bilitätsgründen an dieser Regelung festgehalten. Diese Eigentümlichkeit der Intel-Architektur macht die Assembler-Programmierung nicht unbedingt einfacher.

Abbildung 4.4   *Laden eines 8 Bit Operanden in ein 32 Bit Register*

Beim Laden von Registern existieren zwei signifikante Probleme: Das erste betrifft das Schreiben von Binärwerten mit bzw. ohne Vorzeichen in ein Register. Normalerweise werden negative Ziffern im Zweier-Komplement dargestellt. Das Zweier-Komplement ergibt sich aus dem Einer-Komplement durch Addition einer 1 zu der wertniedrigsten Stelle. Ein eventuell auftretender Endübertrag wird einfach weggelassen. Eine positive Ziffer hat in der werthöchsten Bit-Position eine 0, während eine negative Ziffer in der werthöchsten Bit-Position eine 1 besitzt. Als Beispiel soll die Komplementierung der Ziffer ´+6´ dienen:

$$
\begin{array}{rl}
+6 \rightarrow & 000110 : \text{positive Ziffer} \\
-6 \rightarrow & 111001 : \text{Einer-Komplement} \\
+ & \underline{1} \\
& 111010 : \text{Zweier-Komplement}
\end{array}
$$

Ein Byte, Halbwort oder Wort usw. kann auf zweierlei Art interpretiert werden. Es handelt sich um Binärwerte entweder mit oder ohne Vorzeichen. Sollen die Binärwerte Adressen darstellen, so müssen sie stets mit positivem Vorzeichen gedeutet werden. Im Falle der Vorzeichen-Arithmetik könnte man z.B. festlegen, das werthöchste Bit in einem Byte als Vorzeichen-Bit zu interpretieren. Der Binärwert 0000 1110 würde die Ziffer +14 und der Wert 1000 1110 die Ziffer -14 darstellen. Der Nachteil dieser Festlegung wäre, dass die Ziffer 0 unterschiedlich dargestellt werden könnte, einmal +0 als 0000 0000 und -0 als 1000 0000. Aus diesem Grund wurde vereinbart, dass eine Zahl, die durch ein Byte dargestellt werden kann und einen Wert $i > 127$ hat, als die negative Ziffer i -256 interpretiert wird. Wenn ein negativer Binärwert $i \leq 127$ z.B. in ein 32 Bit Mehrzweckregister geladen wird und anschließend eine 32 Bit Addition ausgeführt werden soll, so muss sichergestellt werden, dass diese Operation ein korrektes Ergebnis liefert. Eine Maßnahme bildet das sogenannte ´Sign Extension´-Verfahren. Diese Methode ist in der Abbildung 4.5 gezeigt. Beim Laden eines 8 Bit Wertes in ein 16 Bit Register werden bei einem positiven Binärwert (Bit 7 ist 0) die werthöheren Bits 8...15 jeweils mit Nullen und bei einem negativen Binärwert (Bit 7 ist 1) die werthöheren Bits mit Einsen aufgefüllt.

00000000	01101001
11111111	11101001

Abbildung 4.5   *Sign Extension*

Für die verschiedenen Rechnerarchitekturen existieren natürlich spezielle Maschinenbefehle, die unterscheiden, ob ein Binärwert mit oder ohne Vorzeichen in ein Register geladen werden soll. In diesem Fall wird ein Bit des Opcodes benutzt, um zu kennzeichnen, ob der ´Sign Extension´-Mechanismus verwendet werden soll. Eine andere Möglichkeit besteht darin, zwei verschiedene Maschinenbefehle z.B. für das Laden eines Registers mit einem Binärwert ohne bzw. mit Vorzeichen im Maschinenbefehlssatz vorzusehen.

4.3 Byte Ordering

Im vorhergehenden Kapitel wurde bereits auf zwei Probleme beim Lesen des Inhalts einer Hauptspeicher-Adresse in ein Register hingewiesen. Eine wesentlich schwierigere Problematik als das Laden eines Registers mit Binärwerten ohne bzw. mit Vorzeichen stellt das Anordnen der Bytes eines Halbwortes, Wortes, Doppelwortes usw. dar. Die Speicher-Einheit des Hauptspeichers stellt das Byte dar, und demzufolge müssen alle Speicherobjekte, die mehr als ein Byte enthalten, so adressiert werden, dass als Adresse entweder das werthöchste (most significant) oder das wertniedrigste (least significant) Byte definiert wird.

In der Abbildung 4.6 ist folgende Situation dargestellt: Es soll ein Wort (4 Byte) aus dem Hauptspeicher in ein Register gelesen werden. Dieses Wort ist in 4 aufeinanderfolgenden Hauptspeicher-Adressen abgelegt, d.h. auf den Adressen 4710, 4711, 4712, 4713.

Der Inhalt der 4 Hauptspeicher-Adressen soll zusammen z.B. 12345678 sein. Handelt es sich nun um eine Rechnerarchitektur der Firma IBM z.B. ESA/390 oder eine der Firma Motorola 68040, dann wird dieses Wort durch das werthöchste Byte, in diesem Fall also das Byte mit der Adresse 4710 mit dem Inhalt 12, im Hauptspeicher adressiert. Wird mit einem Ladebefehl das Wort, das im Hauptspeicher unter der Adresse 4710 abgelegt ist, in ein Register gelesen, so wird zuerst das Byte, das auf der Adresse 4710 steht, in die werthöchste Byte-Position des Registers, anschließend das Byte, das auf der Adresse 4711 abgespeichert ist, in die zweithöchste Byte-Position des Registers usw. bis zum wertniedrigsten Byte (Adresse 4713) in die wertniedrigste Byte-Position des Registers gelesen. Wird eine identische Lade-Operation auf einer Alpha-Architektur der Firma DEC oder auf einem Intel 80486 Rechner ausgeführt, wobei auch der Inhalt des Hauptspeichers absolut identisch ist, so wird das Byte der Hauptspeicher-Adresse 4710 auf die wertniedrigste Byte-Position des Registers, das Byte der Hauptspeicher-Adresse 4711 auf die nächst höhere Byte-Position usw. und das Byte mit der Hauptspeicher-Adresse 4713 auf die werthöchste Byte-Position des Registers gelesen. Dieses global als ´Byte Ordering´ bezeichnete Problem heißt ´Big Endian´ bzw. ´Little Endian´[1] [Coh 81], machmal auch als ´Rundende´ und ´Spitzende´ be-

---

[1] Die Ausdrücke ´Big Endian´ und ´Little Endian´ haben ihre Wurzeln in dem Buch ´Gullivers Reisen´ von Jonathan Swift aus dem Jahre 1727. In diesem Buch beschreibt der Autor den Krieg zwischen den beiden Königreichen Lilliput und Blefuscu, in dem Gulliver, nachdem er zunächst von den Lilliputa-

4.3 Byte Ordering

zeichnet. Zu den Rechnerarchitekturen, die als 'Byte Ordering' 'Big Endian' implementieren, gehören außer der schon erwähnten ESA/390 der Firma IBM und der 68040 von Motorola noch die PRECISION-Architektur von Hewlett Packard, die IBM POWER-, Motorola 88110- und die Sparc-Architektur der Firma Sun. Vertreter des 'Byte Ordering' 'Little Endian' sind außer der Alpha- und der 80486-Architektur die DEC VAX-, die Intel 80860- sowie die Intel Pentium-Architektur [Wop 93].

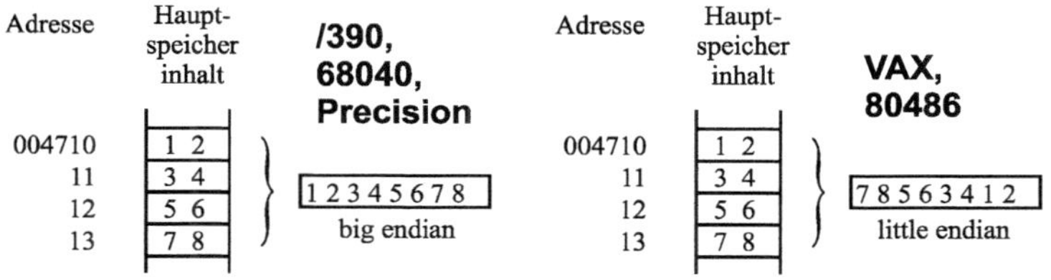

Adresse	Haupt-speicher inhalt	/390, 68040, Precision	Adresse	Haupt-speicher inhalt	VAX, 80486
004710	1 2		004710	1 2	
11	3 4		11	3 4	
12	5 6	1 2 3 4 5 6 7 8	12	5 6	7 8 5 6 3 4 1 2
13	7 8	big endian	13	7 8	little endian

Abbildung 4.6   Anordnung der Bits im Hauptspeicher

Als Schlussfolgerung aus dieser Endianess-Problematik ergibt sich, dass zwei identische Programme mit identischen Daten auf zwei Rechnerarchitekturen mit unterschiedlichem 'Byte Ordering' verschiedene Ergebnisse erzeugen. Das muss selbstverständlich so sein, denn die Daten werden auf verschiedene Art und Weise in die Register geladen, anschließend manipuliert und wieder in ein Register oder in den Hauptspeicher zurückgeschrieben. Dabei kann es sich bei den Daten ebenso um Pointer handeln, die wiederum auf Adressen im Hauptspeicher zeigen, so dass ein Programm am Ende falsche Ergebnisse liefert, unabhängig davon, ob der Programm-Code in Assembler oder in einer höheren Programmiersprache geschrieben wurde. Momentan verwendet etwa die Hälfte der auf dem Markt befindlichen Rechnerarchitekturen entweder das eine oder das andere 'Byte Ordering', und eine internationale Einigung der Computerhersteller in dieser Problematik ist leider nicht absehbar.

Eine weitere Konsequenz des 'Endianess' ist eine erschwerte oder gar unmögliche Kommunikation im Internet. Man stelle sich vor, zwei Rechner z.B. eine Sparc-Architektur der Firma Sun und eine Alpha-Architektur der Firma DEC tauschen Programme bzw. Daten in einem Rechnernetz aus. Da beide Vertreter von unterschiedlichem 'Byte Ordering' sind, müßten sich beide Kommunikationspartner vorher einigen, ob z.B. eine 32 Bit Adresse im 'Big Endian' oder im 'Little Endian' übertragen werden soll. Glücklicherweise haben sich die Hersteller von Computer-Netzwerkarchitekturen darauf geeinigt, alle im Rechnernetz zu übertragende Daten im 'Big Endian' zu senden. Grundsätzlich erfolgt diese Übertragung bitseriell, und übliche Netzwerke wie ARPANET (Protokoll TCP/IP) und SNA sind eindeutig 'Big

---

nern gefangen genommen wird, dem Königreich Lilliput Hilfe leistet. Der Krieg war ausgebrochen, weil beide Parteien sich nicht darauf einigen konnten, ob beim Frühstück das Frühstücksei am spitzen oder am stumpfen Ende aufgeschlagen werden sollte. Diese Parodie auf die damaligen politischen Verhältnisse ist auch auf das Problem des 'Byte Ordering' sinngemäß übertragbar.

4 Adressierung

Endian´ orientiert. Sollte die Übertragung von einem Rechner mit ´Little Endian´ zu einem Rechner mit ´Big Endian´ erfolgen, so wäre vorher eine Konvertierung erforderlich, damit die Bit-Folgen (Datenpakete) in der richtigen Reihenfolge am Zielrechner ankommen.

Kompliziert wird die Kommunikation in einem Rechnernetz, wenn der Rechnerachitektur-Typ einer der beiden Kommunikationspartner nicht bekannt ist (anonymous ftp). In sogenannten WAN´s (Wide Area Networks) wie z.B. im WWW (World Wide Web) existieren eine ganze Reihe von Knotenrechnern (Server), die kostenlos Programme aller Art für jedermann zur Verfügung stellen, d.h. die von jedem Nutzer kopiert werden können (public domain). Für die Kopie bzw. den Transfer der Daten vom Quell- auf den Ziel-Rechner des interessierten Anwenders muss diesem aber das ´Byte Ordering´ des Quellrechners bekannt sein, was leider in den wenigsten Fällen zutreffend ist. Tanenbaum [Tan 92] beschreibt eindrucksvoll das Ergebnis eines Datentransfers von einem ´Little Endian´ zu einem ´Big Endian´ Rechner. Es handelt sich hier konkret um den Datensatz eines Dinosauriers vom Typ Stegosaurus. Dieser hat auf dem Quellrechner eine Länge von 10 Meter. Nach der Übertragung hat derselbe Dinosaurier auf dem Zielrechner eine Länge von $10*2^{24}=167.772.160$ Meter!

Die ISO (International Standard Organisation) hat bei der Entwicklungsarbeit am OSI (Open Systems Interconnection)-Modell eine Notation entworfen, die eine Beschreibung von Datenstrukturen weitgehend standardisiert. Diese bezieht sich auf eine immer komplizierter werdende Datenstruktur in der Darstellungsschicht. Dieser allgemein anerkannte Standard heißt Abstrakte Syntax-Notation (ASN.1). Eine weitere Standardisierung für die Übertragung von Datenstrukturen in Rechnernetzen wurde von der Firma Sun eingeführt (XDR). Praktisch bedeutet der ASN.1- und der XDR-Standard eine Übersetzung der zu übertragenden Datenstrukturen in ein ´Big Endian´-Format, egal ob es sich um zwei Partner des ´Big Endian´ Typs handelt oder nicht. Die Übersetzung benötigt einerseits Zeit, zum anderen birgt sie zusätzliche Fehlerquellen in sich.

Momentan werden bei einigen der führenden Computerhersteller Bestrebungen sichtbar, die Rechner optional in einem der beiden Formate zu betreiben. So können die neuen Modelle der Sparc-Architektur (Sun), der PowerPC und die neuen Architekturen von MIPS wahlweise im ´Big Endian´- oder ´Little Endian´-Modus betrieben werden. Das bedeutet, dass diese Rechner in der Lage sind, einen identischen Hauptspeicherinhalt in der einen oder in der anderen Form in ein 32 Bit Register zu laden bzw. in umgekehrter Form wieder zurück zu speichern. Zu diesem Zweck kann in einem System-Register, dem sogenannten Programmstatuswort, ein Steuerbit entweder auf 0 oder auf 1 gesetzt werden, wodurch der Rechner entweder im ´Little Endian´ oder im ´Big Endian´ Modus arbeitet. Die PowerPC-Architektur ist somit in der Lage, außer dem Betriebssystem AIX auch das OS/2, das prinzipiell ein ´Little Endian´ Betriebssystem darstellt, zu implementieren. Weitere Optionen, wie z.B. den Betriebssystemkern im ´Little Endian´ und die Anwendungen im ´Big Endian´ Modus zu implementieren, stellen interessante Alternativen dar. Historisch gesehen war die

Firma DEC die erste, die sich für ein optionales ´Byte Ordering´ eingesetzt hat. Dieses Engagement ist darauf zurückzuführen, dass die DEC-Workstations eine gewisse Zeit mit MIPS-Mikroprozessoren ausgerüstet wurden. Die Firma DEC war traditionell eine Vertreterin des ´Little Endian´ Modus, während sich die Firma MIPS für das andere Format entschieden hatte. Als Konsequenz wurde auf den VAX-Architekturen das Betriebssystem im ´Little Endian´ Modus und die Anwendungen im ´Big Endian´ Modus implementiert.

Einige Rechnerarchitekturen verfügen über spezielle Maschinenbefehle, die das ´Byte Ordering´ ändern. Für die Intel-Architektur existiert die sogenannte Byteswap-Anweisung, die eine bestehende Byte-Ordnung umkehrt, d.h. das least significant Byte wird nach Anwendung der Byteswap-Anweisung zum most significant Byte und umgekehrt. Manche Daten sind aber so strukturiert, dass ein Teil davon eine Breite von 32 und ein anderer eine von 16 Bit hat. Um die Byteswap-Anweisung nutzen zu können, müßte eine saubere Trennung in 32 und 16 Bit Daten erfolgen. Diese Aufteilung und möglicherweise die Präsenz alphanumerischer Felder stehen einer allgemein nutzerfreundlichen Anwendung des oben genannten Befehls im Wege.

Insgesamt ist das ´Byte Ordering´ ein sehr schwerwiegendes Problem, das die Portierung eines beliebigen Codes zwischen verschiedenen Rechnerarchitekturen erschwert bzw. unmöglich macht. Es gibt momentan keine allgemein gültigen Regeln, die sicher stellen, dass identische Programme mit identischen Daten auf unterschiedlichen Rechnerarchitekturen lauffähig sind.

4.4 Befehlsarten

Prinzipiell lassen sich Maschinenbefehle grob in 4 Gruppen gliedern. Die erste Gruppe bilden die Maschinenbefehle, die vom Benutzer einer Rechenanlage verwendet werden. Hierzu gehören typischerweise Befehle zur Binärarithmetik, Logik und Anweisungen für den vom Anwender manipulierbaren Programmablauf (ADD, AND, MOVE, COMPARE, BRANCH). Zur zweiten Gruppe zählen Anweisungen der Spezialarithmetik, die Befehle für Dezimal-, Gleitkomma- und Vektor-Operationen sowie spezielle Anweisungen für Bildverarbeitung und Multimedia umfassen. Weiterhin existiert eine Gruppe von Maschinenbefehlen zur Systemsteuerung (System Call, privilegierte Operationen). Die letzte Gruppe wird repräsentiert von den Ein-/Ausgabe-Befehlen (READ, SENSE).

Wenn man sich die Frage stellt, auf welche Art und Weise der Hauptspeicher adressiert wird, dann muss grundsätzlich zwischen Befehls-Adressen und Operanden-Adressen unterschieden werden. Der Inhalt einer Befehls-Adresse identifiziert Maschinenbefehle, die aus dem Hauptspeicher ausgelesen und in die Zentraleinheit (Befehlsregister) geladen werden. Die Befehlsadressen stehen im Normalfall als Binärziffern im Befehlszähler (Instruction Counter oder Program Counter). Die Funktion des Befehlszählers besteht darin, einen Maschinenbefehl durch seinen momentanen Inhalt im Hauptspeicher zu adressieren, damit dieser als nächster ausgeführt wird und anschließend seinen Inhalt zu incrementieren, um den folgenden Maschinenbefehl zu adressieren. Eine Ausnahme davon bildet der BRANCH-Befehl (Context Switch), der die Übernahme der Verzweigungs-Adresse in den Befehlszähler veranlasst. Es ergibt sich ein Problem bezüglich der Incrementierung des Befehlszählers: Bei vielen modernen RISC (Reduced Instruction Set Computer)-Architekturen stellt sich dieses relativ einfach dar, weil alle Maschinenbefehle eine identische Breite von 4 Byte besitzen. Das bedeutet, dass die Incrementierung des Befehlszählers immer durch Addition einer 4 erfolgt. Das wiederum macht die Anwesenheit der untersten beiden Bits nicht erforderlich bzw. ermöglicht eine zweckentfremdete Nutzung dieser zwei Bits. Die Incrementierung kann also ab der 3. Bit-Position vorgenommen werden. Die Rechnerarchitekturen der Firmen Intel und IBM (/390) implementieren aber Maschinenbefehle unterschiedlicher Breite. In diesem Fall muss erst das Operationscode-Feld untersucht werden, um die Breite des Maschinenbefehls festzustellen. Erst wenn diese bekannt ist, muss der Befehlszähler um einen der Breite des jeweiligen Maschinenbefehls entsprechenden Betrag erhöht werden.

Die andere Adressen-Art bilden die Operanden-Adressen. Wenn z.B. eine Addition durchgeführt werden soll, so werden zwei Speicherplätze im Hauptspeicher adressiert. Auf diesen Speicherplätzen sind die beiden Operanden, die addiert werden sollen, abgelegt. Nach Ausführung der Operation wird das Ergebnis entweder in ein spezielles Register oder wieder in den Hauptspeicher geschrieben.

4.5 Registersatz der Zentraleinheit

Innerhalb der Zentraleinheit werden die Register entweder implizit oder explizit adressiert. Der Befehlszähler, das Statusregister und das Steuerregister dagegen werden implizit adressiert. Eine Manipulation dieser Register durch den Benutzer einer Rechenanlage ist oft nicht direkt oder nur durch priviligierte Befehle möglich. Eine explizite Adressierung kann im Allgemeinen vom Hauptspeicher, den Mehrzweckregistern, den Gleitkommaregistern und bei Vektorrechnern von den Vektorregistern vorgenommen werden. Für jede Rechnerarchitektur existieren spezielle Maschinenbefehle, die sich auf eine explizite Adressierung der angegebenen Register und gegebenenfalls des Hauptspeichers beziehen. Die Anzahl der Register variiert bei den einzelnen Architekturen. Die untere Grenze liegt heute bei 8 Registern (z. B. Intel; die Borrough 5000-Rechenanlage hatte weniger als 8 Register) und das Maximum bei 256 (IA-64). Die Sparc-Architektur lässt theoretisch 500 Register zu. Klammert man diese Extremfälle aus, so verfügen die modernen Rechnerarchitekturen über 16, 32 bis 144 (Sparc-Mikroprozessor) Register. Ihre Anzahl beeinflusst Befehlslänge (Speicherbedarf/Befehl), Leistungsverhalten (Operanden in den Registern) sowie den Zeitbedarf des Umladens bei einem Prozesswechsel.

4.6 Befehlsformat und Adressierungsarten

Ein Maschinenbefehl enthält im einfachsten Fall das Operationscode-Feld und ein Adressfeld (z. B. Einfachst-Rechner). Eine derartige Rechnerarchitektur heißt Ein-

4.6 Befehlsformat und Adressierungsarten

Adress-Maschine. Anstatt eines Adressfeldes können zwei oder drei vorhanden sein. Man spricht dann von einer Zwei- bzw. Drei-Adress-Maschine. Die Anwendung eines Maschinenbefehls mit zwei Adressfeldern hat zur Folge, dass im Falle einer Binäraddition ein Adressfeld die Adresse (z.B. A_1) mit dem Inhalt des ersten Operanden und das andere die Adresse (z.B. A_2) mit dem des zweiten Operanden bezeichnet. Das Ergebnis wird nach Ausführung der Operation wieder auf einer der beiden Adressen (Akkumulator oder Hauptspeicher) abgelegt. Bei einer Drei-Adress-Maschine werden die beiden Operanden wieder durch den Inhalt der Adressen A_1 und A_2 definiert, zusätzlich ist aber in dem Drei-Adress-Befehl eine dritte Adresse A_3 spezifiziert. Das Ergebnis der Operation (Summe im Fall der Addition) wird unter dieser Adresse A_3 abgespeichert. Dieser Sachverhalt ist in Abbildung 4.7 dargestellt.

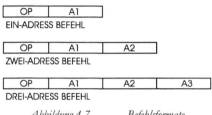

Abbildung 4.7   Befehlsformate

Die Breite der einzelnen Adressfelder hängt davon ab, aus welcher Speichereinheit die Operanden gelesen und in welche das Ergebnis geschrieben werden soll. Handelt es sich um den Hauptspeicher mit einer Größe von 4 GByte, so muss das betreffende Adressfeld eine Breite von 32 Bit (4 GByte=2^{32} Byte) haben. Bezieht sich die Adressangabe auf ein Register und hat die verwendete Rechnerarchitektur z.B. 32 Register, so muss das entsprechende Feld über eine Breite von 5 Bit (32=2^5 Register) verfügen.

Wenn von verschiedenen Adressierungsarten die Rede ist, sollte geklärt werden, welche Speichereinheit dem Nutzer der Rechnerarchitektur für die Adressierung zur Verfügung steht. In älteren Architekturen wurde der Hauptspeicher direkt adressiert. In den modernen Rechenanlagen werden fast ausschließlich nur die dem Nutzer zur Verfügung stehenden Register adressiert. Demzufolge wird zunächst zwischen einer absoluten (direkten) Adressierung und einer effektiven Adressierung des Hauptspeichers unterschieden.

Befehl	OP-Code	Operand
LDA 2010	AD	2010
ADC 2011	6D	2011
STA 2012	8D	2012

Abbildung 4.8   6502-Programmbefehle

Der 6502-Rechner stellt einen Vertreter der direkten oder absoluten Adressierung dar. Hier handelt es sich um eine Ein-Adress-Maschine, d.h. das zweite und dritte Operanden-Feld sind nicht vorhanden. Der Operationscode ist normalerweise 8 Bit und das Operanden-Feld 16 Bit breit. Die Adressierung erfolgt genauso wie beim Einfachst-Rechner, bei dem das Operanden-Feld die absolute Hauptspeicheradresse enthält.

Ein Beispiel für die Maschinenprogrammierung der 6502-Architektur ist in der Abbildung 4.8 gezeigt. Es umfasst die drei Befehle LDA (LOAD ACCUMULATOR), ADC (ADD ACCUMULATOR) und STA (STORE ACCUMULATOR). Die Abbildung 4.9 stellt die Hauptspeicherbelegung für die drei Befehle (OPCode) und für die Daten vor bzw. nach Ablauf der drei Befehle dar. Das 8 Bit breite Opcode-Feld für LDA ist AD (hexadezimal), das für ADC ist 6D und das für STA 8D. Der erste Befehl aus der Abbildung 4.9 besagt: "Lade den Akkumulator mit dem Byte, das auf der Hauptspeicher-Adresse 2010 steht." Da es sich bei der 6502-Architektur um eine 'Little Endian'-Maschine handelt, ergibt sich daraus das hexadezimale Format des ersten Maschinenbefehls zu AD1020. Der zweite Maschinenbefehl addiert den Inhalt des Hauptspeicherplatzes 2011 mit dem Inhalt des Akku's. Durch das 'Little Endian'-Format wird daraus wieder der Maschinenbefehl ADC1120. Der dritte Befehl speichert das Ergebnis der vorhergehenden Addition in den Hauptspeicher unter der Adresse 2012, d.h. der Befehl heißt STA1220. In der Hauptspeicherbelegung der Abbildung 4.9 wird davon ausgegangen, dass der Befehlszähler auf der Adresse 1000 steht. Auf dieser Adresse befindet sich der erste Maschinenbefehl: AD1020 (identisch mit LDA 2010). Wie man unschwer erkennen kann, benötigt jeder Befehl 3 Byte bzw. 6 Halb-Bytes zu je 4 Bit. Die zugehörigen Befehlsadressen für den ersten Befehl sind 1000, 1001, 1002, für den zweiten und dritten Befehl entsprechend. Die Operandenadressen haben die hexadezimalen Werte 2010, 2011, 2012. Wird vorausgesetzt, dass der Inhalt des Hauptspeicherplatzes, in den das Ergebnis der Addition als Folge des Befehls STA 2012 geschrieben werden soll, vor dieser Aktion den Wert 33 hatte, so wird nach der Ausführung des Befehls STA 2012 dieser mit der Summe 99 überschrieben. Diese absolute Adressierung ist die einfachste Methode der Adressierung von Befehlen und Operanden im Hauptspeicher. Sie wird jedoch in den heutigen Rechnerarchitekturen nicht mehr verwendet, obwohl sie einfach und übersichtlich ist.

Die modernen Architekturen arbeiten ausnahmslos mit der sogenannten effektiven Adressierung. Was bedeutet nun 'effektive Adresse'? Die Antwort auf diese Frage für eine Zwei-Adress-Maschine lautet:

Die effektive Adresse eines Operanden entsteht aus dem Ergebnis der Manipulation der beiden Adressfelder bei einer Zwei-Adress-Maschine. Dieser Manipulations-Vorgang heißt Adressrechnung.

Der Ausdruck 'Adressrechnung' ist sehr treffend, weil die effektive Adresse tatsächlich mit Hilfe arithmetischer Regeln berechnet wird. Effektive Adressen können (müssen nicht) mit Hilfe einer 'Virtuellen Adressumsetzung' in reale Hauptspeicheradressen umgesetzt werden. Im Fall einer tatsächlichen Umsetzung wird die effektive Adresse als virtuelle Adresse und das Ergebnis der virtuellen Adressumsetzung als reale Adresse bezeichnet.

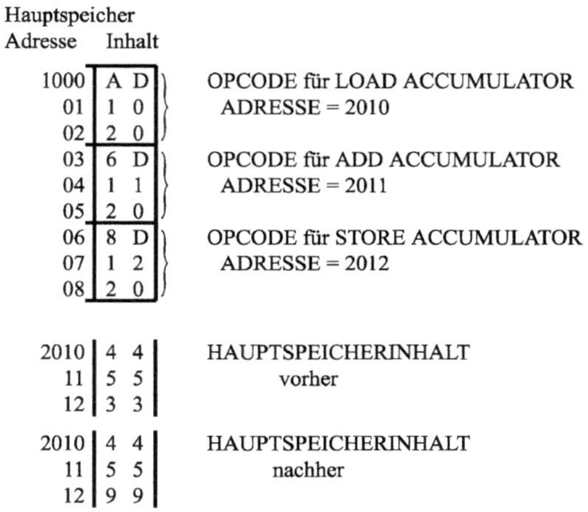

```
Hauptspeicher
Adresse   Inhalt
 1000  | A D |   OPCODE für LOAD ACCUMULATOR
   01  | 1 0 |   ADRESSE = 2010
   02  | 2 0 |
   03  | 6 D |   OPCODE für ADD ACCUMULATOR
   04  | 1 1 |   ADRESSE = 2011
   05  | 2 0 |
   06  | 8 D |   OPCODE für STORE ACCUMULATOR
   07  | 1 2 |   ADRESSE = 2012
   08  | 2 0 |

 2010  | 4 4 |   HAUPTSPEICHERINHALT
   11  | 5 5 |        vorher
   12  | 3 3 |

 2010  | 4 4 |   HAUPTSPEICHERINHALT
   11  | 5 5 |        nachher
   12  | 9 9 |
```

Abbildung 4.9   6502-Hauptspeicher Adressierung

4.7 64 Bit-Architekturen

Im Zusammenhang mit der Adressierung soll noch das Problem der 64 Bit-Architekturen behandelt werden. Die Mikroprozessoren 6502 und Intel 8080 verfügen über Register mit einer Breite von 8 Bit. Ein Additionsbefehl auf diesen Rechnern addiert 8 Bit-Ziffern parallel. Falls Ziffern mit einer Breite von 16 oder 32 Bit auf diese Art verarbeitet werden sollen, muss ein Programm benutzt werden, das wiederholt 8 Bit-Werte, d.h. zuerst die wertniedrigsten 8 Bit, dann die zweiten, dritten und vierten 8 Bit einschließlich Carry addiert.

Anschließend kamen die 16 Bit-Architekturen auf den Markt (PDP11-, IBM-Series 1- und 80286-Rechner). Sie zeichnen sich besonders dadurch aus, dass sie 16 Bit-Register implementieren. Zusätzlich werden auf Daten und Befehle über 16 Bit-Adressen zugegriffen. Man konnte also einen Hauptspeicher von maximal 2^{16}=65.536 Bytes adressieren. Viele Fachleute waren zu dieser Zeit der Meinung, ein Hauptspeicher von dieser Größe sei irrelevant und jenseits jeglicher Vorstellung. Als die Hauptspeichergröße weiter zunahm, wurden Segmentierungs-Register (Intel, IBM) zu Hilfe genommen. Die Firma DEC hatte rechtzeitig die VAX-Architektur als Nachfolgerin der PDP8 entwickelt.

Als nächste Generation wurden die 32 Bit-Rechner entwickelt (z.B Intel 80386-Prozessor). Sie integrieren 32 Bit-Register und benutzen 32 Bit-Adressen, womit sich ein Hauptspeicher mit einer Größe von 2^{32} = 4 GByte adressieren läßt. Der 80386-Prozessor der Firma Intel implementiert zwar immer noch aus historischen Gründen Segment-Register, sie werden aber von den gebräuchlichen Betriebssystemen wie OS/2, Solaris oder Linux nicht genutzt.

Die logische Schlussfolgerung aus der beobachteten Tendenz ist die Entwicklung von 64 Bit-Architekturen (s. Kapitel 16) als nächste Rechnergeneration. Die Firma DEC war auch tatsächlich der erste Hersteller eines 64 Bit-Rechners. Weitere Firmen haben sich inzwischen dieser Entwicklungsrichtung angeschlossen. Der Itanium-Mikroprozessor als erste Implementierung der IA-64-Architektur von Intel implementiert 64 Bit-Register. Die Firma Motorola brachte Ende 2001 den PowerPC 7500/G5 auf den Markt, weitere Hersteller wie AMD (Athlon64, Opteron), Sun (UltraSparc III), MIPS (MIPS64) und IBM (Power 4) folgten. Einige dieser Architekturen implementieren neben einer 32 Bit- eine 64 Bit-Version mit Taktraten bis 2 GHz. Mittlerweile lösen die immer schnelleren 64-Bit-Systeme ihre 32-Bit-Vorgänger ab.

Eine Breite von 32 Bit für einen ganzzahligen Operanden ist eine realistische Größe. 32 Bit als Integerwert ergeben 10 Dezimalstellen, und es ist relativ selten, dass Integer-Werte mit mehr Dezimalstellen benötigt werden. Dagegen werden für Gleitkommazahlen öfter hohe Genauigkeiten benötigt und somit ist dafür eine Operandenbreite von 64 Bit nicht ungewöhnlich. Ein weiteres Problem ist die Größe des Codesegments. Bei der 16 Bit-Architektur der Firma Intel wurden häufiger Code-Segmente gebraucht, die mehr als 64 KByte benötigten. Um mit dieser Schwierigkeit fertig zu werden, mussten verschiedene Programmiermodelle (z.B. Small, Medium, Compact für Turbo C) ausgewählt werden. Für 32 Bit-Architekturen sind keine Fälle bekannt, in denen Code-Segmente mit mehr als 4 Gbyte gebraucht wurden. Mit großer Wahrscheinlichkeit wird es solche auch nicht geben. Datenstrukturen mit einer Größe von 2^{32} Bit existieren, sie beschränken sich aber auf spezielle Anwendungen.

Der erste anzuführende Nachteil einer 64 Bit-Architektur ist die Existenz von 64 Bit-Registern und 64 Bit-Adressen. Dieser Umstand hat zur Folge, dass bei jeder Adressrechnung eine 64 Bit-Addition ausgeführt werden muss. Wenn man von dem Verbrauch an Silizium auf dem Prozessorchip einmal absieht, so ist eine 64 Bit-Addition trotz entsprechend schaltungstechnischer Maßnahmen mit Sicherheit langsamer als eine 32 Bit-Addition. Zusätzlich wird weitere Logik benötigt, um statt der 64 Bit häufiger auftretende 32 Bit Operanden in die 64 Bit breiten Register zu laden. Die Reihe der Nachteile kann fortgesetzt werden (Busbreite).

Die Vorteile der 64 Bit-Architekturen liegen im Bereich der Multimedia-Anwendungen, die gewaltige Zuwachsraten zu verzeichnen haben (Bild- und Tonverarbeitung).

5 Speichernutzung

5.1 Einführung

Der Begriff ´Architektur´ bezieht sich vordergründig auf die Hardware einer Rechenanlage (vgl. Abschnitt 1.2). Komponenten und Funktionen der Software-Architektur (Betriebssystem, Anwendungsprogramme) bleiben davon unberührt. Das Betriebssystem bildet die Schnittstelle zur Hardware und ermöglicht dem Programmierer bzw. Anwender einen wesentlich einfacheren Umgang mit dem Rechnersystem (Abbildung 5.1).

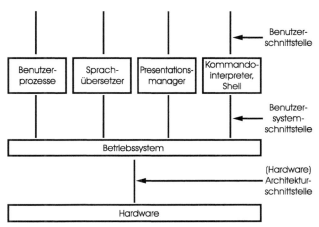

Abbildung 5.1   Kommunikation zwischen Rechner und Nutzer

Der Nutzer ´sieht´ im Normalfall nicht die Hardware sondern die Benutzersytem-Schnittstelle. Sie bestimmt im Zusammenhang mit der Hardware die Eigenschaften des Rechners. Das bedeutet, das Betriebssystem kontrolliert zu jedem Zeitpunkt die Nutzung der Ressourcen des Rechners.

Eine der wichtigsten Aufgaben des Betriebssystems besteht in der effizienten Verwaltung des Hauptspeichers. Im Hauptspeicher befinden sich alle die Programme und deren Daten, die gerade vom Prozessor ausgeführt werden. Um die Kontrollfunktionen durchzuführen ist es notwendig, dass das Betriebssystem ständig im Hauptspeicher präsent ist. Diese Teile des Betriebssystems werden als ´Überwacher´ oder ´Kernel´ bezeichnet.

5.2 Aufteilung des Hauptspeichers

Auf Grund der Tatsache, dass sich Teile des Betriebssystems permanent im Hauptspeicher befinden, stellt sich die Frage nach Maßnahmen, die sicherstellen, dass der Betriebssystembereich nicht durch Anwendungsprogramme überschrieben werden

5 Speichernutzung

kann und auf welche Art die Aufteilung des verbleibenden Hauptspeicherplatzes erfolgt.

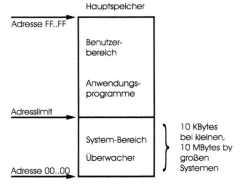

Abbildung 5.2   Hauptspeicheraufteilung eines Rechners

In vielen der heutigen Rechnerarchitekturen sind die Kernel-Routinen im unteren Teil des Hauptspeichers bis zu einer maximalen Grenze untergebracht. Der Adressbereich oberhalb dieser Grenze steht dem Nutzer der Rechenanlage zur Verfügung. Die Abbildung 5.2 demonstriert diesen Sachverhalt. Die Größe des Systembereichs hängt von der speziellen Rechnerkategorie (PC, Workstation, Großrechner) ab. In der Abbildung 5.3 ist die Aufteilung des Hauptspeichers für einen IBM-PC dargestellt.

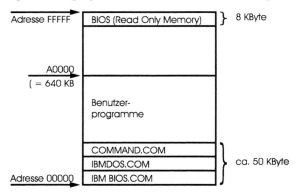

Abbildung 5.3   Aufteilung des Hauptspeicherbereiches bei einem IBM-PC

Die untersten 50 KByte sind für das IBMBIOS.COM, IBMDOS.COM und das COMMAND.COM reserviert. Bei dem Betriebssystem der Firma Microsoft heißen die entsprechenden Routinen IO.SYS und MSDOS.SYS. Im obersten Teil des Hauptspeichers wird ebenfalls ein Teil des Betriebssystems (BIOS-Routinen) abgelegt. Letzterer hat im Falle eines PC aber die Eigenschaft, da er in einem ROM (Read Only Memory) liegt, auch dann erhalten zu bleiben, wenn die Stromversorgung unterbrochen wird. Für die Nutzerprogramme bleibt dann etwa ein Hauptspeicherbereich von ca. 600 KByte übrig.

5.2 Aufteilung des Hauptspeichers

Bei der Übersetzung (Compilierung) eines Programmes werden den Befehlen und den Daten bestimmte Adressen zugeordnet. Um den Vorgang so einfach wie möglich zu gestalten, ist die Anfangsadresse eines Programmes immer 0x00000h. Dies würde aber der oben beschriebenen Speicheraufteilung widersprechen, denn ab der Adresse 0x00000h beginnt der Bereich des Betriebssystems. Die Lösung, beim Übersetzen des Programmes einen Parameter anzugeben, der die Grenze des nutzbaren Bereiches festlegt, ist nicht praktikabel. Zum einen kann sich die Größe des Systembereiches von Version zu Version unterscheiden, zum anderen kann nicht garantiert werden, dass das Programm immer den gleichen Adressbereich belegen kann (vgl. Abschnitt 5.4.2). Weiterhin ist es möglich, dass das Betriebssystem zusätzlichen Bedarf an Speicherplatz hat und seinen Bereich erweitert.

Die Lösung dieses Problems besteht im einfachsten Fall darin, in der Zentraleinheit des Rechners ein spezielles Register (Verschieberegister, Relocate-Register) zu implementieren, das beim Einschalten der Betriebsspannung mit einer Adresskonstante initialisiert wird. Diese Adresskonstante ist identisch mit dem Adresslimit. Durch diesen Mechanismus wird sichergestellt, dass im Falle eines anderen Betriebssystems ein evtl. anderer Wert als Konstante in das Verschieberegister geladen wird, was für den Nutzer vollkommen transparent abläuft. Bei jedem Zugriff, egal ob es sich dabei um den Befehlszähler oder einen Operanden handelt, wird die logische Adresse modifiziert, indem der Inhalt des Relocate-Registers hinzuaddiert wird. Erst nach dieser Adressrechnung erfolgt der Hauptspeicher-Zugriff. Der Compiler erzeugt nur relative Referenzen, und erst zur Ladezeit wird die Ladeadresse zu allen Referenzen addiert. Dadurch entsteht das sogenannte ´core image´-Format mit festen, absoluten Adressen, die sich zur Laufzeit nicht mehr ändern dürfen (statische Allokierung). Dieser Mechanismus ist in der Abbildung 5.4 skizziert.

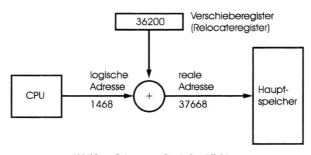

Abbildung 5.4   Statische Allokierung

Als moderne Methode wird gegenwärtig die dynamische Allokation fast in jedem Mikroprozessor implementiert (Abbildung 5.5). In Anlehnung an die Basisregister-Adressierung des Hauptspeichers wird anstelle des Verschieberegisters ein Mehrzweckregister als Basisregister benutzt. Diese Art der Allokierung erfordert aber, dass dem sogenannten Loader mitgeteilt wird, welches der 16 oder 32 Mehrzweckregister die Funktion des Basisregisters übernehmen soll. Dieses Register wird dann mit der

5 Speichernutzung

Adresslimit-Konstante initialisiert. In der Abbildung 5.4 ist das der Wert 36200, der zur logischen Adresse 1468 addiert wird und die physikalische Hauptspeicheradresse 37668 ergibt.

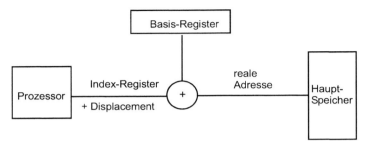

Abbildung 5.5   Dynamische Allokierung mit Hilfe eines Basis-Registers

Praktisch wird diese Aktion z.B. in der /370-Syntax durch die ´using´-Assembler-Direktive festgelegt, d.h. ´using R12´ definiert z.B. das Mehrzweckregister 12 als Basisregister. Diese Direktive bewirkt, dass jedes Lade-Modul eine Tabelle mit externen Referenzen erhält, die vom Loader aufgelöst wird. Die dynamische Allokierungs-Technik war der Hauptgrund für die Abkehr von der direkten (absoluten) Hauptspeicheradressierung. Der Vorteil davon ist offensichtlich: Die logischen Adressen des Programms werden einmalig zum Zeitpunkt des Loading modifiziert, und dann ist für den Programmierer dieses Problem gelöst. Bei einer direkten Adressierung des Hauptspeichers müßte die Adresse jedes einzelnen Maschinenbefehls im Objektmodul modifiziert werden, bevor auf den Hauptspeicher zugegriffen wird.

5.3 Speicherschutz

Eine signifikante Schwierigkeit stellt die Antwort auf die zweite Frage zu Beginn des Abschnitts 5.2 dar. Beim Arbeiten unter dem Betriebssystem MS-DOS kann es passieren, dass ein Anwender-Programm die Hauptspeicheraufteilung modifiziert, wodurch ein Warm- oder Kaltstart des Rechners notwendig wird. Die Ursache liegt in einem unzulässigen Überschreiben der Kernel-Routinen des Betriebssystems. Um derartige Fälle generell auszuschließen, werden moderne Rechnerarchitekturen mit einem Speicherschutz-Mechanismus ausgerüstet. Dieser stellt sicher, dass ein Anwender-Programm nicht auf geschützte Bereiche des Hauptspeichers zugreifen kann.

In bestimmten Situationen ist es aber wünschenswert, über eine Zugriffserlaubnis für den gesamten Speicherbereich zu verfügen. Im einfachsten Fall existieren ein sogenannter Überwacher-Status und ein Problem (Benutzer)-Status. Die Auswahl zwischen beiden erfolgt durch ein spezielles Bit in einem Steuerregister (Programm-Status-Wort, Statusregister) der CPU. Der Überwacher läuft im Überwacherstatus (Bit=0) und alle Anwenderprogramme im Problemstatus (Bit=1). Im Problemstatus ist es unmöglich, auf die Bereiche des Überwachers zuzugreifen, während im Überwacherstatus der Zugriff auf den gesamten Bereich des Hauptspeichers möglich ist. Der

Speicherschutz kann wieder in der einfachsten Form mit Hilfe eines sogenannten Grenzregisters realisiert werden (Abbildung 5.4). In diesem Register ist der Wert des Adresslimits eingetragen, und bei jedem Zugriff des Prozessors auf den Hauptspeicher wird abgefragt, ob die Adresse gleich oder größer der im Grenzregister abgespeicherten ist. Im zutreffenden Fall erfolgt der Hauptspeicherzugriff durch die CPU. Ist die Adresse kleiner als die im Grenzregister wird der Hauptspeicherzugriff verweigert und als Adressierungsfehler, der eine Unterbrechung des Rechners bzw. den Aufruf einer Behandlungs-Routine auslöst, deklariert.

5.4 Multitasking und Multiprogrammierung

Moderne Rechnerarchitekturen werden multiprogrammiert genutzt, d.h. mehrere Nutzer-Prozesse, die ausführungsfähig sind, teilen sich den verfügbaren Platz im Hauptspeicher. Zu jedem Zeitpunkt hat aber nur einer der ausführbaren Prozesse die Verfügungsgewalt über die Zentraleinheit.

Es muss generell zwischen den Begriffen Prozess (Task) und Auftrag (Job) in einem Rechnersystem unterschieden werden. Einem Prozess werden bestimmte Betriebsmittel wie Prozessleitblock (Process Control Block = PCB, Task Control Block = TCB), Hauptspeicherplatz, Anspruch auf CPU-Zeit sowie Zugriffsberechtigungen zugeteilt. Ein Auftrag ist eine Instanz des Betriebssystems, die darauf wartet, dass letzteres für sie einen oder mehrere Prozesse generiert.

5.4.1 Multitasking

Im Betriebssystem MS-DOS kann der Rechner während eines bestimmten Zeitabschnittes nur einen einzigen Auftrag ausführen. Der zeitliche Ablauf sieht z.B. so aus, dass während eines Abschnitts die CPU rechnet, danach erfolgt ein E/A-Vorgang, anschließend rechnet sie wieder usw. (Abbildung 5.7) Während eines E/A-Vorgangs ist die CPU blockiert, d.h. sie ist zum Warten verurteilt. Um die Warte-Zeit der CPU für andere Aktivitäten zu nutzen, bedient man sich des Multitasking. Es stellt einen Spezialfall der Multiprogrammierung für Einplatzrechner (Ein-Nutzer) dar. Mit Hilfe eines multitaskingfähigen Betriebssystems ist der Nutzer in der Lage, gleichzeitig z.B. eine Matrix zu invertieren, einen Brief zu editieren, ein anderes Dokument auszudrucken und darauf zu warten, dass in seiner Mailbox eine Nachricht eintrifft. In diesem Fall werden also von dem Auftrag mehrere Prozesse generiert.

5.4.2 Multiprogrammierung

Ein multiprogrammiertes Betriebssystem, das heute auf allen leistungsfähigen Großrechenanlagen und Servern implementiert ist, simuliert vielfache Zentraleinheiten derart, dass jedem Prozess eine eigene virtuelle Zentraleinheit zugeordnet wird. Zu jedem Zeitpunkt teilt das Betriebssystem die reale Zentraleinheit einer der vielen virtuellen Zentraleinheiten zu, wodurch der Prozess ausgeführt wird. Um die Illusion einer eigenen (virtuellen) Zentraleinheit pro Prozess zu vermitteln, ordnet das Betriebssystem in

5 Speichernutzung

kurzen Zeitabschnitten die reale Zentraleinheit immer wieder einer anderen virtuellen Zentraleinheit zu.

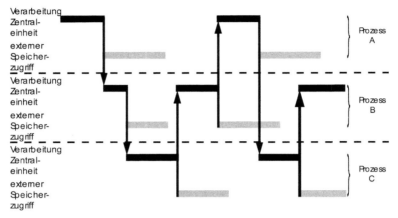

Abbildung 5.6   MultiProzess-Verarbeitung

Die Gründe für die Einführung der Multiprogrammierung waren verschiedenartiger Natur. In den 70er Jahren arbeiteten die Großrechenanlagen prinzipiell gleichzeitig in zwei verschiedenen Betriebsarten, im sogenannten Vordergrund- und im Hintergrund-Betrieb. Im Vordergrund-Betrieb war ein Arbeiten der Nutzer über angeschlossene Dialogstationen (nichtintelligente Terminals) möglich, während im Hintergrund Stapelverarbeitung (Lochkarten) erfolgte.

Jede Betriebsart verfügt über eigene Speicherbereiche (Regionen). Im Dialog rechnet jeder Teilnehmer auf der Zentraleinheit des angeschlossenen Großrechners, d.h. bei beispielsweise 30 Nutzern, denen die gleiche Zeit zugeteilt wurde, steht jedem von ihnen 1/30 der CPU-Zeit zur Verfügung. Dabei entsteht bei jedem Anwender der Eindruck einer alleinigen Nutzung der Zentraleinheit (Time Sharing). Die Ausführungsgeschwindigkeit des Anwendungsprogramms sinkt natürlich auf den gleichen Bruchteil. Die Motivation zum Bau solcher Großrechner mit Time Sharing-Betriebssystemen (IBM TSO) vor ca. 30 Jahren war die Kostenoptimierung, d.h. es war billiger, einen Großrechner mit einer 30-fachen Leistung zu produzieren als 30 leistungsschwache Rechner. Momentan hat sich dieses Verhältnis umgekehrt. Trotz dieser Entwicklung haben sich solche Rechner-Konfigurationen erhalten. Insbesondere Banken und Versicherungen betreiben Großrechner, an die einige Tausend Bildschirme angeschlossen sind, im Time Sharing Verfahren. Das Prinzip solcher Mehrplatzrechner ist in der Abbildung 5.6 dargestellt. Der Trend zu intelligenten Terminals (PCs, Workstations) bei Großunternehmen ist jedoch derzeit wieder rückläufig aus Gründen der Verfügbarkeit, Datensicherheit (Backup, Viren) und der Gefahr illegaler Nutzung von lizensierter Software.

5.4 Multitasking und Multiprogrammierung

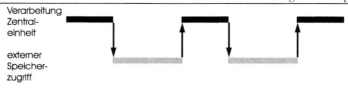

Abbildung 5.7   SingleProzess-Verarbeitung

Einem weiteren Grund stellt die Mehrfachnutzung von Software in Rechnernetzen, die von sogenannten Servern verschiedenen Nutzern zur Verfügung gestellt wird, dar. Für diese Zwecke wurden Netzprotokolle (NOVELL, TCP/IP, NETBIOS) sowie Client-Server -Umgebungen (z.B. NFS, Sun-RPC) entwickelt. Von einem Server wird verlangt, dass er auf Anfragen der angeschlossenen Clients, deren Zugriffe gleichzeitig erfolgen können, so effektiv wie möglich reagiert. Während bei einer Einfachverarbeitung (Abbildung 5.7) in der Zeit eines externen Speicherzugriffs die CPU beschäftigungslos ist, wird letztere im Multiprogrammbetrieb zeiteffektiver ausgenutzt. Am Beispiel eines NOVELL-Servers gezeigt, bedeutet das: In der Zentraleinheit des Server-Rechners existieren mehrere Prozesse, die den Anfragen verschiedener Clients entsprechen. Der Prozess A (Abbildung 5.6) nutzt eine Zeit lang die CPU und nimmt anschließend eine E/A-Operation vor. Sobald die E/A-Operation des Prozesses A beginnt, wird ihm die CPU entzogen (pre-emption) und Prozess B zugeordnet. Sobald bei diesem Prozess eine E/A-Operation ansteht, wird die CPU dem Prozess C zur Verfügung gestellt. Durch diese verschachtelte Nutzung der Server-CPU erfolgt eine optimale Prozessorauslastung, d.h. das Antwort-Zeit-Verhalten des Netz-Servers bezüglich der angeschlossenen Clients wird günstiger. Eine Optimierung kann darüber hinaus durch verschiedene CPU-Zuteilungs-Algorithmen (z.B. prioritätsgesteuert) vorgenommen werden, d.h. es werden bestimmte Clients bevorzugt bedient. Ein allgemein verwendeter Algorithmus, der alle Clients gleichberechtigt (zyklisch) abfertigt, ist der Round-Robin-Algorithmus.

5.4.3 Speicherschutz in multiprogrammierten Betriebssystemen

In einem multiprogrammierten Betriebssystem befinden sich die Prozesse in unterschiedlichen Zuständen Das Prozess-Zustandsmodell ist in Abbildung 5.8 dargestellt. Von den aktiven Prozessen gibt es immer nur einen, der über die Zentraleinheit verfügt, d.h. der bearbeitet wird. Dieser Prozess befindet sich im Zustand ´running´ (laufend). Von den Prozessen, die in der Lage wären, sofort die Verfügungsgewalt über die CPU zu übernehmen, gibt es im Normalfall mehrere. Diese befinden sich im Zustand ´ready´ (ausführbar). Eine dritte Gruppe bilden die Prozesse, die momentan nicht ausführbar sind, weil sie darauf warten, dass eine E/A-Anweisung beendet wird. Sie sind demzufolge blockiert. Diese Prozess-Gruppe ist im Zustand ´waiting´ (wartend). Der Scheduler des Betriebssystems hat nun die Aufgabe, die Zustandsübergänge der Prozesse so zu verwalten, dass ein laufender Prozess bei Blockierung (E/A) in den wartenden Zustand, die wartenden Prozesse in den ausführbaren und einen der ausführbaren Prozesse in den laufenden Zustand versetzt wird. Zu der Schlange der aktiven Prozesse können natürlich neue Prozesse hinzukommen. Das passiert u.a. dann, wenn sich neue Teilnehmer einloggen (login). Genauso werden Prozesse ausgegliedert, wenn ein Nutzer seine Sitzung an einem Terminal beendet oder sich ein Client im Netz bei einem Server abmeldet (logoff, logout).

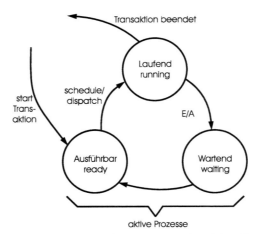

Abbildung 5.8   *Verschiedene Prozesszustände und deren Übergänge*

In multiprogrammierten Sytemen existiert nun, da es mehrere ausführbare Prozesse (Nutzer) gibt, ein zusätzliches Problem. Es besteht darin, dass jedem ausführbaren Prozess ein zusammenhängender Bereich im Hauptspeicher zugeteilt werden muss. Würden nämlich der betreffende Code und die Daten erst zu Beginn der Ausführungsphase in den Hauptspeicher eingeräumt werden, so würde zu viel Zeit verstreichen. Die Prozesse im Zustand ´ready´ müssen demzufolge immer in der Schlange vorhanden sein.

Diese zugewiesenen Hauptspeicherbereiche werden historisch bedingt als ´regions´ bezeichnet. Als Konsequenz daraus ergibt sich, dass jetzt zwei Speicherschutz-Probleme vorhanden sind. Das erste bezieht sich auf den Schutz der vom Überwacher beanspruchten Speicherbereiche. Zusätzlich muss verhindert werden, dass ein Anwender-Prozess den Speicherbereich eines anderen beschreibt. Der Speicherschutz muss also jetzt beide Funktionen gleichzeitig übernehmen: Er muss sicherstellen, dass ein Benutzerprogramm nur den ihm zugewiesenen Speicherbereich, nicht aber den eines anderen Benutzers oder den des Systembereichs überschreiben kann.

5.4 Multitasking und Multiprogrammierung

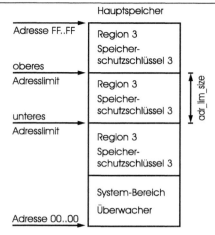

Abbildung 5.9   Speicherschutz mit Hilfe von 2 Adresslimits

Eine praktikable Art und Weise der Lösung besteht darin, 2 Grenzregister vorzusehen. Das eine enthält die untere (adr_lim_low) und das andere die obere (adr_lim_high) Schranke des zugewiesenen Hauptspeicherbereichs (Abbildung 5.9). Die effektive Adresse eines Prozesses passiert zuerst einen Vergleich mit dem 1. Grenzregister (> untere Schranke). Falls dieser Vergleich positiv ausfällt (ja), wird ein zweiter Vergleich mit dem Grenzregister der oberen Schranke angestellt (< obere Schranke). Erst wenn letzterer auch mit 'ja' ausgewertet wird, erfolgt ein Zugriff zum Hauptspeicher (Abbildung 5.10).

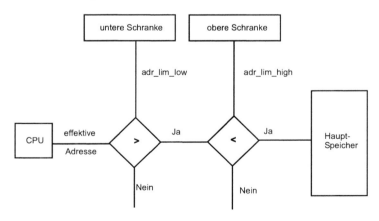

Abbildung 5.10   Verarbeitung mit unterer und oberer Schranke bei der Adressierung geschützter Speicherbereiche

5 Speichernutzung

Die Abbildung 5.11 zeigt, wie das Speicherschutz-Problem bei der CDC 6600- [Tho 64] und IBM 7030-Architektur gelöst ist. Diese Art der Speicherschutz-Implementierung wird aber in den modernen Rechnerarchitekturen nicht mehr verwendet. Sie wurde durch die virtuelle Speichertechnik abgelöst (siehe Kapitel 6).

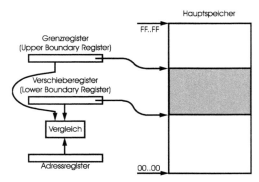

Abbildung 5.11   Speicherschutz der CDC 6600- und der IBM 7030-Architekturen

Eine komplexere Speicherschutz-Einrichtung verwenden die /370-, /390- und z-Architekturen der Firma IBM. Das Programm-Status-Wort hat eine Breite von 8 Byte (Abbildung 5.12). Es enthält außer Bits für den Befehlszähler, Problem-/Überwacherstatus, Masken (Maschinenfehler, E/A, Programm) auch 4 Bits für Speicherschutzschlüssel, d.h. insgesamt können $2^4=16$ verschiedene Speicherschutzschlüssel vergeben werden.

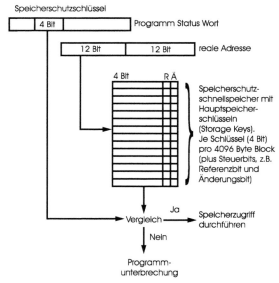

Abbildung 5.12   Komplexere Speicher-Schutzeinrichtungen der IBM /370 und /390

5.4 Multitasking und Multiprogrammierung

Der Hauptspeicher von z.B. 16 MByte wird in 4096 Blöcke zu je 4K Bytes (4096 Bytes) aufgeteilt. Jeder dieser 4096 Blöcke (Rahmen) kann genau einem dieser 16 verschiedenen Speicherschutzschlüsseln zugeordnet werden. In der Zentraleinheit ist ein zusätzlicher Schnellspeicher implementiert, der für jeden der 4096 Blöcke einen Eintrag enthält. Dieser Eintrag gibt an, welcher Speicherschutzschlüssel dem betreffenden Block zugewiesen ist. Die werthöchsten 12 Bit der realen Hauptspeicheradresse adressieren ein bestimmtes Feld im Schnellspeicher und lesen es aus. Der Inhalt dieses Schnellspeicher-Feldes wird anschließend mit dem 4 Bit-Feld des Programm-Status-Wortes verglichen. Im Falle einer Übereinstimmung erfolgt ein Zugriff zum Hauptspeicher. Sind sie unterschiedlich, wird der Zugriff verweigert, und eine Programmunterbrechung wird veranlasst. Diesen Mechanismus zeigt die Abbildung 5.12.

Die Felder im Schnellspeicher enthalten außer dem Speicherschutzschlüssel noch zusätzliche Steuer-Bits, zu denen das Referenz- und das Änderungs-Bit gehören (siehe Kapitel 6). Eine Sonderrolle spielt der Speicherschutzschlüssel 0, er erlaubt den Zugriff auf den gesamten Hauptspeicher.

Eine universellere Art des Speicherschutzes ist in der Motorola 68030-Architektur implementiert. Es wird lediglich zwischen Überwacher- und Problemstatus unterschieden. Zusätzlich stellt aber der 68030-Mikroprozessor noch 3 Steuersignale zur Verfügung, die 8 unterschiedliche Kombinationen erlauben. Letztere definieren z.B. einen Lese- oder Schreibzugriff, Befehls- oder Operandenzugriff usw. Für den System-Designer bietet sich unter Benutzung des 68030-Mikroprozessors die Möglichkeit, zusätzliche VLSI-Logik zu entwerfen. In der Abbildung 5.13 ist ein Adressdekoder dargestellt, der gleichzeitig mittels der 3 Steuereingänge FC0, FC1 und FC2 entweder den Lese- oder Schreibzugriff zum Hauptspeicher zulassen kann oder nicht.

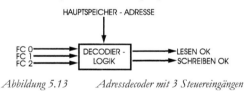

Abbildung 5.13   Adressdecoder mit 3 Steuereingängen

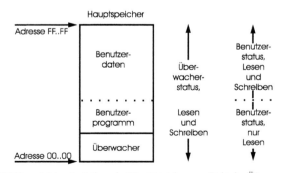

Abbildung 5.14   Aufteilung des Hauptspeichers aus Sicht des Überwachers

Die Aufteilung des Hauptspeichers für einen Nutzer-Prozess zeigt die Abbildung 5.14. Der Hauptspeicherbereich des Nutzers ist noch einmal zweigeteilt, in den Bereich für den Nutzer-Code und in den für die Nutzer-Daten. Während im Überwacherstatus der gesamte Hauptspeicher gelesen und beschrieben werden kann, ist das Lesen und Schreiben im Problemstatus nur im Bereich der Nutzerdaten möglich. Die beiden anderen Teile können im Problemstatus nur gelesen werden.

5.4.4 Speicherzerstückelung

In Multiprogrammsystemen hat es sich als ungünstig herausgestellt, den einzelnen Prozessen jeweils gleich große Speicherbereiche (Regionen) zuzuweisen. Demzufolge sind in der Vergangenheit Betriebssysteme entwickelt worden, die nicht nur eine unterschiedliche Anzahl von Regionen generieren, sondern auch die Größe der Regionen auf den Bedarf der einzelnen Prozesse abstimmen können. Die Verwaltung dieser Ressourcen erfolgte dynamisch und war mit erheblichem Mehraufwand des Überwachers verbunden.

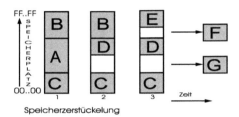

Abbildung 5.15   Speicherzerstückelung in Abhängigkeit von der Zeit

Aus der Tatsache, dass sich mehrere Prozesse den verfügbaren Speicher teilen und verschieden große Regionen beanspruchen, entsteht der Effekt, dass nach dem Beenden einzelner Prozesse der verfügbare Speicher in mehrere, nicht zusammenhängende Speicherbereiche (Fragmente) geteilt wird. Diese Problematik wird Speicherzerstückelung genannt. Im Extremfall kann ein Prozess nicht in den Hauptspeicher geladen werden, da kein zusammenhängender Speicherbereich mit der entsprechenden Größe verfügbar ist (Abbildung 5.15).

Im einfachsten Fall kann die Zerstückelung des Speichers durch die Verwendung von Nutzerprogrammen, die den gleichen Hauptspeicherplatz benötigen, verhindert werden. Eine weitere Möglichkeit, dieses Fragmentierungsproblem zu lösen, besteht darin, dass der Überwacher in bestimmten Zeitabständen die belegten Speicherbereiche zusammenschiebt (memory compaction). Auf diese Weise entstehen wieder zusammenhängende Freispeicherbereiche, die (wahrscheinlich) groß genug sind, um den neuen Prozess zu laden (Abbildung 5.16). Voraussetzung für die Speicherrückgewinnung ist, dass die Speicherbereiche der Prozesse verschiebbar sind, d.h. die Relokation zieht das Neuladen des Basisregisters sowie die Anpassung aller Adressreferenzen (z.B. Unterprogrammaufrufe) des betroffenen Prozesses nach sich.

5.4 Multitasking und Multiprogrammierung

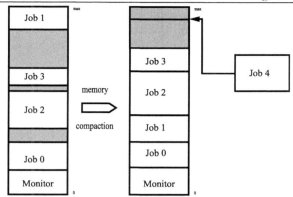

Abbildung 5.16   Speicherrückgewinnung durch Zusammenschieben von mehreren Prozessen

5.4.5 Overlay-Technik

In vielen Fällen reichte der verfügbare Hauptspeicher aus, ein Programm vollständig zu laden. Benötigte ein Programm mehr Speicherplatz als zur Verfügung stand, so musste der Programmierer das Programm in mehrere voneinander unabhängige Programmstücke (Segmente) teilen, von denen nur einige, abhängig von ihrem Speicherbedarf, gleichzeitig im Hauptspeicher präsent sein konnten. Wird ein nicht im Hauptspeicher vorhandenes Segment benötigt, so wird es anstelle eines andern in den Hauptspeicher geladen. Es überlagert somit seinen Vorgänger. Auf Grund dieser Tatsache wird diese Programmier-Methode ´Overlay-Technik´ genannt.

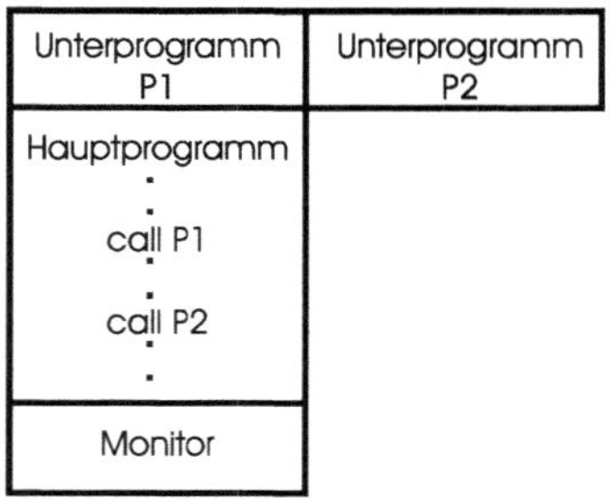

Abbildung 5.17   Unterprogrammtechnik im Zusammenhang mit Speicheradressierung

In der Abbildung 5.17 ist der Fall dargestellt, dass sich ein Nutzerprogramm aus dem Hauptprogramm und zwei Unterprogrammen P1 und P2 zusammensetzt. Beide Unterprogamme werden vom Hauptprogramm aufgerufen. Der zur Verfügung stehende Hauptspeicher reicht aber nicht aus, um alle drei Komponenten koresident zu halten. Die Lösung des Problems liegt darin, P1 und P2 zur Laufzeit jeweils einzeln und nur dann, wenn sie benötigt werden (call P1, call P2), in den Hauptspeicher zu laden.

Es sei erwähnt, dass die Überlagerung der Programmstücke unter Steuerung des Anwenderprogrammes erfolgt und somit durch den Programmierer vorgenommen werden muss. Ein Vorteil der virtuellen Speichertechnik (siehe Kapitel 6) ist, dass genau dieser Vorgang für den Programmierer transparent abläuft.

6 Virtuelle Speicher

6.1 Einführung

Die Hauptspeicherverwaltung, die in Kapitel 5 beschrieben wurde, enthält eine Reihe von Problemen, die aber letztendlich immer wieder gelöst werden konnten. Die angeführten Konzepte zum Speicherschutz, zur Fragmentierung und Overlay-Technik sowie zur Partitionierung im Multiprogrammbetrieb finden in modernen Rechnerarchitekturen keine Anwendung mehr. Sämtliche Methoden zur Speicherverwaltung werden heute durch die virtuelle Speichertechnik optimal ersetzt.

Die Implementierung des virtuellen Speichers und die damit verbundenen Adressrechnungen bilden zwar einen komplizierten Mechanismus, es gibt aber für die generelle Lösung der angeführten Probleme keine vernünftige Alternative. Sämtliche auf dem Markt verfügbare Mikroprozessoren unterstützen mittels ihrer Hardwarearchitektur die virtuelle Speicherverwaltung. Momentan existieren noch Betriebssysteme, die ohne virtuelle Speichertechnik arbeiten. Dazu gehören das NOVELL NETWARE Betriebssystem, das vorzugsweise für Serverfunktionen eingesetzt wird, sowie einige Betriebssysteme für spezielle Dienste. Letztere werden z.B. für Platzreservierungen in Flugzeugen (IBM AIRLINE CONTROL PROGRAM) und Bahnen eingesetzt. Die Zentralrechner von Großbanken benutzen in der Transaktionsverarbeitung mit hohen Datenraten ebenfalls Betriebssysteme ohne virtuelle Speichertechnik. Insgesamt handelt es sich um Betriebssysteme, die ganz speziell dafür entwickelt werden, Serverfunktionen zeiteffektiv durchführen zu können. Die Programmierung solcher Spezialanwendungen ist auf Grund fehlender Speicherschutzmechanismen sehr aufwendig. Trotz einer geringen Verfügbarkeit geeigneter Programmiersprachen ist der Bedarf an derartigen Hard- und Software-Architekturen heute noch in bedeutendem Umfang vorhanden.

6.2 Virtueller und realer Adressraum

Der Adressraum des Hauptspeichers läßt sich durch eine lineare Folge von Adressen der Adressierungseinheiten (Bytes), beginnend mit dem Wert 0 bis zu einer endlichen oberen Grenze, darstellen (Abbildung 6.1). Adressen sind entweder Bestandteil eines Maschinenbefehls (vgl. Abbildung 4.7) oder entstehen über eine Adressrechnung aus einer Menge von Operandenfeldern (effektive Adresse).

Der virtuelle Adressraum wird durch eine lineare Folge von Adressen der Adressierungseinheit eines virtuellen Speichers gebildet. Bei einem Computer mit virtueller Adressierungstechnik sind Befehlsadressen (Inhalt des Befehlszählers) und effektive Adressen (entstehen über eine Adressrechnung des Inhaltes mehrerer Operandenfelder) virtuelle Adressen.

6 Virtuelle Speicher

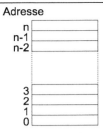

Abbildung 6.1 *(Linearer) Adressraum eines Speichers*

Der reale Adressraum wird durch die lineare Folge von Adressen der Adressierungseinheit (Bytes) eines realen (tatsächlich existierenden) Hauptspeichers dargestellt. Mit dem virtuellen Speicher wird die Illusion eines Speichers geschaffen, der eine andere und einfachere Struktur hat als der reale Hauptspeicher.

6.3 Adressumsetzung

Die Grundlage der Adressumsetzung bildet die Trennung des Adressraumes der Befehle und Operanden vom Adressraum des (Halbleiter-) Hauptspeichers.

Das einfachste Verfahren der Adressumsetzung besteht darin, überhaupt keine anzubieten (z.B. 6502, 68000, 8080, 80286). Eine Möglichkeit der Adressumsetzung mit Hilfe eines Verschieberegisters ist bereits im Abschnitt 5.2 (siehe Abbildung 5.4) erwähnt worden.

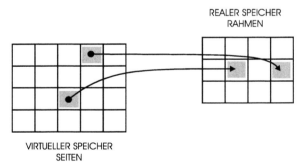

Abbildung 6.2 *Eindeutige Abbildung des virtuellen Speichers in den realen Speicher*

Die moderne Art der Adressumsetzung geht von folgender Überlegung aus :

Der virtuelle Speicher wird in Blöcke identischer Größe (z.B. 2^{12}=4096 Bytes), und der reale Speicher wird gleichfalls in Blöcke identischer Größe (4096 Bytes) zerlegt. Die Blöcke des virtuellen Speichers heißen ´Seiten´ und die des realen Speichers heißen ´Rahmen´. Seiten und Rahmen haben grundsätzlich die gleiche Größe (z.B. 4 KByte). Anschließend erfolgt eine eindeutige Abbildung der Seiten des virtuellen Speichers in die Rahmen des realen Speichers (Abbildung 6.2).

Die Abbildung wird mit Hilfe einer Abbildungsvorschrift, die in Form einer Seitentafel implementiert ist, durchgeführt. Abbildung 6.3 zeigt ein Beispiel, in dem ein virtueller Speicher mit den Seitenadressen 0, 1, 2, 3, 4 in einen realen Hauptspeicher mit den Rahmenadressen 5, 4, 1, 3, 7 abgebildet wird:

$$F: (0, 1, 2, 3, 4) \rightarrow (5, 4, 1, 3, 7)$$

Der logische (virtuelle) Speicher umfasst 5 Seiten mit dem Inhalt A, B, C, D, E. Die Seitentafel ordnet die (virtuellen) Seitenadressen ganz bestimmten (realen) Rahmenadressen zu, z.B. wird der Seite mit dem Inhalt A und der Adresse 0 im virtuellen Speicher über die Seitentafel der Rahmen mit der Adresse 5 zugewiesen. Ebenso erhält die Seite mit dem Inhalt B und der Adresse 1 im virtuellen Speicher den Rahmen mit der Adresse 4 im realen Speicher zugeteilt usw.

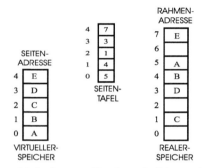

Abbildung 6.3   *Mechanismus zur Zuordnung der Seiten zu den aktuellen Rahmen*

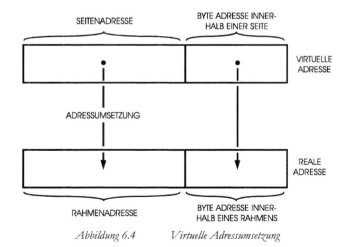

Abbildung 6.4   *Virtuelle Adressumsetzung*

In der Abbildung 6.3 ist nur die Zuordnung der Seiten zu den entsprechneden Rahmen gezeigt. Zur Adressierung von Speicher innerhalb der Seiten wird davon ausgegangen, dass die virtuelle Adresse aus zwei Teilen besteht. Der werthöhere Teil enthält die Seitenadresse und der wertniedere die Byteadresse (Offset) innerhalb dieser Seite. Bei der realen Adresse sind das entsprechend die Rahmenadresse und die Byteadresse innerhalb dieses Rahmens. Die Adressumsetzung der virtuellen Adresse in die reale Adresse generiert aus dem Seiten-Adressteil der virtuellen Adresse den Rahmen-Adressteil der realen Adresse, während der Byte-Adressteil unverändert bleibt (Abbildung 6.4).

Für die Implementierung der virtuellen Speicherverwaltung sind eine Reihe von Voraussetzungen erforderlich. Dazu gehören sowohl Hardware- (Speicherverwaltungseinheit, Memory Management Unit) als auch Software-Einrichtungen (Betriebssystem-Komponenten, z.B. Seitenüberwacher). Weiterhin werden Architektur-Definitionen gebraucht, die z.B. die Funktionsweise bei eingeschalteter virtueller Speicherverwaltung festlegen. Dieser Mechanismus, der für den Anwender vollkommen transparent abläuft, beinhaltet mehrere Stufen. Zunächst wird aus den Operandenfeldern der Adresse mit Hilfe der Adressenrechnung die effektive Adresse berechnet. Die effektive Adresse wird über die virtuelle Adressumsetzung in die reale Hauptspeicheradresse umgewandelt, mit der auf den Hauptspeicher zugegriffen werden kann. In manchen Architekturen muss noch eine weitere Stufe durchlaufen werden, um einen Hauptspeicherzugriff durchführen zu können, das sogenannte Prefixing ergibt schließlich erst die absolute Hauptspeicheradresse.

Eine der ersten Implementierungen der virtuellen Speichertechnik wurde von der Firma Siemens in Form der 4004/46-Architektur auf den Markt gebracht. Die Rechner-Konzeption wurde von der Firma RCA übernommen und bildete den Vorläufer der heutigen BS 2000-Architektur.

Obwohl diese Architektur veraltet ist, soll sie doch dem Leser als Basis für das Verständnis der virtuellen Adressumsetzung dienen.

Die virtuellen Adressen des Rechners 4004/46 waren 21 Bit groß, d.h. die Größe des virtuellen Speichers betrug 2 MByte.

Die Siemens-Architektur verfügte über eine Hauptspeichergröße von 256 KByte. Daraus ergibt sich eine Adressbreite von 18 Bit (2^{18}=256 KByte). Als Seitengröße wurde typischerweise 4096 (2^{12}) Bytes gewählt. Der virtuelle Speicher konnte somit in 512 Seiten zu je 4096 Byte und der reale Hauptspeicher in 64 Rahmen zu jeweils 4096 Byte aufgeteilt werden. Damit mussten 512 Seiten in 64 Rahmen abgebildet werden. Die virtuelle Adresse war in zwei Felder unterteilt, in die Seitenadresse (Pageadresse) von 9 Bit und die Byteadresse innerhalb einer Seite von 12 Bit (Abbildung 6.5).

Die 4004/46 Rechenanlage hatte die Eigenschaft, dass man sie infolge der Implementierung von 2 Adressregistern und eines Schnellspeichers ohne und mit virtueller Adressumsetzung betreiben konnte.

6.3 Adressumsetzung

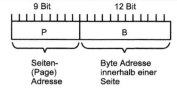

Abbildung 6.5   Adressenaufteilung

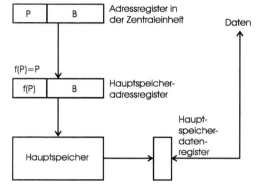

Abbildung 6.6   Siemens System 4004/46 mit ausgeschalteter Adressumsetzung

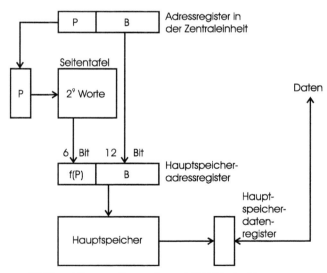

Abbildung 6.7   Siemens System 4004/46 mit Adressumsetzung

Bei ausgeschalteter Adressumsetzung (Abbildung 6.6) wurde in das Adressregister der Zentraleinheit nach der Adressrechnung die effektive Adresse geladen und anschließend die Seitenadresse im Hauptspeicher-Adressregister linear in die Rahmenadresse umgesetzt (Seitenanzahl = Rahmenanzahl). Mit dieser Adresse erfolgte der Zugriff auf

6 Virtuelle Speicher

den Hauptspeicher, und der Inhalt konnte in ein Hauptspeicher-Datenregister gelesen werden.

Im Falle eingeschalteter virtueller Adressumsetzung (Abbildung 6.7) sorgte ein in der CPU implementierter Schnellspeicher für die Adressumsetzung. Letzterer enthält ein Register P für die Aufnahme der 9 Bit Seitenadresse und eine Übersetzungstafel. Für die Adressumsetzung wird zunächst die 9 Bit Seitenadresse in das Register P geladen. Anschließend erfolgt parallel ein Vergleich dieser Seitenadresse mit sämtlichen $2^9=512$ Einträgen zu je 6 Bit der Seitentafel. Genau an dieser Stelle erfolgt die Umsetzung von der 2^9 Seiten- auf die 2^6-Rahmen-Adresse in der Form, dass genau einer der 512 Einträge adressiert, der Inhalt von 6 Bit ausgelesen und mit der 12 Bit Byteadresse des Adressregisters der Zentraleinheit im Hauptspeicher-Adressregister durch einfaches Anhängen verknüpft wird. Mit dieser 18 Bit Adresse wird auf den Hauptspeicher zugegriffen und der Inhalt wieder im Hauptspeicher-Datenregister abgelegt.

Der Zugriff der Zentraleinheit auf seinen Seitentafelspeicher erfolgt in einem Bruchteil der Zeit von dem zum Hauptspeicher (Abbildung 6.8). Da jeder Maschinenbefehl im Normalfall einen Befehls- und einen Datenzugriff benötigt, wobei die Zugriffszeit zum Hauptspeicher heute etwa bei 40 ns liegt, kann die hohe MIPS-Rate bei modernen Mikroprozessoren (Pentium 4: 2500 - 5500) nicht wirksam werden.

Unter der Annahme, dass ein Hauptspeicherzugriff in ca. 70 ns erfolgt, sind (140 + Schnellspeicherzugriffszeit) ns nötig bei der Verarbeitung eines Maschinenbefehls. Das bedeutet, dass ohne Berücksichtigung der Schnellspeicherzugriffszeit MIPS-Raten größer als 7 keinen Geschwindigkeitsvorteil der Befehlsverarbeitung zur Folge haben. Die Schnellspeicher werden in modernen Rechnerarchitekturen in einer anderen Technologie als der Hauptspeicher implementiert, so dass der Zugriff zum Schnellspeicher wesentlich schneller erfolgt als der zum Hauptspeicher und dadurch der Beitrag zur Gesamtzugriffszeit kleiner wird. Der Vorteil der kürzeren Zugriffszeit wird jedoch dadurch verringert, dass eine statische RAM-Zelle durchschnittlich 6 statt 1 Transistor enthält.

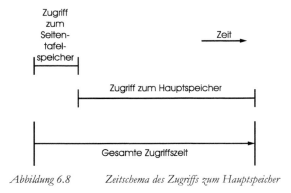

Abbildung 6.8   *Zeitschema des Zugriffs zum Hauptspeicher*

Ein Nachteil der virtuellen Adressumsetzung in der 4004/46-Architektur besteht darin, dass bei einem Prozesswechsel sowohl die Übersetzungstafel des neuen Prozesses vollständig geladen als auch die des vorhergehenden abgespeichert sein muss, bevor der neue Prozess bearbeitet werden kann.

6.4 Demand Paging

Die virtuelle Speicherverwaltung beseitigt aber nicht nur die Fragmentierung des Hauptspeichers und damit verbundene Maßnahmen zur Kompaktierung, so dass es prinzipiell keine Schwierigkeiten mehr bereitet, Rahmen beliebiger Größe den Seiten einzelner Prozesse zuzuordnen. Der entscheidende Durchbruch wurde vielmehr damit erreicht, dass über Adressräume verfügt werden kann, die größer sind als der Hauptspeicher. Das Konzept zur Abbildung der Seiten des virtuellen Speichers in die Rahmen des realen Hauptspeichers wird als ´Demand Paging´ bezeichnet. Geht man von einer bestimmten Größe des virtuellen Speichers aus, so können nach der Aufteilung in Seiten einerseits und in Rahmen andererseits keinesfalls allen Seiten entsprechende Rahmen im realen Hauptspeicher zugeordnet werden. Nur ein Teil der Seiten kann zu jedem Zeitpunkt in Rahmen abgebildet werden. Die restlichen Seiten des virtuellen Speichers muss man auf einem Teilbereich des Plattenspeichers, dem externen Seitenspeicher, auslagern. Dieser Sachverhalt ist in der Abbildung 6.9 dargestellt. Im Normalfall gilt das für alle aktiven Prozesse. Das Ein- und Ausräumen bestimmter Seiten im Hauptspeicher entspricht analogen Aktionen der Overlay-Technik mit dem Unterschied, dass innerhalb der virtuellen Speichertechnik der Seitenüberwacher (Page Supervisor) die Verwaltung übernimmt.

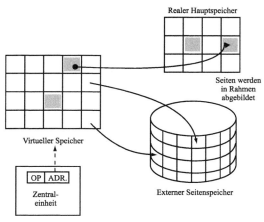

Abbildung 6.9   Auslagerung der nicht benötigten Seiten

Bei der Nutzung der externen Speicher werden diese in zwei Teilbereiche gegliedert. Der erste Teil dient der Abspeicherung von Programmen und Daten, während der zweite dafür benutzt wird, diejenigen Seiten abzulegen, die nicht mehr durch den Hauptspeicher aufgenommen werden können. In einer real implementierten Rechner-

6 Virtuelle Speicher

architektur übernimmt eine spezielle Steuereinheit die Auswahl des betreffenden externen Speicherbereiches (Abbildung 6.10).

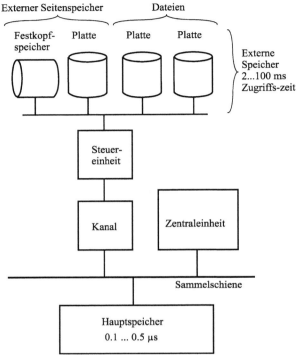

Abbildung 6.10   Nutzung der externen Speicher

Als Beispiel möge ein Rechner mit einem Hauptspeicher mit 16 MByte dienen. Mit Hilfe dieses Rechners soll ein Programm verarbeitet werden, das einschließlich der Daten einen Hauptspeicher von 128 MByte benötigt. In diesem Fall würden sich zu jedem Zeitpunkt 16 MByte im realen Hauptspeicher und der Rest von 128-16=112 MByte im externen Seitenspeicher befinden. Kleinere Rechenanlagen, die nicht mit Konfigurationen arbeiten, wie sie in der Abbildung 6.10 dargestellt sind, müssen einen Teil ihrer Festplatte für die Funktion des externen Seitenspeichers bereitstellen. Für die Programme und Daten eines Anwenders bedeutet der externe Seitenspeicher deshalb eine Einschränkung des verfügbaren Festplatten-Speicherplatzes.

Der Zugriff auf den externen Seitenspeicher erfordert ein Vielfaches der Zeit im Vergleich zu einem Hauptspeicherzugriff. Das Verhältnis der Zugriffszeiten von externem Seitenspeicher und Hauptspeicher beträgt etwa 10^5, wobei die absolute Zugriffszeit zum Hauptspeicher in einer modernen Rechnerarchitektur zwischen 0.1 und 0.4 µs liegt. Daraus folgt, dass Zugriffe auf den externen Seitenspeicher nur sehr selten erfolgen dürfen. Im anderen Fall wäre eine Implementierung der virtuellen Speichertechnik unsinnig. In der Praxis hat sich aber herausgestellt, dass ein Zugriff auf eine Seite, deren Rahmen sich nicht im Hauptspeicher befindet, mit einer Wahrscheinlichkeit von etwa 0.0001% auftritt.

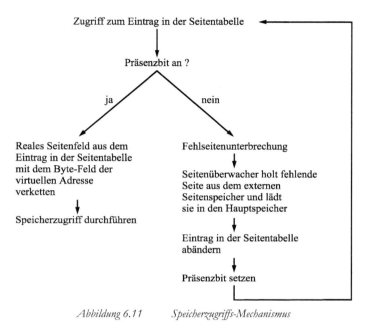

Abbildung 6.11   *Speicherzugriffs-Mechanismus*

Prinzipiell wird bei jedem Speicherzugriff geprüft, ob sich der Rahmen der betreffenden Seite, auf die der Zugriff erfolgt, im Hauptspeicher befindet. Zu diesem Zweck enthält jeder Eintrag in der Seitentabelle neben der Rahmenadresse noch eine Reihe von Steuerbits, zu denen auch das sogenannte Präsenzbit gehört. Dieses Präsenzbit gibt an, ob dieser Rahmen im Hauptspeicher liegt (Präsenzbit = 1) oder nicht (Präsenzbit = 0). Erst wenn das Präsenzbit als '1' ausgewertet ist, wird das Rahmenfeld mit dem Byte-Feld der virtuellen Adresse verkettet, und mittels dieser realen Hauptspeicheradresse wird der Zugriff vorgenommen (Abbildung 6.11).

Für den Fall, dass ein Zugriff auf eine Seite erfolgt, deren Rahmen nicht im Hauptspeicher liegt (Präsenzbit = 0), wird eine Fehlseitenunterbrechung ausgelöst. Diese bewirkt den Aufruf des Seitenüberwachers, der veranlasst, dass der Rahmen der benötigten Seite aus dem externen Seitenspeicher in den Hauptspeicher eingeräumt wird. Da der Hauptspeicher prinzipiell eine kritische Ressource darstellt, wird im Gegenzug ein Rahmen aus dem Hauptspeicher ausgeräumt und in den Seitenspeicher bewegt. Die Auswahl des auszulagernden Rahmens wird durch eine bestimmte Strategie des Seitenüberwachers festgelegt. Nach dem Einräumen des fehlenden Rahmens in den Hauptspeicher wird das Präsenzbit auf '1' gesetzt.

Die Ein- und Ausräum-Operation des Seitenüberwachers nimmt im Mittel einige Millisekunden in Anspruch. Da es sich normalerweise um Rechnerarchitekturen mit multiprogrammierten Betriebssystemen handelt, existieren weitere Prozesse, die während der Arbeit des Seitenüberwachers bereit sind, die CPU für andere Aufgaben zu nutzen, d.h. während der laufende Prozess eine Fehlseitenunterbrechung erleidet und diese zu einer Ein-/Ausgabeunterbrechung führt, wird aus einer Gruppe von ausführbaren Prozessen einer ausgewählt, und diesem wird die Verfügungsgewalt über die CPU zugeteilt. Wenn der fehlende Rahmen aus dem externen Seitenspeicher in den Hauptspeicher eingeräumt ist, kann der betreffende Prozess wieder in die Gruppe der ausführbaren Prozesse eingegliedert werden. Er könnte im Fall der Verfügung über die CPU an der unterbrochenen Stelle seine Arbeit fortsetzen.

6.5 Prozessverwaltung

6.5.1 Einfache virtuelle Speicher

In einem multiprogrammierten Betriebssystem wird der Hauptspeicher entsprechend der Anzahl der Benutzerprozesse in einzelne Regionen aufgeteilt (siehe Abschnitt 5.4.3), deren Größe im Normalfall nicht verändert werden kann. Die Aufgabe des Überwachers besteht darin, die Betriebsmittel-Ressourcen so auf die auszuführenden Prozesse zu verteilen, dass ein Rechnersystem ökonomisch ausgelastet wird.

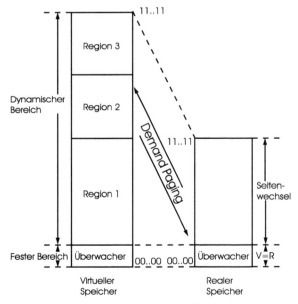

Abbildung 6.12   *Abbildung eines einzelnen virtuellen Speichers in den realen Speicher*

Es ergibt sich jetzt die Frage, wie der virtuelle Speicher in multiprogrammierten Betriebssystemen organisiert wird. Prinzipiell existieren zwei verschiedene Möglichkeiten der Abbildung in den realen Hauptspeicher.

Die Abbildung 6.12 zeigt die Aufteilung des virtuellen Speichers, die der des realen Speichers ähnlich ist. Angesichts dieser Tatsache kann man zum einen verschwenderisch mit der Region-Größe umgehen und zum anderen spielt es keine Rolle, wenn die Regionen unterschiedliche Größen besitzen. Um den gesamten Speicherplatz in den realen Hauptspeicher abzubilden, muss ein Teil auf dem externen Seitenspeicher abgelegt werden, da der reale Hauptspeicher kleiner ist als der gesamte virtuelle Speicher. Im Falle des multiprogrammierten Betriebssystems ohne virtuelle Speichertechnik belegt der Überwacher einen festen Speicherbereich (Systembereich), der gegen Schreibzugriffe der Nutzerprozesse geschützt ist. Wird die virtuelle Speicherverwaltung benutzt, wird dieser Sytembereich 1:1 in den realen Hauptspeicher abgebildet, während alle (virtuellen) Nutzer-Regionen so in die verfügbaren Rahmen des realen Hauptspeichers transformiert werden, dass bei einer beliebigen virtuellen Region-Größe die Seiten, die keinen Platz mehr im Hauptspeicher finden, auf dem externen Seitenspeicher abgelegt werden.

6.5.2 Mehrfacher virtueller Speicher

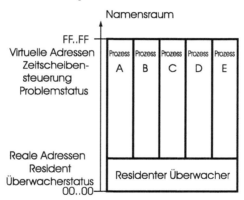

Abbildung 6.13   *Aufteilung des virtuellen Speicherraums in einen Bereich für den Überwacher und in Bereiche für mehrere Prozesse*

Eine weitere Option zur Aufteilung des virtuellen Speichers an die Nutzer-Prozesse in multiprogrammierten Betriebssystemen geht von der Überlegung aus, jedem Prozess den vollständigen Adressenbereich des virtuellen Speichers, der für einen 32 Bit Mikroprozessor $2^{32}=4$ GByte beträgt, zur Verfügung zu stellen. Diese Möglichkeit der Implementierung bereitet keine prinzipiellen Schwierigkeiten, da in jedem Fall eine Umsetzung der virtuellen in reale Adressen stattfindet. Alle Prozesse (Abbildung 6.13) A-E benutzen identische Adressen von 00..00 bis FF..FF in ihrem virtuellen Speicher. Um bei dieser Aufteilung des virtuellen Speichers die Dienste des Überwachers in Anspruch nehmen zu können, müssen die einzelnen virtuellen Speicher der Nutzer-

6 Virtuelle Speicher

Prozesse mit den realen Adressen des Überwachers verknüpft werden. Für diese Verknüpfung gibt es wieder zwei Möglichkeiten (s. Abschnitt 6.3). Einerseits kann sich der Überwacher ständig im realen Hauptspeicher befinden. Das bedeutet, dass die virtuelle Adressumsetzung im Überwacherstatus ausgeschaltet ist und im Problemstatus, in dem die Adressumsetzung eingeschaltet ist, jeder Prozess seinen gesamten virtuellen Speicher von 00..00 bis FF..FF zur Verfügung hat. Die andere Möglichkeit verwendet permanent die virtuelle Adressumsetzung. Der Überwacher nimmt jetzt einen Teil des virtuellen Adressraumes von jedem Nutzer-Prozess ein, im realen Hauptspeicher ist aber nur eine Kopie davon abgelegt. Auch bei Zugriffen des Überwachers erfolgt eine Adressumsetzung; Fehlseitenunterbrechungen ereignen sich dagegen nur im Problemstatus. Die virtuelle Adressumsetzung mit Hilfe eines Schnellspeichers, in dem die Seitentafel untergebracht ist (Siemens 4004/46), stellt ein sehr primitives Verfahren dar und weist eine Menge von Nachteilen auf. Aus diesen Gründen wurde diese Art der Implementierung auch schon Ende der 70er Jahre durch andere ersetzt.

6.5.2.1 DEC VAX-Architektur

Als erstes Beispiel einer moderneren virtuellen Adressumsetzung soll die der VAX-Architektur diskutiert werden [HeP 96]. Die Firma DEC traf zunächst die Entscheidung, mit Seiten und Rahmen einer Größe von 512 Byte zu arbeiten. Die Byte-Adresse innerhalb einer Seite umfasst 9 Bit, die den unteren Teil der 32 Bit-Adresse belegen. Das virtuelle Adressenformat zeigt die Abbildung 6.14. Die oberen 23 Bit repräsentieren die $2^{23}=8*K*K$ (K=1024) = 8.388.608 Seiten bzw. die Seitenadresse innerhalb des virtuellen Speichers. Die obersten 2 Bit (Bit 31 und 30) werden jedoch zweckentfremdet genutzt. Aus diesem Grund stehen für die Adressierung der Seiten nur 21 Bit zur Verfügung, d.h. der virtuelle Speicher hat nicht eine Größe von 4 GByte sondern nur von 1 GByte. Der Grund für diese vorgenommene Beschränkung liegt in der sehr großen Seitentafel, die allein im Falle von 23 Bit Seitenadresse einen Speicherplatz von 8.388.608 Worten = 32 MByte (1 Wort=4 Byte) Hauptspeicher beanspruchen würde.

Abbildung 6.14   Virtuelles Adressenformat

Aus dem enormen Speicherbedarfs der Seitentafel ergibt sich die Schlussfolgerung, dass die Adressumsetzung nicht mehr über einen Schnellspeicher zu implementieren ist. Es erhebt sich weiterhin die Frage, ob die Rechnerarchitektur zwei Speicher, d.h. einen für die Seitentafel und einen weiteren als eigentlichen Hauptspeicher, benötigt. Aus dieser Fragestellung heraus ergibt sich zwangsläufig die Konsequenz, die Seitentafel als Teil des Hauptspeichers zu nutzen. In diesem Fall besteht ein Zugriff der CPU auf den Hauptspeicher, unabhängig davon, ob es sich um einen Befehls- oder Operanden-Zugriff handelt, aus insgesamt 2 Zugriffen. Der erste erfolgt auf die Seitentafel. In der Seitentafel wird die Rahmenadresse ausgelesen, letztere mit dem Bytefeld der virtuellen Adresse verkettet, und beides zusammen liefert dann die reale Hauptspeicheradresse. Auf Grund der Tatsache, dass vom Zeitverhalten her bereits ein Zugriff zum Hauptspeicher zuviel ist, sind zwei Zugriffe schon fast nicht mehr tolerierbar. Um die virtuelle Speichertechnik überhaupt in modernen Rechnerarchitekturen verwenden zu können, mussten wegen ihres ungünstigen Zeitverhaltens spezielle Techniken wie z.B. der Adressumsetzpuffer (siehe Abschnitt 6.8) entwickelt werden.

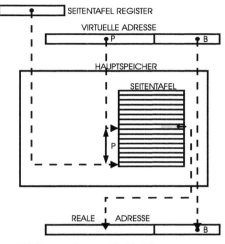

Abbildung 6.15   *VAX-Adressumsetzung*

Ein weiteres Problem besteht im Auffinden der Seitentafel im realen Hauptspeicher. Innerhalb der CPU befindet sich unter den Steuerregistern ein spezielles Seitentafelregister, das die Anfangsadresse der Seitentafel innerhalb des Hauptspeichers enthält (Abbildung 6.15). Der werthöhere Teil P der virtuellen Adresse stellt den Abstand (Offset) des Wortes von der Anfangsadresse der Seitentafel dar. Der wertniedere Teil B des Wortes wird als Byteadresse der virtuellen Adresse mit dem aus der Seitentafel ausgelesenen Eintrag verknüpft und ergibt die reale Hauptspeicheradresse.

Um den Speicherschutz in der VAX-Architektur zu implementieren, muss einerseits sichergestellt werden, dass ein Nutzerprogramm nicht auf den Bereich des Überwachers zugreift, und anderenseits müssen Zugriffe auf die Seitentafel verhindert werden. In der Abbildung 6.16 sind der virtuelle und der reale Adressraum der VAX-Architektur dargestellt[1]. Die Seitentafel ist im Überwacherteil des Hauptspeichers untergebracht, so dass ein Benutzer-Prozess nicht auf sie zugreifen kann. Das gleiche gilt für das Seitentafelregister, das auch vor einem Zugriff des Nutzers geschützt ist.

---

[1] Bei der VAX-Architektur beginnen die Adressen 00..00 oben und zählen abwärts bis zur maximalen Adresse FF..FF. Aus Gründen der Übersichtlichkeit wurde diese Eigentümlichkeit geändert.

6 Virtuelle Speicher

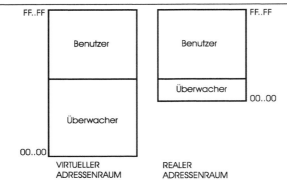

Abbildung 6.16   Virtueller und realer Adressraum der VAX-Architektur

Auf Grund der Tatsache, dass der VAX-Rechner eine Stack-Architektur bildet, ist der virtuelle Speicher in 4 Teile zu je 1 GByte eingeteilt. Ein Viertel des Speichers kann überhaupt nicht verwendet werden, d.h. die Adressen stehen nicht zur Verfügung. Das zweite Viertel, von dem nur ein kleiner Teil genutzt wird, ist dem Überwacher zugeordnet. Die restlichen 2 GByte können von den Nutzerprozessen belegt werden. Um die 4 Bereiche zu adressieren, werden die obersten 2 Bit der virtuellen Adresse verwendet, wobei keine Bit-Kombination ´11´ auftritt. Daraus folgt, dass real nur 21 Bit und nicht 23 für die Seitenadresse notwendig sind. Diese Partitionierung des virtuellen Speichers ist keinesfalls ungewöhnlich. Auch die modernen MIPS-Rechner weisen die gleiche Struktur auf.

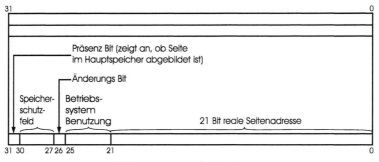

Abbildung 6.17   VAX-Seitentafel

Die Struktur der Seitentafel in der Abbildung 6.17 zeigt, dass jeder der $2^{21}=2.097.152$ Einträge eine typische Breite von 32 Bit=4 Byte aufweist. Die wertniedrigsten 21 Bit eines Seiten-Eintrages charakterisieren die Rahmenadresse. Das Bit in der werthöchsten Position (Bit 31) bildet das Präsenz-Bit. Wenn dieses den Wert ´1´ hat, dann befindet sich die Seite im Hauptspeicher. Bei dem Wert ´0´ des Präsenz-Bits ist die Seite auf den externen Seitenspeicher ausgelagert. Das 21 Bit-Feld enthält einen Pointer auf die betreffende Adresse in einer externen Seitentafel. Ein weiteres wichtiges Bit stellt das Bit 26 als Änderungsbit dar. Das Änderungsbit hat folgende Funktion: Beim Auftreten einer Fehlseitenunterbrechung wird eine Seite vom externen Seitenspeicher in den Hauptspeicher eingeräumt und eine Seite aus dem Hauptspeicher ausgelagert. Wenn diese eingeräumte Seite während ihres Verweilens im Hauptspeicher nicht verändert wurde, so ist demzufolge das Änderungsbit auf ´0´ gesetzt. Dieser Fall ist z.B. dann gegeben, wenn eine Seite, die sich im Hauptspeicher befindet, Teil eines Codesegmentes ist, vorausgesetzt, es handelt sich nicht um selbstmodifizierenden Code. Aus diesem Grund ist es nicht notwendig, die Seite noch einmal auf den externen Seitenspeicher zurückzuschreiben. Andererseits deutet der ´1´-Pegel des Änderungs-Bits daraufhin, dass die Seite modifiziert wurde und demzufolge nicht mit der ursprünglichen Kopie auf dem externen Seitenspeicher identisch ist. In diesem Falle muss die Seite beim Einräumen einer anderen Seite unbedingt zurückgeschrieben werden. Das Speicherschutzfeld (Bit 27-30) wird benutzt, um die Zugriffsberechtigungen der einzelnen Benutzerprozesse auf die Rahmen und Seiten festzulegen. Die Bits 21-25 dienen dem Betriebssystem für spezielle Steuerfunktionen, deren Implementierung von Rechner zu Rechner unterschiedlich ausfällt und deshalb nicht weiter behandelt werden soll.

Die VAX-Architektur erlaubt zwei verschiedene Arten der Adressumsetzung, die durch das höchstwertigste Bit der virtuellen Adresse ausgewählt wird. Je nachdem, ob dieses Bit gesetzt ist oder nicht, erfolgt die Umsetzung der Adressen des Überwacher- bzw. Benutzerbereichs. Für die Adressumsetzung des Überwacherbereichs muss die Seitentafel in einem zusammenhängenden Adressenbereich untergebracht werden. Da die Seitentafel im Hauptspeicher abgelegt wird, müssen folglich die Rahmenadressen einen kontinuierlichen Bereich bilden. Dieser spezielle Teil des Hauptspeichers unterliegt grundsätzlich nicht der virtuellen Adressumsetzung, d.h. diese Adressen werden während des Rechnerbetriebs nicht verändert. Ereignet sich eine Fehlseitenunterbrechung, die eine Auslagerung irgendeines Rahmens zur Folge hat, so ist die Menge der Rahmen, in der die Seitentafel untergebracht ist, von dieser Auslagerung ausgeschlossen. Die Gesamtgröße der Seitentafel ergibt sich aus dem realen Speicherplatzbedarf des Überwachers (1 MByte = 2^{20}) und der Seitengröße (512=2^9) zu 2048=2^{11} Seiten. Da jeder Eintrag einer Seite 4 Byte benötigt, belegt die Seitentafel 8.192 Byte.

Die Adressumsetzung für Nutzeradressen unterscheidet sich von der für den Überwacher. Für den Fall eines Nutzers, dessen Programm tatsächlich 1 GByte (2^{30} Byte) des virtuellen Speichers benötigt, sind bei einer Seitengröße von 512 Byte 2^{21} Seiten erforderlich. Bei 4 Byte für jeden Eintrag in der Seitentafel werden 8 MByte Hauptspeicher gebraucht, wenn sich die Seitentafel permanent im Hauptspeicher befindet. Dazu kommt noch die Bedingung, dass sie in einem zusammenhängenden Bereich stehen muss. Für eine solche Seitentafel ist selbst eine Hauptspeichergröße von 16 MByte für einen Nutzer zu klein, für einen Multiprogrammbetrieb von z.B. 16 Nutzern katastrophal. Um dieses Problem zu lösen, hat die Firma DEC zunächst eine Beschränkung des virtuellen Speichers vorgenommen. Vor ca. 10 Jahren konnte der Nutzer in Großrechenanlagen seinen virtuellen Speicher durch Eingabe über die Tastatur oder in Absprache mit dem Administrator festlegen. Heute hat ein Anwender eines PCs z.B.

6 Virtuelle Speicher

in den Betriebssystemen OS/2 und Windows XP die Möglichkeit, Parameter zu einer solchen Begrenzung in der Datei config.sys zu setzen. Außer dieser Beschränkung wird jetzt im Gegensatz zum Überwacher für die Nutzerprozesse zugelassen, dass die Seitentafel auch auf einen externen Seitenspeicher ausgelagert werden kann, d.h. nicht nur Teile vom Programm und den Daten unterliegen dem ´Swapping´, sondern auch Teile der Seitentafel. Um diese Maßnahme implementieren zu können, wird die Seitentafel derart geteilt, dass jedes ihrer Teile in einen Rahmen paßt. In der VAX-Architektur erfolgt die Adressierung nicht nur über ein sondern über drei Steuerregister in der Zentraleinheit. Das erste Steuerregister enthält die Anfangsadresse für die Seitentafel des Überwachers, die beiden anderen enthalten jeweils die Anfangsadressen der Benutzerprozesse und des Stacks. Bei der Aus- und Einlagerung der Stücke der Benutzer-Seitentafel in den realen Hauptspeicher würden sich aber diese an willkürlichen Adressen wiederfinden. Die Bedingung eines zusammenhängenden Speicherbereichs gilt nicht nur für die Überwacher sondern gleichfalls auch für die Benutzer-Seitentafel. Für die Erfüllung dieser Bedingung wurde eine Festlegung getroffen, die etwas kurios aber doch vernünftig erscheint: Die Benutzer-Seitentafel wird im virtuellen Speicher untergebracht.

In multiprogrammierten Betriebssystemen existiert für jeden Nutzer separat eine Seitentafel[2]. Die Anfangsadresse der Benutzer-Seitentafel steht im Benutzer-Seitentafel-Register. Diese stellt im Gegensatz zu der im Überwacher-Seitentafel-Register eine virtuelle Adresse dar. Beim Prozesswechsel verfügt der neue Benutzer über eine neue, eigene Seitentafel. Aus diesem Grund wird das Benutzer-Seitentafel-Register mit der Anfangsadresse der neuen Seitentafel geladen.

Die virtuelle Umsetzung von Benutzer-Adressen ist in der Abbildung 6.18 dargestellt. Ausgangspunkt bildet die virtuelle Adresse (32 Bit), die durch entsprechende virtuelle Adressenrechnung entstanden ist. Sie gliedert sich in das Bytefeld B (9 Bit) und in das Seitenfeld P (23 bzw. 21+2 Bit). Letzteres Feld wird mit dem Inhalt des Steuerregisters, das die Anfangsadresse der Benutzer-Seitentafel enthält, addiert. Der obere Teil (14 Bit) der neuen virtuellen Adresse adressiert einen Erweiterungsbereich der Überwacher-Seitentafel, deren Anfangsadresse aus dem Überwacher-Seitentafel-Register ausgelesen wird. Der wertniedere Teil dieser Adresse bildet wiederum die Anfangsadresse eines von mehreren Rahmen im Hauptspeicher, in denen (nicht notwendig zusammenhängend) Stücke der Benutzer-Seitentafel abgelegt sind. Jeder Rahmen verfügt als Seitentafelfragment über 512 Byte und da jeder Eintrag 4 Byte einnimmt, ergeben sich 128 Einträge. Mittels dieses 7 Bit-Offsets wird in dem betreffenden Rahmen der Eintrag gefunden. Der wertniedrigere Teil dieses Eintrages ergibt zusammen mit dem Bytefeld B der ursprünglichen virtuellen Adresse die reale Hauptspeicher-Adresse. Werden die Zugriffe zum Hauptspeicher gezählt, so stellt man fest, dass nicht 2 sondern deren 3 notwendig sind: Der erste Zugriff erfolgt, indem die virtuelle Adresse

---

[2] In Wirklichkeit sind es zwei Seitentafeln, eine für den Nutzer und eine für den Stack.

mit Hilfe des Überwacher-Seitentafel-Registers und der Überwacher-Seitentafel in eine reale Adresse übersetzt wird. Der zweite Zugriff wird zum Eintrag in der Benutzer-Seitentabelle vorgenommen. Mit Hilfe der gefundenen Rahmenadresse zusammen mit der Byteadresse wird zum dritten Mal auf den Hauptspeicher zugegriffen.

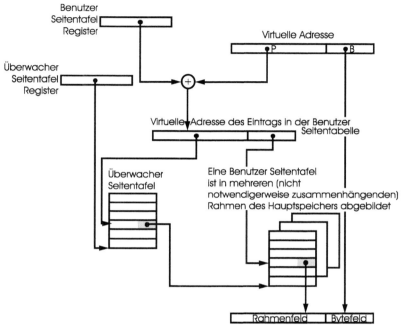

Abbildung 6.18   *VAX-Umsetzung der virtuellen Benutzeradressen*

6.5.2.2 IBM /390-Architektur

Die /390-Architektur der Firma IBM verwendet eine andere Aufteilung der virtuellen Adresse (Abbildung 6.19).

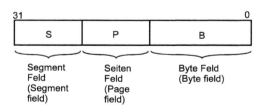

Abbildung 6.19   *Virtuelle Adresse des IBM /390-Rechners*

6 Virtuelle Speicher

Das Byte-Feld B belegt 12 Bit, daraus ergibt sich eine Seitengröße von 4 KByte. Die beiden restlichen Felder, das Seitenfeld und das Segmentfeld[3], sind 8 bzw. 11 Bit breit. Das werthöchste Bit 31 wird wie bei der VAX-Architektur nicht für die virtuelle Adressumsetzung verwendet. Der virtuelle Speicher wird im Falle der /390-Architektur zunächst in Segmente aufgeteilt. Aus dem 11 Bit Segmentfeld ergeben sich $2^{11} = 2.048$ Segmente. Jedes Segment enthält entsprechend dem 8 Bit Seitenfeld $2^8 = 256$ Seiten, die wiederum jeweils eine Größe von $2^{12} = 4.096$ Byte haben.

Die Adressumsetzung erfolgt in zwei Stufen mittels einer Segmenttafel und einer Vielzahl von Seitentafeln. Letztere können jeweils in einem Rahmen untergebracht und bei Bedarf ausgelagert werden.

Bei der Adressumsetzung (Abbildung 6.20) wird zunächst der Inhalt des Control-Registers 0 (alle Steuerregister sind von 0..7 durchnumeriert) als Segment-Register ausgelesen und als Anfangsadresse für die Segmenttafel benutzt. Das Segmentfeld S der virtuellen Adresse bildet den Offset in der Segmenttafel, der den Eintrag adressiert. Der wertniedere Teil dieses Eintrages definiert die Anfangsadresse einer Seitentafel, und das Seitenfeld P gibt wieder den Offset innerhalb dieser Seitentafel an. Der wertniedere Teil des ausgelesenen Eintrages wird mit dem Bytefeld der virtuellen Adresse verkettet und stellt die reale Adresse des Operanden dar.

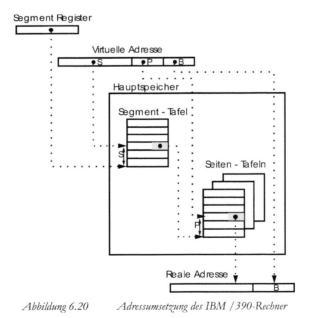

Abbildung 6.20   Adressumsetzung des IBM /390-Rechner

---

[3] Der Ausdruck 'Segment' hat nichts mit dem der Overlay-Technik zu tun. Er hat in der virtuellen Adressenumsetzung eine andere Semantik.

Die Umsetzung der virtuellen Adressen kostet bei der /390-Architektur wie bei der VAX drei Hauptspeicher-Zugriffe: Ein Zugriff auf die Segmenttafel, ein zweiter Zugriff auf die Seitentafel und der dritte Zugriff, um die Daten wirklich zu lesen oder zu schreiben. Die VAX-Architektur benötigt nicht in jedem Fall 3 Hauptspeicherzugriffe. Zum überwiegenden Teil ereignen sich Zugriffe auf den Überwacher, und diese kommen mit 2 Hauptspeicherzugriffen aus. Diesem Vorteil der VAX-Architektur steht eine wesentlich übersichtlichere Adressumsetzung der /390-Architektur gegenüber.

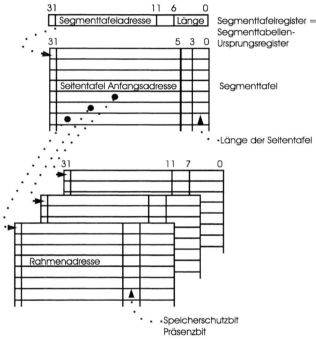

Abbildung 6.21   Einträge der Segment- und der Seitentafel des IBM /390-Rechners

Die Einträge in der Segmenttafel und in den Seitentafeln sind 32 Bit breit (Abbildung 6.21). Ein 25 Bit breites Feld eines Eintrages in der Segmenttafel wird für die Bildung der Anfangsadresse der Seitentafel herangezogen, und ein relativ großes Feld einer Seitentafeleintragung (19 Bit) ist für die Rahmenadresse verantwortlich. Ähnlich der VAX gibt es auch bei dem /390-Rechner Präsenz- und Änderungs-Bit sowie Speicherschutz-Bits. Zusätzlich besteht die Möglichkeit, im Segmenttafel-Register die Länge der Segmenttafel und in der Segmenttafel die Länge der Seitentafel unterzubringen. Ein großer Vorteil der /390-Architektur besteht darin, dass die Seitentafeln auf eine 64 Byte-Grenze ausgerichtet sind und Teile davon relativ leicht ausgelagert werden können. Prinzipiell können neben Programmen, Daten und Seitentafeln auch die Segmenttafeln zwischen dem Hauptspeicher und dem externen Seitenspeicher bewegt werden.

6.5.2.3 Motorola-IBM-Architekturen

Die Firma Motorola hat bei der Weiterentwicklung des 68000 Mikroprozessors eine mehrstufige Adressumsetzung implementiert. Der Motorola 68851 Speicherverwaltungs-Chip für den 68030 Mikroprozessor erlaubt eine Programmierung von Segment- und Seitengröße durch den Systemhersteller. In der Abbildung 6.22 ist eine virtuelle Adressumsetzung mit 5 Ebenen dargestellt. Die 5 Felder der virtuellen Adresse (IS, TIA, TIB, TIC, TID) werden in einem Steuerregister der Zentraleinheit abgelegt und können entsprechend modifiziert werden. Die genaue Aufteilung erfolgt durch das Betriebssystem (Programmierung des 68851 Speicherverwaltungs-Chips). Die Konsequenz dieser Implementierungen mit unterschiedlicher Anzahl von Umsetzstufen ist eine Inkompatibilität der Betriebssysteme in den Motorola-Architekturen, die sich bis in die Benutzerprozesse fortsetzt. Während die zweistufige Adressumsetzung momentan bei den Betriebssystem-Implementierungen noch eine relativ breite Anwendung findet, treten Architekturen mit Adressumsetzung größer als 2 Stufen einschließlich der einstufigen kaum noch auf.

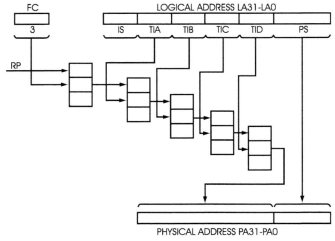

Abbildung 6.22   Eine fünf Ebenen Adressumsetzung

Eine echte Alternative zur zweistufigen Adressumsetzung bildet ein Verfahren, das mit einer sogenannten invertierten Seitentafel (Inverted Page Table, IPT) arbeitet. Der prinzipielle Unterschied zwischen den beiden Methoden besteht in folgendem: Im Falle der zweistufigen Adressumsetzung enthält jede Seitentafel einen Eintrag für jede Seite. Auf Grund der Tendenz, den virtuellen Speicher so groß wie möglich zu wählen, werden die Seitentafeln im Hauptspeicher zu umfangreich, so dass Teile davon ausgelagert werden müssen, um Platz im Hauptspeicher zu erhalten. Die invertierte Seitentafel enthält einen Eintrag für jeden Rahmen, der sich im Hauptspeicher befindet. Das bedeutet, dass die invertierte Seitentafel auf die Anzahl der Rahmen des Hauptspeichers begrenzt wird und dadurch in der Regel komplett und permanent im

6.5 Prozessverwaltung

Hauptspeicher verbleiben kann. Selbst für sehr große virtuelle Speicher ist die invertierte Seitentafel nicht größer als das Ergebnis von 4 Bytes*Anzahl der Rahmen im Hauptspeicher. Das Verfahren der virtuellen Adressumsetzung mit Hilfe der invertierten Seitentafel findet außer in der PowerPC (IBM/Motorola)- auch in der HP PRECISION- und IBM AS/400-Architektur Anwendung.

Eine der ersten Implementierungen der invertierten Seitentafel wurden in den Anfangsmodellen der RS/6000 Rechner vorgenommen. Der eingesetzte Mikroprozessor war noch eine Eigenentwicklung der Firma IBM. In den heutigen Modellen 25 T, 41 T und 43 P werden die Mikroprozessoren 601 bzw. 604 (43 P) verwendet, die gemeinsam von den Firmen Motorola und IBM entwickelt wurden.

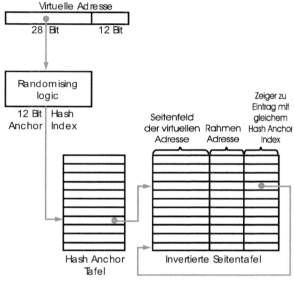

Abbildung 6.23   Adressumsetzung mittels invertierter Seitentafel

Die Abbildung 6.23 gibt einen Überblick der Adressumsetzung mittels der invertierten Seitentafel der ersten RS/6000-Modelle. Die virtuelle Adresse besteht aus insgesamt 40 Bit, von denen die wertniedrigen 12 Bit die Seitengröße von $2^{12} = 4$ KByte bilden. Die werthöheren 28 Bit der virtuellen Adresse werden durch eine Hardware-Logik geschleust, so dass am Ausgang der Randomising Logic nur noch 12 Bit übrig bleiben (Hash Anchor Index). Diese Reduktion könnte auch dadurch realisiert werden, dass von den 28 Bit nur die werthöheren 12 Bit verwendet werden. Diese Maßnahme würde aber den Adressraum, der generiert wird, ungleichmäßig verteilen. Der 12 Bit Hash Anchor Index adressiert einen Eintrag in einem kleinen Speicher mit insgesamt 4.096 Einträgen (Hash Anchor Tafel, HAT). Bestandteile dieses Eintrages sind das Seitenfeld der virtuellen Adresse, die Rahmenadresse sowie ein Zeiger auf einen weiteren Eintrag mit identischen Hash Anchor Index.

Der Zeiger hat folgende Bedeutung: Um zu verhindern, dass infolge des 28 Bit-Anteils der virtuellen Adresse eine Seitentafel mit 2^{28} Einträgen entsteht, wird dieser Anteil auf 12 Bit komprimiert. Dabei toleriert man, dass zwei legale virtuelle Adressen zufällig einen identischen 12 Bit-Index generieren (2 Synonyme), d.h. zwei unterschiedliche Adressen erzeugen denselben Zeiger auf die invertierte Seitentafel. Dieses Problem wird dadurch gelöst, dass jeder Eintrag in der invertierten Seitentafel nicht nur die entsprechende Rahmenadresse sondern zusätzlich noch eine Kopie des 28 Bit-Seitenfeldes der virtuellen Adresse enthält (werthöchstes Feld). Vor dem Auslesen des Rahmens aus der invertierten Seitentafel wird geprüft, ob der Eintrag im Seitenfeld der invertierten Seitentafel mit dem ursprünglichen 28 Bit-Seitenfeld der virtuellen Adresse übereinstimmt. Wenn der Vergleich positiv ausfällt, wird die Rahmenadresse ausgelesen, mit der Byte-Adresse verkettet und der Zugriff zum Hauptspeicher durchgeführt. Im negativen Fall wird von dem betreffenden Eintrag in der invertierten Seitentafel das letzte Feld mit einem Zeiger auf einen anderen Eintrag benutzt und wieder der Vergleich der Seitenfelder durchgeführt. Im günstigsten Fall wird nach dem ersten Vergleich der richtige Rahmen ausgelesen. Dagegen kann die Kette der invertierten Seitentafel-Einträge sehr lang sein. Die Abbildung 6.24 zeigt den schematischen Ablauf der virtuellen Adressumsetzung mit invertierter Seitentafel der IBM RS/6000-Architektur.

Statistische Untersuchungen haben gezeigt, dass im Mittel 2 Zugriffe auf die invertierte Seitentafel notwendig sind und im Vergleich zur zweistufigen Adressumsetzung auch insgesamt 3 Hauptspeicher-Zugriffe erfolgen müssen. Weiterhin ´scheint´ es, dass das Verfahren mittels invertierter Seitentafel dem der zweistufigen Adressumsetzung bei zunehmenden Größen von virtuellem und Hauptspeicher überlegen ist. Selbst eine dreistufige Umsetzung, wie z.B. in der DEC Alpha-Architektur, die auf Grund ihrer 64 Bit über große virtuelle Speicherräume verfügen kann, wird an dieser Prognose langfristig nichts ändern. Eine Schwachstelle in den ersten Implementierungen der RS/6000-Architektur war das ungewisse Ende der IPT-Kette. Mit zunehmender Länge der IPT-Kette stieg die Suchzeit in der Seitentafel an und die Effektivität des Zugriffs sank ab.

6.5 Prozessverwaltung

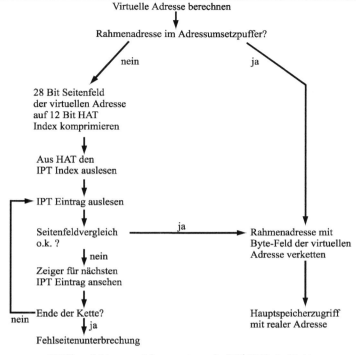

Abbildung 6.24   Adressumsetzung der RS/6000-Architektur

Besonders die Firmen Motorola, IBM und Hewlett Packard arbeiten an unterschiedlichen Implementierungen, um diese Schwierigkeiten zu beseitigen. Dabei wurde jedoch die Grundkonzeption der invertierten Seitentafel nicht in Frage gestellt:

Ein Eintrag in der Seitentafel pro Rahmen im Hauptspeicher anstatt eines Eintrages pro Seite im virtuellen Speicher.

Bei der Entwicklung der PowerPC 601-Architektur, einer Koproduktion der Firmen Motorola und IBM, wurden folgende zwei Entscheidungen getroffen: Die Suche nach dem richtigen IPT-Eintrag in der invertierten Seitentafel wird auf ein Maximum von 8 begrenzt. Die zweite Maßnahme im Sinne einer schnelleren Adressumsetzung besteht darin, nicht einen sondern zwei 12 Bit-Schlüssel mittels der Randomising Logic zu generieren. Der zweite kann z.B. durch die Invertierung des ersten erzeugt werden. Nach dem ergebnislosen Suchen mittels des ersten Schlüssels werden weitere 8 Suchdurchläufe der invertierten Seitentafel mit Hilfe des zweiten Schlüssels ausgeführt. Sollte im Ergebnis dieser insgesamt 16 Suchaktionen der richtige Rahmen nicht gefunden werden, wird die Suche abgebrochen und eine Fehlseitenunterbrechung ausgelöst. Eine Möglichkeit, die Wahrscheinlichkeit der Doppelbelegung eines Schlüssels bedeutend zu reduzieren, bildet die Erweiterung der invertierten Seitentafel auf die doppelte Größe der wirklich benötigten. In diesem Fall ist jeder zweite Eintrag nicht belegt, aber die Wahrscheinlichkeit, dass zufällig ein Eintrag doppelt belegt ist, wird deutlich verringert. In modernen Betriebssystem-Implementierungen wird dem Nutzer bei der Systeminstallation eine Option auf die Größe der invertierten Seitentafel eingeräumt, d.h. man kann neben Default-Werten auch andere Werte für die invertierte Seitentafel-Größe auswählen. Für die Größe der Seitentafel wird speziell im Handbuch des PowerPC 601 ein viermal größerer Wert empfohlen. Andere Seitentafel-Größen sind in diesem Fall 128 KByte und 2 MByte bei 16 MByte bzw. 256 MByte Hauptspeicher.

Mit Hilfe detaillierter Kenntnisse dieser Zusammenhänge können Performance-Messungen an verschiedenen Rechnerarchitekturen entscheidend in dem einen oder anderen Sinne beeinflusst werden. Im Zusammenhang mit der invertierten Seitentafel kann z.B. ein identisches Programm auf der einen Architektur A so programmiert werden, dass bei der Umsetzung gleich beim ersten Zugriff der Rahmen-Eintrag gefunden und damit eine wesentlich höhere Performance erreicht wird. Die Programm-Implementierung auf der Architektur B dagegen wird derart manipuliert, dass die Adressumsetzung sehr viele Suchaktionen benötigt und die Performance demzufolge deutlich abnimmt.

6.5.3 Seitengrößen

Für die virtuelle Adressumsetzung spielen die Seitengröße und im weiteren Sinne die Aufteilung der virtuellen Adresse eine wichtige Rolle. Es gibt eine Reihe von Argumenten, die für eine relativ kleine Seiten- und Rahmengröße sprechen. Kleine Seitengrößen haben den Vorteil, dass der Speicherplatz effizienter genutzt wird, da die Speicherplatzverschwendung durch nicht vollständig gefüllte Seiten klein ist. Die letzte Seite eines Speichersegmentes wird im Mittel nur zur Hälfte gefüllt. Ein typischer Prozess benötigt z.B. mindestens 3 Speichersegmente, nämlich für den Code, die Daten und den Stack. Wieviel Seiten und Rahmen auch immer benutzt werden, die letzte Seite und der letzte Rahmen werden nur zu einem Teil ausgefüllt, d.h. im ungünstigsten Fall etwa zu 1 % und im günstigsten vielleicht zu 99 %. Geht man von 50 % aus, so wird im Mittel bei einer Seitengröße von 8 KByte 3*8 KByte/2=12 KByte des realen Hauptspeichers verschwendet. Der entsprechend verschenkte externe Speicherplatz kann etwas gelassener in Kauf genommen werden. Dagegen macht der Verlust bei einer Seitengröße von 512 Byte nur 3*512 Byte/2=768 Byte aus. Dieser Vergleich spricht natürlich dafür, die Größe der Seiten und Rahmen nach Möglichkeit klein zu halten. Das Gegenargument besteht darin, dass einerseits der Aufwand enorm groß ist, der betrieben werden muss, um eine Seite vom Hauptspeicher zum externen Seitenspeicher aus- bzw. einzuräumen. Andererseits ist es jedoch zeiteffektiver, größere Seiten hin und her zu bewegen. Die Anzahl von Fehlseitenunterbrechungen für eine Seitengröße von 512 Byte ist z.B. um den Faktor 8 größer als für 4 KByte große Seiten. Das Problem der Seitengröße reduziert sich auf die Antwort der Frage:

"Welche Eigenschaft einer gegebenen Rechnerarchitektur hat Vorrang: Die möglichst optimale Ausnutzung des Hauptspeichers oder die Verarbeitungsgeschwindigkeit der Recheneinheit?"

Zum heutigen Zeitpunkt ist die Vergabe der Prioritäten relativ einfach vorzunehmen. Vor ca. 20 Jahren waren Hauptspeichergrößen von 32 oder 64 KByte die Regel, so dass es zu einer Entscheidung zugunsten der optimalen Hauptspeicherausnutzung keine echte Alternative gab. Momentan besitzt eine Workstation, z.B. der Firmen IBM (RS/6000 25 T, 41 T) oder Hewlett Packard (R 9000), Hauptspeichergrößen bis zu 256 MByte. Die IBM 595 POWERStation kann über eine Hauptspeichergröße von 2Gbyte verfügen.

Als eine sehr häufig verwendete Seitengröße hat sich die von 4 KByte herausgestellt. Diese Seitengröße war als eine der ersten in der /390-Architektur implementiert. Demzufolge hatte die virtuelle Adresse ein 12-8-12 Adressformat (Abbildung 6.25). Dagegen arbeitete die VAX-Architektur mit einem 23-9 Format, wobei von den 23 Bit für das Seitenfeld die Bits 30 und 31 (Bit 31 auch bei /390) für andere Zwecke verwendet wurden. Weiterhin wird das 10-10-12 Adressenformat oft verwendet und z.B. von den Intel- und MIPS-Architekturen implementiert. Die Sparc-Architektur benutzt Seiten der Größe 8 KByte, aber ein Adressenformat von 9-10-13. Diese Seitengröße der Sparc-Architektur von 8.192 Byte wird möglicherweise zum Standard erhoben.

Zusammenfassend kann eingeschätzt werden, dass 4 KByte eine sehr zweckmäßige Seitengröße darstellen. In dieser Größenordnung funktioniert die virtuelle Adressumsetzung praktisch ohne nennenswerte Schwierigkeiten.

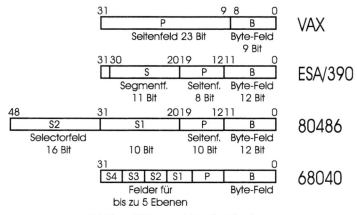

Abbildung 6.25   Virtuelle Adressformate

6.6 Lokalitäts-Prinzip

Während die virtuelle Speichertechnik einerseits alle Probleme der Speicherverwaltung löst, führt ihre Implementierung andererseits zu bedeutend längeren Zugriffszeiten. Die folgende Abschätzung der effektiven Zugriffszeiten auf den Hauptspeicher soll diese Aussage verdeutlichen. In die Rechnung gehen ein:

Durchschnittliche Zugriffszeit auf t_{pm}
den externen Seitenspeicher

Speicherzugriffszeit t_{mm}

Seitenwechselrate r

Die mittlere Zugriffszeit $\overline{t}$ des Hauptspeichers ergibt sich zu:

$$\overline{t} = (1-r) * t_{mm} + r * t_{pm}$$

Werden für die Parameter folgende Werte angenommen:

$$t_{pm} = 10^4 \text{ µs}, t_{mm} = 1 \text{ µs},$$

so ergibt sich aus der Beziehung für $\overline{t}$ unter Berücksichtigung von $t_{pm} = 10^4$ µs

$$\overline{t} = (1 - r + 10000\ r) \text{ µs} = (1 + 9999\ r) \text{ µs}$$

Das bedeutet: Wenn die Seitenwechselrate $r = 10^{-5}$ beträgt, verlängert sich die Zugriffszeit auf den Hauptspeicher um weniger als 10 % (9,9%), bei einer Seitenwechselrate $r = 10^{-6}$ würde die Verlängerung nur ca. 1 % betragen.

Aus der obigen Rechnung folgt, dass bei den angenommenen Parametern nur jeder 100.000. Zugriff zum Hauptspeicher zu einem Seitenfehler führen darf. Eine weitere Schlussfolgerung kann daraus gezogen werden: Um die effektiven Zugriffszeiten bei Implementierung der virtuellen Speicherverwaltung zu minimieren, müssen Programme und Daten optimal strukturiert werden.

Neben bestimmten Gesetzmäßigkeiten in der Rechnerarchitektur (z.B. Amdahlsches Gesetz) werden bestimmte Eigenschaften von Programmen benutzt, um eine Leistungssteigerung zu erreichen. Diese Eigenschaften sind aus Beobachtungen und Messungen einer Vielzahl von Spezialisten und Anwendern verifiziert worden. Sie stellen jedoch lediglich reine Erfahrungswerte dar. Die oben angegebene Rechnung einer Verlängerung der Zugriffszeit infolge der virtuellen Speichertechnik zeigt bestimmte Grenzen auf. Trotz dieser Feststellung funktioniert dieser Mechanismus. Hauptursache dafür ist die Tatsache, dass eine der wichtigsten Programmeigenschaften bei der Anwendung der virtuellen Speichertechnik ausgenutzt wird, die sich in einer Lokalität des Zugriffs äußert. Programme haben die Tendenz zur wiederholten Nutzung von Befehlen und Daten. Es existiert eine 90/10-Faustregel, die besagt, dass ein Programm 90 % seiner Zeit für 10 % des Codes verbraucht [HeP 96]. Die Folgerung aus der Lokalität besteht darin, dass aus einem abgelaufenen Programmstück mit großer Wahrscheinlichkeit vorausgesagt werden kann, auf welche Befehle und Daten als nächstes zugegriffen wird. Prinzipiell unterscheidet man zwischen räumlicher und zeitlicher Lokalität.

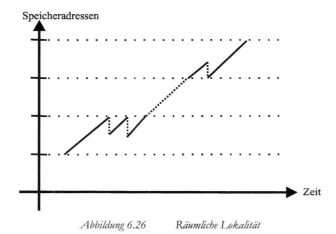

Abbildung 6.26   Räumliche Lokalität

Räumliche Lokalität bedeutet, dass bei einem Zugriff auf eine bestimmte Hauptspeicheradresse der nächste folgende Zugriff mit relativ großer Wahrscheinlichkeit auf eine Adresse erfolgt, die in der Nachbarschaft der ersten liegt.

Die zeitliche Lokalität sagt aus, dass nach einem Zugriff auf eine Hauptspeicheradresse mit großer Wahrscheinlichkeit darauf in naher Zukunft ein weiterer Zugriff erfolgen wird.

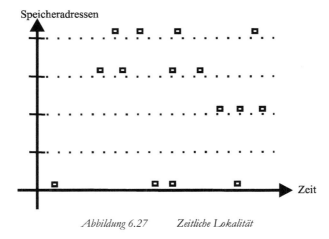

Abbildung 6.27   Zeitliche Lokalität

In der Abbildung 6.26 bzw. der Abbildung 6.27 sind die beiden Arten der Lokalität in Diagrammen dargestellt. In der Abbildung 6.26 sind die Speicheradressen über der

Zeit aufgetragen. Die Geraden stellen z.B. Zugriffe auf Maschinenbefehle dar, deren Adressen linear ansteigen, indem der Programmzähler laufend incrementiert wird. Der sägezahnartige Verlauf deutet daraufhin, dass eine Schleife durchlaufen wird. Die Unterbrechung der Kurve etwa in der Mitte des Zeitausschnitts kann durch einen Verzweigungsbefehl begründet werden. Ähnliche Interpretationen läßt die Darstellung in der Abbildung 6.27 zu. Es wird u.a. deutlich, dass in einem bestimmten Zeitintervall nur auf eine sehr begrenzte Anzahl von Seiten zugegriffen wird, d.h. es wird nur eine kleine Untermenge der Seiten des virtuellen Speichers verwendet. Der Zugriff auf eine Seite, auf die innerhalb eines bestimmten Zeitintervalls nicht zugegriffen wurde, ist gleichfalls unwahrscheinlich. Es existiert demnach eine Untermenge aller Seiten des virtuellen Speichers, auf die mit hoher Wahrscheinlichkeit zugegriffen wird. Eine solche Menge heißt ´Working Set´ oder ´Optimal Real Storage´ (ORS).

Weitere praktische Untersuchungen des Seitenwechselverhaltens virtueller Speicher haben gezeigt, dass ein Betriebssystem dann besonders effektiv arbeitet, wenn nicht nur jeweils ein Rahmen sondern eine ganze Gruppe von Rahmen im Hauptspeicher ausgetauscht wird (Block Paging). Der Grund dafür liegt wiederum in der Lokalität der Speicherzugriffe des betreffenden Prozesses.

6.7 Seiten-Attribute

Die meisten modernen Betriebssysteme nutzen die von der Hardware-Architektur angebotenen Möglichkeiten, um einen umfangreichen Speicherschutz anzubieten. Dazu gehören in erster Linie die schon erwähnten Steuerbits in den Seitentafeleinträgen. Durch das sogenannte User/Supervisor-Bit kann zwischen Zugriffen im Problem- und Überwacherstatus unterschieden werden. Das Änderungs-Bit (Dirty-Bit) zeigt an, ob eine Seite seit der letzten Einlagerung im Hauptspeicher verändert wurde. Ist das nicht der Fall, so kann das Zurückschreiben der Seite entfallen. Daneben können jeder einzelnen Seite besondere Attribute zugeordnet werden. In ihrer Nutzung unterscheiden sich die verschiedenen Betriebssysteme. U. a. kann die Art des Zugriffs auf die entsprechende Seite festgelegt werden (z.B. Read-Only, Read-Write, Execute-Only). Die Änderung dieser Zugriffsrechte kann nur durch Aufrufe des Überwachers erfolgen (System-Call). Dazu sind wiederum die entsprechenden Privilegien notwendig, die beim Aufruf der Systemroutine geprüft werden.

Das Betriebssystem OS/2 definiert auf Seitenebene 8 verschiedene Zugriffsrechte [Müs 94]. Besonders sind die beiden Seitenattribute ´Commited´ und ´Guard´ zu erwähnen. Ein Setzen des Commited-Bits bedeutet, dass die betreffende Seite über Speicherplatz auf dem externen Seitenspeicher verfügt. Im Fall eines Zugriffs auf ´Uncommited Pages´ führt dieser zu einer Programmunterbrechung und zu einem Prozessabbruch. Der OS/2-System-Call ´DosAllocMem´ setzt für eine Menge von Seiten die Attribute auf ´Commited´. Im Zustand ´Uncommited´ sind die Seitentafeln zwar angelegt, der Zugriff ist aber nicht möglich. Der Programmierer kann z.B. mit Hilfe von ´DosAllocMem´ veranlassen, dass eine gemeinsam benutzte 2 KByte Hash-

Tabelle und ein 1 KByte Datenbereich innerhalb derselben Seite untergebracht werden.

Eine weitere Möglichkeit, die Anzahl der Fehlseitenunterbrechungen so gering wie möglich zu halten, besteht darin, das ´Guard´-Attribut für eine Seite in der Seitentafel zu setzen. Letzteres Attribut bewirkt, dass ein Zugriff auf eine Seite, die temporär zwar auf ´Uncommited´ gesetzt ist, keine Programmunterbrechung zur Folge hat, d.h. die Unterbrechungsroutine des Überwachers ´commited´ die adressierte Seite, und der Prozess läuft weiter. Die Seite mit der nächsthöheren Adresse wird automatisch mit dem ´Guard´-Attribut versehen. Auf diese Weise wird sicher gestellt, dass nur diejenigen Seiten Speicherplatz auf dem externen Seitenspeicher erhalten, die tatsächlich benötigt werden. Mittels des OS/2-System-Calls ´DosSetMem´ kann dieses Seiten-Attribut gesetzt werden.

6.8 Adressumsetzpuffer

Die Umsetzung der virtuellen in reale Adressen ist mit zusätzlichen Hauptspeicherzugriffen verbunden. Die zweistufige Adressumsetzung (Intel, MIPS) erfordert zunächst einen Zugriff auf die Segmenttafel, gefolgt von einem Zugriff auf die Seitentafel sowie einem dritten Zugriff auf die eigentlichen Daten. Anstatt eines einzigen Hauptspeicherzugriffs sind 2 bzw. 3 (einstufige-/zweistufige Adressumsetzung) notwendig. Im Falle der invertierten Seitentafel ist die Anzahl der Hauptspeicherzugriffe abhängig von der Größe der IPT-Kette und der Position des Eintrages in der Kette. Durchschnittlich sind hier 2 - 3 Hauptspeicherzugriffe notwendig. Ohne zusätzliche Maßnahmen, die die Adressumsetzung beschleunigen, würde die Implementierung der virtuellen Speichertechnik die Leistung des Prozessors drastisch verschlechtern. Aus diesem Grund arbeitet grundsätzlich jede moderne Rechnerarchitektur, die sich der virtuellen Speichertechnik bedient, mit Hilfe eines sogenannten Adressumsetzpuffers (In der Literatur wird dieser Schnellspeicher mit Translation Look-Aside Buffer (TLB), Directory Look-Aside-Table (DLAT) oder Blaauw-Box bezeichnet).

Der TLB ist als seperater Schnellspeicher implementiert. Jeder Eintrag enthält die Zuordnung einer virtuellen Adresse zu einer realen Adresse. Im TLB werden die Adressumsetzungen der am häufigsten genutzten virtuellen Adressen gespeichert. Es ist sehr wahrscheinlich, dass die Adressumsetzung für einen der folgenden Hauptspeicherzugriffe schon im TLB vorliegt (Lokalitäts-Prinzip, siehe Abschnitt 6.6). In diesem Fall braucht die MMU die Segment- und Seitentabellen nicht zu verwenden, die dafür notwendigen Hauptspeicherzugriffe werden eingespart.

Die Anzahl der Einträge im TLB liegt zwischen 8 und 128 je nach der speziellen Rechnerarchitektur. Der Adressumsetzpuffer ist aus statischen RAM-Bausteinen mit jeweils 6-8 Transistoren aufgebaut, die eine Zugriffszeit von ca. 10 ns (dynamische RAM-Zelle des Hauptspeichers: ca. 50 ns) besitzen. Bei einem Zugriff zum Adressumsetzpuffer von 10 ns und einem anschließenden Hauptspeicher-Zugriff von 50 ns ergibt sich die effektive Hauptspeicher-Zugriffszeit von 60 ns (Abbildung 6.28).

6 Virtuelle Speicher

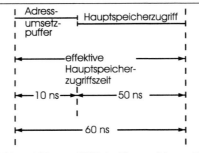

Abbildung 6.28   Effektive Hauptspeicherzugriffszeit

Es scheint erstaunlich, dass minimal 8 Einträge in einem TLB ausreichend sind. Besteht z.B. ein Programm aus 10.000 Machinenbefehlen, so werden diese in 3 Seiten á´ 4 KByte abgelegt. Da Programme zumeist aus linearen Folgen von Befehlen bestehen, ist die Wahrscheinlichkeit groß, dass für Befehlszugriffe innerhalb einer Seite die Adressumsetung im TLB schon vorliegt. Nimmt man an, dass pro Befehl 3 Operanden benötigt werden (2 Quell-. 1 Ziel-Operand), dann wäre ein TLB mit der angegebenen Größe ausreichend.

Die Implementierung der Adressumsetzung erfolgt in jedem Fall so, dass bei einem Zugriff zuerst der Adressumsetzpuffer nach dem betreffenden Eintrag ´virtuelle Adresse-reale Adresse´ durchsucht wird (Abbildung 6.29). Wenn die Suche erfolgreich verläuft, erfolgt anschließend der Hauptspeicher-Zugriff. Nur wenn die Suche nach dem Eintrag im Adressumsetzpuffer erfolglos bleibt, wird der Weg z.B. über die zweistufige Adressumsetzung (PowerPC) mittels Zugriff zu Segment- und Seitentafel sowie zum Hauptspeicher gewählt.

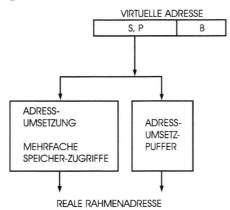

Abbildung 6.29   Adressumsetzung mit Hilfe eines Adressumsetzpuffers

Für die Realisierung des Adressumsetzpuffers in Hardware bieten sich zwei Alternativen an: Der voll-assoziative (fully-associative) und der set-assoziative Adressumsetzpuffer. Wenn sich auch die Bezeichnungen gleichen, so sind die Implementierungen dennoch vollkommen verschieden.

6.8.1 Voll-assoziativer Adressumsetzpuffer

6.8.1.1 Aufbau und Funktionsweise

Der voll-assoziative Adressumsetzpuffer wird in Form eines assoziativen Speichers realisiert. Über den assoziativen Speicher ist in der Vergangenheit viel geredet und geschrieben worden. Sein Konzept ist ca. 40 Jahre alt. Er ist aber auf Grund vieler objektiv existierender Nachteile nie implementiert worden.

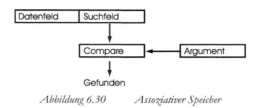

Abbildung 6.30   Assoziativer Speicher

Der assoziative Speicher unterscheidet sich prinzipiell dadurch von einem ´normalen Speicher´, dass er außer den Betriebsarten ´Schreiben´ und ´Lesen´ noch eine dritte zur Verfügung stellt, nämlich ´Suchen´. Der spezifische Eintrag (Byte, Wort, usw.) eines ´normalen Speichers´ wird mittels einer Adresse angesprochen und der adressierte Eintrag entweder ausgelesen oder geschrieben. Bei einem assoziativen Speicher (Abbildung 6.30) werden alle Einträge gleichzeitig ausgelesen. Jeder Eintrag enthält ein Suchfeld, und beim Auslesen wird das Suchfeld mit dem Argument verglichen. Bei Übereinstimmung von Suchfeld und Argument stellt dieser betreffende Eintrag den gewünschten dar. Die Hardware-Implementierung der bitweise durchzuführenden Vergleichs-Operation von Suchfeld und Argument erfolgt in einem Compare-Schaltkreis, der sich aus einem Exclusiv-Oder-Gatter pro zu vergleichendes Bit und einem NOR-Gatter zusammensetzt. Nur wenn bei jedem der 8 OE-Ausgänge eine ´0´ erscheint (Übereinstimmung), ist der Pegel des NOR-Gatter-Ausgangs ´1´, d.h. es handelt sich um den gesuchten Eintrag. Die prinzipielle Schaltung des Compare-Schaltkreises im Fall eines 8 Bit-Vergleichs ist in der Abbildung 6.31 gezeigt.

6 Virtuelle Speicher

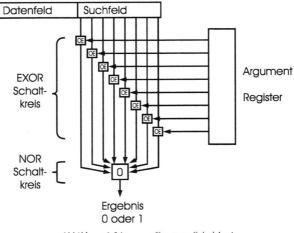

Abbildung 6.31   Compare Schaltkreis

Ein assoziativer Speicher ließe sich auch als Teil des regulären Hauptspeichers implementieren, was aus programmtechnischen Gründen durchaus effektiv sein kann, aber praktisch infolge der hohen Zugriffszeiten zum Hauptspeicher nicht verwendet wird. Der voll-assoziative Adressumsetzpuffer enthält mindestens 8 Einträge von Paaren ´virtuelle Adresse-reale Adresse´, wobei der Vergleich zwischen den Suchfeldern der 8 Einträge und dem Argumentfeld der virtuellen Adresse gleichzeitig erfolgt. Im Falle des Intel-Pentium-Mikroprozessors enthält jeder Eintrag 20 Bit für das Suchfeld, das die Segment- und Seitentafel der virtuellen Adresse bildet (Abbildung 6.30). Die restlichen 12 Bit stellen das Bytefeld der virtuellen Adresse bzw. die 4KByte (2^{12}) Seitengröße dar. Wenn also mit der 32 Bit-Adresse des Pentium ein Hauptspeicher-Zugriff vorgenommen werden soll, dann werden die 20 Bit der virtuellen Adresse als Argumentfeld über 20 OE-Schaltkreise mit den entsprechenden Bits des Suchfeldes eines jeden der 8 Einträge gleichzeitig verglichen und jeweils das Ergebnis in 8 NOR-Schaltkreisen zusammengefaßt. In einem voll-assoziativen Adressumsetzpuffer () werden zunächst Segment- und Seitenfeld der virtuellen Adresse mit dem entsprechenden Feld aller 8 Einträge parallel verglichen. Übereinstimmung bzw. einen ´Match´ gibt es dann, wenn der Ausgang eines der 8 Compare-Schaltkreise ´1´-Pegel anzeigt. Da alle Ausgänge der Compare-Schaltkreise jeweils in einem AND-Gatter A mit der Rahmenadresse des Eintrags verknüpft werden, erscheint nur am Ausgang dieses Eintrags die betreffende Rahmenadresse. Alle anderen 7 AND-Gatter zeigen ´0´-Pegel.

6.8 Adressumsetzpuffer

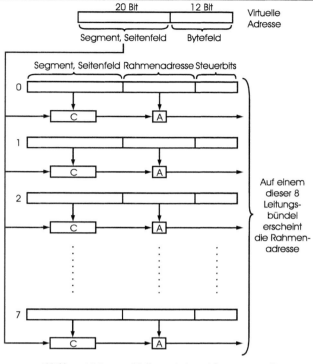

Abbildung 6.32   Voll-assoziativer Adressumsetzpuffer

Die Vor- und Nachteile des Assoziativspeichers sind offensichtlich. Zur Umsetzung von symbolischen Adressen, mit denen z.B. ein Assembler arbeitet, in Hauptspeicheradressen ist ein Assoziativspeicher optimal einsetzbar. Schon Ende der 50er Jahre wurde der erste Assoziativspeicher in einem 7090-Großrechner der Firma IBM implementiert. Er hatte die Aufgabe, die Zuordnung der realen Hauptspeicheradressen zu den symbolischen Adressen des Fortran-Compilers möglichst schnell vorzunehmen. In den folgenden Jahren wurden viele Einsatzmöglichkeiten des Assoziativspeichers vorgeschlagen und dessen Vorteile diskutiert. Die Anwendungen blieben aber fast ausnahmslos auf den Adressumsetzpuffer beschränkt.

Die erste Rechnerarchitektur, die neben einer zweistufigen Adressumsetzung den Adressumsetzpuffer verwendete, war die /360-Architektur Modell 67 mit der 'big endian' Adressierung. Die Abbildung 6.33 zeigt das Format der virtuellen Adresse und die Aufteilung der Registerinhalte des Adressumsetzpuffers. Prinzipiell läßt sich jedes Feld der virtuellen Adresse in das entsprechende Feld eines Registers abbilden (4 Bit-Segmentfeld, 8 Bit-Seitenfeld, 12 Bit - Bytefeld bzw. reale Seitenadresse). Die Register des Adressumsetzpuffers verfügen zusätzlich noch über 6 Steuerbits.

6 Virtuelle Speicher

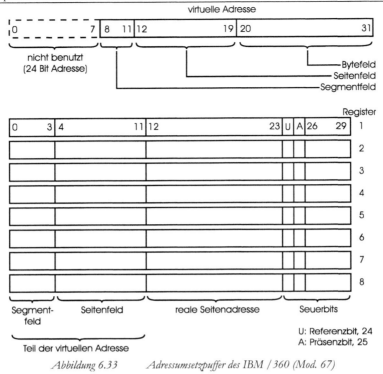

Abbildung 6.33   Adressumsetzpuffer des IBM / 360 (Mod. 67)

6.8.1.2 Adressumsetzpuffer-Ersetzungs-Algorithmen

Da der Adressumsetzpuffer nur eine begrenzte Anzahl von Einträgen hat (ca. 8-128), stellt sich die Frage, was geschieht, wenn sich bei einem Hauptspeicherzugriff das gesuchte Paar ´virtuelle Adresse-reale Adresse´ nicht im Adressumsetzpuffer befindet? Zunächst wird in diesem Fall der Weg über die zweistufige Adressumsetzung mit Zugriff zur Segment- und zur Seitentafel sowie zum Hauptspeicher (3 Zugriffe) gewählt. Wenn ein solcher Fehlzugriff (Miss-Match) im Adressumsetzpuffer auftritt, so ist die Wahrscheinlichkeit, dass ein weiterer Fehlzugriff erfolgt, relativ groß. Um die Effektivität der Adressumsetzung mittels des Adressumsetzpuffers sicher zu stellen, werden nach verschiedenen Ersetzungs-Algorithmen die Einträge im Adressumsetzpuffer ausgetauscht. Es existieren 4 Algorithmen, die zu diesem Zweck verwendet werden könnten: Last-In-First-Out (LIFO)-, First-In-First-Out (FIFO)-, Random-, Least-Recently-Used (LRU)-Algorithmus.

Der LIFO-Algorithmus sagt aus, dass im Falle des Adressumsetzpuffers das zuerst eingespeicherte Adressenpaar mit großer Wahrscheinlichkeit das wichtigste ist und demzufolge nicht ausgetauscht werden sollte.

6.8 Adressumsetzpuffer

Der FIFO-Algorithmus besagt genau das Gegenteil, d.h. das zuletzt eingelesene Adresspaar ist wahrscheinlich das wichtigste, während das zuerst eingelesene mit großer Wahrscheinlichkeit nicht mehr gebraucht wird.

Im Random-Algorithmus wird zufallsbedingt irgendeiner der Einträge ersetzt.

Der LRU-Algorithmus ersetzt dasjenige Adresspaar, dessen Rahmenadresse die längste Zeit nicht für einen Hauptspeicherzugriff benutzt wurde.

Die angeführten Algorithmen sind mit sehr unterschiedlichem Erfolg implementiert worden. Der LIFO-Algorithmus ist zwar im Zusammenhang mit dem Adressumsetzpuffer getestet worden, hat sich aber nicht bewährt. Bei der Anwendung des FIFO-Algorithmus lassen sich Beispiele erzeugen, die dessen Einsatz zumindest einschränken. Man stelle sich ein Programm mit einer Schleife vor, deren Abarbeitung eine gewisse Zeit und eine ganze Reihe von Adressen benötigt. Der FIFO-Algorithmus tauscht z.B. Adressen, die am Anfang der Schleife benutzt wurden, am Ende der Schleife aus, obwohl sie zu einem späteren Zeitpunkt wieder gebraucht werden. Aus diesem Grund wird vielfach der Random-Algorithmus favorisiert. Der LRU-, der Random- und der FIFO-Algorithmus werden am häufigsten in den Adressumsetzpuffern als Ersetzungs-Algorithmen verwendet. Die Hardware-Realisierungen der beiden letztgenannten sind ähnlich, d h. es wird ein zyklischer Zähler benutzt, der im Fall des FIFO-Algorithmus auf ein Register zeigt und bei jedem Austausch bzw. bei der zufallsbedingten Implementierung bei jedem Zugriff zum Adressumsetzpuffer incrementiert wird.

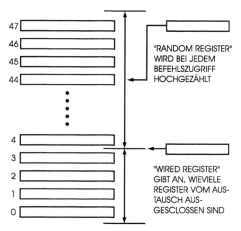

Abbildung 6.34   *Random-Algorithmus der MIPS R4000 Architektur*

Ein Beispiel für die Implementierung des Random-Algorithmus stellt die MIPS R4000-Architektur dar (Abbildung 6.34). Letztere arbeitet mit einem voll-assoziativen Adressumsetzpuffer, der insgesamt 48 Einträge enthält. Das Random-Register wird bei jedem Zugriff auf den Adressumsetzpuffer incrementiert und zeigt infolge der unterschiedlichen Anzahl von Programmschleifen prinzipiell immer auf einen anderen Eintrag. Der Adressumsetzpuffer der MIPS R4000-Architektur enthält außerdem noch ein weiteres Steuerregister, das als Grenz- oder ´Wired´-Register ausgelegt ist. Das ´Wired´-Register enthält eine bestimmte Adresse, die eine untere Grenze der Register mit den Paaren ´virtuelle Adresse-reale Adresse´ angibt, die vom Ersetzungs-Algorithmus betroffen sind. Unterhalb dieses Eintrags in dem ´Wired´-Register bleiben die Einträge vom Austausch ausgeschlossen. Mit anderen Worten bedeutet das: Wenn der zyklische Zähler auf den letzten unteren Eintrag zeigt, der noch dem Ersetzungs-Algorithmus unterliegt, dann zeigt dieser nicht auf ´0´ sondern auf den Inhalt des ´Wired´-Registers.

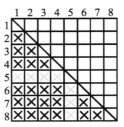

Abbildung 6.35   *LRU-Matrix eines IBM /370 Mod.135*

Die Hardware-Realisierung des LRU-Algorithmus, der am häufigsten benutzt wird, setzt neben dem Adressumsetzpuffer einen weiteren Schnellspeicher, den Least-Recently-Used-Schnellspeicher, voraus.

Als Beispiel soll der LRU-Algorithmus des Adressumsetzpuffers der /370-Architektur dienen. Die virtuelle Adressumsetzung der /370-Architektur Modell 135, die vor ca. 30 Jahren entwickelt wurde, verfügt über einen vollassoziativen Adressumsetzpuffer mit LRU-Ersetzungs-Algorithmus, der wiederum mittels eines LRU-Schnellspeichers (Abbildung 6.35) realisiert ist. Der Adressumsetzpuffer enthält insgesamt 8 Register mit jeweils einem Adresspaar ´virtuelle Adresse-reale Adresse´ als Eintrag. Der LRU-Schnellspeicher hat eine Speicherkapazität von 64 Bit und ist in Form einer 8*8 Bit-Matrix organisiert. Benutzt werden aber nur die Bits unterhalb der Hauptdiagonale, also 28 Bit. Für jedes Register i ergibt sich als Summe aller Bits aus der Zeile i und der Spalte i der Wert 7, d.h. z.B. für das Register 3: 2 Bit (Zeile 3)+5 Bit (Spalte 3)=7 Bit. Wenn ein neuer Eintrag des Registers i geladen wird oder ein Zugriff auf das Register i erfolgt, so werden alle Bits der Zeile i auf den Pegel ´1´ und alle Bits der Spalte i auf den Pegel ´0´ sowie das Präsenz-Bit auf ´1´-Pegel gesetzt. Der Eintrag desjenigen Registers wird ausgelagert, dessen Bits der Zeile i ´0´-Pegel und dessen Bits der Spalte i ´1´-Pegel haben. Bei jedem Zugriff auf ein Register wird für alle Register je 1 Bit invertiert. Unter der Voraussetzung, dass in der Abbildung 6.35 das Register 5 neu geladen wird, werden in der 5. Zeile alle Bits auf ´1´-Pegel und alle Bits in der 5. Spalte auf ´0´-Pegel gesetzt. Erfolgt jetzt ein Zugriff auf das Register 3, so wird infolge derselben Regeln in Zeile 3 und Spalte 3 das Bit (5, 3) von ´1´- auf ´0´-Pegel gekippt. Ein weiterer Zugriff auf das Register 7 ändert das Bit (5, 5) von ´0´- auf ´1´-Pegel. Mit 7

6.8 Adressumsetzpuffer

Zugriffen auf die anderen Register 1, 2, 3, 4, 6, 7, 8 werden alle Bits des Registers 5 invertiert. Zu jedem Zeitpunkt findet man ein Register, dessen sämtliche Bits gekippt wurden. Um das Register zu finden, dessen Inhalt ausgetauscht werden soll, muss geprüft werden, welches Register in allen Zeilenbits jeweils ´0´- und in allen Spaltenbits jeweils ´1´-Pegel enthält. Eine entsprechende Hardware-Verifikation ist mit vertretbarem Schaltungsaufwand möglich.

	PF	0	1	2	4	2	3	7	2	1	3	1	Hit Ratio
LRU	a	0	0	0	4	4	4	7	7	7	3	3	$\frac{3}{11}$
	b		1	1	1	1	3	3	3	1	1	1	
	c			2	2	2	2	2	2	2	2	2	
	Faults	*	*	*	*		*	*		*			
OPT	a	0	0	0	4	4	3	7	7	7	3	3	$\frac{4}{11}$
	b		1	1	1	1	1	1	1	1	1	1	
	c			2	2	2	2	2	2	2	2	2	
	Faults	*	*	*	*		*	*			*		
FIFO	a	0	0	0	4	4	4	4	2	2	2	2	$\frac{2}{11}$
	b		1	1	1	1	3	3	3	1	1	1	
	c			2	2	2	2	7	7	7	3	3	
	Faults	*	*	*	*		*	*	*	*	*		

Abbildung 6.36   Vergleich der Ersetzungs-Algorithmen

Ein Vergleich und die prinzipielle Arbeitsweise der Ersetzungs-Algorithmen FIFO, Random (OPT) und LRU sind in der Abbildung 6.36 dargestellt. Die Aufgabe besteht darin, mittels der genannten Algorithmen bei Zugriffen auf 8 verschiedene Seiten mit den Adressen 0, 1, 2, 3, 4, 5, 6 und 7, die sich entsprechend dem Algorithmus entweder in einem der drei Hauptspeicher-Rahmen (a, b, c) oder in entsprechenden Rahmen des externen Seitenspeichers befinden, die Anzahl der Fehlzugriffe zu minimieren. Die Sequenz der Zugriffe auf die Seiten sei mit 0, 1, 2, 4, 2, 3, 7, 2, 1, 3, 1 fest vorgegeben. Weiterhin wird angenommen, dass die drei Rahmen a, b, c zu Beginn leer sind.

Zuerst soll im Falle des FIFO-Algorithmus auf die Seite mit der Adresse 0 zugegriffen werden. Da sie sich nicht im Hauptspeicher befindet, erfolgt eine Fehlseitenunterbrechung, und die Seite wird in den Hauptspeicher-Rahmen a eingeräumt. Danach wird auf die Seite mit der Adresse 1 zugegriffen, die sich auch nicht im Hauptspeicher aufhält. Die Folge davon ist eine weitere Fehlseitenunterbrechung und das Einräumen der Seite 1 in den Hauptspeicher - Rahmen b. Anschließend erfolgt ein Zugriff auf die Seite mit der Adresse 2, die eine dritte Fehlseitenunterbrechung und das Einräumen der betreffenden Seite in den Hauptspeicher-Rahmen c verursacht. Beim Zugriff auf die Seite 4 wird wieder eine Fehlseitenunterbrechung ausgelöst, die Seite 4 wird aber jetzt infolge des FIFO-Algorithmus in den Rahmen a eingeräumt, weil die Seite 0 zuerst in den Rahmen a eingeräumt wurde bzw. die längste Zeit dort abgelegt war und demzufolge zuerst wieder ausgelagert wird usw. Die Anzahl der Treffer beträgt bei der Verwendung des FIFO-Algorithmus 2, das Verhältnis zur Gesamtzahl der Zugriffe $2/11$.

6 Virtuelle Speicher

Beim LRU-Algorithmus verlaufen die ersten sechs Zugriffe auf die Seiten mit den Adressen 0, 1, 2, 4, 2, 3 wie bei der Verwendung des FIFO. Die Ursache dafür, dass beim 4. Zugriff auf die Seite mit der Adresse 4 diese in den Rahmen 0 eingeräumt wird, ist jedoch eine andere als beim FIFO. Beim LRU wurde auf die Seite 0 im Hauptspeicher-Rahmen a von allen 3 Rahmen die längste Zeit nicht zugegriffen. Noch deutlicher wird der Unterschied in der Arbeitsweise der beiden Algorithmen beim Zugriff auf die Seite 7 (7. Zugriff). Der LRU-Algorithmus räumt die Seite mit der Adresse 7 im Rahmen a ein, weil von allen Rahmen auf den Rahmen a die längste Zeit nicht zugegriffen wurde, denn auf Rahmen b erfolgte ein Zugriff beim 6. und auf c beim 5. Zugriff. Der FIFO-Algorithmus lagert dagegen die Seite 7 im Rahmen c ein, da die Seite 2 die längste Zeit im Rahmen c abgelegt worden ist und aus diesem Grund vor den Seiten 3 (im Rahmen b) und 4 (im Rahmen a) ausgeräumt wird. Der LRU-Algorithmus hat eine Treffer-Rate von 3 bei einem Verhältnis von $3/11$.

Die optimale Lösung der oben gestellten Aufgabe wird durch die Anwendung des Random-Algorithmus erreicht. Das Ausräumen der Seite aus dem momentanen Hauptspeicher-Rahmen bei Fehlseitenunterbrechungen kann nach dem Zufallszahlen-Prinzip vorgenommen werden. Die Anzahl der Treffer beträgt bei diesem Algorithmus 4.

Die theoretische Untersuchung des optimalen Ersetzungs-Algorithmus, wie in der Abbildung 6.36 dargestellt ist, geht von der Voraussetzung eines sehr kleinen Hauptspeichers (3 Rahmen) und einer festen, konstruierten Zugriffsfolge aus. Letztere ist natürlich praktisch nicht voraussehbar, so dass die Implementierung eines optimalen Algorithmus grundsätzlich nicht möglich ist. Aus dieser Tatsache heraus wird klar, warum sich eine Implementierung des Assoziativspeichers bisher im wesentlichen auf den Adressumsetzpuffer beschränkt hat. Neuartige Erfindungen bzw. Verbesserungen von Assoziativspeichern wurden in den vergangenen Jahren immer wieder durch alternative Technologien, die auf konventielle Bausteine zurückgreifen, zunichte gemacht. Der enorme Erkenntnisgewinn solcher Entwicklungen für die Informatik insgesamt darf jedoch nicht verkannt werden.

6.8.2 Set-assoziativer Adressumsetzpuffer

Bei der Implementierung des Adressumsetzpuffers hat sich in zunehmendem Maße der sogenannte Set-assoziative oder Nicht-assoziative Adressumsetzpuffer als günstige Alternative zum Assoziativspeicher herausgestellt. Der prinzipielle Unterschied zwischen dem voll-assoziativen und Set-assoziativen Umsetzpuffer besteht in der Einschränkung der Assoziativität beim Set-assoziativen Umsetzpuffer. Während bei einem Assoziativspeicher in allen Speicherplätzen gleichzeitig nach einem Eintrag gesucht wird bzw. ein Datum auf jeden Speicherplatz gespeichert werden kann, ist der Vergleich und die Speicherung bei einem Set-assoziativen Speicher auf eine bestimmte Menge von Speicherplätzen (Set) beschränkt. Bei der Realisierung von Set-assoziativen Adressumsetzpuffern kommen keine teueren Assoziativspeicher sondern herkömmliche Schnellspeicherbausteine (z.B SRAM) zum Einsatz, was eine Senkung der Hardware-Kosten zur Folge hat.

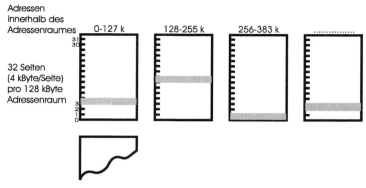

Abbildung 6.37   *Gedankliche Aufteilung des 16 MByte Adressraumes in 128 Adressräume zu je 128 KByte*

Zum Verständnis des Set-assoziativen Prinzips stellt man sich z.B. die Aufteilung eines 16 MByte großen Adressraumes in 128 Adressräume zu je 128 KByte vor (Abbildung 6.37). Jeder dieser 128 KByte großen Adressräume kann wiederum in 32 Seiten zu je 4 KByte gegliedert werden. Der Index (Anfangsadresse der Adressräume) ist zwar für jeden Adressraum unterschiedlich, eine bestimmte virtuelle Adresse würde aber an der gleichen Stelle in allen Adressräumen liegen.

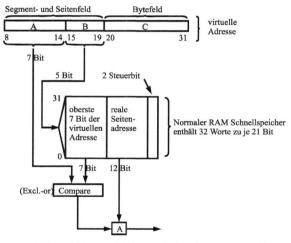

Abbildung 6.38   *Nicht-assoziativer Adressumsetzpuffer*

In der Abbildung 6.38 ist die Adressumsetzung mittels eines nicht-assoziativen Adressumsetzpuffers dargestellt. Der Schnellspeicher enthält 32 Einträge entsprechend den 32 Seiten, in die jeder Adressraum unterteilt wird. Die virtuelle Adresse besteht aus dem Segmentfeld (Feld A, 7 Bit =128 Adressräume), dem Seitenfeld (Feld B, 5 Bit

6 Virtuelle Speicher

= 32 Seiten/Adressraum) und dem Bytefeld (Feld C, 12 Bit=4 KByte/Seite). Jeder Eintrag des Schnellspeichers enthält insgesamt 21 Bit, 7 Bit entsprechen denen des Feldes A der virtuellen Adresse, 12 Bit enthalten die entsprechende reale Rahmenadresse im Hauptspeicher und weitere 2 Steuerbits. Für die Adressumsetzung werden die 5 Bit des Feldes B (2^5=32) benutzt, um einen der 32 Einträge im Schnellspeicher zu adressieren. Die werthöheren 7 Bit dieses Eintrages werden ausgelesen und mit den 7 Bit des Feldes A der virtuellen Adresse in einem Compare-Schaltkreis auf Übereinstimmung geprüft. Wenn beide Felder identisch sind, kann die rechte Hälfte des Eintrages als reale 12 Bit-Rahmenadresse ausgelesen werden. Letztere wird mit dem Byte-Feld der virtuellen Adresse zur realen Hauptspeicheradresse verkettet.

Das Problem in der Abbildung 6.38 besteht darin, dass der 5 Bit-Wert des Feldes B der virtuellen Adresse insgesamt 2^7=128 mal (Feld A) auftritt, aber nur einer davon kann im Adressumsetzpuffer abgespeichert werden.

Zur Verdeutlichung dieses Problems ist in Abbildung 6.39 ein 1-Weg-Set-assoziativer Umsetzpuffer dargestellt. Er besitzt einen Adressraum von 64 KByte, der in 4 Adressräume zu je 16 KByte unterteilt ist. Jeder dieser 4 Adressräume verfügt über 4 Seiten zu je 4 KByte. Der Umsetzpuffer besteht in diesem Fall aus den 4 Einträgen $\overline{B_0}$, $\overline{B_1}$, $\overline{B_2}$ und $\overline{B_3}$, in denen jeweils eine von 4 Seitenadressen mit unterschiedlichem A-Feld abgelegt werden kann. Das Feld A der virtuellen Adresse enthält jetzt 2 Bit, das Feld B ebenfalls, und das Bytefeld umfasst 12 Bit.

Dem Eintrag $\overline{B_0}$ wird sowohl die Seitenadresse B_0 (0. Adressraum), B_4 (1. Adressraum), B_8 (2. Adressraum) als auch B_{12} (3. Adressraum) zugeordnet, deren Aufenthalt sich im Eintrag $\overline{B_0}$ aber gegenseitig ausschließt.

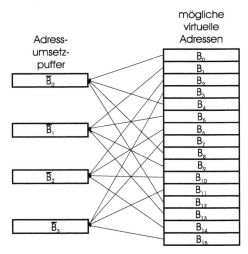

Abbildung 6.39   1-Weg-Set-assoziativer Adressumsetzpuffer

6.8 Adressumsetzpuffer

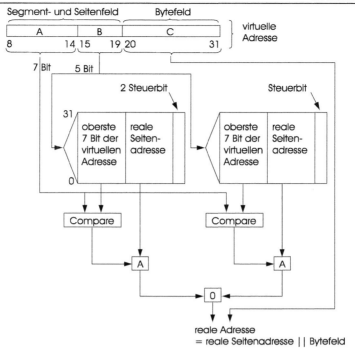

Abbildung 6.40   2-Weg-Set-assoziativer Adressumsetzpuffer

Wenn gegebenenfalls 2 Seiten (z.B. Seite B_0 und B_8 oder B_4 und B_8) gleichzeitig benötigt werden, dann würde das zu einer Fehlseitenunterbrechung führen. Der einzige Ausweg aus dieser Situation besteht in einer Duplizierung des Schnellspeichers (Abbildung 6.40).

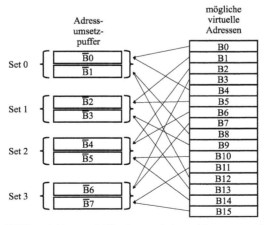

Abbildung 6.41   2-Weg-Set-assoziativer Adressumsetzpuffer

6 Virtuelle Speicher

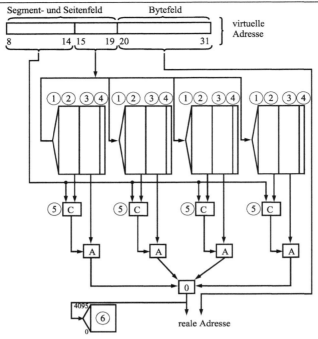

Abbildung 6.42   4-Weg-Set-assoziativer Adressumsetzpuffer

(1: Decoder für 32 Einträge (Bits 15-19 der virtuellen Adresse, 5 Bit); 2: High order virtuelle Adresse (Bits 8-14 der virtuellen Adresse); 3: reale Seitenadresse; 4: Steuerbits; 5: Compare Schaltkreise; 6: Speicherschutzschnellspeicher)

Das B-Feld der virtuellen Adresse adressiert gleichzeitig 2 Einträge, davon einen im ersten und einen im zweiten Schnellspeicher, d.h. es gibt jetzt insgesamt die doppelte Anzahl von Einträgen der 4*4 möglichen Seitenadressen. Die Einträge $\overline{B_0}$ (Schnellspeicher 1) und $\overline{B_1}$ (Schnellspeicher 2) bilden Set 0, $\overline{B_2}$ und $\overline{B_3}$ Set 1 usw. des 2-Weg-Set-assoziativen Adressumsetzpuffers (Abbildung 6.41).

Durch diese Maßnahme ist es möglich, auf 2 verschiedene Seiten (z.B. B_0 und B_8 oder B_4 und B_{12}) gleichzeitig zuzugreifen. Mit Hilfe von 4 Schnellspeichern wird ein 4-Weg-Set-assoziativer Adressumsetzpuffer (Abbildung 6.42) implementiert, der einen gleichzeitigen Zugriff auf 4 verschiedene Seiten B_0, B_4, B_8 und B_{12} gestattet. Set 0 setzt sich z.B. aus $\overline{B_0}$, $\overline{B_1}$, $\overline{B_2}$ und $\overline{B_3}$ zusammen.

Moderne Mikroprozessoren haben natürlich einen wesentlich größeren Adressraum als in dem konstruierten Beispiel von 64 KByte und arbeiten teilweise mit vollassoziativen, 2-Weg-, 4-Weg- und 8-Weg-Set-assoziativen Adressumsetzpuffern. Die Motorola Memory-Management-Unit 68851 für die 68000-Architektur benutzt einen vollassoziativen Adressumsetzpuffer mit 64 Einträgen (22 für 68030), der Intel 80386-Mikroprozessor verfügt über einen 4-Weg-Set-assoziativen Umsetzpuffer mit 32 Einträgen, der 80860-Mikroprozessor einen 4-Weg-Set-assoziativen mit 32 und die DEC Alpha-Architektur einen voll-assoziativen Adressumsetzpuffer mit 8 Einträgen. In der Praxis hat sich gezeigt, dass die Treffer-Rate bei 4-Weg-Set-assoziativen Umsetzpuffern mit 32 Einträgen in der Regel für einen Großteil der Anwendungen ausreichend ist.

6.9 Der externe Seitenspeicher

Die Philosophie der virtuellen Speichertechnik besteht darin, dass in der Regel der logische Adressraum (virtueller Speicher) größer ist als der physikalische (realer Hauptspeicher). Dieser Umstand setzt bei der Umsetzung der virtuellen Adressen in reale Hauptspeicheradressen den Austausch von Rahmen zwischen Hauptspeicher und externen Seitenspeicher voraus. Letzterer wird im Falle einer einzigen Festplatte auf dieser reserviert. Im Betriebssystem OS/2 z.B. existiert eine Datei mit dem Namen ´swapper.dat´, die den Bereich des externen Seitenspeichers auf der Festplatte darstellt. Wenn mehrere Platten in einem Rechner konfiguriert werden, optimiert man den mechanischen Zugriff zum externen Seitenspeicher, wenn dieser nicht auf einer separaten Festplatte installiert ist sondern möglichst über alle Festplatten verteilt wird.

Es ergibt sich jetzt die Frage, wie der gesuchte Eintrag bei einer Fehlseitenunterbrechung auf dem externen Seitenspeicher gefunden wird?

Das einfachste Verfahren würde darin bestehen, dass der Speicherplatz auf der Festplatte die gleiche Größe hat wie der virtuelle Speicher. Eine solche Maßnahme ist aber nicht effektiv, da sich der Bedarf an virtuellem Speicher dynamisch ändert. Beim Auftreten einer Fehlseitenunterbrechung wird die benötigte Seite in den Hauptspeicher eingelagert und in der Regel dafür nach einem der oben erwähnten Algorithmen eine andere ausgeräumt. Um diese Operation möglichst zeitoptimal zu gestalten, wird eine im Hauptspeicher modifizierte Seite in den Rahmen im externen Seitenspeicher zurückgeschrieben, der sich zu dem Zeitpunkt örtlich am nächsten dem Schreib-/Lese-Kopf des Plattenspeichers befindet. D.h. wenn dieser sich in einer Spur befindet, auf der momentan Speicherplatz frei ist, dann wird die auszuräumende Seite dort abgelegt. Das hat zur Folge, dass die Adressen, auf die die Rahmen des Hauptspeichers auf dem externen Seitenspeicher abgebildet werden, sich dynamisch ändern und demzufolge eine flexible Adressierung notwendig ist. Für den Fall, dass die auszulagernde Seite im Hauptspeicher nicht modifiziert wurde, kann der Swap-Vorgang ganz eingespart werden, da auf dem externen Seitenspeicher noch eine identische Kopie dieser Seite existiert. Zwecks Adressierung der Rahmen auf dem externen Seitenspeicher wird einfach jeder Seitentafel noch eine externe Seitentafel zugeordnet, die Zeiger auf die betreffenden Rahmen auf dem Festplattenbereich enthalten. Ein anderes Verfahren sieht in der Seitentafel ein zusätzliches Feld für einen Zeiger auf einen Rahmen im externen Seitenspeicher vor, so dass die erweiterte Seitentafel nicht benötigt wird.

Im Normalfall muss dafür gesorgt werden, dass Hauptspeicherplatz zur Verfügung steht, damit eine Seite eingeräumt werden kann. Da der Speicherplatz überbelegt ist,

6 Virtuelle Speicher

wird es erforderlich, zuerst eine Seite aus dem Hauptspeicher auszulagern, ehe eine andere eingeräumt wird. Im Interesse eines schnellen Seitenwechsels ist es die Aufgabe des Seitenüberwachers, einige Rahmen im Hauptspeicher frei zu halten, um zunächst den gewünschten Rahmen aus dem externen Seitenspeicher in den Hauptspeicher einzulagern und erst danach in einem zeitunkritischen Abschnitt eine weitere E/A-Operation anzustoßen, die die ersetzte Seite auf den externen Speicher auslagert. Die Verwaltung des Hauptspeicherplatzes erfolgt über die Rahmentafel. Sie ordnet jedem dieser im Hauptspeicher abgebildeten Rahmen einen Eintrag zu. In der Abbildung 6.43 ist die Rahmentafel eines 2 MByte großen Hauptspeichers dargestellt. Infolge der typischen Rahmengröße von 4KByte wird der Hauptspeicher in 512 Rahmen, die von 0 bis 511 durchnumeriert sind, aufgeteilt. Nach der Rahmennummer erscheinen in dem Rahmentafel-Eintrag die Prozess-Identifikation, die angibt, welcher von mehreren Prozessen im Hauptspeicher diesen Rahmen zur Zeit in Benutzung hat, die relevanten Bits für die Segment- und Seiten-Nr. der realen Adresse und eine Reihe von Statusbits. Zu den Letzteren gehören das Änderungsbit, das eine Modifikation des Rahmens anzeigt sowie diejenigen Bits, die dazu dienen, diesen Speicherplatz optimal zu verwalten. Das Problem, die Seite zu finden, die ausgeräumt werden soll, wird ähnlich dem des Adressumsetzpuffers mit Hilfe eines der beschriebenen Ersetzungsalgorithmen gelöst.

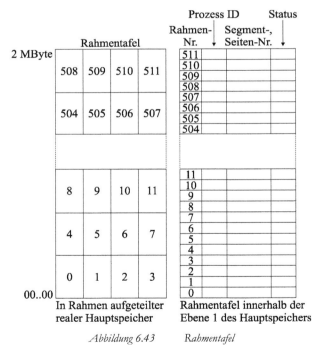

Abbildung 6.43   Rahmentafel

Die Diskussion, welcher der drei in Frage kommenden Algorithmen im Falle des Frame-Swapping den optimalen darstellt, hat in der Praxis dazu geführt, dass eine

Approximation des LRU-Algorithmus verwendet wird. Die Gründe dafür liegen in der Implementierung des Hauptspeichers (dynamische RAM-Zellen, kein Schnellspeicher) und in der Absicht, vorrangig unmodifizierte Rahmen aus dem Hauptspeicher auszulagern, da diese den Schreibvorgang auf den Seitenspeicher ersparen. Das konkrete Aussehen der verwendeten Seitenwechsel-Algorithmen hängt von der speziellen Rechnerarchitektur ab, d.h. ob auf dieser z.B. 5 (Arbeitsplatz-Rechner) oder 500 Prozesse (Großrechner) gleichzeitig ablaufen.

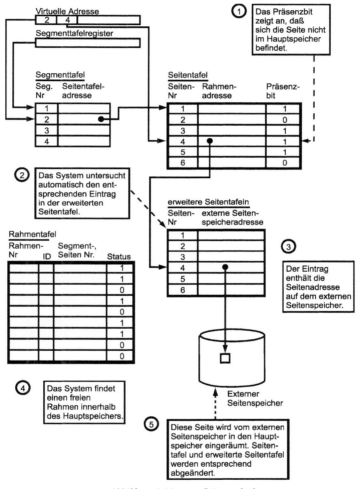

Abbildung 6.44   Seitenwechsel

Wie der Vorgang bei einem Seitenwechsel abläuft, ist in der Abbildung 6.44 gezeigt. Ein Register enthält die virtuelle Adresse, die im Segmentfeld eine ´2´ und im Seitenfeld eine ´4´ besitzt. Ein weiteres Register in der CPU, als Segmenttafel- oder Segmenttafel-Ursprungs-Register bezeichnet, zeigt auf die Anfangsadresse der Segmenttafel im Hauptspeicher. Der Wert 2 im Segmentfeld der virtuellen Adresse liefert den Offset (Versatz) in der Segmenttafel. Der rechte Teil des zugehörigen Eintrages bestimmt die Anfangsadresse einer von mehreren Seitentafeln. Der Wert 4 im Seitenfeld der virtuellen Adresse definiert wieder den Offset innerhalb der Seitentafel, dessen entsprechender Eintrag neben der Seitennummer und Rahmenadresse auch ein Feld für das Präsenzbit enthält. Im vorliegenden Fall zeigt die ´1´ des Präsenzbits an, dass sich diese Seite momentan nicht im Hauptspeicher befindet. Diese ´1´ des Präsenzbits hat die Unterbrechung des laufenden Prozesses und den Aufruf des Überwachers zur Folge. Das mittlere Feld des Seitentafel-Eintrages wird als Zeiger auf den entsprechenden Eintrag 4 der zugehörigen erweiterten Seitentafel benutzt, dessen rechter Teil die Seitenadresse auf dem externen Seitenspeicher darstellt. Wenn der Seitenüberwacher in der Rahmentafel des Hauptspeichers einen der mehreren freien Rahmen von 4096 zusammenhängenden Byte ausfindig gemacht hat, so wird die gefundene Seite vom Plattenspeicher in den Hauptspeicher eingeräumt. Gleichzeitig muss der Eintrag in der Rahmentafel als belegt markiert werden. Der Seitenüberwacher wird zu einem günstigen Zeitpunkt wieder im Hauptspeicher Platz schaffen, indem er eine andere Seite auslagert. Da sich die fehlende Seite nun im Hauptspeicher befindet, kann der Überwacher den unterbrochenen Prozess wieder zur Ausführung bringen.

7 Virtuelle Speicherverwaltung in Multiprogrammsystemen

7.1 Funktionsweise

In multiprogrammierten Betriebssystemen (siehe. Abschnitt 5.4) werden mehrere Prozesse gleichzeitig im Rechner bearbeitet. Bei der Implementierung der virtuellen Speicherverwaltung beansprucht jeder Prozess seinen eigenen virtuellen Adressraum. In der Abbildung 7.1 sind mehrfache virtuelle Speicher der ESA /390-Architektur dargestellt. Von den (n+1) Prozessen soll im Augenblick der Prozess 1 die Verfügungsgewalt über die Zentraleinheit besitzen, d.h. er befindet sich im ´laufenden´ Zustand. Der virtuelle Speicher der Prozesse 0...n setzt sich aus 2048 Segmenten zusammen und wird demzufolge mittels 11 Bit adressiert. Die Zentraleinheit enthält weiterhin das Segmenttafel-(Ursprungs)-Register, das als Steuerregister auf die Segmenttafel zeigt, die diesem Prozess zugeordnet ist. Die einzelnen Einträge in der Segmenttafel zeigen wiederum auf die Anfangsadresse der verschiedenen Seitentafeln. Die Segment- und die zugehörigen Seitentafeln werden für die virtuelle Adressumsetzung benutzt.

In multiprogrammierten Systemen sind mehrere Prozesse gleichzeitig aktiv. In dem Augenblick, in dem der Prozess 1 sich im Zustand ´laufend´ befindet, können andere Prozesse ausführbar sein. Dafür müssen aber letztere über Rahmen im realen Hauptspeicher verfügen. Für die Funktionsfähigkeit der virtuellen Adressumsetzung ist es notwendig, dass auch für die anderen Prozesse die betreffenden Segment- und Seitentafeln im Hauptspeicher abgelegt sind. Bei einem Prozesswechsel, der z.B. durch eine Fehlseitenunterbrechung des laufenden Prozesses 1 auftreten kann, ist es möglich, schnell auf einen der anderen ausführbaren Prozesse umzuschalten. Das geschieht, indem das Segmenttafel-Register mit der Adresse der zugehörigen Segmenttafel des nun laufenden Prozesses geladen wird. Diese Segmenttafel adressiert wieder ihre eigenen Seitentafeln, deren Einträge auf Rahmen im realen Hauptspeicher zeigen, die für jeden Prozess unterschiedlich sind. Auf diese Art wird eine saubere Entkopplung der einzelnen virtuellen Adressräume erreicht, so dass prinzipiell ein Zugriff von einem bestimmten Prozess n auf einen Rahmen verhindert wird, der dem Prozess n nicht gehört.

Eine derartige Aktion wird schon dadurch ausgeschlossen, dass sich Rahmen von anderen Prozessen nicht in den Einträgen der Seitentafeln vom Prozess n wiederfinden. Damit wird der Speicherschutz der Prozesse untereinander grundsätzlich garantiert. Eine Ausnahme bilden gemeinsame Speicherbereiche, auf die in Abschnitt 7.2 eingegangen wird. Zusätzlich gibt es noch weitere Speicherschutzbits, die in den Segment- und Seitentafeleinträgen der einzelnen Prozesse enthalten sind und durch die Speicherschutzmechanismen sicherstellen, dass die Speicherbereiche der Prozesse einerseits und des Überwachers andererseits gegen unerlaubte Zugriffe geschützt sind.

7 Virtuelle Speicherverwaltung in Multiprogrammsystemen

Eine Modifizierung der Segmenttafel und der zugehörigen Seitentafeln eines Prozesses ist diesem selbst und fremden Prozessen nicht möglich und kann ausschließlich vom Überwacher vorgenommen werden.

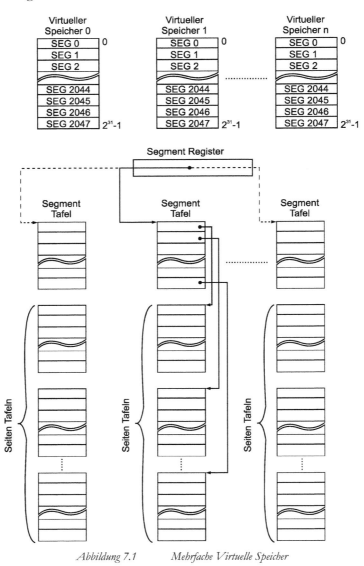

Abbildung 7.1   Mehrfache Virtuelle Speicher

7.2 Gemeinsame Seitentafel verschiedener Prozesse

In Mehrbenutzersystemen ist es sinnvoll, wenn Rahmen im realen Hauptspeicher nicht nur einem Prozess sondern mehreren zugänglich sind. Das verwendete Verfahren zeigt die Abbildung 7.2. Prozess 1 und Prozess 2 verfügen in ihrer Segmenttafel nicht nur über Einträge, die auf die privaten Seitentafeln zeigen, sondern auch über einen Eintrag mit einem Zeiger auf eine gemeinsame Seitentafel, die außerhalb der virtuellen Speicher für die beiden Prozesse liegt. Dabei müssen die Felder mit der Anfangsadresse der gemeinsamen Seitentafel der Einträge in den Segmenttafeln der Prozesse 1 und 2 identisch sein. Die virtuelle Adresse der beiden Prozesse kann unterschiedlich sein, so dass z.B. der Eintrag von Prozess 1 in der gemeinsamen Seitentafel auf einen Rahmen auf dem externen Seitenspeicher und der Eintrag von Prozess 2 auf einen Rahmen des realen Hauptspeichers zeigt. Das bedeutet, dass die Prozesse 1 und 2 gleichzeitig auf die gemeinsame Seitentafel zugreifen können, was besonders in Mehrplatzbetriebssystemen verwendet wird.

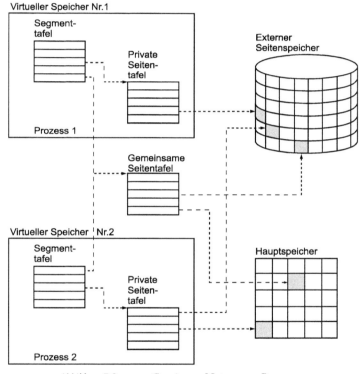

Abbildung 7.2   Gemeinsame Nutzung von Programmen

Sind an einem Rechner von z.B. 32 X-Window-Terminals 16 Terminals von Benutzern besetzt, die gleichzeitig den C++-Compiler benötigen, dann ist es nicht notwendig, 16 Kopien dieses Compilers im Hauptspeicher zu halten. Es genügt eine einzige C++-Kopie im Hauptspeicher, die genau der Prozess benutzen kann, der gerade die Verfügungsgewalt über die Zentraleinheit besitzt. Voraussetzung für ein fehlerfreies

7 Virtuelle Speicherverwaltung in Multiprogrammsystemen

Funktionieren sind sogenannte ´shared segments´ (Abbildung 7.3), in denen Codeteile untergebracht werden, die von mehreren Prozessen gemeinsam benutzt werden.

Diese Codeteile wiederum müssen reentrant (pure) sein, d.h. sie dürfen keine ´store´-Instruktion enthalten, deren Zieloperand im Code selbst liegt (selbstmodifizierend).

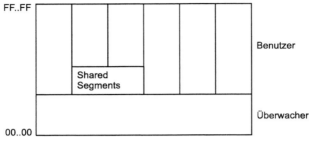

Abbildung 7.3   Mehrfache virtuelle Speicher mit "Shared Segments"

Außerdem treten Probleme auf, wenn innerhalb des Codes absolut (über den Segment-(Page-) Index) auf sich selbst referiert wird. Neben diesen gemeinsamen Codeteilen werden die dazugehörigen Daten in privaten Nutzerbereichen untergebracht. Die Anwendung der ´shared segments´ umfasst auch die Kommunikation zwischen verschiedenen Prozessen (InterProzesskommunikation). Zu diesem Zweck sind Protokolle notwendig, die sicherstellen, dass die Übergabe von Daten zwischen den Prozessen fehlerfrei erfolgt.

7.3 Ein- /Ausgabe-Operationen

Wenn ein Prozess Daten von einem Plattenspeicher in seinen privaten virtuellen Speicher laden möchte, um diese zu modifizieren, so gibt er diesen Datenbereich im Notfall explizit an. In der Programmiersprache C z.B. existiert ein Mechanismus, der diese Ein-/Ausgabebereiche zur Verfügung stellt. Letztere haben prinzipiell virtuelle Adressen, denn nur diese kennt der Prozess. Das Problem besteht darin, dass der betreffende Prozess, der die Ein-/Ausgabe-Operation einleitet, einen entsprechenden Bereich in seinem virtuellen Speicher bereit stellt und sich anschließend solange in einen Wartezustand versetzt, bis die gewünschten Daten eingetroffen sind. In der Zwischenzeit befindet sich ein anderer Prozess im Zustand ´laufend´, und dessen erste Aktivität kann darin bestehen, die Seite mit dem Ein-/Ausgabe-Bereich des vorhergehenden Prozesses im Zustand ´laufend´ aus dem Hauptspeicher auszulagern, weil der vorhandene Speicherplatz nicht ausreicht. Wenn also der SCSI-Controller, der die Plattenspeicher-Ein-/Ausgabeoperation durchführt, über DMA (Direct Memory Access) versucht, einen Rahmen im Hauptspeicher zu finden, so ist dieser nicht mehr vorhanden.

Moderne Rechnerarchitekturen sind jedoch so eingerichtet, dass Ein-/Ausgabe-Steuerungen mit DMA prinzipiell mit realen Adressen arbeiten. Die virtuelle Adressumsetzung ist nur auf die CPU beschränkt. Es hat in der Vergangenheit auch Überlegungen gegeben, Rechner zu entwickeln, bei denen die Ein-/Ausgabesteuerung ebenfalls mit virtuellen Adressen arbeitet. Die Regelung, bei der DMA-Funktion grundsätzlich mit realen Adressen umzugehen, steht im Widerspruch zu der Tatsache, dass virtuelle Adressen zur Verfügung gestellt werden. Das traditionelle Verfahren, das in diesem Zusammenhang angewendet wird, besteht darin, den bereitgestellten Datenbereich vom Überwacher in dessen eigenen Kernel-Bereich zu kopieren. Der Überwacher kann danach dem SCSI-Controller mitteilen, dass Letzterer die Daten in reale und nicht in virtuelle Adressen schreibt. Falls die Ein-/Ausgabe-Operation abgeschlossen ist, ehe dem betreffenden Prozess wieder die Zentraleinheit zugeteilt wird, muss der Inhalt des Pufferbereiches im Überwacher wieder in den ursprünglich zur Verfügung gestellten Speicherbereich zurückgeschrieben werden. In den heutigen Betriebssystemen werden solche zusätzlichen und zeitraubenden Kopier-Operationen nach Möglichkeit dadurch vermieden, dass der Bereich im realen Hauptspeicher fixiert wird mit der Festlegung, diesen zugehörigen Rahmen vom Seitenwechsel auszuschließen. Es existieren zwei Möglichkeiten der Implementierung. Bei der ersten ist die virtuelle Speicherverwaltung generell abgeschaltet, während die zweite zwar mit eingeschalteter virtueller Adressumsetzung arbeitet, aber Mechanismen vorhanden sind, die Fehlseitenunterbrechungen verhindern. Beispiele für die Möglichkeit zum Abschalten der virtuellen Speicherverwaltung (V=R, d.h. Virtual=Real) bilden die VAX-Architektur mittels des ´memory mapping enable´-Bit im ´map enable´-Register, die ESA /390-Architektur mit Bit 26 im Program Status Word (PSW) und der Intel 80486-Architektur mittels des ´paging enable´-Bit im Steuerregister 0. Der Vollständigkeit halber sei an dieser Stelle erwähnt, dass häufig nur die wirklich kritischen Teile des Überwachers von der virtuellen Adressumsetzung ausgenommen sind. Weniger kritische Teile wie z.B. die sogenannte ´open´-Routine, die das Öffnen einer Datei gestattet, werden dagegen nur bei Bedarf in den Hauptspeicher eingeräumt.

8 Segmentierung

8.1 Einführung

Der Begriff 'Segmentierung' ist bereits zweimal mit unterschiedlicher Bedeutung verwendet worden (vgl. Abschnitte 5.4.5 und 6.5.2.2). Im ersten Fall wurde dieser Ausdruck im Zusammenhang mit komplexen Programmen benutzt, die nicht in ihrer Gesamtheit im Hauptspeicher Platz finden. Eine vollkommen andere Bedeutung hatte der Begriff 'Segmentierung' für die zweistufige virtuelle Adressumsetzung. In dem vorliegenden Kapitel versteht man unter 'Segmentierung' die Erweiterung des virtuellen Adressraumes über 2^{32} Byte=4 GByte hinaus.

Die Segmentierung wird mittels zusätzlicher Register (Segmentregister) in der Zentraleinheit implementiert. Der Inhalt eines Segmentregisters heißt Deskriptor. Das Programmiermodell einer Rechnerarchitektur mit Segmentierung sieht dann außer Mehrzweckregistern, Gleitkomma- und Steuerregistern (z.B. Segmenttafel-Ursprungs-Register, Programmstatuswort, Befehlszähler) noch eine Reihe von Segmentregistern vor. Dies ist in der Abbildung 8.1 dargestellt. Durch die Einführung der Segmentierung wird die Adressenrechnung zunehmend komplizierter. Trotz dieses Umstands wird diese von allen existierenden Rechnerarchitekturen benutzt. Als Ergebnis der Adressenrechnung ergibt sich zunächst die effektive Adresse.

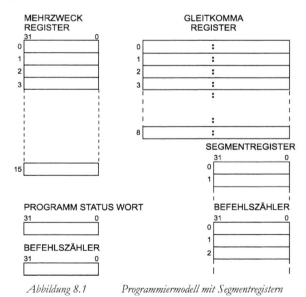

Abbildung 8.1   *Programmiermodell mit Segmentregistern*

Der Einfachst-Rechner (siehe Kapitel 3) verwendet als einziger keine Adressenrechnung, d.h. der Inhalt des Adressfeldes eines Befehls ist identisch mit einer realen

8 Segmentierung

Hauptspeicheradresse. Schon ein primitiver Mikroprozessor in Form des 6502 implementiert eine Reihe von Adressierungs-Modi, die eine Adressenrechnung erfordern, deren Ergebnis eine effektive Adresse darstellt.

In einem nicht-virtuellen System (d.h. ohne virtuelle Speicherverwaltung) ist die effektive Adresse gleich der realen Hauptspeicheradresse. In einer Rechnerarchitektur mit virtueller Speicherverwaltung ist die effektive Adresse identisch mit der virtuellen Adresse. Die reale Adresse entsteht aus der Adressumsetzung der virtuellen Adresse.

Bei einem segmentierten System wird die virtuelle Adresse VA aus der Verkettung der effektiven Adresse EA mit einem Deskriptor Deskr ermittelt:

$$VA = Deskr \; || \; EA$$

Die Gleichung bedeutet, dass die virtuelle Adresse einfach um den Inhalt des Segmentregisters erweitert wird. Dabei werden die Bits des Segmentregisters an das werthöchste Bit der effektiven Adresse angehängt.

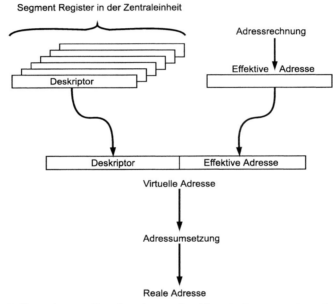

Abbildung 8.2   *Entstehung der virtuellen Adresse in einem segmentierten System*

Wenn z.B. die effektive Adresse eine Breite von 32 Bit hat, so entsteht durch die Verkettung mit einem 16 Bit breiten Segmentregister eine 48 Bit breite virtuelle Adresse. Diese 48 Bit breite virtuelle Adresse wird nun verwendet, um mit Hilfe der Adressumsetzung (2-stufige Adressumsetzung oder invertierte Seitentafel) aus dieser virtuellen die reale Adresse zu bestimmen. Die Abbildung 8.2 zeigt diesen Sachverhalt. In Systemen mit Segmentierung ist also die virtuelle Adresse nicht mehr identisch mit der effektiven Adresse.

Der Hauptvorteil der Segmentierung liegt in der Nutzungsmöglichkeit von größeren virtuellen Adressräumen. Die Breite der Segmentregister beträgt praktisch 16 oder 24 Bit (32 Bit sind einfach nicht sinnvoll).

8.2 IBM RS/6000 Segmentierung

Als erstes Beispiel einer Rechnerarchitektur mit Segmentierung soll die RS/6000, d.h. die PowerPC-Architektur vorgestellt werden. Dieser Rechner arbeitet mit einer effektiven Adresse von 32 Bit. Von diesen 32 Bit werden aber nur die wertniederen 28 verwendet. Es ergibt sich damit ein Adressraum von 2^{28}=256 MByte. Die werthöchsten 4 Bit dienen zur Adressierung der 2^4=16 Segmentregister der RS/6000. Diese Segmentregister besitzen in der aktuellen Ausführung eine Breite von 24 Bit (ältere Versionen hatten noch eine Breite von 16 Bit). Durch die Verkettung der 28 Bit (effektive Adresse) mit den 24 Bit des Segment-Inhalts entsteht eine 52 Bit breite virtuelle Adresse (Abbildung 8.3).

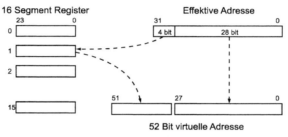

Abbildung 8.3   *IBM RS/6000 Segmentierung*

Eine etwas detailliertere Übersicht des Segmentierungsmechanismus des PPC 601 (PowerPC) zeigt die Abbildung 8.4. Die effektive (logische) Adresse setzt sich aus drei Feldern zusammen: 12 Bit Byte-Feld (Byte Offset), 16 Bit Feld (Page Index) als Seiten-Index für die invertierte Seitentafel und ein 4 Bit-Feld (SR#) für die Adressierung der 16 Segmentregister. Aus der Verkettung dieser drei Felder ergibt sich die 52 Bit virtuelle Adresse. Wie im Kapitel 5 behandelt, verwenden die Firmen IBM und Motorola eine Konvention für die Numerierung der Bitpositionen in der Reihenfolge von links nach rechts, d.h. die 24 Bit des adressierten Segmentregisters bilden die wertniedrigsten Bits der virtuellen Adresse. Letztere ergeben mit dem 16 Bit Feld des Seiten-Index einen 40 Bit breiten virtuellen Adressteil, der auf den Adressumsetzpuffer zeigt.

Die physikalische Adresse setzt sich aus dem betreffenden Eintrag im TLB und dem Byte-Feld der virtuellen Adresse zusammen. Falls der betreffende Eintrag nicht im Adressumsetzpuffer gefunden wird, erfolgt der Adressumsetz-Mechanismus über die invertierte Seitentafel.

8 Segmentierung

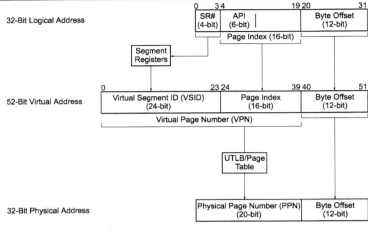

Abbildung 8.4   Überblick über die Seiten Adressübersetzung beim PowerPC 601

8.3 IBM ESA/370 (/390) Segmentierung

Die /370-(/390) Architektur verwendet einen von der RS/6000 verschiedenen Segmentierungs-Mechanismus. Es werden jedem der 16 Mehrzweckregister genau ein Segmentregister zugeordnet (Abbildung 8.5). Bei der /370-(/390)Architektur ist der Zugriff auf den Hauptspeicher nur über eine effektive Adressenrechnung möglich, bei der u.a. eines der Mehrzweckregister als Basisregister benutzt wird. In diesem Zusammenhang gilt die Konvention: Immer dann, wenn ein Zugriff zum Hauptspeicher erfolgt, wird zunächst die 32 Bit breite effektive Adresse unter Benutzung eines Mehrzweckregisters als Basisregister berechnet. Anschließend wird der Inhalt des zugehörigen Segmentregisters (16 Bit) mit der effektiven Adresse zur 48 Bit virtuellen Adresse verkettet. Im Fall der /390-Architektur werden nur 31 Bit der effektiven Adresse verwendet, so dass die entstehende virtuelle Adresse nur 47 Bit umfasst.

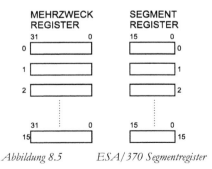

Abbildung 8.5   *ESA/370 Segmentregister*

Die Architektur-Definitionen sind so ausgelegt, dass die Breite der Segmentregister von 16 auf 24 oder 32 Bit erhöht werden kann, um auf diese Art noch größere Adressräume adressieren zu können. Die Prognosen zur Größe der Adressräume fielen in der Vergangenheit oft zu vorsichtig aus, dieser Zustand hat sich aber mit Einführung moderner Architekturen entscheidend geändert. Die Segmentierungsverfahren stehen u.a. in Konkurrenz zu neuen Überlegungen, die mit der Einführung der 64 Bit-Architekturen im Zusammenhang stehen. Letztere zeichnen sich besonders durch 64 Bit breite Mehrzweckregister aus. Durch die Implementierung dieser 64 Bit- Register sind keine Segmentierungsverfahren mehr notwendig, denn bei der Adressrechnung entstehen automatisch Adressen mit einer Breite von 64 Bit. Die Hersteller von Mikroprozessoren bieten heute eine Option an, die mittels eines Bit im PSW erlaubt, entweder eine 32 Bit- oder eine 64 Bit-Adressenrechnung auszuwählen.

8.4 Segmentierung der Intel-Architekturen

Die Mikroprozessoren der Firma Intel, d.h. die 386-, 486-, Pentium-, P6-, Pentium II, III, 4, Core sowie die sogenannten Intel-Kompatiblen (Hersteller: z.B. AMD) implementieren eine Art der Segmentierung, die eigentlich keine echte Segmentierung darstellt. In den Architektur-Manuals findet man z.B. für den 80386-Mikroprozessor 6 Segmentregister. Diese enthalten aber keinen Deskriptor sondern einen sogenannten Selektor, der als Zeiger auf eine Deskriptor-Tabelle verweist (Abbildung 8.6). Es existieren insgesamt 2 Deskriptor-Tabellen, eine für den Problem- und eine für den Überwacherstatus. Die Anfangsadressen der beiden Tabellen sind in zwei zusätzlichen Registern der Zentraleinheit, dem LDTR (Local Descriptor Table Register) und dem GDTR (Global Descriptor Table Register), abgelegt. Der eigentliche Deskriptor wird erst in dem durch den Selektor adressierten Eintrag in der Deskriptor-Tabelle gefunden. Er wird aber nicht wie bei der echten Segmentierung mit der effektiven Adresse verkettet, sondern so zu dieser addiert, dass sich im Resultat eine 32 Bit virtuelle Adresse ergibt. Die Intel-Architekturen sind demzufolge nicht in der Lage, Adressräume über 32 Bit hinaus zu adressieren.

Der Grund für die Einführung dieser Pseudo-Segmentierung läßt sich auf die Absicht der Firma Intel zurückführen, den Adressraum der 8086 (8088)-Architektur als 16 Bit Mikroprozessor von 64 KByte auf 1 MByte zu erhöhen. Ein 64 KByte großer Hauptspeicher stellte Ende der 70er Jahre weltweit die absolut obere Grenze für einen Personal Computer dar, und es war unvorstellbar, größere Hauptspeicher als 64 KByte zu implementieren. Der 8086 (8088)-Mikroprozessor baute auf der vorhergehenden 8080-Architektur auf, bei der man schon 64 KByte Hauptspeicher als absolutes Maximum festgeschrieben hatte. Der 6502-Mikroprozessor konnte ebenso 64 KByte adressieren. Die Erweiterung des Adressraumes der 8086 (8088)-Architektur wurde mit Hilfe zusätzlicher Segmentregister vorgenommen. Auf diese Art und Weise entstand die 1 MByte große Speichergrenze. Um wieder mit dem Nachfolger der 8088-, der 80286-Architektur, kompatibel zu bleiben, wurden die gleichen Segmentregister übernommen. Diese Architektur-Strategie wurde von der Firma Intel über die Nachfolger bis zum P6-, Pentium II, III-Mikroprozessor aus Kompatibilitätsgründen beibehalten.

8 Segmentierung

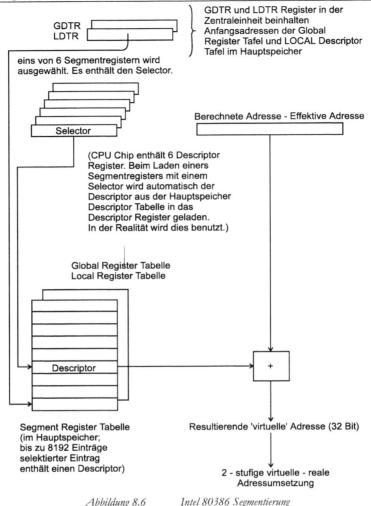

Abbildung 8.6   Intel 80386 Segmentierung

Die Verwendung der Segmentregister in den Intel-Architekturen bringt nicht nur keinerlei Vorteile sondern sie hat außerdem den Nachteil, dass durch geschickte Manipulation der Segmentregister eine virtuelle Adresse aus unterschiedlichen effektiven Adressen erzeugt werden kann. Durch die Addition der effektiven Adresse mit dem Inhalt des Deskriptors wird die virtuelle Adresse mehrdeutig. Für Rechnerarchitekturen mit echter Segmentierung (HP PRECISION, IBM RS/6000, IBM /360, /390) ist die Zuordnung zwischen virtueller und effektiver Adresse über ein Segmentregister umkehrbar eindeutig.

Ein weiteres Problem steht im Zusammenhang mit der Antwort auf die Frage: Warum werden Segmentregister überhaupt benutzt, wenn die Adressräume maximal eine Größe von 2^{32} = 4 GByte annehmen können?

Diese Frage ist von den Entwicklern moderner Betriebssysteme eindeutig beantwortet worden. Betriebssysteme, die auf Intel-Architekturen lauffähig sind, wie OS/2, Windows XP, Linux, Solaris, benutzen einen einheitlichen Adressraum, indem die Adressen von '0' bis zu einer spezifischen oberen Grenze inkrementiert werden (flaches, lineares Speichermodell). Das Verfahren besteht darin, dass sämtliche Segmentregister bei der Initialisierung mit dem Wert '0' geladen und anschließend nicht mehr verändert werden (Solaris, Linux). Diese obere Grenze besitzt im Betriebssystem Solaris den Wert 2^{32}-1 und in Linux 2^{23}-1. Die Segmentregister haben somit in den genannten Betriebssystemen keinerlei Funktionen – der Adressraum bildet ein einziges Segment. Es bleibt daher abzuwarten, ob die Firma Intel in Zukunft weiter an ihrem Konzept der 'Pseudo-Segmentierung' festhalten oder zur 64 Bit Architektur ohne Segmentregister übergehen wird.

Die Anzahl der von den unterschiedlichen Rechnerarchitekturen implementierten Segmentregistern schwankt zwischen 6 (Intel 80386), 8 (HP PRECISION, MULTICS) und 16 (IBM RS/6000, IBM ESA /370, /390). Die Art und Weise, wie diese Register adressiert werden, ist gleichfalls Architektur-abhängig. Bei der Intel 80386-Architektur erfolgt die Adressierung implizit durch den Operationscode. Für die PRECISION- und IBM RS/6000-Rechner ist die Segmentregister-Adresse Teil der effektiven Adresse. In MULTICS-Rechnern ist die Adresse im Operanden enthalten, und in der IBM ESA/370-, /390-Architektur ist diese identisch mit der Basisregister-Adresse.

9 Hauptspeicher

9.1 Hauptspeicher-Technologien

Die schnelle Entwicklung auf dem Gebiet der Speicher-Technologie in den vergangenen vier Jahrzehnten hat dazu geführt, dass seit Anfang der 70er Jahre die Speicherdichte (Anzahl der Bit pro Speicher-Chip) nahezu in Abständen von 3 Jahren um den Faktor 4 zunahm. Dieser Entwicklungstrend flachte jedoch in den letzten Jahren etwas ab, da man immer mehr an die Grenzen des Machbaren stößt. Die Abbildung 9.1 zeigt die Verfügbarkeit von Speicher-Chips in Abhängigkeit von der Zeit ab Beginn der 70er Jahre. Dabei ist zu beobachten, dass aufgrund der immer größeren Dichte der Schaltkreise die Speicherkapazitäten stark angestiegen sind, während die Größe der Speicherzellen rasant abgenommen hat. Parallel dazu war man im Laufe der Zeit auch in der Lage, immer größere Speicherchips zu produzieren. Aufgrund der Normierung von Hauptspeichermodulen sind in diesem Bereich jedoch nur Speicherchips einer begrenzten Größe einsetzbar. So kommt es, dass zwar heute noch viel größere Speicherchips gefertigt werden können, die DRAM-Module jedoch momentan fast ausschließlich mit 1 bis 2 GBit-Chips gefertigt werden. Erste 4 GBit-Chips sollen Ende 2010 in Serienproduktion gehen. Die deutlich größeren Speicherchips finden derzeit zum Beispiel in sogenannten Solid State Drives (SSD) Anwendung. Diese Art von Laufwerken wird wohl in nicht allzu ferner Zukunft die Festplattenspeicher ersetzen, da sie wesentlich schneller sind.

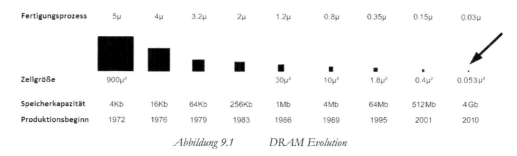

Abbildung 9.1   DRAM Evolution

Eine entscheidende Rolle in der Speichertechnologie spielt die Reinstraumtechnik, von der die Häufigkeit der Fehlerstellen in dem Chip beeinflusst wird. In dieser Hinsicht wurden in den vergangenen Jahren signifikante Fortschritte gemacht. Betrachtet man z.B. einen 64 MBit-Chip mit einer Zellgröße von 1.8 μm^2, so würde eine Störstelle von 1 μm^2 mit Sicherheit den Ausfall einer Zelle dieses Bausteins bedeuten. Eine Zelle von 900 μm^2 (4 KBit) könnte diese Störstelle dagegen tolerieren. Während die 4 KByte-Speicherbausteine Abmessungen von 3*4 = 12 mm^2 hatten, benötigen die 64 MBit-Speicher-Chips 9*19 = 171 mm^2 Silizium. Da der Technologie-Fortschritt in den immer kleiner werdenden Dimensionen zunehmend schwieriger wird, kann eine

9 Hauptspeicher

weitere Zunahme der Speicherkapazität in naher Zukunft wohl möglich auch im Hauptspeicherbereich nur noch durch größere Chip-Flächen erreicht werden. Möglicherweise wird es in der Zukunft auch mehr und mehr zur Vereinigung verschiedener Speichertypen kommen. So wäre es vorstellbar, dass die Solid State Drives bald schnell und groß genug sind, um die Funktion von Festplatte und Hauptspeicher zu vereinen.

Die großen Fortschritte in der Produktivität bei der Herstellung von Speicherbausteinen haben nach einer relativ kurzen Periode nach der Markteinführung zu einem enormen Preisverfall geführt. Die Preise aller neueingeführten Speicher-Chips begannen bis zum Jahre 1993 mit einem Wert um 100$ und sanken am Ende des Bedarfs auf einen Wert zwischen 1 und 10$ (Abbildung 9.2). Nach 1993 trat ein interessantes Phänomen auf: Die Preise pro MBit blieben relativ konstant. Diese Tendenz ist bei allen noch marktfähigen Speicher-Chips zu beobachten, d.h. nicht nur bei den 16 und 64 MBit-Chips sondern auch bei den noch aktuellen Vorgängern. Dieser Trend ist seither relativ gleichbleibend. Auch heute noch verfallen die Preise der Speicherchips im Hauptspeichersegment nach der Markteinführung rasant und pendeln sich binnen kürzester Zeit auf einem nur wenig höheren Niveau als die älteren nächst kleineren Chips ein. Die Einführung immer neuer Speichertechnologien drückt den Preis älterer Technologien zusätzlich. So kostete zum Beispiel ein 1-GBit-Chip (DDR3) im September 2010 etwa 2,20$ und ein 512 MBit-Chip (DDR2) zur gleichen Zeit rund 2$ [DXC 10]. Nachdem die Preise bis Anfang 2009 bis auf im Schnitt 0,60$ pro Chip gesunken waren, stiegen sie zuletzt wieder, doch die Hersteller prognostizieren für 2011 ein neuerlichen Preisverfall.

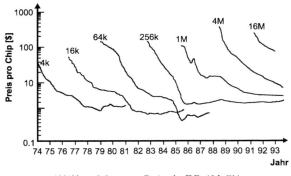

Abbildung 9.2   *Preise der DRAM-Chips*

Eine weitere Ursache für die Preiskonstanz liegt in dem gewaltigen Investitionsaufwand für die Produzenten, der betrieben werden muss, um von einer Speichergeneration zur nächsten überzugehen (Abbildung 9.3). Es wird davon ausgegangen, dass die Investitionskosten einer Halbleiterfabrik für den 64 MBit-Chip bei ca. 2.5 Milliarden $ liegen. Diese werden für die Serienproduktion des 1 GBit-Chips auf etwa 10 Milliarden $ ansteigen. Die Kosten für die Entwicklung der Speicherchips allein zeigen eine ähnliche Tendenz. Das Risiko für die Unternehmen wird einfach schwer überschaubar, um Investitionen in einer derartigen Größenordnung zu rechtfertigen. Dieses Dilemma drückt sich darin aus, dass neue Technologien nur zögernd Einzug halten. In diesem Zusammenhang wird verständlich, dass die Gewinne expandieren müssen, um für neue, riskante Investitionen eine finanzielle Basis zu schaffen. Das Abflachen der Kurven in der Abbildung 9.2 ist also weniger auf technische Probleme zurückzuführen als vielmehr darauf, dass die Hersteller bezüglich der Investitionen zurückhaltender werden. Nach Einschätzung von Kennern der Branche wird das in Abbildung 9.3 zu beobachtende exponentielle Wachstum der Forschungs- und Entwicklungskosten (R & D) sowie der Investitionskosten anhalten.

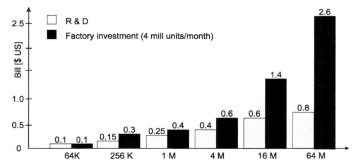

Abbildung 9.3   *Investitionsaufwand bei der Entwicklung und Produktion von DRAMs*

9.2 Implementierungsarten einer Speicherzelle

Für eine Speicherzelle existieren 2 Alternativen der Implementierung. Die erste benutzt sogenannte statische Zellen, die mit Hilfe von FlipFlops implementiert werden. Sie werden eingesetzt, um z.B. Adressumsetzpuffer und Cachespeicher aufzubauen. Die zweite Alternative stellt die aus einem Transistor und einem Kondensator bestehende dynamische Speicherzelle dar. Sie wird zur Realisierung der sogenannten SIM´s benutzt, die den eigentlichen Hauptspeicher implementieren.

9.2.1 Statische Speicherzelle

Eine statische Speicherzelle (SRAM) hat Ähnlichkeit mit einem getakteten D-FlipFlop (Abbildung 9.4). Dieses besteht aus 2 Schaltkreisen (NOR-Gatter), die jeweils mit einem Transistor aufgebaut werden können und so verschaltet sind, dass der betreffende Ausgang des einen Transistors mit dem Eingang des anderen verbunden ist [Toc 95]. Der jeweils zweite Eingang jedes NOR-Gatters ist identisch mit dem Ausgang eines von 2 weiteren NAND-Gattern, die das invertierte bzw. nichtinvertierte Data-In-Signal mit dem Takt verknüpfen, d.h. es kann nur dann die Information eingeschrieben werden, wenn das Taktsignal ´High´- Pegel führt. In der Abbildung 9.5 wird dieser Sachverhalt verdeutlicht.

9 Hauptspeicher

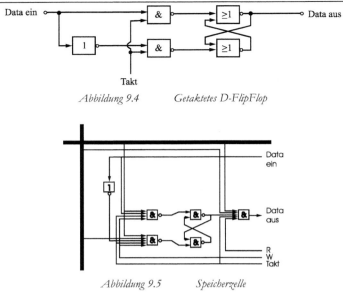

Abbildung 9.4   Getaktetes D-FlipFlop

Abbildung 9.5   Speicherzelle

Aus dem getakteten D-FlipFlop geht eine Read/Write-Speicherzelle hervor, wenn es an einer beliebigen Stelle der Speichermatrix zur Auswahl plaziert und mit den Steuerleitungen R(ead) und W(rite) ausgestattet wird. Während die Eingangsdaten entweder invertiert oder nichtinvertiert an das eine bzw. andere vorgeschaltete NAND-Gatter gelangen, wird die Zeilen- und Spaltenleitung sowohl zum Schreiben als auch zum Lesen benötigt. Das W(rite)-Signal öffnet mit ´High´-Pegel die beiden dem eigentlichen FlipFlop vorgeschalteten NAND-Gatter. Das gleiche gilt für das R(ead)-Signal am Eingang des Ausgangs-AND-Gatters der R/W-Speicherzelle. Der Takt sorgt in beiden Fällen (R/W) für einen taktsynchronen Schreib- und Lesevorgang.

Moderne statische Speicherzellen unterscheiden sich von der beschriebenen nur unwesentlich. Der Unterschied besteht hauptsächlich darin, den Flächenbedarf so weit wie möglich zu minimieren. Konkret werden keine NAND-Gatter zur Implementierung der statischen Speicherzelle benutzt, weil sie zuviel Silizium benötigen. Stattdessen kommen spezielle Diffusions-Techniken zum Einsatz, die gleiche Funktionen erfüllen.

9.2.2 Dynamische Speicherzelle

9.2.2.1 Funktionsweise

Während die statische Speicherzelle (SRAM) sowohl in bipolarer als auch in MOS-Technik hergestellt wird, sind dynamische Speicherzellen (DRAM) nur in MOS-Technik realisierbar. Prinzipiell besteht die dynamische Speicherzelle nicht aus einem FlipFlop sondern aus einem kleinen Kondensator und einem Transistor [Wak 94].

Das Prinzip zeigt die Abbildung 9.6. Je nachdem, wie die Belegung der ´word line´ (row line) und der ´data line´ (column line) aussieht, ist der Transistor geöffnet oder gesperrt. Die Ladung wird auf den Kondensator (25 Femto Farad = 25*10^{-15} F) aufgebracht, indem die Spannung von 4 V an die row- und column-line angelegt wird.

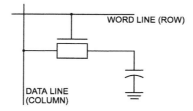

Abbildung 9.6   Das Prinzip der DRAM-Zelle

Zusätzlich muss sichergestellt werden, dass der Transistor durchgeschaltet ist. Mit der angelegten Spannung von 4 Volt, die den logischen ´High´-Pegel darstellt, besitzt der Kondensator eine Ladung von

$$Q = C * U = 100 \, fAs.$$

Diese Ladung bedeutet, dass sich auf der negativen Platte des Kondensators etwa 625.000 Elektronen befinden. Als Isolation zwischen dem Kondensator und der Außenwelt wird der Innenwiderstand des Transistors benutzt, der jedoch nicht so groß wie ein echtes Dielektrikum, z.B. aus Siliziumdioxid, gewählt werden kann. Als Folge davon fließt ein Leckstrom über den Transistor, der den Kondensator innerhalb einiger Millisekunden (1-5) entlädt. Der Kondensator verliert in dieser Zeit etwa 500.000 Elektronen, und die Kondensator-Spannung fällt auf einen Wert von etwa 0.8 Volt ab, der den logischen ´Low´-Pegel repräsentiert. Das ist gleichbedeutend mit dem Verlust der gespeicherten Informationen. Um den Ladungsverlust infolge der Leckströme auszugleichen, werden abhängig von der verwendeten Technologie in regelmäßigen Abständen von 1-5 Millisekunden sämtliche Speicherzellen ausgelesen und zurückgeschrieben. Dieser periodische Vorgang, der für den Benutzer transparent abläuft, wird als Refresh bezeichnet und ist eine Standardeigenschaft aller momentan implementierten Hauptspeicher.

Während der Refresh-Zeitintervalle ist die CPU gezwungenermaßen arbeitslos, so dass insgesamt der Rechner relativ mehr Zeit für das Bearbeiten eines Auftrages benötigt (ca. 1 - 3%). Diese Totzeiten sind im Allgemeinen unproblematisch, erfordern aber bei zeitkritischen Programmen besondere Maßnahmen.

9.2.2.2 Fehlererkennung und -korrektur

Die kritische Ladung bei einer dynamischen Speicherzelle (DRAM) wird durch die Differenz der Ladungen zwischen den logischen Pegeln ´High´ und ´Low´ bestimmt und beträgt ca. 500.000 Elektronen, d.h.

625.000 (High) − 500.000 = 125.000 (Low).

Wird z.B. das ´High´-Signal ausgelesen, so verbleiben auf dem Kondensator ca. 125.000 Elektronen. Einerseits sind hochempfindliche Verstärker-Bausteine notwendig, um den entsprechenden ´Low´-Pegel überhaupt zu messen, andererseits können Störmechanismen dazu führen, dass der Kondensator wieder aufgeladen wird. Die Wahrscheinlichkeit, dass eine dynamische Speicherzelle infolge radioaktiver Strahlung (Alpha-Partikel der künstlichen oder natürlichen radioaktiven Materie oder Gamma-Strahlung) einen fehlerhaften Inhalt besitzt, ist relativ groß auf Grund der Tatsache, dass z.B. Alpha-Partikel ca. 10 µm tief in das Silizium eindringen können.

Neben vielen anderen Materialien ist besonders das Element Blei relativ stark radioaktiv. Blei entsteht als Endprodukt des natürlich-radioaktiven Zerfalls von Uran (U235, 238) und Thorium (Th232). Dabei bleiben die Blei-Isotope unterschiedlich schwach radioaktiv mit sehr langen Halbwertszeiten. Das ist aus dem Grund problematisch, da Blei in der Kombination mit Zinn bei der Herstellung von Halbleiter-Chips eine dominierende Rolle als Lötmaterial spielt. Eine Lösung besteht in der Verwendung schwach radioaktiver Blei-Isotope, denn nicht alle Bleivorkommen auf der Erde sind in gleichem Maße radioaktiv. Durch Zufall fand man heraus, dass die Kirchendächer im Mittelalter in Italien mit einem besonders schwach radioaktiven Blei gedeckt worden sind. Daraufhin sollen viele italienische Kirchen dadurch saniert worden sein, dass Hersteller von Halbleiterspeichern (Texas Instruments) die Kirchendächer neu eindecken ließen und zusätzlich für das gewonnene Blei hohe Abfindungen bezahlt haben.

Die Wahrscheinlichkeit, dass z.B. ein Alpha-Partikel durch Eindringen in einen Silizium-Chip zwar dieses nicht zerstört aber den Transistor veranlasst, den Kondensator zu entladen, ist deutlich von Null verschieden. Bei hohen Zuverlässigkeitsanforderungen führten solche Störfälle zur Einführung eines sogenannten Check-Bits (Firma IBM). Das Prinzip dieser Prüftechnik ist in Abbildung 9.7 dargestellt. Bei jedem Schreibzugriff, bei dem 8 Bit von der CPU zum Hauptspeicher übertragen werden, fügt ein Paritätsgenerator ein weiteres Bit hinzu. Dieses Anhängen des Check-Bits erfolgt über Exclusiv-OR-Gatter und bewirkt eine zusätzliche Verzögerung des Schreibzugriffs. Im Hauptspeicher müssen dann anstatt 8 Bit 9 abgelegt werden. Beim Auslesen passieren diese 9 Bit einen Paritätschecker. Für den Fall, dass die Paritätsprüfung keinen Fehler ergibt, sind die Daten korrekt. Andernfalls kommt es zu einer Maschinenfehler-Unterbrechung, und das Programm wird angehalten.

9.2 Implementierungsarten einer Speicherzelle

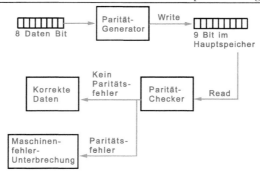

Abbildung 9.7   Das Prinzip des Paritätscheckers

Als die Firma IBM diese Architektur-Entscheidung zugunsten einer Paritätsprüfung fällte, war diese Problematik äußerst akut. Inzwischen hat sich die Situation dahingehend verbessert, dass durch eine Reihe schaltungstechnischer Maßnahmen und die Verwendung von schwach radioaktiven Blei-Isotopen die Fehleranfälligkeit der DRAM-Chips gegenüber Alpha-Teilchen verringert werden konnte. Während momentan nur noch in Rechnerarchitekturen der gehobenen Leistungsklasse und in PCs namhafter Hersteller solche Maßnahmen zur Verhinderung sogenannter soft-errors (Umkippen gespeicherter Bits) implementiert werden, gehen immer mehr Hersteller des Heimcomputer-Marktes dazu über, auf das 9. Bit im Hauptspeicher aus Kostengründen zu verzichten. Beim Schreiben wird dann das 9. Bit einfach unterdrückt, d.h. es werden nur 8 Bit im Hauptspeicher abgespeichert. Um beim Lesen im Paritätschecker keinen Fehler zu erhalten, wird das notwendige 9. Speicherchip durch einen billigen Schaltkreis ersetzt, der das Paritätsbit vor dem Paritätschecker generiert. Diese schaltungstechnischen Tricks erscheinen erst dann sinnvoll, wenn man bedenkt, dass der Heimcomputer-Sektor von den Anbietern hart umkämpft wird und sich jeder gesparte Euro seitens der Kunden in einem erhöhten Umsatz bzw. Gewinn des Herstellers niederschlägt. So kostete Mitte 1997 ein 16 MB SIMM mit regulärem 9. Bit ca. 180,- DM, mit dieser Pseudo-Paritätsprüfung dagegen nur etwa 130,- DM!

Die Frage nach der Zuverlässigkeit eines Rechners hängt maßgeblich von seinem Verwendungszweck ab. So werden diesbezüglich höhere Anforderungen an einen PC gestellt, wenn dieser z.B. als Server in einer entsprechend wichtigen Umgebung zum Einsatz kommen soll. In diesem Zusammenhang stellt sich die Frage, ob die Firma IBM in bezug auf die Zuverlässigkeit von Heimcomputern möglicherweise zu konservativ reagiert hat. Während in diesem Bereich soft- und hard-errors (Zerstörung von Speicherzellen) tolerierbar sind, müssen in Rechnerarchitekturen mit leistungsfähigen Serverfunktionen weitere Maßnahmen zur Senkung der Störanfälligkeit getroffen werden.

9.2.2.3 Zuverlässigkeit und Fehler-Codes

Ausreichende Verfügbarkeit und Zuverlässigkeit leistungsfähiger Rechner, die als zentrale Rechnerknoten in verteilten Systemen verwendet werden, erfordern Fehlererkennende und Fehler-korrigierende Codes. Insbesondere verfügen die Spitzenprodukte fast aller führenden Computer-Hersteller über Fehler-korrigierende Codes unabhängig davon, ob es sich um PCs, Workstations oder Großrechner handelt.

Für das Verständnis des fehlererkennenden Codes geht man von einem n Bit breitem Code-Wort aus (Abbildung 9.8). Dieses kann in zwei Untermengen unterteilt werden, d.h. m Bits ($n>m$) bilden die konkreten Daten (z.B. 4 Byte) und r Bits die sogenannten Redundanz-Bits für die Fehlererkennung. Insgesamt existieren 2^n Code-Worte, von denen 2^m legale (fehlerfreie) Code-Worte darstellen. Wenn ein 1 Bit-Fehler erkannt werden soll, d.h. es ist maximal in einem Wort infolge eines Alpha-Partikels 1 Bit fehlerhaft gespeichert, muss sich jedes legale Code-Wort von jedem anderen legalen Code-Wort in mindestens 2 Bit-Positionen unterscheiden. Prinzipiell darf bei einem 1 Bit-Fehler nicht durch das Kippen eines einzigen Bits in einem legalen Code-Wort ein anderes legales Code-Wort entstehen. Um einen 2 Bit-Fehler zu erkennen, müssen sich die legalen Code-Worte in mindestens 3 Bit-Positionen unterscheiden. Allgemein bei d Fehlern müssen die legalen Code-Worte in mindestens ($d+1$) Bit-Positionen verschieden sein. Die Art und Weise, wie entsprechende Codes entwickelt werden, die genau diese Eigenschaften haben, kann je nach Anforderungen sehr kompliziert sein und ist Gegenstand der Codierungstheorie. Der Wert ($d+1$) wird auch als Hamming-Abstand bezeichnet. Er stellt sicher, dass bei d Bit-Fehlern nicht ein legales Code-Wort in ein anderes transformiert werden kann.

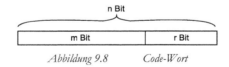

Abbildung 9.8   Code-Wort

Fehler-korrigierende Codes für maximal d Fehler erfordern einen Code mit einem Hamming-Abstand von ($2d+1$). Die legalen Code-Worte liegen dabei so weit voneinander entfernt, dass bei d Änderungen in dem illegalen Code-Wort das ursprünglich legale gefunden wird. Als Beispiel für den Fehler-korrigierenden Code wird ein solcher mit 4 legalen Code-Worten gegeben:

        0000000000   (1)
        0000011111   (2)
        1111100000   (3)
        1111111111   (4)

Jedes der vier legalen Code-Worte unterscheidet sich von den anderen drei in 5 Bit-Positionen. Der Hamming-Abstand beträgt in diesem Fall 5. Es wird angenommen, dass ein Code-Wort 0000000111 empfangen wird, in dem maximal an 2 Bit-

9.2 Implementierungsarten einer Speicherzelle

Positionen durch äußere Einflüsse die Belegung geändert wurde, d.h. es handelt sich um ein illegales Code-Wort mit $d=2$. Die Voraussetzung für den Fehler-korrigierenden Code ist mit $(2d+1)=5$ erfüllt. Der Hamming-Abstand des illegalen Code-Wortes zum legalen Code-Wort (2) beträgt 2 und hat den größeren Abstand 3 zum legalen Code-Wort (1). Daraus folgt, dass das Code-Wort (2) das korrekte sein muss. Für die Herstellung des Ausgangswortes werden in dem vorliegenden Fall 2 Invertier-Schaltkreise benötigt.

Im Folgenden wird ein Verfahren des Fehler-korrigierenden Hamming-Codes für Einzelbit-Fehler vorgestellt. Das 15 Bit Code-Wort besteht aus 11 Informations-Bits (A-K) und 4 Prüf-Bits (L-O).

Bit Position	A	B	C	D	E	F	G	H	I	J	K	L	M	N	O
	X	X	X	X		X	X	X				X			
	X	X	X		X	X			X	X			X		
	X	X		X	X		X		X		X			X	
	X		X	X	X			X		X	X				X

Die Parität ist in jedem Fall gerade, d.h. es gilt:

$A+B+C+D+F+G+H+L$ = gerade
$A+B+C+E+F+I+J+M$ = gerade
$A+B+D+E+G+I+K+N$ = gerade
$A+C+D+E+H+J+K+O$ = gerade

Jedes der 4 Prüf-Bits überprüft eine andere Kombination von Daten-Bits. Das Prüf-Bit L überwacht die Daten-Bits A, B, C, D, F, G und H, dagegen E, I, J und K nicht. Das Prüf-Bit M übernimmt die gleiche Funktion wie auch N und O für jeweils andere Bitmuster. Unter der Annahme, dass die Bitposition A durch einen Fehler gekippt wurde, würden alle vier Prüf-Bits ein falsches Ergebnis anzeigen, denn alle vier Prüf-Bits L, M, N, O überprüfen das Daten-Bit A. Wenn in der Daten-Bit-Position B durch äußeren Einfluss der Inhalt verändert wird, dann zeigen die Prüf-Bits L, M, N eine falsche Parität, während das Prüf-Bit O eine richtige Parität liefert. Bei den Bit-Positionen C, D und E führt der Einfall eines Partikels zum gleichen Ergebnis: 3 Prüf-Bits zeigen die falsche Parität und ein Prüf-Bit die richtige. In den Bit-Positionen F, G, H, I, J und K ergeben 2 Prüf-Bits einen Fehler, während die restlichen 2 Prüf-Bits eine richtige Parität anzeigen. Eine weitere Fehlermöglichkeit besteht darin, dass nicht ein Daten-Bit sondern eines der Prüf-Bits fehlerhaft ist. In diesem Fall ist nur eine Bit-Position, d.h. eine der vier L, M, N, O falsch. Bei einem Fehler kann es sich nur um

9 Hauptspeicher

das betreffende Prüf-Bit selbst handeln. Insgesamt können folgende Fehlermöglichkeiten eintreten: 1*4, 4*3, 6*2 in den Daten-Bits und 4*1 in den Prüf-Bits. Die Summe der Fehlerkombinationen beträgt 1+4+6+4 = 15.

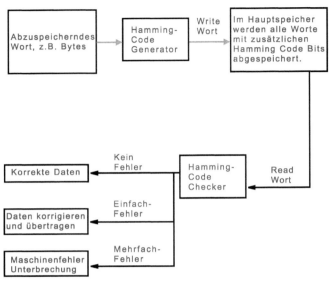

Abbildung 9.9   Hamming Code Fehlerkorrektur

Dieses beschriebene Verfahren des Hamming-Codes ist in der Lage, einen Fehler zu erkennen und zu korrigieren. Der schematische Ablauf der Hamming Code Fehlerkorrektur ist in der Abbildung 9.9 dargestellt. Der Hamming-Code Generator implementiert für jedes verwendete Prüf-Bit einen Baum von XOR-Schaltkreisen. Die Daten-Bits werden mit den Prüf-Bits verknüpft und zusammen im Hauptspeicher abgelegt. Nach dem Lesen passieren die Worte den Hamming-Code Checker, der entscheidet, ob die Daten weitergeleitet (kein Fehler) oder korrigiert (Einfachfehler) werden bzw. die Programmausführung angehalten wird (Mehrfachfehler).

Bei der obigen Aufteilung des Code-Wortes in 11 Daten-Bits und 4 Prüf-Bits ergibt sich sofort die Frage nach der Existenz von Rechnerarchitekturen mit einer Datenbandbreite von 11 Bit. Grundsätzlich werden von den 11 Daten-Bits nur 8 benutzt. Die Maximalzahl der Daten-Bits und der real benutzten sowie die Anzahl der jeweils notwendigen Prüf-Bits ist in der Abbildung 9.10 angegeben. Aus dieser geht hervor, dass die Summe aus Daten-und Prüf-Bits immer um genau 1 niedriger ist als die entsprechende Zweierpotenz. In realistischen Rechnerarchitekturen liegt die Datenbandbreite bei 16 Bits (Intel 80286), 32 Bits (Intel 80386, 80486) und in leistungsstärkeren bei 64 und 128 Bits [Tri 98]. Der typische 32 Bit Speicher, der 32 Bits gleichzeitig im Hauptspeicher ablegt, gliedert sich in 32 Daten-Bits und 6 Prüf-Bits, wobei maximal 57 Daten-Bits nach Abbildung 9.10 möglich sind, aber nur 32 benutzt werden. In Rechnerarchitekturen der gehobenen Workstation-Leistungsklasse (Compaq Proliant

4000, 4500, HP 9000, RS/6000, DEC Alpha) werden durch zwei zusätzliche Bits einerseits Doppelfehler sicher erkannt (Bit 38), und andererseits kann beim Ausfall eines Hauptspeicher-Chips von dem defekten auf einen anderen funktionstüchtigen Chip umgeschaltet werden (Bit 39).

Daten-Bits		Prüf-Bits	Summe
maximal	real		
11	8	4	15
26	16	5	31
57	32	6	63
120	64	7	127

Abbildung 9.10   Vergleich der einzelnen Prüfsummen

Rechnerarchitekturen mit einer Busbandbreite von 64 Bit können bezüglich der Fehlererkennung und -korrektur zwei verschiedene Möglichkeiten nutzen. Die erste besteht darin, für jeweils 8 Bit ein Prüf-Bit vorzusehen. Das bedeutet, dass insgesamt 8 Prüf-Bits notwendig sind, damit eine Einzelfehlererkennung ermöglicht wird. Die zweite Möglichkeit benutzt einen Hamming-Code mit 7 Prüf-Bits und einem weiteren Bit für zusätzliche Fehlererkennung. Der Vorteil der zweiten Variante liegt in der möglichen Einzelfehlerkorrektur und der Doppelfehlererkennung. Nachteile ergeben sich dagegen aus der zusätzlichen Hamming-Code-Logik und einer vergrößerten Hauptspeicherzugriffszeit. Aus der Abbildung 9.9 geht hervor, dass der Hamming-Code Generator sowie der Hamming-Code Checker und diverse Treiberschaltkreise zwischen CPU und Hauptspeicher für diese erhöhten Verzögerungen verantwortlich sind. Die Funktion der Treiberschaltkreise besteht in der Kompensation der unvermeidbaren Schaltkreis- und Leitungsverzögerungen. Je leistungsfähiger und komplexer die Treiber ausgelegt sind, umso größer sind die durch sie verursachten Signalverzögerungen. Die notwendigen Signalwege, die zwischen den Hauptspeicher-Chips zurückgelegt werden müssen, zeigt die Abbildung 9.11.

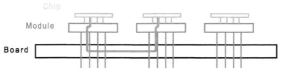

Abbildung 9.11   Signalwege zwischen den Hauptspeicher-Chips

Durch Summation aller Verzögerungen einschließlich der individuellen Zugriffszeit der Speicher-Chips (ca. 50 ns) ergibt sich eine Hauptspeicherzugriffszeit von etwa 100 - 250 ns (Abbildung 9.12). Der Zusammenhang läßt sich in einer Faustregel ausdrücken: Je höher die Leistungsfähigkeit und Zuverlässigkeit einer Rechnerarchitektur, umso höher ist die Zugriffszeit zum Hauptspeicher.

9 Hauptspeicher

Die Ansteuerung des Hauptspeichers beginnt zunehmend komplizierter zu werden. Aus diesem Grund ist es in modernen Rechnern gebräuchlich, die Hauptspeicher-Steuerung in einem separaten Chip, dem Hauptspeicher-Controller, zu integrieren. Letzterer ist entweder auf dem Motherboard (PC) oder bei größeren Rechenanlagen auf der Hauptspeicherkarte als Modul untergebracht (Abbildung 9.13).

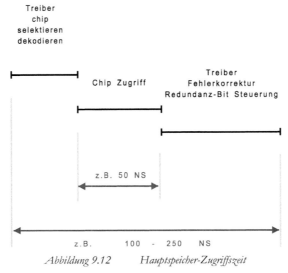

Abbildung 9.12   Hauptspeicher-Zugriffszeit

Die größeren Zugriffszeiten werden in der Regel durch besonders große Cache-Speicher kompensiert. Letztere treiben die Kosten eines Rechners weiter in die Höhe, so dass sich die erhöhte Zuverlässigkeit neben der Leistung einer heutigen Rechnerarchitektur deutlich im Preis niederschlägt. Die Zuverlässigkeit eines Rechners kann bereits durch die zunehmende Speicherdichte pro Hauptspeicher-Chip ungünstig beeinflusst werden. Dieser Umstand ergibt sich aus der höheren Wahrscheinlichkeit, dass mehrere Speicherzellen durch den Einfall eines Alpha-Partikels verändert werden.

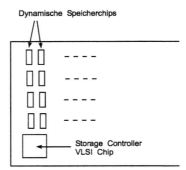

Abbildung 9.13   Abbildung einer Hauptspeicherkarte

Um diese Mehrfachfehler nach Möglichkeit zu verhindern, sind Maßnahmen ergriffen worden, die in einer Reorganisation des Hauptspeichers bestehen. Das Prinzip dieses Verfahrens soll am Beispiel eines Speicher-Chips mit 3 Adressenleitungen[1] erläutert werden. Es handelt sich also um einen $2^3 = 8$ Bit Datenspeicher.

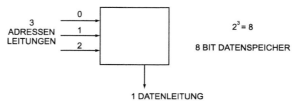

Abbildung 9.14 *Darstellung eines 8 Bit Datenspeichers*

Die traditionelle Organisation des 8 Bit Datenspeichers arbeitet mit 3 Adressenleitungen und einer Datenleitung, auf der insgesamt 8 Bit gleichzeitig ausgelesen werden können (Abbildung 9.14). Im Interesse einer höheren Zuverlässigkeit werden die 8 Bit nicht in einem Speicher-Chip untergebracht, sondern es wird jedes einzelne Bit eines Bytes auf 8 verschiedenen Speicher-Chips verteilt (Abbildung 9.15). Um das zugehörige Byte insgesamt auszulesen, muss jeder der 8 Chips adressiert werden. Beim Einfall eines Partikels treten innerhalb eines Bytes keine Mehrfachfehler auf, und es kann immer nur 1 Bit eines Bytes ausgelesen werden. Dieses Verfahren kann auf 32 und 64 Bit erweitert werden, indem z.B. ein 4 Byte-Wort auf 32 verschiedene Speicher-Chips verteilt wird. Der Nachteil dieser Methode besteht darin, dass mehrere Worte durch den Einschlag eines radioaktiven Teilchens verfälscht werden können.

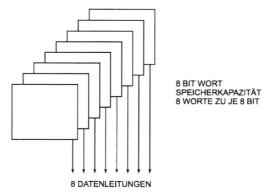

Abbildung 9.15 *Zusammensetzung eines 8 Bit Wortes aus 8 Datenspeicherchips*

---

[1] In der Regel ist die Anzahl der Adressenleitungen eines Speicher-Chips durch 2 teilbar. Aus diesem Grund gibt es einen 1 MBit-Chip mit 20 Adressenleitungen und keinen 2 MBit-Chip, der über 21 Adressenleitungen verfügen müßte.

9 Hauptspeicher

Eine zusätzliche Methode, die in vielen modernen Rechnerarchitekturen eingesetzt wird, um die Zuverlässigkeit der Hauptspeicher-Chips zu erhöhen, ist das sogenannte ´Scrubbing´. Dieses Verfahren hat, wie der Name aussagt, das ´Sauberhalten´ der Speicher-Chips zum Ziel. In der Zeit, in der die CPU mit einer Reihe anderer Aktionen beschäftigt ist (z.B. Register-Register-Operationen) und deshalb auf Hauptspeicherzugriffe verzichtet, werden von der Scrubbing-Logik in einem bestimmten Zyklus im Sekundenbereich alle Hauptspeicher-Worte, beginnend mit der Adresse 0...0 bis F...F, zyklisch ausgelesen, durch die Fehlerkorrekturschaltung geschickt und wieder in den Hauptspeicher an die betreffende Adresse zurückgeschrieben.

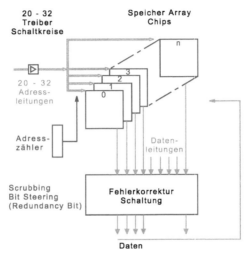

Abbildung 9.16   Aufbau eines Hauptspeichers mit Fehlerkorrektur

Theoretisch könnte dieser Mechanismus auch während des Refresh, der bei den DRAM-Chips im Millisekunden-Zyklus durchgeführt wird, ablaufen. Praktisch werden aber nur die Zeiten dafür ausgewählt, in denen die CPU keine Hauptspeicherzugriffe durchführt. Der typische Hauptspeicheraufbau ist in der Abbildung 9.16 dargestellt.

9.3 Adressierung des Hauptspeichers

Im Abschnitt 3.3.5 wurde der Entwurf des Hauptspeichers des Einfachst-Rechners vorgestellt. Trotz seiner sehr begrenzten Kapazität von 4.096 Byte sind in diesem Entwurf die Prinzipien realer Rechnersysteme ersichtlich. Das Verfahren der zweidimensionalen Hauptspeicheradressierung, d.h. die Anordnung der Speichermodule in Form einer Matrix sowie die Aufteilung der Adressleitungen zur Adressierung der Zeilen- und Spalten mittels Zeilen- und Spaltendecoder (vlg. Abbildung 3.13), findet in allen modernen Rechnerarchitekturen Anwendung.

9.3 Adressierung des Hauptspeichers

Bei der Hauptspeicher-Adressierung des Einfachst-Rechners reichten 12 Adressleitungen aus. Allgemein sind zur Adressierung von 2^n Bit genau n Adressleitungen notwendig. D.h. für 64 MBit-Chips sind schon 26 Adressenleitungen notwendig. Die Anzahl der Pins eines Speichermodules wird daher sehr groß, wobei die Kosten für die Gehäuse der Speicherchips mit der Anzahl der Pins steigen. Die Verwendung der zweidimensionalen Hauptspeicheradressierung erweist sich aus diesem Grunde sehr vorteilhaft. Durch die Verwendung von Zeilen- und Spaltenadressen kann die Anzahl der Pins fast halbiert werden, indem über die gleichen Adressleitungen die Zeilen- und die Spaltenadresse nacheinander übertragen werden. Diese Serialisierung wird dadurch erreicht, dass zwei zusätzliche Steuersignale eingesetzt werden. Mit dem ´Row Address Strobe´ (RAS)-Signal wird signalisiert, dass die Zeilenadresse anliegt, das ´Column Address Strobe´ (CAS)-Signal zeigt das Vorliegen der entsprechenden Spaltenadresse an. Da beide aus historischen Gründen nicht High-aktiv sonder Low-aktiv eingesetzt werden, bedeuten $\overline{RAS}$ und $\overline{CAS}$, dass beide dann aktiv sind, wenn also gilt: $\overline{RAS} = \overline{CAS} = 0$. In der Abbildung 9.17 werden die unteren $\frac{N}{2}$ Adressen-Bits mit dem Signal $\overline{CAS}$ und die oberen $\frac{N}{2}$ Adressen-Bits mit dem Signal $\overline{RAS}$ über AND-Gatter und anschließend über ein OR-Gatter verknüpft. Das wären für ein 16 MBit Chip jeweils 12 Adressenleitungen (12+12=24). Praktisch wird dieser Mechanismus durch einen 2*12:12 Multiplexer realisiert, der entweder die untere ($\overline{CAS}=0$) oder die obere Adressenhälfte ($\overline{RAS}=0$) für CAS=$\overline{RAS}$ auf den Eingang des Column- bzw. des Row-Adressen Registers schaltet. Im Normalfall erwartet der DRAM Chip zuerst die Zeilenadresse ($\overline{RAS}$-Signal) und anschließend die Spaltenadresse ($\overline{CAS}$-Signal). Das Multiplexen der Zeilen- und Spaltenadressen kann zusätzlich Zeit kosten und damit die Speicherzugriffszeit vergrößern. In modernen DRAM-Chips ist das Adressenmultiplexing aber kein Grund für eine höhere Speicherzugriffszeit.

In der Abbildung 9.18 ist das Blockschaltbild des 4 M*4 Bit-Chips der Firma Toshiba dargestellt. Mit Hilfe von 11 Zeilen-Adressenleitungen wird die betreffende Zeile der Speichermatrix (2048*2048*4 Bit) in das ´sense amplifier I/O gate´ eingelesen, um anschließend über die 11 Spalten-Adressenleitungen das adressierte 4 Bit Wort auszuwählen. Bevor es ausgelesen wird, erfolgt die Übernahme in den ´data-output buffer´. Die Zeilen- und Spaltenadressen werden vor den entsprechenden Decodern in den jeweiligen Registern (row-/column adress buffer) zwischengespeichert.

Bei einem Speicherzugriff auf ein 16 MBit-Chip im ´normal mode´ werden zuerst mit der High-Low Flanke des $\overline{RAS}$-Signals die Belegungen der 12 werthöheren Adressleitungen in das ´row adress register´ geladen. Nach einem kurzen Zeitintervall wird das $\overline{CAS}$-Signal aktiv und die wertniedere Hälfte in das ´column adress-register´ eingeschrieben. Danach erfolgt der Zugriff auf das Hauptspeicher-Array (t_{RA}), und die Daten liegen auf der Leitung Dout während eines bestimmten Zeitintervalls stabil an.

9 Hauptspeicher

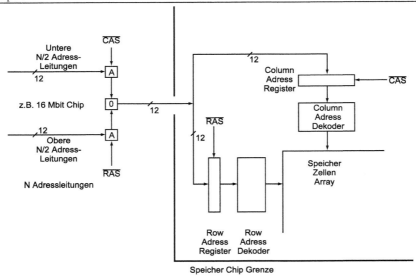

Abbildung 9.17 Aufteilung der Adressenleitungen mittels RAS- und CAS-Steuersignalen

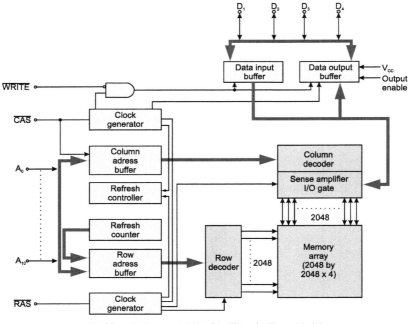

*Abbildung 9.18   4 M*4 Bit-Chips der Firma Toshiba*

Nach Ablauf dieser Zeit werden die Signale $\overline{RAS}$ und $\overline{CAS}$ wieder inaktiv (Low-High Flanke). Mit der nächsten High-Low Flanke des $\overline{RAS}$-Signals wird der nächste

9.3 Adressierung des Hauptspeichers

Speicherzugriff eingeleitet usw. Dieses Signal-Muster (Abbildung 9.19) bildet aber nicht die Basis für den Zugriff auf moderne RAM-Chips. Das Laden der Zeilen- und Spaltenadressen zeitlich versetzt in die betreffenden Register und der anschließende Speicherzugriff würden die Zugriffszeit in einem heute nicht mehr vertretbarem Maße vergrößern. Die momentan auf dem Markt angebotenen Speicherchips arbeiten ausnahmslos mit anderen Zugriffsmethoden. RAMs im Page-Mode (auch als Fast Page Mode bezeichnet) laden auch zunächst das ´row adress-´ und anschließend das ´column adress register´. Danach erfolgt der erste Hauptspeicherzugriff. Wenn man von der Annahme ausgeht, dass nach einem Zugriff auf eine Adresse n mit großer Wahrscheinlichkeit ein Zugriff auf die Adresse $n+1$ (Lokalitäts-Prinzip, siehe Abschnitt 6.6) erfolgt, dann kann der row Adressen-Anteil unverändert in dem betreffenden Register gespeichert bleiben, und nur die wertniedere column Adressen-Hälfte wird zeitlich seriell variiert. Das gilt besonders bei einem Datentransfer zwischen Hauptspeicher und Cache (siehe Abschnitt 9.7.3).

In der Abbildung 9.20 werden bei konstantem ´row adress register´-Inhalt ($\overline{RAS}$ bleibend Low-aktiv) 3 Hauptspeicher-Zugriffe 1, 2, 3 durchgeführt. Die Zugriffszeiten der 3 Zugriffe werden wesentlich verkürzt, indem anstatt von 3 Ladevorgänge des ´row adress register´ nur ein einziger notwendig ist.

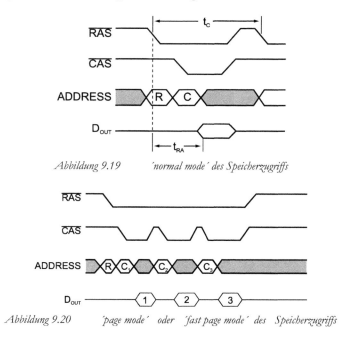

Abbildung 9.19   ´normal mode´ des Speicherzugriffs

Abbildung 9.20   ´page mode´ oder ´fast page mode´ des Speicherzugriffs

Eine Methode, die Zugriffszeit zum Hauptspeicher zu verkürzen, besteht darin, sowohl den row als auch den column Adressenteil während mehrerer Zugriffe nur einmal in das betreffende Register zu schreiben (Abbildung 9.21). Ein speziell auf dem

9 Hauptspeicher

RAM-Chip implementierter Zähler wird entsprechend der Anzahl der vorgesehenen Speicherzugriffe incrementiert und manipuliert auf diese Art, z.B. die beiden wertniedrigsten Bits der Adresse (Static-Column Mode). Auf den Zähler kann zugunsten mehrerer $\overline{\text{CAS}}$-Zyklen verzichtet werden (Nibble Mode). Diese Methode stellt einen Vorgänger des Page Modes dar und ist heute durch Chips mit einer von 1 verschiedenen Tiefe praktisch ersetzt worden.

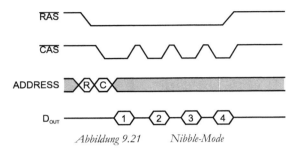

Abbildung 9.21   Nibble-Mode

9.4 Preisgestaltung von Hauptspeicher-Chips

Die Kosten von Hauptspeicher-Chips richten sich auffallend nach einer Reihe von Parametern, die neben Speicherdichte, Zugriffszeit und Zielrechner-Einsatz von Angebot und Nachfrage abhängen. Repräsentativ für alle Produzenten von Hauptspeicher-Chips sind Veröffentlichungen der Firma DEC aus dem Jahre 1991. Danach kostete der MBit-Chip für den leistungsfähigen Großrechner VAX 6000 über das Dreifache des entsprechenden Chips für eine Workstation DECsystem 5100. Die Kosten für den MBit-Chip der VAX 6000 reduzierten sich nur um 19% im Vergleich zum 32 MBit-Chip für das obige Workstation-Modell, bei dem sich der Preis um 50% verringerte. Die Gründe für solche allgemeine Tendenzen sind vielschichtig. Einerseits ist der Konkurrenzkampf auf dem Workstation-Markt unverhältnismäßig größer als bei Großrechnern, so dass diese Zahlen darauf zurückgeführt werden können. Der andere und weitaus wichtigere Grund ist die Tatsache, dass für die Herstellung von Hauptspeicher-Chips, die in leistungsstarken Rechnerarchitekturen eingesetzt werden, mehr Geld investiert wird. Das wird verständlich, wenn man den zusätzlichen Aufwand für Check-Bits, Fehlerkorrektur-Bits mit Einfach- und Doppelfehler-Erkennung usw. berücksichtigt. Ein weiteres Phänomen im Zusammenhang mit der Preisgestaltung ist die relative Preiskonstanz für Hauptspeicher-Chips seit Mitte der 90er Jahre. Ein internationales Kartell von Herstellern hat unter dem Vorwand des Mangels an Plastikteilen für die Halbleiterchip-Produktion, der kurzzeitig bestand, eine künstliche Verknappung von Speicher-Chips durch Drosseln der Fertigung erreicht. Damit konnte der über Jahre zu beobachtende Preisverfall auf dem Weltmarkt bis Anfang des Jahres 1996 gestoppt werden. Danach ist die Preisentwicklung bei Hauptspeicher-Chips bis Anfang 2009 fallend und seitdem wieder leicht steigend. Wie sich diese in den nächsten Jahren fortsetzt, bleibt abzuwarten.

9.4 Preisgestaltung von Hauptspeicher-Chips

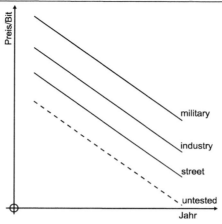

Abbildung 9.22   Vergleich der Preiskategorien der Chip-Preise

Halbleiterspeicher-Chips werden prinzipiell in drei unterschiedlichen Preis-Kategorien angeboten: Street, Industry und Military. In dieser Hierarchie nehmen die Preise von Street über Industry bis Military exponentiell zu (Abbildung 9.22). Der Unterschied zwischen den Chips der verschiedenen Kategorien besteht einzig und allein im Testaufwand, der sich bis zu 100% im Preis niederschlagen kann. Alle Halbleiterspeicher-Chips stammen aus ein und derselben Produktionslinie, wobei die Street-Chips nur darauf getestet werden, ob sie global ihre Funktion erfüllen. Die Industry-Chips werden wesentlich aufwendigeren Testverfahren ausgesetzt, wobei bestimmte Industrie-Qualitätsstandards erfüllt werden müssen. Noch härtere Bedingungen gelten für Chips der Military-Kategorie. Besondere Zuverlässigkeit und Ausfallsicherheit unter extremen Bedingungen (Temperatur, mechanische und chemische Einflüsse) spielen eine entscheidende Rolle.

Die Firma Texas Instruments verkaufte z.B. in der Vergangenheit gänzlich ungetestete 74 LSxx Logik-Chips an Elektronik-Bastler (gestrichelte Kurve). Mit einer Wahrscheinlichkeit von ca. 80% konnte der Käufer davon ausgehen, dass die Chips funktionsfähig waren. Falls sich wider Erwarten herausstellte, dass ein solcher Chip fehlerhaft war, wurde er von der Firma problemlos umgetauscht. In diesem Fall wurde vom Hersteller aus Kostengründen nicht einmal der einfachste Funktionstest vorgenommen.

Daraus ergibt sich die Schlussfolgerung, dass sich Preisunterschiede in den Hauptspeicher-Chips oft mit relevanten Qualitätsmerkmalen rechtfertigen lassen und billige Chips nicht notwendigerweise ebenso leistungsfähig sind.

Neben den 3 bzw. 4 Kategorien von Speicher-Chips werden noch sogenannte ´partially good chips´ unterschieden und auch als solche gehandelt. Es wurde bereits darauf hingewiesen (vgl. Abschnitt 9.2.2), dass zur Senkung der Fehlerrate infolge radioaktiver Partikel auf einem Silizium-Chip jeweils nur ein Bit eines Wortes abgespeichert wird. Für ein 32 Bit-Wort werden damit 32 Chips benötigt. Da die moderne Speichertechnologie in zunehmendem Maße zu Chip-Strukturen übergeht, die anstatt eines einzigen Bits 2, 4, 8 usw. abspeichern, sind bei 4 Bit für einen Hauptspeicher mit einer Busbandbreite von 32 Bit (Intel 80486) nicht 32, sondern nur 8 Chips notwendig. Beim Übergang von einer Speichertechnologie zur anderen ist die Produktionsausbeute am Anfang sehr gering. Im Normalfall ist ein Speicher-Chip unbrauchbar, wenn nur 1 Bit von z.B. 64 Millionen Bits nicht gelesen oder geschrieben werden kann. Aus diesem Grund wird das Speicher-Chip in 4 Teile (Quadranten) aufgeteilt und separat getestet. Je nachdem, ob ein Bit in einem, zwei, drei oder allen Quadranten defekt ist, handelt es sich um einen $\frac{3}{4}$, $\frac{1}{2}$, $\frac{1}{4}$ guten oder insgesamt unbrauchbaren Chip. Solche 'teilweise guten Chips' werden regulär von den Herstellerfirmen vermarktet, und der Preis richtet sich nach dem Grad der Funktionalität.

9.5 Erweiterungsspeicher (expanded storage)

Unsere heutigen Rechnerarchitekturen sind u. a. auf der Basis der Speichertechnologien entwickelt worden, die einerseits entweder Silizium 1-Device-Zellen (DRAM-Zellen) oder 4-, 6- bzw. 8-Transistor-Zellen (SRAM-Zellen) und andererseits magnetische oder optische Plattenspeicher implementieren. Diese verwendeten Speichermedien haben sehr unterschiedliche Zugriffszeiten. Das Verhältnis der Zugriffszeiten der z.B. als Hauptspeicherzellen eingesetzten DRAM´s (20-30 ns) und der als externer Seitenspeicher benutzten Plattenspeicher (3-12 ms) liegt bei etwa 1:10.000. Es hat in der Vergangenheit nicht an Bemühungen gefehlt, die Breite dieser so genannten 'storage gap' zu verringern. Um den Zugriff zum Plattenspeicher zu beschleunigen, ordnet man pro Spur je einen separaten Schreib- und Lesekopf zu. Mit Hilfe derartiger Festkopfspeicher kann der Zugriff um den Faktor 10 schneller erfolgen. Eine andere Möglichkeit, die 'storage gap' zu verkleinern, besteht darin, auf der Grundlage der Hauptspeichertechnologie kostengünstigere, aber langsamere Silizium-Speicher zu bauen. Letztere werden als Erweiterungsspeicher (expanded storage) bezeichnet. Weitere Technologien in diesem Zusammenhang bildeten die Blasenspeicher und die sogenannte Williamstube. Die Blasenspeichertechnologie nutzte die Migration der Weiss'schen Bezirke in einem magnetischen Material, während die Williamstube einer Brownschen Röhre entspricht, in der mittels eines Elektronenstrahls Informationen an der Schirmoberfläche geschrieben und gelesen werden können. Obwohl in beide Technologien große Hoffnungen gesetzt wurden, haben sie sich nicht durchsetzen können. Allerdings befinden sich seit einiger Zeit die so genannten **S**olid **S**tate **D**rives auf dem Vormarsch. Diese auf unterschiedlichen Speicherchip-Technologien basierenden Speicher erreichen bereits seit einiger Zeit die Größe von Festplatten, sind aber noch relativ teuer. Ein weiteres Problem ist der Ausfall viel gelesener und beschriebener Speicherzellen, wodurch komplexe Controller-Mechanismen nötig werden, um die Auswirkung dieses Effekts zu verlangsamen bzw. zu minimieren. Der wesentliche Vorteil dieser Speicherlaufwerke gegenüber der herkömmlichen Festplatte besteht in den deutlich schnelleren Zugriffszeiten von mittlerweile 0,05 bis 0,75ms.

9.5 Erweiterungsspeicher (expanded storage)

SSDs nähern sich damit mehr und mehr den Hauptspeichergeschwindigkeiten an, während Festplattenlaufwerke trotz stetiger Versuche der Verbesserung im gleichbleibend großen Geschwindigkeitsabstand bleiben. In der Abbildung 9.23 ist die Abhängigkeit der Kosten/Bit von der Zugriffszeit dargestellt.

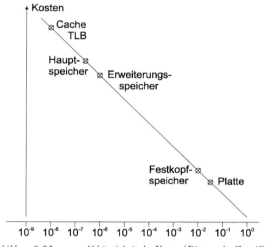

Abbildung 9.23   Abhängigkeit der Kosten/Bit von der Zugriffszeit

Die Implementierung des Erweiterungsspeichers stand im Zusammenhang mit zwei verschiedenen Halbleitertechnologien, die von der Firma IBM im Jahre 1985 entwickelt wurden und in den folgenden 2 Jahren die Markteinführung des 1 MBit-Chips ermöglichten. Ohne auf technologische Einzelheiten einzugehen, liefert die eine Speichertechnologie einen sogenannten Metal-Gate-Transistor Chip, bei dem das Gate der Feld-Effekt-Transistoren aus Aluminium besteht. Bei der anderen moderneren Technologie handelt es sich um die Silicon-Gate-Technologie, die ein Gate aus polymorphem Silizium verwendet. Beide Chip-Arten wurden parallel produziert. Der wesentliche Unterschied in den Technologien lag in den Zugriffszeiten, im Flächenbedarf und in der Produktionsausbeute. Während die Silicon-Gate-Transistor-Chips zwar eine günstigere Zugriffszeit (80 ns) sowie einen kleineren Flächenbedarf als die Chips in der Metal-Gate-Technologie (150 ns) liefern, ist ihre Ausbeute im HerstellungsProzess wesentlich schlechter (2-4%) als die der Metal-Gate-Technologie (30-50%). Der zusätzliche Umstand einer bedeutend billigeren Technologie führte dazu, dass der Cache der modernen Rechnerarchitekturen in der Silicon-Gate-Technologie ausgeführt und der Erweiterungsspeicher mit Metal-Gate-Chips realisiert wurde. Der IBM /390 Großrechner war der erste, der mit dieser Speichertechnik ausgerüstet war. Der signifikante Unterschied dieser beiden Speicher besteht in der Granularität der Adressierungseinheit. Letztere ist im Fall des Hauptspeichers das Byte, während der Erweiterungsspeicher in Einheiten einer Seite (z.B. IBM /390 4KByte) adressiert wird (seitenadressierbarer Speicher). Auf den Erweiterungsspeicher ist kein direkter Zugriff durch einen Maschinenbefehl möglich. Nur mit Hilfe eines modifizierten Read/Write-Befehls kann eine Seite aus dem Erweiterungsspeicher in den Hauptspeicher bewegt werden. Dieser Mechanismus entspricht dem der virtuellen Speicherverwaltung im Falle einer Fehlseitenunterbrechung. Da die Zeit eines Zugriffs auf den Erweiterungsspeicher (ca. 10 µs) weit unter der Zugriffszeit zum externen Seitenspeicher (ca. 10 ms) liegt, kam man auf die Idee, den Erweiterungsspeicher anstelle des externen Seitenspeichers zu implementieren (Abbildung 9.24). Weiterhin ergeben sich Vorteile durch eine kostengünstigere Fehlerbehandlung im Erweiterungsspeicher, d.h. es wird bei einem fehlerhaften Bit die gesamte Seite als ungültig markiert. Hinzu kommt ein nicht notwendig zusammenhängender (contiguous) Adressraum des Erweiterungsspeichers.

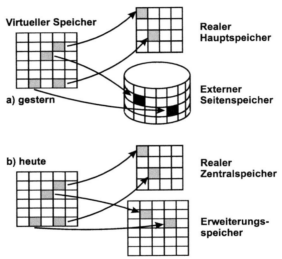

Abbildung 9.24   Vergleich zwischen Zugriff auf externen Speicher und Erweiterungsspeicher

Auf Grund der Tatsache, dass der Erweiterungsspeicher eine günstigere Zugriffszeit besitzt als der externe Seitenspeicher (Plattenspeicher), existieren zwei Möglichkeiten für eine signifikante Leistungssteigerung einer Rechnerarchitektur: Aufrüsten des Hauptspeichers oder des Erweiterungsspeichers. Im Normalfall sollte man annehmen, dass generell die erste Methode die günstigere, aber kostenintensivere darstellt. Anhand anwendungsabhängiger Messungen an einer IBM /390-Architektur, die sowohl bei Erweiterungen des Hauptspeichers und konstantem Erweiterungsspeicher als auch umgekehrt vorgenommen wurden, stellte sich erstaunlicherweise heraus, dass die Verarbeitungsgeschwindigkeit der untersuchten Anwendungen bei einer Vergrößerung des Erweiterungsspeichers um 128 MByte weit über der Geschwindigkeit bei einer Aufrüstung des Hauptspeichers um dieselbe Größe lag.

Die Erklärung dieses Phänomens liegt in der Strukturierung der heutigen Betriebssysteme, die von einer starken Abhängigkeit von einem externen Seitenspeicher bzw.

Plattenspeicher ausgehen. Selbst nach der Einstellung der 1 MBit-Chip-Produktion wurde an der Strategie der Erweiterungsspeicher-Aufrüstung festgehalten, wobei natürlich die Zugriffszeiten der Hauptspeicher-Chips inzwischen bei 50-70 ns und die für Erweiterungsspeicher-Chips bei ca. 90 ns liegen. Die Arbeit mittels Erweiterungsspeicher erlaubt einen wesentlich vereinfachten Speicheraufbau, der auf Mechanismen wie Hamming-Code verzichtet und dafür Alternativen verwendet, die viel einfacher zu implementieren sind. Aus diesem Grund hat der Erweiterungsspeicher bei leistungsfähigeren Speicher-Chips und dementsprechend höheren Kosten in verschiedenen Rechnerarchitekturen bis heute seine Existenzberechtigung erhalten. Der Vollständigkeit halber sei erwähnt, dass heute noch Rechenanlagen mit Software der Mikrocode-Einrichtungen arbeiten, die eine Deklarierung eines Teils des Hauptspeichers als Erweiterungsspeicher zulassen und dadurch je nach Anwendung und Betriebssystem einen Leistungsgewinn erzielen.

Als Ergebnis der erwähnten Speicherimplementierungen hat sich ein Trend von der traditionellen zu einer komplexeren Speicherhierarchie herausgebildet. Erstere geht von einer Zentraleinheit mit einer Reihe von Registern, dem Hauptspeicher und Plattenspeicher aus (Abbildung 9.25). In modernen Rechnerarchitekturen ist die sogenannte Speicherlücke kleiner geworden, indem sowohl zwischen der CPU mit seinen schnell adressierbaren Registern und dem Hauptspeicher die L1- und L2-Caches als auch zwischen Hauptspeicher und Plattenspeicher Erweiterungsspeicher und Plattencache geschaltet werden (Abbildung 9.26).

Normiert man die Zugriffszeit der L1- und L2-Caches auf 1, so steigen die Zugriffszeiten der übrigen Speicher bis zu einem Faktor von $5*10^5$ an. Der Plattenspeicher ist bei Großrechenanlagen in Form von Wechselplattenspeichern implementiert. Zukünftige Personal Computer werden über ähnliche Speichermöglichkeiten verfügen, entweder als Wechselplatten oder CD´s, die nur gelesen bzw. gelesen und beschrieben werden können. Bei der zunehmenden Komplexität der Speicherhierarchie wird die Antwort auf die Frage, wo sich die Befehle und Daten in einem bestimmten Zeitpunkt gerade aufhalten, zu einem zentralen Problem. Sie hat an dem Leistungsverhalten des Rechners entscheidenden Anteil.

Abbildung 9.25   *Traditionelle Betrachtungsweise der Speicherhierarchie*

9 Hauptspeicher

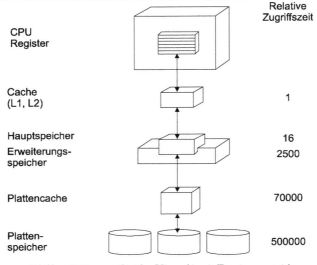

Abbildung 9.26   Speicher-Hierarchie mit Erweiterungsspeicher

9.6 Extended Refresh Devices

Der Refresh-Zyklus von DRAM-Chips, in dem die Kondensatoren ausgelesen und wieder neu aufgeladen werden, liegt bei 1-2 ms. Da der Refresh einen wesentlichen Teil der Energie eines Rechners verbraucht, sind Laptop-Rechner besonders darauf angewiesen, die Akku-Lebensdauer als den kritischen Betriebsparameter so weit wie möglich zu optimieren. Daraus ergibt sich die einfache Schlussfolgerung, dass der Refresh-Zyklus verlängert werden muss. Zu diesem Zweck dienen die sogenannten ´Extended Refresh Devices´. Hinter diesem Ausdruck verbergen sich normale DRAM-Chips, die vom Hersteller in Bezug auf besonders lange Refresh-Zyklus Intervalle sortiert wurden. In diesem Zusammenhang ist das Problem der Chip-Auswahl bei einer Aufrüstung des Hauptspeichers von besonderem Interesse. Ist z.B. der Hauptspeicher eines Rechners mit Speicher-Chips bestückt, die einen Refresh-Zyklus von 2 ms besitzen, dann würde eine Aufrüstung mit Chips von 1ms Refresh-Zyklus mit großer Wahrscheinlichkeit zu Problemen führen. Um DRAM-Chips mit längerem Refresh-Zyklus gezielt zu produzieren, müßten die Kondensatoren der DRAM-Zellen entsprechend vergrößert werden. In der Praxis wird aber diesem Verfahren das einfachere vorgezogen: Die Chips werden nach dem HerstellungsProzess ausgemessen und Chips mit einem langen Refresh-Zyklus werden als ´Extended Refresh Devices´ deklariert.

Die Verlustleistung eines Gate Array Chips in einem Laptop mit Intel 80486 Mikroprozessor ergibt sich etwa zu 6 µW/MHz pro Schaltkreis. Wenn der CPU-Takt angehalten wird (stand-by Modus), sinkt die Verlustleistung auf etwa 0,3 µW/MHz pro Schaltkreis. Wird die Versorgungsspannung von 5 V auf 3,3 V verringert, so erniedrigt sich die Verlustleistung auf ca. ⅔. Weiterhin senkt der Einsatz eines 128 KByte L2-Cache (Abschnitt 9.7.2.5) die Verlustleistung um 10-20% und erhöht gleichzeitig die Verarbeitungsgeschwindigkeit um den gleichen Betrag.

9.7 Techniken zur Beschleunigung der Hauptspeicherzugriffe

9.7.1 Einführung

Zu Beginn der 80-iger Jahre gestaltete sich die Diskrepanz zwischen der CPU-Zykluszeit und der Hauptspeicherzugriffszeit zunehmend problematisch. In der Abbildung 9.27 ist dieser Sachverhalt graphisch dargestellt; dabei ist der Stand im Jahre 1980 auf 100% normiert und die betreffenden Funktionswerte im logarithmischen Maßstab aufgetragen. Während im Jahre 1980 zwischen der Zugriffszeit zum Hauptspeicher und der Rechner-Zykluszeit noch eine vernünftige Abstimmung bestand (Großrechner evtl. ausgenommen), so nahm die Zykluszeit in den folgenden Jahren im Verhältnis zur Zugriffszeit drastisch zu. Diese Tendenz ist bis zur Einführung von Mehrkernprozessoren so zu sehen. Danach wird die Betrachtung komplexer und bedarf der Bewertung der verschiedenen Parallelisierungstechniken auf beiden Seiten.

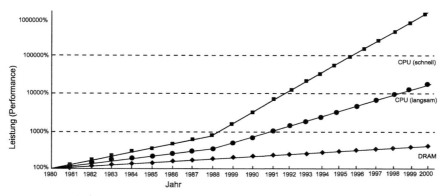

Abbildung 9.27   Entwicklung der DRAM- und der CPU-Performance

Wenn man davon ausgeht, dass ein Rechner z.B. 2 Millionen Maschinenbefehle pro Sekunde (2 MIPS) ausführt und jeder Maschinenbefehl eine Breite von 4 Byte hat (RISC-Prozessor), so müssen in einer Sekunde 8 Millionen Bytes vom Hauptspeicher zur CPU transportiert werden. Für den Fall, dass der Rechner 200 Millionen Maschinenbefehle pro Sekunde ausführt, beträgt diese Anzahl 800 Millionen Bytes in der Sekunde. Zusätzlich werden noch für jeden Befehl Daten vom oder zum Hauptspeicher bewegt (Lesen bzw. Schreiben). Statistische Untersuchungen ergaben, dass pro Maschinenbefehl 1,1 bis 1,2 Datenzugriffe erfolgen. Unter der Annahme, dass die Operanden wiederum eine Breite von 4 Byte besitzen, erhöht sich die Anzahl der zu transportierenden Bytes auf mehr als das Doppelte, d.h. bei 2 Millionen Befehlen pro Sekunde ist die Anzahl der Bytes >16 Millionen bzw. bei 200 MIPS sind es > 1600

9 Hauptspeicher

Millionen Bytes. Die Anzahl der gleichzeitig von oder zum Hauptspeicher transportierten Bytes wird als Speicherbandbreite bezeichnet. Dabei wird zwischen Befehlsbandbreite und Datenbandbreite unterschieden.

Da nicht die Anzahl der Bytes sondern die Zahl der Hauptspeicherzugriffe von Interesse ist und bei jedem Zugriff typischerweise 4 (Intel 80486), 8 (Intel Pentium) oder 16 Bytes (Großrechner) gleichzeitig gelesen oder geschrieben werden, erfolgen für den Fall von 4 Bytes bei 16 Millionen Bytes pro Sekunde 4 Millionen und bei 1600 Millionen Bytes pro Sekunde 400 Millionen Zugriffe zum Hauptspeicher in dieser Zeiteinheit. Zusätzlich müssen Reserven, z.B. für den Refresh, E/A-Operationen etc., Berücksichtigung finden.

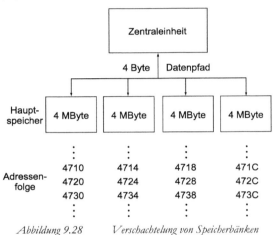

Abbildung 9.28   Verschachtelung von Speicherbänken

Nimmt man 4 Millionen Zugriffe pro Sekunde zum Hauptspeicher an, so ergibt sich daraus die Zeit für einen Zugriff zu $0.25 * 10^{-6}$ s = 250 ns. Das ist die Zeit, die in diesem Fall für einen Hauptspeicherzugriff zur Verfügung steht und die mit der heutigen Hauptspeichertechnologie problemlos realisierbar ist. Bei aktuellen Zugriffszeiten von 20 - 30 ns und dem Einsatz von Parallelisierungskonzepten sind sogar noch deutlich mehr Zugriffe machbar.

9.7.2 Speicherverschachtelung (Memory Interleaving)

Eine Lösung dieses Zugriffproblems besteht darin, den Hauptspeicher nicht in monolithischer Form, sondern in Teilen gleicher Größe zu implementieren. Einen Hauptspeicher von 16 MByte Größe könnte man in 4 Speicherbänke mit einer Kapazität von je 4 MByte aufteilen. Die Aufteilung der Speicheradressen erfolgt dermaßen, dass aufeinanderfolgende Zugriffe (4 Byte) jeweils auf einer anderen Speicherbank ausgeführt werden. Diese Form der Aufteilung der Hauptspeicheradressen wird als „Memory Interleaving" bezeichnet. Die Adressenfolge der Speicherbänke ist in Abbildung 9.28 dargestellt. In der ersten Bank befinden sich die Adressen 4710, 4711, 4712, und 4713; in der zweiten Bank die Adressen 4714 bis 4717 usw. Die Adressen 4720 bis

9.7 Techniken zur Beschleunigung der Hauptspeicherzugriffe

4723 befinden sich wieder auf der ersten Speicherbank. Der Zugriff auf eine Speicherbank erfolgt unabhängig von den Zugriffen auf andere Speicherbänke. Dadurch erhöht sich die Speicherbandbreite um den Faktor 4.

Bei der Steuerung des Interleaving bieten sich zwei verschiedene Alternativen der Implementierung an. In der Abbildung 9.29 bzw. Abbildung 9.30 sind diese für den Fall von n Speicherbänken dargestellt.

Die Alternative der Abbildung 9.29 realisiert den Zugriff auf den 4 Byte Befehl dadurch, dass alle 4 Speicherbänke gleichzeitig adressiert und der betreffende Inhalt zunächst in jeweils einem Register abgespeichert wird. Anschließend wird über einen Multiplexer nacheinander der Inhalt der Register auf den Bus gelegt. Dabei verläuft der Weg für eine Schreib-Operation ähnlich in umgekehrter Reihenfolge. Die andere Möglichkeit bildet die Implementierung mittels eines Sequenz-Controllers (Abbildung 9.30). Letzterer adressiert zunächst die erste Speicherbank, nach ¼ der Zykluszeit die zweite usw. Über einen Multiplexer wird der adressierte Inhalt der Speicherbänke auf den Bus geschaltet.

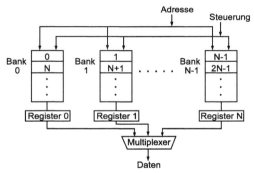

Abbildung 9.29   *Interleaving von Speicherbänken mittels Registern*

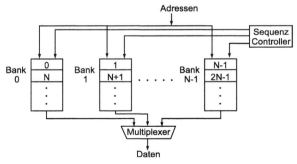

Abbildung 9.30   *Interleaving von Speicherbänken mittels Sequenz Controller*

Diese Art von Speicherimplementierungen ist heute noch weiter entwickelt. Hauptspeichermodule enthalten mehrere Speicherchips und in der Regel werden zu dem mehrere Module eingesetzt. So können je zwei Speichermodule im Dual-Channel-

Mode betrieben werden. Bei den neuen Intel Core i7-Prozessoren ist sogar ein Betrieb von je drei Speichermodulen im Triple-Channel-Mode möglich, was noch mehr Zugriffe in gleicher Zeit möglich macht.

9.7.3 Cache-Speicher

Das im vorigen Abschnitt beschriebene Verfahren ist selbst mit 8 Bänken nicht ausreichend, um bei Hauptspeicherzugriffszeiten von 100-200 ns die Ausführung von 50 Millionen Befehlen pro Sekunde zu erreichen. Zur Lösung dieses Problems ist es notwendig, andere Speicher mit kürzerer Zugriffszeit zu höheren Kosten pro Bit einzusetzen, wozu man momentan auf Grund unterschiedlicher Siliziumhalbleiter-Technologien in der Lage ist.

9.7.3.1 Technologie

Die DRAM-Chips, die in Hauptspeichern eingesetzt werden, sind im Verhältnis zu den 4, 6 oder 8 Device-Zellen der SRAM´s nicht nur durch ihre Ansteuerung (Row- und Column-Address-Strobe) relativ langsam, sondern auch infolge der unvermeidbaren Zeitkonstanten und der empfindlichen Verstärker. Der Nachteil dieser Speicher-Chips liegt im höheren Energieverbrauch und in größeren Herstellungskosten. Die derzeitigen Möglichkeiten der Halbleitertechnologie gestatten die Produktion von SRAM-Chips in einer Dichte, die ca. um den Faktor 4 unter der für DRAMs liegt. An dieser Tatsache wird sich vermutlich auch längerfristig nicht viel ändern. Um die Zugriffszeiten weiter zu verbessern, ging man dazu über, den bipolaren CMOS-Prozess einzuführen. Dieser sogenannte BiCMOS-Prozess ersetzt an bestimmten Stellen der SRAM-Zelle CMOS-Transistoren durch bipolare Transistoren. Diese Chips wurden zwar schneller in ihrem Zugriff, aber der Energieverbrauch vergrößerte sich proportional dazu. Weitere Fortschritte bezüglich der Zugriffszeit wurden durch die ECL (Emitter Coupled Logic)- und die Galliumarsenid-Technologie erzielt (Abbildung 9.31). Der Energie-Verbrauch steigt z.B. für ECL- relativ zu CMOS-Chips um den Faktor 500 und die Dichte sinkt gleichzeitig von ca. 1 Million Bit pro Chip auf 5 K Bit. Die Zugriffszeit liegt dafür bei 1-2 ns.

Bezüglich der Kosten und des Energieverbrauches kann davon ausgegangen werden, dass die Kosten eines elektronischen Gerätes proportional mit seinem Energieverbrauch wachsen. Diese Regel gilt natürlich vorrangig für Speicher-Chips.

9.7 Techniken zur Beschleunigung der Hauptspeicherzugriffe

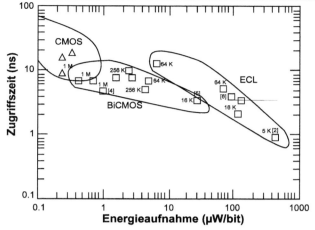

Abbildung 9.31   Verhältnis zwischen Energieverbrauch und Zugriffszeit

9.7.3.2 Cache-Prinzip

Um das Problem einer besseren Abstimmung zwischen immer kleineren Zykluszeiten der CPU und möglichen Zugriffszeiten des Hauptspeichers allgemein zu lösen, wird zwischen CPU und Hauptspeicher ein weiterer Schnellspeicher, der sogenannte Cache, eingefügt (Abbildung 9.32). Der Grundgedanke geht ähnlich wie bei der virtuellen Adressumsetzung davon aus, dass die Zentraleinheit hofft, einen Maschinenbefehl oder Operanden, den sie aus dem Hauptspeicher holen will, nicht dort, sondern im schnelleren und näheren Cache zu finden. Bei einer relativ hohen Trefferrate wird die Häufigkeit der Cache-Zugriffe größer sein als die der Zugriffe zum Hauptspeicher. Bei einer um den Faktor 10 kürzeren Zugriffszeit eines Cache-Speichers im Verhältnis zu der des Hauptspeichers wird durch dieses Verfahren eine signifikante Leistungsverbesserung der Rechnerarchitektur erreicht.

Das Cache-Prinzip wurde 1967 von Carl Conti im IBM-Entwicklungslabor Poughkeepsie (NY) erfunden und erstmalig Ende der 60er Jahre in der /360 Architektur Modell 85 implementiert [Lip 68]. Der Cache arbeitet auf der Grundlage der räumlichen und zeitlichen Lokalität von Daten (Abschnitt 6.6). Die räumliche Lokalität besagt, dass Maschinenbefehle und Daten häufig Adressen besitzen, die mehr oder weniger benachbart sind. Unter der zeitlichen Lokalität wird eine Arbeitsweise des Cache mit vorausschauenden Annahmen verstanden, welche Adressen in der nahen Zukunft verwendet werden. Diese Vorausschau beruht auf der Wahrscheinlichkeit, dass sich Verhaltensmuster der jüngsten Vergangenheit fortsetzen werden.

9 Hauptspeicher

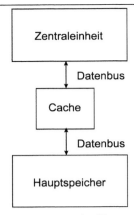

Abbildung 9.32   Datenübertragung zwischen Hauptspeicher und CPU mittels Cache

Die Einführung des Cache-Speichers erfolgte zu einer Zeit, zu der die heutigen Rechnerarchitekturen schon festgeschrieben waren. Daraus ergibt sich die logische Schlussfolgerung, dass der Cache für den Benutzer einer Rechenanlage transparent sein sollte. Aus diesem Grund sind Maschinenbefehle, die sich auf den Cache beziehen, nicht sinnvoll. Obwohl davon abweichende Befehlssätze in den heutigen Rechnerarchitekturen implementiert werden, kommen Cache-bezogene Maschinenbefehle in normalen Anwenderprogrammen meist nicht vor.

Ein Vergleich zwischen Cache- und Hauptspeicher zeigt, dass der Cache bezüglich der Zugriffszeit 5-20 mal schneller ist und bezüglich der Kapazität 50-1000 mal kleiner als der Hauptspeicher implementiert wird. Moderne Rechnerarchitekturen besitzen Cache-Speicher mit einer Größe von 1 MByte und mehr (L2-Cache) – zum Vergleich: Die ersten Implementierungen in der /360-Architektur Modell 85 im Jahre 1968 benutzten 4 bzw. 8 Kbyte.

Der Cache-Speicher erhöht nicht die Speicherkapazität des Computersystems. Er dient nur zur Anpassung der unterschiedlichen Zykluszeiten von CPU und Hauptspeicher. Dazu wird der Hauptspeicher in Blöcke identischer Größe (Cachelines) aufgeteilt. die in Block-Rahmen gleicher Größe des schnelleren Cache-Speichers [Han 98] abgebildet werden.

Im Folgenden wird die Funktionsweise des Cache-Speichers in An- und Abwesenheit der virtuellen Speichertechnik diskutiert.

9.7.3.3 Cache ohne virtuelle Speichertechnik

Das Cache-Konzept ist in der Abbildung 9.33 gezeigt. Für den Fall, dass bei einem Cache-Zugriff durch die CPU die gewünschten Daten oder Befehle nicht gefunden werden, müssen die betreffenden Cachelines, die diese Informationen enthalten, aus dem Hauptspeicher in die Block-Rahmen des Cache-Speichers eingeräumt werden. Der Cache enthält zu jedem Zeitpunkt eine feste Anzahl von Cachelines, die eine

9.7 Techniken zur Beschleunigung der Hauptspeicherzugriffe

Untermenge der Menge aller Cachelines im Hauptspeicher bilden. Die Größe einer Cacheline beträgt normalerweise 64, 128 oder 256 Byte. Je größer die Cachelines gewählt werden, umso leistungsfähiger sind die Rechnerarchitekturen. Die Standard-Intel-Architekturen arbeiten heute fast ausschließlich mit einer Cacheline-Größe von 64 oder 128 Byte. Bei zukünftigen Weiterentwicklungen wird die Firma Intel vermutlich zu größeren Cachelines übergehen. Es ist allgemein die Tendenz zu beobachten, die Rechnerarchitekturen so zu gestalten, dass sie mit unterschiedlichen Cacheline-Größen ausgestattet werden können.

Ehe eine Cacheline aus dem Hauptspeicher in den Cache bewegt wird, muss geprüft werden, ob im Cache noch Platz dafür vorhanden ist. Im einfachsten Fall, dass Speicherplatz zur Verfügung steht, wird die Cacheline eingelesen, und der Zugriff kann erfolgen. Falls alle Cacheline-Rahmen besetzt sind, muss zunächst im Cache Platz geschaffen werden. Die verwendeten Ersetzungsalgorithmen sind denen bei Fehlseitenunterbrechungen der virtuellen Adressumsetzung äquivalent, d.h. die Algorithmen LIFO, FIFO, Random und LRU werden auch im Falle eines Cache-Miss verwendet. Den Ablauf einer Cache-Lese-Operation zeigt die Abbildung 9.34.

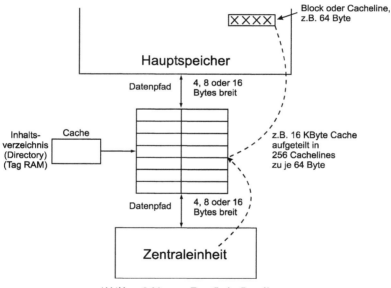

Abbildung 9.33   Das Cache-Grundkonzept

Es existieren einige Gemeinsamkeiten und Unterschiede zwischen der virtuellen Adressumsetzung und dem Cache-Prinzip. In beiden Fällen handelt es sich um einen langsamen und einen schnellen Speicher. Die virtuelle Speichertechnik arbeitet mit dem schnellen Hauptspeicher relativ zum externen Seitenspeicher, während der Cache im Verhältnis zum Hauptspeicher den schnellen Speicher darstellt. Die Hauptspeicher- und Cache-Rahmen haben grundsätzlich die gleiche Funktion. Signifikante Un-

9 Hauptspeicher

terschiede zwischen virtuellem und Cache-Speicher bestehen jedoch im Verhältnis der Zugriffszeiten der beiden beteiligten Speicher-Komponenten (Abbildung 9.35). Bei der virtuellen Speichertechnik liegt das Verhältnis von externem Seitenspeicher zu Hauptspeicher in der Größenordnung von ca. 100.000. Das Verhältnis Hauptspeicher zu Cache hat dagegen einen Wert zwischen 100 und 2000. Aus dem Unterschied im Verhältnis der Zugriffszeiten ergibt sich die Schlussfolgerung, dass ein Fehlzugriff zum Hauptspeicher bei der virtuellen Adressumsetzung wesentlich negativere Auswirkungen auf die Leistung einer Rechenanlage hat, als ein Fehlzugriff zum Cache. Daraus wiederum folgt, dass die Wahrscheinlichkeit für eine Fehlseiten-Unterbrechung für die Funktionsfähigkeit der virtuellen Speichertechnik höchstens bei 0.00001 liegen darf, während die Wahrscheinlichkeit von 0.1 eines Cache Miss noch tolerierbar ist. Ein weiterer Unterschied ergibt sich daraus, dass die Maßnahmen zur Beseitigung von Fehlseitenunterbrechungen größtenteils per Software erfolgen. Cache Misses werden dagegen durch Hardware aufgelöst.

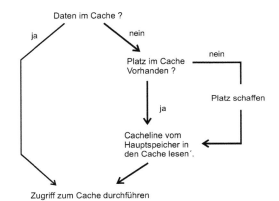

Abbildung 9.34   Die Cache-Lese-Operation

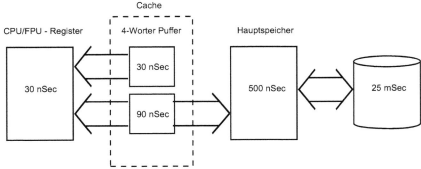

Abbildung 9.35   Die längsten Zugriffszeiten zu den einzelnen Komponenten

9.7 Techniken zur Beschleunigung der Hauptspeicherzugriffe

Zur Verdeutlichung der Effektivität der Implementierung eines Cache-Speichers soll die Berechnung der durchschittlichen Speicherzugriffszeit für Leseoperationen dienen. Bezeichnen T_{cache} bzw. T_{hsp} die Zugriffszeit zum Cache bzw. zum Hauptspeicher und H / 1-H die Wahrscheinlichkeit für einen Cache-Hit / Cache-Miss, so berechnet sich die durchschnittliche Speicherzugriffszeit T_{eff} durch:

$$T_{eff} = H * T_{cache} + (1-H) * T_{hsp}$$

Unter der Annahme von $T_{cache} = 20$ ns und $T_{hsp} = 200$ ns ergeben sich für T_{eff}

$T_{eff} = 21.8$ ns   für   H = 99%,
$T_{eff} = 38.0$ ns   für   H = 90%,
$T_{eff} = 56.0$ ns   für   H = 80%.

Die obigen Ergebnisse sagen aus, dass mit abnehmender Wahrscheinlichkeit für einen Cache-Hit H die durchschittliche Speicherzugriffszeit T_{eff} zunimmt. Selbst bei der Cache Treffer-Wahrscheinlichkeit von 80% ist der Einsatz des Caches noch fast um den Faktor 4 günstiger als ohne Cache.

Während eine Cacheline im Hauptspeicher eindeutig unter ihrer effektiven Adresse zu finden ist, erhebt sich die Frage, wie diese Cacheline im Cache-Speicher zu finden ist, denn das Ablegen in einem Cache-Rahmen nach dem Einräumen in den Cache nach einem Cache Miss erfolgt an einer beliebigen Stelle. Für diese Fälle ist zusätzlich ein Inhaltsverzeichnis implementiert. Dieses unter dem Namen ´Tag RAM´ geführte Cache Directory (Abbildung 9.36) enthält Angaben darüber, ob die gesuchte Cacheline überhaupt im Cache vorhanden ist und wenn ja, an welcher Stelle sie sich befindet. Diese Problematik hat große Ähnlichkeit mit der des Adressumsetzpuffers.

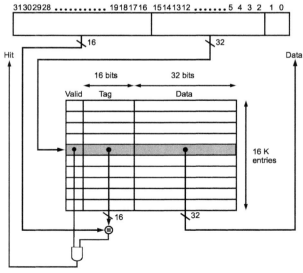

Abbildung 9.36   Cacheline und Cache Directory der DECStation 3100

9 Hauptspeicher

Zur Implementierung des Cache-Speichers stehen auch wie beim Adressumsetzpuffer verschiedene Optionen zur Verfügung. Prinzipiell wird zwischen nicht-assoziativen und assoziativen Cache-Speichern unterschieden. Ein Cache-Speicher mit c Block-Rahmen (Cachelines) heißt

- vollassoziativ, wenn ein Block des Hauptspeichers in jeden Block-Rahmen abgebildet werden kann,
- Set-assoziativ, wenn ein Block des Hauptspeichers nur in n Block-Rahmen ($1 < n < c$) abgebildet werden kann,
- direct mapped, wenn ein Block des Hauptspeichers nur in einen Block-Rahmen abgebildet werden kann.

Eine reduzierte Assoziativität liegt dann vor, wenn pro Zugriff weniger Block-Rahmen im Cache durchsucht werden.

Das Beispiel eines Cache der DECStation 3100 (MIPS 3000) nach dem Prinzip des nicht-assoziativen Adressumsetzpuffers ist in der Abbildung 9.36 dargestellt. Der eigentliche Cache-Speicher und das Cache-Directory sind in einem einzigen Speicher untergebracht. Von der 32 Bit effektiven Adresse werden die Bits 2-15 (14 Bit) zur Adressierung eines der 2^{14}=16 KByte Einträge verwendet. Anschließend erfolgt ein Vergleich der werthöchsten 16 Bit der effektiven Adresse mit dem betreffenden 16 Bit-Tag im mittleren Teil des Eintrags. Im Falle einer Übereinstimmung ist der rechte Teil (32 Bit) die gewünschte Cache-Information. Der linke Teil des Eintrags wird durch das Valid-Bit gebildet, das als Steuerbit angibt, ob die Cacheline in dem Blockrahmen gültig ist oder nicht. Für eine gültige Cacheline ist das Valid-Bit auf ´0´ gesetzt. Ein Cache-Hit ist dann zu verzeichnen, wenn das Ergebnis des Vergleichs der beiden 16 Bit-Felder (z.B. mittels EXOR-Gatter) verknüpft mit dem betreffenden Valid-Bit eine 0 liefert. Nach diesem Test können die Daten aus dem Cache ausgelesen werden. Diese sehr einfache und elegante Cache-Implementierung hat einen Vorteil und einen entscheidenden Nachteil. Der Vorteil besteht darin, dass die Breite der Cacheline von 4 Byte genau der Breite des Datenbuses der Beispielarchitektur angepaßt ist. Der Nachteil liegt ebenfalls in der 4 Byte Cacheline, denn die Effektivität eines Cache-Speichers nimmt mit der Größe der Cacheline zu.

Während Cache und Cache-Directory im Beispiel der DECStation in einem Speicher zusammengefaßt werden, trennt man in moderneren Architekturen beide voneinander. Der sogenannte L2-Cache der Intel 80486-Architektur (Abbildung 9.37) ist ein ´1-Weg set-assoziativer´ oder ´direct mapped´ Cache und in zwei unterschiedlichen Speichern implementiert, von denen der eine das Tag RAM und der andere den eigentlichen Cache-Speicher bildet. Der Hauptspeicher hat eine maximale Größe von 64 MByte (2^{26} Byte). Von den 32 Bit der Hauptspeicheradresse werden nur 24 benutzt, wobei die werthöchsten 6 Bit und die wertniedrigsten 2 Bit nicht verwendet werden. Die Bits 4-17 (14 Bit) der effektiven Adresse dienen zur Adressierung des Cache-Directorys, das insgesamt 2^{14}=16 KByte Einträge zu je 8 Bit beinhaltet. Das Cache-

Compartment hat eine Speicherkapazität von 256 KByte=2^{18} Byte und wird mit denselben 14 Bit wie auch das Cache-Directory plus 2 Bit (Bit 2 und 3 der effektiven Adresse) adressiert. Bei einem Cache-Zugriff wird zunächst über die 14 Bit der effektiven Adresse ein bestimmter 8 Bit Eintrag im Cache-Directory ausgewählt und dieser anschließend in einem Compare-Schaltkreis mit dem 8 Bit-Feld der effektiven Adresse verglichen. Gleichzeitig wird über ein 16 Bit-Feld (14+2) das Cache-Compartment adressiert, d.h. jedes adressierte Wort enthält 4 Byte und dementsprechend sind 2^{18} = 256 KByte adressierbar. Da bei dem Cache-Hit der Compare-Schaltkreis Übereinstimmung signalisiert, kann im Cache-Compartment bei einer Cacheline-Größe von 16 Byte (16.383 Cachelines) ein Eintrag von 4 möglichen zu je 4 Byte ausgelesen werden. Welcher von den 4 Einträgen ausgelesen wird, bestimmen die wertniedrigsten 2 Bits (Bit 2 und 3) der effektiven Adresse. Obwohl die Cacheline bei der Intel 80486-Architektur 16 Byte enthält, erwartet dieser Prozessor auf seinem Datenbus nur jeweils 4 Byte.

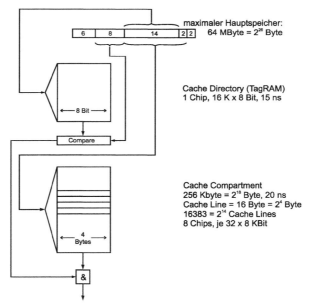

Abbildung 9.37   '1-Weg-Set-assoziativer' (direct mapped) Cache (Intel 80486)

Der Nachteil des 'direct mapped' Cache besteht darin, dass er bei bestimmten Anwendungen nur zu einer stark reduzierten Leistung fähig ist. Man stelle sich folgendes Problem vor:

```
for (i = 0 ; i < n ; i ++)
    A[ i ] = B[ i ] + C[ i ] + D[ i ] ;
```

In dem obigen Beispiel werden insgesamt 4 Adressen verwendet. Wenn die Vektoren *A*, *B*, *C*, *D* in die gleiche reale Adresse des 'direct mapped' Cache abgebildet werden,

9 Hauptspeicher

erhält man bei jeder Adressierung einen Cache Miss, da die oberen Adressenbits immer dieselben sind. Dieser Effekt wird als ´Cache Thrashing´ bezeichnet und reduziert die Leistung des Rechners dadurch, dass alle Cachelines zuerst vom Hauptspeicher geholt und über einen LRU-Algorithmus in den Cache eingeräumt werden müssen. Eine 4-Weg-Set-assoziative Cache-Organisation vermeidet dieses Problem. Analoge Schwierigkeiten gibt es mit der HP 7100-Architektur, die auch über einen ´direct mapped´ Cache-Mechanismus verfügt. Um diese Leistungsnachteile zu beseitigen, rüstete die Firma Hewlett Packard den Nachfolger HP 7200 mit einem vollassoziativen 2 KByte-on-Chip-Cache aus. Das Prinzip des vollassoziativen Cache zeigt die Abbildung 9.38.

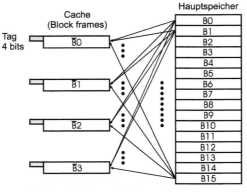

Abbildung 9.38   Voll-assoziativer Speicher

Der Intel 80486 arbeitet als 80486 DX2-Implementierung intern mit 66 MHz aber extern mit einem 33 MHz-Bus. Eine Taktfrequenz von 33 MHz entspricht einem Taktzyklus von 30 ns (T = 1/f = 1 / (33*10^6s)) mit T = Taktzyklus, f = Taktfrequenz. Eine auf diesen Taktzyklus abgestimmte Zugriffszeit des Cache-Compartments von 20 ns bedeutet, dass das Tag RAM durch die Verzögerung infolge der Compare-Logik mit 15 ns noch etwas schneller sein muss. Beide Speicher des Cache werden deshalb mit SRAM-Speicherschaltkreisen ausgerüstet.

Eine Eigentümlichkeit der typischen Intel 80486-Implementierung betrifft die Breite der effektiven Adresse. Sowohl bei leistungsfähigen Serveranwendungen als auch bei Personal Computern der unteren Leistungsklasse werden von den 32 Bit der effektiven Adresse nur 26 benutzt. Das bedeutet, dass maximal eine Hauptspeichergröße von 64 MByte adressiert werden kann (Intel 80486 DX2). Falls ein Nutzer den Hauptspeicher über diese Höchstgrenze hinaus aufrüsten will, werden alle Zugriffe oberhalb 64 MByte wesentlich langsamer ausgeführt, weil die obersten 6 Bit im Cache-Speicher nicht repräsentiert werden.

Analog dem Adressumsetzpuffer der virtuellen Adressumsetzung stellt ein Cache-Speicher mit 2-Weg-Set-assoziativer Organisation eine noch günstigere Implementierung dar. Das Management für einen derartigen Speicher war in der Intel-80386

9.7 Techniken zur Beschleunigung der Hauptspeicherzugriffe

Architektur mittels eines zusätzlichen 82385 Cache-Controllers realisiert (Abbildung 9.39).

In dieser Architektur werden 2 Cache-Directorys und 2 Cache-Compartments verwendet, die durch die wertniederen Bits adressiert werden. Die werthöchsten Bits passieren jeweils einen Comparator, der den Inhalt der Cache-Directorys mit den werthöchsten Bits der effektiven Adresse vergleicht. Im Falle einer Übereinstimmung ist es möglich, mittels der wertniederen Adressenleitungen entweder aus dem einen oder aus dem anderen Cache-Compartment die gewünschten Daten auf den CPU-Datenbus auszulesen.

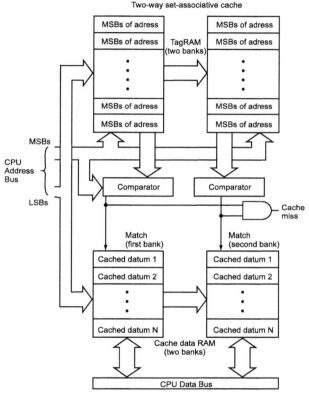

Abbildung 9.39   *Intel 82385 Cache-Controller*

Um diesen Mechanismus nochmal in vereinfachter Form zu demonstrieren, wird vorausgesetzt, dass für einen 1-Weg-Set-assoziativen Cache ein Hauptspeicher mit 16 Worten und ein Cache mit 4 Worten zu je 4 Byte zur Verfügung steht (Abbildung 9.40). Die untersten 2 Bit des wertniederen Adressfeldes (14+2) entscheiden, ob im Cache-Rahmen $\overline{B_0}$, B_0, B_4, B_8 oder B_{12} abgebildet sind. Die Wahrscheinlichkeit für das Auffinden von einem der 4 Worte in dem Cache-Compartment beträgt also genau 25

9 Hauptspeicher

%. Für einen 2-Weg-Set-assoziativen Cache (Abbildung 9.41) besteht ein Set aus jeweils 2 Cache-Directorys und 2 Compartments. Im Compartment $\overline{B_0}$ können nur entweder B_0 oder B_4 in $\overline{B_1}$, B_8 oder B_{12} enthalten sein usw., d. h. die Wahrscheinlichkeit für einen Cache-Hit nimmt signifikant zu.

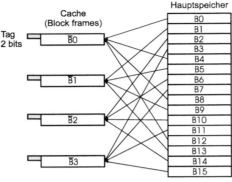

Abbildung 9.40   *1 Weg-Set-assoziativer Cache*

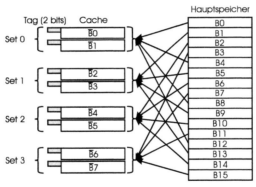

Abbildung 9.41   *2 Weg-Set-assoziativer Cache*

Bei erhöhten Leistungsanforderungen kann der Cache auch als 4 Weg-Set-assoziativer Schnellspeicher ausgeführt werden. Dieser Mechanismus arbeitet mit 4 Cache-Directorys und 4 Cache-Compartments und ist als IBM /370-Implementierung in der Abbildung 9.42 skizziert. Mit Hilfe von 6 Bits der realen Hauptspeicheradresse können in jedem Cache-Directory 64 Einträge zu je 12+4 Bit adressiert werden. In den 4 Bits sind die Steuerbits (Änderungsbit, Valid Bit und 2 LRU Bits) enthalten.

Die 6 Bits bilden wieder eine Teilmenge eines größeren Feldes von 10 Bit, die zur Adressierung jedes Cache-Compartments zu je 4KByte benutzt werden. Eine Cacheline hat eine Größe von 64 Byte. In den 4 Compare-Schaltkreisen wird die Übereinstimmung des betreffenden Eintrags im Cache-Directory mit dem Feld der realen Adresse geprüft und das Ergebnis über sogenannte ´select lines´ mit dem Ausgang der

9.7 Techniken zur Beschleunigung der Hauptspeicherzugriffe

Cache-Compartments verknüpft. 4 Bits als Differenz der beiden Adressfelder für die Adressierung der Directorys und der Compartments wählen das 4 Byte-Wort in dem zugehörigen Cache-Compartment aus.

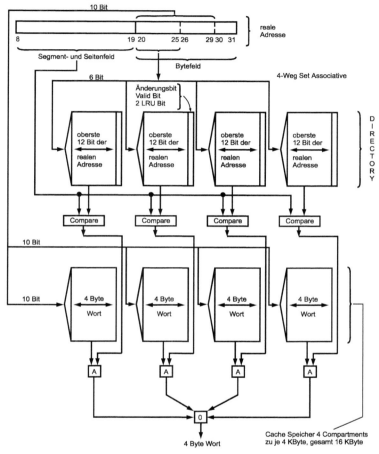

Abbildung 9.42   *'4-Weg-Set-assoziativer' Cache (IBM /370)*

In der Intel 80486-Architektur ist der L1-Cache auch als 4-Weg-Set-assoziativer Speicher realisiert, der in gleicher Art wie in der /370-Architektur mit je 4 Cache-Directorys und -Compartments arbeitet (Abbildung 9.43).

Der Intel 80486-Mikroprozessor verfügt darüber hinaus über weitere 2 Zusatzspeicher, wobei der eine sowohl die Dirty-Bits als auch die Hit-Rate archiviert und der andere die LRU-Informationen abspeichert. Der LRU-Algorithmus in der 80486-Architektur als Cacheline-Ersetzungsstrategie ist in Form eines Pseudo-LRU-Algorithmus implementiert (Abbildung 9.44).

9 Hauptspeicher

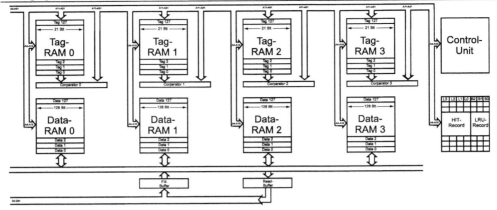

Abbildung 9.43   *L1-Cache der Intel 80486-Architektur*

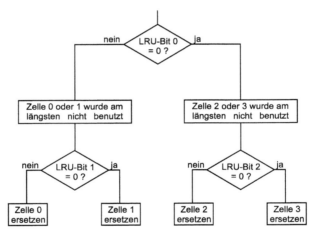

Abbildung 9.44   *Pseudo-LRU-Algorithmus des 4-Weg-Set-assoziativen Cache der 80486-Architektur*

9.7.3.4 Leistungsfähigkeit des Cache-Speichers

Die Cache-Leistung innerhalb eines Rechners hängt von verschiedenen Parametern ab. Wie bereits erwähnt, bestimmen Speicherkapazität und Organisationsform des Cache sowie die Größe der Cacheline die Cache-Hit-Rate. Eine weitere signifikante Leistungssteigerung ergibt sich durch die Maßnahme, den Cache auf dem Mikroprozessor-Chip zu integrieren (on-chip). Durch die sehr geringen Leitungslängen zwischen CPU und Cache-Speicher verkürzen sich erheblich die Zugriffszeiten. Andererseits ist der Platz auf dem Prozessor-Chip für einen Cache-Speicher sehr begrenzt.

In der Abbildung 9.45 ist die Hit-Rate von den angegebenen Parametern graphisch dargestellt. Daraus geht hervor, dass zunehmende Werte aller drei Parameter insgesamt eine bessere Hit-Rate erzielen, die sich der 100 %-Grenze für große Cache-

9.7 Techniken zur Beschleunigung der Hauptspeicherzugriffe

Speicher Kapazitäten (> 128 KByte) nähern. Insbesondere ist die Tendenz zu erkennen, für eine bestimmte Größe von Cache und Cacheline eine bessere Leistung infolge der 2-Weg gegenüber der 1-Weg-Set-assoziativen ('direct mapped') Organisation zu erreichen. Für Cache-Speicher von 256 und 512 Byte liegt die Treffer-Quote bei 20-25 % unter der Voraussetzung, dass der Cache über eine 1-Weg-Set-assoziative Organisation mit einer Cacheline von 4 Byte verfügt. Die Firma Motorola hatte anfangs die 68000-Architektur mit einem 2*256 Byte on-chip-Cache ausgestattet. Die Cache Misses für echte Anwenderprogramme waren aber derart häufig, dass es effektiver war, den Cache-Speicher mittels eines speziellen Befehls intern abzuschalten. Bezüglich der Cacheline kann eingeschätzt werden, dass leistungsfähige Rechnerarchitekturen mit 128 bzw. 256 Byte arbeiten. Die Ansteuerung dieser Cachelines ist zwar kostenintensiver, aber die Hit-Rate wird signifikant verbessert. Eine Steigerung der Cacheline über 256 hinaus erscheint nach den bisherigen Erfahrungen nicht sinnvoll, weil der zusätzliche Gewinn relativ zum Schaltungsaufwand vernachlässigbar bzw. rückläufig wird.

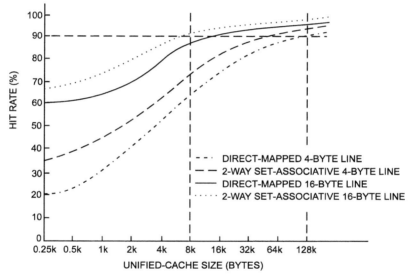

Abbildung 9.45   *Cache-Hit-Rate in Abhängigkeit von Größe und Organisationsart (Quelle: A.Smith, UC Berkley)*

Ergebnisse von Untersuchungen zur Leistungsfähigkeit an der /370-Architektur mit Cache-Größen von 2, 4, 8 und 16 KByte und 1-, 2- und 4-Weg-Set-assoziativen Cache-Speichern sind in Abbildung 9.46 angegeben. Diese beziehen sich auf eine Cacheline von 64 Byte und auf die Verwendung des LRU-Ersetzungs-Algorithmus. Die Cache-Hit-Rate ergibt sich für diese Rechnerarchitektur aus 12 repräsentativen Anwendungen. Es wird deutlich, dass mit zunehmender Cache-Größe und komplexer werdender Cache-Organisation die Hit-Rate zunimmt.

9 Hauptspeicher

Cache-Größe [KByte]	1-Weg [%]	2-Weg [%]	4-Weg [%]
2	76.0	81.8	83.0
4	84.4	88.0	88.8
8	90.8	93.6	94.0
16	96.0	97.4	98.0

Abbildung 9.46   Leistungsvergleich bei verschiedenen Cache-Größen und -Arten

Vergleicht man Leistungsmessungen bezüglich der Cache-Hit- bzw. Miss-Rate in Abhängigkeit von der speziellen Rechnerarchitektur, so können diese sehr unterschiedlich ausfallen. So wurden von der Firma IBM im Jahre 1985 von allen /360-Installationen Modell 85 eine bestimmte Menge von Anwenderprogrammen, einschließlich der zugehörigen Daten, auf 100 MByte-Magnetbändern gesammelt, um Rückschlüsse auf die Effizienz des Cache-Speichers ziehen zu können. Die /360-Programm-Implementierungen nutzten einen Cache mit 4 oder 8 KByte und einer Cacheline von 4 Byte. Mit Hilfe eines Simulators, der alle in den Anwenderprogrammen verwendeten Adressen innerhalb eines Magnetbandes daraufhin überprüfte, ob sich diese Adressen im Cache befinden oder nicht, ergab sich die in der Abbildung 9.47 dargestellte Verteilung der Cache-Hits. Ein Magnetband enthielt eine Cache-Hit-Rate von 65-69 %, d. h. von allen Adressen, auf die zugegriffen wurde, befanden sich 65-69 % im Cache. 3 Magnetbänder wiesen eine Cache-Hit-Rate von 70-74 % auf usw. Als Schlussfolgerung dieser Untersuchungen ergibt sich, dass die Anzahl der Cache-Hits nicht nur von der speziellen Rechnerkonfiguration sondern auch von dem konkreten Anwenderprogramm abhängt.

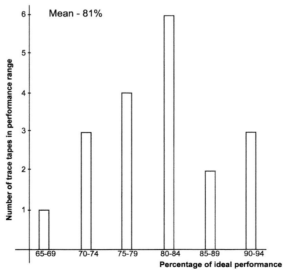

Abbildung 9.47   Verteilung der Cache-Hits in Magnetbändern mit Anweder-Programmen

In unmittelbarem Zusammenhang mit der Cache-Leistungsfähigkeit steht die Verarbeitungsgeschwindigkeit einer Rechnerarchitektur. Eine der oft verwendeten und auch manchmal mißbrauchten Leistungskennziffern einer Architektur betrifft die MIPS (Million Instruction Per Second)-Rate. Nach Meinung vieler Fachleute ist die Ausführungszeit eines realen Programms das einzig zuverlässige Maß für die Leistung einer Rechenanlage. Da MIPS eine Zahl von Operationen pro Zeiteinheit darstellt, wird die Leistung als Kehrwert der Ausführungszeit spezifiziert. Letzteres bedeutet, dass schnellere Rechner höhere MIPS-Raten besitzen. Vor Einführung des Cache war die Leistung einer Rechnerarchitektur, angegeben in MIPS, einfach durch die Häufigkeitsverteilung der Maschinenbefehle multipliziert mit deren Ausführungszeit zu bestimmen. Mit der ersten Implementierung eines Cache-Speichers wurde die Ausführungsgeschwindigkeit von dem Programmverhalten abhängig.

In der Abbildung 9.48 sind die verschiedenen Häufigkeitsverteilungen der Maschinenbefehle angegeben, die das Programmverhalten gegenüber komplexeren Speicherarchitekturen widerspiegeln, d. h. aus der dichten Häufung ergibt sich zunehmend eine Gauß'sche Verteilung für das Auftreten der Maschinenbefehle. Oft ist ein ungünstiges Programmverhalten darauf zurückzuführen, dass der Programmierer bestimmte maschineninterne Architekturmerkmale nicht oder nicht ausreichend berücksichtigt hat.

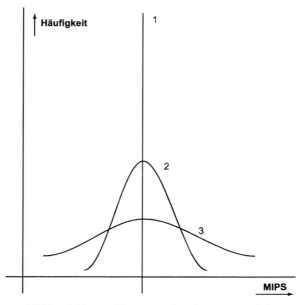

Abbildung 9.48   Voraussagbarkeit des Leistungsverhaltens

9.7.3.5 Datengültigkeit

Als der erste Cache-Speicher in einer IBM /360-Architektur implementiert wurde, standen die Entwickler vor dem Problem, den Cache so in die Architektur zu integrieren, dass dieser für den Nutzer der Rechenanlage vollkommen transparent ist. Dieses Prinzip behielt natürlich genauso für die Folge-Architekturen /370 und /390 seine Gültigkeit. Aus dieser Transparenz resultiert ein besonders den Cache betreffendes Problem. Da sich eine Teilmenge der Befehle und Daten aus dem Hauptspeicher während eines bestimmten Zeitabschnittes sowohl im Hauptspeicher als auch im Cache befindet, ergibt sich für den Fall, dass beide sich unterscheiden, die Frage:

„Welche dieser beiden Mengen ist gültig?"

Für alle momentan benutzten Rechnerarchitekturen gilt, dass nur die Befehle und Daten im Hauptspeicher Gültigkeit besitzen. Da moderne Rechnerarchitekturen hauptsächlich aus dem Cache-Speicher heraus arbeiten und nicht aus dem Hauptspeicher, muss für gültige Kopien der Cachelines des Hauptspeichers in den dafür vorgesehenen Block-Rahmen im Cache gesorgt werden (Cache-Kohärenz).

Die Problematik der Datengültigkeit wird insbesondere bei eng-gekoppelten Parallelrechnern (Shared Memory Typ) und Ein- und Ausgabe-Operationen kritisch. Im letzteren Fall werden Daten z.B. über Ethernet- oder SCSI-Controller nach dem DMA (Direct Memory Access)-Konzept in den Hauptspeicher geschrieben. Ein-/Ausgabe-Prozessoren, die den Datenverkehr zwischen dem Ein-/Ausgabe- und dem System-Bus in Großrechnern steuern, kennen den Cache-Speicher nicht. Um zu verhindern, dass die CPU ein ungültiges Datum bzw. einen falschen Befehl aus dem Cache ausliest, wird ein sogenanntes ´snooping´ installiert, das die Ansteuerungslogik des Hauptspeichers überwacht. Nach Schreibzugriffen auf Adressen, deren Inhalt sich gleichzeitig in entsprechenden Cacheline-Rahmen befindet, werden diese vor dem Schreibvorgang identischen Kopien im Cache für ungültig erklärt. Auf diese Art stellt der Überwacher sicher, dass nur der Inhalt der Cachelines im Hauptspeicher gültig ist. Wenn die CPU auf den Cache zugreifen will, so erfolgt der Zugriff ins Leere, und sie muss den Hauptspeicher nach der gewünschten Information durchsuchen.

Die verwendeten Methoden, um eine Cacheline für ungültig zu erklären, sind unterschiedlich und hängen davon ab, ob es sich z. B. um einen PC oder um einen Hochleistungsrechner handelt. In einfachen Rechnerarchitekturen löscht der Überwacher in den Zeiten des Refresh oder nach den Ein-/Ausgabe-Operationen den gesamten Cache (Cache-Flush) und aktualisiert ihn anschließend. Dieses einfache Verfahren erfordert Zeit und verringert die Rechenleistung. Für leistungsfähige Rechnerarchitekturen sind diese Performance-Verluste nicht tolerierbar. Es kommt hier ein Mechanismus zur Anwendung, der durch Setzen des ´Invalid´-Bits auf den logischen Pegel ´High´ in der nicht mehr aktuellen Cacheline diese als ungültig markiert.

In den Fällen, in denen die CPU eine Cacheline im Cache modifiziert (Schreibzugriff), muss diese in den Hauptspeicher zurückgeschrieben werden. Wenn sich ein Cache-

Miss ereignet, so wird nach einem der angegebenen Algorithmen eine Cacheline ausgelagert und die erforderliche eingeräumt. Dabei muss die ausgelagerte Cacheline nicht zurück in den Hauptspeicher geschrieben werden, wenn sie im Cache nicht durch die CPU modifiziert wurde, da noch eine identische Kopie davon im Hauptspeicher existiert. Auch für diese Modifikation ist ein Bit innerhalb der Cacheline vorgesehen, das angibt, ob ein Rückschreiben erforderlich ist (Modify-Bit = 1) oder nicht.

Für Cache-Zugriffe dominieren Leseoperationen. Alle Befehlszugriffe lesen nur und schreiben nicht. Während das Lesen einer Cacheline im Block-Rahmen des Cache beginnt, sobald die Block-Rahmen-Adresse verfügbar ist, wird nur der Teil der Cacheline modifiziert, der vom Prozessor spezifiziert worden ist (1-8 Byte). Zuerst wird die ursprüngliche Cacheline im Cache gelesen, dann wird sie modifiziert und schließlich geschrieben. Dabei kann die Modifikation erst beginnen, wenn über das Tag ein Cache-Hit signalisiert wird. Die Schreiboperation nimmt im Normalfall etwas mehr Zeit in Anspruch, da beim Schreiben die Tag-Prüfung nicht parallel dazu ausgeführt werden kann. Es werden bei Cache-Entwürfen zwei verschiedene Schreibstrategien benutzt:

- Write-Through: Die Informationen werden nach dem Modifizieren sowohl in den Cache als in auch in den Hauptspeicher ´durchgeschrieben´.
- Write-In (Copy back): Die Informationen werden nach dem Modifizieren nur in den Cache geschrieben, die modifizierte Cach-Line wird erst in den Hauptspeicher zurückgeschrieben, wenn sie im Cache ersetzt wird.

Beide Methoden haben sowohl Vor- als auch Nachteile. Der Vorteil des Write-Through-Verfahrens besteht in der einfacheren Implementierung. Inhalt von Cache und Hauptspeicher sind immer identisch, und es gibt somit keine Kohärenzprobleme. Der Nachteil liegt im Leistungsverlust, weil die Schreibzugriffe durch die gleichzeitige Aktualisierung des Hauptspeichers sehr langsam sind (Verhältnis der Schreib-Lese-Operationen 1:3).

Beim Write-In-Verfahren wird das Schreiben mit der Geschwindigkeit des Cache durchgeführt, und mehrfaches Schreiben in einen Block-Rahmen erfordert nur einen Schreibzugriff auf den Hauptspeicher. Der Nachteil liegt in einer komplexen Daten-Kohärenzsteuerung, d.h. bei einem Cache-Miss wird die zu überschreibende Cacheline insgesamt zurück in den Hauptspeicher geschrieben, ehe an ihren Platz eine neue Cacheline eingelesen wird. Außerdem ist eine Invalidierung von Cachelines bei Änderungen im Hauptspeicher durch Ein-/Ausgaben notwendig (Bus Snooping für Write Through- und MESI für Write-In-Verfahren).

9.7.3.6 Nachladen des Cache

Benötigt die CPU Daten, so fordert sie diese an, indem sie die gewünschte Adresse auf den Adressbus legt. Nach Möglichkeit wird versucht, das Datum aus dem Cache zu laden (Cache-Hit). Im Falle eines Cache-Misses muss der entsprechende Hauptspeicherzugriff durchgeführt werden.

9 Hauptspeicher

Prinzipiell existieren zwei alternative Verbindungen zwischen CPU und Hauptspeicher bzw. Cache. Je nachdem, wie der Adresspfad implementiert ist, wird zwischen Look-Through-Cache und Look-Aside-Cache unterschieden.

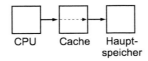

Abbildung 9.49   *Look-Through-Cache*

Die Strategie des Look-Through-Cache ist dadurch gekennzeichnet, dass der Verbindungsweg des Adressbus von der CPU zum Hauptspeicher über den Cache läuft (Abbildung 9.49). Wenn die CPU auf eine Adresse zugreifen will, sucht sie diese zuerst im Cache. Lediglich im Falle eines Cache-Misses sucht sie die gewünschte Adresse im Hauptspeicher.

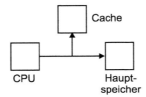

Abbildung 9.50   *Look-Aside-Cache*

Beim Look-Aside-Cache führt der Adressenbus von der CPU sowohl zum Cache als auch zum Hauptspeicher, d.h. der Bus verzweigt (Abbildung 9.50). Die CPU sucht voneinander unabhängig gleichzeitig im Cache und im Hauptspeicher. Wird die geforderte Adresse im Cache gefunden, bricht die parallele Suche im Hauptspeicher ab.

In beiden Verfahren wird der Zugriff zum Hauptspeicher (Look-Through) bzw. der Abbruch des Hauptspeicherzugriffs (Look-Aside) vom Cache-Controller überwacht.

Beide Methoden haben ihre Vor- und Nachteile. Der Look-Through-Cache benötigt für die Implementierung eine aufwendige Logik, die sich einerseits in höheren Kosten niederschlägt und andererseits langsamer ist, da die Adressenwege nach dem erfolglosen Suchvorgang im Cache zum Hauptspeicher durchgeschaltet werden müssen. Der Vorteil der Look-Through-Verbindung liegt dagegen in der relativ niedrigen Busbelastung zum Hauptspeicher. Die geringere Busbelastung bewirkt weniger Synchronisationskonflikte bei Shared Memory Systemen, welche die Hauptspeicherzugriffe zusätzlich verzögern würden. Auf Grund der angegebenen Nachteile werden Look-Through-Cache-Speicher fast ausschließlich in anspruchsvolleren Rechnerarchitekturen und generell in eng-gekoppelten Multiprozessorsystemen benutzt. Look-Aside-Speicher nehmen den Vorteil der relativ einfachen Implementierung und eines schnelleren Zugriffs für sich in Anspruch. Diese Gründe bilden die Ursache dafür, dass der Look-Aside-Cache in Low Cost-Rechnern (Personal Computer) zum Einsatz kommt. Selbst auf PC-Boards mit 2 und 4 Intel Pentium-Prozessoren wird momentan der

9.7 Techniken zur Beschleunigung der Hauptspeicherzugriffe

Look-Aside-Cache bevorzugt. Es bleibt aber abzuwarten, wann diese Strategie durch den in diesem Falle günstigeren Look-Through-Cache abgelöst wird.

Im Zusammenhang mit den alternativen Verbindungswegen zwischen CPU und Cache einerseits und Hauptspeicher andererseits ergibt sich die Frage nach den auszulösenden Aktionen im Falle eines Cache-Miss. Bei einem Fehlzugriff zum Cache wird ein Nachladen der gesuchten Cacheline aus dem Hauptspeicher in einen Block-Rahmen des Cache notwendig. Im Interesse einer zeiteffektiven Nachlade-Prozedur werden sowohl das Zurückschreiben einer Cacheline in den Hauptspeicher (Write in) als auch das Einräumen der von der CPU gewünschten Cacheline parallel ausgeführt. Das setzt wiederum ein Register voraus, das die aus dem Cache auszulagernde Cacheline aufnimmt und dadurch den betreffenden Block-Rahmen zum Neubelegen freigibt.

Dieses Register heißt Store-Back-Buffer. Ein weiteres Register, das als Cache-Reload-Buffer bezeichnet wird, nimmt die Cacheline auf, die in den freien Block-Rahmen des Cache geladen und gleich an die CPU weitergereicht wird. In der Abbildung 9.51 ist der Nachlade-Mechanismus für die IBM 3090- und RS/6000-Architektur dargestellt. Im Falle einer im Cache als ungültig markierten Cacheline wird diese einfach überschrieben und an die CPU übergeben. Der Datentransport einer Cacheline vom Cache-Reload-Buffer in den Cache und das Übergeben dieser Cacheline an die CPU gestalten sich unproblematisch, wenn die Breite der Cacheline genau der des Datenbuses (z.B. 4 Byte) entspricht.

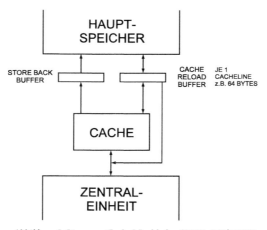

Abbildung 9.51   Cache-Nachladen (3090, RS/6000)

Für größere Cachelines entsteht die Schwierigkeit, das von der CPU geforderte 4 Byte-Wort so schnell wie möglich aus der nachzuladenden Cacheline von z.B. 128 Byte herauszufinden und der CPU zur Verfügung zu stellen. Für eine Cache-Größe von 128 Byte und einer CPU-Datenbusbreite von 4 Byte müssen 32 Worte nacheinander aus dem Hauptspeicher über den Cache-Reload-Buffer in den Cache geholt und der

CPU übergeben werden. Sinnvollerweise werden Cache-Reload- und Store-Back-Buffer in diesem Fall ebenfalls in einer Breite von 128 Byte realisiert. Im Prinzip müssen alle 32 Worte im Cache verfügbar sein, um einen Zugriff der CPU zur entsprechenden Cacheline zu ermöglichen. Das bedeutet, dass sehr viel Zeit vergeht, bis alle 32 Worte im Block-Rahmen eingelesen sind. Um z.B. den Zugriff der CPU auf das Wort 17 der Cacheline schneller durchführen zu können, wird mit der Übertragung des Wortes 17 in den Block-Rahmen und zur CPU begonnen. Anschließend folgen die Worte 18-32 und 1-16. Diese Prozedur nimmt zwar 32 Taktzyklen in Anspruch, erhöht aber die Leistung der Architektur insgesamt. Falls 32 Worte vorher aus einem der Block-Rahmen des Cache in den Store-Back-Buffer ausgeräumt werden müssen, dauert die Prozedur 64 Taktzyklen. Diese Zugriffsverzögerung bildet einen der Hauptgründe für die Implementierung einer geringen Cacheline-Größe, die der Breite des Datenbuses zwischen CPU und Hauptspeicher entspricht.

9.7.3.7 L1 -, L2-Cache

Im Interesse einer besseren Anpassung der CPU-Zykluszeit und der Zugriffszeit zum Cache wurde die Speicherhierarchie nochmals um einen zusätzlichen Schnellspeicher erweitert. Zwischen CPU und Hauptspeicher liegen jetzt zwei Cache-Speicher, die als L1- und L2- (Level 1, Level 2) Cache bezeichnet werden. Zahlreiche aktuelle Prozessoren arbeiten sogar mit drei Cache-Speichern. Hochleistungsrechner der 80er Jahre waren schon mit der zweistufigen Cache-Hierarchie ausgerüstet, im PC-Bereich arbeitet die Intel 80486-Architektur mit der L1-L2-Cache-Struktur. Der ursprüngliche Intel 80386-Mikroprozessor kannte keinen Cache, es bestand aber für den Nutzer die Möglichkeit, diesen später nachzurüsten. Bei der Entwicklung der 80486-Architektur konnte auf Grund der fortgeschrittenen Silizium-Technologie auf dem Chip Platz eingespart werden. Dies ermöglichte die Integration des Cache auf dem Prozessor-Chip und bedeutete eine signifikante Verringerung der Signallaufzeiten zwischen CPU und Cache, da der Prozessor-Chip nicht verlassen werden musste. Außerdem wollte man der Forderung nach einem möglichst großen Cache Rechnung tragen, was aber durch den Stand der Halbleitertechnik ´on chip´ nicht realisierbar war. Aus diesem Grund wurde die 80486-Architektur mit einem 8 KByte-Write through-´on chip´ als L1-Cache (4-Weg-Set-assoziativ) und einem 64 -512 KByte Write in- auf dem Motherboard ´off chip´ als L2-Cache (1-Weg-Set-assoziativ) ausgerüstet (Abbildung 9.52).

Dabei bildet der Inhalt des L1- wieder eine Teilmenge des L2-Cache und die Zugriffe zum L1 erfolgen schneller als die zum L2. Infolge des Write through-L1-Cache mit einem Lese-/Schreibverhältnis von 3:1 und einem Write in-L2-Cache mit einem 1:1 Verhältnis, ist im Falle eines L1-Cache-Miss bei jedem zweiten L2-Zugriff ein Hauptspeicherzugriff erforderlich. Auch namhafte Computerhersteller (Compaq) implementierten ursprünglich ihren L1-Cache in dieser Organisation. Spätere Rechnerarchitekturen ersetzten den Write-through-L1- durch einen Write-in-L1-Cache, der dieses Zugriffsproblem beseitigte. Weiterhin erschienen Rechnerarchitekturen mit L3-Caches (DEC Alpha, AMD K6-III) auf dem Markt. Der Nachfolger der Intel Pentium-

9.7 Techniken zur Beschleunigung der Hauptspeicherzugriffe

Architektur (P6) enthält auf einem Keramik-Modul zwei Chips. Der eine integriert die eigentliche CPU und den L1-Cache, der zweite bildet den L2 (256 KByte). In der P6-Architektur werden generell SRAM-Zellen mit 6 Transistoren verwendet. Auf dem Cache-Chip des P6 sind allein 15.5 Millionen Transistoren (256 K * 8 = 2048 K Bit *6 Transistoren/Bit = 12 Millionen) untergebracht. Auf den Chip mit CPU und L1-Cache entfallen ca 5-7 Millionen Transistoren. Intels aktuell leistungsfähigster Desktop-Prozessor Core i7 980X arbeitet mit 6 Prozessorkernen mit jeweils einem eigenen 256 KByte-L2-Cache und einem von allen Kernen gemeinsam genutzten 12 MByte-L3-Cache. Diese Bauelemente werden mit 1.17 Milliarden Transistoren auf einem Chip vereinigt.

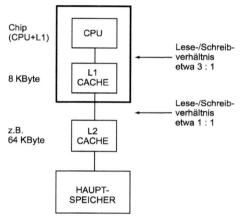

Abbildung 9.52   *Intel 80486 2-stufige Cache Hierarchie*

In der Abbildung 9.53 wird am konkreten Beispiel des Mikroprozessors 80486 DX2 der Firma Intel der L1-L2-Nachladeprozess gezeigt. Bei dieser Architektur wird die eigentliche CPU mit einer Frequenz von 66 MHz getaktet (Maschinenzykluszeit =$1/(66 * 10^6$ s) = 16.6 ns). Der externe Bus, d.h. der Daten- und Adressenbus, läuft aber aus Gründen der Timing-Anpassung zwischen CPU und Speicher nur mit der halben Taktfrequenz (33 MHz → 30 ns Maschinenzykluszeit). Dieses Verfahren der Halbierung der internen Taktfrequenz wird auch in anderen Rechnerarchitekturen angewendet (Pentium). Bei einer Zykluszeit von 30 ns muss der L2-Cache durch SRAM-Bausteine mit einer Zugriffszeit von ca. 20 ns implementiert werden.

9 Hauptspeicher

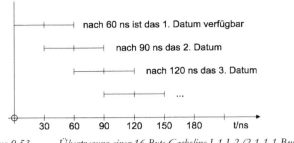

Abbildung 9.53   Übertragung einer 16 Byte Cacheline L1-L2 (2-1-1-1 Burst)

Unter dieser Voraussetzung funktioniert die Übertragung einer 16 Byte Cacheline vom L2- über den L1-Cache zur CPU problemlos. Da der CPU-Bus zum Cache nur eine Breite von 4 Byte besitzt, erfolgt die Übertragung in 4 Schüben zu je 4 Byte. Zuerst wird eine einzige Adresse zum Cache geschickt, anschließend die restlichen drei Adressen (Adresse +1, +2, +3). Das Verfahren wird auch als 2-1-1-1 Burst bezeichnet, weil 2 Takte zu je 30 ns benötigt werden, um das erste 4 Byte-Wort zur CPU zu transportieren, anschließend jeweils 1 Takt, um die restlichen drei 4 Byte-Worte zu holen, d.h. nach insgesamt 150 ns ist die Cacheline komplett im Besitz der CPU. Problematisch bei der 80486-Architektur gestaltet sich der Fall eines Cache-Misses. Wenn die Cacheline (16 Byte) über 4 Store-Back-Buffer (Saturn Chip-Satz) zu je 4 Byte zurück in den Hauptspeicher geschrieben werden muss und parallel dazu über den Cache-Reload-Buffer die gewünschte Cacheline eingeräumt wird, vergehen mindestens 150 ns. Die MIPS-Architektur (T 5) ist dagegen in der Lage, bis zu 4 Cache-Miss-Zugriffe zu tolerieren. Durch eine aufwendige Logik wird sichergestellt, dass die Fehlzugriffe 2, 3 und 4 bearbeitet werden, ehe die Nachlade-Prozedur des Cache-Misses 1 abgeschlossen ist. Es kann eingeschätzt werden, dass der Logik-Aufwand mit der Größe der verwendeten Cacheline zunimmt. Desweiteren ergeben sich mit der erweiterten Speicherhierarchie (Multiple Caches einschließlich Store-Back- und Reload-Buffer) Datenkohärenz-Probleme. Diese Schwierigkeiten bilden in erster Linie den Grund dafür, warum in Billig-Architekturen mit kleinen Cachelines gearbeitet wird.

9.7.3.8 Cache mit virtueller Speichertechnik

Heutige Standard-Betriebssysteme für den PC- und Workstation-Bereich wie z.B. Windows, alle Unix-Betriebssysteme (Linux, Solaris, AIX, HP UX) sowie Betriebssysteme für Großrechner (IBM /390: VSE, VM, MVS) arbeiten grundsätzlich mit virtueller Speicherverwaltung. Diese wird auch von sämtlichen 32 und 64 Bit-Rechnerarchitekturen unterstützt. Zwecks Integration des Cache-Speichers in die virtuelle Speichertechnik gibt es zwei unterschiedliche Implementierungsmöglichkeiten.

Die erste besteht darin, dass der Cache-Speicher mit virtuellen Adressen adressiert wird („virtueller Cache"). In den meisten Fällen werden die benötigten Befehle und Daten im Cache gefunden, und nur bei einem Cache-Miss muss eine Adressumsetzung durchgeführt bzw. die virtuelle Adresse in eine reale Hauptspeicheradresse übersetzt und mittels dieser die Cacheline aus dem Hauptspeicher in den Cache eingeräumt werden.

Das zweite Verfahren übersetzt zunächst alle virtuellen Adressen der Zentraleinheit mit Hilfe einer Adressumsetz-Einheit (Adressumsetzpuffer) in reale Adressen und durchsucht damit anschließend das Tag RAM („realer Cache").

Während der Hersteller Sun mit der Sparc-Architektur die erste Methode implementiert, benutzen andere Firmen z. B. DEC (Alpha), IBM (PowerPC, /390 Serie) und Intel (80xxx) den realen Cache.

Der virtuelle Cache hat sich aus zwei verschiedenen Gründen nicht durchgesetzt. Das erste wesentliche Problem besteht darin, dass bei einem Prozesswechsel der neue Prozess prinzipiell über einen anderen virtuellen Adressraum verfügt. Deshalb muss grundsätzlich der gesamte Cache komplett ausgeräumt werden (Cache flush). Handelt es sich um einen Write-Back-Cache, so muss eine bestimmte Menge von Cachelines zurückgeschrieben werden, und diese Aktion verzögert den Prozesswechsel beträchtlich. Das zweite Problem steht im engen Zusammenhang mit der sogenannten Alias-Adressierung. Letzteres bedeutet, dass zwei Prozesse zwar mit separaten virtuellen Adressräumen arbeiten, aber innerhalb des jeweiligen Adressraumes ein Speicherbereich (shared segments) vorgesehen ist, auf den beide Prozesse zugreifen können. Da auf den Cache über virtuelle Adressen zugegriffen wird, kann es passieren, dass zwei Prozesse (z.B. in Multiprozessor-Systemen) auf denselben Hauptspeicherbereich schreiben. Um diese Situationen auszuschließen, muss ein Betriebssystem solche ´shared segments´ prinzipiell ausschließen.

9.7.4 Prefetch-Buffer

Dem Cache-Speicher eng verwandt ist der Prefetch-Buffer. Er stammt aus der Zeit, als ein Rechner noch nicht mit einem Cache ausgerüstet war und man die Notwendigkeit einer Hardware-Einrichtung zwischen der CPU und dem Hauptspeicher erkannte, um den Zugriff zu Maschinenbefehlen und Daten zu beschleunigen. Der Prefetch-Buffer speichert in einer Art Vorgriff eine Menge von Maschinenbefehlen eines Programms und verringert dadurch die Zugriffszeit zum Hauptspeicher, d.h. wenn schon ein Befehlszugriff zum Hauptspeicher durch die CPU erfolgt, der durch die Entfernung beider Funktionseinheiten von z.B. 10 cm relativ viel Zeit in Anspruch nimmt, dann sollten nicht nur ein Befehl, sondern gleich mehrere in einem Zwischenspeicher mit einer wesentlich günstigeren Zugriffszeit als die des Hauptspeichers abgelegt werden. Der Prefetch-Buffer liefert solange einen Leistungszuwachs, wie innerhalb des Maschinenprogramms kein Verzweigungsbefehl vorkommt. Statistische Untersuchungen zeigen, dass im Mittel in einem Anwenderprogramm jeder 4. oder 5. Maschinenbefehl einen Verzweigungsbefehl darstellt. Wenn eine Programm-Verzweigung auftritt, muss ein ´Flush´ des Prefetch-Buffers erfolgen, d.h. sein Inhalt wird komplett ausgeräumt und entsprechend andere Maschinenbefehle werden eingelesen. Dieser Fall tritt aber frühestens nach jedem 4. Maschinenbefehl ein und liefert deshalb insgesamt eine Verbesserung der Rechenleistung. Auf Grund dieser Tatsache und der Breite eines Maschinenbefehls ergaben sich Hinweise auf die optimale Größe des Prefetch-Buffers. Umfangreiche Untersuchungen mit dem Capitol-Mikroprozessor der IBM /390-Architektur ergaben eine Größe des Prefetch-Buffers von 10-12 Byte. Größere Puffer brachten einen negativen Leistungszuwachs. Es sind in der Vergangenheit Rechner gebaut worden, die eine Havard-Architektur mit einem Prefetch-Buffer für Befehle und einem Cache für Daten implementieren. In den modernen, leistungsfähigen Rechenanlagen wird in der Regel beides benutzt, auf der Befehlsseite einen Befehls-Cache und einen Prefetch-Buffer und andererseits einen Daten-Cache.

9.7.5 Pro und Kontra Havard-Architektur

Einen typischen Vertreter der Havard-Architektur (getrennter Cache für Befehle und Daten) stellt der Alpha-Mikroprozessor (Firma DEC) dar. Befehls- und Daten-L1-Cache des Alpha-Mikroprozessors 21264 haben eine Größe von je 64 KByte bei einer Cacheline von 32 Byte und einer 1-Weg-Set-assoziativen Organisation und 96 KByte L2-Cache (unified). Die 80486-Architektur [Int 90] der Firma Intel bevorzugt einen einheitlichen Cache für Befehle und Daten von 8 KByte. Die Architekturen SuperSPARC (Texas Instruments) und PowerPC (IBM, Motorola) implementieren Cache-Größen von 36 KByte bzw. 32 KByte.

Ein interessantes Problem bildet bei einer festen Silizium-Fläche auf dem CPU-Chip die Aufteilung des L1-Caches in Befehls- und Daten-Cache im Falle einer Havard-Architektur. Die Optimierung dieser Aufgabe ist bis zum heutigen Tag nicht gelöst und offensichtlich von der speziellen Anwendung abhängig. So hat der Intel 80860-Mikroprozessor einen relativ kleinen Cache von 12 KByte, für den der Befehls-Cache 4 KByte und der Daten-Cache 8 KByte enthält. Dagegen besitzt der SuperSPARC einen Befehls-Cache von 20 KByte Größe. Die unterschiedlichen Auffassungen bei der Architektur-Auswahl des Cache-Speichers zeigen sich bei der Entwicklung der PowerPC-Architektur. Der 601-Mikroprozessor (RS/6000) wurde mit einem einheitlichen Cache für Befehle und Daten ausgerüstet. Doch das Ziel einer optimalen Aufteilung zwischen Befehls- und Daten-Cache wurde offenbar nicht erreicht. Für den Nachfolger des PPC 601 in Form des PPC 604 Prozessors rückte man wieder von der Strategie des einheitlichen Cache ab und implementierte einen geteilten Cache-Speicher. Der Nachteil des ´split-cache´ gegenüber dem ´unified cache´ besteht in der Möglichkeit, Cache-Speicherplatz zu verschenken. Der Vorteil der Havard-Architektur liegt in der Erhöhung der Übertragungs-Bandbreite zwischen CPU und Cache-Speicher.

10 Mikroprogrammierung

Nach der gesamten Speicher-Problematik einer Rechnerarchitektur soll die interne Verarbeitungsstruktur behandelt werden. Besondere Berücksichtigung finden dabei die Mikroprogrammierung und die Pipeline-Verarbeitung.

Zunächst sind jedoch noch einige Anmerkungen zur Mikroprogrammierung notwendig, die in der Struktur der Rechner sehr kontrovers gehandhabt worden ist.

Für ein besseres Verständnis dieser Thematik sei an die Ablaufsteuerung des Einfachst-Rechners erinnert. Diese erfolgt für einen derartigen Rechner durch Clocksignale, die mittels eines speziellen Clock-Generators erzeugt werden. In dem dargestellten primitiven Fall existiert eine Phase, in der ein Befehl aus dem Hauptspeicher ausgelesen (Instruction-Phase) und eine weitere Phase, in der dieser Befehl ausgeführt wird (Execution-Phase).

Diese Grobstruktur ist in Wirklichkeit sehr viel komplizierter. In den 50er oder 60er Jahren wurden noch Rechner gebaut, die tatsächlich in dieser Art funktionierten. Für die interne Steuerung des Rechners dient heute ein Steuerwerk, das eine Vielzahl von Steuersignalen generiert, die dann jeweils den Befehlszähler inkrementieren, die arithmetisch/logische Einheit veranlassen, z.B. eine Addition auszuführen usw.

Die Ablaufsteuererung kann prinzipiell durch eine Reihe von Gattern (UND, ODER, NICHT) aufgebaut werden und den sogenannten ´hardwired´ (festverdrahteten)-Rechner darstellen. Alternativ besteht dazu die Möglichkeit, dieses Steuerwerk als Read-Only-Memory auszubauen, das den Opcode und das Clocksignal als Adresse erhält und dann die entsprechenden Steuersignale erzeugt.

Die Abbildung 10.1 stellt ein Read-Only-Memory dar, das 3 Adressleitungen hat und damit $2^3=8$ Worte speichern kann. Der ROM-Baustein setzt sich aus einem Adressdekodierer und einer Speichermatrix zusammen. Der Adressdekodierer stellt eine UND-Matrix dar, deren Eingänge die 3 Adressleitungen nichtinvertiert und invertiert bilden. Die Wortlänge kann beliebig sein, denn es wird jeweils eine der Wortleitungen ausgewählt. In dem Beispiel der Abbildung 10.1 ist die Wortbreite 8 Bit, sie könnte aber auch 12, 16, 32 oder 64 Bit sein. Eine 1 wird auf der ersten senkrechten Datenleitung dann erreicht, wenn z.B. OP0 = OP1 = OP2 High-Pegel annehmen und der Kreuzungspunkt in der linken oberen Ecke der Speichermatrix über eine Diode mit dieser verbunden ist, während alle anderen Kreuzungspunkte in der obersten Wortleitung unterbrochen sind.

Der Einfachst-Rechner hat ein Opcodefeld von insgesamt 4 Bit, das die Kodierung von 16 Maschinenbefehlen erlaubt. Für jeden dieser Maschinenbefehle werden 2 Worte benötigt, eines für die Instruction- und eines für die Execution-Phase (Abbildung 10.2). Daher existieren für jeden der 16 möglichen Opcodes 2 solche Worte, die durch das Steuersignal Clock (0, 1) selektiert werden. Wenn es sich z.B. um den Opcode 6 handelt, dann wird also zunächst die Adresse 12 (Instruction Phase für den Opcode 6) und anschließend die Adresse 13 (Execution Phase für den Opcode 6) ausgelesen. Diese Ablaufsteuerung ist natürlich sehr primitiv und in modernen Rechnerarchitekturen wesentlich komplizierter.

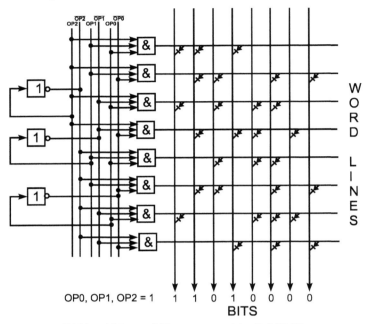

Abbildung 10.1   Mikroprogrammspeicher für 8 Bit Worte

Die Ablaufsteuerung für einen relativ komplexen Maschinenbefehl, der 2 Operanden aus dem Hauptspeicher ausliest, sie dezimal addiert und dann das Ergebnis in den Hauptspeicher zurückschreibt, ist in der Abbildung 10.3 dargestellt. Die Operanden sollen dabei nicht in Registern, sondern auf Hauptspeicherplätzen abgelegt sein. Einer der Gründe für eine solche Voraussetzung ist die unterschiedliche Breite der Dezimaloperanden. Für den Ablauf wird zunächst die Adresse des nächsten Maschinenbefehls berechnet und dieser aus dem Hauptspeicher ausgelesen (1. Hauptspeicherzugriff). Anschließend wird dieser Befehl dekodiert und der Befehlszähler incrementiert. Nach der Berechnung der effektiven Adresse wird über die virtuelle Adressumsetzung die reale Hauptspeicheradresse des Operanden ermittelt und anschließend der Hauptspeicherzugriff durchgeführt. Diese Prozedur wiederholt sich bei einem zusätzlichen Operanden. Einen weiteren Schritt bildet die eigentliche Operation, z.B. 'Decimal Add'. Ist die Adresse im Hauptspeicher, die das Ergebnis aufnehmen soll, verschieden (Drei-Adress-Befehl), erfolgt die Berechnung der effektiven Adresse der Zieladresse und das Abspeichern darauf. Im Anschluss daran kann der nächste Maschinenbefehl bearbeitet werden.

9.7 Techniken zur Beschleunigung der Hauptspeicherzugriffe

OP CODE	ROM ADDRESS	WRITE [RAM]	INC [PC]	CLOCK [PC]	ADDR =IR	CLOCK [IR]	CLOCK [ACC]	ALU CIN	ALU MODE	ALU 3	ALU 2	ALU 1	ALU 0
0	0	1	0	0	1	0	0	0	1	1	1	1	1
	1	0	1	0	0	1	0	0	0	0	0	0	0
1	2	0	0	0	1	0	1	0	1	1	0	1	0
	3	0	1	0	0	1	0	0	0	0	0	0	0
2	4	0	0	1	1	0	0	0	0	0	0	0	0
	5	0	1	0	0	1	0	0	0	0	0	0	0
3	6	0	0	0	1	0	1	0	0	1	0	0	1
	7	0	1	0	0	1	0	0	0	0	0	0	0
4	8	0	0	0	1	0	1	1	0	0	1	1	0
	9	0	1	0	0	1	0	0	0	0	0	0	0
5	10	0	0	0	1	0	1	0	1	1	1	1	0
	11	0	1	0	0	1	0	0	0	0	0	0	0
6	12	0	0	0	1	0	1	0	1	1	0	1	1
	13	0	1	0	0	1	0	0	0	0	0	0	0
7	14	0	0	0	1	0	1	0	1	0	1	1	0
	15	0	1	0	0	1	0	0	0	0	0	0	0
8	16	0	1	0	0	1	1	0	1	0	0	0	0
	17	0	0	0	0	0	0	0	0	0	0	0	0
9	18	0	1	0	0	1	1	1	0	0	0	0	0
	19	0	0	0	0	0	0	0	0	0	0	0	0
10	20	0	1	0	0	1	1	0	0	1	1	1	1
	21	0	0	0	0	0	0	0	0	0	0	0	0
11	22	0	1	0	0	1	1	0	1	0	0	1	1
	23	0	0	0	0	0	0	0	0	0	0	0	0
12	24	0	1	0	0	1	0	0	0	0	0	0	0
	25	0	0	0	0	0	0	0	0	0	0	0	0
13	26	0	1	0	0	1	0	0	0	0	0	0	0
	27	0	0	0	0	0	0	0	0	0	0	0	0
14	28	0	1	0	0	1	0	0	0	0	0	0	0
	29	0	0	0	0	0	0	0	0	0	0	0	0
15	30	0	1	0	0	1	0	0	0	0	0	0	0
	31	0	0	0	0	0	0	0	0	0	0	0	0

Abbildung 10.2   Mikroprogrammcode

Ähnlich den Zweizyklusoperationen besteht die Möglichkeit, das Steuerwerk ebenfalls mit hard-verdrahteten Transistorschaltkreisen aufzubauen. Der Unterschied besteht darin, dass im Fall des Einfachst-Rechners jeder Maschinenbefehl in 2 Zyklen, d.h. ´Befehl auslesen´ und ´Befehl ausführen´, abgearbeitet wird, während in einer realen Rechnerarchitektur eine weitaus größere Anzahl von Zyklen notwendig ist.

10 Mikroprogrammierung

Man kann die entsprechenden Bitmuster aber auch aus einem Read-Only-Memory auslesen. Dann gibt es nicht 2 Mikroprogrammworte, um einen bestimmten Maschinenbefehl zu implementieren, sondern entsprechend Abbildung 10.3 insgesamt 8 bzw. 11 Zyklen für den Fall, dass es sich um zwei Operanden-Adressen handelt. Das bedeutet: Der Mikroprogrammspeicher muss 11 Worte beinhalten, um diesen Maschinenbefehl ausführen zu können. Da die Ausführung eine Verzweigungsoperation enthält, muss innerhalb eines derartigen Mikroprogramms eventuell sogar auf ein vorher benutztes Wort zugegriffen werden. Für jeden Maschinenbefehl sind jeweils in einem Zyklus dementsprechend eine ganze Reihe von Mikroprogrammworten auszulesen bzw. zu implementieren. Eine solche Folge von Mikroprogrammworten wird als Mikroprogramm bezeichnet (Abbildung 10.4).

Das Aussehen dieser Mikroprogrammworte unterscheidet sich von dem der Maschinenbefehle eines Rechners. Die /360-Architektur war eine der ersten moderneren Rechner mit einem mikroprogrammierten Steuerwerk [Gil 93, SBN 82].

Ausgehend von der prinzipiellen Struktur eines Mikroprogramm-Steuerwerks (Abbildung 10.5) unterscheidet man horizontale und vertikale Mikroprogramme.

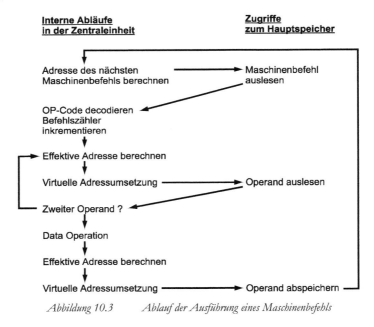

Abbildung 10.3   Ablauf der Ausführung eines Maschinenbefehls

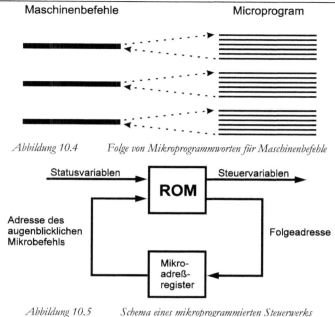

Abbildung 10.4   Folge von Mikroprogrammworten für Maschinenbefehle

Abbildung 10.5   Schema eines mikroprogrammierten Steuerwerks

10.1 Horizontale Mikroprogramme

In dem traditionellen Fall der Mikroprogrammierung werden sogenannte horizontale Mikroprogrammworte verarbeitet [HeP 96]. Wenn der Rechner einen Maschinenbefehl abarbeitet, erfolgt die Ablaufsteuerung durch Schreiben eines Anfangswertes in ein Mikroprogramm-Adressregister. Dieser Anfangswert entspricht in dem Mikroprogrammspeicher einer Anfangsadresse, z.B. für den Opcode 8 (Einfachst-Rechner) handelt es sich um die Adresse 16, von der das erste Wort ausgelesen wird. Anschließend wird das Mikroprogramm-Adressregister inkrementiert und das 2., 3., 4., 5., 6. und 7. Wort ausgelesen. Die ausgelesenen Worte beinhalten immer 2 Felder (Abbildung 10.6). Das erste Feld umfasst neben der Adresse die sogenannte Statusinformation. Zusätzlich ist noch ein zweites Feld vorhanden, welches die Folgeadresse und die codierten Steuersignale enthält. Erstere repräsentiert in der Regel die vorhandene Adresse plus 1. Die Folgeadresse kann aber für den Fall, dass man eine Verzweigung benötigt, auch ein anderer Wert sein. Diese Arbeitsweise mit einer Folgeadresse erlaubt eine sehr große Flexibilität.

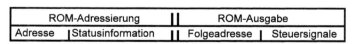

Abbildung 10.6   Horizontales Mikroinstruktionsformat

10 Mikroprogrammierung

Die gesamten Informationen bzw. das Mikroprogramm müssen in den ROM eingebrannt werden und liefern die Eingänge für die Dekodierlogik, die am Ausgang letztlich die dekodierten Steuersignale für alle Funktionseinheiten der CPU generieren (Abbildung 10.7). In modernen Rechnerarchitekturen findet man keine derartigen Mechanismen mehr, die mit Folgeadressen anstatt eines Befehlszählers arbeiten. In der Vergangenheit sind aber Rechner mit horizontalen Mikroprogrammen implementiert worden (IBM 650-Trommelrechner).

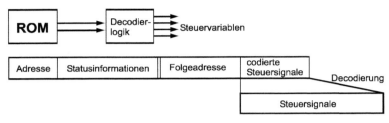

Abbildung 10.7   Codierte Mikroinstruktionen

10.2 Vertikale Mikroprogramme

Das vertikale Mikroprogramm verwendet einen Mikroprogrammbefehlszähler, der von Befehl zu Befehl incrementiert wird. Der Ausgang des ROM erzeugt sowohl den Daten-, als auch den Steuereingang für einen Demultiplexer. Der Steuereingang entscheidet über die Befehlsart. Der Ausgang liefert einerseits die Steuervariablen und andererseits das Signal für die Incrementierung des Mikroprogrammbefehlszählers. Dieser Sachverhalt und das vertikale Mikrobefehlsformat sind in der Abbildung 10.8 dargestellt.

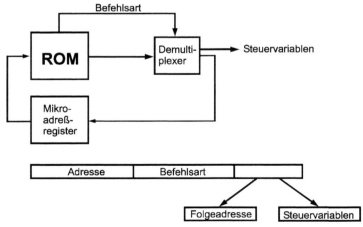

Abbildung 10.8   Vertikales Mikroinstruktionsformat, vertikaler Mikrocode

Der Hauptvorteil des vertikalen Mikroprogramms besteht darin, dass die Mikroprogrammbefehle in kompakter Form verwendet werden. Nachteile gegenüber dem horizontalen Mikroprogramm ergeben sich dadurch, dass ein vertikales Mikroprogramm insgesamt mehr Code benötigt. Letzteres ist langsamer und herkömmlichen Maschinenprogrammen ähnlich. Der Parallelitätsgrad ist deutlich niedriger als der horizontaler Mikroprogramme.

10.3 Adressierung mittels Statusinformation

Eine weitere Alternative zur Adressierung des Mikroprogrammspeichers erfolgt über das Mikroprogramm-Adressregister. Die Adresse, mit deren Hilfe der ROM adressiert wird, besteht aus 2 Feldern. Das erste Feld enthält den Inhalt des Adressregisters und das zweite Feld die Statusinformation. Letztere kann z.B. aus einer vorhergehenden arithmetischen Operation erzeugt worden sein: Bei einer Binäraddition ist ein Überlauf infolge einer 32 Bit-Addition aufgetreten, wobei die 33. Position von einem zusätzlichen Flipflop aufgenommen wurde. Dieses Signal des FlipFlops kann an den Mikroprogrammspeicher weitergegeben werden und je nachdem, ob ein Überlauf aufgetreten ist oder nicht, wird das betreffende nächste Wort im Mikroprogrammspeicher ausgewählt. Auf diese Weise wird also ein Verzweigungsmechanismus eingebaut, d.h. die Adresse, mit der dieser Mikroprogrammspeicher adressiert wird, setzt sich aus der Adresse des Mikroprogramm-Adressregisters plus einer zusätzlichen Statusinformation zusammen, die aus Zuständen der CPU abgeleitet wird (Abbildung 10.9).

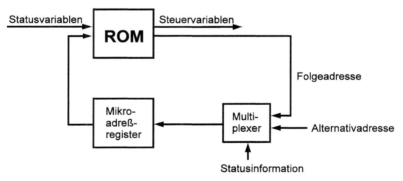

Abbildung 10.9   *Folgeadressenzuordnung in Abhängigkeit von der Statusinformation*

In seiner Gesamtheit ergibt dies einen mächtigen Steuermechanismus, mit dem man beliebig komplexe Abläufe realisieren kann. Das einzige Problem in diesem Zusammenhang folgt aus der praktischen Form dieser Mikroprogrammierung.

Die Steuersignale, die gebraucht werden, repräsentieren Bitmuster mit vielen Nullen und Einsen. Bei sorgfältiger Betrachtung stellt sich heraus, dass in diesen Bitmustern viel Redundanz enthalten ist. Das läßt sich ausnutzen, indem diese Steuersignale nicht mit ihren absoluten Binärwerten abgespeichert werden, sondern in einer kodierten Form. Zusätzlich wird eine Dekodierlogik benutzt, um die ursprünglichen Steuersignale wieder zu generieren. Daraus resultiert, dass im Fall moderner Mikroprozessoren das Steuersignalfeld nicht eine typische Breite von 100 Bit, sondern z.B. nur 50 Bit umfasst. Letztere 50 Bit werden aus dem ROM ausgelesen und passieren eine zusätzliche Dekodierlogik, die dann das Bitmuster wieder auf 100 Bit erweitert. Diese 100 Bit bilden die konkreten Steuersignale, die tatsächlich gebraucht werden.

Durch diese Optimierung wird die Breite des ROM-Speichers verringert, und es wird Platz auf dem Chip gespart.

10.4 Zweistufige Mikroprogramme

Werden die Zyklen bezüglich der Zeit optimiert, ist es sinnvoll, dass in dem Ausgangsbitmuster die einzelnen Bits zu unterschiedlichen Zeiten zur Verfügung stehen. Ein derartiges Verhalten kann dadurch erreicht werden, dass bei der Bildung der Steuersignale in der Sequenzierlogik noch zusätzliche Zeitsignale verwendet werden, die bezüglich des Auftretens der Bitmuster eine zeitliche Sequenz realisieren (Abbildung 10.10).

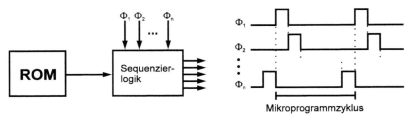

Abbildung 10.10   Mikroprogrammsteuerwerk mit zusätzlicher Sequenzierlogik

Der zeitliche Ablauf eines Maschinenprogramms in einem Rechner erfolgt in der Form, dass zunächst über den Befehlszähler ein Maschinenbefehl nach dem anderen aus einem speziellen Register ausgelesen wird. Weiterhin stellt die Mikroprogrammsteuerung sicher, dass jeder Maschinenbefehl in eine bestimmte Anzahl von Zyklen zerlegt wird, wobei für jeden einzelnen Zyklus ein unterschiedliches Mikroprogrammwort benutzt wird. Mittels der Sequenzierlogik wird noch eine dritte Zeiteinteilung implementiert. Alle drei Arten der Ablaufsteuerung unterscheiden sich dadurch, dass in Richtung der Sequenzierlogik das verwendete zeitliche Raster immer feiner wird. Die zusätzliche dritte Art der Ablaufsteuerung bedeutet, dass ein zweistufiges Mikroprogramm vorliegt: Jeder Maschinenbefehl wird in eine Folge von Mikroprogrammbefehlen zerlegt, und jeder Mikroprogrammbefehl wird dann nochmal in eine Folge von Worten zerlegt, die dann als Nano- oder bei weiterer Verfeinerung als Picoprogramm bezeichnet wird (Abbildung 10.11). Diese Informationen müssen dann in einem zweiten bzw. dritten ROM-Speicher abgelegt werden (Nano- und Picoprogrammspeicher).

Die Abbildung 10.12 zeigt das Steuerwerk der 68000-Architektur der Firma Motorola. Der Nanoprogrammspeicher generiert etwa 180 Steuersignale, die die einzelnen Ab-

10.4 Zweistufige Mikroprogramme

lauffunktionen innerhalb des 68000 steuern. Das Steuerwerk anderer moderner Mikroprozessoren unterscheidet sich nicht wesentlich von dem der 68000-Architektur. Charakteristisch ist der Mikrobefehlszähler anstelle eines Mikroprogramm-Adressregisters.

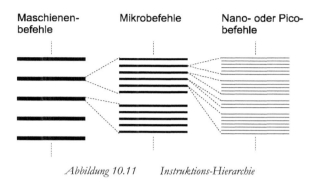

Abbildung 10.11   Instruktions-Hierarchie

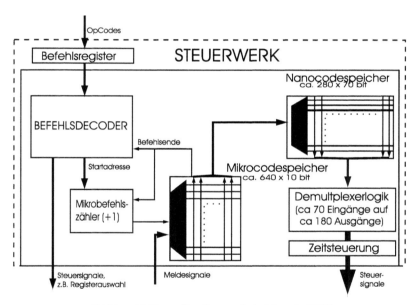

Abbildung 10.12   Das Steuerwerk des Motorola 68000

In der Abbildung 10.13 ist die Befehlssequenz eines /360-Maschinenprogrammes mit einem Branch-If-Equal-Maschinenbefehl dargestellt. Daneben ist das vertikale Mikroprogramm angegeben, das die Ausführung dieses Maschinenbefehls veranlasst. Letzteres beginnt mit dem Abfragen der Statusinformation, dann wird geprüft, ob die Adresse innerhalb der richtigen Grenzen liegt, anschließend wird ein Status gerettet, der erste Teil des Maschinenbefehls geholt usw. Von diesen Mikrobefehlen führt nur ein einziger die tatsächliche Verzweigung aus, alle anderen gehören zum Overhead.

10 Mikroprogrammierung

Da der Aufwand für die Implementierung eines Maschinenbefehls zu hoch erscheint, liegt die Idee nahe, den gleichen Rechner mit den gesamten Mikroinstruktionen zu bauen, aber anstatt eines Objektprogramms mit den entsprechenden Maschinenbefehlen eines mit Mikroinstruktionen zu benutzen. Solche Rechnerarchitekturen wurden auch praktisch implementiert und brachten einen Geschwindigkeitsvorteil von etwa einem Faktor 6-10. Diese Überlegungen haben entscheidend die Entwicklung der sogenannten RISC-Architekturen beeinflusst. Die Idee der RISC-Architekturen bestand darin, durch den Verzicht auf die Mikroprogrammierung einen Leistungsgewinn mit einem Faktor von etwa 10 zu erreichen. Als Ergebnis dieser RISC-Revolution wurden wesentlich geringere Leistungssteigerungen (ca. 40 %) erzielt als ursprünglich angenommen. Die Mikroprogrammierung erlebt in modernen RISC-Architekturen heute eine Art Renaissance in der Rechnerarchitektur, d.h. jeder RISC-Mikroprozessor ist heute mikroprogrammiert.

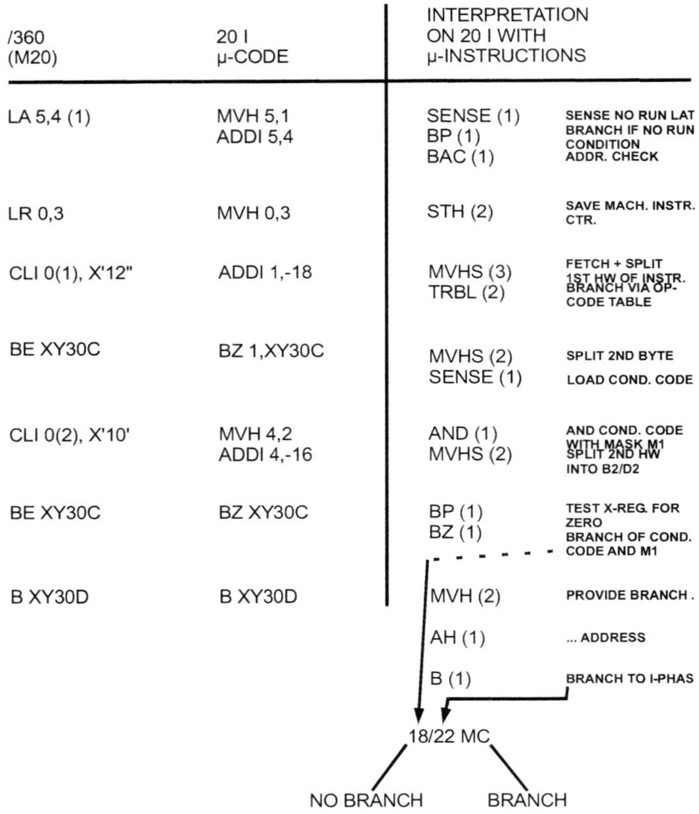

/360 (M20)	20 I µ-CODE	INTERPRETATION ON 20 I WITH µ-INSTRUCTIONS	
LA 5,4 (1)	MVH 5,1 ADDI 5,4	SENSE (1) BP (1) BAC (1)	SENSE NO RUN LAT BRANCH IF NO RUN CONDITION ADDR. CHECK
LR 0,3	MVH 0,3	STH (2)	SAVE MACH. INSTR. CTR.
CLI 0(1), X'12"	ADDI 1,-18	MVHS (3) TRBL (2)	FETCH + SPLIT 1ST HW OF INSTR. BRANCH VIA OP- CODE TABLE
BE XY30C	BZ 1,XY30C	MVHS (2) SENSE (1)	SPLIT 2ND BYTE LOAD COND. CODE
CLI 0(2), X'10'	MVH 4,2 ADDI 4,-16	AND (1) MVHS (2)	AND COND. CODE WITH MASK M1 SPLIT 2ND HW INTO B2/D2
BE XY30C	BZ XY30C	BP (1) BZ (1)	TEST X-REG. FOR ZERO BRANCH OF COND. CODE AND M1
B XY30D	B XY30D	MVH (2)	PROVIDE BRANCH .
		AH (1)	... ADDRESS
		B (1)	BRANCH TO I-PHAS

18/22 MC

NO BRANCH   BRANCH

Abbildung 10.13   /360-Maschinenbefehlssequenz (Branch If Equal)

10.5 High Level Microcode

High Level Microcode kann zur Implementierung unterschiedlicher Rechnerarchitekturen benutzt werden.

Die Alpha-Architektur der Firma DEC z.B. verfügt grundsätzlich über einen Rechnerkern mit ca. 80 Maschinenbefehlen. Dieser Basisbefehlssatz ist ´hard-verdrahtet´ und kann mit Hilfe des sogenannten PAL (Programmed Architecture Level)-Codes in Abhängigkeit von dem gewünschten Betriebssystem (VMS, OSF/1, Windows) ergänzt werden, d.h. die Anzahl der Maschinenbefehle sind im Normalfall für den Anwender nicht ausreichend. Je nachdem, welcher PAL-Code geladen wird, entstehen verschiedene Opcodes und andere Architektureinrichtungen (Unterbrechungsmechanismen, Stapelstrukturen, Steuerregisterfunktionen usw.). Dabei wird der Basisbefehlssatz zusammen mit weiteren, dem Assembler-Programmierer nicht zugänglichen Maschinenbefehlen, verwendet, um über den Aufruf von Routinen die fehlenden Maschinenbefehle zu implementieren. Der PAL-Code wird im Hauptspeicher versteckt untergebracht, so dass er nicht durch Maschinenbefehle manipuliert werden kann (Abbildung 10.14).

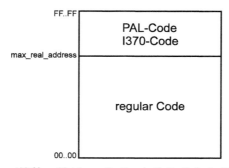

Abbildung 10.14   Position des PAL-Codes im Hauptspeicher

Im Vergleich zu einem herkömmlichen Personal Computer, dessen Hierarchie-Ebenen sich ausgehend von der Hardware über das BIOS, einem bestimmten Operationssystem [PeS 85] und der Nutzer-Anwendung von unten nach oben aufbaut, benutzt die Alpha-Architektur eine gemeinsame Hardware-Plattform und bietet damit sowie mit Hilfe von drei verschiedenen PAL-Codes entsprechend unterschiedliche Versionen von Operationssystemen an. Symbolisch ist dieser Sachverhalt in der Abbildung 10.15 skizziert. Die Firma DEC suchte nach dem relativ raschen technologischen Verfall der VAX-Architektur nach neuen innovativen Lösungen. Einmal sollte

10 Mikroprogrammierung

diese Nachfolge-Architektur der VAX unter einem Unix-Betriebssystem lauffähig sein (OSF/1). Weiterhin musste die Möglichkeit erhalten bleiben, das Betriebssystem der VAX-Architektur (VMS) zu benutzen. Die dritte Version ergab sich aus dem Umstand einer Partnerschaft mit der Firma Microsoft, da diese als erste das Betriebssystem Windows NT von der Intel- auf die Alpha-Architektur portierte.

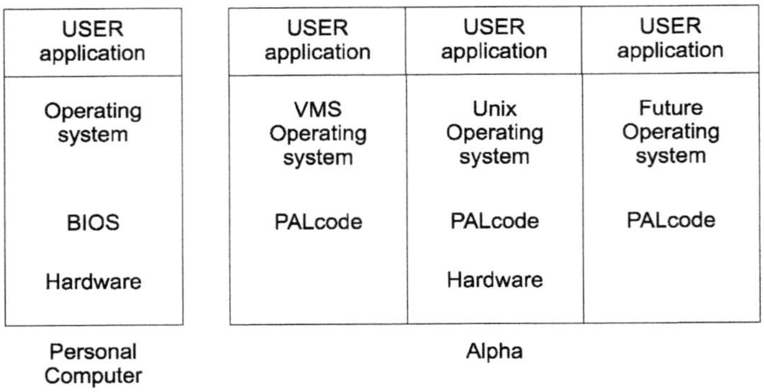

USER application	USER application	USER application	USER application
Operating system	VMS Operating system	Unix Operating system	Future Operating system
BIOS	PALcode	PALcode	PALcode
Hardware		Hardware	
Personal Computer		Alpha	

Abbildung 10.15   PAL-Code der DEC ALPHA-Architektur

Die Inbetriebnahme eines Alpha-Rechners hat die Eigentümlichkeit, dass vor der Initialisierung des Boot-Vorgangs (IPL, Initial Program Load) der Mikrocode (PAL-Code) geladen werden muss. Letzterer befindet sich ebenfalls verborgen auf den untersten Sektoren des Plattenspeichers. Der Vorgang des Ladens in den Hauptspeicher wird mit IML (Initial Microprogramm Load) bezeichnet.

Ähnlich der Alpha-Architektur verwenden die IBM /370-Rechner einen Mikrocode. Prinzipiell implementiert dieser /370-Code die gleichen Betriebssysteme. Die /370-Architektur hat aber den Nachteil, dass sie nur mit einer einzigen Produktlinie von Plattenspeichern ausgeliefert wird, so dass bei n Plattenspeichern jeder den Mikrocode enthält, d.h. dessen Speicherplatz von (n - 1) Platten geht dadurch verloren.

11 Pipelines

11.1 Einführung

In Abbildung 11.1 ist der Datenfluss einer beliebigen Zentraleinheit schematisch dargestellt. Daraus geht hervor, dass bei einer Datenoperation der Inhalt von 2 Registern A, B in der ALU verarbeitet und das Ergebnis dieser Operation wieder in ein drittes Register C geschrieben wird. Alternativ kann auch ein Operand aus dem Cache oder dem Hauptspeicher in ein Register E gelesen werden. Dafür ist ein weiteres Register D notwendig, in dem die Adresse des Wortes abgelegt ist, das aus dem Cache oder Hauptspeicher in ein Mehrzweckregister gelesen werden soll.

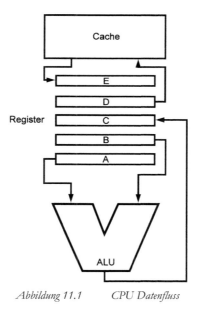

Abbildung 11.1   CPU Datenfluss

Fast alle digitalen Systeme werden in einem festen zeitlichen Raster betrieben. Als Zeitbasis dienen ein oder mehrere Taktsignale. In einem synchronen Rechner erhalten alle sequentiellen Komponenten (FlipFlops) einen einzigen Takt, der nicht mit anderen Signalen kombinatorisch verknüpft werden darf. Asynchrone Rechner verwenden Arbeitstakte, die durch Eingangs- und interne Signale erzeugt werden. Obwohl momentan asynchrone Rechnerarchitekturen vom Markt verschwunden sind, gibt es erste Anzeichen dafür, dass möglicherweise der asynchrone Rechner die Architektur der Zukunft werden kann. Auf Grund der immer höheren Taktfrequenzen nimmt der relative Anteil des Signal-Skew (Takt-, Address-Skew) infolge der unterschiedlichen Signallaufzeiten in synchronen Rechnern stark zu.

11 Pipelines

Die Zeiteinheit eines Rechners bildet der Maschinen-Zyklus. Physikalisch ist dieser äquivalent der Schwingungsdauer, wenn man den Verlauf zwischen zwei aufeinanderfolgenden ´0 → 1´-Flanken des Taktsignals als Schwingung interpretiert. Die Periode (Zyklus) setzt sich aus 2 Halbperioden mit logischem Pegel ´High´ bzw. ´Low´ zusammen. Die Zyklus-Zeit entspricht dem Kehrwert der Taktfrequenz. Im Normalfall sind beide Halbperioden gleich groß. Im Fall des Einfachst-Rechners besteht der Maschinenzyklus aus dem Zyklus 1 (Befehl aus dem Hauptspeicher auslesen, Instruction-Zyklus) und dem Zyklus 2 (Befehl ausführen, Execution-Zyklus). Er stellt demzufolge einen 2 Zyklus-Rechner dar. Die Zyklen müssen nicht unbedingt die gleiche Länge haben. Vertreter dieser Asymmetrie bilden die Intel 8086/8088-Architekturen. In den Fällen, in denen die Ausführungszeit eines Maschinenbefehls länger dauert als die Zeit für den Zyklus 2, müssen weitere Zyklen hinzugefügt werden. Die meisten modernen RISC-Architekturen kommen mit 4 Zyklen aus, die alle die gleiche Länge haben. Der Maschinenzyklus besteht also aus 4 Zyklen: Im 1. Zyklus wird der Maschinenbefehl in die CPU geladen, im 2. Zyklus wird der Maschinenbefehl dekodiert, und gleichzeitig werden die effektiven Adressen berechnet sowie die Daten geladen, im 3. Zyklus erfolgt die Operation und im 4. Zyklus wird das Ergebnis abgelegt. Wenn jeder Zyklus eine identische Länge von 100 ns benötigt, so beträgt die Zeit für die gesamte Befehlsausführung 400 ns. Nachdem diese Zeit abgelaufen ist, kann der nächste Maschinenbefehl ausgeführt werden.

Der Grundgedanke bei der Verwendung einer Pipeline [Kog 81] zur Verbesserung der Befehlsausführungszeit besteht in der Überlappung der einzelnen auszuführenden Befehle (Abbildung 11.2). Setzt man 4 Zyklen jeweils für die Ausführung eines jeden Befehls voraus, so kann im 2. Zyklus, während der 1. Befehl dekodiert wird, der 2. Befehl in die CPU geladen werden. Im 3. Zyklus findet die Ausführung der Operation des 1. Befehls, die Dekodierung des 2. Befehls und das Laden des 3. Befehls in die CPU statt, während im 4. Zyklus das Speichern des Resultats des 1. Befehls, das Ausführen der Operation des 2. Befehls, die Dekodierung des 3. Befehls und das Laden des 4. Befehls in die CPU erfolgt. Ab dem 4. Zyklus wird in jedem folgenden ein Ergebnis am Ausgang der Pipeline erscheinen. Unter der Voraussetzung der Funktionstüchtigkeit der Pipeline wird damit die Ausführungsgeschwindigkeit der Befehle gegenüber der herkömmlichen Methode ohne Überlagerung um den Faktor 4 erhöht.

Mit der oben angegebenen Struktur haben die ersten Pipelines gearbeitet (IBM 360/91). Modernere Strukturen sehen jedoch inzwischen wesentlich komplizierter aus. Dabei lassen sich Pipelines besonders einfach in den RISC-Architekturen implementieren, da dort sehr sauber zwischen Zugriffen zum Hauptspeicher einerseits und zu den Registern andererseits getrennt wird, d.h. in RISC-Rechnern steht ein Operand (ausgenommen Load/ Store) grundsätzlich in einem Register zur Verfügung.

11.2 Daten- und Steuerfluss

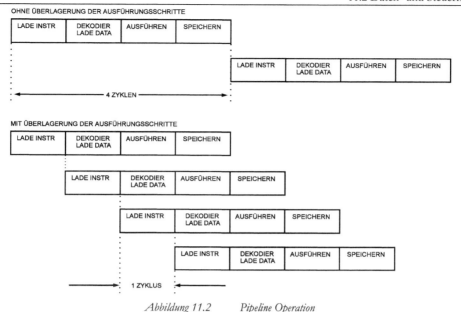

Abbildung 11.2   Pipeline Operation

11.2 Daten- und Steuerfluss

Für das Verständnis von Daten- und Steuerfluss in einer Pipeline soll ein einfaches Maschinenprogramm dienen, das sich aus 5 Maschinenbefehlen zusammensetzt: ADD, SUB, AND, XOR, COMP. Die Register, auf die sich die Maschinenbefehle beziehen, sollen voneinander unabhängig sein (Abbildung 11.3). Die Maschinenzyklen werden numeriert mit 1, 2, 3, ..., 7, 8, und die Sequenz der Maschinenbefehle erhält die Bezeichnung A, B, ..., E. Im Zyklus 1 wird der Maschinenbefehl A gelesen. Während A im Zyklus 2 dekodiert wird, erfolgt gleichzeitig das Lesen des Maschinenbefehls B. Im Zyklus 3 wird A ausgeführt, B dekodiert und C gelesen usw. Diese Arbeitsweise ist in der Abbildung 11.4 dargestellt.

A	ADD	R1,R2
B	SUB	R3,R4
C	AND	R5,R6
D	XOR	R7,R8
E	COMP	R9,R10

Abbildung 11.3   Maschinenprogramm

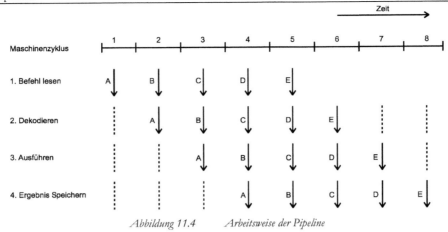

Abbildung 11.4   Arbeitsweise der Pipeline

Der Datenfluss geht aus der Abbildung 11.5 hervor: Im Zyklus 1 wird der Maschinenbefehl A aus dem Cache, Hauptspeicher oder dem Prefetch Buffer, in denen das betreffende Datum bereits enthalten ist, gelesen und in dem Befehlsregister der Zentraleinheit abgelegt. Im Einfachst-Rechner existiert auch ein Register, das die Funktion eines Befehlsregisters erfüllt und auf welches ein Zugriff grundsätzlich nicht möglich ist. Diese Eigenschaft eines Befehlsregisters besitzen auch moderne Architekturen. Während des Zyklus 2 erfolgt die Dekodierung des Befehlsregister-Inhalts. Für den Fall, dass sich die beiden Operanden dieses Befehls auf 2 Register beziehen und der Opcode die Anweisung zur Addition der beiden Operanden enthält, werden die beiden betreffenden Register aus der Gruppe der Operandenregister ausgelesen und in 2 Register der ALU geschrieben. Letztere gehören zur ALU und sind gleichfalls nicht adressierbar, da sie nur zur Speicherung von Zwischenergebnissen benutzt werden. Sie werden typischerweise mit A- und B-Register bezeichnet. Im Zyklus 3 passieren die Inhalte dieser 2 Register die ALU. An deren Ausgang erscheint das Ergebnis, das wiederum in einem speziellen Register (Ergebnisregister) zwischengespeichert wird. In dem Zyklus 4 erfolgt die Ablage des Resultats in einem der Mehrzweckregister oder das Zurückschreiben in den Cache.

Für die Funktionsweise der Ablaufsteuerung wird angenommen, dass das linke Feld des Befehlsregisters den auszuführenden Opcode OP enthält. Um den Opcode im Zyklus 2 mittels eines fest-verdrahteten Netzwerkes (hard-wired network) oder eines ROM-Speichers zu dekodieren, muss eine Kopie des Opcodefeldes erzeugt und in einem Register OP1 abgelegt werden. Der Dekoder versorgt die betreffenden Gatter der Funktionseinheiten, die an der Ausführung der Aufträge in dem Zyklus 2 beteiligt sind, mit den notwendigen Steuersignalen. Im Zyklus 3, in dem die beiden Operanden addiert werden sollen, wird der Opcode wieder benötigt. Es muss aus diesem Grund eine weitere Kopie des Opcodefeldes in das Register OP2 geschrieben werden, während das Register OP1 den nächsten Maschinenbefehl aufnimmt. Dem Register OP2 schließt sich wieder ein Dekodiernetzwerk an, das die ordnungsgemäße Durchführung der Addition sicherstellt. In der letzten Phase (Zyklus 4) wird der Opcode aus dem Zyklus 3 weitergereicht und in dem Register OP3 abgespeichert. Der entsprechende Dekoder sorgt für die Steuersignale, die das Rückschreiben des Resultats aus dem Ergebnisregister in ein Mehrzweckregister oder in den Cache veranlassen. Aus dieser Funktionsweise ergibt sich, dass beim Einlesen eines neuen Maschinenbefehls Duplikate von dessen Opcode und natürlich auch von den Daten generiert und von Stufe zu Stufe in der Pipeline weitergereicht werden.

Die Anzahl der Stufen einer Pipeline können mehr als 4 betragen, d.h. es können bis zu 20 (Pentium 4) sein. In modernen Rechnerarchitekturen gestaltet sich die Ablaufsteuerung wesentlich komplexer. In Abhängigkeit von der implementierten Logik und dem gesamten Entwurf benötigen die einzelnen Stufen unterschiedliche Zeitintervalle. In dem zeitlichen Ablauf können demzufolge Abschnitte auftreten, in denen nichts passiert. Im Interesse einer optimalen zeitlichen Ausnutzung der Pipeline werden deshalb Halbzyklen verwendet.

In einer realen Pipeline treten Probleme auf, die in 2 Gruppen eingeteilt werden können: Datenfluss- und Steuerflusskonflikte.

11.2.1 Datenflusskonflikt

Als einfaches Beispiel für einen Datenflusskonflikt soll das folgende Programm dienen:

```
ADD   R1, R2
ADD   R1, R3
```

Der obere Befehl addiert den Inhalt des Registers R2 zu dem von Register R1 und schreibt das Ergebnis der Addition in das Register R1. Der untere Befehl addiert den Inhalt des Registers R3 zu dem von R1 und schreibt das Ergebnis ebenfalls nach Register R1. Werden die beiden Befehle innerhalb einer 4-stufigen Pipeline abgearbeitet, so wird im 1. Maschinen-Zyklus der obere Befehl geholt und in einem Befehlsregister abgespeichert, mehr passiert im 1. Zyklus nicht. Im 2. Zyklus wird der obere Befehl decodiert und gleichzeitig der untere Befehl geholt und gespeichert. Der 3. Zyklus führt die Addition entsprechend dem oberen Befehl aus und decodiert den unteren Befehl. Im 4. Maschinenzyklus wird gleichzeitig das Ergebnis des oberen Befehls in das Register R1 geschrieben und der untere Befehl ausgeführt. Letzterer verwendet den alten Wert des Registers R1, der schon im 3. Maschinenzyklus geladen wurde. Es entsteht also ein Datenkonflikt, weil beim Lesen des Registers R1 im 4. Zyklus davon ausgegangen wird, dass R1 bereits das Ergebnis der oberen Addition enthält, was aber nicht der Fall ist.

Zur Beseitigung dieses Datenflusskonflikts existieren 2 verschiedene Methoden: Die eine verwendet sogenannte Leerzyklen, die dafür sorgen, dass der richtige Inhalt als Ergebnis des oberen Befehls in das Register R1 geschrieben wird, bevor die Ausführung des unteren Befehls erfolgt. Bei der anderen Methode wird durch eine zusätzliche Logik (Bypass) erreicht, dass das Ergebnis des oberen Befehls gleichzeitig sowohl in das DLS (Data Local Store)-Register (Abbildung 11.5) als auch in eines der beiden Mehrzweckregister geschrieben wird. Das letztere Verfahren wird besonders bei Pipelines mit 4 Zyklen erfolgreich verwendet.

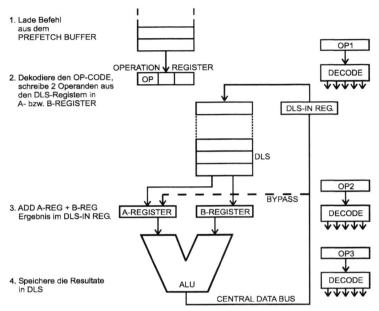

Abbildung 11.5   Zusätzliche Logik zur Beseitigung von Datenflusskonflikten (Bypass)

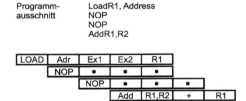

Abbildung 11.6   Beheben eines Datenflusskonfliktes durch Einfügen von NOPs

Eine Alternative zu den erwähnten Hardware-Maßnahmen besteht darin, die Lösung des Datenflusskonflikts dem Assembler-Programmierer zu überlassen. Dieser muss beim Auftreten solcher kritischen Fälle durch Einfügen von NOP (No OPeration)-Maschinenbefehlen sicherstellen, dass z.B. in dem obigen Programm-Abschnitt nach dem Schreiben des Mehrzweckregisters im 4. Zyklus genügend Zeit vergeht bis der nächste Maschinenbefehl die Addition des Registers R3 mit dem richtigen Inhalt von R1 ausführt. Ein Beispiel dafür ist in Abbildung 11.6 dargestellt. Solche Software-Eingriffe gestalten das Design von betreffenden Assemblerprogrammen sehr aufwendig. Da sich auf Grund der heute verwendeten komplizierten Rechnerarchitekturen Assemblerprogramme nur noch auf wenige zeitkritische Ausnahmen beschränken, übernehmen moderne Compiler (z.B. C, Fortran, Cobol) die Auflösung der Datenflusskonflikte. Neben Erkennung und Auflösung der Datenflusskonflikte versuchen Compiler die Anzahl der NOP-Maschinenbefehle zu minimieren, indem sie die Sequenz der Befehle ändern. In modernen Architekturen werden im Fall von Datenflusskonflikten Hardware-gesteuerte Pipeline Stalls generiert.

11.2.2 Steuerflusskonflikt

Der Leistungsverlust bei einem Steuerflusskonflikt in einer Pipeline kann wesentlich größer sein als im Falle des Datenflusskonflikts. Steuerflusskonflikte treten auf, wenn das Ergebnis des gerade ausgeführten Befehls bestimmt, ob die unmittelbar folgenden Befehle ausgeführt werden oder nicht [DeB 90]. Steuerflusskonflikte resultieren aus der Änderung des sequenziellen Verlaufes der Befehlsverarbeitung, hervorgerufen durch Verzweigungsbefehle (Branch Instructions), Aufruf (Call) und Rückkehr (Return) von Unterprogrammen sowie durch Unterbrechungen (Interrupts). Bei Verzweigungsbefehlen unterscheidet man zwischen bedingten (conditional) und unbedingten (unconditional) Verzweigungen, je nachdem ob die Verzweigung von einer zusätzlichen Bedingung abhängig ist oder nicht. Unbedingte Verzweigungen, in manchen Architekturen mit JMP bezeichnet, werden immer ausgeführt, der sequenzielle Ablauf der Befehlsverarbeitung wird an der Zieladresse der Verzweigung fortgeführt. Somit kann die Pipeline mit der richtigen Befehlsfolge (eventuell mit einer Verzögerung) gefüllt werden.

Schwieriger gestaltet sich die Verarbeitung eines bedingten Verzweigungsbefehls. Hier hängt die Durchführung der Verzweigung (und somit die Adresse des nächsten Befehles) davon ab, ob die Verzweigungbedingung erfüllt ist. Der Test dieser Bedingung erfolgt erst im 3. Maschinenzyklus (Execution Phase), so dass die Pipeline bereits mit zwei weiteren Befehlen geladen wurde. Wird die Verzweigung durchgeführt, d.h. ist die Verzweigungsbedingung erfüllt, müssen die nachfolgenden, schon teilweise bearbeiteten Befehle aus der Pipeline entfernt werden (Pipeline Flush), da sie durch die Verzweigung ungültig geworden sind. Eine weitere Möglichkeit besteht darin, nach dem Erkennen eines bedingten Verzweigungsbefehles solange Wartezyklen einzufügen, bis das Verzweigungsziel bekannt ist. Im Fall der 4-stufigen Pipeline wird diese mit 2 NOP-Maschinenbefehlen gefüllt, ehe danach die Befehlsverarbeitung fortgesetzt werden kann. Bei beiden beschriebenen Arten kann die Befehlsverarbeitung innerhalb der Pipeline nicht kontinuierlich fortgesetzt werden., die Pipeline kommt „außer Tritt". Dieser Effekt, Pipeline Hicup oder auch Pipeline Stall genannt, kann zu erheblichen Leistungsverlusten führen. Deshalb wird durch verschiedene Methoden versucht, die Zyklen zu minimieren, in denen die Pipeline nicht ausgelastet ist. Zu diesen zählen:

        1. Verzögerte Verzweigung (Delayed Branch)
        2. Verzweigungsziel-Voraussage (Branch Prediction)
        3. Verzweigungs-History-Tabelle (Branch History Table)

11.2.2.1 Delayed Branch

Gegeben sei ein Maschinenprogramm (Abbildung 11.7) in /370-Maschinencode. Es enthält außer dem Lade-Befehl L, dem Addier-Befehl A und dem Incrementier-Befehl LA (erhöht den PC um 4) eine Schleife, die in Abhängigkeit von dem Ergebnis des Vergleichs CR wiederholt durchlaufen wird. In der Abbildung 11.7 ist der normale Verzweigungsbefehl dargestellt, wie er von einem Anwender in einer Architektur ohne ´Delayed Branch´ programmiert werden müßte. Das äquivalente Programm für eine Architektur mit einem ´Delayed Branch´-Maschinenbefehl zeigt dagegen die Abbildung 11.8. Der Inkrementier-Befehl befindet sich im letzteren Fall direkt hinter dem Verzweigungs-Befehl außerhalb der Schleife. Der Grund für diese Programmiervorschrift liegt darin, dass in einer Rechnerarchitektur, die den ´Delayed Branch´-Befehl implementiert, beim Antreffen einer Verzweigung grundsätzlich der auf den Verzweigungs-Befehl unmittelbar folgende abgearbeitet wird, obwohl dieser sich außerhalb der Schleife befindet. Durch die verzögerte Ausführung des Verzweigungs-Befehls entsteht für die Dauer von einem Maschinenzyklus eine Pause, in der die Erhöhung des PCs (entspricht der Erhöhung des Laufindex i der Art: i = 0, i < k, i ++) vorgenommen wird.

```
LOOP  L    R1,ARRAY1(R2)
      A    R1,ARRAY2(R2)
      LA   R2,4(R2)
      CR   R2,R3
      BNE  LOOP
```

Abbildung 11.7   Normaler Verzweigungsbefehl

```
LOOP  L    R1,ARRAY1(R2)
      A    R1,ARRAY2(R2)
      CR   R2,R3
      BNE  LOOP
      LA   R2,4(R2)
```

Abbildung 11.8   Delayed Branch

Das Problem der Syntax in der Assembler-Programmierung von Rechnerarchitekturen mit oder ohne implementiertem ´Delayed Branch´-Befehl wirft erneut die Frage nach der Notwendigkeit dieser Programmiertechnik auf. Während von einem Compiler für eine konkrete Hochsprache ganz automatisch der richtige Objektcode generiert wird, ist die Verwendung eines Assemblers durch den Anwender in diesem Fall sehr fehleranfällig. Heute implementiert etwa die Hälfte aller modernen RISC-Mikroprozessoren den ´Delayed Branch´-Maschinenbefehl mit Erfolg.

11.2.2.2 Branch Prediction

Das Problem des Steuerflusskonflikts wächst mit der Tiefe der Pipelines in modernen Implementierungen. Die Anzahl der Pipeline-Stufen liegt dabei zwischen 6 und 20 (DEC VAX 9000: 6 Stufen, DEC Alpha: 7 Stufen, IBM 3090: 8 Stufen, Pentium Pro: 12 Stufen, Pentium 4: >= 20 Stufen). Ist das Einfügen von ein oder zwei Leerzyklen bei einer 4-stufigen Pipeline ausreichend, können es z.B. bei der Alpha-Architektur im Normalfall vier Wartezyklen sein. Mit zunehmender Anzahl einzufügender Wartezyklen wird es immer schwieriger, die Befehlsfolge so umzuändern, dass die Delayed Branch-Technik leistungssteigernd verwendet werden kann. Infolge der relativ großen Häufigkeit von Verzweigungsbefehlen kann es trotzdem zu signifikanten Leistungsverlusten kommen. Die Verzweigungsziel-Voraussage ist eine weitere Methode, den Steuerflusskonflikten zu begegnen [Sit 93]. Statistische Untersuchungen an Programmen haben ergeben, dass beim Auftreten von bedingten Verzweigungen die Wahrscheinlichkeit für die Ausführung der Verzweigung viel größer ist als die sequenzielle Fortführung des Programms. Für den Fall, dass die Vorhersage falsch war, müssen die Spuren der falschen Befehlssequenz vollständig beseitigt werden, d.h. die Pipeline muss komplett geleert werden (Pipeline Flush)

Im Fall eines unbedingten Verzweigungs-Befehls (JMP) kann die richtige Sequenz von Maschinenbefehlen im Vorgriff in die Pipeline geladen werden. Bedingte Verzweigungs-Befehle kommen sehr häufig in Schleifen der Form

```
for (i = 0; i < 10000; i++) { ... }
```

vor, d.h. die Schleife in dem C-Programmabschnitt wird so oft durchlaufen, wie der Laufindex i < 10000 bleibt. Statistische Analysen von Objekt-Programmen haben gezeigt, dass beim Antreffen von bedingten Verzweigungsbefehlen (Conditioned Branches) die Wahrscheinlichkeit einer Ausführung der Programmverzweigung viel größer ist als die einer Nichtverzweigung.

Bei der Verzweigungsziel-Voraussage [Lil 88] wird geraten, in welcher Richtung die Verzweigung ablaufen wird, d.h. rückwärts im Falle der Verzeigungs-Ausführung oder vorwärts, wenn die Verzweigung nicht ausgeführt wird (i ≥ 10.000 im Fall des obigen C-Programmskeletts). Je nachdem, wie die Vorhersage lautet, wird die Pipeline auf Verdacht mit der betreffenden Maschinenbefehls-Sequenz geladen. Für den Fall, dass die Voraussage über die Verzweigung falsch war, muss der Ladevorgang mit der falschen Befehlssequenz rückgängig gemacht werden. Das bedeutet z.B., wenn am Ende der 3. Pipeline-Stufe feststellt wird, dass die Richtung der Verzweigung falsch war, ist die 1. und 2. Stufe bereits mit Daten gefüllt. In der Hoffnung, dass die beiden Maschinenbefehle, die sich in der 1. bzw. 2. Stufe befinden, noch nichts veranlasst haben, was die Integrität des Programmablaufs verletzt, muss die Pipeline komplett ausgeräumt werden (Pipeline Flush). Als Ergebnis dieser Maßnahme werden alle Daten, die bis zu diesem Zeitpunkt angefallen sind, gelöscht. Wurden dagegen bereits Ergebnisse erzeugt, was besonders in sehr komplexen Implementierungen vorkommt, muss die Möglichkeit geschaffen werden, die angefallenen Daten zwischenzuspeichern bzw. zu löschen. Falls die falsche Verzweigungsrichtung vorausgesagt wurde, erweist sich dies erfahrungsgemäß als sehr aufwendig, da eine ganze Reihe von Wartezyklen gebraucht wird, um den Programmablauf wieder in die korrekte Richtung zu lenken. Als besonders gravierend gestaltet sich diese Korrektur in der DEC-Architektur [DEC 92], bei der infolge einer falschen Verzweigungsvoraussage das Ergebnis von bis zu 4 Maschinenzyklen korrigiert werden muss. Setzt man den Anteil der bedingten Verzweigungsbefehle in einem Programm mit ca. 20% an, so resultiert daraus ein signifikanter Geschwindigkeitsverlust in der DEC-Architektur.

11.2.2.3 Branch History Table

Da die Verzweigungsziel-Voraussage bei bedingten Verzweigungen im Fall einer falschen Prognose zu deutlichen Leistungsverlusten in komplexen Pipeline-Architekturen führen kann, bedienen sich moderne Rechner einer Verzweigungszieltabelle (BHT, Branch History Table; Branch History Cache). In diesem speziellen Speicher stehen u.a. die Adressen der Verzeigungs-Befehle und die der erwarteten Ziele (s. Abbildung 11.9). Handelt es sich um eine Rückwärts-Verzweigung, so ergibt sich die Zieladresse aus der Annahme, dass die Verzweigung tatsächlich erfolgt. Dieser spezielle Schnellspeicher ordnet den Verzweigungsbefehlen ihr jeweiliges Verzweigungsziel zu. Bei jedem Laden eines Befehls in die Pipeline (IF) wird geprüft, ob die Befehlsadresse im BHT vorliegt. Wenn ja, dann wird im nächsten Zyklus die Adresse des Verzweigungszieles aus dem BHT in die Pipeline geladen, wenn nicht, dann wird die Abarbeitung normal fortgesetzt.

Wird ein Verzweigungsbefehl ausgeführt (Execution Phase), so erfolgt die Aktualisierung des BHT mit der Adresse des Verzweigungsbefehls sowie mit der Adresse des Verzweigungszieles, die von der Auswertung der Bedingung abhängt. Es wird davon ausgegangen, dass eine erneute Verzweigung zum gleichen Ziel durchgeführt wird.

Die Verzweigungsziel-Voraussage kann weiterhin mittels zusätzlicher History-Bits verbessert werden. Letztere geben an, ob eine konkrete Verzweigung schon einmal stattfand oder nicht. Im Ja-Fall erhöht sich die Wahrscheinlichkeit für eine weitere Ausführung der Verzweigung.

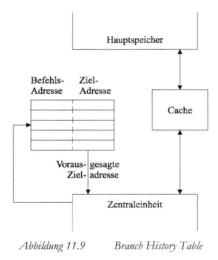

Abbildung 11.9   Branch History Table

11.2 Daten- und Steuerfluss

Eine spezielle Implementierung der Branch History Table ist im Pentium-Mikroprozessor der Firma Intel in Form des sogenannten Branch Target Buffer (BTB) [HeP 96] realisiert (Abbildung 11.10). Dieser BTB besitzt eine Größe von 1KByte, d.h. er enthält 128 Einträge und ist als 4-Wege-Set-assoziativer Cache organisiert. Der erste Eintrag enthält die Adresse des Verzweigungs-Befehls, den darauf folgenden Eintrag bilden die beiden History-Bits. Der dritte Eintrag implementiert die dekodierte Adresse des erwarteten Ziel-Befehls.

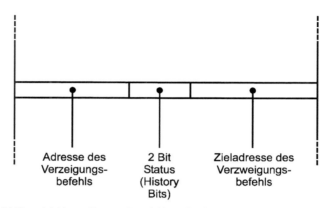

Abbildung 11.10   Pentium Branch Target Buffer (1KByte, 4-Weg-set-assoziativ)

Das 2-Bit-Feld im BTB kann als Finite State Machine (FSM) interpretiert werden (Abbildung 11.11). Im Fall des erstmaligen Eintrags im BTB wird angenommen, dass die Verzweigung stattfindet, und beide History Bits erhalten als Folge davon den logischen Wert ´1´ (1, 1). Hat dagegen die Verzweigung nicht stattgefunden, geht man eine Stufe in der Pipeline zurück, dabei wird aber immer noch von der Annahme einer Verzweigung ausgegangen, d.h. die History-Bit-Belegung ergibt sich zu (1, 0). Stellt sich die Vorhersage wiederum als falsch heraus, so geht man eine weitere Stufe rückwärts aber immer noch unter der Annahme einer Ausführung der Verzweigung, d.h. die History-Bits werden mit (0, 1) belegt. Erst wenn diese Annahme wieder falsch ist, findet die Verzweigung nicht statt (Bit-Belegung (0, 0)), und der betreffende Wert wird in die Zieladresse geladen [LeS 84].

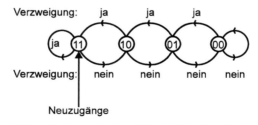

Abbildung 11.11   Pentium BTB als ´Finite State Machine´

Dieser Algorithmus wird in den aktuellen Mikroprozessoren in zunehmendem Maße verfeinert, um eine möglichst gute Vorhersage des Verzweigungszieles zu erhalten. Die speziellen Implementierungen in den momentan verfügbaren Rechnerarchitekturen sind sehr unterschiedlich, es werden aber Effektivitäten bei der Verzweigungsziel-Voraussage zwischen 95 und 99 % erreicht.

11.3 Pipeline-Speedup

Zur Leistungseinschätzung einer Rechnerarchitektur mit und ohne Implementierung einer Pipeline ergibt sich ein allgemeiner Speedup-Ansatz mit

$$\text{PipelineSpeedup} = \frac{\text{Verarbeitungszeit ohne Pipeline}}{\text{Verarbeitungszeit mit Pipeline}}.$$

Aus diesem allgemeinen Ansatz folgt:

$$\text{PipelineSpeedup} = \frac{\text{mittlere Befehlsdauer ohne Pipeline}}{\text{mittlere Befehlsdauer mit Pipeline}},$$

d.h.

$$\text{PipelineSpeedup} = \frac{\text{CPI ohne Pipelining} * \text{Zykluszeit ohne Pipelining}}{\text{CPI mit Pipelining} * \text{Zykluszeit mit Pipelining}}.$$

Durch Umformen und Einsetzen von

$$\text{idealer CPI} = \frac{\text{CPI ohne Pipelining}}{\text{Stufenzahl}}$$

ergibt sich der Speedup zu:

$$\text{PipelineSpeedup} = \frac{\text{Zykluszeit ohne Pipelining}}{\text{Zykluszeit mit Pipelining}} * \frac{\text{idealer CPI} * \text{Stufenzahl}}{\text{CPI mit Pipelining}}.$$

Mit $\text{CPI mit Pipelining} = \text{idealer CPI} + \text{Pipelinekonflikte}$ erhält man

$$\text{PipelineSpeedup} = \frac{\text{Zykluszeit ohne Pipelining}}{\text{Zykluszeit mit Pipelining}} * \frac{\text{idealer CPI} * \text{Stufenzahl}}{\text{idealer CPI} + \text{Pipelinekonflikte}}$$

und schließlich mit Hilfe weiterer Vereinfachungen

$$\text{PipelineSpeedup} = \frac{\text{idealer CPI} * \text{Stufenzahl}}{\text{idealer CPI} + \text{Pipelinekonflikte}}.$$

Aus dieser quantitativen Betrachtung ist ersichtlich, dass für einen optimalen Pipeline Speedup nach einem Kompromiss zwischen der Anzahl der Pipeline-Stufen und den möglichen Konflikten gesucht wird.

12 RISC-Architektur

12.1 Einführung

Die RISC (Reduced Instruction Set Computer)-Philosophie wurde zum Ende der 70er Jahre geboren und mit großem Eifer von den Verfechtern gegen das sogenannte CISC (Complex Instruction Set Computer)-Konzept der vergangenen Jahre als ein wesentlicher Schritt in Richtung Leistungserhöhung dargestellt. Im Zusammenhang mit diesen neuartigen Architekturen steht der MIPS (Million Instructions Per Second)-Begriff, der gern benutzt wird, um etwas über die Leistungsfähigkeit einer Rechnerarchitektur auszusagen. Bei den MIPS-Angaben muss aber berücksichtigt werden, dass diese architekturabhängig sind, insbesondere bezüglich Speicherhierarchie (Cache, virtueller Speicher, Memory Interleave, Wartezyklen), Ein-/Ausgabe, Job-Profil und Compiler. Demgegenüber steht die Ausführungszeit P eines Programms als objektives Leistungsmaß eines Rechners:

$$P = I * C * T$$

mit P = Programm-Ausführungszeit, I = Anzahl der ausgeführten Instruktionen, C = Durchschnittliche Anzahl der Maschinenzyklen (Taktzyklen) pro Instruktion, T = Dauer eines Maschinenzyklus.

Eine grobe Angabe über die Leistungsfähigkeit eines Rechners bildet der Taktzyklus. Alle modernen Rechnerarchitekturen sind als synchrone Computer implementiert, d.h. es gibt einen Takt mit einer bestimmten Frequenz bzw. einem Taktzyklus (Kehrwert der Taktfrequenz). Neben diesen wurden in der Anfangszeit der Datenverarbeitung auch asynchrone Rechenanlagen gebaut, die sich aber nicht durchsetzen konnten. Das Konzept des Synchron-Computers besteht darin, dass während eines Taktzyklus die Informationen aus einem Register durch ein bestimmtes kombinatorisches Netzwerk in ein anderes Register übertragen werden. Die Rechnerleistung ist umso größer, je kürzer dieser Taktzyklus gewählt werden kann. Wenn z.B. ein Signal auf dem Weg zwischen zwei Registern 10 Transistor-Schaltkreise passieren muss und jeder verursacht eine Signalverzögerung von 1 ns, so ergibt sich insgesamt eine Verzögerung von 10 ns. Daraus folgt, dass der Rechner mit einem Taktzyklus von > 10 ns (Taktfrequenz = $10/(10^{-9})$ = 100 MHz) betrieben werden kann. Da die Signalverzögerungen von einem Register zum anderen während eines Taktzyklus von der Anzahl der Gatter (Transistor-Schaltkreise) auf dem betreffenden Pfad abhängen, bestimmt der Pfad mit der größten Signalverzögerung die Größe des Taktzyklus. Im obigen Beispiel kann also der Taktzyklus nicht kleiner als 10 ns gewählt werden. Ein Signalpfad zwischen zwei Input-Output-Blocks oder zwei Speicherelementen (Register) besitzt zwei charakteristische Zeitangaben: Die erforderliche und die aktuelle Ankunftszeit des Signals. Die erforderliche Ankunftszeit stellt die obere Grenze für die Pfadverzögerung dar. Ein Pfad wird als kritisch bezeichnet, wenn sich der Wert für die gesamte Signalverzögerung dieser oberen Grenze nähert. In einem elektronischen Entwurf eines Mikroprozessors ergeben sich in der Entwicklungsphase mehrere dieser kritischen Pfade, die hinsichtlich ihrer Geschwindigkeit optimiert werden müssen. Typischerweise zählen dazu das binäre Addierwerk mit seiner Carry-Propagate-Logik, die Adressierung des Cache und das Laden eines Registers mit dessen Inhalt, das Dekodieren des Opcodes in einem Maschinenbefehl und viele andere mehr.

In dem Ausdruck für die Programm-Ausführungszeit P kann I auch als ´Pfadlänge´ aufgefaßt werden, wobei im Fall der Programm-Ausführungszeit die ´dynamische Pfadlänge´ (Anzahl der ausgeführten Instruktionen einschließlich der Zahl der angegebenen Schleifendurchläufe) eingeht. Im Unterschied dazu heißt die Anzahl der Befehle in einem Programm ohne Schleifendurchläufe ´statische Pfadlänge´.

12.2 Theoretische Eigenschaften von RISC-Architekturen

In den 70er Jahren wurde seitens der Entwickler angestrebt, die Anzahl der verwendeten Instruktionen möglichst klein zu halten. Dabei wurde in Kauf genommen, dass manche der Maschinenbefehle relativ viele Taktzyklen benötigten, um ausgeführt zu werden, d.h. C wurde groß und I klein (siehe Abschnitt 12.1). In der RISC-Philosophie war genau das Gegenteil beabsichtigt: Die Anzahl der Taktzyklen pro Befehl sollte minimal oder ideal gleich 1 sein. In einer Pipeline erreicht man unter der Bedingung, dass weder Daten- noch Steuerfluss-Konflikte auftreten, den Idealfall: Ein Taktzyklus pro Maschinenbefehl. Dieser Idealfall stellt das Ziel aller RISC-Implementierungen dar, wobei der Begriff RICC (Reduced Instruction Cycle Computer) treffender gewesen wäre. Das Ziel der RISC-Architektur sieht eine möglichst einfache Rechnerstruktur mit einem sehr eingeschränkten und einfachen Befehlssatz vor [Bod 90], wodurch der Maschinenzyklus T verkürzt und die Rechnerleistung insgesamt erhöht wird.

Bezüglich der RISC-Architektur existieren eine Reihe weiterer Architektur-Merkmale, die sich ursprünglich auf Grund umfangreicher Untersuchungen des Leistungsverhaltens ergaben, von denen aber mit zunehmender Zeit immer mehr abgerückt wurde [Dör 92].

Bei der Firma IBM in Böblingen wurden im Zusammenhang mit der Entwicklung des 801-Mikroprozessors Anstrengungen unternommen, um die Häufigkeit der ca. 200 Maschinenbefehle der /370-Rechnerarchitektur in einer bestimmten Menge von Programmen zu ermitteln. Es stellte sich heraus, dass davon nur 10 Befehle ca. $2/3$ der gesamten Häufigkeit ausmachen. Der bedingte Verzweigungsbefehl ist mit gut $1/5$ (20.16 %) der meist benutzte Maschinenbefehl, gefolgt vom Laden (15.49 %), Testen (6.06 %) und Speichern (5.88 %) eines Wortes (Abbildung 12.1). Aus der Abbildung geht hervor, dass die am häufigsten auftretenden Befehle tatsächlich sehr einfach sind und geringe Ausführungszeiten (Taktzyklen) besitzen. Auf der Basis dieser Beobachtungen wurde die Schlussfolgerung gezogen, bei dem Entwurf eines neuen Mikroprozessors ganz auf komplexere Maschinenbefehle verzichten zu können.

12.2 Theoretische Eigenschaften von RISC-Architekturen

Der Befehlssatz wurde so auf eine begrenzte Anzahl sehr einfacher Anweisungen reduziert. Bei der näheren Betrachtung der Tabelle in Abbildung 12.1 stellt sich aber heraus, dass z.B. der Befehl ´move character´, der eine spezifizierte Anzahl von Bytes innerhalb des Hauptspeichers bewegt, einerseits mehrere einzelne Teil-Operationen (´load cache´, ´store cache´, ´load memory´, ´store memory´) und andererseits abhängig von der Byte-Anzahl eine ganze Reihe von Maschinenzyklen benötigt. Als Gegenargument seitens der RISC-Architekten diente die Ersetzung des ´move character´-Befehls durch mehrere load-/store-Anweisungen.

Ein festes Befehlsformat von typischerweise 32 Bit und Register-Operanden von derselben Breite wurden von den RISC-Architekturen gefordert.

OPCODE	Befehlsname	Prozenthäufigkeit
BC	branch	20,16 %
L	load word	15,49 %
TM	test under mask	6.06 %
ST	store word	5,88 %
LR	load register to register	4,70 %
LA	load effective address	4,04 %
LTR	load and test register	3,78 %
BCR	branch on register	2,69 %
MVC	move character	2,01 %
LH	load halfword	1,88 %

Abbildung 12.1   Die 10 häufigsten Maschinenbefehle

Eine weitere Beschränkung in einer RISC-Architektur bildet die Anzahl der zur Verfügung stehenden Adressierungsarten. Um die Rechner so einfach und so schnell wie möglich zu bauen, verzichtet man auf einen Teil der Adressierungsarten, die durch komplexe Adressrechnung viele Maschinenzyklen benötigen. Hinzu kamen Ergebnisse von Untersuchungen, die auswiesen, dass die load- und store-Befehle von 4 Bytes bezüglich eines Registers (load register: Lade Hauptspeicher-Zellen-Inhalt nach ´register´; store register: speichere Inhalt von ´register´ nach Hauptspeicher-Zelle) sich mit weniger Maschinenzyklen ausführen ließen als mittels eines move-Befehls. Ähnliche Resultate zeigten sich bei der Multiplikation (multiply *3), die mit einfachen Befehlen wie load register, shift register und add register innerhalb weniger Maschinenzyklen auszuführen sind. Unterprogramme in Maschinen-Code, die einfache anstelle komplexer Maschinenbefehle verwendeten, zeigten eine bessere Programmausführungszeit. Das RISC-Konzept sah demzufolge vor, den Zugriff auf Operanden im Hauptspeicher grundsätzlich nicht direkt, sondern nur indirekt über ein entsprechendes Register zu ermöglichen, d.h. arithmetische und logische Daten-Operationen erfolgten nur, wenn diese vorher mit Hilfe von load-Befehlen in je ein Register geladen und nach der Operation mittels store-Befehlen wieder zurück zum Hauptspeicher geschrieben wurden. In diesem Zusammenhang stand die Einführung eines bestimmten Adressierungsmodus, der in einem Maschinenbefehl generell drei Adressen vorsah, 2 Quell- und eine Zieladresse. Natürlich paßten bestimmte Befehle überhaupt nicht in dieses Schema. Dazu gehörten in erster Linie Gleitkomma- und Vektor-Operationen. Die ersten RISC-Implementierungen waren prinzipiell mit einer 4-stufigen Pipeline ausgerüstet, um sämtliche Maschinenbefehle jeweils in einem einzigen Maschinenzyklus auszuführen. Aber eine Gleitkomma- oder Festpunkt-Multiplikation ließ sich nicht durch einen einzigen Befehl durchführen. Um diesen Widerspruch mit dem RISC-Konzept zu beseitigen, wurden diese Operationen aus dem Konzept ausgeklammert, da sie im Prinzip von einem Co-Prozessor ausgeführt wurden.

Eine wesentliche RISC-Eigenschaft bestand letztlich im Verzicht auf jeglichen Mikroprogramm-Code.

12.3 Praktische Merkmale moderner RISC-Implementierungen

Die modernen RISC-Implementierungen weisen eine Reihe von typischen Merkmalen auf, die sich teilweise von den ursprüglich gestellten Architektur-Zielen unterscheiden. Als eine relativ einheitliche Regelung hat sich die Breite der Maschinenbefehle mit 32 Bit durchsetzen können. Zusätzlich arbeitet man heute in RISC-Architekturen mit 32 Registern (32 Bit) oder alternativ mit sogenannten Register-Windows (SPARC), die eine wesentlich größere Anzahl von Registern zulassen. Der Grund für die gewählte Breite liegt darin, dass ein Maschinenbefehl im Befehlsregister innerhalb der Zentraleinheit untergebracht wird. Wenn dieses Befehlsregister auch eine Breite von 32 Bit hat, dann paßt der Maschinenbefehl nahtlos hinein.

Die Anzahl der Maschinenbefehle, die ursprüglich bei ca. 50 liegen sollte, schwankt heute zwischen 80 und 200. Die RISC-Befehle können in zwei Typen eingeteilt werden.

Der erste Typ wird dargestellt von dem load/store-Maschinenbefehl. Die Abbildung 12.2 zeigt das Format des load/store-Befehls der Alpha-Architektur der Firma DEC. Es ist repräsentativ für alle typischen RISC-Architekturen. Der Befehl besitzt ein 6 Bit Opcode-Feld, zwei 5 Bit-Felder für die Adressierung von Registern (2^5=32 Register) und ein Displacement von 16 Bit. Die Adressierung des Hauptspeichers erfolgt also prinzipiell über die Benutzung eines der beiden Register als Basisregister, dazu kommt das 16 Bit Displacement (2^{16}=64 KByte). Anschließend wird das sich ergebende Wort in das zweite Register geladen oder aus diesem abgespeichert. Eine andere Zugriffsmöglichkeit zum Hauptspeicher gibt es nicht. Ein wesentlicher Gesichtspunkt bezüglich der Anwendung des load/store-Befehls steht in engem Zusammenhang mit der Anzahl der Register. Wenn die Lade- und Speicherbefehle minimiert werden sollen, werden möglichst viele Register benötigt. Dem widerspricht aber die Tatsache, dass zu wenige Bits zwecks Adressierung der über die Zahl von 32 hinausgehenden Register zur Verfügung stehen. Würde man anstatt 5 Bit z.B. 7 Bit (128 Register) für die Register-Adressierung verwenden, so blieben bei konstantem Opcode 12 Bit für das Diplacement (4 KByte), was den Vorstellungen eines eher größeren Displacements widerspricht. Eine sehr große Zahl von Registern muss dagegen nicht unbedingt leistungsfördernd sein. Im Falle eines Context-Switch (Prozesswechsel) müssen z.B. alle Register-Inhalte auf einem Stack zwischengespeichert werden, und diese Prozedur kostet in Abhängigkeit von der Register-Zahl relativ viel Zeit. Aus diesem Grund hat sich die Registerzahl von 32 als günstig herausgestellt. Als Resultat des 32 Bit-Maschinenbefehls ergibt sich, dass die zur Verfügung stehenden Bits der betreffenden Felder im Befehlsformat eine sehr kritische Ressource darstellen.

Der zweite Maschinenbefehls-Typ stammt aus dem sogenannten RISC 1-Mikroprozessor. Das Befehlsformat für die RISC 1-Architektur (Abbildung 12.3) wird von einem 8 Bit-Opcode-Feld, drei 5 Bit-Register-Feldern und einem 9 Bit-Feld gebildet. Die drei Register-Adressen entsprechen dem Wunsch nach einer 3 Adressen-Operation: 2 Quelladressen, 1 Zieladresse. Die Gesamtzahl der Register beträgt wieder 32 (5 Bit). Das 9 Bit-Feld wird für spezielle interne Zwecke verwendet.

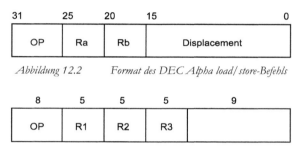

Abbildung 12.2   *Format des DEC Alpha load/store-Befehls*

Abbildung 12.3   *Format eines RISC 1-Befehls*

Zu den wichtigsten dieser RISC-Maschinenbefehle zählt der ´delayed branch´-Befehl, der zur Verbesserung der Pipeline-Effektivität eingeführt wurde und tatsächlich viele der Verzweigungsprobleme und Steuerflusskonflikte lösen kann.

Prinzipiell werden für RISC-Maschinenbefehle mehr als 1-2 Taktzyklen benötigt, aufgrund des verwendeten Pipelining kann aber nach jeweils 1-2 Taktzyklen ein neuer Maschinenbefehl gestartet werden.

12.4 Moderne RISC-Architekturen

Zu den modernen RISC-Architekturen zählen DEC Alpha [DEC 92], HP PRECISION [Lee 89], Hyperstone E1, IBM/Motorola PowerPC (PPC) [IBM 90], Intel 80860, MIPS R4400, R4600, R8000, Motorola 88110 und Sun UltraSPARC-II. Letzterer Mikroprozessor stellt die Implementierung der Version 9 der SPARC-Architektur dar [TaG 99]. Alle Architekturen verfügen über ein modernes RISC-Konzept und stehen zum Teil in einer sehr engen Architektur-Verwandtschaft zueinander.

Die SPARC-Architektur der Firma Sun entstand aus dem sogenannten RISC-Projekt, das Ende der 70er Jahre an der Berkley-Universität bearbeitet wurde und in direkter Konkurrenz zu dem MIPS-Projekt der Stanford-Universität stand. Letztere arbeitete

12 RISC-Architektur

sehr eng mit dem IBM-Forschungslabor in Yorktown (NY) zusammen. Nachdem ein kostenintensives Programm zur Entwicklung sogenannter FS (Future System)-Architekturen aus Effektivitätsgründen abgebrochen werden musste, initiierte die Firma IBM als innovative Ablösung der /370-Architektur ein drittes RISC-Projekt, das im Ergebnis als 801-Architektur zu einer Rechnerfamilie in drei unterschiedlichen Leistungsklassen entwickelt werden sollte. Da dieses 801-RISC-Projekt, ausgerichtet auf die verschiedenen Leistungsklassen in den Entwicklungslabors Poughkeepsie (NY), Hursley (UK) und Endicott (NY) sowie Böblingen, nicht den erwarteten Leistungszuwachs brachte, mussten diese Entwicklungen ähnlich dem FS-Projekt eingestellt werden. Wesentlich später entstanden mit den Erfahrungen aus dem 801-Projekt die RS/6000- und PPC (PowerPC)-Architekturen.

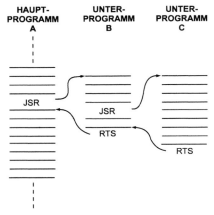

Abbildung 12.4   Beispiel mehrerer Unterprogrammaufrufe

Der damalige Chef-Designer Joel Birnbaum des IBM-Forschungszentrums in Yorktown entschloß sich, die Firma IBM zu verlassen und bei Hewlett Packard (HP) tätig zu werden. Die Firma HP hatte zu dieser Zeit große Probleme mit dem Ersatz der HP 3000-Architektur (16 Bit), und es ist Joel Birnbaum zu verdanken, dass diese durch die in enger Verwandtschaft zur 801-Architektur stehende HP PRECISION ersetzt wurde. Der Chef eines der IBM-Entwicklungslabors Bill Wehrley wechselte ebenfalls zur Firma Hewlett Packard. Er hatte das 801-Entwicklungsprojekt in Endicott geleitet und brachte sein ´know how´ analog zu Joel Birnbaum mit zu Hewlett Packard. Bill Wehrley verließ aber bald HP wieder und wurde einer der Mitbegründer der MIPS-Company, die damals zur Firma Silicon Graphics gehörte, deren Rechner den MIPS-Mikroprozessor benutzten. Angesichts dieser historischen Hintergründe ist es nicht verwunderlich, dass die Rechnerarchitekturen MIPS, HP PRECISION und PPC sehr ähnlich aufgebaut sind. Selbst solche RISC-Architekturen wie Intel 80860 und Motorola 88110 zeigen, obwohl sie unabhängig voneinander entwickelt wurden, die geistige Verwandtschaft zu diesen drei Architekturen.

Eine Besonderheit der SPARC-Architektur bilden die sogenannten Register-Windows. In einem Assembler-Programm kann im Hauptprogramm mit Hilfe des Befehls JSR (Jump Save Return, Motorola) ein Unterprogramm aufgerufen werden, das wiederum über JSR in ein weiteres Unterprogramm verzweigt usw. (Abbildung 12.4). In der Programmiersprache C erfolgen die Unterprogramm-Aufrufe mittels der Namen (Abbildung 12.5). Die Implementierung solcher geschachtelter Programmstrukturen setzt eine bestimmte Anzahl von Registern voraus.

```
main()
{
        int a, b, c;
        int d, e, f;
        :
        sub1();
        :
}

sub1()
{
        extern int a, b, c;
        int g, h, i;
        :
        sub2();
        :
}

sub2()
{
        extern int a, b, c;
        int j, k, l;
        :
}
```

Abbildung 12.5   Unterprogrammaufrufe in C

Beim Entwurf der SPARC-Architektur sollten jedem Unterprogramm seine eigenen Register zugeteilt werden, um bei einem Prozesswechsel die Register-Inhalte nicht umladen zu müssen. Einerseits wurde der SPARC-Mikroprozessor-Chip mit 128 (in der populären Ausführung mit 144) Registern ausgerüstet, andererseits stehen nur 5 Bit für deren Adressierung zur Verfügung.

Die Frage ergibt sich nun zwangsläufig:

Wie können 128 Register mit 5 Bits adressiert werden?

Die Antwort darauf erfolgt mit Hilfe der Register-Windows. Der logische Adressraum von $2^5=32$ wird auf den physikalischen Adressraum von 128 Registern abgebildet. Die Idee besteht darin, dass immer eine Untermenge der 128 Register mit Hilfe der 5 Bits adressiert wird. Bezugnehmend auf die geschachtelten Unterprogramme (Abbildung 12.4, Abbildung 12.5) können die Register 0...7 in jedem Fall adressiert werden (Abbildung 12.6). Mit den Adressen 8...31 adressiert man die physikalischen Adressen 104...127, solange man sich im Hauptprogramm aufhält, d.h. es handelt sich um die untersten 8 und die obersten 24 Register. Wenn aus dem Hauptprogramm A ein Unterprogramm B aufgerufen wird, verschieben sich die adressierten oberen Register um 16 nach unten, d.h. die untersten 8 Register bleiben wie im Hauptprogramm adressierbar, und die logischen Adressen 8...31 werden auf die physikalischen Adressen 88...111 abgebildet usw. Die obersten 16 physikalischen Register sind jetzt nicht mehr adressierbar (112...127), dafür aber die Register 88...103, die im Hauptprogramm nicht adressiert werden konnten. Aus dieser Verschiebung der oberen 24 physikalischen Register-Adressen resultiert der Ausdruck ´Überlagerungs-Fenster´ oder ´sliding windows´. Zusätzlich existiert in der SPARC-und in der MIPS-Architektur die Konvention, dass die logischen Register mit den Adressen 8 ... 31 bei einem Unterprogramm-Aufruf nach unten rutschen, d.h. die Register, die im Hauptprogramm die logischen Adressen 8...15 besitzen, können im Unterprogramm auch adressiert werden, sie haben aber dort die logischen Adressen 24...31. Durch diese Technik werden jedem Unterprogramm 16 Register neu zur Verfügung gestellt. Die globalen 8 Register (0...7) werden benutzt, um Parameter abzulegen, die sowohl im Hauptprogramm als auch im Unterprogramm benötigt werden. Die z.B. dem Haupt- und Unterprogramm B gemeinsamen 8 Register (8...15 bzw. 24...31) dienen der Übergabe von gemeinsam benutzten Parametern. Beim Rücksprung werden über diese dann die Ergebnisse an das Hauptprogramm zurückgegeben.

In der SPARC-Architektur können neben den 8 globalen Registern 6 bis 32 Registerfenster zu je 24 Registern benutzt werden. Die Anzahl der verwendeten Registerfenster bildet einen Registersatz. Wird dieser Registersatz beim Unterprogramm-Aufruf bzw. -Rücksprung unterschritten, so müssen die Registerinhalte zwischengespeichert werden. Da bei der SPARC-Architektur die Registerfenster in Form eines Ringes miteinander verbunden sind, wird im Falle eines Fensterüberlaufs das letzte Fenster zum ersten weitergeschaltet. Die Abbildung 12.7 zeigt die Änderung der Aufruftiefe bei typischen Programmen in höheren Programmiersprachen. In dem dargestellten Beispiel sind 12 Über- und 2 Unterläufe des Registersatzes (Registersatz =5 Registerfenster) zu erkennen.

Die Besonderheit der Register-Windows wird mit weiteren Architekturen geteilt. Dazu zählt auch der Hyperstone-Mikroprozessor. Der Hyperstone E1-32/-16 wird fast ausschließlich in der industriellen Automation eingesetzt und ist aus diesem Grund weniger bekannt. Der Hersteller, die Firma Hyperstone Electronics, vorm. CTM (Computer Technik Müller) mit Sitz in Konstanz am Bodensee, ist ein sehr erfolgreiches Familienunternehmen und verfügt über eine Entwicklungsmannschaft von nur etwa 10 Spezialisten im Vergleich zum internationalen Standard mit ca. 80-100 Mitarbeitern.

12.4 Moderne RISC-Architekturen

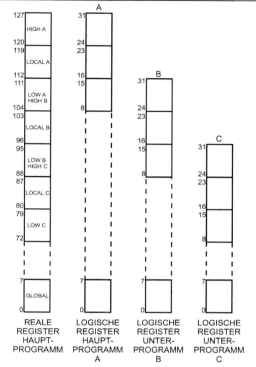

Abbildung 12.6   Register Windows der SPARC-Architektur

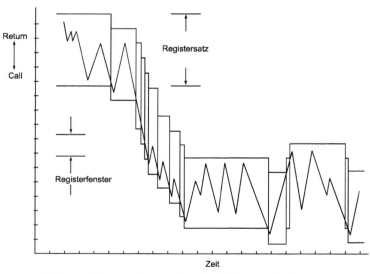

Abbildung 12.7   Änderung der Aufruftiefe bei typischen Programmen

Das Prinzip der Register-Windows funktioniert gut, solange man im ´single user´-Betrieb arbeitet. In ´multi user´-Betriebssystemen müssen beim Prozeßwechsel normalerweise alle Register auf dem Stack abgelegt werden. Davon können auch die global benutzten Register und Gleitkommaregister betroffen sein. Diese Probleme, die in Verbindung mit einem Prozeßwechsel auftreten, sowie die Tatsache, daß moderne Betriebssysteme nicht nur multiprogrammiert sind, sondern auch über sogenannte Threads[1] verfügen und demzufolge analog dem Prozeßwechsel auch bei einem Thread Switch die Register umgeladen werden müssen, haben dazu geführt, daß auf die Implementierung der Register-Windows in zunehmendem Maße verzichtet wird.

12.5 RISC-Identifikation

In den 80er Jahren wurde auf allen Fachkonferenzen erbittert darüber diskutiert, ob eine spezifische Mikroprozessor-Implementierung die RISC-Bezeichnung verdiente oder nicht. Das führte sogar dazu, daß Punkte für ein bestimmtes RISC-Merkmal vergeben wurden, für die Existenz des Maschinenbefehls ´delayed branch´ z.B. 14 Punkte bzw. bei Abwesenheit 0 Punkte. Für eine solche Identifikation stellte man sogar spezielle Kataloge zusammen, die konkrete RISC-Kriterien enthielten. Nach den damaligen Katalogen würde jedoch keiner der heutigen RISC-Architekturen dieses ´Gütesiegel´ verdienen.

Bei der Eingruppierung ergaben sich sehr fließende Toleranzen, die VAX-, 68000-, Intel- und /390-Architektur konnten aber der Kategorie CISC zugeordnet werden. Die Abbildung 12.9 zeigt einen Versuch, anhand der Komplexität der Architektur sowie mit Hilfe des Befehlssatzes und der Adressierungsarten (Abbildung 12.8) eine Klassifizierung vorzunehmen. Bezüglich der Komplexität stehen die DEC VAX, Motorola 68000, die Intel 80486 und IBM /390 an der Spitze, so daß sie als CISC-Architekturen eingestuft werden können.

	Instruktionen	Adressierungsarten	
PRECISION	140	4	140*1=**140**
RS/6000	186	7	186*1=**186**
/370	208	8	208*1=**208**
VAX	304	21	304*21=**6.384**
68030	159	12	159*12=**1.908**
80386	130	11	130*11=**1.430**
SPARC	76	2	76*1=**76**

Abbildung 12.8   Adressierungsarten und Anzahl der Instruktionen der Architekturen im Überblick

---

[1] Ein Thread ist eine Art Unterprogramm, das innerhalb des Hauptprogramms im gleichen virtuellen Speicherraum abläuft. Er verwaltet selbst die zur Programmausführung wichtigsten Informationen (Befehlszähler, Stack Pointer, CPU-Registerinhalte).

Anschließend kommen die typischen RISC-Rechner, d.h. IBM RS/6000, HP PRECISION, MIPS 4000, SPARC und der Einfachst-Rechner (siehe Kapitel 3). Dabei stellt sich die Frage nach der Definition einer Architektur. Da es bisher keine vernünftige Definition gibt, soll hier eine mögliche vorgestellt werden.

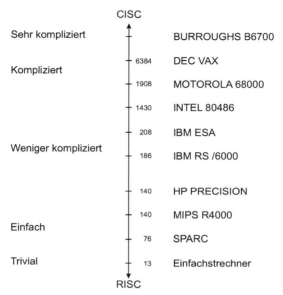

Abbildung 12.9   Komplexitätseinstufung anhand der Befehlsarten und der Adressierung

Zunächst wird nach der Anzahl der unterschiedlichen Maschinenbefehle gefragt. Anschließend wird diese Zahl mit der Anzahl der benutzten Adressierungsarten des Hauptspeichers multipliziert (HP PRECISION: Jeder Maschinenbefehl benutzt von den 4-verschiedenen Adressierungsmodi nur einen einzigen, folglich 140*1=140). Daraus ergibt sich eine Kenngröße für jede Rechnerarchitektur, mit deren Hilfe die Klassifizierung nach der Komplexität unterstützt wird.

12.6 Swing-Architekturen

Die Intel-Architekturen 80x86 haben sich über ein Jahrzehnt als CISC- gegenüber den RISC-Architekturen behaupten können.

Die Intel-Implementierung ist ein typisches Beispiel dafür, wie man einen Maschinenbefehlssatz in 2 Gruppen aufteilt, wobei die eine Gruppe von den primitiven Maschinenbefehlen gebildet wird. Die zweite Gruppe stellt die komplexeren Maschinenbefehle dar, und diese werden mit einem entsprechenden Mikroprogramm implementiert. Beide Gruppen, die primitiven und die Mikrobefehle, werden in derselben 4-stufigen Pipeline ausgeführt. In der Alpha-Architektur ist noch zusätzlich der sogenannte PAL-Code implementiert. Letzterer stellt eine Art Mikrocode dar. Der /370-Mikroprozessor teilt seinen Befehlssatz in 3 unterschiedliche Gruppen auf. Die erste

Gruppe von ca. 70 einfachen Maschinenbefehlen wird ähnlich einer RISC-Architektur implementiert, während man die beiden anderen Gruppen ´komplexer´ und ´sehr komplexer´ Befehle unterschiedlich mikrocodiert: Je nach Komplexitätsgrad wird ein vertikaler Mikrocode oder ein komplexerer Maschinenbefehlssatz implementiert. Für diese Zwecke machte sich eine Erweiterung der Pipeline notwendig.

Derartige Rechner, die zwei verschiedene Architekturen (RISC, CISC) realisieren, heißen ´Swing´-Architekturen. Diesbezügliche Entwicklungen scheinen den neuen Rechnerarchitektur-Trend zu bilden. Die Firma Hewlett Packard hat sich entschlossen, enger mit der Firma Intel zusammenzuarbeiten. Beide Hersteller entwickelten gemeinsam mit universitären Einrichtungen die IA-64-Architektur (s. Kapitel 16), die in Form des Itanium 1 und 2 implementiert sind.

13 Leistungsverhalten von Rechnern

13.1 Einführung

Die Leistung einer Rechenanlage kann auf Grund der Zeit bestimmt werden, die zur Bearbeitung einer bestimmten Aufgabe benötigt wird. Je schneller ein bestimmter Auftrag erledigt wird, umso höher ist die Leistung des Rechners zu bewerten. Die Rechnerleistung wird von verschiedenen Funktionseinheiten innerhalb der Architektur mit unterschiedlichem Gewicht bezüglich einer speziellen Aufgabe beeinflusst. Diese Einheiten bilden global die Rechnerarchitektur: CPU, Hauptspeicher, Ein-/Ausgabe. Wenn die Leistung einer Rechnerarchitektur eingeschätzt wird, muss zunächst geklärt werden, auf welcher Basis diese Bewertung erfolgen soll. Im Abschnitt 12.1 wurde dies mit Hilfe der Programmausführungszeit bestimmt. In diesem Fall hängt die Rechnerleistung allein von der CPU-Zeit ab, wobei hier die Nutzer-CPU-Zeit gemeint ist. Weiterhin spricht man von der Systemleistung eines Rechners. Letztere bezieht sich auf die Bearbeitungszeit des unbelasteten Systems. Neben der CPU beeinflusst die Größe des Hauptspeichers die Rechnerleistung maßgeblich. Hinzu kommen noch die Bedingungen, unter denen die CPU über ein- oder mehrstufige Cache-Hierarchien mit dem Hauptspeicher kommunizieren kann. Die Funktion der Ein-/Ausgabe-Einheit bei der Leistungsbewertung wird oft unterschätzt. Vergleicht man z. B. eine IBM zSeries-Großrechenanlage mit einer leistungsstarken Workstation, so unterscheiden sich beide in erster Linie durch die Ein-/Ausgabe-Leistung. Der zSeries-Großrechner verfügt in der heutigen Konfiguration über mehrere Tausend Ein-/Ausgabe-Kanäle, über die im Extremfall ebensoviele Plattenspeicher gleichzeitig mit dem Hauptspeicher Daten austauschen können. Es sind also weniger die CPU-Leistungen, in denen sich ein moderner Großrechner von einer Workstation unterscheidet, sondern vielmehr die Hauptspeichergröße und die Ein-/Ausgabe-Leistung.

13.2 CPU-Leistung

Wenn nach der Leistungsfähigkeit eines Rechners gefragt wird, so muss zunächst geklärt werden, welche Aufgaben dieser Rechner lösen soll, d.h. die Leistung bezieht sich immer auf eine bestimmte Aufgabenklasse (Transaktionsverabeitung von Banken und Versicherungen, Lösung wissenschaftlich-technischer Probleme etc.). Ein altes und immer weniger benutztes Maß zur Bestimmung der Verarbeitungsgeschwindigkeit einer Rechnerarchitektur stellt die Anzahl der verarbeiteten Befehle pro Sekunde (MIPS, Million Instructions Per Second) dar. Die Widersprüchlichkeit dieser Größe soll an zwei Beispielen demonstriert werden.

Das erste Beispiel berechnet eine Formel

$$Y = M * X + B$$

auf den Rechnern A, B und C. Alle drei Rechner benötigen für diese Aufgabe genau 1 ns. Der Rechner A in Form einer typischen RISC-Architektur braucht für die Berechnung von Y 10 Maschinenbefehle, Rechner B braucht 5 Maschinenbefehle, und Rechner C benutzt 2 Maschinenbefehle. In diesem Beispiel besitzen die Rechner A, B und C eine MIPS-Rate von 10, 5 und 2, obwohl sie in der gleichen Zeit die gestellte Aufgabe lösen, d.h. der Rechner A hätte demnach eine 5 mal höhere Leistung als der Rechner C.

Das zweite Beispiel behandelt die Aufgabe, 16 Bytes im Hauptspeicher von einem Platz zu einem anderen zu verschieben. Für diese Operation werden wieder 3 verschiedene Architekturen verwendet: 6502-, 68000- und /370-Architektur. Die Quell-Programme sind in der Abbildung 13.1 dargestellt.

```
6502        LDX    #$0F              1 + ( 4 * 16 )
     LOOP   LDA    SOURCE, X         = 65 Befehle
            STA    DEST, X
            DEX
            BPL    LOOP

68000       MOVE   $SOURCE, A0       3 + ( 2 * 16 )
            MOVE   $DEST, A1         = 35 Befehle
            MOVEQ  #$0F, D0
     LOOP   MOVE.B (A0)+, (A1)+
            DBF    D0, LOOP

/370        MVC    DEST(16), SOUR-   1 Befehl
     CE
```

Abbildung 13.1   Quellprogramme verschiedener Architekturen zur selben Aufgabe

In der 6502-Architektur wird zunächst ein Incrementwert initialisiert. Anschließend werden die 16 Byte nacheinander geladen und am Ziel wieder abgespeichert. Dazu dient eine Schleife, die solange durchlaufen wird, bis sich alle 16 Bytes an ihrem neuen Platz befinden. Die Schleife selbst enthält 4 Befehle für jedes Byte, also 4 * 16 = 64 Befehle. Zuzüglich eines weiteren Befehls ergeben sich für die 6502-Architektur insgesamt 65 Maschinenbefehle. Die 68000-Architektur benötigt für die Realisierung der Schleife 2 Befehle einschließlich weiterer 3 Befehle. Insgesamt sind in diesem Fall 3 + 2 * 16 = 35 Maschinenbefehle notwendig. Für die /370-Architektur genügt für die Bewältigung der Aufgabe ein einziger Maschinenbefehl. Als Fazit ergibt sich nun unter der Voraussetzung, dass alle drei Rechner mit dem Umladen der 16 Byte in der gleichen Zeit von z. B. 1 ns fertig werden, dass die 6502-Architektur einen 65 MIPS-, die 68000-Architektur einen 35 MIPS- und die /370 einen 1 MIPS-Rechner darstellt.

Das zweite Beispiel hat noch einen interessanten realen Hintergrund. Anfang der 80er Jahre wurde im IBM-Entwicklungslabor in Böblingen ein Personal Computer entwickelt, der in der Lage war, /370-Maschinenbefehle unter dem Betriebssystem VM/370 auszuführen. Die Implementierung dieses /370-Rechners bestand darin, dass man in der Entwicklungsphase einen normalen PC/AT mit einer Zusatzkarte ausrüstete, die einen /370-Prozessor als CPU und einen Intel 80286 als Ein-/Ausgabeprozessor enthielt. Um diesen Rechner, der für zahlreiche Softwarehäuser zur Entwicklung von /370-Anwenderprogrammen sehr attraktiv war, kostengünstig zu vermarkten, wurde die Firma Motorola damit beauftragt, die CPU-Karte mit einem modifizierten 68000-Mikroprozessor für diese Architektur zu entwickeln mit der Eigenschaft, /370 Maschinenbefehle mittels 68000-Mikroprogramm-Befehlen zu implementieren. Auf diese Weise war es möglich, diesen Rechner wahlweise als 68000- oder als /370-Rechner zu betreiben. Das bedeutete, dass die Aufgabe des Umladens von 16 Byte entweder mittels eines /370-Maschinenbefehls, den wiederum 35 Mikrobefehle implementierten, oder alternativ mit 35 Maschinenbefehlen der 68000-Architektur gelöst wurde. Im ersten Fall handelt es sich um die Emulierung der /370- und im zweiten Fall um die echte Nutzung der 68000-Architektur. Das Kuriose an dieser Implementierung ist die unterschiedliche Leistungsbewertung mit Hilfe der MIPS-Rate, wobei eine identische Architektur einmal einen 1 MIPS- (/370) und im anderen Fall (68000) einen 35 MIPS-Rechner darstellt.

Mit den angeführten Beispielen gelangt man zu der Schlussfolgerung, dass die Leistungseinschätzung der CPU mit Hilfe der MIPS-Rate irreführend bzw. nicht aussagefähig ist.

Inzwischen hat sich eine Definition von MIPS unter Berücksichtigung der Größen CPI (Clock Cycles Per Instruction) und der Taktzyklus-Zeit T (gemessen in μs) durchgesetzt, d.h. für die Leistung L einer CPU (gemessen in MIPS) ergibt sich:

$$L = \frac{1}{(CPI * T[\mu s])} [MIPS]$$

mit

$$CPI = \frac{\sum_{i=1}^{n}(CPI_i * I_i)}{Befehlsanzahl},$$

CPI_i : Mittlere Anzahl der Taktzyklen des Befehls i ,

T : Taktzyklus-Zeit [μs] ,

I_i : Anzahl des Auftretens von Befehl i .

Den Vorteilen von MIPS als Leistungsmaß (einfach, verständlich) stehen eine Reihe von Nachteilen gegenüber. Letztere betreffen die Abhängigkeit der MIPS-Rate vom Befehlssatz des Rechners und vom verwendeten Compiler. Keine Berücksichtigung finden zusätzlich das Betriebssystem und der Speicher (Hauptspeicher bzw. Cache). Eine verbesserte Definition [SBN 82] integriert auch den Speicher betreffende Parameter in folgender Form:

13 Leistungsverhalten von Rechnern

$$L_{SBN} = \frac{1}{CPI * T + S * T_S} [MIPS_{SBN}]$$

mit

T : Taktzyklus-Zeit [μs] ,

S : Speicherbedarf pro Durchschnitts-Befehl in Bit ,

T_S : Speicherzugriffs-Zeit [μs / Bit] .

Trotz dieser verbesserten Definition ist die MIPS-Rate eher ein Maß für die maximale als für die reale CPU-Leistung. Dieser Umstand hat dazu geführt, dass in Fachzeitschriften und Werbebroschüren immer seltener dieses Leistungsmaß verwendet wird.

13.3 Hauptspeicher-Effizienz

Außer der CPU-Verarbeitungsgeschwindigkeit bildet die Hauptspeicher-Effizienz einen bedeutenden Gütefaktor eines Rechners.

Was versteht man unter Hauptspeicher-Effizienz? Wenn ein konkretes Programm in den Hauptspeicher geladen wird, so ergibt sich die Frage nach dem Speicherplatz, den es dort belegt. Sind es z.B. 500 oder 800 KByte? Das Problem der Hauptspeicher-Effizienz ergab sich besonders in der Vergangenheit, als ein Großrechner noch mit maximal 1 MByte oder ein Personal Computer mit 16 KByte implementiert war. In der Zwischenzeit hat sich die Situation soweit verbessert, dass Großrechenanlagen mit Hauptspeichern bis zu 3 TByte und PCs mit bis zu 6 GByte ausgerüstet sind. Dieser Umstand hat zu der Annahme geführt, das Problem der Hauptspeicher-Nutzung sei nicht mehr aktuell. Eine derartige Einschätzung ist aber deshalb falsch, weil heute in den modernen Rechnerarchitekturen die Stelle des Hauptspeichers von dem Cache-Speicher eingenommen wird. Der Datenverkehr zwischen dem Cache und der CPU einerseits und zwischen dem Cache und Hauptspeicher andererseits stellen kritische Ressourcen dar. Der Unterschied in der Hauptspeicher-Effizienz hängt sehr eng mit der Struktur und Breite der Maschinenbefehle zusammen, d.h. mit der Frage ´RISC oder CISC´.

ESA/390	2, 4, 6 Bytes
VAX	2 - 35 Bytes
68040	2 - 22 Bytes
80486	1 - 11 Bytes

Abbildung 13.2   Breite der typischen CISC-Maschinenbefehle

PRECISION	4 Bytes
RS/6000	4 Bytes
Alpha	4 Bytes
R4400	4 Bytes
80860	4 Bytes
88100	4 Bytes
Sparc	4 Bytes

Abbildung 13.3   Breite der typischen RISC-Maschinenbefehle

	/370	VAX	PRECISION
Register zu Register ADD (fixed)	2 Bytes	3 Bytes	4 Bytes
HS zu Register ADD (fixed)	4 Bytes	6 Bytes	4 Bytes
HS zu HS ADD (decimal packed)	6 Bytes	11 Bytes	Unterprogramm

Abbildung 13.4   Hauptspeichernutzung / Befehlslänge

In den Abbildungen 13.2 bis 13.4 werden die Breite der Maschinenbefehle bzw. die Befehlsbreite bezüglich der Hauptspeichernutzung gezeigt. Typisch für die modernen RISC-Architekturen ist mit Ausnahme des Hyperstone-Mikroprozessors eine Befehlsbreite von 4 Byte, während diese bei CISC-Architekturen im Extremfall bis zu 35 Bytes (VAX) betragen kann. Die Abbildung 13.3 stellt die Belegung des Hauptspeichers für drei einfache Operationen typischer RISC- und CISC-Architekturen gegenüber. Die erste Operation ist das Äquivalent einer 'Register zu Register'-Operation und benötigt im Fall der RISC-Architektur (PRECISION) 4 Bytes. Ähnliche Verhältnisse ergeben sich bei der 'Hauptspeicher zu Register'-Operation, während im Fall der 'Hauptspeicher zu Hauptspeicher'- Operation diese bei der RISC-Architektur nur mittels eines Unterprogramms realisierbar ist. Aus der Abbildung 13.4 geht weiterhin hervor, dass ein VAX-Programm, das nur die 3 angegebenen Maschinenbefehle benutzt, gegenüber dem äquivalenten /370-Programm ca. 40 % mehr Cache-Speicherplatz belegt. Ähnlich liegt das Verhältnis eines HP PRECISION- und dem /370-Maschinenprogramm. Praktische Untersuchungen haben gezeigt, dass sehr komplexe Maschinenbefehle mit großem Speicherplatzbedarf (35 Bytes eines VAX-Befehls entsprechen etwa 9 PRECISION-Befehlen zu je 4 Byte) nicht die CPU-Leistung der äquivalenten 4 Byte-Befehle erbringen, d.h. der Leistungsverlust auf Grund der hohen Speicherplatzbelegung kann nicht durch die hohe Befehlskomplexität kompensiert werden. Die RISC-Architekturen leiden darunter, einerseits keine 2 Byte-Maschinenbefehle zu besitzen und andererseits z.B. für Speicherplatz-Bewegungen ein komplettes Unterprogramm mit 3-4 Maschinenbefehlen zu benötigen. Die Nachteile typischer CISC-Architekturen (VAX) zeigen sich dagegen in der Adressenspezifikation und der Operandenfeld-Erweiterung.

Der Datenverkehr zwischen dem Hauptspeicher und der CPU über einen Cache ist von Flynn, Mitchel und Molder an 3 unterschiedlichen Rechnerarchitekturen untersucht worden [FMM 87]. Die Ergebnisse sind in der Abbildung 13.5 dargestellt, wobei der Datenverkehr ohne Cache bei der OB /360-Architektur auf 100 % normiert ist[1]. Aus der Abbildung 13.5 geht hervor, dass die OB /360 von den 3 ausgesuchten Architekturen die beste Hauptspeicher-Effizienz aufweist, was u. a. auf die Existenz von 16 Bit Register-Register-Befehlen zurückzuführen ist. Auf Grund der Tatsache, dass die MIPS-Architektur FIX 32 insgesamt 52 % mehr Bytes zwischen CPU und Hauptspeicher bewegen muss als die OB /360, wurde von Flynn[2] die Meinung vertreten, generell in den RISC-Architekturen 16 Bit-Maschinenbefehle zuzulassen. Trotz dieser Nachteile in der Hauptspeicher-Nutzung wurde aber in der Folgezeit weiterhin daran festgehalten, moderne RISC-Rechner grundsätzlich mit 32 Bit Maschinenbefehlen auszurüsten. Die Abbildung 13.6 zeigt die Ergebnisse der Flynn'schen Untersuchungen graphisch. Zusätzlich ist noch die Hauptspeicher-Effizienz der Burroughs 6700-Architektur eingeschlossen. Die B6700-Rechner, die fast ausschließlich in Banken und Versicherungen eingesetzt werden, vertreibt die Firma UNISYS auch heute noch. Die Burroughs-Architektur stellt eine Rechner-Familie dar, die zwar über ein schlechtes CPU-Leistungsverhalten aber über eine sehr gute Hauptspeichernutzung verfügt.

Cache Größe (Kbyte)	0	0.5	1	2	4
FIX 32	1.52	0.44	0.30	0.19	0.11
FIX 32 RX	1.33	0.37	0.24	0.17	0.09
OB /360	1.0	0.28	0.17	0.11	0.05

Abbildung 13.5 Relativer Hauptspeicherverkehr bzw. Cache Miss Ratio

Ein wichtiger Parameter bezüglich der Hauptspeicher-Effizienz bildet die sogenannte I-Bandbreite. Sie gibt an, wieviel Bytes zwischen CPU und Hauptspeicher transportiert werden. Die Beobachtungen Flynns erstreckten sich auch auf die Anzahl der ausgeführten Befehle innerhalb eines Anwender-Programms, das in einer problemorientierten Programmiersprache geschrieben ist. Als Beispiel wurde ein identisches Fortran-Programm auf 3 verschiedenen Rechenanlagen ohne Cache bearbeitet. Als Ergebnis stellte sich heraus, dass dieses Fortran-Programm bei der Übersetzung im Falle der VAX-Architektur 600 K, für die /370-Architektur 900 K und für die HP PRECISION 1000 K Maschinenbefehle generieren muss, wobei in jedem dieser Fälle die dynamische Pfadlänge gemeint ist. Bei der Normierung der Maschinenbefehls-Anzahl der /370-Architektur auf 100 % wurde weiterhin festgestellt, dass die VAX-Architektur, obwohl sie nur 2/3 der Befehle des /370-Rechners ausführt, 30 % mehr Bytes zwischen CPU und Hauptspeicher bewegt. Der Grund dafür liegt in der wesentlich größeren Maschinenbefehlslänge der VAX-Architektur. Daraus ergibt sich, dass

---

[1] FIX 32   RISC mit festen Befehlsformat (32 Bit)
  FIX 32 RX Wie FIX 32, mit Register/Speicher-Operationen
  OBI 380   Wie FIX 32 RX mit 16 Bit R-R Operationen
[2] Flynn ist Professor an der Stanford-Universität, an der die MIPS-Architektur als eine der ersten RISC-Maschinen entwickelt wurde.

aus der Anzahl der Maschinenbefehle nicht notwendigerweise auf den Datenverkehr geschlossen werden kann. Vielmehr kommt es darauf an, wie gut die Rechnerarchitektur die vorhandene Datenbandbreite, d. h. die I-Bandbreite, ausnutzt. Messungen der I-Bandbreite ergaben für die VAX 1.3 Bytes, für die /370 1.00 und für die HP PRECISION 1.28 Bytes (ohne Daten). Als Nebenprodukt der Untersuchungen von Flynn ergab sich, dass bezüglich der Hauptspeicher-Effizienz die Verwendung von Zwei- oder Drei-Adress-Befehlen keine Bedeutung hatte. Dieses Ergebnis spricht ebenfalls gegen die Entscheidung, dass RISC-Architekturen grundsätzlich im DreiAdress-Modus arbeiten sollten. Der Hyperstone-Mikroprozessor benutzt als einzige moderne RISC-Architektur ausschließlich 2 Operanden-Maschinenbefehle bei einer Breite von vorwiegend 16 Bit. Durch diese Maßnahmen werden die Programme des Hyperstone ca. 50 % kürzer als die der meisten RISC-Architekturen, und die Hauptspeichernutzung gestaltet sich wesentlich effizienter.

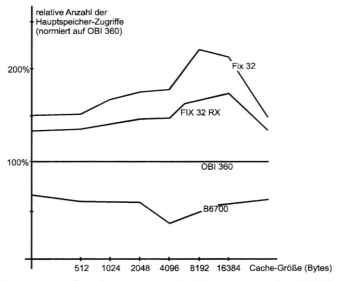

Abbildung 13.6   *Übersicht über Hauptspeicher-Effizenz bei verschiedenen RISC-Rechnern*

13.4 E/A-Leistung

Die Ein-/Ausgabe-Leistung einer Rechnerarchitektur wird generell durch zwei Gruppen von Charakteristiken bestimmt, wobei die eine Gruppe auch als Leistungsmaß für CPU und Speicher anwendbar ist. Zu dieser Gruppe zählen Antwortzeit und Durchsatz. Die zweite Gruppe umfasst die Anzahl der an einen Rechner anschließbaren Ein-/Ausgabe-Geräte und die Vielfältigkeit der Anschlussmöglichkeiten verschiedener E/A-Geräte. Zu den Eingabe-Geräten zählen z. B. Tastatur, Maus, Scanner und Spracheingabe, zu den Ausgabe-Geräten z. B. Drucker, Grafik-Display und Sprachausgabe. Zu den Ein- oder Ausgabe-Geräten gehören außerdem alle Arten eines Netzwerk-Terminals.

Magnetplatten, optische Platten und Magnetbänder zum Zweck der Speicherung sind ebenfalls Bestandteil der E/A-Geräte.

Bezüglich der ersten Gruppe wird die Antwortzeit auch als Latenzzeit und der Durchsatz auch als E/A-Bandbreite bezeichnet. Die Wirkung beider Parameter kann durch ein einfaches Produzent-Server-Modell dargestellt werden (Abbildung 13.7). Der Produzent erzeugt eine bestimmte Anzahl von Tasks und plaziert sie in einer Warteschlange, der Server entnimmt nach dem FIFO-Prinzip aus der Warteschlange die Tasks und verarbeitet sie. Die Antwortzeit setzt sich aus der Zeit zusammen, die von der Plazierung der Task in der Warteschlange bis zum Abschluss der Verarbeitung durch den Server vergeht. Der Durchsatz wird durch die durchschnittliche Anzahl der fertiggestellten Tasks in einer Zeiteinheit definiert. Antwortzeit und Durchsatz sind gegenläufig, d. h. die Antwortzeit ist minimal für eine möglichst leere Warteschlange. Der Durchsatz ist dagegen am größten, wenn die Warteschlange nie leer bzw. der Server immer beschäftigt wird (Abbildung 13.8).

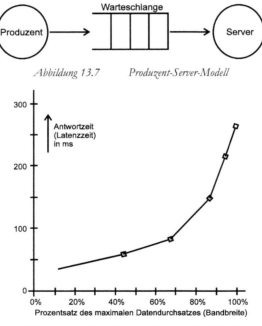

Abbildung 13.7   *Produzent-Server-Modell*

Abbildung 13.8   *Diagramm zur Darstellung des Sachverhalts Datendurchsatz vs. Antwortzeit*

Die Ein-/Ausgabe-Leistung wird unter der Voraussetzung einer konstanten Betriebslast (Anzahl der Aufträge insgesamt bleibt konstant) gesteigert, wenn mehrere Server (Abbildung 13.7) parallel arbeiten.

13.5 Benchmark

13.5.1 Einführung

Da sich die Maßeinheit MIPS für die objektive Leistungsbewertung einer Rechnerarchitektur als untauglich erwiesen hat, sahen sich die Computer-Hersteller zur Einführung besserer Bewertungsmethoden gezwungen [Gen 92]. Schon in den 60er Jahren wurden Vorschläge laut, spezielle Programme zu entwickeln und deren absolute Laufzeit auf einer gegebenen Architektur als Leistungsmaß anzuerkennen. Für diese Testprogramme zur Leistungsermittlung hat sich allgemein der Name ´Benchmark´ durchgesetzt. Das Verfahren benutzt üblicherweise eine Stoppuhr, um die Laufzeit eines speziellen Benchmark-Programms zu messen, und wenn sich bei einem Rechner X eine Laufzeit von 6 Sekunden und bei dem Rechner Y eine Laufzeit von 7 Sekunden ergeben, dann wird die Leistung des Rechners X besser bewertet als die des Rechners Y. Die Kontroversen zwischen den Herstellern konzentrierten sich ab sofort darauf, welche Benchmarks als Maßstäbe für die Leistungsbewertung generell eingeführt und von allen anerkannt werden sollten. Anfangs benutzte jede Computer-Firma ihre eigenen Benchmarks, die maßgerecht auf das betreffende Rechner-Produkt abgestimmt waren mit dem Ziel, die besten Resultate gegenüber der Konkurrenz einerseits und dem Käufer andererseits zu präsentieren. Um die Standardisierung bestimmter Benchmarks entbrannten zwischen den Konkurrenten die heftigsten Streitigkeiten. Das erste standardisierte Benchmark war das sogenannte Whetstone-Bechmark. Weitere, die unter den Namen Dhrystone, Linpack, SPECmark usw. geführt wurden, folgten später.

13.5.2 Whetstone-Benchmark

Das Whetstone-Benchmark wurde ursprünglich von Curnow und Wichmann entwickelt und als Algol 60-Programm 1976 veröffentlicht [CuW 76]. Später entstand eine Fortran-Version, die aus einer Menge von Modulen mit maschinenunabhängigen sogenannten Whetstone-Befehlen besteht. Das Whetstone-Benchmark enthält genau 1 Million dieser Whetstone-Befehle. Die Leistung der untersuchten Rechnerarchitektur wird in MWIPS (Mega Whetstone Instructions Per Second) gemessen. Ein Rechner, der z.B. für die Ausführung dieses Programms 5 Sekunden benötigt, verfügt über eine Leistung von 0.2 MWIPS.

Das Testprogramm wurde geschaffen, um objektive Aussagen auf verschiedenen Rechnerarchitekturen zu erhalten, welche in bezug auf Fortran-Anwenderprogramme zur Leistungseinstufung benutzt werden. Es handelt sich dabei um ein synthetisches Benchmark. Das Whetstone-Benchmark enthält einen relativ hohen Gleitkomma-Anteil. Der Grund dafür liegt in den häufigen Funktionsaufrufen von Routinen zur Berechnung mathematischer Funktionen. Es ist deshalb nicht zur Leistungseinschätzung jeder Rechnerarchitektur geeignet.

13.5.3 Dhrystone

Aus Gründen des relativ großen Gleitkomma-Anteils wurde 1984 von R.P. Weicker für Rechnerarchitekturen ohne Gleitkomma-Funktionseinheit das synthetische Dhrystone-Benchmark entwickelt [Wei 84]. Letzteres war ursprünglich in der Programmiersprache ´Ada´ geschrieben, während heute ´C´-Versionen für Leistungsmessungen verwendet werden. Außer dem generellen Verzicht auf Gleitkomma-Operationen besitzt das Dhrystone-Benchmark die Eigenschaft, nur aus 100 Befehlen zu bestehen. Auf Grund dieses geringen Code-Umfangs paßte das Testprogramm bequem in jeden Cache-Speicher (bei einem Speicherplatzbedarf von 2-3 KByte), so dass die Cache Miss-Rate überhaupt nicht gemessen werden konnte, da ein Cache Miss praktisch nicht auftrat. Das Dhrystone-Benchmark besteht zu 50 % aus Zuweisungen und Ausdrücken mit maximal 3 Operanden, zu 33 % aus Fallunterscheidungen, Schleifen und Kontrollstrukturen. Die restlichen 17 % werden von Funktionsaufrufen gebildet [Mär 94]. Die Abbildung 13.9 zeigt einen Dhrystone-Leistungsvergleich unterschiedlicher Architekturen von 5 verschiedenen Herstellern.

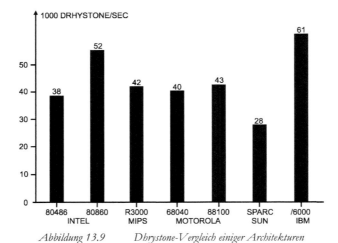

Abbildung 13.9   Dhrystone-Vergleich einiger Architekturen

Infolge der Tatsache, dass die Hardware-Architekturen der auszutestenden Rechner große Unterschiede aufweisen, bereitet die Assembler-Umcodierung eines Benchmarks einige Schwierigkeiten, so dass für die Erstellung des Benchmarks Hochsprachen verwendet wurden. Aus diesem Grund wurde beschlossen, den betreffenden Rechner grundsätzlich zusammen mit dem zugehörigen Compiler zu untersuchen. Dieses Verfahren führte dazu, dass real nicht die Leistungsfähigkeit des Rechners, sondern die des Compilers bewertet wurde. Um eine besonders gute Rechnerleistung mit Hilfe des Dhrystone-Benchmarks zu erzielen, ist es demnach erforderlich, den Compiler bezüglich der genannten Eigenschaften des Benchmarks zu optimieren. Zu diesem Zweck wird in der ersten Phase des Compilers eine Scan-Routine eingebaut, die einen Test auf das Dhrystone-Benchmark ausführt. Anschließend erfolgt im ´Ja´-

Fall eine Verzweigung in ein optimales Assembler-Programm, das genau die Funktion des Dhrystone-Benchmarks erfüllt.

Verständlicherweise wird das Dhrystone-Benchmark [Ser 86] von den Computer-Herstellern gern zum Leistungstest neuentwickelter Architekturen herangezogen, da für den Leistungstest der optimal geeignete Compiler benutzt werden kann.

13.5.4 Linpack

Das Linpack-Benchmark wird heute als Bewertungsstandard für Supercomputer mit Vektor-Funktionseinheit eingesetzt, in zunehmendem Maß auch für parallele Rechnerarchitekturen und Hochleistungs-Workstations [Don 92]. Das Benchmark wurde 1976 von Dongarra als Fortran-Programm für die Lösung von linearen Gleichungssystemen entwickelt [Don 79]. Es enthält durch die Benutzung der sogenannten BLAS (Basic Linear Algebra Subprograms)-Routinen auch einen hohen Anteil an Gleitkommaoperationen. Besonders Vektorrechner und Parallelrechner vom SIMD (Single Instruction Multiple Data)-Typ verbringen den größten Teil ihrer Programmbearbeitungszeit damit, immer die gleichen Operationen auszuführen. Charakteristisch für das Linpack-Benchmark ist die Anweisung:

$$A[I] := A[I] + K * B[I]$$

A und B stellen Vektoren gleicher Dimension dar, K ist eine Konstante und I läuft von 1 bis 10^9. Wegen der Datenunabhängigkeit (siehe Abschnitt 20.4) der obigen Anweisung ist dieser Ausdruck einer Architektur mit Pipeline optimal angepaßt. Durch die Kenntnis der erforderlichen Gleitkomma-Additionen und -Multiplikationen der betrachteten Vektoren wird das Ergebnis in MFLOPS (Million Floating Point Operations Per Second) angegeben. Da dieses Benchmark Rechnerarchitekturen ohne spezielle Hardware-Einrichtungen unterbewertet, ist seine Leistungseinschätzung nicht repräsentativ.

13.5.5 SPEC-Benchmarks

Um eine objektive Leistungsbewertung von unterschiedlichen Rechnerarchitekturen zu schaffen, wurde 1988 von den Computer-Herstellern Sun, MIPS, HP und Apollo die Institution SPEC (System Performance Evaluation Cooperative) gegründet, der sich inzwischen ca. 20 Unternehmen angeschlossen haben [SPE 92].

Bei der Einschätzung der Rechnerleistung ergibt sich das Problem, dass diese eine signifikante Abhängigkeit von dem benutzten Benchmark zeigt, d.h. eine spezielle Rechnerarchitektur kann bezüglich eines Benchmarks A ein gutes und bezüglich eines Benchmarks B ein schlechtes Leistungsverhalten ausweisen. Die Leistung eines Rechners ist demzufolge anwendungsabhängig. So wurde nach der Entwicklung der RS/6000- diese mit der damaligen /370-Architektur verglichen. Der Leistungsvergleich wurde mit Hilfe von zwei unterschiedlichen Benchmarks, dem Dual-Precision-Linpack und RAMP-C-Benchmark durchgeführt. Im ersten Fall handelt es sich um eine typische wissenschaftliche (Arithmetik-orientiert) und im zweiten um eine kommerzielle (Transaktions-orientiert) Anwendung. Als Ergebnis der Leistungsmessungen zeigte sich, dass bezüglich der wissenschaftlichen Anwendung die RS/6000-Maschine um den Faktor 3 besser war als die /370, während sich die Leistungen in bezug auf die kommerzielle Anwendung näherungsweise umgekehrt verhielten (Abbildung 13.10).

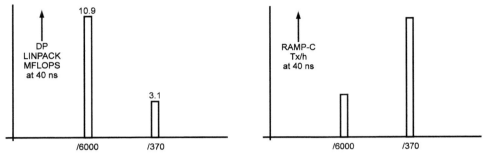

Abbildung 13.10   Vergleich der RS/6000 und der IBM /370 mit unterschiedlichen Benchmarks

Um dieses Problem zu lösen, wurde von der Organisation SPEC ein Katalog von Benchmarks erarbeitet, der anfangs in zwei Bereiche aufgeteilt war: Numerische und nichtnumerische Test-Programme aus allen Bereichen der Naturwissenschaft und Technik sowie der kommerziellen Datenverarbeitung. Die Benchmarks trugen die Bezeichnungen SPEC89, SPECfp89 und SPECint89, je nachdem ob es sich um nichtnumerische oder numerische mit bzw. ohne Gleitkomma-Anteil handelte. Inzwischen wurde dieser Testprogramm-Katalog um weitere 10 Benchmarks erweitert (SPEC92). Weitere für Graphik- und Ein-/Ausgabe-Leistung geeignete Benchmarks sind in Vorbereitung (SPEC96). Die Ergebnisse der SPEC92-Benchmarks beziehen sich immer auf die Leistung der VAX 11/780-Architektur, die als 1 MIPS-Rechner gilt. Für die Leistungsbewertung eines Rechners dienen 2 Werte, die sogenannte SPECfp92- und SPECint92-Ziffer. Um Manipulationen der SPEC-Ziffern durch Compiler-Optimierungen zu verhindern, müssen für alle verwendeten SPEC-Programme die Compiler-Optimierungs-Flags angegeben werden. Diese Maßnahme schließt trotz allem unrealistische Leistungsbewertungen nicht ganz aus.

13.5.6 TPC-Benchmarks

Im Jahre 1988 konstituierte sich ein Herstellergremium zur Standardisierung von Datenbank-Benchmarks. Dieses Gremium, dem momentan ca. 40 Unternehmen angehören, definierte die ersten derartigen Benchmarks auf der Grundlage der Kontenbuchung (Debit-Credit) mit den Namen TPC (Transaction Processing Performance Council)-A (1989) und TPC-B (1990). Letztere Benchmarks [HäR 99] bewerteten die Leistung eines Gesamt-Systems und die Kosteneffektivität (Kosten/Leistung). Für die Durchführung der Benchmarks und deren Dokumentation wurden verbindliche Richtlinien erarbeitet. TPC-A und TPC-B stellen einfache OLTP (OnLine Transaction Processing)-Benchmarks dar, die auf einem einzigen Transaktionstyp aufbauen (Kontenbuchung). Es existieren 4 Satztypen: BRANCH(Zweigstelle), TELLER(Schalter),

ACCOUNT(Konto), HISTORY (Abbildung 13.11). Das Mengengerüst ist abhängig vom Durchsatzziel (TPS, Transaction Per Second). Aus der Abbildung ergeben sich pro TPS: 1 BRANCH-Satz, 10 TELLER-Sätze, 10^5 ACCOUNT-Sätze, HISTORY (für 90 Tage: 90*8*60*60=2.592.000 Sätze). Die Benchmark-Forderungen bestehen darin, dass einerseits 15% der Transaktionen Konten einer anderen Zweigstelle betreffen und andererseits die Antwortzeit von 90% aller Transaktionen maximal 2 Sekunden beträgt. Die Kosten pro TPS werden aus denen von Hardware, Software und Wartung ermittelt. Diese beiden Benchmarks wurden 1995 als ´obsolete´ eingestuft und seitdem nicht mehr verwendet.

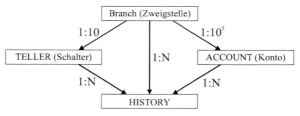

Abbildung 13.11   Benchmark-Sätze

Seit August 1992 wird das Benchmark TPC-C benutzt. Es umfasst mehrere Transaktionstypen unterschiedlicher Komplexität und Änderungshäufigkeit. TPC-C, das in der Bestellverwaltung im Großhandel Anwendung findet, verfügt über 9 Satztypen, die mindestens ca. 500.000 Sätze (50 MByte) pro Warenhaus enthalten. Der Haupttransaktions-Typ wird von NEW-ORDER gebildet. Im Mittel implementiert dieses Benchmark 48 SQL-Anweisungen (BOT, 23 SELECT, 11 UPDATE, 12 INSERT, EOT). Weiterhin enthält das TPC-C fünf Transaktionstypen mit bestimmten Eigenschaften (Read-Write, Read-Only), eine Durchsatzangabe für NEW-ORDER-Transaktionen in TPM (Transaction Per Minute), Festlegung des Transaktions-Mixes (z.B. NEW-ORDER-Anteil variabel, maximal 45%) und fest vorgegebene Denk- und Eingabe-Zeiten (keying time) pro Transaktionstyp. Das erste TPC-C-Ergebnis wurde im September 1992 mit 54 tpmC und 188.562 $/tpmC ermittelt. Seitdem stieg innerhalb von 3,5 Jahren die Leistung auf das 60- und die Kosteneffektivität auf das 20-fache an. Im Dezember 1998 lag der Durchschnitt der Top-5-Ergebnisse bei 71732 tpmC bzw. bei 22,5 $/tpmC.

Neben der Erweiterung von TPC-C (August 1999), wurden weitere TPC-Benchmarks beschlossen. 1995 ist das TPC-D-Benchmark aus der Taufe gehoben worden. Seine Anwendung konzentriert sich auf komplexe Anfragen (Decision Support) bei Datenbankgrößen von 1 GByte-10 TByte. Als jüngstes Datenbank-spezifisches Benchmark präsentiert sich das TPC-W. Letzteres wird für den e-commerce-Betrieb (z.B. Online-Warenhaus, -Reservierungen) entwickelt und integriert 5 Transaktionstypen: Browse, Shopping Cart, Buy, User Registration, Search). Das TPC-W berücksichtigt z.B. User-Authentifikation und Daten-Verschlüsselung, als Leistungsmaß wird WIPS (Web Interactions Per Second) benutzt.

13.5.7 Hard- und Software-Monitore

Außer den erwähnten Benchmarks werden eine Vielzahl von Hard- und Software-Monitore entwickelt. Diese dienen spezifisch der Leistungs-Überwachung und -Bewertung bestimmter Funktionseinheiten innerhalb eines Rechners. Ein Monitor integriert verschiedenartige Systemkomponenten in einer Rechnerarchitektur, um eine gleichförmige Schnittstelle für Anwendungen und Operationen mit demselben Verhalten im Fehlerfall bereitzustellen. Mit Hilfe von Monitoren können z.B. Registerinhalte, Flags, Prozessor- und Pipeline-Zustände sowie die Pipeline-Auslastung ´sichtbar´ gemacht werden. Die Anzahl der Zugriffe zum Speicher (Cache, Hauptspeicher), Bus- und E/A-System sind mittels Hard- und Software-Monitore verifizierbar.

Monitore werden besonders in eingebetteten und verteilten Rechnersystemen als Software-Tools vom Entwickler dem Nutzer zur Verfügung gestellt, um das Verhalten der Applikation zu verstehen, die Leistung von Programmteilen (Unterprogrammen), Kommunikations-Probleme und das Load Balancing zu analysieren bzw. zu evaluieren. Eine bestimmte Menge grafischer Fenster innerhalb der Tools demonstriert wesentliche Aspekte des Laufzeitverhaltens der Anwendung. Dazu gehören u.a. statistische Analysen der Programmausführung und der Kommunikations-Operationen, Einblick in detaillierte Zeitabläufe von Ereignissen, spezielle vom Nutzer gewünschte System-Aufnahmen und optionale Quell-Code-Anzeige. Ein schnelles Grafik-Interface erlaubt dem Nutzer das Management der Statistik-Visualisierung sehr großer Datenmengen. Beispiele von Monitoren bilden die Tools ´Glance´, ´Syspic´ für die HP-Parallelrechner v2500 (1Rechner-Knoten/32 CPUs) bzw. spp1200 (2 Rechner-Knoten/16 CPUs) und spp2000 (3 Rechner-Knoten/48 CPUs) sowie ´vampir´ der Firma Pallas und Sun DTRACE.

14 Superskalare Architekturen

14.1 Einführung

Seit Mitte der 80er Jahre wurden alle Mikroprozessoren mit einer Standard-Pipeline ausgerüstet, in der die Ausführung eines Maschinenbefehls prizipiell in 4 Stufen erfolgte. In der 1. Stufe wird der Maschinenbefehl aus dem Instruction-Cache oder aus einem Prefetch-Buffer geholt. In der 2. Stufe erfolgt die Decodierung dieses Befehls. Bei einer RISC-Architektur werden aus einer Menge von 16 oder 32 Mehrzweckregistern, die als sehr schnelle Speicher auf dem Silizium-Chip als Data Local Store (DLS) implementiert sind, die Operanden ausgelesen und in die Register A und B (Abbildung 11.5) geschrieben. Die gewünschte Operation, z. B. eine binäre Addition, wird in der 3. Stufe durchgeführt. In der 4. Stufe erfolgt die Ablage des Resultats in einem der Mehrzweckregister oder das Zurückschreiben in den Cache. Jede der beschriebenen Aktionen innerhalb der vier Pipeline-Stufen läuft in einem Maschinenzyklus ab.

Moderne Rechner werden häufig für die Lösung wissenschaftlich-technischer Problemstellungen mit Gleitkomma-Operationen eingesetzt. Eine normalisierte Gleitkommazahl ist in der Abbildung 14.1 dargestellt. Diese Art der Gleitkommazahl enthält vor dem Komma der Mantisse eine ´0´. Die werthöchste Ziffer der Fraktion ist eine von Null verschiedene Ziffer. Eine nicht-normalisierte Gleitkommazahl wird dadurch normalisiert, dass man die Fraktion so lange nach links verschiebt (und gleichzeitig den Exponenten erniedrigt), bis die werthöchste Ziffer ungleich Null ist, z. B.

$$0{,}0471 * 10^4 = 0{,}471 * 10^3$$

Die Gleitkomma-Arithmetik erfolgt in der Regel mit normalisierten Gleitkommazahlen (die /370-Architektur verfügt als Ausnahme auch über Einrichtungen für nicht-normalisierte ADD- und SUBTRACT-Operationen).

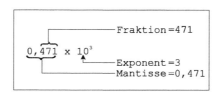

Abbildung 14.1   Normalisierte Gleitkommazahl

Das IEEE-Long Format einer Gleitkommazahl zeigt die Abbildung 14.2. Das Vorzeichen-Bit für die Mantisse gibt an, ob die Gleitkommazahl positiv (Vorzeichen-Bit = 0) oder negativ (Vorzeichen-Bit = 1) ist. Um grundsätzlich mit positiven Exponenten zu arbeiten, enthält das Exponentenfeld des Gleitkommaregisters einen Wert, der um einen festen 'Bias'-Betrag zu hoch ist.

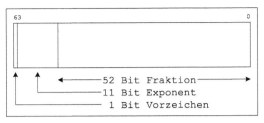

Abbildung 14.2   IEEE 754 Long Format

Als Beispiel soll der 7 Bit-Exponent des /370 Gleitkomma-Formats dienen: Der 7 Bit-Exponent deckt den Bereich

$$16^{-64} \ldots 16^{+63}$$

ab. Das Exponentenfeld eines Gleitkommaregisters der /370-Architektur enthält immer einen Wert, der um 64 zu hoch ist, d.h. der Exponentenbereich ergibt sich zu

-64 ... +63   ('True'-Exponent),

und der Wert im Exponent-Feld des Gleitkommaregisters liegt bei

0 ... 127   ('Excess 64'-Exponent).

Gleitkomma-Operationen (Addition, Multiplikation, Division) werden in mehreren Schritten ausgeführt, die entsprechenden Pipeline-Stufen zugeordnet werden. Eine dezimale Gleitkomma-Addition sei an folgendem Beispiel demonstriert ('Bias'=50):

1. Operand	(paketiert)	53 739875	(= 0,739875 * 10^3)
2. Operand	(paketiert)	51 452477	(= 0,452477 * 10^1)
1. Schritt	Operanden einlesen :	53 739875	
		51 452477	
2. Schritt	Exponenten-Differenz: bilden	2	
3. Schritt	Kleinere Ziffer verschieben	53 739875 53 004524 77	
4. Schritt	Mantisse addieren	53 744399 77	
5. Schritt	Normalisieren (nicht nötig)	53 744399 77	
6. Schritt	Runden	53 744400	
7. Schritt	Ergebnis paketieren und abspeichern	53 744400	(= 0,744400 * 10^3)

Das Gleitkomma-Addierwerk, das diese angegebenen Schritte durchführt, wobei das Normalisieren und Runden in einem Schritt zusammengefaßt werden, ist in der angegeben. Es kann in einer 6 stufigen Gleitkomma-Pipeline implementiert werden; ein Ausschnitt hieraus (Stufen 3-5) zeigt die Abbildung 14.4.

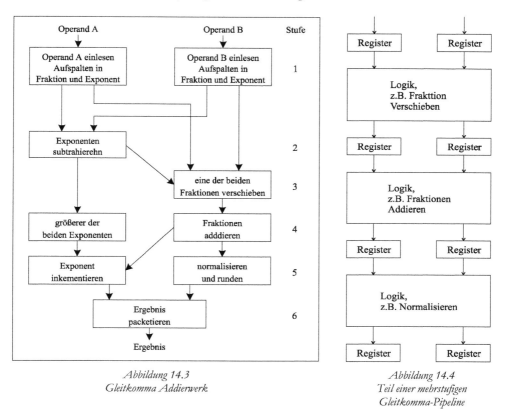

Abbildung 14.3
Gleitkomma Addierwerk

Abbildung 14.4
Teil einer mehrstufigen Gleitkomma-Pipeline

Im Interesse einer Leistungssteigerung in Relation zur Standard-Pipeline kommen verschiedene Verfahren zum Einsatz. Dazu gehören: Superskalare Architekturen, Superpipelining, Dynamic Execution und VLIW (Very Long Instruction Word).

14.2 Superskalare Architekturen

Die Aktion in der 3. Stufe der Standard-Pipeline wird von der ALU (Arithmetic Logic Unit) ausgeführt. Letztere kann normalerweise nicht nur Binär-Additionen und logische Verknüpfungen realisieren sondern auch relativ schnelle Schiebe- und Rotationsoperationen. Additionen, Multiplikationen und Divisionen von Gleitkommazahlen benötigen mehr als einen Maschinenzyklus. Das gleiche gilt auch vielfach für Festkommazahl-Multiplikation und -Division. Da dieser Umstand der Grundphilosophie der RISC-Architekturen widerspricht, verzichtet man in reinen RISC-Rechnern auf Festkomma-Funktionseinheiten zur Multiplikation und Division.

Die Idee zur Leistungsverbesserung besteht darin, die Funktion der 3. Stufe zu vervielfachen. Sie ist folglich in mehreren parallelen Implementierungen einschließlich der A- und B-Register sowie des Ergebnis-Registers vorhanden (Festkomma-, Gleitkomma-, Branch- und Load/Store- Funktionseinheit).

In superskalaren Architekturen [Lai 92] werden die mehrfach vorhandenen, voneinander unabhängigen arithmetischen und logischen Einheiten (Funktionseinheiten), wenn diese mehr als einen Maschinenzyklus für die Bearbeitung ihrer Aufgabe benötigen, gleichzeitig mit der Ausführung voneinander unabhängiger Operationen beauftragt. Da als wichtigste Bedingung für einen optimalen, leistungsteigernden Einsatz einer solchen Implementierung vorausgesetzt wird, dass keine Daten- und Steuerflusskonflikte auftreten, sind die Funktionseinheiten auf bestimmte Maschinenbefehle spezialisiert.

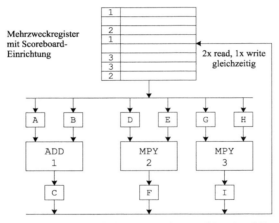

Abbildung 14.5   *Mehrfache Funktionseinheiten und Scoreboard-Einrichtung*

Als Beispiel für einen Mikroprozessor mit mehreren Funktionseinheiten dient die Motorola 88000 (MC 88100, MC 88110)-Architektur [Mot 90]. Die Abbildung 14.5 zeigt die mehrfachen Funktionseinheiten der Motorola 88000-Architektur. Der MC 88000-Mikroprozessor wurde Anfang der 80er Jahre als RISC-Architektur gegenüber dem MC 68000 (CISC) entwickelt und stellte eine der ersten superskalaren Architekturen dar. Die parallel arbeitenden Funktionseinheiten waren als Gleitkomma-Addiereinheit (ADD) und als Integer- sowie als Gleitkomma-Multipliziereinheit (MPY) implementiert. Der Zugriff zu der Menge von Mehrzweckregistern erfolgte gleichzeitig (2 READ- und 1 WRITE). Das gleiche gilt für den Zugriff zum Hauptspeicher/Cache für Befehle und Daten. Das Addier- und die beiden Multiplizier-Werke werden gleichzeitig mit Daten beschickt. Die Durchlaufzeit kann mehrere Maschinenzyklen betragen und unterschiedlich sein. Der nachfolgende Maschinenbefehl läuft an (Laden der Register A, B, D, E, G, H), ehe der vorhergehende Maschinenbefehl abgeschlossen ist.

Der Performancegewinn kann aber in superskalaren Architekturen infolge von Datenabhängigkeiten (siehe Abschnitt 19.4) in der Maschinenbefehls-Sequenz teilweise wieder verloren gehen. In der folgenden Maschinenbefehls-Sequenz besteht zwischen den Befehlen 1 und 3 sowie 2 und 3 eine Schreib-Lese-Datenabhängigkeit (flow dependence bezüglich R3 bzw. R6), d.h. der Maschinenbefehl 3 kann erst gestartet werden, wenn die Maschinenbefehle 1 und 2 abgeschlossen sind, weil die Ergebnisse (Registerinhalte R3, R6) der Maschinenbefehle 1 und 2 erst geschrieben werden müssen, bevor sie im Befehl 3 gelesen werden können:

Maschinenbefehl	1	R3 = R1 * R3
Maschinenbefehl	2	R6 = R4 * R5
Maschinenbefehl	3	R1 = R3 + R6

Aus der obigen Befehls-Sequenz geht weiterhin hervor, dass Maschinenbefehl 2 datenunabhängig von Maschinenbefehl 1 ist und demzufolge gleichzeitig zu Befehl 1 gestartet werden kann.

Um sicherzustellen, dass zu einem bestimmten Zeitpunkt nur eine Funktionseinheit auf ein Mehrzweckregister zugreift, wurde von der Firma Control Data in den 70er Jahren eine Scoreboard-Einrichtung entwickelt. Die Implementierung des Scoreboards besteht darin, in jedem Mehrzweckregister ein zusätzliches Tag-Feld vorzusehen, das genau die Funktionseinheit angibt, die das Mehrzweckregister gerade in Benutzung hat. In der Abbildung 14.5 ist dieser Sachverhalt verdeutlicht, d. h. die Funktionseinheit 1 benutzt die beiden Mehrzweckregister mit dem Tag-Feld 1 usw. Der jeweilige Scoreboard-Eintrag wird dann gelöscht, wenn die betreffende Funktionseinheit das Mehrzweckregister nicht mehr benötigt. Die Scoreboard-Einrichtung stellt momentan einen Standard in allen superskalaren Mikroprozessoren dar.

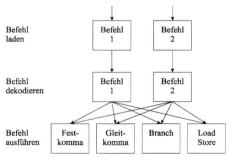

Abbildung 14.6   Superskalare Pipeline

Zusätzlich werden die Stufen 1 und 2 der Standard-Pipeline verdoppelt, so dass gleichzeitig 2 Maschinenbefehle in einem Taktzyklus an die superskalare Pipeline

(Abbildung 14.6) geschickt werden können. In der 4. Stufe erfolgt unverändert das Zurückschreiben des Resultats. Diese veränderte Pipeline-Struktur hat ihren Vorteil darin, dass einzelne Funktionseinheiten der 3. Stufe auch solche Operationen ausführen können, die länger als einen Zyklus dauern, ohne damit die Befehlsverarbeitung aufzuhalten. Das trifft vor allem auf Gleitkomma-Recheneinheiten zu, die sehr viele Maschinenzyklen für die Bewältigung ihrer Aufgabe benötigen. Infolge der Mehrfachimplementierung der ersten drei Pipeline-Stufen wird es möglich, einen derartigen Leistungszuwachs zu erreichen, dass selbst bei der Behandlung einer komplizierten Funktion pro Maschinenzyklus eine Operation ausgeführt wird.

14.3 Der Intel Pentium als ein Beispiel superskalarer Architekturen

Der Pentium-Mikroprozessor [Ant 97] der Firma Intel ist ein typischer Vertreter der superskalaren Architekturen. Sein Blockschaltbild ist in der dargestellt. Der 64 Bit breite Bus verbindet den Hauptspeicher sowohl mit dem Daten (16 KByte) – als auch mit dem Befehls (16 KByte)-L1-Cache. Der Pentium [WWW 93] kann zusätzlich einen 256 KByte L2-Cache enthalten.

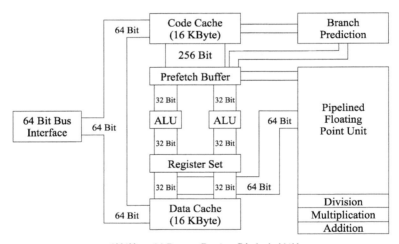

Abbildung 14.7   Pentium Blockschaltbild

Die Befehle gelangen vom Befehls-Cache über den Prefetch-Buffer in die entsprechenden Register. Es besteht die Möglichkeit, 2 Operanden von 32 Bit Breite aus dem Daten-Cache in entweder 8 Universalregister zu je 32 Bit oder in 8 Gleitkommaregister zu je 80 Bit (interner Standard) zu laden, wovon 64 Bit für die Mantisse (0-63), 15 Bit für den Exponenten (64-78) und 1 Bit für das Vorzeichen (79) vorgesehen sind. Die beiden Funktionseinheiten (ALU) sind in der Lage, außer arithmetisch-logische auch andere Operationen (Shift, Rotate) durchzuführen. Die Gleitkommaeinheit bildet keine selbständige Einheit sondern ist an eine der beiden Festkomma-Funktionseinheiten (U-Pipeline) angeschlossen. Wegen der Komplexität der Intel-

14.3 Der Intel Pentium als ein Beispiel superskalarer Architekturen

Architektur verzweigt die Integer-Pipeline nach der 1. Stufe in die U- und die V- Pipeline (). Die beiden Pipelines sind nicht äquivalent, d.h. wenn eine Gleitkomma-Operation ausgeführt werden soll, dann müssen die beiden Gleitkomma-Operanden an die U-Pipeline geschickt werden, weil sich nur nach der 4. Stufe der U-Pipeline weitere 4 Stufen der Gleitkomma-Pipeline anschließen. Dagegen führt der Ausgang der 4. Stufe der V-Pipeline in deren 5. und letzte Stufe, in der das Ergebnis zurückgeschrieben wird.

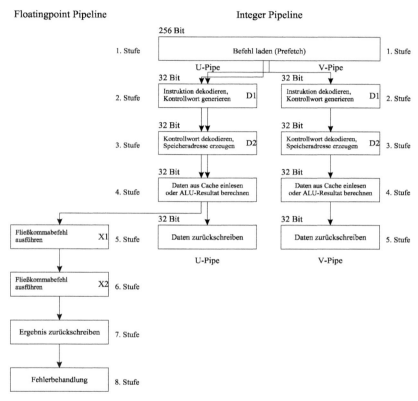

Abbildung 14.8   Pentium Pipeline

Ein Problem in der Pentium-Architektur besteht darin, dass aus jeweils 8 Registern (Fest- oder Gleitkommaregister) gleichzeitig in einem Maschinenzyklus 2 verschiedene Operanden gelesen oder geschrieben werden müssen. Die Lösung dieses Problems erfolgt mit Hilfe eines ´Dual-Access´-Daten-Cache. Entsprechend der Abbildung 14.9 sind sowohl Adressumsetzpuffer als auch Cache-Directory als Dual-Port-Speicher ausgeführt bzw. set-assoziativ implementiert, so dass auf die betreffenden Compartments gleichzeitig zugegriffen werden kann. Diese Implementierungen lassen vermuten, dass vollassoziative Adresssumsetzpuffer und Cache-Directories zukünftig verschwinden werden, da sich die Realisierung von Dual-Port-Strukturen wesentlich komplizierter gestaltet. Bei eventuell auftretenden Konflikten müssen Wartezyklen eingefügt werden.

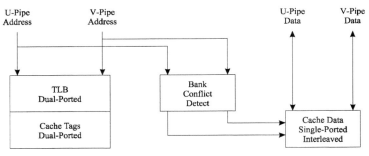

Abbildung 14.9   Pentium Dual-Access-Datencache

14.4 Superpipelining

Um die Verarbeitungsleistung einer superskalaren Rechnerarchitektur weiter zu steigern, entwickelte man die Möglichkeit, nicht nur einen Maschinenbefehl pro Maschinenzyklus an die mehrfach vorhandenen Funktionseinheiten zu schicken, sondern 2, 3 oder 10 Befehle. Dabei wird die Befehlsverarbeitung innerhalb der Pipeline in mehr Stufen unterteilt als bei der Standard-Pipeline, die mit 4 Stufen auskommt. Eine Implementierung erfolgt dadurch, dass der interne Taktzyklus der Pipeline relativ zum Maschinenzyklus verkürzt wird. Die Verarbeitungsleistung innerhalb einer Pipeline-Stufe ist zwar geringer, es fallen aber mehr Ergebnisse an, wenn keine Daten- und Steuerflusskonflikte auftreten. Die Leistungssteigerung soll also im Vergleich zu den superskalaren Architekturen nicht durch die zeitlich parallele Verarbeitung in der Pipeline sondern durch die Erhöhung der Pipeline-Stufen (8, 12, 16 usw.) und die Verkürzung des Pipeline-Taktzyklus erreicht werden. Voraussetzung für die Funktionsweise einer Superpipeline sind datenunabhängige Maschinenbefehle, die wiederum eine gleichmäßige Auslastung der Pipeline zur Folge haben. In der ist das Verfahren des Superpipelining demonstriert, in dem jeweils 3 Maschinenbefehle pro Maschinenzyklus (n=3) nacheinander (zu Beginn des Maschinenzyklus, 1/3 und 2/3 der Zykluszeit) zur Ausführung gebracht werden.

Das Superpipelining wurde erstmalig von der Firma MIPS in der R 4000-Architektur implementiert. Die Realisierung besteht darin, das Scheduling der Maschinenbefehle (z.B. für 2 Befehle) nicht nur an den Anfang eines jeden Maschinenzyklus sondern zusätzlich noch in dessen Mitte durchzuführen. Das bedeutet, dass der Mikroprozessor innerhalb der Pipeline mit der doppelten der externen Taktfrequenz arbeitet, d. h. wenn ein Rechner mit 100 MHz getaktet wird und über 2 Funktionseinheiten verfügt, dann werden unter optimalen Bedingungen (keine Daten- und Steuerflusskonflikte) 2 Maschinenbefehle gleichzeitig ausgeführt, was zu einer MIPS-Rate von 200 führt (d.h. innerhalb von 5 ns gelangen zwei Maschinenbefehle zur Ausführung). Der ist zu entnehmen, dass in jedem Taktzyklus 3 Maschinenbefehle pro Funktionseinheit bzw.

9 Befehle in insgesamt 3 Funktionseinheiten (3 Maschinenbefehle gleichzeitig) ausgeführt werden, es handelt sich in diesem Fall um eine Kombination von superskalarer Architektur und Superpipeline (m=3, n=3).

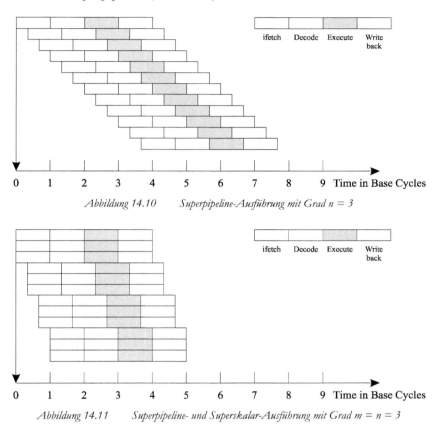

Abbildung 14.10   Superpipeline-Ausführung mit Grad n = 3

Abbildung 14.11   Superpipeline- und Superskalar-Ausführung mit Grad m = n = 3

Entsprechend den Vorschlägen der Firma MIPS, die Standard-Pipeline generell von 4 auf 8 Stufen zu erweitern, hatten Überlegungen zu 16 und 32 Pipeline-Stufen zu dem Ergebnis geführt, dass die Standard-Pipeline mit 4 Stufen einen Leistungsgewinn von etwa einem Faktor 2.7 erzielt (). Während bei einer Stufenzahl von 8 die Leistung der Superpipeline noch einmal ansteigt, würde diese dagegen mit weiter zunehmender Stufenzahl (16, 32 usw.) wieder abnehmen. Die Ursachen erscheinen verständlich und können u. a. mit der Zunahme der Datenabhängigkeiten sowie der Verlängerung des kritischen Pfades, der z.B. bei einer Addition von zwei 32 Bit-Ziffern durch die Carry-Operation bestimmt wird, erklärt werden. Hinzu kommt, dass bei der Erhöhung der Pipeline-Stufenzahl die Laufzeit durch die Logik einer Stufe mit der Anzahl der Gatter abnimmt. Die Zahl der Register, in die von Stufe zu Stufe die Daten eingeschrieben bzw. ausgelesen werden, nimmt aber zu, und jeder Latch-Vorgang benötigt ein Vielfaches an Laufzeit gegenüber der durch ein Gatter.

14 Superskalare Architekturen

Neue Architekturen mit Dynamic Execution (siehe Kapitel 15) widerlegen diese Prognose und implementieren Pipelines mit einer Tiefe von 12, 14 und 20 (P6, Pentium 4 und kompatible) mit einem weiteren Performance-Anstieg.

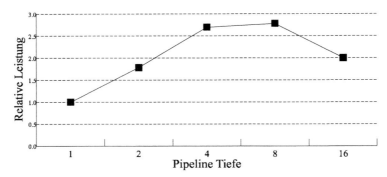

Abbildung 14.12   Die relative Rechner-Leistung in Abhängigkeit von der Pipeline-Tiefe

14.4.1 DEC Alpha

Die Firma DEC, die relativ spät in das Personal Computer-Geschäft eingestiegen ist, brachte im Jahre 1992 den 64 Bit Alpha-Mikroprozessor auf den Markt, der die VAX-Architektur ablösen sollte. Die Alpha-Architektur wurde nach Aussagen des Herstellers als Grundlage für eine insgesamt kompatible Rechnerfamilie der kommenden 2-3 Jahrzehnte entwickelt. Dabei wurde vorrangig auf leistungssteigernde Maßnahmen wie die Verkürzung des Taktzyklus, die Erhöhung der Anzahl von Operationen in einem Taktzyklus sowie die Implementierung der Multiprozessorfähigkeit orientiert.

Der Alpha-Mikroprozessor implementiert eine superskalare Architektur einschließlich einer Superpipeline. Er verfügt über eine 7-stufige Pipeline für Integer- und eine 10-stufige Pipeline für Floating-Point-Operationen sowie 2 superskalare Funktionseinheiten. Zukünftige Alpha-Architekturen sollen einen Instruction Issue (Befehls-Fütterung) der Pipeline von 10 verarbeiten. Bei einem derartigen Steuerungsaufwand innerhalb der Pipeline und des Scoreboards sind besondere Vorkehrungen seitens des Compilers oder/und des Programmierers erforderlich. Datenabhängigkeiten, die in einfachen RISC-Architekturen selten auftreten, müssen durch den Anwender aufgelöst werden, da die für diese Zwecke speziell entwickelten Compiler bis zum heutigen Tag allgemein nicht dazu in der Lage sind. Um diesem möglichen Konflikt in der Alpha-Architektur angesichts der komplexen Pipeline-Struktur zu begegnen, enthalten die Architektur-Manuals eindringliche Appelle des Herstellers an die Nutzer, bei der Programmierung auf Codes zu verzichten, die zu Daten- und Steuerflusskonflikten führen können. Es wird u.a. darauf hingewiesen, dass zwischen 2 Verzweigungen ca. 20 verzweigungsfreie Befehle eingefügt werden sollen.

14.4.2 Intel 80860

Eine weitere superskalare Architektur stellt der 80860 Mikroprozessor der Firma Intel [Koh 89] dar. Diese Architektur hat mit der 80486- bzw. Pentium-Architektur nicht viel gemeinsam. Obwohl sich die 80860-Architektur als sehr leistungsfähig herausstellte, hat sie sich als Workstation-CPU nicht durchsetzen können. In dem Parallelrechner Alliant FX/2800 z. B. ist die 80860 Architektur zum Einsatz gekommen. Weiterhin hat dieses Intel-Produkt als 80960-Mikroprozessor in Konkurrenz zur MC 68000-Architektur für Steuerungszwecke in der Automobil-Industrie eine bisher erfolgreiche Anwendung gefunden.

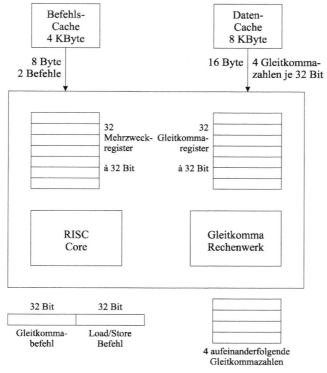

Abbildung 14.13   Intel 80860 Datenfluss

Der 80860-Mikroprozessor besitzt als typische RISC-Architektur (Abbildung 14.13) 32 Mehrzweckregister zu je 32 Bit und 32 Gleitkommaregister derselben Breite. Letztere sind als Paare zu insgesamt 16 Registern mit jeweils 64 Bit verwendbar. Um diesen Rechner mit einer genügend hohen Datenrate zu versorgen, sind pro Maschinenzyklus 16 Byte (128 Bit) übertragbar. Das bedeutet: In einem Maschinenzyklus können 4 aufeinanderfolgende Register zu je 32 Bit gleichzeitig geladen oder abgespeichert werden. Da der Datenbus zwischen Befehls-Cache und CPU eine Breite von 8 Byte besitzt, können gleichzeitig 2 Maschinenbefehle in Form eines 8 Byte breiten Wortes in die CPU geladen werden. Ein solches Wort könnte sich z.B. aus einem Gleitkomma-Maschinenbefehl (Gleitkomma-ADD) und einem Festkomma-Maschinenbefehl (Lade- oder Speicher-Befehl) zusammensetzen. Konkret könnten folgende 2 Befehle ausgeführt werden: Laden von 4 Mehrzweckregistern und zeitlich parallel dazu die Ausführung einer Gleitkomma-Addition. Innerhalb der CPU existieren 2 Funktionseinheiten: Eine Gleitkomma-Pipeline und eine normale ALU, die eine Festkomma-Addition, -Subtraktion, Schiebe- und Rotations-Operationen etc. ausführen kann.

Die Komplexität im Umgang mit den speziell für die 80860-Architektur implementierten Pipeline-Maschinenbefehlen soll am Beispiel einer Pipeline-Addition demonstriert werden. Die Aufgabe besteht darin (), den Inhalt des Gleitkomma (GK)-Registers 2 und den des Gleitkomma-Registers 7 zu addieren und das Resultat im Gleitkomma-Register 12 abzuspeichern. Nachdem das Abspeichern erledigt ist, soll der Inhalt der GK-Register 3 und 8 addiert und in GK-Register 13 abgelegt werden. Die gleiche Operation wird auf den GK-Registern 4 bis 6 bzw. 9 bis 11 ausgeführt und die Ergebnisse in den entsprechenden GK-Registern 14 bis 16 abgelegt. Um diese Aktionen für die 80860-Architektur zu programmieren, können einmal die normalen Maschinenbefehle für Gleitkomma-Operationen und zum anderen Pipeline-Maschinenbefehle für Gleitkomma-Operationen benutzt werden. Aus Performance-Gründen werden die Pipeline-Befehle verwendet. Die Befehlsfolge und ihre Wirkung gehen aus der hervor:

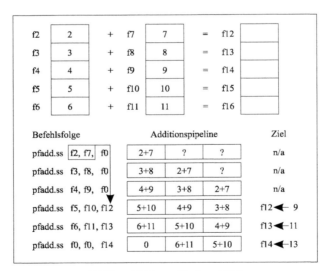

Abbildung 14.14   Pipeline-Addition

Für das Verständnis des Maschinen-Programms ist es notwendig zu wissen, dass die Gleitkomma-Pipeline der 80860-Architektur 3 Stufen besitzt. Desweiteren verfügt eines der 32 Register, das Gleitkomma-Register f0, über die besondere Eigenschaft nicht vorhanden, d.h. nicht verdrahtet zu sein. Eine Schreib-Operation in das GK-

14.4 Superpipelining

Register f0 führt zu dem Ergebnis, dass die Daten nach dem Schreiben in dem betreffenden Register nicht vorhanden sind. Aus diesem Grund bezeichnet man ein solches Register (analog bei der HP PRECISION-Architektur) als ´Schwarzes Loch´. Der erste Maschinenbefehl

    pfadd.ss   f2, f7, f0   (**p**ipelined **f**loating **add**, 32 Bit Genauigkeit)

in der addiert den Inhalt der GK-Register 2 und 7, um anschließend das Ergebnis nicht im GK-Register f12 sondern im Register f0 abzulegen. Wird das Register f0 gelesen, so ergeben sich 32 binäre Nullen[1]. Der zweite und dritte Maschinenbefehl erledigt die gleiche Aufgabe mit dem Inhalt der GK-Register f3, f4 bzw. f8, f9. In beiden Fällen wird das Resultat nicht in den GK-Registern f13 bzw. f14 sondern auch im Spezialregister f0 abgespeichert. Da jeder dieser Maschinenbefehle die Ausführungszeit von einem Maschinenzyklus beansprucht, erscheint 3 Maschinenzyklen später am Ausgang der Pipeline das Resultat der GK-Addition der Registerinhalte von f2 und f7. Aus dieser Pipeline-Struktur heraus ergibt sich der vierte Maschinenbefehl

    pfadd.ss   f5, f10, f12

Dieser addiert den Inhalt der GK-Register f5 und f10 und speichert das Ergebnis in das GK-Register f12, das 3 Zyklen vorher schon in der ersten Pipeline-Stufe anfiel und nun am Ausgang der Pipeline erscheint. Der fünfte Maschinenbefehl erledigt wieder eine ähnliche Aufgabe, das GK-Register f13 nimmt das Ergebnis der GK-Addition auf, das in der ersten Stufe der Pipeline nach der Ausführung des zweiten Maschinenbefehls bereits anfiel.

Man könnte jetzt bis zum Ergebnis der 5. Pipeline-Addition in dieser Reihenfolge fortfahren. Das Ergebnis der 3. GK-Addition erhält man durch folgenden Maschinenbefehl:

    pfadd.ss   f0, f0, f14

Dieser Befehl addiert den Inhalt des Spezial-Registers f0 mit sich selbst (Dummy-Operanden) und generiert als Ergebnis 32 binäre Nullen. Als Folge der Maschinenbefehls-Ausführung ergibt sich aber am Ausgang der Pipeline das Ergebnis der GK-Addition der Register-Inhalte f4 und f9, das im Register f14 abgelegt wird.

Dieses Beispiel zeigt, dass Architekturen der 80860-Implementierungen nur in Spezialfällen in der Maschinensprache programmiert werden sollten, da im Fehlerfall das Debuggen eines derartigen Maschinenprogramms für den Programmierer ein nicht zu unterschätzendes Problem darstellt. Aus diesem Grund ist es ratsam, eine höhere Programmiersprache zu verwenden und derartige Probleme dem Compiler zu überlassen.

---

[1] Diese Operation erweist sich dann als sehr nützlich, wenn eine 32 Bit Zahl in Binär-Form auf ´0´ gesetzt werden soll (Register-Reset).

14 Superskalare Architekturen

Die Firma Intel hat bei der Markteinführung des 80860-Mikroprozessors versucht, diesen zusammen mit einem optimierenden Compiler anzubieten. Mit dem Compilerbau wurde die Firma 'Green Hills' beauftragt, die aber zur Auslieferung der 80860-Architektur den Auftrag ohne Erfolg zurückgeben musste. Daraufhin wandte sich Intel an die Firma 'Multiflow'[1] , mit der Absicht, die entwickelten optimierenden VLIW-Compiler aufzukaufen und auf die 80860-Architektur zu portieren. Dieses Vorhaben führte nur zu bescheidenen Erfolgen und war einer der Hauptgründe, warum dieser bahnbrechenden Rechnerentwicklung des 80860 nicht der erwartete Durchbruch gelang.

```
(a)        DO 10 I=1,100
        10 Z(I)=A*X(I)+Y(I)

(b)        fmul A, X(I), TEMP
           fadd TEMP, Y(I), Z(I)

(c)  pfam Y(I-3), X(I), Z(I-6), A
```

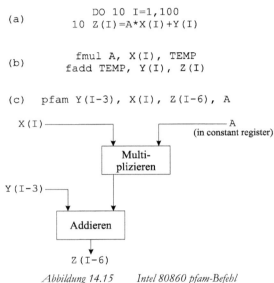

Abbildung 14.15   Intel 80860 pfam-Befehl

Der Intel 80860-Mikroprozessor gehört zu den Architekturen, die einen Pipeline-Floating-Multiply-ADD-Maschinenbefehl (pfam) implementieren. Bei der Anwendung höherer Programmiersprachen tritt häufig der Fall auf, dass zwei Gleitkomma-Operanden miteinander multipliziert werden und anschließend zu dem Ergebnis eine dritte Gleitkommazahl in Form einer Konstanten (A) addiert werden muss. Eine entsprechende Fortran DO-Schleife mit 100 Durchläufen ist in der Abbildung 14.15 dargestellt (a). Es existieren 2 Möglichkeiten, diese Operation auf dem Intel 80860 durchzuführen: Man kann zunächst einen Gleitkomma-Multiplizierbefehl ausführen, anschließend das Ergebnis zwischenspeichern und danach den Gleitkomma-Additionsbefehl auf dem gespeicherten Ergebnis und dem dritten Gleitkomma-Operanden starten (b). Die schnellere Lösung besteht jedoch in der Anwendung des

---

[1] Die Fa. Multiflow baute den ersten VLIW (Very Long Instruction Word)-Rechner, ging aber infolge der enormen Schwierigkeiten bei der Implementierung in Konkurs.

14.4 Superpipelining

pfam-Befehls auf das Operanden-Tripel. Bei Benutzung der Maschinensprache muss der Programmierer berücksichtigen, dass ein Ergebnis der 1. Operation (Multiplikation) erst nach 3 Maschinenzyklen und ein Ergebnis der 2. Operation (Addition) erst nach 6 Maschinenzyklen am Ausgang der Pipeline der 80860-Architektur zur Verfügung steht (c).

Der 80860-Mikroprozessor ist in der Lage, pro Maschinenzyklus im Idealfall 2 Maschinenbefehle gleichzeitig auszuführen, d. h. es werden aus dem Befehls-Cache gleichzeitig 2 Maschinenbefehle, die in einem 64 Bit-Wort enthalten sind, ausgelesen und an die beiden Funktionseinheiten geschickt. Um das Programm-Fragment in der Abbildung 14.15 richtig zu bearbeiten, wird eine Sequenz von pfam-Befehlen mit den Operanden X, Y, Z (Variable) und einer Konstanten benötigt (Abbildung 14.16).

```
pfam Y, X, Z
pfam Y, X, Z
pfam Y, X, Z
pfam Y, X, Z
pfam Y, X, Z
pfam Y, X, Z
       ⋮
```
X, Y, Z sind einzelne Elemente

Abbildung 14.16   pfam-Befehlssequenz

Für jeden Maschinenbefehl sind 3 Register (X, Y, Z) erforderlich. Daraus folgt, dass bei 32 Mehrzweckregistern (Gleitkomma) nach jeweils 10 Maschinenbefehlen der Inhalt der verwendeten 30 Register zunächst in den Cache zurückgeschrieben werden muss, um sie anschließend mit neuen Operanden zu laden (die Konstante wird aus einem weiteren Gleitkomma-Register immer wieder gelesen). Der Lösung dieses Problems kommt zugute, dass der 80860-Mikroprozessor über eine Superpipeline verfügt. Zwischen jeden pfam-Maschinenbefehl werden jeweils zwei LOAD- (Variablen X, Y), ein STORE-(Variable Z) und ein INCREMENT-Befehl eingefügt. Da in einem Taktzyklus 4 Gleitkommazahlen aus dem Cache geladen oder abgespeichert werden können, teilt man die 32 Gleitkommaregister in 8 Gruppen (Bänke) zu jeweils 4 Register (). Nach einer Initialisierung (Register-Reset) werden gleichzeitig ein LOAD- und ein pfam-Befehl ausgeführt. Zwischen zwei aufeinanderfolgenden pfam-Befehlen werden ein LOAD-, STORE-und ein INCREMENT-Maschinenbefehl eingeschoben, während im ersten Maschinenzyklus jeweils 4 Register (ein Register jeder Bank) geladen oder abgespeichert werden. Im nächsten Maschinenzyklus arbeitet man wieder mit 4 Registern jeder Bank usw. Mittels dieser Arbeitsweise kann die Ausführungsgeschwindigkeit der pfam-Operation solange aufrecht erhalten werden, bis der Daten-Cache von 8 KByte erschöpft ist und nachgeladen werden muss.

14 Superskalare Architekturen

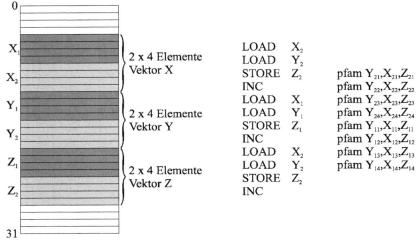

Abbildung 14.17   Aufteilung der Operanden auf die Gleitkommaregister

Up to three Operations per Clock

Integer	or	Floating Point			1 Operation/Clock
Integer	and	Floating Point			2 Operations/Clock
Integer	and	FP Add	and	FP Multiply	3 Operations/Clock

Abbildung 14.18   Ausführung von bis zu drei Maschinenbefehlen pro Taktzyklus

Entsprechend den Aussagen des Herstellers (Abbildung 14.18) besteht die Möglichkeit, innerhalb eines jeden Maschinenzyklus 3 Maschinenbefehle auszuführen: Integer-, Gleitkomma- und pfam-Befehl. Diese Aussage führt zu der Schlussfolgerung, dass pro Befehl 0.33 Maschinenzyklen benötigt werden in Abwesenheit von Daten- und Steuerflusskonflikten. Die Realität sieht dagegen etwas anders aus. Die Ursachen dafür liegen in der Architektur des 80860-Mikroprozessors. Das gleichzeitige Laden und Abspeichern von 4 Gleitkommazahlen erfolgt über einen 128 Bit breiten Datenpfad, der nur 4 Gleitkommazahlen von lediglich 32 Bit Breite übertragen kann. Echte Gleitkommaverarbeitung erfolgt aber in der Regel mit 64 Bit-Operanden, und bei dieser Breite kommt der gesamte Datentransfer ins Stocken. Die Lösung dieses Problems würde in einer Erweiterung des Datenpfades auf 256 Bit bestehen, und diese Maßnahme hätte zur Folge, dass nicht 32 Gleitkommaregister zu je 32 Bit sondern nur 16 zu 64 Bit zur Verfügung stehen. Letzteres hätte weitere Konsequenzen für die Anzahl der GK-Register und die Größe des Daten-Cache. Ein Datenpfad von 256 Bit ist sehr schwer auf dem Chip unterzubringen (Routing-Problem) und elektronisch nicht ohne Schwierigkeiten zu beherrschen.

14.4.3 IBM RS/6000

Vor der Markteinführung der ersten RS/6000, die verhältnismäßig spät erfolgte (1993), wurden zwischen den Vertretern des Vertriebs und der Entwicklung der Firma IBM heftige Diskussionen darüber geführt, ob diese Rechnerarchitektur als RISC-Maschine verkauft werden soll. Seitens des IBM-Marketings wurde großer Wert auf die Bezeichnung RISC mit dem Namen ´RISC 6000´ gelegt. Die Entwicklungs-Ingenieure waren dagegen der Meinung, dass der Rechner auf Grund signifikanter (CISC-) Eigenschaften (z. B. Multiply-, Divide-Hardware, String-Befehle) und daraus resultierend eines Maschinenbefehlssatzes von 184 Befehlen nicht mehr als RISC-Architektur vermarktet werden könnte. Im Interesse beider Seiten wurde vom IBM-Management ein Kompromiß gefunden, und man einigte sich auf den Namen **RISC** mit etwas anderer Bedeutung: **R**educed **I**nstruction **S**et **C**ycles. Unter Insidern verbreitete sich die Bezeichnung ´Relegate Important Stuff to Compiler´ für RISC und unterstreicht damit wieder die Bedeutung des optimierenden Compilers.

Die RS/6000-Architektur verfügt als superskalarer Mikroprozessor über mehrfache Funktionseinheiten, von denen neben der Integer- und Floating Point-Einheit eine spezielle Funktionseinheit für Verzweigungsbefehle von besonderem Interesse ist. Geht man von der 4-stufigen Standard-Pipeline aus, so paßt diese Verzweigungseinheit nicht in das Schema hinein. Aus diesem Grund wurde die 4-stufige Pipeline um eine 5. Stufe erweitert und zwischen der ersten und zweiten Stufe der Standard-Pipeline die Verzweigungseinheit eingefügt. Die Pipeline der RS/6000 hat also folgende Struktur:

1. Stufe	Befehl laden
2. Stufe	Befehle an die Festkomma-oder Gleitkommaeinheit weiterreichen, Branch-Ziel-Adressen berechnen
3. Stufe	Befehl dekodieren
4. Stufe	Befehl ausführen
5. Stufe	Ergebnis abspeichern

Die RS/6000-Architektur ist in der dargestellt. Aus dieser geht hervor, dass sämtliche Maschinenbefehle zunächst den Verzweigungs-Prozessor passieren. Dort werden die Verzweigungsbefehle aussortiert und nicht an die restlichen Funktionseinheiten weitergeleitet. In jedem Maschinenzyklus werden aus dem Instruction-Cache 16 Bytes ausgelesen, d.h. 4 Maschinenbefehle zu je 4 Byte pro Maschinenzyklus gelangen in den Verzweigungsprozessor, während die Bandbreite des Daten-Cache (Maximale Übertragungsrate zwischen Daten-Cache und Fest- sowie Gleitkomma-Prozessor) nur 8 Byte beträgt. Für die Fest- und Gleitkommaeinheit benötigt der Rechner aber nur 2 Maschinenbefehle pro Zyklus.

14 Superskalare Architekturen

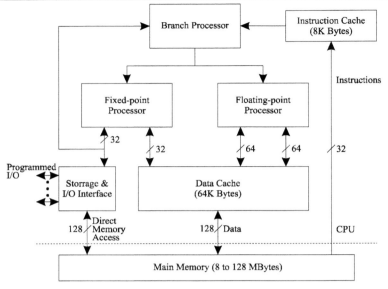

Abbildung 14.19   Die Architektur des RS/6000 Prozessors

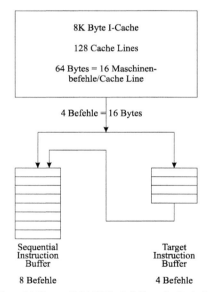

Abbildung 14.20   RS/6000 Aufteilung des Prefetch-Buffers

Der Grund dafür, dass die doppelte Anzahl von Maschinenbefehlen eingelesen wird, liegt in der doppelten Ausführung des Prefetch-Buffers (Abbildung 14.20). Beim Auftreten eines Verzweigungsbefehls wird dieser so abgearbeitet, dass beide Prefetch-

14.4 Superpipelining

Buffer mit den alternativen Befehlsfolgen geladen werden, d. h. bei einer Verzweigung wird entweder die eine oder die andere Befehls-Sequenz ausgewählt.

Als Beispiele für die Funktionsweise des Verzweigungs-Prozessors innerhalb der 5-stufigen Pipeline soll ein entsprechendes Programm-Fragment dienen:

1. Fall: Unbedingte Verzweigung (unconditional branch), benötigt Null-Zyklen für die Verarbeitung.

    | X1 | 1-Zyklus Festkomma-Befehl |
    | X2 | 1-Zyklus Festkomma-Befehl |
    | BR | Unbedingter Verzweigungs-Befehl |
    | S1 | Nächster sequentieller Befehl nach der Verzweigung |
    | ... | Weitere Befehle |
    | T1 | Ziel-Befehl für die Verzweigung |
    | T2 | Nächster Befehl nach dem Ziel-Befehl |
    | T3 | ... |
    | T4 | ... |

In der Abbildung 14.21 sind die einzelnen Maschinenzyklen in Form von Spalten und die Stufen der Pipeline in Zeilen dargestellt (auf die Darstellung der 5. Stufe wurde verzichtet).

	Cycle 1	Cycle 2	Cycle 3	Cycle 4	Cycle 5	Cycle 6
Fetch from memory	X1,X2,BR,S1		T1,T2,T3,T4			
Dispatch to processor		X1,X2,BR		T1,T2		
Decode in processor			X1	X2	T1	
Execute				X1	X2	T1

Abbildung 14.21   Unbedingte Verzweigung, benötigt 0 Maschinenzyklen

Im 1. Maschinenzyklus werden die Maschinenbefehle X1, X2, BR, S1 geladen und zur nächsten Stufe im 2. Zyklus weitergeleitet (S1 wird nicht benötigt). Da die Verzweigungseinheit die Verzweigungsadresse inzwischen analysiert und den Befehlszähler entsprechend verändert hat, können im 3. Zyklus die 4 Maschinenbefehle T1, T2, T3, T4 aus dem Instruction-Cache ausgelesen werden. Außerdem gelangt X1 im 3. Zyklus in die 3. Pipelinestufe. Im 4. Zyklus erreichen T1 und T2 die 2. Stufe, X2 die 3. und X1 die 4. Stufe der Pipeline usw. Dieser Ablauf zeigt, dass infolge der Verzweigung keine Verzögerung innerhalb der Pipeline-Verarbeitung des Programms auftritt, d.h. der Verzweigungsbefehl selbst beansprucht keinen Maschinenzyklus, daher die

14 Superskalare Architekturen

Bezeichnung ´Zero Cycle Branch´. Der 2. Fall zeigt eine bedingte Verzweigung, wobei die Verzweigung nicht ausgeführt wird:

2. Fall: Bedingte Verzweigung (conditional branch), Verzweigung wird nicht in Anspruch genommen, benötigt Null-Zyklen für die Verabeitung

C	Compare-Befehl
BR	Bedingter Verzweigungsbefehl (hängt ab vom Ergebnis des Vergleichs)
S1	Nächster sequentieller Befehl nach der Verzweigung
S2	Nächster sequentieller Befehl
S3	...
S4	...
...	Weitere Befehle
T1	Ziel-Befehl für die Verzweigung
T2	Nächster Befehl
T3	...
T4	...

In diesem Fall werden wieder im 1. Maschinenzyklus in der 1. Pipeline-Stufe die ersten 4 Maschinenbefehle C, BR, S1, S2 geladen (Abbildung 14.22). Nach Auswertung der Bedingung in der 2. Stufe werden gleichzeitig die Befehle S3, S4, S5, S6 in die 1. Stufe geladen. Im 3. Maschinenzyklus werden die Befehle T1, T2, T3, T4 geladen. Gleichzeitig erfolgt die Weitergabe von C und S2, S3 in die 3. bzw. 2. Pipeline-Stufe. Auf diese Weise wandern anschließend C, S1, S2 usw. durch die Pipeline. Die Befehle der Verzweigung werden zwar gelesen, da die Verzweigung aber nicht erfolgt, werden diese wieder aus dem Prefetch-Buffer gelöscht.

	Cycle 1	Cycle 2	Cycle 3	Cycle 4	Cycle 5	Cycle 6
Fetch from memory	C,BR,S1,S2	S3,S4,S5,S6	T1,T2,T3,T4			
Dispatch to processor		C,BR,S1	S2,S3	S4,S5		
Decode in processor			C	S1	S2	
Execute				C	S1	S2

Abbildung 14.22   Bedingte Verweigung (conditional branch), Verzweigung wird nicht in Anspruch genommen, 0 Maschinenzyklen

3. Fall: Bedingte Verzweigung (conditional branch), Verzweigung wird in Anspruch genommen, benötigt 1-3 Maschinenzyklen

14.5 VLIW-Architekturen

Das Programm-Fragment des 3. Falls soll dem des 2. äquivalent sein mit dem Unterschied, dass die Verzweigung ausgeführt wird.

Bis einschließlich des 4. Maschinenzyklus entspricht der Bearbeitungsablauf genau dem Fall der nichtausgeführten Verzweigung (). Während des 5. Maschinenzyklus in der 4. Stufe stellt der Rechner fest, dass der Maschinenbefehl S1 gar nicht ausgeführt werden soll, d. h. er muss gelöscht werden. Im 6. und 7. Zyklus sind die Befehle ab der Verzweigungsadresse nachgerutscht (T1, T2 bzw. T3, T4). Der Befehl S2 erreicht die 4. Stufe im 6. Maschinenzyklus nicht, er wird schon vorher gelöscht. Wie aus der ersichtlich ist, entstehen aber mindestens 2 Leerzyklen in der 4. Pipeline-Stufe.

	Cycle 1	Cycle 2	Cycle 3	Cycle 4	Cycle 5	Cycle 6	Cycle 7	Cycle 8
Fetch from memory	C,BR,S1,S2	S3,S4,S5,S6	T1,T2,T3,T4					
Dispatch to processor		C,BR,S1	S2,S3	S4,S5		T1,T2	T3,T4	
Decode in processor			C	S1	S2		T1	T2
Execute				C	S̶1̶			T1

Abbildung 14.23   Bedingte Verweigung (conditional branch), Verzweigung wird ausgeführt, benötigt 1-3 Maschinenzyklen

Die Leistungsfähigkeit der RS/6000-Architektur beim Auftreten von Verzweigungsbefehlen ist mit Hilfe des Dhrystone-Benchmarks eingehend untersucht worden. Es wurde festgestellt, dass von 83 Verzweigungsbefehlen 63 mit 0 Zyklen sowie die restlichen 20 mit insgesamt 41 Zyklen ausgeführt wurden. Daraus ergeben sich pro Verzweigungsbefehl durchschnittlich etwa 0.5 Maschinenzyklen.

14.5 VLIW-Architekturen

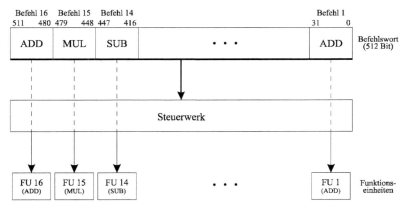

Abbildung 14.24   VLIW-Architektur mit 16 Funktionseinheiten

Der Grundgedanke der VLIW-Architektur [Fis 84] besteht darin, das Maschinenbefehlswort mit einer Breite von n Bits zu implementieren, wobei n = 512 oder größer ist. Das Befehlswort (VLIW) enthält m Felder, die m Maschinenbefehlen entsprechen und gleichzeitig an die mehrfach vorhandenen Funktionseinheiten geschickt werden. In dem Fall, dass sich innerhalb eines Quell-Programms jeweils mehrere voneinander unabhängige Befehle in ein solches Befehlswort packen lassen (z. B. 16 Befehle zu je 32 Bit), können pro Maschinenzyklus theoretisch 16 Befehle in einem Maschinenzyklus abgearbeitet werden. In der ist eine derartige VLIW-Architektur mit 16 Funktioneinheiten dargestellt.

Die Implementierung einer VLIW-Architektur wurde auf Grund der großen Schwierigkeiten bei der Ablaufsteuerung lange Zeit als unmöglich angesehen. Die Daten-und Steuerflusskonflikte, die normalerweise in der Mehrzahl echter Anwenderprogramme vorkommen, sind mit zunehmender Zahl der Maschinenbefehle im VLIW und damit der Zahl der Funktionseinheiten schwieriger auflösbar. Selbst bei VLIW-Implementierungen mit hohen Speicherbandbreiten und großen Registerbänken kann die notwendige Synchronisation der Befehlsabarbeitung zu Datenflusskonflikten führen und damit auch datenunabhängige Operationen verzögern. Daraus resultiert, dass VLIW-Architekturen nur sehr problemspezifisch anzuwenden sind, d.h. vorrangig für Problemklassen, die keine oder auflösbare Datenabhängigkeiten in den Operationen enthalten. Diese Schwierigkeiten sind äquivalent zu den Problemen, mit denen sich der Anwender von Parallelrechnern auseinanderzusetzen hat. Einen Ausweg aus diesem Dilemma stellen optimierende Compiler dar, die dem Nutzer diese Probleme abnehmen. Damit wird die Lösung vorhandener Hardware-Schwierigkeiten auf den Compilerbau übertragen, wobei letzterer zunehmend komplizierter wird. An diesen Problemen ist auch die Firma Multiflow mit ihrer ersten VLIW-Architektur, die bis zu 7 Maschinenbefehle im Befehlswort enthielt, gescheitert.

Die momentan bekanntesten VLIW-Architekturen werden von den Digitalen Signal-Prozessoren (DSPs) TMS320C62x/C67x der Firma Texas Instruments implementiert [TeI 99]. Sie bilden die Plattform idealer Lösungen für Multi-Channel und Multifunktions-Applikationen wie Remote Access Server (RAS), Cable Modems, Multi-Channel Telephony-Systeme, Virtual Reality 3-D Graphik, Audio, Radar und Imaging.

Die DSPs ´C6211, ´C6701, ´C6201 und ´C6202 arbeiten mit Taktfrequenzen von 150, 167, 200 und 250 MHz. Sie führen bis zu acht 32 Bit-Maschinenbefehle pro Taktzyklus aus. Die Kern-CPU (Abbildung 14.25) enthält 32 Mehrzweckregister (32 Bit breit) und 8 Funktionseinheiten, d.h. 2 Multipliziereinheiten und 6 ALUs. Dadurch sind diese DSPs in der Lage, bis zu 8 Maschinenbefehle pro Taktzyklus auszuführen und somit die zehnfache Leistung von typischen DSPs zu erreichen.

14.5 VLIW-Architekturen

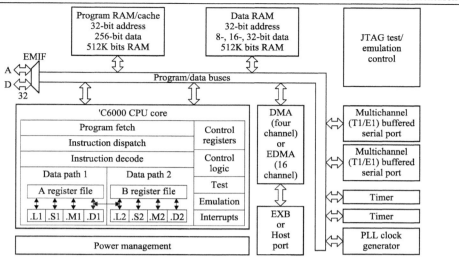

Abbildung 14.25   Blockdiagramm TMS320C62x/C67x

Der ´C62x/´C67x-Prozessor setzt sich aus 3 Teilen zusammen: CPU (Kern), Peripherie und Speicher. In den Datenpfaden 1 und 2 werden die 8 Funktionseinheiten in 2 Gruppen von je 4 aufgeteilt (Abbildung 14.26). Jede Funktionseinheit in dem einen Datenpfad ist fast identisch zu der entsprechenden im anderen, d.h. die Funktionseinheiten im Datenpfad 2 haben eine etwas größere Funktionalität. Zu jeder Einheit gehört ein 32 Bit-Write-Port für ein Mehrzweck-Register-File. Diejenigen Funktionseinheiten (z.B. .L1) im Datenpfad 1 schreiben in das Register-File A, die Einheiten im Datenpfad 2 schreiben in das Register-File B. Neben den Write-Ports existieren für jede Funktionseinheit zwei 32 Bit-Read-Ports für die entsprechenden Quell-Operanden (src1, src2). Durch die Zuordnung der Read- und Write-Ports zu jeder Funktionseinheit wird erreicht, dass alle 8 Einheiten zeitlich parallel arbeiten können. Vier Einheiten (.L1, .L2, .S1, .S2) implementieren einen zusätzlichen 8 Bit-breiten Port für 40 Bit-Daten (sowohl Write- als auch Read-Port).

Die 8 Funktionseinheiten kommunizieren über einen Cross-Path zwischen den beiden Mehrzweck-Register-Files A, B. Jedes Register-File enthält sechzehn 32 Bit-Register und erlaubt das Abspeichern von 32 und 40 Bit Fixed-Point-Daten. 32 Bit-Daten können in einem beliebigen Mehrzweck-Register abgelegt werden, während 40 Bit-Daten auf zwei Register verteilt werden müssen: Die 32 LSBs der Daten in einem geradzahligen und die restlichen 8 MSBs in den 8 LSB-Plätzen des bezüglich der Adresse nächst höheren Registers (ungeradzahlig). Die ´C67x-Architektur benutzt dieses Registerpaar auf dieselbe Art zum Speichern von 64 Bit Floating-Point-Werten mit doppelter Genauigkeit.

Neben den Mehrzweck-Registern stehen dem CPU-Kern noch 10 Control-Register im Control-Register-File und 3 zusätzliche Konfigurations-Register innerhalb des Control-Register-Extension-File zur Verfügung. Auf die Control-Register hat nur die Funktionseinheit .S2 Zugriff (MVC-Befehl). Die Konfigurations-Register werden für die Ausführung der Floating-Point-Operationen benutzt.

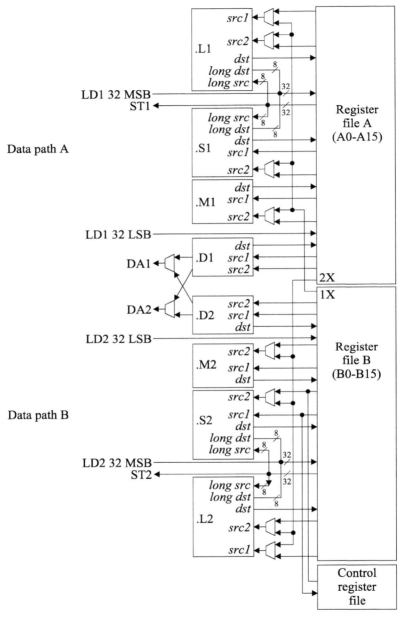

Abbildung 14.26   Daten-Pfade der ´C67x-CPU

14.5 VLIW-Architekturen

Zwischen den Register-Files A und B und dem Hauptspeicher sind zwei 32 Bit-Pfade implementiert. Über LD1 (Register-File A) und LD2 (Register-File B) erfolgt das Laden der Daten aus dem Hauptspeicher in die Register. Der ´C67x besitzt einen zusätzlichen Pfad für beide Register-Files. Damit ist es dieser Architektur möglich, gleichzeitig zwei A- und zwei B-Register zu laden.

Die Adress-Pfade (DA1, DA2) bilden die Ausgänge der Funktionseinheiten .D1, .D2. Eine generierte Adresse wird von einem Register-File geladen und vom anderen in den Hauptspeicher geschrieben. Dieser Vorgang kann aber parallel nur entweder innerhalb desselben Register-Files erfolgen oder beide Files benutzen einen Cross-Pfad zu dem entsprechend anderen Register.

Programm-Parallelität wird zur Übersetzungszeit definiert, es existiert kein Hardware-Datenabhängigkeits-Check während der Laufzeit.

On-Chip Programm- und Datenspeicher können als Cache auf dem Chip konfiguriert werden. Als Instruction-Cache mit einer Breite von 256 Bit holt dieser in jedem Taktzyklus acht 32 Bit-Maschinenbefehle.

Insgesamt stellen die VLIW-Rechner eine Alternative zu Parallelrechner-Architekturen und Vektorrechnern auf Mikroprozessor-Basis dar. Die real leistungssteigernde Funktionstüchtigkeit der VLIW-Architekturen ist damit erkennbar.

15 Dynamic Execution

15.1 Einführung

Nach der Entwicklung und Implementierung superskalarer Rechnerarchitekturen sowie Superpipelines erfolgt momentan ein weiterer Leistungsschub in der Rechnerarchitektur, der unterschiedlich leistungssteigernde Komponenten unter einem einheitlichen Begriff vereinigt: Dynamic Execution.

Während einige Fachleute die Architekturen mit Superskalar- und Superpipeline-Merkmalen zu einer und die mit Dynamic Execution zu einer weiteren Rechnerklasse zählen, fassen dagegen andere Experten unter Dynamic Execution diejenigen Architekturen zusammen, die neben Superskalar-/Superpipeline-Komponenten auch solche mit Implementierungen von

- Branch Prediction
- Speculative Execution
- Register Renaming
- Out of Order Execution

besitzen. Diese Funktionseinheiten werden in der Mehrzahl aller momentan auf dem Markt befindlichen Rechner angeboten. Dazu gehören vorrangig die Architekturen der Firmen DEC (Alpha), MIPS (R 10000), IBM (PowerPC), Hewlett Packard (PRECISION) und Intel (P6), Intel Pentium II/III, Pentium II/III Xeon.

Der Intel-Mikroprozessor P6 (Pentium Pro) war eine der ersten Architekturen, die Dynamic Execution implementierten. Er enthält alle Implementierungs-Details, die heute auf dem Gebiet der Rechnerarchitektur richtungsweisend sind. Aus diesem Grund werden die 4 Komponenten von Dynamic Execution vorrangig am Beispiel des Pentium Pro (Ppro, P6) erläutert.

15.2 Pentium Pro

Der P6-Mikroprozessor integriert 2 Chips auf einem Multilagen-Keramikträger (Abbildung 15.1) mit 387 Pins. Der eine Chip enthält die CPU und den L1-Cache, der andere bildet den L2-Cache. Ein gemeinsames Modul für beide Chips wurde gewählt, um die Leitungslängen zwischen der CPU und dem L2-Cache zu minimieren. Der CPU-Chip verfügt über ca. 6 Millionen Transistoren, während der L2-Chip 15,5 Millionen Transistoren enthält (6 Transistoren/Speicherzelle) und damit der momentan höchstintegrierteste Chip auf dem Markt darstellt. Der L2-Chip ist in 0.35 μm-Technologie implementiert. Die Cacheline des L2 enthält 32 Byte, und es sind 4 Taktzyklen erforderlich, um eine Cacheline zu übertragen.

15 Dynamic Execution

Abbildung 15.1 Pentium Pro Mikroprozessor

Die CPU ist einerseits über einen separaten Bus (L2- oder Back Side-Bus, 64 Bit) mit dem L2-Cache (256 KByte, vierfach-assoziativ), andererseits mittels des CPU-Bus (CPU oder Front Side-Bus, 64 Daten-Bits, 36 Adressen-Bits) mit dem Hauptspeicher (64 GByte) verbunden. Während der L2-Bus mit der vollen CPU-Taktfrequenz (200 MHz) arbeitet, beträgt diese für den CPU-Bus max. 1/2 (1/3, 1/4) der CPU-Taktfrequenz bei einer Übertragungsrate von max. 504 MByte/s (Abbildung 15.2).

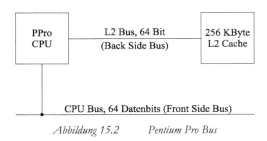

Abbildung 15.2   Pentium Pro Bus

Der L1-Cache ist als I (Instruction)-Cache (8 KByte, zweifach-assoziativ) und als D (Data)-Cache (8 KByte, vierfach-assoziativ) realisiert und arbeitet mit einem speziellen Protokoll (MESI), das die Cache-Kohärenz sicherstellt. Der Daten-Cache ist als ´Hit under Miss´-Cache implementiert. Das bedeutet, dass bei einem Cache Miss nachfolgende Datenanforderungen trotzdem noch bedient werden.

Um eine Verbindung zwischen dem CPU-Bus und dem PCI-Bus sowie zwischen dem PCI-Bus und dem ISA-Bus herzustellen, wurde von Intel der sogenannte Orion Chipsatz entwickelt und im P6 implementiert (Abbildung 15.3).

Dabei ist es möglich, 2 PCI-Bus-Chips an den CPU-Bus anzuschließen und damit nicht nur 4, sondern 8 PCI-Slots zur Verfügung zu stellen. Zusätzlich enthält der Orion-Chipsatz einen Speicher-Controller, der über 4 RAM-Multiplexer (Orion Data Path Unit, ODPU) bis zu 16 Hauptspeicherbänke anschließen kann (75 MHz-Zyklus).

15.2 Pentium Pro

Die P6-Architektur kann mit maximal 4 CPU-Modulen ausgerüstet werden und ist damit Multiprozessor-fähig. Die Firma Intel hatte ursprünglich den Pentium-Mikroprozessor mit dem Neptun- bzw. später mit dem Triton-Chipsatz implementiert. Letzterer hatte weder die Fähigkeit zur Fehlerkorrektur noch zur Fehlererkennung. Nach massiven Beschwerden von Anwendern in der Industrie arbeitet die Firma Intel nun daran, einen Nachfolger des Triton-Chipsatzes zu entwerfen, der wieder mit Fehlererkennung und -korrektur arbeitet.

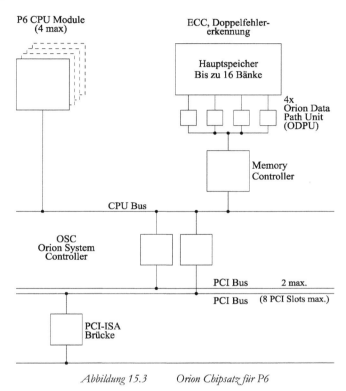

Abbildung 15.3   Orion Chipsatz für P6

Die Pipeline der P6-Architektur verfügt im Normalfall über 12 Stufen. Abbildung 15.4 zeigt die P6-Pipeline für einfache Maschinenbefehle. Bei komplexeren Befehlen kann die Anzahl der Stufen weiter anwachsen. Auf Grund der verbesserten Verzweigungsvorhersage ist man entgegen vorheriger Prognosen jetzt in der Lage, längere Pipelines in die Architekturen zu integrieren. Der P6 nutzt ein 4 Bit Schema zur Verzweigungsvorhersage und eine 512 Einträge umfassenden Branch History Table. Kommt es trotz diese Aufwandes zu einem Cache-Miss, so wird dieser mit maximal 13 Wartetakten bestraft.

Der obere Teil der Pipeline ist in der Abbildung 15.5 dargestellt. Die Bus Interface Unit kommuniziert mit dem L1-, L2-Cache und dem Hauptspeicher. Falls sich der erforderliche Befehl nicht im L1-, sondern im L2-Cache befindet, ist es notwendig, eine Cacheline von 32 Byte (4 * 64 Bit) aus dem L2-Cache auszulesen und in den L1-Cache zu schreiben. Über den Back Side Bus werden gleichzeitig 2 Worte zu je 32 Bit sowohl zum L1-Cache als auch zur Instruction Fetch-Unit der CPU transportiert. Bei einem (L1-) Cache Miss kann es sich bei einer Cacheline von 4 Doppelworten zu je 64 Bit um irgendeines dieser Doppelworte handeln. Wird z. B. das 3. Doppelwort benötigt, so erfolgt zuerst der Transport dieses Doppelwortes aus dem L2-Cache sowohl in den L1-Cache als auch in die CPU (Abbildung 15.6). Anschließend werden dann die übrigen 3 Doppelworte übertragen.

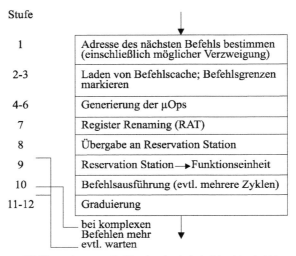

Abbildung 15.4 *P6-Pipeline für einfache Maschinenbefehle*

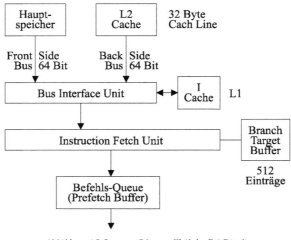

Abbildung 15.5 *Oberster Teil der P6-Pipeline*

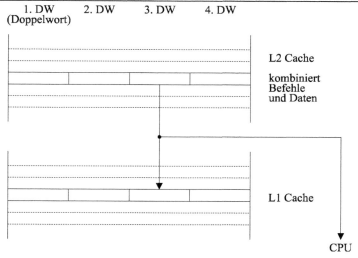

Abbildung 15.6   P6-L2 nach L1 Cacheline Transfer

15.2.1 P6-Branch Prediction

Entsprechend der Abbildung 15.4 wird innerhalb der 1. Pipelinestufe die Adresse des nächsten Befehls festgelegt, unabhängig davon, ob es sich um eine Verzweigung handelt oder nicht. Im Fall eines Verzweigungsbefehls müssen auf Grund der sehr tiefen Pipeline (≥ 12 Stufen) enorm leistungsfähige Algorithmen bzw. entsprechend aufwendige Logik bereitgestellt werden, um die Verzweigungsadresse mit hoher Wahrscheinlichkeit vorauszusagen [SCA 97]. Zur Bestimmung der wahrscheinlichsten Verzweigungsadresse dienen insbesondere zwei Puffer in der CPU: Der Branch Target Buffer (BTB) und die Branch History Table (BHT).

Der BTB, auch Branch Target Address Cache (BTAC) genannt, enthält bereits für jeden Verzweigungsbefehl, der unter irgendeiner Adresse im Hauptspeicher steht, eine Zieladresse. Das bedeutet, dass beim Antreffen eines Verzweigungsbefehls im Quellcode dieser nicht weiter verarbeitet wird, sondern es erfolgt automatisch eine Verzweigung nach dieser Zieladresse. Die Selektierung der Verzweigungsbefehle aus dem Befehlsstrom wird von der Instruction Fetch-Einheit übernommen. Sie durchsucht bei jedem Verzweigungsbefehl den BTB nach einem zugehörigen Eintrag. Wenn ein solcher vorhanden ist, wird daraus die Zieladresse entnommen und die nächsten Maschinenbefehle werden geholt und in der Befehls-Queue (Prefetch Buffer) abgelegt. Anschließend werden die Befehle von dort aus an die mehrfach vorhandenen Verarbeitungseinheiten geschickt, von denen eine die Auswertung des Verzweigungsbefehls vornimmt (Branch Unit). Mit Hilfe dieser Auswertung und des Ausgangs identischer Verzweigungen in der BHT wird ein Update in dem betreffenden Eintrag der Zieladresse im BTB ausgeführt. Damit wird die Wahrscheinlichkeit für die richtige Voraussage beim nächsten Antreffen des gleichen Verzweigungsbefehls schrittweise erhöht (Abbildung 15.7).

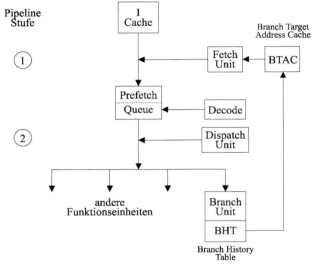

Abbildung 15.7   Verzweigungsbefehle

Bei der Voraussage der wahrscheinlichsten Zieladresse im Fall einer Verzweigung spielt die BHT eine wichtige Rolle. In der BHT sind zu einer bestimmten Menge von Verzweigungen in der zeitlichen Reihenfolge ihres Auftretens die Zieladressen und das Resultat der Voraussage verzeichnet. Auf Grund dieser Statistik wird eine neue Zieladresse berechnet, die von der BHT in den BTB (512 Einträge) geladen wird und die Prognose für die wahrscheinlichste Zieladresse bestimmt. In der Regel reichen wenige Steuerbits in der BHT aus, um daraus die Trefferhäufigkeit der vergangenen Zieladressen zu bestimmen und Schlussfolgerungen für die zukünftigen Voraussagen zu treffen. Momentan ist man mittels entsprechender Algorithmen in der Lage, Trefferwahrscheinlichkeiten von etwa 90% zu erreichen. Die Abbildung 15.8 zeigt einen einfachen Algorithmus zur Bestimmung der Wahrscheinlichkeit einer ausgeführten Verzweigung.

Das Verfahren setzt ein Minimum von 4 Zuständen voraus: ´strongly taken´, ´weakly taken´, ´strongly not taken´, ´weakly not taken´. Um zunächst in einen der beiden Zustände (strongly taken, strongly not taken) zu gelangen, befindet sich die Verzweigung im Zustand ´not predicted´, d.h. es liegen noch keine Aussagen über die mögliche Verzweigungsrichtung vor. Unter der Annahme, dass die vorausgesagte Verzweigung stattfindet, wird der Zustand ´strongly taken´ erreicht. Dieser Zustand bleibt erhalten, wenn auch im laufenden Verzweigungsbefehl die Verzweigung genommen wird. Falls letztere Verzweigung nicht erfolgt, gelangt die Verzweigung in den Zustand ´weakly taken´. Wenn anschließend die Verzweigung erneut nicht stattfindet, gelangt diese in den Zustand ´strongly not taken´ usw.

15.2 Pentium Pro

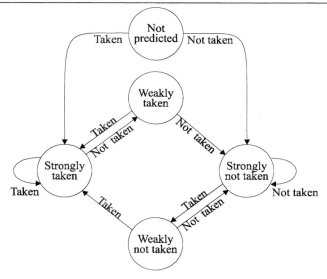

Abbildung 15.8   Branch Prediction Modell mit 5 Zuständen

Das angegebene Modell ist relativ einfach und wird etwa seit 1993 für Branch Prediction in Pipeline-Architekturen verwendet. Inzwischen sind die Algorithmen wesentlich komplizierter und effektiver geworden. Sie sind patentiert und werden aus verständlichen Gründen geheimgehalten. Weder die Firma Intel (P6) noch die Firmen IBM/Motorola (PowerPC) haben bisher genauere Angaben zu ihren Branch Prediction-Algorithmen veröffentlicht. Die Leistungfähigkeit dieser Algorithmen resultiert besonders daraus, dass auch für geschachtelte Verzweigungen mit entsprechender Tiefe und Verhaltensmuster (z.B. alternierende Paare, 1. Verzweigung ´ja´, 2. Verzweigung ´nein´) gute Voraussagen zur Entscheidung ´ja´ oder ´nein´ angegeben werden können. Der P6 erzielt auf Grund seiner Prognose-Algorithmen bei Verzweigungen bis zu einer Schachtelungstiefe von 15 eine Voraussage-Wahrscheinlichkeit von 90%.

Im Zusammenhang mit der Branch Prediction Implementierung ergeben sich für die P6-Architektur eine Reihe von Problemen, wenn die Voraussage falsch war. Eine falsche Voraussage über die Verzweigung kann aber erst in der 10. Stufe der Pipeline erkannt werden. Daraus folgt, dass in diesem Fall die gesamte Verarbeitung innerhalb der Pipeline angehalten und neu gestartet werden muss. Dabei werden angefallene Ergebnisse gelöscht, Puffer und Register müssen neu geladen werden. Diese Aktionen können bis zu 15 Leerzyklen verursachen, in denen die Pipeline keine gültigen Ergebnisse liefert. Erscheinen z.B. 15 Leerzyklen in einem Zehntel der Verarbeitungszeit, so ergeben sich daraus, über die gesamte Verarbeitungszeit gemittelt, 1,5 Leerzyklen. Ein weiteres signifikantes Problem ergibt sich bei Unterprogramm-Aufrufen. In diesem Fall ist die Verwendung der BHT nutzlos, weil keine Informationen über den Ort des Unterprogramm-Aufrufes vorliegen. Eine Methode, um dieser Schwierigkeit zu begegnen, besteht darin, einen zusätzlichen Stack (Return Stack) zu implementieren, der nur für die Voraussagen der Verzweigungsbefehle benutzt wird.

15.2.2 Mittlerer Teil der P6-Pipeline

Die klassischen RISC-Architekturen zeichnen sich u.a. dadurch aus, dass alle Maschinenbefehle eine Breite von 4 Byte besitzen. Inzwischen sind viele Hersteller von Mikroprozessoren von dieser Regelung abgerückt. Trotz dieser Tatsache gestalten sich die Befehlsstrukturen immer noch einfacher als die der Intel-Architekturen. Der P6 verfügt über Maschinenbefehle von einer Breite bis zu 15 Byte. Dagegen existieren auch 1 Byte- Maschinenbefehle (PUSH, POP). Infolge der unterschiedlichen Befehlsbreite erfolgt in der 3. Pipeline-Stufe die Markierung der Befehlsgrenzen. Vom Hersteller wird dem Programmierer empfohlen, die Verzweigungs- und Sprungbefehle so auszurichten, dass diese jeweils auf Wortgrenzen (4 Byte) liegen. Diese Empfehlung unterstützt den Alignment-Prozess, der auf dem Weg vom Instruction-Cache (L1) zum Prefetch Buffer (2 * 32 Byte/Takt) zwei Cachelines auf 16 Byte-Grenzen ausrichtet. Für die P6-Architektur existiert speziell für diese Prozedur eine Assembler-Direktive ´ALIGN 4´. Das fehlende Alignment im Maschinencode, der ohne diese Direktive übersetzt wurde, könnte die Ursache dafür sein, dass der Leistungsgewinn bei der Portierung auf den P6-Mikroprozessor nicht in der erwarteten Größenordnung liegt.

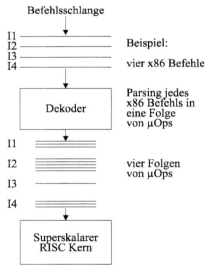

Abbildung 15.9   Übersetzung komplexer Maschinenbefehle

Der mittlere Teil der Pipeline hat in der P6-Architektur eine spezielle Aufgabe zu erfüllen, die in der Predekodierung der Maschinenbefehle und deren weiteren Verarbeitung besteht. Alle Maschinenbefehle der Befehls-Queue, die aus einer unterschiedlichen Anzahl von Bytes zusammengesetzt sein können, werden in eine Sequenz von

15.2 Pentium Pro

Mikro-Instruktionen (µOp´s) aufgelöst. Eine Mikro-Instruktion hat in der P6-Architektur eine Breite von 118 Bit (Operationscode, 2 Quelladressen, 1 Zieladresse). Die Anzahl der aus einem Maschinenbefehl generierten µOp´s ist unterschiedlich und liegt zwischen 1 µOp und 204 µOp´s. In der Abbildung 15.9 ist das Prinzip der Dekodierung der Maschinenbefehle dargestellt. Der Maschinenbefehl I2 wird z. B. in eine Folge von 5 µOp´s, der Maschinenbefehl I4 in 3 µOp´s überführt.

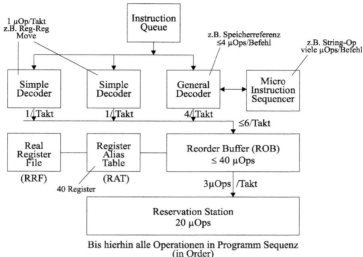

Abbildung 15.10   Mittlerer Teil der P6-Pipeline

Von den Dekodier-Einheiten existieren in der P6-Pipeline insgesamt drei, von denen zwei als ´Simple Decoder´ mit der Generierung von 1 µOp pro Takt und einer als ´General Decoder´ mit maximal 4 µOp´s pro Takt (Abbildung 15.10) implementiert sind. Die beiden ´Simple Decoder´ bearbeiten vorrangig einfache Maschinenbefehle, die sich im Verhältnis 1:1 in einen Mikrobefehl konvertieren lassen. Dazu gehören z. B. Register-Register-MOVE-Befehle oder die binäre Addition der Inhalte von zwei Registern. Der ´General Decoder´ decodiert neben einfachen Maschinenbefehlen (1 bis 10 µOp´s) auch sehr komplexe Befehle. Letztere stellen z. B. String-Operationen dar, bei deren Dekodierung bis zu 204 µOp´s pro String generiert werden können. Der ´General Decoder´ bedient sich in diesem komplexen Fall eines sogenannten ´Mikro-Instruction-Sequencer´s, der dafür sorgt, dass vom ´General Decoder´ jeweils 4 µOp´s/Takt an den sogenannten ´Reorder Buffer´ (ROB) übergeben werden. Insgesamt werden also, wenn man die beiden ´Simple Decoder´ mit berücksichtigt, 6 µOp´s pro Takt an den ROB weitergeleitet. Von der Befehlsschlange (instruction queue) können pro Takt insgesamt 3 Maschinenbefehle ausgelesen und an die 3 Decoder geschickt werden. Der ROB hat die Aufgabe, die Pakete von µOp´s wieder in der richtigen Reihenfolge zusammenzusetzen. Diese Pakete werden von drei verschiedenen Quellen gesendet, wobei auch Lücken dadurch entstehen können, dass z. B. die beiden ´Simple Decoder´ schneller ihre μOp´s abschicken als der ´General Decoder´.

15.2.2.1 Speculative Execution

Der Reorder Buffer hat außer der oben beschriebenen Aufgabe eine weitere wichtige Funktion zu erfüllen. Die Maschinenbefehle der Befehls-Queue sind bereits auf eine Breite von 118 Bit expandiert worden. Die Mikro-Instruktionen werden innerhalb des ROB um zusätzliche Bits erweitert, so dass jede Mikro-Instruktion eine Breite von 254 Bit besitzt. Der ROB ist als vollassoziativer Speicher mit insgesamt 40 Einträgen (40 Mikro-Instruktionen) implementiert. Jeder Eintrag enthält 1 μOp (118 Bit), 3 Operanden (96 Bit) sowie Status-Bits. Diese Operanden werden aus bestimmten Registern geholt und im ROB mit den Mikro-Instruktionen verkettet. Dabei muss sichergestellt werden, dass beide nicht mehrfach benutzt werden. Nach Auskunft der Firma Intel generiert jeder Maschinenbefehl im Durchschnitt 1,5-2 Mikro-Instruktionen. Das bedeutet, dass der ROB über 20-30 Maschinenbefehle verfügt. Die Verkettung der Mikro-Instruktionen mit den Operanden und die Tiefe der Einträge von 40 im ROB entspricht einer ´Speculative Execution´.

Der Begriff ´Speculative Execution´ umfasst aber zwei Annahmen. Die erste besteht in der Voraussage über das Ergebnis einer Verzweigung mittels intelligenter Algorithmen. Unter der Voraussetzung, dass die getroffene Voraussage richtig ist, wird die Pipeline mit bis zu 30 Maschinenbefehlen (40 μOp´s) gefüllt und auf Verdacht mit deren Ausführung begonnen.

Nach Abschnitt 15.2.1 soll die Wahrscheinlichkeit einer Voraussage über das Verzweigungs-Ergebnis bei geschachtelten Verzweigungen mit einer Tiefe von maximal 15 noch bei 90 % liegen. Darüberhinaus können nach Aussagen der Firma Intel auch auftretende Steuerflusskonflikte bei der Tiefe der Pipeline das Leistungsverhalten der P6-Architektur nicht wesentlich beeinflussen.

Die bisherigen Erfahrungen scheinen diese Behauptungen zu bestätigen.

15.2.2.2 Register Renaming

Die P6-Architektur implementiert als ´echte´ Register 8 Mehrzweck- und 8 Gleitkommaregister. Diese 16 Register sind im ´Real Register File´ (RRF) zusammengefaßt. Da die Anzahl der realen Register für die komplexen Operationen in der CPU nicht ausreichen, stellt man weitere 40 Register in der ´Register Alias Table´ (RAT) zur Verfügung. In allen Rechnerarchitekturen werden sämtliche Mehrzweckregister der Zentraleinheit mit absoluten Adressen gelesen oder beschrieben. Die P6-Architektur ersetzt die absolute Adressierung durch die relative für die Gesamtheit ihrer Register.

In der CPU können gleichzeitig unterschiedliche Operationen mit verschiedenen Ausführungszeiten verarbeitet werden. ´Register Renaming´ ist ein Verfahren, um Datenabhängigkeiten aufzulösen. Es besteht darin, dass die Verkettung der in den Dekodern generierten Mikro-Befehle mit Operanden erfolgt, die aus umbenannten (renamed) Registern gelesen werden. Besteht z.B. eine Schreib-Lese-Datenabhängigkeit (flow dependence), so darf vor der Lese-Operation das Ergebnis der vorhergehenden Schreib-Operation nicht verändert werden, d. h. es darf nicht überschrieben werden, weil die Lese-Operation sonst den falschen Wert erhält. Um mögliche Wartezyklen zu vermeiden, wird der Inhalt des Registers mit dem Schreib-Resultat in ein solches Renaming Register dupliziert. Das Ergebnis der Schreib-Operation steht jetzt also in einem der 40 Zusatzregister, und obwohl der identische Inhalt im ursprünglichen Mehrzweckregister überschrieben ist, kann die Lese-Operation den richtigen Wert aus dem umbenannten Register erhalten.

Die Implementierung dieser Mehrzweckregister erfolgt in der Regel in Form von sehr schnellen statischen RAM-Zellen mit bis zu 10 Transistoren pro Speicherzelle. Die Register des RRF haben eine Breite von 32 Bit, die 40 Register des RAT enthalten 64 Bit plus Statusinformationen.

15.2.2.3 Out of Order Execution

Neben ´Speculative Execution´ und ´Register Renaming´ wird in der P6-Architektur noch ein weiteres Verfahren unter dem Namen ´Out of Order Execution´ angewendet. Klassische Rechnerarchitekturen führen z.B. 6 Maschinenbefehle (Abbildung 15.11) in der Reihenfolge 1→2→3→4→5→6 aus. ´Out of Order Execution´ bedeutet, dass die Maschinenbefehle (Mikro-Befehle) in geänderter Reihenfolge an die Ausführungseinheiten geschickt werden. Der Abbildung 15.11 entsprechend kann das in der Reihenfolge 1→2→6→4→5→3 geschehen. Die geänderte Befehls-Sequenz setzt voraus, dass keinerlei Datenflusskonflikte auftreten, d.h. der Maschinenbefehl 6 ist unabhängig von Ergebnissen, die von Befehl 4, 5 und 3 generiert werden. Abgesehen davon, dass die Ausführung bestimmter Maschinenbefehle zu unterschiedlichen Zeiten beendet sein kann, läßt man die Ausführung zu verschiedenen Zeiten beginnen. Aus dem Beispiel der Abbildung 15.11 kann geschlossen werden, dass der Maschinenbefehl 6 eher von seiner Funktionseinheit bearbeitet wird, weil z. B. für die Befehle 4, 5 die Dekodierung in die µOp´s mehrere Takte in Anspruch nimmt oder keine Funktionseinheiten zur Verfügung stehen.

Die Befehlsausführung erfolgt in der Pipline-Stufe 10 der P6-Architektur (Abbildung 15.12). Während der Dekodierung in 3 parallelen Dekodern kann die Befehlssequenz kurzzeitig durcheinander geraten. Um in den Stufen 1-9 die Mikrobefehle in der korrekten Reihenfolge zu bearbeiten, stellt der Reorder Buffer (ROB) die richtige Befehlssequenz wieder her. In der Pipelinestufe 8 werden alle Mikroinstruktionen mit ihren Operanden an die Reservation Station (RS) weitergeleitet und in der Stufe 9 (RS) die ausführungsfähigen Mikroinstruktionen ausgewählt und an die dafür geeigneten Funktionseinheiten zur Ausführung weitergeleitet In der Pipeline-Stufe 10 können die Mikrobefehle anschließend in einer Out of Order Sequenz ausgeführt werden.

15 Dynamic Execution

Ursprüngliche Reihenfolge der Maschinenbefehle bzw. µOps:

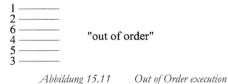

Reihenfolge, in der Maschinenbefehle bzw. µOps ausgeführt werden:

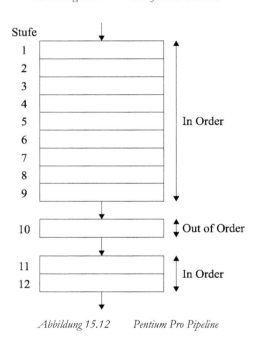

Abbildung 15.11   Out of Order execution

Abbildung 15.12   Pentium Pro Pipeline

15.2.3 Reservation Station

Die RS ist in der Lage, bis zu 20 der Mikro-Instruktionen, die nur noch eine Breite von 52 Bit besitzen, abzuspeichern. Mit dem RS-Ausgang sind die Eingänge (Ports) der insgesamt 5 Funktionseinheiten verbunden (Abbildung 15.13). Mit Hilfe eines geeigneten Algorithmus sucht die RS aus den 20 µOp´s diejenigen aus, die zusammen mit ihren Operanden an die Funktionseinheiten weitergereicht werden. Dabei kann der Fall eintreten, dass die Operanden nicht zur Verfügung stehen. Falls dieser Fall eintritt, bleiben die μOps solange in der RS, bis diese bereit stehen. Im Mittel warten die Mikro-Instruktionen 4 Takte in der RS. Da letztere mehrere μOp's gleichzeitig an die Funktionseinheiten schicken kann, haben die Befehle Priorität, deren Resultate von anderen Befehlen dringend benötigt werden oder die am längsten warten. Die Auswahl der geeigneten Funktionseinheiten für die μOp's wird durch die RS vorgenommen, und in diesen Funktionseinheiten, gekennzeichnet durch die Port-Nummern 0, 1, 2, 3, 4, wird die eigentliche Verarbeitung durchgeführt (Stufe 10). Die 5 verschiedenen Funktionseinheiten setzen sich wiederum aus Teileinheiten zusammen (Abbildung 15.14). Für die arithmetisch-logischen Datenoperationen sind die Funktionseinheiten mit den Port-Nummern 0 und 1 zuständig. Die erste Funktionseinheit ist in der Lage, neben Shift-Operationen Gleitkomma-Division, -Multiplikation und -Addition, alle Integer-Operationen auszuführen. Die zweite ALU kann außer Integer-Operationen unbedingte Verzweigungen durchführen. Die restlichen Funktionseinheiten übernehmen ausschließlich Lade- (Port 2) und Speicher-Operationen (Port 3, 4). Durch die beiden letzten Funktionseinheiten ist es möglich, zwei Speicher-Operationen gleichzeitig durchzuführen.

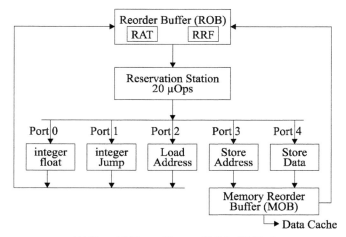

Abbildung 15.13   *Unterster Teil der P6-Pipeline*

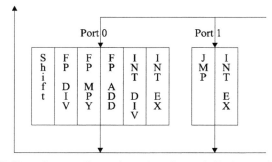

Abbildung 15.14   *P6-Arithmetische und Logische Funktionseinheiten*

Infolge von möglichen Wartezyklen in der Reservation Station und in den Funktionseinheiten stellt die Durchlaufzeit eines Maschinenbefehls von 12 Zyklen den optimalen Fall dar. Für komplexere Maschinenbefehle erfordert die Verarbeitung in der Stufe 10 mehr als einen Maschinenzyklus. Aus diesem Grund ist die Tiefe der Pipeline in der P6-Architektur häufig mit 14 angegeben.

15.2.4 Memory Reorder Buffer

Die Ausgänge der beiden Speicher-Funktionseinheiten (Store Address, Store Data) führen nicht unmittelbar auf den Daten-Cache. Als Zwischenstation dient der sogenannte Memory reOrder Buffer (MOB). Der MOB hat eine wichtige Aufgabe zu erfüllen. Er übernimmt die Behandlung der Lese- und Schreibzugriffe der CPU´s auf dem CPU-Bus. Dazu gehören die richtige Verwaltung (Timing) der Adressen und Daten auf dem sogenannten Transactional Bus (CPU-Bus) und die Steuerung der richtigen Reihenfolge der Lese- und Schreib-Operationen. In dem sehr komplexen Pipeline-Mechanismus der P6-Architektur ist man bestrebt, die Lese-Operationen den Schreib-Operationen vorzuziehen, um möglichst schnell Befehle und Operanden bereitzustellen. Die Schreib-Operationen dienen lediglich dazu, die Ergebnisse, die von der Pipeline generiert werden, in kurzer Zeit weiterzuleiten. Dabei muss sichergestellt werden, dass die Ergebnisse geschrieben werden, bevor wieder eine Lese-Operation erfolgt.

Das letzte Problem der Pipeline-Verarbeitung besteht darin, die nicht mehr benötigten Mikro-Instruktionen zu verwerfen und die betreffenden RAT-Einträge freizugeben. Vor dieser Aktion müssen die Inhalte der RAT-Register in das RRF gerettet werden. Dieser Vorgang, der in den beiden letzten Stufen der Pipeline abläuft, wird mit Retirement (Rückstellung) bezeichnet.

In der Abbildung 15.15 sind die unterschiedlichen Verarbeitungsgeschwindigkeiten in der Pipeline-Stufe 10 der P6-Architektur dargestellt. Es zeigt sich deutlich, dass Integer-Operationen im Vergleich mit Gleitkomma-Operationen wesentlich weniger Taktzyklen benötigen.

	Takte (Zyklen)
Integer einfach (z.B. Addition)	1
Integer Multiplikation	4
Integer Division	12-36
Gleitkomma Addition	3
Gleitkomma Multiplikation	5
Gleitkomma Division	18-38
Quadratwurzel	29-69

Abbildung 15.15 Unterschiedliche Verarbeitungsgeschwindigkeiten der Funktionseinheiten beim Pentium Pro Mikroprozessor

15.3 P6-kompatible Rechnerarchitekturen

Zu Beginn des Kapitels 15 ist bereits erwähnt worden, dass parallel zur Entwicklung des P6-Mikroprozessors ähnliche Rechnerarchitekturen von verschiedenen Herstellern auf den Markt gebracht wurden. Auch diese Rechner implementieren Komponenten, die unter dem Begriff ´Dynamic Execution´ integriert werden können.

Bezüglich P6-kompatibler Architekturen sind besonders die Firmen AMD, Cyrix und NexGen[1] zu nennen. Vergleichbare Strukturen zeigt auch die Motorola 68060-Architektur. Aus der Abbildung 15.16 geht hervor, dass die Maschinenbefehle aus dem Instruction-Cache in den Instruction-Converter gelesen, hier in Mikro-Befehle umgesetzt und anschließend an die mehrfachen Funktionseinheiten (2 Festkommaeinheiten und 1 Gleitkommaeinheit) zusammen mit den Operanden aus dem Daten-Cache zwecks Verarbeitung weitergeleitet werden. Der Instruction Converter der 68060-Architektur führt bestimmte Verzweigungsbefehle mit ´Zero Clock´-Zyklen aus.

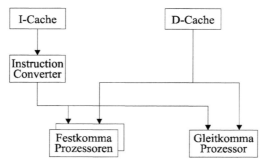

Abbildung 15.16   Teil der Motorola 68060-Architektur

Die NexGen Nx586-Architektur ist Pentium- und 80486-kompatibel. Die prinzipielle Struktur ist analog der 68060-Architektur. In dem Nx586 Mikroprozessor übersetzt ein Decoder/Scheduler die Maschinenbefehle variabler Länge in ´RISC86´-Befehle mit fester Länge. Der Nx586 implementiert weiterhin Branch Prediction und Register Renaming. Neben der spekulativen Ausführung von zwei vorausgesagten Programmverzweigungen über drei unabhängige Maschinenbefehls-Hol-Ströme erlaubt der Nx586-Mikroprozessor vier gleichzeitige Nachlade-Operationen vom L2- zum L1-Cache. Weitere Architekturen, die mit Dynamic Execution arbeiten, sind der MIPS T5 ´Terminator´ und die AMD K5/K6-Mikroprozessoren.

Ähnlich der P6-Architektur wurden schon vor ca. 10 Jahren im IBM /390-Rechner die Maschinenbefehle, entsprechend der Komplexität, in 3 Gruppen eingeteilt: Einfache, komplexe und sehr komplexe Instruktionen (Abbildung 15.17). Im Unterschied

---

[1] Die Firma NexGen wurde von AMD aufgekauft.

zur P6-Architektur verarbeitete der Rechner die einfachen Befehle (ca. 60 von insgesamt 200) ohne Konvertierung in Mikro-Instruktionen. Das war in der /390-Architektur infolge ihres geringeren Komplexitätsgrades relativ zum P6 möglich. Die komplexen Maschinenbefehle wurden in den sogenannten vertikalen Mikrocode konvertiert, während die sehr komplexen Instruktionen eine analoge Behandlung wie in der P6-Architektur erfuhren.

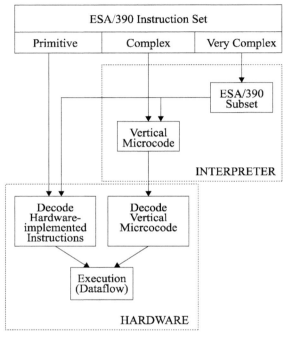

Abbildung 15.17   Klassifikation der ESA/390-Befehle und deren Abarbeitung

15.4 Pentium 4

Obwohl das Konzept des superskalaren Designs generell mit der RISC-Architektur verbunden ist, können dieselben superskalaren Prinzipien auch auf eine CISC-Maschine angewendet werden. Das bekannteste Beispiel dafür bildet der Pentium-Prozessor. Es ist interessant, wie sich die superskalaren Konzepte der Intel-Prozessoren entwickelt haben. Die 80486-Architektur war ein reiner CISC-Prozessor ohne superskalare Elemente. Der ursprüngliche Pentium hatte eine einfache superskalare Komponente, die aus zwei separaten Integer-Einheiten bestand. Der Pentium Pro implementierte ein komplettes superskalares Design.

15.4 Pentium 4

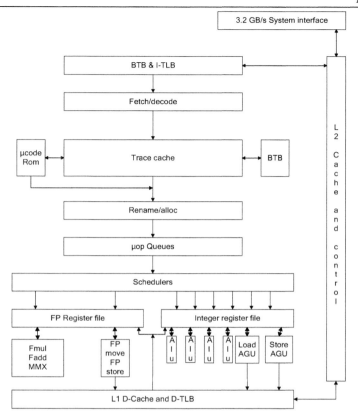

Abbildung 15.18   Pentium 4-Blockdiagramm

Das Block-Diagramm des Pentium 4 zeigt die Abbildung 15.18. Die Operation des Pentium 4 kann wie folgt beschrieben werden[Sta 02]:

1. Der Prozessor holt vom Hauptspeicher die Befehle in der Reihenfolge des statischen Programms.

2. Jeder Befehl wird in ein oder mehrere RISC-Befehle mit fester Länge (µOps) übersetzt.

3. Der Prozessor führt die µOps in einer superskalaren Pipeline aus; dabei können die µOps in einer anderen Reihenfolge ausgeführt werden (Out of Order Execution).

4. Der Prozessor übergibt die Ergebnisse jeder Micro-Op-Ausführung an den Register-Satz des Prozessors in derselben Reihenfolge wie im ursprünglichen Programm-Fluss.

15.4.1 Trace-Cache

Der Pentium 4 enthält ein In-Order-Front-End, das den L1-Befehlscache mit Befehlen versorgt. Letzterer L1-Befehlscache heißt Trace Cache und befindet sich am Anfang der Pipeline. Normalerweise arbeitet der Pentium 4 aus dem Trace Cache heraus. Falls sich ein Trace Cache Miss ereignet, füllt das In-Order-Front-End neue Befehle in den Trace Cache [Hin 01].

Mit Hilfe des Branch Target Buffer und des Instruction Lookaside Buffer (BTB und I-TLB) holt die Fetch/Decode-Einheit Pentium 4-Maschinenbefehle vom L2-Cache, d.h. 64 Bytes gleichzeitig. Standardmäßig werden die Befehle sequentiell geholt, so dass jeder L2-Cacheline-Fetch den nächsten zu holenden Befehl einschließt. Branch Prediction über die BTB und I-TLB-Einheit kann diese sequentielle Fetch-Operation verändern. Der I-TLB übersetzt die gegebene lineare Instruction Pointer-Adresse in physikalische Adressen, die für den Zugriff zum L2-Cache benötigt werden. Statisches Branch Prediction im Front-End-BTB wird für die Festlegung benutzt, welche Befehle als nächste geholt werden. Nach dem Instruction Fetch untersucht die Fetch/Decode-Einheit die Bytes, um die Befehlsgrenzen zu bestimmen. Diese Operation ist notwendig, weil die Pentium 4-Befehle eine variable Länge besitzen. Der Decoder übersetzt jeden Maschinenbefehl in ein bis vier µOps. Jeder dieser µOps implementiert einen 118 Bit RISC-Befehl. Dagegen haben die meisten reinen RISC-Architekturen eine Befehlslänge von nur 32 Bit. Die größere Länge eines µOp wird für die Realisierung der komplexeren Pentium-Operationen gebraucht. Die Verwaltung der µOps ist aber dennoch leichter als die der ursprünglichen Befehle, von denen sie abgeleitet werden.

Die erzeugten µOps werden im Trace Cache abgelegt, welcher ca. 12.000 davon aufnehmen kann.

15.4.2 Die Pipeline

Die internen RISC-µOps passieren eine Pipeline mit minimal 20 Stufen (s. Abbildung 15.19). Damit ist die Pipline doppelt so lang wie bei der P6-Architektur. In einigen Fällen erfordert eine Micro-Operation mehrere Ausführungsstufen, d.h es wird eine längere Pipeline benötigt.

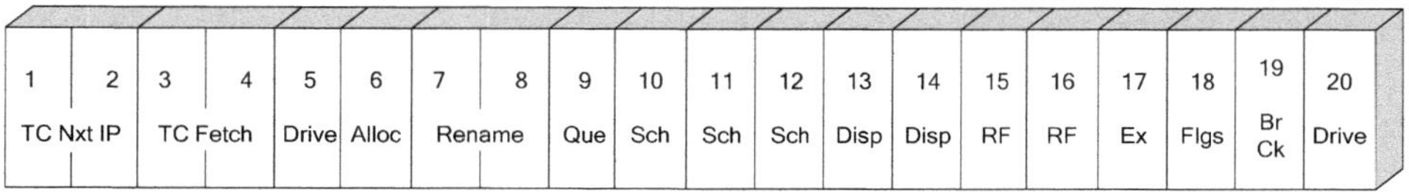

15.4 Pentium 4

1	2	3	4	5	6	7	8	9	10	11	12	13	14	15	16	17	18	19	20
TC Nxt IP		TC Fetch		Drive	Alloc	Rename		Que	Sch	Sch	Sch	Disp	Disp	RF	RF	Ex	Flgs	Br Ck	Drive

```
TC Next IP = trace cache next instruction pointer
TC Fetch   = trace cache fetch
Alloc      = allocate
Rename     = register renaming
Que        = micro-op queuing
Sch        = micro-op scheduling
Disp       = Dispatch
RF         = register file
Ex         = execute
Flgs       = flags
Br Ck      = branch check
```

Abbildung 15.19   Pentium 4-Pipeline

Trace Cache Next Instruction Pointer

Die ersten zwei Pipeline-Stufen kümmern sich um die Befehlsauswahl im Trace Cache und enthalten einen separaten Branch Prediction-Mechanismus. Der Pentium 4 benutzt eine dynamische Branch Prediction-Strategie, die auf der History der momentanen Ausführung von Branch-Befehlen basiert. Ein Branch Target Buffer (BTB) ist für die Cache-Informationen zu gegenwärtig aufgetretenen Branch-Befehlen zuständig. Immer dann, wenn ein Branch-Befehl im Befehlsstrom erscheint, wird der BTB überprüft. Wenn schon ein Eintrag im BTB existiert, wird die Befehlseinheit infolge der History-Information bei der Vorhersage derart beeinflusst, die Verzweigung auszuführen. Im dem Fall, dass ein Branch vorausgesagt wird, dient die mit diesem Eintrag verknüpfte Verzweigungs-Zieladresse für das Prefetching des Branch Target-Befehls.

Ist der Befehl einmal ausgeführt, wird der History-Anteil des entsprechenden Eintrags aktualisiert, um das Ergebnis des Branch-Befehls zu protokollieren. Sollte der Befehl nicht im BTB vorhanden sein, dann wird die Befehlsadresse als Eintrag in den BTB geladen. Dabei kann ein älterer Eintrag gelöscht werden.

Die Branch Prediction-Strategie wird für das ursprüngliche Pentium-Modell wie auch für neuere Pentium-Modelle einschließlich Pentium 4 verwendet. Im Fall des Pentium dient dafür ein einfaches 2 Bit-History-Schema. Die späteren Pentium-Modelle verfügen über viel längere Pipelines (20 Stufen für den Pentium 4 gegenüber 5 Stufen für den Pentium), und aus diesem Grund ist die Gefahr von falschen Vorhersagen größer. Demzufolge nutzen neuere Pentium-Modelle Branch Prediction-Verfahren mit mehr History-Bits, um die Miss-Prediction-Rate zu verringern.

Der Pentium 4-BTB ist als 4-Weg Set-Assoziativ Cache mit 512 Bytes Cacheline implementiert. Jeder Eintrag verwendet die Branch-Adresse als Tag. Der Eintrag enthält auch die Branch-Zieladresse der zuletzt genommenen Verzweigung und ein 4 Bit History-Feld. Der Nutzung von 4 History-Bits stehen 2 Bits, die im ursprünglichen Pentium und in den meisten Superskalar-Prozessoren verwendet werden, gegenüber.

Es ist klar, dass 4 Bits eine größere Predicting Branch History zulassen. Der beim Pentium 4 implementierte Yeh-Algorithmus [Yeh 91] liefert signifikant weniger Falsch-Vorhersagen als der Algorithmus, der nur 2 History-Bits verwendet [Eve 98].

Die Vorhersage bedingter Verzweigungen ohne eine History im BTB erfolgt mittels eines statischen Prediction-Algorithmus nach den folgenden Regeln:

- Für nicht auf den Instruction Pointer (IP) bezogene Branch-Adressen wird die Vorhersage genommen, wenn die Verzweigung einen Return ergibt. Im anderen Fall wird diese nicht genommen.

- Für IP-bezogene bedingte Rückwärts-Branches wird die Vorhersage genommen. Diese Regel stellt das typische Verhalten von Programm-Schleifen dar.

- Für IP-bezogene bedingte Vorwärts-Schleifen wird die Vorhersage nicht genommen.

Trace Cache Fetch

Der Trace Cache übernimmt die bereits decodierten µOps vom Befehlsdecoder und übersetzt diese in geordnete Programmfolgen von µOps. Letztere heißen Traces. Die µOps werden sequentiell in Abhängigkeit von der Branch Prediction-Logik vom Trace Cache geholt.

Einige Befehle benötigen mehr als 4 µOps. Diese Befehle werden zum Microcode-ROM übertragen. Letzterer enthält die mit einem komplexen Maschinenbefehl verbundene geordnete Folge der µOps (5 µOps oder mehr). Ein String-Befehl kann z.B. in eine sehr große Sequenz von µOps übersetzt werden. Nachdem der Microcode-ROM die Übernahme der µOps für den momentanen Pentium-Befehl abgeschlossen hat, beginnt er wieder mit dem Holen der µOps vom Trace Cache.

Drive

Die 5. Stufe der Pentium 4-Pipeline übergibt die dekodierten Befehle vom Trace Cache an das Rename/Allocator-Module.

Out of Order Execution-Logik

Dieser Teil des Prozessors führt die Umordnung der µOps mit dem Ziel aus, diese so bald, wie die Eingangs-Operanden bereit stehen, auszuführen.

Allocate

Die Alloacate-Stufe ordnet die erforderlichen Ressourcen für die Ausführung zu. Sie ist für folgende Funktionen verantwortlich:

- Wenn eine benötigte Ressource (z.B. Register) für eine von 3 µOps, die während eines Takt-Zyklus im Allocator eintreffen, nicht verfügbar ist, hält der Allocator die Pipeline an.

15.4 Pentium 4

- Der Allocator nimmt einen Reorder Buffer (ROB)-Eintag vor. Letzterer speichert den momentanen Status einer der 126 µOps ab.

- Vom Allocator werden einer der 128 Integer- oder Floating Point-Register-Einträge der µOps-Ergebnisse ausgeführt. Load- oder Store-Puffer können zur Aufzeichnung der 48 Load- oder Store-Operationen in der Pipeline verwendet werden.

- Der Allocator ist für den Eintrag in einer der beiden µOp-Queues vor dem Instruction Scheduler verantwortlich.

Der ROB implementiert einen Ring-Puffer und speichert bis zu 126 µOps. Er enthält auch die 128 Hardware-Register. Jeder Puffer-Eintrag verfügt über folgende Felder:

- **State**: Der Zustand zeigt an, ob der µOp für die Ausführung bestimmt ist, für die Ausführung bereit steht oder die Ausführung beendet hat und folglich nicht mehr aktiv ist.

- **Memory Address**: Gibt die Adresse des Pentium-Befehls an, der den µOp generiert hat.

- **µOp**: Die aktuelle Operation

- **Alias Register**: Wenn der µOp auf eines der 16 Architektur-Register verweist, leitet dieser Eintrag die Referenz zu einem der 128 Hardware-Register um.

Die µOps treten geordnet (In Order) in den ROB ein. Anschließend werden sie vom ROB zur Dispatch/Execute-Einheit in geänderter Reihenfolge (Out of Order) geschickt. Das Dispatch-Kriterium besteht darin, dass für diesen µOp die geeignete Ausführungseinheit und alle notwendigen Daten verfügbar sind. Nach der Ausführung werden die µOps im ROB gelöscht. Um sie geordnet zu inaktivieren, werden die dafür ausgewählten ältesten µOps zuerst aus dem aktiven Zustand entfernt.

Register Renaming

Die Rename-Stufe der Pentium-Pipeline nimmt eine Abbildung der Referenzen zu den 16 Architektur-Registern (8 Floating Point-Register und EAX, EBX, ECX, EDX, ESI, EDI, EBP, ESP) in eine Menge von 128 physikalischen Registern vor. Diese Stufe entfernt falsche Abhängigkeiten, die durch eine begrenzte Anzahl von Architektur-Registern zum Schutz echter Daten-Abhängigkeiten (Flow Dependence) verursacht werden.

µOp Queuing

Nach der Ressourcen-Zuweisung und dem Register Renaming werden die µOps in einer der beiden µOp-Queues platziert. In dieser Queue bleiben sie solange, bis in den Schedulern Platz vorhanden ist. Die eine der Queues wird für die Hauptspeicher-

Operationen (Load und Store) gebraucht, die zweite Queue ist für µOps vorgesehen, die keine Memory-Referenzen enthalten. Jede Queue arbeitet nach dem FIFO-Prinzip (First In First Out), und sie sind beide gleichberechtigt. Letzteres bedeutet, dass ein µOp aus der einen Queue "Out of Order" in die andere Queue gelesen werden kann. Diese Möglichkeit gibt den Schedulern größere Flexibilität.

µOp Scheduling and Dispatching

Die Scheduler sind für das Holen der µOps von den µOp-Queues und deren Bereitstellung für die Ausführung verantwortlich. Jeder Scheduler untersucht den Status eines µOp danach, ob dieser alle benötigten Operanden zur Verfügung hat. Wenn die Ausführungseinheit, die von dem µOp gebraucht wird, zur Verfügung steht, dann holt der Scheduler den µOp und schickt ihn zur geeigneten Ausführungseinheit. Bis zu 6 µOps können in einem Takt-Zyklus bereit gestellt werden. Falls mehr als ein µOp für eine gegebene Ausführungseinheit zur Verfügung steht, schickt der Scheduler diese sequentiell von der Queue an diese Einheit. Dieser FIFO-typische Mechanismus bevorzugt zwar die In Order-Ausführung, aber zu diesem Zeitpunkt ist der Befehlsstrom infolge von Abhängigkeiten und Verzweigungen so umgeordnet worden, dass sie praktisch Out of Order erfolgt.

Vier Ports verbinden die Scheduler mit den Ausführungseinheiten. Der Port 0 wird für Integer- und Floating Point-Befehle benutzt. Einfache Integer- Operationen und die Behandlung von falschen Branch-Vorhersagen laufen über den Port 1. Zusätzlich erfolgt die Zuweisung von MMX-Ausführungseinheiten über beide Ports. Die verbleibenden Ports sind für Memory Load- und Store-Operationen vorgesehen.

Integer- und Floating Point-Ausführungseinheiten

Die Integer- und Floating Point-Register-Files bilden die Quelle für nichtabgeschlossene Operationen in den Ausführungseinheiten (s Kapitel 15.4.3). Letztere holen Werte von den Register-Files wie auch vom L1-Daten-Cache. Es wird eine separate Pipeline-Stufe für die Berechnung der Flags (z.B. Zero, Negative) benutzt. Diese stellen typische Eingänge für einen Branch-Befehl dar.

Eine nachfolgende Pipeline-Stufe übernimmt das Branch Checking. Diese Funktion besteht in dem Vergleich des aktuellen Branch-Resultats mit der zugehörigen Vorhersage. Wenn sich eine Branch-Vorhersage als falsch herausstellt, dann müssen µOps in verschiedenen Verarbeitungsstufen der Pipeline entfernt werden. Das richtige Branch-Ziel wird dann vom Branch Predictor, der die gesamte Pipeline von der neuen Target-Adresse aus startet, zur Verfügung gestellt.

15.4.3 Rapid Execution Engine

Der Pentium 4 besitzt 7 Ausführungseinheiten: 3 ALUs, 2 AGUs, eine Load/Store-FPU-Einheit und eine für FPU-, MMX- und SSE2-Befehle.

Zwei der drei ALUs sowie beide AGUs sind sogenannte "Double Pumped (DP)"-Einheiten. Das bedeutet, dass sie in jedem halben Taktzyklus mit einem neuen Befehl versorgt werden. Damit hat der Pentium 4 also intern effektiv 11 Ausführungseinheiten. Die DP-ALUs können jedoch nur sehr einfache Befehle ausführen (z.B. Addition), für komplexere Operationen (Multiplikation) muss die dritte ALU verwendet werden (s. Kapitel 21).

15.5 Entwicklungs-Tendenzen

Von der Mehrzahl der Hersteller von Hochleistungs-Architekturen wurde inzwischen offiziell angekündigt, dass diese in Zukunft ausschließlich mit Mikroinstruktionen, nach dem Vorbild der Befehlssätze von RISC-Architekturen, implementiert werden.

Die Verarbeitungsbreite der Pentium II/III- und Pentium II/III Xeon-Architekturen beträgt 32 Bit. Sie implementieren 32 Bit-Register, während die Datenbusse 64 Bit breit sind. Pentium II/III und Pentium II/III Xeon unterscheiden sich hinsichtlich der Größe des L2-Cache (Pentium II/III Xeon: Full Speed, maximal 2MByte), der Funktionalität (Xeon-Architekturen: Zusätzliche Temperaturmessung, Management-Bus, programmierbare Bausteine) sowie der Taktfrequenz (Pentium II/III Xeon: Maximal 733 MHz). Bezüglich Dynamic Execution unterscheiden sich Pentium Pro, Pentium II/III nicht, d.h. der Kern ist grundsätzlich identisch.

Der Pentium 4 bildet die neuste und vermutlich die letzte Implementierung der x86-Familie der Firma Intel.

Die Mitte des Jahres 2000 angekündigte Itanium-Architektur (Merced) stellt eine Gemeinschaftsentwicklung der Firmen Intel und Hewlett Packard dar [Dul 98]. Dieser Prozessor bildet die erste Implementierung der IA-64-Architektur (s. Kapitel 16). Er realisiert als einer der ersten **EPIC** (**E**xplicitly **P**arallel **I**nstruction **C**omputing). Letztere beschreibt die Fähigkeit der Software, im Programmcode vorhandene Parallelität zu erkennen und diese auf die Hardware abzubilden.

Analoge Bestrebungen für die Neuentwicklung von Mikroprozessoren bestanden auch seitens des Konsortiums Motorola-IBM-Apple. Der PowerPC 615 und 620 waren als 64 Bit-Architekturen mit einem Prozessor-Kern der Firma Cyrix und den Mikroinstruktionssatz des PowerPC für 1997 bzw. 1998 geplant, gingen aber nie in die Serienproduktion. Sämtliche 64 Bit-Architekturen benutzen 64 Bit breite Mehrzweckregister. Mit dieser Entscheidung zugunsten der 64 Bit-Architektur wird deutlich, dass dem Bedarf nach höherer Verarbeitungsleistung großer Datenmengen Rechnung getragen werden muss.

Nachdem die Notwendigkeit der 64 Bit-Architekturen noch vor wenigen Jahren bezweifelt wurde, geht der Entwicklungs-Trend bereits in Richtung der 128 Bit-Mikroprozessoren. Die Firma Motorola brachte im Jahre 1999 die superskalare PowerPC (MPC) 7400-Architektur auf den Markt, deren erste Version (Dezember 1999) mit 450 MHz im unteren Bereich ihrer Leistungsgrenze arbeitete. Letztere sollte ursprünglich nur 800 MHz betragen. Aufgrund der SOI-Technologie erreichte die Taktfrequez der MPC 7400-Architektur 2 GHz. Mit der sogenannten AltiVec-Architektur verfügt dieser Mikroprozessor über parallele Funktionseinheiten, zu denen eine 128 Bit Vector Execution Unit (VEU) gehört. Die VEU arbeitet parallel zur Integer- und Floating Point-Einheit und wird mit Daten aus 32 Registern (128 Bit breit) versorgt. Eine zusätzliche Vector Permute Unit (VPU) dient der Reorganisation der Daten in den 128 Bit-Registern. Dieses Umordnen der Daten ist z.B. hilfreich, um ein High Resolution DVD Video (MPEG-2) schnell auf dem Bildschirm sichtbar zu machen. Zur Unterstützung der Parallelverarbeitung implementiert die MPC 7400-Architektur 162 zusätzliche Maschinenbefehle. Eine neue Leistungsmarke war von der Firma Motorola für Ende 2001 mit der MPC 7500-Architektur avisiert. Dieser Mikroprozessor implementiert eine veränderte Daten-Pipeline und ein komplett neues Bussystem. Als Taktfrequenz war 2 GHz geplant. Der MPC 7500-Mikroprozessor sollte in einer 32Bit- und in einer 64 Bit-Version auf dem Markt angeboten werden, die 64 Bit-Version sollte auch 32 Bit-Applikationen voll ´native´ (ohne Emulator) ausführen können. Das Projekt musste jedoch abgebrochen werden, stattdessen wurde wie erwähnt die MPC 7400-Architektur auf bis zu 2 GHz Takt ausgebaut. Den Platz im Markt des MPC 7500 nahm 2002 der PowerPC 970 von IBM ein.

16 Reale 64 Bit-Architekturen

In Anbetracht der Tatsache, dass die Hersteller von 32 Bit-Architekturen in der Vergangenheit immer größere Probleme hatten, aus ihren Implementierungen die letzten Reserven zur Beschleunigung herauszupressen, sind inzwischen eine ganze Menge 64 Bit-CPUs auf dem Markt erschienen. Gründe für die Neuentwicklungen von Prozessoren sind vielschichtig. Ein Beispiel dafür bilden Schwierigkeiten, mit denen sich die Firma Intel auseinandersetzen musste. Diese betreffen die IA-32-Architektur, deren Merkmale mit moderner Technologie nicht vereinbar sind. Der 32 Bit-Prozessor implementiert eine CISC-Architektur mit Befehlen unterschiedlicher Länge und einer großen Anzahl verschiedener Formate, die sich nur mit einem relativ hohen Zeitaufwand dekodieren lassen. Die momentan übliche Technologie ist auf RISC-Architekturen abgestimmt, die über feste Befehlslängen und Opcodes verfügen und deshalb schnell dekodierbar sind. Die IA-32-Befehle können in RISC-ähnliche Mikrooperationen zur Ausführungszeit zerlegt werden. Diese Maßnahme benötigt zusätzliche Hardware und Zeit. Ein weiteres Problem dieser Architektur betrifft den speicherorientierten Befehlssatz. Moderne Technologien verwenden dagegen Load/Store-Befehle, die nur auf den Speicher zugreifen, um Operanden in Register zu holen, ansonsten aber Berechnungen mittels Registeroperationen ausführen. Der IA-32 besitzt eine relativ kleine, unregelmäßige Registermenge. Dieser Umstand führt nicht nur zu Compiler-Problemen, zusätzlich werden laufend Speicher-Referenzen generiert, die logisch nicht notwendig sind. Ohne die Zahl der Probleme weiter fortzuführen, kann eingeschätzt werden, dass eine neue Architektur einschließlich besserer Performance entsprechend innovativer Technologien dringend notwendig war.

Zu den momentan wichtigsten Anbietern von 64 Bit-Architekturen zählen Intel (IA-64, x86-64), AMD (x86-64), Sun/Fujitsu (UltraSPARC/SPARC64) und IBM (POWER).

16.1 IA-64

Die Firma Intel entwickelte zusammen mit Hewlett-Packard eine völlig neue 64 Bit-Architektur: IA-64 [Huc 00]. Letztere stellt weder eine 64 Bit-Erweiterung der 32 Bit-x86- noch eine Anpassung an die 64 Bit-PA-RISC-Architektur von HP dar. Die IA-64 implementiert eine VLIW-Mikroprozessor-Architektur (s. Kapitel 14.4) als Ergebnis jahrelanger Forschung und Entwicklung der beiden Firmen in Kooperation mit verschiedenen Universitäten. Sie benutzt die gewaltigen Fortschritte in Form der neusten Generationen von Mikro-Chips durch systematische Ausnutzung der Parallelität.

Das grundlegende Konzept der IA-64-Architektur [Sta 02] wird gebildet von:

- Instruction-level-Parallelität, die explizit in Maschinen-Befehlen vom Compiler anstatt zur Laufzeit durch den Prozessor erkannt wird.
- Long oder Very Long Instruction Words (LIW/VLIW),
- Branch Predication im Unterschied zu Branch Prediction,
- Speculative Loading.

Intel und HP benutzen die Kombination dieser Technologien unter dem Begriff "EPIC". Als erstes Intel-Produkt, das auf der IA-64-Architektur aufbaut, wurde der Itanium-Prozessor implementiert.

Die IA-64-Architektur ist nicht Hardware-kompatibel mit der x86-Befehlsarchitektur. Diese Entscheidung seitens der Firma Intel wurde durch die Technologie maßgeblich beeinflusst. Als der 8086-Prozessor im Jahre 1970 auf dem Markt erschien, integrierte dieser einige Zehntausend Transistoren auf dem Chip. Die Befehle wurden im allgemeinen ohne Pipelining verarbeitet. Als die Anzahl der Transistoren pro Chip auf einige 100.000 im Jahre 1980 anstieg, führte Intel das Pipelining ein. Andere Hersteller benutzten die angewachsene Transistor-Dichte zur Realisierung von RISC-Architekturen. Das RISC-Konzept ermöglichte ein effektiveres Pipelining, später Superskalar/RISC-Kombinationen und mehrfache Verarbeitungs-Einheiten. Der Pentium von Intel verwendete die Superscalar-Technik, um zwei CISC-Befehle gleichzeitig auszuführen. Die anschließenden Mikroprozessor-Architekturen Pentium Pro, Pentium II, III und Pentium 4 sind in der Lage, CISC-Befehle in RISC-ähnliche Mikro-Operationen (μOps) abzubilden und damit die Superscalar-Technik besser auszunutzen. Vor der nächsten Mikroprozessor-Generation steht aber die Aufgabe, mehrere 10 bzw. 100 Millionen Transistoren auf dem Chip effektiv zu nutzen.

Die erhöhte Transistor-Dichte kann einerseits zur Implementierung größerer On-Chip Caches benutzt werden. Größere Cache-Chips können die Prozessor-Performance nur bis zu einem bestimmten Grad steigern, d.h. bei weiterer Cache-Vergrößerung nimmt die Hit-Rate nur noch gering zu bzw. sogar ab. Eine andere Alternative besteht in der Erhöhung der Superscalarität durch die Implementierung weiterer Verarbeitungs-Einheiten. Diese Strategie hat den Nachteil, dass damit mehr Logik benötigt wird, das Branch Prediction verbessert und die Out of Order-Verarbeitung benutzt sowie längere Pipelines eingesetzt werden müssen. Mehr und längere Pipelines haben zur Folge, dass es zu einer vergrößerten Quote falscher Sprung-Vorhersagen kommt. Die Out of Order-Ausführung setzt eine große Anzahl von Renaming-Register und eine sehr komplexe Interlock-Technik zur Erkennung der Abhängigkeiten voraus. Daraus ergibt sich, dass die leistungsfähigsten Mikroprozessoren mit der herkömmlichen Technologie maximal 6 Befehle pro Maschinenzyklus verarbeiten können.

16.1 IA-64

Das neue Konzept der expliziten Parallelität soll das Problem vieler paralleler Verarbeitungs-Einheiten lösen. Der Kern dieser Methode besteht darin, dass die Befehle statisch durch den Compiler zur Übersetzungszeit und nicht vom Prozessor dynamisch zur Laufzeit scheduled werden. Der Compiler [KSR 01] entscheidet, welche Befehle parallel ausgeführt werden können. Der EPIC-Prozessor braucht im Vergleich zu einem Out of Order-Superscalar-Prozessor weniger Logik. Weiterhin steht der Prozessor-Hardware weniger Zeit für die Entscheidung einer parallelen Ausführung eines Codes zur Verfügung als einem Compiler.

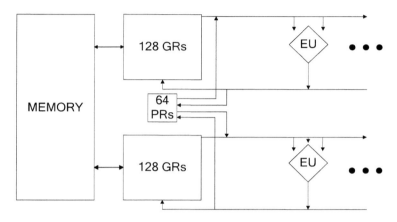

GR = General-purpose or integer register
FR = Floating-point or graphics register
PR = One-bit predicate register
EU = Execution unit

Abbildung 16.1   IA-64-Organisation

Die generelle Organisation der IA-64-Architektur ist in der Abbildung 16.1 dargestellt. Die wichtigsten Bestandteile sind:

- **Eine große Register-Anzahl**: Die IA-64-Architektur setzt die Nutzung von 256 Registern voraus, davon sind 128 als 64 Bit-Register für Integer-, Logik- und Mehrzweck-Nutzung, 128 als 82 Bit-Register für Floating Point- und Grafik-Nutzung vorgesehen. Außerdem existieren 64 als 1 Bit-Prädikat-Register für die prädikatierte Ausführung.

- **Mehrfache Verarbeitungs-Einheiten**: Typische kommerzielle Superscalar-Maschinen unterstützen momentan bis zu 4 parallele Pipelines, wobei 4 parallele Verarbeitungs-Einheiten im Integer- und Floating Point-Prozessor-Teil benutzt werden. Es wird erwartet, dass der IA-64 Systeme mit 8 oder mehr parallelen Verarbeitungs-Einheiten implementiert.

Das Register-File ist verglichen mit den meisten RISC- und Superscalar-Maschinen relativ groß. Die Register werden für die Unterstützung des hohen Parallelitätsgrades gebraucht. In einer Superscalar-Maschine benötigen Maschinen- und Assembler-Sprache wenige sichtbare Register. Der Prozessor bildet letztere mittels Register Renaming und Abhängigkeits-Analyse in eine große Register-Anzahl ab.

Die Anzahl der Verarbeitung-Einheiten ist eine Funktion der Transistoren, die in einer speziellen Implementierung verfügbar sind. Wenn z.B. der Maschinenbefehls-Strom zeigt, dass 8 Integer-Befehle parallel ausgeführt werden können, wird ein Prozessor mit 4 Integer-Pipelines diese in 2 Teilen ausführen. Ein Prozessor mit 8 Pipelines kann dagegen alle 8 Befehle simultan bearbeiten.

In der IA-64- Architektur sind 4 Typen von Ausführungs-Einheiten definiert:

- **I-Einheit**: Für Integer-Arithmetik-, Shift- und Add-, Logik-, Compare- und Integer-Multimedia-Befehle,
- **M-Einheit**: Für Load und Store zwischen Register und Hauptspeicher sowie einige Integer-Alu-Operationen,
- **B-Einheit**: Für Branch-Befehle,
- **F-Einheit**: Für Floating Point-Befehle.

Instruction Type	Description	Execution Unit Type
A	Integer ALU	I-unit or M-unit
I	Non-ALU integer	I-unit
M	Memory	M-unit
F	Floating Point	F-unit
B	Branch	B-unit
L + X	Extended	I-unit/B-unit

Tabelle 16.1   Beziehung zwischen Befehls- und Ausführungs-Einheit-Typ

Jeder IA-64-Befehl wird in einen von 6 Typen eingeordnet. In der Tabelle 16.1 sind die Befehlstypen und dazu die entsprechenden Ausführungseinheiten dargestellt.

16.1.1 Befehlsformat

Der IA-64 definiert ein 128 Bit-Bundle (Bündel), das 3 Befehle und ein Template-Feld (s. Abbildung 16.2a) enthält [TaG 01]. Der Prozessor ist in der Lage, gleichzeitig ein oder mehrere Bundles mit je 3 Befehlen zu holen. Das Template-Feld liefert die Information, welche Befehle parallel ausgeführt werden können. Die Interpretation des Template-Feldes ist nicht auf ein einzelnes Bundle beschränkt, d.h. der Prozessor kann sich mehrere Bundles ansehen, um zu entscheiden, welche Befehle parallel ausführbar sind. Der Befehlsstrom kann z.B. so aussehen, dass 8 Befehle simultan ausgeführt werden können. Der Compiler wird dann die Befehle so umordnen, dass diese 8 Befehle zusammenhängende Bundles umfassen und setzt das Template-Bit. Letzteres signalisiert dem Prozessor, dass diese 8 Befehle voneinander unabhängig sind.

Die gebündelten Befehle müssen nicht in der ursprünglichen Programm-Anordnung auftreten. Wegen der Flexibilität des Template-Feldes kann der Compiler unabhängige und abhängige Befehle in demselben Bundle mischen. Im Unterschied zu früheren VLIW-Architekturen muss die IA-64 keine NOP (Null-Operation)- Befehle in die Bundles einfügen.

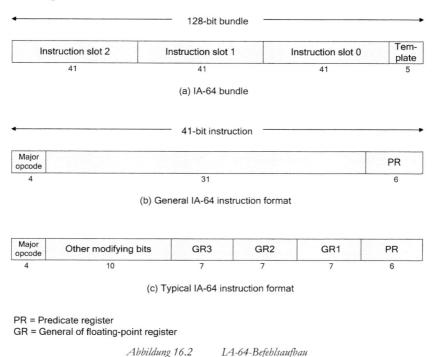

Abbildung 16.2   IA-64-Befehlsaufbau

Der Template-Wert (5 Bit-Feld) dient zwei verschiedenen Zielen:

1. Das Feld spezifiziert das Mapping der Befehls-Slots zu den Typen der Ausführungs-Einheit. Es sind nicht alle möglichen Mappings der Befehle auf die Einheiten verfügbar.

2. Das Feld zeigt die Anwesenheit von Stops an. Ein Stop signalisiert der Hardware, dass ein oder mehrere Befehle vor dem Stop bestimmte Arten von Ressource-Abhängigkeiten von ein oder mehreren Befehlen nach dem Stop enthalten können.

Jeder Befehl besitzt eine feste Länge von 41 Bits (s. Abbildung 16.2b). Diese ist etwas größer als die traditionelle Länge von 32 Bit der RISC- und RISC-Superscalar-Maschinen, sie ist aber wesentlich kürzer als die 118 Bit-Mikro-Operation des Pentium 4. Es gibt zwei Gründe für die zusätzlichen Bits: Der eine bezieht sich auf die Nutzung von mehr Registern der IA-64-Architektur (128 Integer- und 128 Floating Point-

Register) im Vergleich zur typischen RISC-Maschine. Der zweite Grund liegt darin, dass für die Implementierung der prädikatierten Ausführung 64 Prädikat-Register in der IA-64-Architektur untergebracht werden müssen.

In der Abbildung 16.2c ist detailliert das typische Befehlsformat dargestellt. Alle Befehle enthalten einen 4 Bit Haupt (Major)-Opcode und eine Referenz zu einem Prädikat-Register. Obwohl das Haupt-Opcode-Feld nur zwischen 16 Möglichkeiten unterscheiden kann, hängt die Interpretation dieses Feldes von dem Template-Wert und der Befehls-Stellung innerhalb des Bundles ab. Dadurch sind mehr Opcodes möglich. Typische Befehle enthalten drei Felder für Referenz-Register, und 10 Bits werden für Informationen zur vollen Befehls-Spezifikation zur Verfügung gestellt.

Wie bereits erwähnt implementiert der IA-64 eine VLIW-Architektur. Daraus resultiert, dass sich sein Befehls-Konzept etwas von der Pentium- oder Alpha-Architektur unterscheidet.

Weiterhin existieren Befehls-Gruppen, die eine Befehlsmenge implementieren und theoretisch gemeinsam sofort ausgeführt werden können. Mittels einer Befehlsgruppe signalisiert der Compiler dem Prozessor, welche Befehle parallel ohne Abhängigkeiten oder Interlocks ausführbar sind. Das bedeutet, dass der Compiler für die simultane Ausführung verantwortlich ist, der Prozessor selbst überprüft diese nicht. Die Länge einer Gruppe kann beliebig sein, sie darf einen Befehl oder (theoretisch) Millionen von Befehlen enthalten. Letztere werden sofort und unabhängig voneinander abgearbeitet. Ein Bit in dem Template kennzeichnet das Ende der Gruppe.

Logisch können die Befehle in einer beliebigen Menge gruppiert werden, wobei die Gruppen bestimmen, wie die Befehle voneinander abhängen.

Alle IA-64-Befehle werden in 4 unterschiedliche Kategorien eingeteilt: Integer-, Load/Store-, Floating-Point- und Branch-Operationen. Diese Kategorien werden signifikant in die Hardware-Ressourcen des Chips abgebildet. Unterschiedliche IA-64-Implementierungen (Itanium, McKinley, etc.) haben möglicherweise verschiedene Hardware-Ressourcen, sie werden aber optimal alle Befehle sofort in eine Gruppe einordnen. Das gilt auch für IA-64-Compiler, die in der Lage sind, Binaries für unterschiedliche IA-64-Prozessoren zu optimieren.

Die IA-64-Opcodes werden bis zu viermal wiederverwendet, d.h. dieselben 41 Bits des Befehlsformats werden in 4 verschiedene und nicht miteinander in Beziehung stehende Operationen dekodiert, abhängig davon, ob der Befehl zur Integer-, Floating-Point-, Hauptspeicher- oder Branch-Einheit geschickt wird. Das zweite ungewöhnliche Merkmal, das in Zusammenhang mit dem ersten steht, erklärt, wie die Architektur den Widerspruch von "identischen-aber-unterschiedlichen" Opcodes verhindert. Das 5 Bit-Template beim Start jedes 128 Bit-Bundles wird für das Routing der 3-Befehl-Nutzinformation zur richtigen Ausführungseinheit benutzt. Anstatt jeden der drei Befehle mit seiner zugehörigen Ausführungseinheit zu kennzeichnen, benutzt der IA-64 diese 5 Bits, um eines von 24 verschiedenen Templates für ein Befehls-Bundle zu definieren. Die restlichen 8 Kombinationen ($2^5 = 32$) dienen als Reserve. Ein Template gibt Auskunft darüber, wie die drei Befehle in einem Bundle angeordnet sind und wo sich das Ende der logischen Gruppe (wenn vorhanden) befindet. Die 24 Templates sind natürlich nicht ausreichend, um alle möglichen Kombinationen von Integer-, Floating-Point-, Branch- und Speicher-Operationen innerhalb eines Bundles zu definieren sowie dessen logisches Ende darzustellen. Folgende IA-64 –Template-Kombinationen sind möglich:

MII	MII_
MI_I	MI_I_
MMI	MMI_
M_MI	M_MI_
MFI	MFI_
MMF	MMF_
MIB	MIB_
MBB	MBB_
BBB	BBB_
MMB	MMB_
MFB	MFB_
MLX	MLX_

Dabei bedeuten: M = Memory-Operation, I = Integer-Operation, F = Floating Point-Operation, B = Branch-Operation, X = Long Immediate, _ = Gruppen-Ende-Bit.

Es ist selbstverständlich, dass ein Floating Point-Befehl nicht als erste Anweisung in einem Bundle und ein Load/Store-Befehl nicht am Ende erlaubt sind. Es sind auch weder zwei Floating Point-Befehle in einem Bundle noch drei Branch-Befehle zusammen gebündelt zugelassen.

16.1.2 Assembler-Format

Üblicherweise wird mit einem Maschinen-Befehlssatz eine Assembler-Sprache geliefert. Der Assembler oder Compiler übersetzt jeden Assembler-Befehl in einen 41 Bit IA-64-Befehl. Das generelle Format eines Assembler-Befehls hat folgende Form:

[qp] mnemonic [. comp] dest = srcs

mit

qp   spezifiziert ein 1 Bit-Prädikat-Register, das für die Befehls-Qualifizierung benutzt wird. Wenn der Wert des Registers zur Ausführungszeit gleich 1 ist (wahr), wird der Befehl ausgeführt und das

Ergebnis der Hardware übergeben. Ist der Wert gleich 0 (falsch), wird das Ergebnis des Befehls nicht übergeben und gelöscht. Die meisten IA-64-Befehle können durch ein Prädikat qualifiziert werden, es muss aber nicht sein. Für einen nicht-prädikatierten Befehl wird der qp-Wert auf 0 gesetzt, d.h. das Prädikat-Register 0 hat den konstanten Wert 1.

mnemonic gibt den Namen des IA-64-Befehls an.

comp spezifiziert ein oder mehrere Befehls-Completer. Diese werden durch Punkte getrennt. Letztere werden für die Mnemonic-Qualifizierung benutzt. Nicht alle Befehle erfordern einen Completer.

dest gibt ein oder mehrere Ziel-Operanden an; der typische Fall ist ein einziges Ziel.

srcs bezeichnet ein oder mehrere Quell-Operanden. Die meisten Befehle haben zwei oder mehr Quell-Operanden.

Auf einer Zeile werden Zeichen auf der rechten Seite eines doppelten Schrägstriches (//) als Kommentar behandelt. Befehls-Gruppen und Stops sind gekennzeichnet durch ein doppeltes Semikolon (; ;). Eine Befehls-Gruppe wird definiert als eine Folge von Befehlen, die weder Read-Write- noch Write-Read-Abhängigkeiten enthalten.

Beispiel: ld8 r1 = [r5] ; ;   // 1. Gruppe
              add r3 = r1 , r4   // 2. Gruppe

Der erste Befehl liest einen 8 Byte-Wert von dem Hauptspeicher-Platz, dessen Adresse sich im Register r5 befindet. Anschließend wird dieser Wert im Register r1 abgelegt. Der zweite Befehl addiert den Inhalt von r1 und r4 und speichert das Ergebnis im Register r3. Weil der zweite Befehl von dem Wert im Register r1 abhängt, der durch den ersten Befehl verändert wird (Flow Dependence), können die beiden Befehle nicht in derselben Gruppe sein, deren Befehle parallele ausführbar sein sollen.

Um die Parallelität auf der Befehls-Ebene zu unterstützen, implementiert die IA-64-Architektur vier grundsätzliche Mechanismen:

- **Predication**
- **Control Speculation**
- **Data Speculation**
- **Software Pipelining**

16.1.3 Predication

Die Predication (Prädikation) stellt eine Technik dar, womit der Compiler bestimmt, welche Befehle parallel ausgeführt werden können [Cha 00]. Dabei eliminiert der Compiler durch eine bedingte Ausführung aus dem Programm alle vorkommenden Verzweigungen. Als typisches Beispiel dient in diesem Zusammenhang der "if-then-else"-Befehl einer höheren Programmiersprache. Ein üblicher Compiler fügt beim "if" dieses Konstruktes eine bedingte Verzweigung ein. Wenn die Bedingung das logische Ergebnis "1" (wahr) erzeugt, wird die Verzweigung nicht genommen, und es wird der nächste durch den "then"-Zweig dargestellte Befehlsblock ausgeführt. Am Ende dieses Pfades befindet sich eine unbedingte Verzweigung bezüglich des nächsten Blocks, der durch den "else"-Pfad repräsentiert wird. Wenn die Bedingung ein anderes Resultat generiert, dann wird die Verzweigung beim "else"-Befehlblock fortgesetzt. Die beiden Befehlsströme vereinigen sich am Ende des "else"-Blockes. Im Gegensatz dazu arbeitet der IA-64-Compiler wie folgt:

Am "if"-Programm-Punkt fügt er einen Compare-Befehl ein. Letzterer erzeugt zwei Prädikate: Wenn das Ergebnis des Compare-Befehls den logischen Wert "1" (wahr) generiert, wird das erste Prädikat auf "1" (wahr) und das zweite auf "0" (falsch)gesetzt. Ist dieses Ergebnis dagegen "0" (falsch), erhält das erste Prädikat den logischen Wert "0" (falsch) und das zweite Prädikat den Wert "1" (wahr).

Er erweitert jeden Befehl im "then"-Pfad mit der Referenz auf ein Prädikat-Register, das den Wert des ersten Prädikats enthält und jeden Befehl im "else"-Pfad mit Referenz auf ein Prädikat-Register mit dem Wert des zweiten Prädikats.

Der Prozessor führt die Befehle von beiden Pfaden aus. Wenn das Ergebnis der Compare-Operation bekannt ist, verwirft er das Resultat, das sich am Ende des einen Pfades ergibt und übernimmt das Resultat des anderen Pfades. Dadurch ist der Prozessor in der Lage, beide Pfade in der Befehls-Pipeline mit Befehlen zu versorgen, ohne auf das Ende der Compare-Operation zu warten.

Dieser Mechanismus wird deutlich am Beispiel des folgenden **Quellcodes**:

```
if  ( a && b )
        j = j + 1;
else

        if  ( c )
                k = k + 1;
        else
                k = k - 1;
i = i + 1;
```

In dem obigen Quellcode selektieren zwei if-Statements einen von drei möglichen Ausführungs-Pfaden. Der Code kann in den folgenden Pentium-Assembler-Code übersetzt werden; das Assembler- Programm verfügt über drei bedingte und einen unbedingten Verzweigungs-Befehl:

Assembler-Code:

```
           cmp a , 0      ; compare a mit 0
           je L 1         ; branch zu L 1 wenn a = 0
           cmp b , 0
           je L 1
           add j , 1      ; j = j + 1
           jmp L 3
     L 1 : cmp c , 0
           je L 2
           add k , 1      ; k = k + 1
           jmp L 3
     L 2 : sub k , 1      ; k = k - 1
     L 3 : add i , 1      ; i = i + 1
```

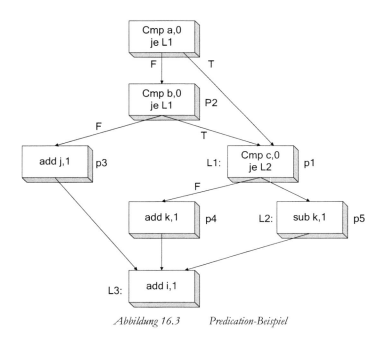

Abbildung 16.3   Predication-Beispiel

16.1 IA-64

In der Abbildung 16.3 ist das Flussdiagramm des Assembler-Codes dargestellt. In dem Flussdiagramm wird das Assembler-Programm in separate Code-Blöcke aufgeteilt. Der Compiler kann jedem bedingt ausgeführten Programm-Block ein Prädikat zuweisen. Unter der Voraussetzung, dass alle Predikate pi für i = 1, 2, ..., 5 mit dem logischen Wert "0" (falsch) initialisiert wurden, ergibt sich der

Prädikatierte Code (IA-64-Assembler-Code):

```
(1)           cmp.eq   p1, p2 = 0, a ;;
(2)   (p2)    cmp.eq   p1, p3 = 0, b
(3)   (p3)    add  j = 1, j
(4)   (p1)    cmp.ne   p4, p5 = 0, c
(5)   (p4)    add  k = 1, k
(6)   (p5)    add  k = -1, k
(7)           add  i = 1, i
```

Der Befehl (1) vergleicht den Inhalt des symbolischen Registers a mit dem Wert 0. Der Wert des Prädikat-Registers p1 wird auf "1" (wahr) und der des Prädikat-Registers p2 auf "0" (falsch) gesetzt, wenn diese Compare-Operation wahr ist. Dagegen erfolgt das Setzen des Prädikat-Registers p1 auf "0" (falsch) und des Prädikat-Registers p2 auf "1" (wahr), wenn die Compare-Operation falsch ist.

Der Befehl (2) soll nur ausgeführt werden, wenn das Prädikat p2 wahr ist, d.h. falls a wahr ist, so gilt: a ≠ 0. Der Prozessor wird diesen Befehl holen, decodieren und mit der Ausführung beginnen, übergibt aber das Ergebnis erst nach der Prüfung, ob der Wert des Prädikat-Registers p1 den logischen Wert "1" oder "0" hat. Der Befehl (2) stellt eine Prädikat-erzeugende Anweisung dar und ist selbstprädikatierend. Er erfordert drei Prädikat-Register-Felder in seinem Format!

Die ersten beiden bedingten Verzweigungen im Pentium-Assembler-Code werden in zwei prädikatierte Compare-Befehle des IA-64-Assembler-Codes übersetzt. Wenn der Befehl (1) p2 auf den Wert "0" setzt, wird die Anweisung (2) nicht ausgeführt. Nach dem Befehl (2) im IA-64-Programm ist p3 nur "1" (wahr), wenn das Ergebnis des äußeren "if"-Statements im Quellcode wahr ist. Das bedeutet: Das Prädikat ist nur wahr, wenn der Ausdruck (a AND b) wahr ist (a ≠ 0 AND b ≠ 0). Der "then"-Zweig des "if"-Statements wird aus diesem Grund im p3 prädikatiert. Der Befehl (4) des IA-64-Codes entscheidet, ob der Additions- oder Subtraktions-Befehl im äußeren "else"-Zweig verarbeitet wird. Zuletzt wird das Inkrement von i unbedingt gebildet.

Bei einem Vergleich des Quellcodes mit dem prädikatierten Code sieht man, dass nur einer der Befehle (3), (5) und (6) ausgeführt wird. In einem gewöhnlichen superscalaren Prozessor würde das Branch Prediction für die Voraussage benutzt, welcher der drei Befehle ausgeführt werden soll. Wenn in diesem Fall der Prozessor eine falsche Vorhersage trifft, muss ein Pipeline Flush erfolgen. Der IA-64-Prozessor kann mit der

Ausführung aller drei Befehle beginnen und übergibt, wenn die Werte der Predikat-Register bekannt sind, nur das Resultat des gültigen Befehls. Folglich werden zusätzliche parallele Ausführungseinheiten benutzt, um die Verzögerung infolge eines Pipeline Flush zu vermeiden.

Die Untersuchungen der prädikatierten Ausführung wurden hauptsächlich an der Universität von Illinois durchgeführt. Diesbezügliche Simulations-Studien zeigen, dass die Verwendung der Predication zu einer wesentlichen Reduzierung von dynamischen Verzweigungen und falscher Verzweigungs-Vorhersagen sowie zu einer Performance-Verbesserung für Prozessoren mit mehreren parallelen Pipelines führt.

16.1.4 Control Speculation

Eine weitere Schlüssel-Innovation in der IA-64-Architektur bildet die Control Speculation, die auch als Speculative Loading bezeichnet wird. Dahinter verbigt sich die Fähigkeit eines Prozessors, Daten vom Hauptspeicher zu laden, bevor das Programm diese benötigt. Dadurch wird die Hauptspeicher-Latenz vermieden.

Die Minimierung der Load-Latenzen ist entscheidend für die Performance-Verbesserung. Normalerweise existieren in einem Code-Block eine spezifische Anzahl von Load-Operationen, die Daten vom Hauptspeicher zu den Registern transportieren.

Die Laufzeit der Daten, die ein Prozessor vom Hauptspeicher erhält, erhöht sich in zunehmendem Maß, weil der Zugriff zum Hauptspeicher mit bis zu drei Cache-Levels im Verhältnis zur Verarbeitung der CPU zu viel Zeit benötigt. Um allgemein diese Verzögerung der Daten zu minimieren, muss der Code eines Programmes so umgeordnet werden, dass der Lade-Prozess so früh wie möglich erfolgt. Dieser Vorgang kann bis zu einem bestimmten Grad von einem Compiler übernommen werden. Ein Problem ergibt sich dann, wenn im Steuerfluss eine Load- vor einer Branch-Anweisung platziert werden soll, obwohl erstere ursprünglich in dem Code-Block nach der Verzweigung erscheint. Der Load-Befehl kann nur unter spezifischen Bedingungen verschoben werden. Eine Methode besteht in der Nutzung der Branch Prediction-Technik (s. Kapitel 11.2.2.2). Das moderne Verfahren wird in Form einer bedingten Load-Operation implementiert. Dabei benutzt man Prädikate, so dass die Daten zwar vom Hauptspeicher geholt werden, die Übergabe an das Register aber solange nicht erfolgt, bis das Ergebnis des Prädikates bekannt ist.

Es ergibt sich nun die Frage: "Wie kann die Lade-Operation vor der Verzweigung platziert werden?" Die Lösung dieses Problems heißt "Control Speculation". Letztere trennt das Lade-Verhalten von dieser Exception. Ein Load-Befehl im ursprünglichen Programm wird durch zwei Befehle ersetzt:

Eine Speculative Load-Operation (ld.s) führt ein Memory Fetch aus und zeigt ein Exception an, generiert letztere aber real nicht (es wird eine Betriebssystem-Routine aufgerufen, die diese Exception behandelt). Dieser ld.s-Befehl bewirkt einen Prozess, der diesen zu einem geeigneten Punkt im Programm bewegt. Dieser Prozess heißt "Hoisting" (Hebevorgang).

Ein Check-Befehl (chk.s) nimmt anstelle des ursprünglichen Load-Befehls dessen Platz ein und liefert ein Exception. Der chk.s-Befehl kann prädikatiert werden, so dass er nur dann ausgeführt wird, wenn das Prädikat den logischen Wert "1" (wahr) hat.

Wenn der ld.s-Befehl ein Exception signalisiert, wird ein Token–Bit gesetzt, das mit einem Ziel-Register verbunden ist. Das Token-Bit wird auch als "Not a Thing"-Bit (NaT) bezeichnet. Wenn die entsprechende chk.s-Anweisung ausgeführt und das NaT-Bit gesetzt wird, verzweigt der Befehl chk.s zu einer Exception-Behandlungs-Routine.

Folgendes Beispiel soll diesen Mechanismus näher erläutern [Int 00]. Das Original-Programm lautet:

```
( p1 )   br  some_label         // Cycle  0
         ld8  r1 = [ r5 ] ; ;    // Cycle  1
         add  r2 = r1, r3        // Cycle  3
```

Der erste Befehl verzweigt, wenn das Prädikat p1 wahr ist, d.h. das Register hat den logischen Wert "1". Der Branch (br)- und der Load (ld)-Befehl befinden sich in derselben Befehlsgruppe, deshalb sollte die Load-Operation nicht ausgeführt werden, wenn die Verzweigung erfolgt. Der IA-64 stellt sicher, dass in diesem Fall, wenn die Branch-Operation genommen wird, spätere Befehle aus derselben Befehlsgruppe nicht ausgeführt werden. Der add-Befehl im obigen Programm wird wegen der Hauptspeicher-Latenz der Load-Operation um minimal einen Taktzyklus verzögert.

Der Compiler kann diesen Programm-Code mit Hilfe der Control Speculation-Befehle ld.s und chk.s umschreiben:

```
         ld 8 . s  r1 = [ r5 ] ; ;   // Cycle -2
                                     // Other instructions
( p1 )   br  some_label              // Cycle  0
         chk .s  r1 ,  recovery      // Cycle  0
         add  r2 = r1 ,  r3          // Cycle  0
```

Es ist nicht möglich, einfach einen Load-Befehl über einen Branch-Befehl zu "heben", weil der Load-Befehl ein Exception (d.h. r5 könnte einen 0-Pointer enthalten) veranlassen kann. Stattdessen wird das Load (ld8) zu einem Speculative Load (ld8.s) konvertiert und anschließend über den Branch-Befehl (br) "gehoben". Das Speculative Load signalisiert nicht unmittelbar nach dem Erkennen ein Exception, es zeichnet dieses durch Setzen des NaT-Bits für das Ziel-Register (r1) auf. Das Speculative Load führt seine Operation jetzt unbedingt zwei Takt-Zyklen vor dem Branch aus. Anschließend prüft die Anweisung chk.s, ob das NaT-Bit für das Register r1 gesetzt ist. Wenn Letzteres nicht der Fall sein sollte, wird die Programm-Ausführung mit dem darauf folgenden Befehl fortgesetzt. Die Verzweigung dient als Programm-Recovery. Aus dem umgeschriebenen Programm-Code geht hervor, dass der Branch-, Check- und Add-Befehl in demselben Takt-Zyklus ausgeführt werden. Durch die Hardware wird aber sichergestellt, dass die durch das Speculative Load generierten Ergebnisse den Anwendungszustand (Änderung des Inhalts von r1 und r2) nicht aktualisieren, es sei denn, zwei Bedingungen sind erfüllt: Die Verzweigung wird nicht genommen (p1 = 0) und der Check zeigt keine verzögerte Exception (r1.NaT = 0) an.

Es gibt zu dem Programm-Beispiel einen weiteren wichtigen Gesichtspunkt: Wenn kein Exception auftritt, dann wird das Speculative Load zu einem aktuellen Load und wird vor dem Branch-Befehl platziert. Nimmt man diesen Fall an, so tritt, wenn die Verzweigung genommen wird, ein Load auf, das vom ursprünglichen Programm nicht beabsichtigt ist. Das Programm nimmt an, dass r1 auf dem genommenen Branch-Zweig nicht gelesen wird. In dem Fall, wenn r1 auf dem Branch-Zweig gelesen wird, muss der Compiler ein anderes Register für das spekulative Ergebnis benutzen.

16.1.5 Data Speculation

Bei einer Data Speculation wird ein Load- vor einem Store-Befehl platziert. Diese Maßnahme kann den Hauptspeicherplatz, der die Load-Quelle darstellt, ändern. Mittels eines nachfolgenden Checks ist es möglich sicherzustellen, dass die Lade-Operation den richtigen Hauptspeicherwert verwendet. Für die Erklärung dieses Mechanismus dient folgendes Programm-Fragment [Int 00]:

```
        st 8 [ r4 ] = r12           // Cycle 0
        ld 8  r6 = [ r8 ] ;;        // Cycle 0        (a)
        add  r5 = r6 , r7 ;;        // Cycle 2
        st 8 [ r18 ] = r5           // Cycle 3
```

Der obige Programm-Code benötigt für die Ausführung vier Befehlszyklen. Wenn die Register r4 und r8 nicht dieselben Hauptspeicheradressen enthalten, kann das Speichern durch das Register r4 nicht den Adresswert, der im Register r8 liegt, beeinflussen. Unter dieser Bedingung bringt mit Sicherheit die Umordnung der Load- und Store-Operation den Wert schneller in das Register r6, der anschließend benötigt wird. Da aber die Adressen in r4 und r8 dieselben sein oder sich überlappen können, ist ein solcher Austausch nicht sicher. Die IA-64-Architektur löst dieses Problem mit Hilfe der sogenannten Advanced Load-Technik, die im folgenden Code-Abschnitt demonstriert wird:

```
         ld 8 . a  r6  = [ r8 ] ; ;    // Cycle -2 or earlier ; advanced load
                                       // other instructions
         st 8 [ r4 ] = r12             // Cycle 0                          ( b )
         ld 8 . c  r6  = [ r8 ]        // Cycle 0 ; check load
         add r5 = r6 , r7 ; ;          // Cycle 0
         st 8 [ r18 ] = r5             // Cycle 1
```

Der Load-Befehl (ld) im Programm-Abschnitt (a) wurde in einen Advanced Load-Befehl (ld.a) im Code-Fragment (b) konvertiert. Um die spezifische Load-Operation auszuführen, schreibt der Befehl ld8.a seine Quell-Adresse (enthalten in r8) zu einer Hardware-Datenstruktur, die als **A**dvanced **L**oad **A**dress **T**able (**ALAT**) bezeichnet wird. Jeder IA-64-Store-Befehl untersucht die ALAT nach Einträgen, die sich mit seinen Zieladressen überlappen. Im Fall einer Übereinstimmung wird der ALAT-Eintrag entfernt. Wenn der ursprüngliche Befehl ld 8 in (a) in den Befehl ld8.a von (b) konvertiert und verschoben wird, erscheint auf der ursprünglichen Position von ld8 ein Check Load-Befehl ld8.c. Bei der Ausführung des letzteren Befehls überprüft dieser die ALAT auf Adress-Übereinstimung. Wird ein solcher Match gefunden, hat kein Befehl zwischen Advanced Load und Check Load die Load-Quell-Adresse verändert, und es wird keine Aktion ausgeführt. Findet dagegen der Check Load-Befehl keinen übereinstimmenden ALAT-Eintrag, wird die Load-Operation wieder ausführt, um das richtige Ergebnis zu sichern.

Möglicherweise sollen Befehle, die bezüglich des Load-Befehls datenabhängig sind, zusammen mit dem Load spekulativ ausgeführt werden. Wird mit demselben Original-Programm (a) gestartet und bewegt man den Load-Befehl ld8 und den anschließenden Add-Befehl add, so ergibt sich:

```
                 ld 8 . a  r6  = [ r8 ] ; ;    // Cycle -3 or earlier; Advanced Load
                                               // other instructions
                 add r5 = r6 , r7              // Cycle -1; add that useses r6
                                               // other instructions              ( c )
                 st 8 [ r4 ] = r12             // Cycle 0
                 chk . a r6 , recover          // Cycle 0 ; check
back :                                         // return point from jump to recover
                 st 8 [ r18 ] = r5             // Cycle 0
```

In dem Programm-Fragment (c) benutzt man anstatt des Befehls ld8.c die chk.a-Anweisung, um das Advanced Load auszuwerten. Wenn der Befehl chk.a bestimmt, dass das Load nicht erfolgt, kann diese Operation nicht einfach wieder ausgeführt werden. Stattdessen wird zu einer Recovery-Routine verzweigt, um die Situation zu bereinigen:

```
Recover:
ld 8  r6 = [ r8 ] ;;      // reload r6 from [ r8 ]
add r5 = r6 , r7 ;;       // re-execute the add
br back                   // jump back to main code
```

Diese Technik ist nur dann effektiv, wenn die Load- und Store-Operationen eine geringe Überlappungs-Chance besitzen.

16.1.6 Software Pipelining

In der folgenden Programm-Schleife wir eine Konstante zu einem Vektor addiert und das Ergebnis in einem anderen Vektor gespeichert (y [i] = x [i] + c):

```
L1 :    ld 4  r4 = [ r5 ] , 4 ;;    // Cycle 0 ; load postinc 4
        add r7 = r4 , 9 ;;          // Cycle 2
        st 4 [ r6 ] = r7 , 4        // Cycle 3 ; store postinc 4
        br . cloop  L1 ;;           // Cycle 3
```

Der ld4-Befehl läd vier Bytes vom Hauptspeicher. Die Ziffer "4" am Ende des Befehls zeigt an, dass diese das Basis-Update des Load-Befehls darstellt. Die Adresse, die im Register r5 enthalten ist, wird nach dem Load um 4 incrementiert. Analog dazu speichert der st4-Befehl 4 Bytes im Hauptspeicher ab, und die Adresse von r6 wird nach dem Speichern um 4 erhöht. Der Befehl br.cloop, als sogenannter Counted Loop Branch bekannt, benutzt das **L**oop **C**ount (**LC**)-Applikations-Register. Für den Fall, dass gilt LC > 0, wird es dekrementiert und die Verzweigung wird genommen. Den Anfangswert im LC-Register bildet die Anzahl der Schleifen-Iterationen.

In dem obigen Programm-Abschnitt existiert praktisch keine Möglichkeit für eine Parallelisierung innerhalb der Schleife. Weiterhin werden alle Befehle in der Iteration x ausgeführt, bevor die Iteration x + 1 beginnt. Wenn es aber keine Adressen-Konflikte zwischen Load und Store (r5 und r6 zeigen auf nichtüberlappende Hauptspeicherplätze) gibt, könnte eine Verbesserung durch Verschieben der unabhängigen Befehle von der Iteration x +1 zur Iteration x erreicht werden. Eine andere Lösung besteht darin, dass man den Schleifen-Code durch Schreiben eines neuen Befehlssatzes für jede Iteration aufrollt. Dadurch kann sich eine Möglichkeit zur Parallelisierung eröffnen. Der folgende Code beschreibt 5 Iterationen der Programm-Schleife L1:

```
ld 4  r32 = [ r5 ] , 4 ;;    // Cycle 0
ld 4  r33 = [ r5 ] , 4 ;;    // Cycle 1
ld 4  r34 = [ r5 ] , 4       // Cycle 2
add r36 = r32 , r9 ;;        // Cycle 2
ld 4  r35 = [ r5 ] , 4       // Cycle 3
add r37 = r33 , r9           // Cycle 3
```

```
        st 4  [ r6 ] = r36 , 4 ; ;      // Cycle 3
        ld 4  r36 = [ r5 ] , 4          // Cycle 3
        add   r38 = r34 , r9            // Cycle 4
        st 4  [ r6 ] = r37 , 4 ; ;      // Cycle 4
        add   r39 = r35 , r9            // Cycle 5
        st 4  [ r6 ] = r38 , 4 ; ;      // Cycle 5
        add   r40 = r36 , r9            // Cycle 6
        st 4  [ r6 ] = r39 , 4 ; ;      // Cycle 6
        st 4  [ r6 ] = r40 , 4 ; ;      // Cycle 7
```

Das obige Programm verarbeitet 5 Iterationen in 7 Takt-Zyklen, verglichen mit 20 Takt-Zyklen in dem ursprünglichen Schleifen-Programm. Dieses Ergebnis setzt voraus, dass zwei Hauptspeicher-Ports existieren, so dass ein Load- und ein Store-Befehl parallel ausgeführt werden können. Das Beispiel dieser Programm-Schleife demonstriert das Software Pipelining. In der Abbildung 16.3 ist dieser Prozess schematisch dargestellt. Die Parallelität wird durch Gruppierung von Befehlen aus unterschiedlichen Iterationen erreicht. Damit dieser Mechanismus funktioniert, müssen die temporären Register, die innerhalb einer Schleife benutzt werden, für jede Iteration geändert werden. Mit dieser Maßnahme werden Register-Konflikte verhindert. In dem vorliegenden Fall dienen r4 und r7 im Original-Programm als temporäre Register. In dem erweiterten Programm werden die Register-Nummern für jede Iteration inkrementiert. Die Initialisierung der Nummern erfolgt so, dass kein Überlappen stattfindet.

Aus der Abbildung 16.4 ist zu erkennen, dass die Software-Pipeline aus drei Phasen besteht. Während der "Prolog-Phase" wird bei jedem Takt-Zyklus eine neue Iteration initialisiert und die Pipeline allmählich aufgefüllt. In der "Kernel-Phase" ist die Pipeline voll und erreicht maximale Parallelität. In dem obigen Beispiel werden drei Befehle während der Kernel-Phase parallel ausgeführt, wobei die Pipeline-Breite vier beträgt. Während der "Epilog-Phase" wird in jedem Takt-Zyklus eine Iteration fertiggestellt.

16 Reale 64 Bit-Architekturen

Cycle 0	ld4				
Cycle 1		ld4			Prolog
Cycle 2	add	ld4			
Cycle 3	st4	add	ld4		
Cycle 4		st4	add	ld4	Kernel
Cycle 5			st4	add	
Cycle 6				st4	add	Epilog
Cycle 7					st4

Abbildung 16.4   Beispiel von Software Pipelining

Das Software Pipelining verlangt vom Compiler oder Programmierer, dass sie die Zuweisung der Register-Namen geeignet vornehmen. Weiterhin resultiert das Ausrollen bei vielen Schleifen-Iterationen in einer signifikanten Vergrößerung des Codes. Für eine unbegrenzte Schleife, d.h. das Iterations-Ende ist zur Übersetzungszeit nicht bekannt, wird die Task durch ein partielles Aufrollen der Schleife und anschließende Steuerung der Schleifenzahl zunehmend komplizierter. Die IA-64-Architektur stellt Hardware-Unterstützung zur Verfügung, um Software Pipelining ohne Vergrößerung des Programm-Codes und minimaler Belastung des Compilers zu realisieren. Die Hauptmerkmale für die Unterstützung des Software Pipelinings sind:

- Automatisches Register Renaming: Ein fest vorgegebener Bereich der Prädikat- und Floating Point-Register-Files (p16 – p63; fr32 – fr127) und ein programmierbarer Bereich des Mehrzweck-Register-Files (maximal von r32 bis r127) sind rotationsfähig. Letzteres bedeutet, dass während jeder Iteration einer Software-Pipeline-Schleife die Register-Referenzen innerhalb dieses Bereiches automatisch inkrementiert werden. Daraus folgt: Wenn eine Schleife das Mehrzweck-Register r32 bei der ersten Iteration benutzt, wird für die zweite Iteration das Register r33 verwendet usw.

- Predication: Jeder Befehl in der Schleife wird in einem rotierenden Prädikat-Register prädikatiert, um zu bestimmen, ob sich die Pipeline in der Prolog-, Kernel- oder Epilog-Phase befindet.

- Special Loop Termination-Befehle: Diese werden durch Branch-Befehle implementiert. Sie bewirken, dass die Register rotieren und der Schleifen-Zähler dekrementiert wird.

Um dieses komplexe Thema besser zu verdeutlichen, werden einige der IA-64-Software-Pipelining-Fähigkeiten mittels eines Beispiels demonstriert. Das Original-

Schleifen-Programm dieses Abschnitts dient als Ausgangspzunkt, um zu zeigen, wie es für Software Pipelining aussehen müsste. Es wird eine Schleifenzahl von 200 und zwei Hauptspeicher-Ports vorausgesetzt:

```
         mov lc = 199              // set loop count register to 199,
                                   // which equals loop count - 1
         mov ec = 4                // set epilog count register equal
                                   // to number of epilog stages + 1
         mov pr . rot = 1 << 16 ;; // pr16 = 1 ; rest = 0
L1:  (p16) ld 4 r32 = [r5], 4      // Cycle 0
     (p17) ---                     // Empty stage
     (p18) add r35 = r34, r9       // Cycle 0
     (p19) st 4 [r6] = r36, 4      // Cycle 0
           br . ctop L1 ;;         // Cycle 0
```

Die Hauptgesichtspunkte bezüglich dieses Programms sind:

- Der Schleifen-Körper wird in mehrere Stufen mit 0 oder mehr Befehlen pro Stufe partitioniert.

- Die Ausführung einer Schleife durchläuft drei Phasen. Während der Prolog-Phase wird jedes Mal eine neue Schleifen-Iteration gestartet, indem eine Stufe zur Pipeline addiert wird. In der Kernel-Phase wird eine Schleifen-Iteration gestartet und jedes Mal eine beendet. Die Pipeline ist mit der maximalen Anzahl aktiver Stufen voll. Während der Epilog-Phase werden keine neuen Iterationen gestartet, und eine Iteration wird jedes Mal beendet, wenn die Software Pipeline ausläuft.

- Ein Prädikat wird jeder Stufe zugeordnet, um die Aktivierung der Befehle in dieser Stufe zu steuern. Während der Prolog-Phase hat p16 den logischen Wert "1" (wahr) und p17, p18, p19 den Wert "0" (falsch) für die erste Iteration. Für die zweite Iteration haben p17 und p18 den Wert "1" (wahr), und in der dritten Iteration sind p16, p17 und p18 "wahr". Während der Kernel-Phase besitzen alle Prädikate den logischen Wert "1" (wahr). In der Epilog-Phase werden die Prädikate einzeln auf "falsch" gesetzt, mit p16 beginnend. Die Änderungen der Prädikat-Werte werden durch Rotation der Prädikat-Register erreicht.

- Alle Mehrzweck-Register mit den Nummern größer als 31 werden mit jeder Iteration rotiert. Die Rotation der Register erfolgt in Richtung größerer Register-Nummern in einer Wrap Around-Form. Z. B. wird der Wert im Register x nach der Rotation im Register x + 1 platziert, was nicht durch Verschieben des Wertes sondern durch Hardware Renaming der Register realisiert wird. Das bedeutet in dem vorliegenden Beispiel, der

Wert, den die Load-Operation in das Register r32 schreibt, wird durch den add-Befehl zwei Iterationen (und zwei Rotationen) später als r34 gelesen. Analog wird der Wert, den die Add-Operation in das Register r35 schreibt, durch einen store-Befehl eine Iteration später als r36 gelesen.

Für den Befehl "br.ctop" wird die Verzweigung genommen, wenn entweder LC > 0 oder EC > 1 ist. Die Ausführung dieses Befehls hat folgenden zusätzlichen Effekt: Wenn LC > 0 ist, dann wird LC dekrementiert; dieser Vorgang passiert während der Prolog- und Kernel-Phase. Wenn LC = 0 und EC > 1, wird EC dekrementiert; das geschieht in der Epilog-Phase. Der Befehl steuert auch die Register-Rotation. Im Fall, wenn LC >0, platziert jede Ausführung des Befehls br.ctop eine "1" in p63. Infolge der Rotation wird das p63 zu p16, d.h ein Füllen von einer fortlaufenden Folge von "1"-Werten in die Prädikat-Register während der Prolog- und Kernel-Phasen. Wenn LC = 0, dann setzt der Befehl "br.ctop" p63 auf den logischen Wert "0", d.h. es werden Nullen in die Prädikat-Register während der Epilog-Phase geschrieben.

In der Tabelle 16.2 sind die Ausführungsschritte in Abhängigkeit vom Takt-Zyklus diese Beispiels dargestellt.

Cycle	Execution Unit/Instruction				State before br.ctop					
	M	I	M	B	P16	P17	P18	P19	LC	EC
0	ld4			br.ctop	1	0	0	0	199	4
1	ld4			br.ctop	1	1	0	0	198	4
2	ld4	add		br.ctop	1	1	1	0	197	4
3	ld4	add	st4	br.ctop	1	1	1	1	196	4
...	...	...	...	...	...	...	...	...	...	...
100	ld4	add	st4	br.ctop	1	1	1	1	99	4
...	...	...	...	...	...	...	...	...	...	...
199	ld4	add	st4	br.ctop	1	1	1	1	0	4
200		add	st4	br.ctop	0	1	1	1	0	3
201		add	st4	br.ctop	0	0	1	1	0	2
202			st4	br.ctop	0	0	0	1	0	1
					0	0	0	0	0	0

Tabelle 16.2   Loop Trace für das Software Pipelining-Beispiel

16.1.7 Register der IA-64-Architektur

Zu dem Register-Satz der IA-64-Architektur (s. Abbildung 16.5), die für ein Anwendungsprogramm zur Verfügung stehen, gehören folgende:

- **Mehrzweck-Register**: Es existieren 128 Mehrzweck-Register zu je 64 Bit. Mit jedem dieser 128 Register ist ein NaT-Bit verbunden, um die spekulativen Exceptions verfolgen zu können. Die Register r0 bis r31 verhalten sich statisch; ein Programmverweis auf irgendeine dieser Referenzen wird geeignet interpretiert. Die Register r32 bis r127 stehen als Rotations-Register für Software Pipelining und für Register-Stack-Implementierung zur Verfügung. Die Referenzen auf diese Register sind virtuell, und die Hardware führt das Register Renaming dynamisch aus.

16.1 IA-64

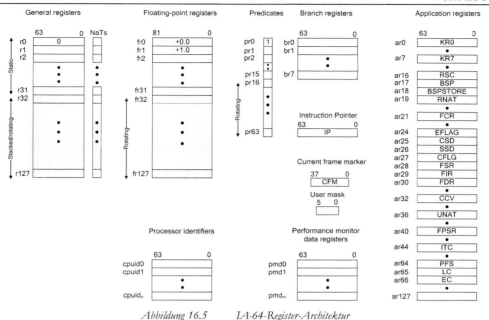

Abbildung 16.5   IA-64-Register-Architektur

- **Floating Point-Register**: Für Floating Point-Zahlen stehen 128 Register zu je 82 Bit zur Verfügung. Diese Register sind für die Speicherung von Zahlen mit doppelter Genauigkeit nach IEEE 754 vorgesehen. Die Register fr0 bis fr31 verhalten sich statisch, die Register fr32 bis fr127 können als Rotations-Register für Software Pipelining benutzt werden.

- **Predicate-Register**: Es können 64 Prädikat-Register zu je 1 Bit verwendet werden. Das Prädikat-Register pr0 ist immer auf den logischen Wert "1" gesetzt, um nichtprädikatierte Befehle zuzulassen. Die Register pr0 bis pr15 haben statischen Charakter, die Register pr16 bis pr63 werden dynamisch für Software Pipelining als Rotations-Register benutzt.

- **Branch-Register**: Es stehen 8 Register zu je 64 Bit für Verzweigungen zur Verfügung.

- **Instruction Pointer**: Er integriert das Adress-Bundle des parallel ausführbaren IA-64-Befehls.

- **Current Frame Marker**: Er enthält die Status-Informationen, die sich auf die momentanen Mehrzweck-Register und Stack beziehen sowie Rotations-Informationen der fr- und pr-Register.

- **User-Maske**: Sie umfasst eine Menge von Einzel-Bit-Werten, die für Traps, Performance-Monitore und zur Anzeige der Floating Point-Register-Nutzung verwendet werden.

- **Performance Monitor Data-Register**: Es wird benutzt, um die Performance Monitor-Hardware zu unterstützen.

- **Processor Identifiers**: Sie beschreiben die implementierungs-abhängigen Merkmale des Prozessors.

- **Application-Register**: Diese bestehen aus einer Menge von Spezial-Registern.

16.1.8 Register Stack

Der Register Stack-Mechanismus in der IA-64-Architektur verhindert überflüssige Daten-Bewegungen in ein Register oder heraus infolge Prozedur-Aufruf und -Rücksprung. Der Mechanismus stellt automatisch einer gerufenen Prozedur ein neues Frame mit bis zu 96 Registern (r32 bis r127) bei Prozedur-Eintritt zur Verfügung. Der Compiler spezifiziert die von einer Prozedur benötigte Register-Anzahl mittels des alloc-Befehls. Letzterer legt fest, wieviel der Register lokal (nur innerhalb der Prozedur benutzt) und wieviel der Register als Ausgang (zur Parameter-Übergabe an eine Prozedur, die durch diese Prozedur aufgerufen wird) verwendet werden. Wenn ein Prozedur-Ruf erfolgt, nennt die IA-64-Hardware die Register so um, dass die lokalen Register des vorhergehenden Frames, die als Output-Register der rufenden Prozedur dienten, nun Register-Nummern besitzen, die in der gerufenen Prozedur mit r32 beginnen. Die physikalischen Register im Bereich r32 bis r127 werden in einem Ring-Puffer den mit den Prozeduren verbundenen virtuellen Registern zugeordnet. Das bedeutet, dass das nächste nach r127 zugewiesene Register wieder r32 ist. Wenn es notwendig ist, bewegt die Hardware Register-Inhalte zwischen diesen und dem Hauptspeicher mit dem Ziel, zusätzliche Register frei zu bekommen, falls Prozedur-Aufrufe und Rückspeicherungen der Inhalte vom Hauptspeicher zu den Registern als Prozedur-Rücksprünge auftreten.

In der Abbildung 16.6 ist das Register Stack-Verhalten skizziert. Der alloc-Befehl beinhaltet sof (size of frame)- und sol (size of locals)-Operanden, um die erforderliche Register-Anzahl zu spezifizieren. Diese Werte werden in dem CFM-Register abgespeichert. Wenn ein Ruf auftritt, werden die sol- und sof-Werte vom CFM-Register in die sol- und sof-Felder des vorhergehenden Function State (PFS) Application-Registers gespeichert (s. Abbildung 16.7). Beim Rücksprung müssen diese sol- und sof-Werte vom PSF- zum CFM-Register zurückgespeichert werden. Um geschachtelte Rufe zu erlauben, ist es notwendig, vorhergehende Werte der PFS-Felder durch sukzessive Rufe zu speichern und diese durch sukzessive Rücksprünge zurückzuspeichern. Der alloc-Befehl übernimmt diese Funktion, indem er ein Mehrzweck-Register bestimmt, den momentanen Wert der PFS-Felder aufzunehmen, bevor letztere von den CFM-Feldern überschrieben werden.

16.1 IA-64

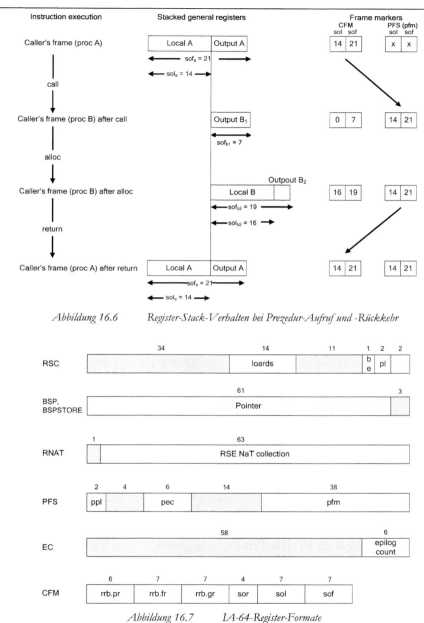

Abbildung 16.6 *Register-Stack-Verhalten bei Prozedur-Aufruf und -Rückkehr*

Abbildung 16.7 *IA-64-Register-Formate*

Current Frame Marker (CFM) und Previous Function State (PFS)

Das CFM-Register beschreibt den Zustand des momentanen Mehrzweck-Register-Stack-Frame, das mit der momentan aktiven Prozedur verknüpft ist. Es integriert folgende Felder:

- **sof:** Die Größe des Stack Frame,
- **sol**: Die Größe des lokalen Anteils des Stack Frame,
- **sor**: Die Größe des rotierenden Anteils des Stack Frame; diese ist eine Untermenge des lokalen Anteils, der zum Software Pipelining gehört.
- **register rename base values**: Werte, die bei der Register-Rotation generell in Floating Point- und Prädikat-Registern benutzt werden.

Das PFS Application-Register enthält folgende Felder:

- **pfm**: Previous Frame Marker; er umfasst alle Felder des CFM-Registers.
- **pec**: Previous Epilog Count,
- **ppl**: Previous Privileg Level.

16.1.9 Itanium-Implementierung

Der Itanium-Mikroprozessor der Firma Intel bildet die erste Implementierung der IA-64-Architektur [ShA 00]. Die Itanium-Organisation verbindet superskalare Merkmale mit der Unterstützung von IA-64-EPIC-Eigenschaften. Zu den superskalaren Merkmalen gehören eine zehnstufige Hardware-Pipeline, dynamischer Prefetch, Branch Prediction und ein Register Scoreboard für die Optimierung der nichtdeterministischen Compile-Zeit. EPIC-charakteristische Hardware intergriert Unterstützung für Predicated Execution, Control Speculation, Data Speculation und Software Pipelining.

Die Abbildung 16.8 zeigt ein Block-Diagramm des Itanium-Prozessors. Der Itanium implementiert 9 Ausführungseinheiten: 2 Integer-, 2 Floating Point-, 2 Speicher- und 3 Branch-Einheiten. Die Befehle werden durch einen L1-Befehls-Cache geholt und in einen Puffer geschrieben. Letzterer nimmt bis zu 8 Befehls-Bundles auf. Wenn über die Befehlsverteilung auf die Funktionseinheiten entschieden wird, betrachtet der Prozessor höchstens zwei Befehls-Bundles zur gleichen Zeit. Pro Takt-Zyklus kann der Prozessor maximal sechs Befehle ausführen.

Die Organisation des Itanium ist etwas einfacher als bei einer herkömmlichen superskalaren Architektur. Der Itanium benutzt keine Reservation Stations, Reorder Buffer und Memory Ordering Buffers. Letztere Einheiten werden durch einfachere Speculation-Hardware ersetzt. Die Register-Remapping-Hardware ist weniger kompliziert als das für Superscalar-Architekturen typische Register-Aliasing. Eine Anzeige-Logik bei Register-Abhängigkeiten fehlt beim Itanium und wird durch explizite Parallelitäts-Direktiven, die von der Software im voraus berechnet werden, ersetzt.

16.1 IA-64

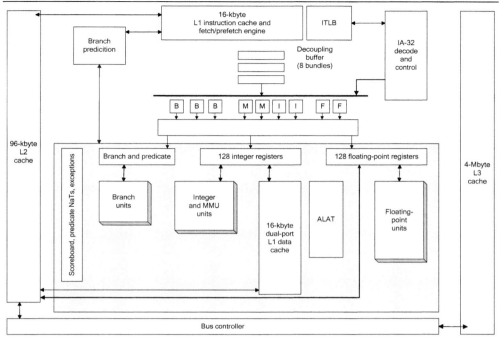

Abbildung 16.8   Blockschaltbild des Itanium

Bei der Benutzung von Branch Prediction kann der Fetch/Prefetch-Mechanismus einen L1-Cache-Befehl spekulativ laden, um die Cache-Misses auf die Befehls-Fetches zu minimieren. Der geholte Code wird in einen Dekopplungs-Puffer geschrieben. Letzterer kann bis zu 8 Code-Bundles speichern.

Drei Cache-Level werden im Itanium verwendet. Der L1-Cache wird in einen 16 KByte Befehls- und einen 16 KByte Daten-Cache aufgeteilt. Jeder der beiden Cache-Speicher ist 4-Weg Set-Assoziativ mit einer 32 Byte Cache-Line organisiert. Der 96 KByte große L2-Cache besitzt eine 6-Weg Set-Assoziative Organisation mit einer Cache-Line von 64 Byte. Der L3-Cache ist 4-Weg Set-Assoziativ mit einer 64 Byte Cache-Line. Der L1- und L2-Cache sind auf dem Prozessor-Chip platziert, während sich der L3-Cache in demselben Package wie der Prozessor befindet.

Der Itanium unterstützt alle x86-Befehle in der einen oder anderen Form, auch MMX, SSE (nicht SSE2), Protected, Virtual 8086 und Real Mode Features [Tri 01]. Es können sogar vollständige Betriebssysteme im x86-Modus laufen. Ab dem Nachfolger Itanium 2 werden jedoch x86-Befehle nur noch in Firmware emuliert, was dazu führt, dass deren Ausführung sehr langsam ist. Alle x86-Register des Itanium werden in die Mehrzweck-Register des Itanium abgebildet, einige der wenigen orthogonalen x86-Register erscheinen in den Application-Register AR24 - AR31. Mit Hilfe eines IA-64-Befehls kann der Prozessor in den x86-Modus umgeschaltet werden. Umgekehrt exis-

349

tiert eine neu definierte x86-Anweisung (JMPE), die in den IA-64-Modus schaltet. Der Programmierer hat die Möglichkeit, mit Hilfe von Interrupts automatisch zum IA-64- bzw. x86-Modus zu wechseln.

Der erste IA-64-Prozessor besteht aus einer speziellen Metall-Kassette ähnlich dem Pentium II. Diese Kassette enthält 5 Chips, die den Prozessor selber und 4 SRAM-Caches einschließen. Der L1- und L2-Cache sind im Prozessor integriert (on-chip), während der L3-Cache (4 SRAMs) sich im Module aber off-chip befindet. Innerhalb der Kassette ist auch Intel´s "Processor Abstraction Layer" (PAL) untergebracht. PAL wird durch einen Flash-ROM realisiert und stellt ein Software-Interface für mehrere Prozessor-Implementierungen dar.

Die Kassette enthält ca. 325 Millionen Transistoren, davon entfallen auf den eigentlichen Prozessor 25 Millionen (einschließlich L1- und L2-Cache) und etwa 75 Millionen auf jeden der vier SRAM-Chips des L3-Cache. Der interne Bus zwischen dem Itanium und dem L3-Cache hat eine Breite von 128 Bit, während der externe Bus nur halb so breit ist (64 Bit). Letzterer verbindet den Prozessor mit der Außenwelt, d.h. mit dem Hauptspeicher oder mit anderen Prozessoren. Bis zu 4 Prozessoren können an den externen Bus angeschlossen werden. Mittels eines Bridge Chips ist die Kommunikation von 4 Prozessor-Cluster möglich. Der externe Bus besitzt eine maximale Bandbreite von 2,1 GByte/s.

Wie bereits erwähnt, kam mit dem Itanium 2 der Nachfolger des Itanium und somit ein nächster IA-64-Prozessor. Unter dem Codenamen „McKinley" erschien im Juli 2002 ein erstes Modell der Itanium 2-Reihe. Mit diesem Prozessor wurden einige Probleme der ersten Itanium-Implementierung behoben oder zumindest deren Auswirkungen verringert. Bis zum aktuellen Modell „Tukwila" gab es 5 weitere Itanium 2-Prozessoren. Das neueste Modell erschien im Februar 2010 als Vierkern- und als Zweikernprozessor und wird im 65nm-Prozess gefertigt. Jeder Kern hat einen 16+16KB L1-Cache (Daten / Befehle), einen 256+512KB L2-Cache und einen 6MB L3-Cache. Damit bringt es das aktuelle Spitzenmodell der IA-64-Architektur auf 2,046 Milliarden Transistoren und erreicht unter Turbo-Boost 1,86 GHz. Für 2011 ist bereits ein Nachfolgermodell mit dem Namen „Poulson" angekündigt, welches im 32nm-Prozess gefertig werden soll und mit 8 Prozessorenkernen bestückt sein wird.

16.2 X86-64

Die Firma AMD geht mit ihrem 64 Bit-Prozessor einen zur x86-Architektur kompatiblen Weg. Diese Technologie trägt den Namen "x86-64" und erweitert die x86-Architektur um eine 64 Bit-Einheit. Der Prozessor ist damit vollständig kompatibel zur x86-Familie und kann dadurch auch unveränderten x86-Code ausführen. Seit Ende 2004 bietet auch Intel Prozessoren mit x86-64 an.

Die Modifikationen zur x86-Technologie sehen wie folgt aus:

- 64 Bit-Adressraum,
- Erweiterung der vorhandenen General-Purpose Register (GPR) auf 64 Bit (Vorsilbe "R"),
- Hinzufügen von 8 weiteren GPRs (R8 bis R15),
- Erweiterung um 8 SSE-Register (XMM8 - XMM15),
- 64 Bit-Befehlszeiger (RIP) mit relativer Adressierung.

Die Betriebsart des Prozessors (ursprünglicher Codename „Hammer") wird über das Kontroll-Bit LMA (Long Mode Active) festgelegt. Ist das LMA-Bit deaktiviert, so läuft der Prozessor im Kompatibilitäts-Modus, d.h. er verhält sich wie ein normaler x86-Prozessor. Dadurch ist die Kompatibilität zur klassischen x86-Architektur gewahrt, und es werden im Gegensatz zu Intels Itanium auch weiterhin 16- und 32 Bit-Betriebssysteme unterstützt. Dieses Verhalten ist ähnlich zur Einbettung des 16 Bit-Modus des 80286- in den 80386-Mikroprozessor (Abbildung 16.9).

Wenn das LMA-Bit aktiviert ist, so befindet sich die CPU im 64 Bit-Modus, der jetzt jedoch ein entsprechend angepasstes Betriebssystem benötigt. Hier gibt es zwei Untermodi, die über das D-Bit und das L-Bit des CS-Descriptors eingestellt werden. Bei eingeschaltetem L-Bit (D-Bit=off) läuft der Prozessor im 64 Bit-Modus. Der Zustand, dass D-Bit und L-Bit eingeschaltet sind (on), ist reserviert. Dabei wird der 64 Bit-Adressraum verwendet, und die Operanden haben eine Größe von 32 Bit. Bei ausgeschaltetem L-Bit läuft der Prozessor im Kompatibilitäts-Modus, er kann also auch aus einem 64 Bit-Betriebssystem heraus 16 und 32 Bit-Anwendungen ausführen. Das D-Bit legt wie schon bei klassischen x86-Architekturen die Größe des Operanden fest (off: 16 Bit, on: 32 Bit). Dadurch führt der Hammer alten Code ohne Geschwindigkeitsverlust aus. Der Itanium ist dazu nur über eine Hardware-Emulation fähig und hat damit bei 32 Bit-Anwendungen eine schlechtere Performance als der Hammer.

Abbildung 16.9:   Ein Register des Hammer

Die Firma AMD brachte den Hammer im April 2003 zunächst in einer speziell für den Servermarkt zugeschnitten Version (Opteron, Codename: Sledgehammer) auf den Markt. Ende 2003 erschien unter dem Namen „Athlon 64" auch eine Version für den Desktop.

Der Hammer geht bezüglich des Speicher-Interfaces neue Wege: Letzteres ist direkt in die CPU integriert und nicht mehr wie sonst üblich über die Northbridge angebunden.

Dadurch sinkt die Latenzzeit gegenüber der klassischen Version mit Speicher-Interface in der Northbridge deutlich. Es werden DDR (Double Data Rate)-Speicher mit 200 (1,6 GB/s), 266 (2,1 GBit/s) und 333 MHz (2,7 GByte/s) unterstützt. Bei späteren Prozessor-Generationen soll auch DDR-II unterstützt werden. Dabei bekommt der Clawhammer einen Speicherkanal, mit dem er bis zu 8 registered DIMMs ansprechen kann. Die Server-Version Opteron implementiert gleich zwei Speicherkanäle und kann damit bis zu 5,4 GBit/s erreichen (333 MHz-RAM).

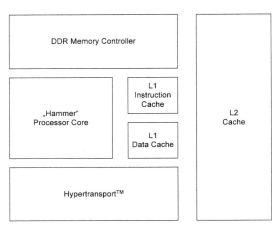

Abbildung 16.10   Struktur des Hammer-Mikroprozessors

AMD setzt für die Kommunikation zwischen den einzelnen Komponenten des Systems einen neuen Punkt-zu-Punkt-Bus namens HyperTransport ein. Dieser Bus ist seriell und ermöglicht Übertragungsraten von bis zu 6,4 GByte/s (3,2 GByte/s pro Richtung). Der Clawhammer verfügt über einen HyperTransport-Link, der Opteron enthält gleich drei dieser Art, was ihm eine Bandbreite von bis zu 19,2 GByte/s ermöglicht. HyperTransport ist für die Kommunikation mit I/O-Subsystemen wie z.B. AGP, PCI, GBit-Ethernet oder auch neueren Bussen gedacht. Mehr Informationen findet man im Netz unter http://www.hypertransport.org. Abbildung 16.10 zeigt die Struktur des Hammers.

Bei der Server-Version des Hammer ist es auch möglich, mehrere CPUs mittels HyperTransport miteinander zu koppeln. Beim Opteron lassen sich so 2 bis 8 CPUs ohne zusätzlichen Chipsatz zu einem SMP zusammenfügen. AMD nennt diese Technik "Glueless MP". Jeder Prozessor hat dabei seinen eigenen Speicher. Auf den Speicher von anderen CPUs kann aber mittels HyperTransport zugegriffen werden.

Mittlerweile sind eine ganze Reihe x86-64 Prozessoren erschienen. Intel und AMD liefern sich dabei einen erbitterten Konkurrenzkampf, wobei Intel momentan die Nase deutlich vorn hat. Ein Vorteil von AMD bleibt jedoch der deutlich niedrigere Preis. Die Spitzenmodelle beider Hersteller haben mittlerweile 6 Prozessorkerne. Intels Modell Core i7 980X (Codename Gulftown) arbeitet dabei mit einer Taktfrequenz von

3,33GHz welche mittels Turbo-Boost unter Last auf bis zu 3,6GHz erhöht wird. Dem momentan über 900€ teueren Intel-Modell steht AMDs Phenom II X6 1090T entgegen, welcher mit 3,2GHz getaktet ist und preislich mit nur rund 250€ sehr viel günstiger ist. Ob sich das Marktverhältnis zwischen Intel und AMD im Jahr 2011 mit der Einführung von AMDs Fusion-Prozessoren verschiebt, bleibt abzuwarten. Diese Prozessorreihe integriert einen leistungsfähigen Grafikprozessor in einen Mikroprozessorchip mit bis zu 8 Kernen, der gleichwertig zu aktuellen Hochleistungsgrafikkarten sein soll.

16.3 MIPS64

MIPS zielt mit seinen 64 Bit-Prozessoren eher auf sogenannte System-on-Chip-Lösungen wie z.B. digitales Fernsehen, DVD-Player, Spiele-Konsolen oder Handheld-Computer ab, also auf den Embedded-Bereich.

Der MIPS64 ("Microprocessor without Interlocked Pipeline Stages") ist ein RISC-Prozessor, der in mehreren Varianten erhältlich ist.

Der MIPS64 5Kf ist eher für den Low-End-Bereich, der MIPS64 20Kc hingegen für den High-End-Bereich konzipiert.

MIPS fertigt bei seinen Prozessoren das Design der CPU, andere Firmen lizensieren dies dann und fertigen die Chips (z.B. NEC, AMD, Sony). Deshalb ist die Größe von Cache und Die bei den Prozessoren eine Von-Bis-Angabe.

16.3.1 MIPS64-Architektur

Der MIPS64 ist vollständig abwärtskompatibel zur MIPS32-Architektur. Desweiteren sind noch neue Befehle hinzugekommen. Der Cache ist skalierbar von 256 Byte bis 4 MByte, kann aber auch ganz weggelassen werden. Der Prozessor besitzt 32 Register mit 64 Bit Breite. Weiterhin bietet er sowohl 32 Bit- als auch 64 Bit-Adressierung. Somit lassen sich mehr Daten in einen Cache schreiben, wenn nur 32 Bit Breite benötigt wird. Für die ALU unterstützt der MIPS64 Operationen mit 3 Operanden. Es sind auch Befehle zum Data Prefetch und für SIMD implementiert.

16.3.2 5Kf

Der MIPS64 5Kf ist durch eine 6-stufige Pipeline gekennzeichnet. Das Die verfügt über eine Fläche zwischen 2.0 und 5.1 mm² und wird im 0.13 µm-Fertigungsprozess hergestellt. Der Prozessor besitzt einen L1-Cash mit 64 KByte, hat jedoch keine Multiprocessing-Fähigkeiten. Das Blockschaltbild des MIPS64 5Kf ist in der Abbildung 16.11 skizziert.

Das Layout bietet die Möglichkeit, einen externen Coprozessor über ein 64 Bit-Interface anzubinden. Die FPU-Einheit des 5Kf implementiert ebenfalls 32 Register. Die Taktfrequenz des K5f liegt zwischen 320 und 380 MHz, die Performance bei ca. 530 Dhrystone MIPS und 760 MFLOPS.

16 Reale 64 Bit-Architekturen

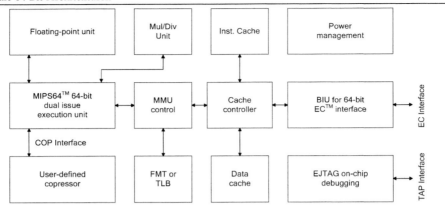

Abbildung 16.11 Struktur des MIPS64 5Kf

16.3.3 20Kc

Anders als bisherige MIPS-CPUs ist diese Architektur auch als fertiger Prozessor auf dem Markt verfügbar. Er integriert 7,2 Millionen Transistoren auf dem Chip. Im 0,13 μm-Fertigungsverfahren hat der Prozessor-Core eine Größe von 20 mm² (ohne Cache, TLB und FPU nur 8 mm²). Die Pipeline ist 7-stufig und superskalar.

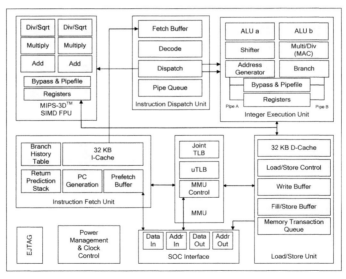

Abbildung 16.12   Struktur des MIPS64 20Kc

Wie auch der K5f besitzt er 32 allgemeine Register und 32 Gleitkomma-Register. Zudem unterstützt er SIMD MIPS-3D-Befehle für 3D-Geometrie-Berechnungen. Die 20Kc-Architektur besitzt eine deutlich höhere Verarbeitungsgeschwindigkeit als die

K5f: Seine Taktfrequenz liegt bei 600 MHz, und seine superskalare Pipeline ermöglicht ihm eine Performance von bis zu 1370 Dhrystone-MIPS sowie Spitzen von bis zu 2,4 GFLOPS.

16.4 Sun Ultra Sparc III

Die Firma Sun hat auch ihre SPARC-Architektur überarbeitet. Letztere stellt eine der wenigen reinen RISC-Architekturen dar.

So sind ähnlich wie MMX oder 3DNow! Multimediafähigkeiten, die in diesem Fall VIS (Visual Instruction Set) genannt werden, hinzugekommen. Sie verbessern die Eigenschaft zur Kompression und Dekompression von RGB-Werten. Weiterhin wurde auch die Verarbeitung von Videoprogrammen verbessert.

Im Gegensatz zu den enormen Taktraten von AMD und Intel (> 2 GHz) kann die UltraSPARC III-Architektur derzeit nur mit Taktfrequenzen von ca. einem GHz betrieben werden. Das soll jedoch kein Nachteil sein, da die Firma Sun ihre Entwicklungsarbeit weitgehend auf verbesserte Systemperformance (Speicherbandbreite) ausrichtet.

Die Unterschiede zu den UltraSPARC-Vorgängern sind gering. Es ändern sich "nur" die Taktfrequenz, der Cache und die externen Busse.

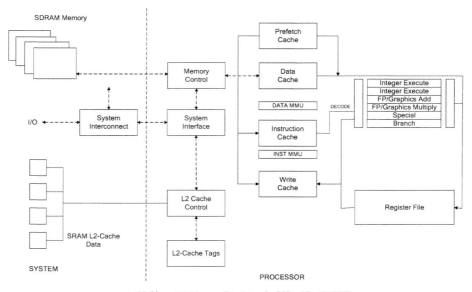

Abbildung 16.13   Struktur des UltraSPARC III

Der UltraSPARC III besitzt ein neues CPU Core Design. Letzteres zeigt sich in der 14-stufigen Pipeline, einer der längsten im Gegensatz zu den anderen 64 Bit-Architekturen.

Weiterhin verfügt sie über 6 Ausführungseinheiten:

- Eine für Integer-Werte,
- zwei für Gleitkomma-Werte,
- eine für Laden/Speichern,
- eine für Adressberechnung.

Die Struktur der UltraSPARC III-Architektur ist in der Abbildung 16.13 dargestellt. Analog dem Hammer und dem Itanium kann die SPARC-Architektur nicht mehrfach Speichertransaktionen durchführen, da ihr nur eine Load/Store-Einheit zur Verfügung steht. Sie ist jedoch in der Lage, dank ihrer Puffer und Queues mehrere Load und/oder Store-Operationen zu verarbeiten.

Sun rüstete die UltraSPARC III mit 64 KByte L1-Cache für Daten, 32 KByte für Instruktionen, 2 KByte zur Vorhersage und 2 KByte zum Schreiben aus. Der Chip enthält nicht den L2-Cache, jedoch die Tags dafür. Ersterer wurde in normale SRAMs ausgelagert. Auf einen L3-Cache wurde verzichtet.

Der UltraSPARC III-Mikroprozessor enthält 29 Millionen Transistoren, davon 11 Million in der Logik und 12 Millionen im RAM.

Das aktuell neueste SPARC-Modell stammt von der Firma Fujitsu und heißt SPARC64 VIIIfx. Dieser im 45nm-Prozess gefertigte Achtkernprozessor arbeitet mit einer Taktfrequenz von 2,0 GHz und soll eine Rechenleistung von 128 GFLOPS erbringen. 760 Millionen Transistoren werden in dem Chip vereinigt.

16.5 IBM Power 4

Die Power 4-Architektur von IBM implementiert einen 64 Bit-Prozessor, der für Hochleistungsrechner entwickelt wurde. Folgenden Gesichtspunkte wurden dabei besonders berücksichtigt:

- SMP-Optimierung,
- Design des kompletten Systems (nicht nur des Prozessors),
- hohe Taktfrequenz,
- RAS (Reliability, Availability, Serviceability),
- Kompatibilität zu vorhergehenden 32 Bit- und 64 Bit-PowerPC-/PowerPCAS-Systemen

16.5 IBM Power 4

Die Abbildung 16.14 zeigt die Cache-Interface-Struktur des Power 4. Daraus geht hervor, dass die Power 4-Architektur zwei CPUs in einem Modul integriert. Beide CPUs implementieren gründlich überarbeitete Power 3-CPUs. Sie sind absolut identisch und bilden einen 2-Weg-SMP. Der 1,5 MByte große L2-Cache ist intern dreigeteilt, um schnellere Antwortzeiten zu erhalten. Die Anbindung des L2-Cache erfolgt mit 100 GByte/s je CPU. Darüber hinaus besitzt der Power 4 noch L3-Cache-Tags, um auf einen externen L3-Cache mit ca. 10 GByte/s zugreifen zu können.

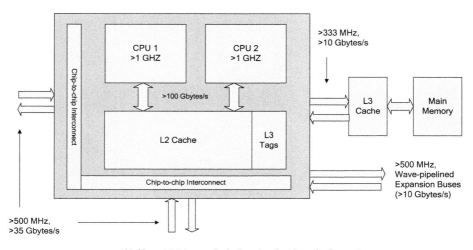

Abbildung 16.14   Cache-Interface-Struktur des Power 4

Eine CPU verfügt über 8 Ausführungseinheiten: 2 Load/Store-, 2 Festkomma-, 2 Gleitkomma-, eine Branch-Prediction- und eine Condition Code Register Execution-Einheit. Ähnlich den µOps bei der P6-Architektur werden Befehle intern kodiert, um diese effizienter in der Pipeline bearbeiten zu können. Das Blockschaltbild der Power4-Architektur ist in der Abbildung 16.15 dargestellt.

16 Reale 64 Bit-Architekturen

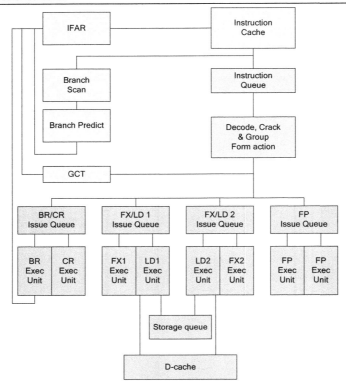

Abbildung 16.15   Blockschaltbild des Power 4

Der Power 4-Mikroprozessor wird in einem Multi-Chip-Modul ausgeliefert, in dem vier Power 4-CPUs zu einem 8-Weg-SMP zusammengeschaltet werden. Die L2-Caches der einzelnen Power 4-Chips sind über Chip-to-Chip-Interconnects ringförmig miteinander verbunden.

Mittlerweile ist die 7. Generation von IBMs Power-Prozessoren auf dem Markt. Der Power7 soll mit bis zu 5,2 GHz getaktet sein und dabei den aktuell leistungsfähigsten Prozessor darstellen. Je nach Modell soll der Prozessor 4, 6 oder 8 Prozessorkerne integrieren. So werden bis zu 1,2 Milliarden Transistoren auf einem Chip untergebracht. Dieser Prozessor soll auch dafür sorgen, dass die neue Mainframe-Serie z196 von IBM bis zu 60% leistungsfähiger ist als ihr Vorgänger z10.

17 Vektorrechner

17.1 Einführung

Die ersten Vektorrechner erschienen Anfang der 70er Jahre auf dem Markt. Pionierarbeit beim Bau von Vektorrechnern leistete die Firma Control Data Corporation (CDC STAR 100).

Das wichtigste Problem der Vektoroperationen liegt in der schnellen Versorgung der Pipeline-Funktionseinheiten mit den Operanden-Paaren (z.B. bei einer Gleitkomma-Addition) aus dem Hauptspeicher. In jedem Maschinenzyklus muss ein Paar zur Verfügung stehen, um in dieser Zeiteinheit jeweils ein Ergebnis zu liefern. Es ist insbesondere das Verdienst von Seymour Cray, der in den 70er Jahren als Chef-Ingenieur der Firma CDC dieses Problem mit Hilfe mehrerer Speicherbänke für die damaligen Vektorrechner lösen konnte. Diese Schwierigkeiten haben sich in den modernen Vektorrechnern signifikant vergrößert, weil die Verringerung der CPU-Zyklen schneller erfolgt ist als die der Hauptspeicherzyklen. Obwohl einige Fachleute die Vektorrechner als eine veraltete Technologie [Lin 82] ansehen, werden zwei wichtige Implementierungs-Details in unsere modernen Mikroprozessor-Architekturen übernommen: Ansteuerung des Hauptspeichers und die sogenannten Vektorregister.

Unter Vektorrechnern versteht man solche Architekturen, die Vektorfunktionen ausführen können, d.h. Funktionen über Datenstrukturen aus der Vektoralgebra und nicht nur über Skalaren. Ein Vektor definiert eine geordnete Menge von Skalaren und eine Matrix eine geordnete Menge von Vektoren. Die Fähigkeit eines Vektorrechners besteht darin, Operationen mit Vektoren zu beherrschen. Als Beispiel sollen 3 Vektoren A, B, C mit einer identischen Länge n dienen:

$$A = (a_1, a_2, a_3, \ldots, a_n)$$
$$B = (b_1, b_2, b_3, \ldots, b_n)$$
$$C = (c_1, c_2, c_3, \ldots, c_n)$$

Ein Vektorrechner ist z. B. in der Lage, eine Vektoroperation über den beiden Vektor-Operanden A und B mit dem Ergebnis-Vektor C der Form

$$C = A + B$$

durchzuführen. Diese Funktion, die vom Vektorrechner übernommen wird, kann wie folgt beschrieben werden:

```
for i=1 to n
    do c[i]:=a[i] + b[i];
```

17 Vektorrechner

Der Unterschied zwischen einer skalaren und einer vektoriellen Maschinenbefehls-Ausführung, z.B. einer Addition, besteht darin, dass im ersten Fall zwei spezifische Werte addiert werden und einen einzigen Wert erzeugen, während bei einer Vektoraddition zwei Vektoren komponentenweise addiert werden und die Ergebnisse wieder einen Vektor bilden. Diesen Sachverhalt verdeutlicht die Abbildung 17.1.

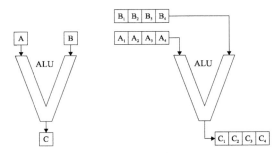

Abbildung 17.1   Vergleich Skalar-/Vektorausführung der ALU

Ein typischer Vektorrechner enthält eine Pipeline-Skalareinheit und eine ergänzende Vektoreinrichtung. Letztere besteht aus mehreren Funktionseinheiten, die als tiefe Pipelines implementiert sind. Die Vektoroperationen haben den Vorteil, dass die Berechnung jedes Resultats datenunabhängig von anderen und evtl. vorangehenden Ergebnissen erfolgt, d.h. es existieren keine Datenkonflikte und auch keinerlei Steuerflusskonflikte, da ganze Schleifen durch einen einzigen Vektorbefehl ersetzt werden. In der Abbildung 17.2 ist anhand des Convex-Vektorechners eine Vektor-Addition ohne und mit Vektorbefehl gegenübergestellt. Die in der höheren Programmiersprache Fortran beschriebene Schleife zur Berechnung der Summe von zwei Vektoren A(I) und B(I) wird von der Convex-Architektur in die Sequenz READ, READ, ADD, STORE, INCREMENT, TEST and BRANCH aufgelöst. Der äquivalente Vektor-Befehl VADD(A,B,C) verrichtet die gleiche Arbeit wie im skalaren Fall, aber wesentlich zeiteffektiver (Abbildung 17.2).

High-level Language Program:

```
DO    5 I=1 TO N
5 C(I)=A(I) + B(I)
```

Scalar Maschine Language Program: Vektor Instruction:

```
LOOP: READ                                VADD(A, B, C)
      READ
      ADD
      STORE
      INCREMENT, TEST & BRANCH
```

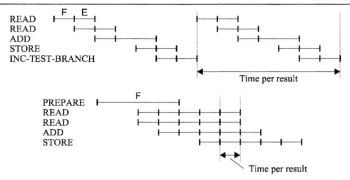

Abbildung 17.2   Timing Diagramme: Skalar-Programm (o.), Vektor-Programm (u.)

Eine Vektoreinrichtung beherrscht außer der Addition die Subtraktion, Multiplikation und Division sowie die Ausführung logischer (COMPARE, AND, OR, XOR) und kombinierter Funktionen (MULTIPLY AND ADD, MULTIPLY AND SUBTRACT). Weiterhin implementiert die Vektoreinrichtung eine Reihe von Maschinenbefehlen, die reine Skalarergebnisse generieren (ACCUMULATE, MAX ABSOLUTE, MAX SIGNED, MIN SIGNED). Damit stehen leistungsfähige Maschinenoperationen zur Verfügung, um Vektoren effizient zu verarbeiten.

Infolge der ungünstigen Hauptspeicherzykluszeit und der von der Vektoreinrichtung geforderten Datenmenge ist man gezwungen, den Hauptspeicher in einzelne Module (Hauptspeicherbänke, Speicherblöcke) aufzuteilen. Die separaten Daten- und Adressenleitungen jedes einzelnen Hauptspeichermoduls erlauben bei n Modulen den Zugriff zu einer n-fachen Datenrate. Auf diese Weise kann die Leistung des Vektor-Rechenwerks aufrecht erhalten werden.

Zu den Herstellern von Vektorrechnern gehören außer CDC (CYBER 205, CYBER 6000) und CRAY (CRAY-1, CRAY-2, X-MP, Y-MP) die Firmen IBM (ES/9000 VF), FUJITSU/AMDAHL (VP 400 E), HITACHI (S-820-80), NEC (SX 2) und CONVEX (C 2, C 3). Die Probleme der Vektorrechner [SiW 92] sollen im Folgenden an den Architekturen von CDC und CRAY erläutert werden.

17.2 CDC CYBER 205

Die CDC CYBER 205-Architektur verfügt über 8 Speicherblöcke zu je 1 M Doppelworte (8 MByte) mit einem Speicher-Zyklus von 80 ns bei einem Maschinenzyklus von 20 ns (Abbildung 17.3). Die Bandbreite des Datenflusses zwischen Speicherblock und Rechenwerk-Pipeline beträgt 64 Byte. Hinter der Bezeichnung ´Rechenwerk-Pipeline´ verbergen sich in der CYBER 205 insgesamt 5 Funktionseinheiten: Additions-, Multiplikations-, Shift-, Logik- und Verzögerungs-Einheit[1].

---

[1] Die CYBER 6000 enthält 10 Funktionseinheiten (Floating Add, 2 Floating Multiply, Floating Divide, Fixed Add, 2 Increment, Boolean, Shift, Branch).

17 Vektorrechner

Im Fall, dass die Anzahl der Funktionseinheiten nicht ausreichend ist, können weitere Rechenwerke (maximal 4) parallel arbeiten. Mit Hilfe mehrfacher Rechenwerke und einer Maschinenzykluszeit von 20 ns ließen sich in den 70er Jahren aufsehenerregende Ergebnisse erzielen. Diesem Maschinenzyklus entspricht eine Taktfrequenz von 50 MHz.

Um sicherzustellen, dass pro Maschinenzyklus an die beiden Eingänge A, B (Abbildung 17.3) jeweils ein Operand geliefert wird und der Ausgang C ein Ergebnis abspeichern kann, wird ein sogenannter Kreuzschienenverteiler (Crossbar) eingesetzt. In einem Kreuzschienenverteiler kann jeder beliebige Eingang mit jedem beliebigen Ausgang verschaltet werden. An den Kreuzungspunkten der Schaltmatrix sind jeweils Schalter in Form von Transistoren angeordnet, die entweder in Sperrichtung (nicht verschaltet) oder in Durchlaßrichtung (verschaltet) betrieben werden. In der Abbildung 17.4 ist ein Crossbar zwischen den Hauptspeicherblöcken und einer Rechenwerk-Pipeline dargestellt. Das Rechenwerk besitzt zwei Eingänge, die pro Maschinenzyklus im Normalfall jeweils einen 64 Bit-Operanden benötigen und einen Ausgang, der im gleichen Zyklus einen 64 Bit-Operanden liefern möchte. Jeder der Hauptspeichermodule führt einen 64 Bit-Bus heraus. Da sich jede Zeilen- und Spaltenleitung real aus 64 Leitungen zusammensetzt, können durch entspechende Verschaltung in der Matrix beide Eingänge der Rechenwerk-Pipeline gleichzeitig mit 64 Bit-Operanden aus unterschiedlichen Speichermodulen versorgt und das Ergebnis in einen dritten Speicherblock geschrieben werden. Das Verschalten des Kreuzschienenverteilers erfolgt dynamisch nach Abschluss eines Lese- bzw. Schreibzyklus. Dieser Mechanismus funktioniert auch für mehrere Rechenwerke, wobei die Anzahl der Hauptspeichermodule entsprechend erhöht werden muss.

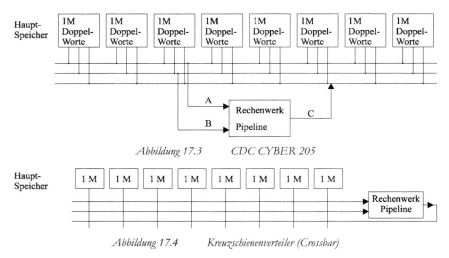

Abbildung 17.3   CDC CYBER 205

Abbildung 17.4   Kreuzschienenverteiler (Crossbar)

Die benötigte Datenrate (Byte/s), die bei der CYBER 205 bereitgestellt werden muss, kann leicht berechnet werden. Die CYBER 205-Architektur arbeitet mit Vektorelementen (Gleitkomma) von 64 Bit=8 Byte. In jedem Maschinenzyklus (20 ns) benötigt die Pipeline zwei Operanden. Einen weiteren gibt sie an den Hauptspeicher ab, d.h. es werden in jedem Maschinenzyklus drei Operanden zu je 8 Byte transportiert. Umgerechnet ergibt das eine Datenrate von 1.2 GByte/s oder im Fall von 2 Rechenwerken 2.4 GByte/s. Diese riesigen Datenmengen waren und sind auch momentan mit 8 Speicherblöcken nicht erreichbar. Um dieses Problem zu lösen, werden bei einem Hauptspeicherzugriff nicht nur 8 Byte, sondern 64 Byte (512 Bit) gelesen bzw. geschrieben. Bei jedem Zugriff werden diese 64 Byte in zwei verschiedenen Puffern zwischengespeichert. Zwei Puffer sind deshalb vorgesehen, damit der eine ausgelesen und der andere gleichzeitig beschrieben werden kann (Abbildung 17.5). Die maximale Datenrate beträgt jetzt 6.4 GByte/s und erfüllt damit theoretisch die Daten-Anforderungen von fünf Rechenwerken.

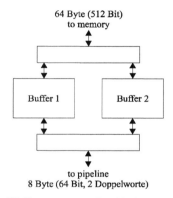

Abbildung 17.5   Dual-Buffer Schema

Eng gekoppelt mit der Leistung eines Vektorrechners ist die Anordnung der Daten in den Speichermodulen. Obwohl die virtuelle Speicherverwaltung erst vor ca. 10 Jahren in Großrechnern eingeführt wurde, soll generell zwischen logischem Adressraum und physikalischem Speicher unterschieden werden. Für die Abbildung aufeinanderfolgender Adressen des logischen Adressraums in die physikalischen Speicherblöcke existieren zwei unterschiedliche Möglichkeiten: Entweder man legt die aufeinanderfolgenden Adressen in verschiedenen Blöcken (Abbildung 17.6 links) oder im gleichen Speicherblock (Abbildung 17.6 rechts) ab. Um das Verständnis zu erleichtern, wird ein physikalischer Speicher mit 8 Speichermodulen zu je 8 Worten angenommen (Abbildung 17.7).

17 Vektorrechner

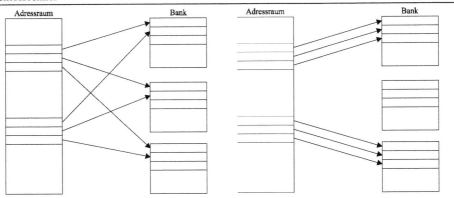

Abbildung 17.6   *Abbildung des logischen Adressraums in die physikalischen Speicherblöcke*

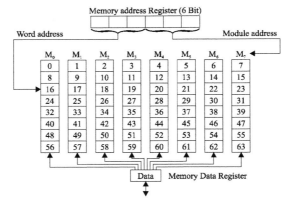

Abbildung 17.7   *8-Weg Low-Order-Interleaving*

Die Adressierung der 64 Worte erfolgt über ein 6 Bit Speicher-Adressenregister, in dem die wertniederen 3 Bits eines der 8 Speichermodule und die 3 werthöheren Bits innerhalb eines Moduls eines der 8 Worte auswählen. Unter der Voraussetzung, dass die Elemente eines Vektors in aufeinanderfolgenden Adressen abgespeichert sind (zusammenhängender Vektor), kann im ersten Zyklus auf das Wort 0, im zweiten Zyklus auf das Wort 1 usw. zugegriffen werden. So können trotz der relativ großen Zugriffszeit zum Hauptspeicher hohe Datenraten erreicht werden.

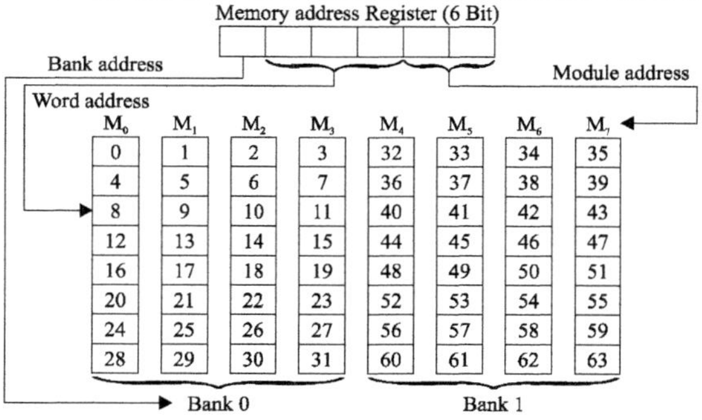

17.2 CDC CYBER 205

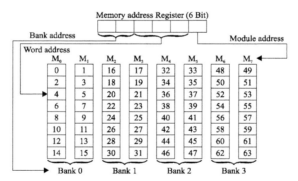

Abbildung 17.8   4-Weg Interleaving innerhalb jeder Speicherbank

Da die CYBER 205 über Zwischenpuffer verfügt und bei einem Zugriff 64 Bytes bewegt werden, sind auch andere Speicherorganisationen möglich. Jeweils 4 Speicherblöcke können zu einer sogenannten Speicherbank zusammengefaßt werden. Das werthöchste Bit des Adressregisters wählt die betreffende Speicherbank aus, die wertniedrigsten 2 Bits adressieren einen der 4 Module innerhalb dieser Speicherbank, und die restlichen 3 Bits zeigen auf eines der 8 Worte eines Moduls. Speicherorganisationen mit 2 bzw. 4 Bänken sowie die Zuordnung der Bits innerhalb des 6 Bit Speicher-Adressregisters zeigen die Abbildung 17.8 und Abbildung 17.9.

Abbildung 17.9   2-Weg Interleaving innerhalb jeder Speicherbank

Während das sogenannte Low-Order-Interleaving vorzugsweise in Vektorrechnern benutzt wird, ist die Implementierung des High-Order-Interleaving in Parallelrechnern sehr verbreitet. Letzteres hat den Vorteil, dass im Fall eines Fehlers in einem beliebigen Modul die restlichen weiter benutzbar sind. Beim Low-Order-Interleaving führt ein Modul-Fehler zum System-Ausfall. Der prinzipielle Unterschied zwischen beiden Speicherorganisationen ist in der Abbildung 17.10 dargestellt.

In vielen realen Anwendungen steht der Nutzer eines Vektorrechners vor der Schwierigkeit, dass die Elemente eines Vektors nicht in aufeinanderfolgenden Adressen im Speicher abgelegt sind (nicht zusammenhängender Vektor). Die Differenz der Hauptspeicheradressen von zwei benachbarten Elementen eines Vektors wird als ´Stride´ (Schritt) bezeichnet. In einer m*n Matrix (m Zeilen, n Spalten) organisiert z.B. der Fortran-Compiler in Vektorrechnern die Speicherplätze so, dass die Spalten in aufeinanderfolgenden Adressen im Hauptspeicher untergebracht werden. Das bedeutet, dass die Spaltenvektoren zusammenhängend (´Stride´=1) und die Zeilen nicht zusammenhängend sind (´Stride´=m). Diese Fortran-Konvention wurde von Baccus eingeführt.

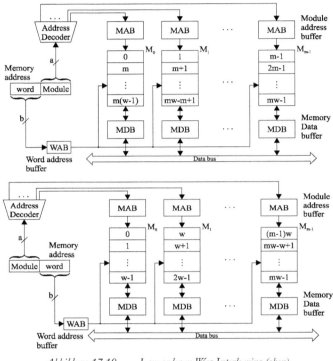

*Abbildung 17.10   Low-order m-Weg Interleaving (oben),
High-order m-Weg Interleaving (unten)*

17.3 Cache-Speicher

Während die ersten Vektorrechner keine Cache-Speicher implementierten, sind die heutigen Vektor-Architekturen mit Caches ausgerüstet. Die Cache-Effizienz hängt signifikant von der Größe des ´Stride´ ab.

Als Beispiel soll ein Daten-Cache der Größe von 32 KByte mit einer Cacheline von 128 Byte dienen. Daraus folgt, dass der Cache aus insgesamt 256 Cachelines besteht. Unter der Annahme einer zeilenorientierten Cacheline (Abbildung 17.11) können in einer solchen 16 Gleitkommazahlen von je 8 Byte untergebracht werden. Eine Vektoroperation, die als Operanden diese Gleitkommazahlen verwendet, wird bei dem ´Stride´=1 optimal durchgeführt, da in diesem Fall in einer Cacheline 16 und im gesamten Cache 32768/8=4096 Gleitkommazahlen abgespeichert werden können. Dagegen kann für einen ´Stride´=16 eine Cacheline nur ein Vektorelement aufnehmen. Dieser Umstand führt dazu, dass anstatt 4096 nur 256 Gleitkommazahlen im Cache Platz finden und demzufolge die Wahrscheinlichkeit für einen Cache Miss 16 mal größer ist als für einen ´Stride´=1.

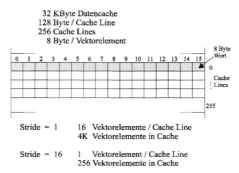

Abbildung 17.11   Abbildung der Vektorelemente in die Cachelines in Abhängigkeit von der Größe des ´Stride´

17.4 Register

17.4.1 Steuerregister

Neben den eigentlichen Vektorregistern sind in einem Vektorrechner noch spezielle Steuerregister implementiert, die z.B. eine Teilverarbeitung von Vektoren oder eine veränderte Sequenz der Verarbeitung zulassen. In der Abbildung 17.12 sind ein zusammenhängender Vektor (´Stride´=1) und ein Vektor mit einem konstantem ´Stride´=3 gezeigt. Das Vektor-Maskenregister selektiert aus dem zusammenhängenden Vektor die ersten beiden Elemente und das 5. Element zur Verarbeitung aus, während die Elemente 3 und 4 nicht verarbeitet werden.

Ein weiteres Steuerregister, Indirect-Register genannt, ermöglicht eine veränderte Verarbeitungs-Reihenfolge der Elemente des zusammenhängenden Vektors, d.h. in der Sequenz 2, 5, 1, 3, 4. Das Compress/Expand-Register verändert den ´Stride´-Wert des Vektors. Ein Vektor-Statusregister enthält den Vektor-Count, der mit Hilfe eines Vektor-Interrupt-Index die Anzahl der zu verarbeitenden Vektorelemente festlegt. Über das Vektor-Activity-Count-Register kann die Ausführungszeit von Vektorbefehlen vom Anwender gemessen werden.

17 Vektorrechner

Contiguous: V(I)=I,N

| 1 | 2 | 3 | 4 | 5 | | | | | |

Constant stride: V(I)I=I,N,K

| 1 | | | 2 | | | 3 | | | 4 | |

Indirect: V(J(I))I=I,N

| 1 | 2 | 3 | 4 | 5 | | | | | |

Compress/Expand

1	2			3				4		5	
1	1	0	0	1	0	0	0	1	0	1	Mask

Abbildung 17.12   Möglichkeiten des Vektor-Zugriffs im Speicher

17.4.2 Vektorregister

Das Programmiermodell einer 32 Bit-Architektur läßt im Normalfall die Nutzung von Mehrzweck- und Gleitkommaregistern durch den Nutzer zu und verfügt außerdem über Spezialregister (Programm Status Wort, Befehlszähler) sowie Steuerregister, die dem Anwender nicht direkt zugänglich sind (Abbildung 17.13).

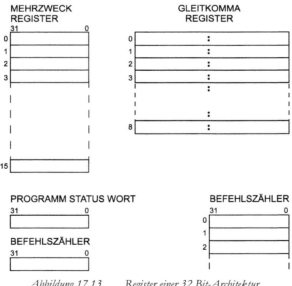

Abbildung 17.13   Register einer 32 Bit-Architektur

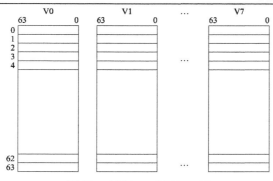

Abbildung 17.14   Vektorregister

Vektorrechner implementieren zusätzlich spezielle Vektorregister (Abbildung 17.14), die im Unterschied zu den Gleitkommaregistern, in denen eine einzige Gleitkommazahl von z.B. 64 Bit abgespeichert werden kann, 64 oder 128 Vektorelemente (normalerweise Gleitkommazahlen) zu je 64 Bit aufnehmen können. Die Adressierung von Vektorregistern erfolgt ähnlich der von Mehrzweckregistern. Das Wesentliche der Vektorregister besteht darin, dass eine Vektoroperation in Form z.B. einer Addition der Inhalte zweier Vektorregister derart ausgeführt wird, dass das 1. Element des einen Quell-Operanden-Registers zum 1. Element des anderen addiert und das Ergebnis auf dem Speicherplatz abgelegt wird, der für das 1. Element des Zielregisters vorgesehen ist. Anschließend wird diese Prozedur auf die weiteren Elemente angewendet bis zum 64. bzw. 128. Vektorelement.

Wenn man bedenkt, dass ein Vektorregister mindestens 64 Elemente zu je 8 Bytes (4096 Bit) abgespeichern kann, benötigt ein solches Register eine relativ große Silizium-Fläche. Letztere stellt aber für die modernen Technologien kein großes Problem dar. Das gleiche gilt für die Schwierigkeiten im Zusammenhang mit der Anzahl der Mehrzweckregister (Anzahl der Bits für die Adressierung, Retten des Inhalts beim Context Switch).

17.5 CRAY-Vektorrechner

Die CRAY-Vektorrechner wurden Ende der 70er Jahre von Seymour Cray konzipiert und verwirklicht.

Als erste Vektor-Architektur mit Vektorregistern erschien die CRAY-1 auf dem Markt. Das vereinfachte Blockschaltbild der CRAY-1 ist in der Abbildung 17.15 dargestellt. Der Hauptspeicher ist in 16 Speicherbänke aufgeteilt mit einem Speicherzyklus von 50 ns (Maschinenzyklus 12 ns). Dieser Vektorrechner enthält 8 Vektorregister und 16 Mehrzweckregister, von denen jeweils 8 für die Abspeicherung von Daten (Skalare) und 8 für die von Adressen vorgesehen sind. Anstelle von Caches sind Puffer zwischen Mehrzweckregister und Hauptspeicher eingesetzt. Die Puffer sorgen für

17 Vektorrechner

eine schnelle Nachlieferung der Adressen und Daten zu den Funktionseinheiten. Der Befehlspuffer realisiert das Prinzip des Prefetch-Buffers.

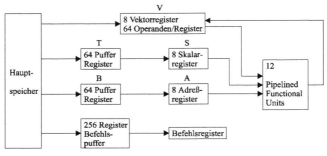

Abbildung 17.15   CRAY-1 Vektorrechner

Ein schwieriges Problem der CRAY-1 liegt in der Verarbeitung von Vektoren mit einer Länge größer als 64 Elemente. Um Operationen mit größeren Vektoren von z.B. 4096 Elementen auszuführen, müssen diese in Teilstücke von 64 Elementen zerlegt werden. Diese Fragmente müssen dann stückweise verarbeitet werden. Eine solche Aufteilung eines Vektors in Teilstücke, die in ein Vektorregister passen, heißt Sektionierung[2]. Im Normalfall besitzen aber die zu verarbeitenden Vektoren keine Längen mit einem Vielfachen von 64 Byte, so dass ein Rest-Stück der Vektoren nach der Sektionierung übrigbleibt und erfahrungsgemäß nicht am Ende, sondern am Anfang verarbeitet werden muss.

Nachdem die 1. Sektion der zu verarbeitenden überlangen Vektoren ein Ergebnis generiert hat und dieses im Hauptspeicher abgespeichert wurde, sollte aus Performance-Gründen die Möglichkeit bestehen, die nächste Sektion der Quell-Operanden in die betreffenden Vektorregister zu laden. Diese drei Zugriffe können teilweise zeitlich überlappend vorgenommen werden. Die CRAY-1 kann aber innerhalb eines Maschinenzyklus nicht die notwendigen drei Zugriffe, sondern nur einen einzigen realisieren. Infolge dieses Nachteils sinkt die theoretische Gleitkomma-Verarbeitungsleistung von 80 MFLOPS auf 80/3 MFLOPS.

Dieser Nachteil der CRAY-1 Architektur ist in der CRAY-2 und später in den CRAY-Nachfolge-Architekturen beseitigt worden.

---

[2] Die Vektor-Sektionierung wird im angelsächsischen Sprachgebrauch als ´strip mining´ bezeichnet, in Anlehnung an das Abtragen von Schichten im Minen-Tagebau.

17.5 CRAY-Vektorrechner

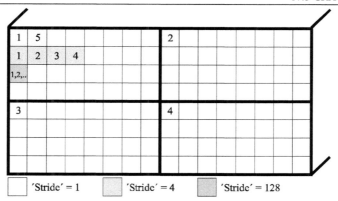

Abbildung 17.16   Speicher-Organisation der CRAY-2-Architektur (4 Speicher-Quadranten zu je 32 Bänken und 1 GByte)

Der CRAY-2 Vektorrechner wurde z.B. mit einem Hauptspeicher von 512 M Worten (Wort=64 Bit) ausgeliefert. Der Hauptspeicher ist in der Form organisiert, dass die 4 GByte in 4 Quadranten zu je 32 Bänken aufgeteilt werden (Abbildung 17.16). Bezüglich des ´Stride´ existieren unterschiedliche Möglichkeiten. Wenn die Vektorelemente aufeinanderfolgend in der linken oberen Ecke des 1., 2., 3. und 4. Quadranten beginnend (schraffiert) angeordnet sind, hat der ´Stride´ den Wert 1. Werden die Elemente in 4 benachbarten Bänken desselben Quadranten angeordnet, beträgt der ´Stride´=4, während beim Abspeichern in einer Speicherbank mit einem ´Stride´=128 gerechnet werden muss. Der Hauptspeicher der CRAY-2 kann optional mit statischen (Zykluszeit 55 ns) oder dynamischen (Zykluszeit 80 ns) RAM-Bausteinen ausgerüstet werden.

Als Nachfolge-Architektur der CRAY-2 wurde die CRAY-XMP EA entwickelt. Dieser Vektorrechner enthält insgesamt 13 separate Pipelines (4 Vektor-Festkomma-Pipes, 3 Gleitkomma-Pipes mit je 4 Stufen, 4 Skalar-Festkomma-Pipes, 2 Adressen-Pipes). Der Hauptspeicher ist in 64 Speicherbänke aufgeteilt, auf die unabhängig voneinander zugegriffen werden kann (68 ns Zyklus-Zeit). Die CRAY-XMP arbeitet ohne virtuelle Speichertechnik.

Einen leistungsfähigen Vektorrechner stellt die CRAY-YMP dar. Die wichtigste Implementierung dieser Architektur stellen die drei sogenannten Adressen-Pipes dar, die dem Rechner ermöglichen, gleichzeitig drei Hauptspeicher-Zugriffe (2 Lese- und 1 Schreiboperation) vorzunehmen. Eine Adressen-Pipe ist eine Verbindung zwischen zwei Crosspoint-Matrixschaltern (Abbildung 17.17). Für eine optimale Performance ist es jedoch notwendig, dass keine Zugriffskonflikte zu den Hauptspeicherbänken auftreten. Die CRAY-YMP verfügt bei maximaler Ausrüstung über 8 CPU´s (6 ns Zyklus-Zeit, 4 parallele Daten-Pfade, 8 * 32 Bit Adressen-Register, 8 * 64 Bit Skalar-Register, 8 * 64 Bit Vektorregister zu je 64 Elementen) und 256 MByte Hauptspeicher (256 Bänke, 30 ns Zyklus-Zeit). Die maximale Gleitkommaleistung beträgt 2.67

17 Vektorrechner

GFLOPS (maximal 2 Operationen pro Zyklus). Die YMP C90 Architektur verfügt über 16 CPU´s mit einer Leistung von maximal 13.7 GFLOPS.

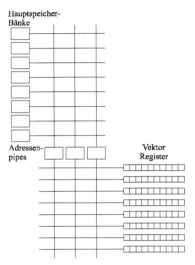

Abbildung 17.17   *CRAY Y-MP Hauptspeicheransteuerung der Vektor Register*

17.6 Leistung von Vektorrechnern

Vektorrechner sind speziell für einen hohen Vektorisierungsgrad in den Anwender-Programmen optimiert. Abgesehen von einigen Versuchen, die Vektorisierung innerhalb eines Programms von einem Compiler durchführen zu lassen, liegt es im Ermessen des Nutzers, den Grad der Vektorisierung auf 100% zu erhöhen. Erst unter dieser Bedingung sind sehr hohe Rechenleistungen erreichbar. Das bedeutet: Die Verwendung einer Vektoreinrichtung hat bei geringen Vektorlängen wenig Sinn. Vektorrechner sind auch in der Lage, skalare Fest- und Gleitkomma-Operationen auszuführen. In diesem Zusammenhang wurde der Begriff ´Halbe Vektor-Länge´ (HVL) geprägt. Die HVL gibt einen Wert für die Vektorlänge an, bei deren Verarbeitung auf einem Vektorrechner 50% der theoretisch maximal möglichen Leistung (Vektorlänge unendlich) erwartet werden kann. In der Abbildung 17.18 ist diese Abhängigkeit der Leistung in MFLOPS von der Vektorlänge dargestellt. Die HVL ist architekturabhängig und liegt z.B. für die CRAY-1 [Rus 78] zwischen 7 und 18 Elementen und für die CYBER 205 bei mindestens 100 Elementen, d.h. letztere benötigt wesentlich größere Vektorlängen, um effektiv zu arbeiten.

17.6 Leistung von Vektorrechnern

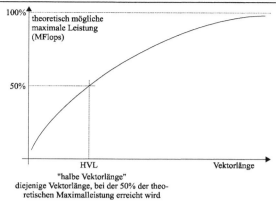

Abbildung 17.18   Abhängigkeit der Rechenleistung von der Vektorlänge

Für die Berechnung der Geschwindigkeitsverbesserung eines Anwender-Programms der dynamischen Pfadlänge N, das sich z.B. aus 3 Programmteilen zusammensetzt (Abbildung 17.19), entwickelte Amdahl eine empirische Formel, die als Amdahl'sches Gesetz bekannt ist. Nach diesem Gesetz wird die Geschwindigkeitsverbesserung des gesamten Programms entscheidend durch den vektorisierbaren Anteil F=b/N wie folgt bestimmt:

$$S = \frac{1}{(1-F) + \frac{F}{P}}$$

(S=Geschwindigkeitsverbesserung, N=Pfadlänge gesamt (dynam.), b=Pfadlänge des vektorisierbaren Programmsegments, P=Geschwindigkeitsverbesserung des vektorisierbaren Programmsegments).

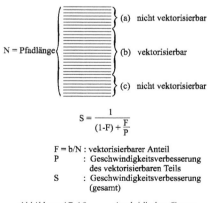

Abbildung 17.19   Amdahl'sches Gesetz

Aus dem Amdahl'schen Gesetz geht hervor, dass für b=N (gesamtes Programm vektorisierbar) F=1 und S=P folgt. Aus der möglichen Option, einen Vektorrechner mit und ohne Vektor-Facility zu benutzen, läßt sich der Geschwindigkeitszuwachs mit Hilfe des Amdahl'schen Gesetzes leicht verifizieren. In der Abbildung 17.20 ist die Geschwindigkeitsverbesserung S/P in Abhängigkeit von F für verschiedene Parameter P grafisch dargestellt. Wenn der vektorisierbare Teil des Programms auf Grund der eingeschalteten Vektoreinrichtung viermal schneller läuft (P=4), dann ergibt sich in Abhängigkeit von F die obere Kurve. Für P=32 erreicht man z.B. bei einem Anteil von 60% des vektorisierten Programmsegments nur 7% des theoretisch möglichen Wertes (untere Kurve).

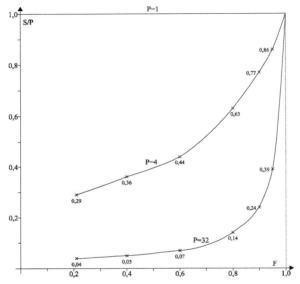

Abbildung 17.20   *Die Geschwindigkeitsverbesserung gemäß dem Amdahl'schen Gesetz mit P als Parameter*

Das Gesetz von Amdahl war die Reaktion auf die von Cray entwickelten Vektoreinrichtungen, die nach Amdahl's Überzeugung nicht den angekündigten Leistungsschub erbringen konnten. Seine Vorstellungen bestanden darin, die Skalar-Verarbeitungsgeschwindigkeit nicht mit Hilfe der Vektoreinrichtungen sondern mittels geeigneter Implementierungen, die der modernen Dynamic Execution entsprechen, zu verbessern. Die Firma IBM, bei der Amdahl beschäftigt war, entschied sich dann aber doch für die Entwicklung eines Vektorrechners, woraufhin Amdahl die Firma IBM verließ und seine eigene Firma gründete, die heute noch Großrechner produziert.

17.7 Entwicklungs-Trends

Da der Leistungsgewinn bei der Nutzung eines Vektorrechners stark vom Vektorisierungsgrad des verwendeten Algorithmus bzw. Anwenderprogramms beeinflusst wird, sind für neue Entwürfe von Vektorrechnern seitens der Hersteller statistische Untersuchungen über die Vektorisierungen in Programmpaketen repräsentativer Anwendungen vorgenommen worden. Dabei stellte sich heraus, dass der erreichbare Vektorisierungsgrad im Mittel bei ca. 77% liegt. Die Schlussfolgerung bestand darin, die Vektorleistungen nur in einem kostengünstigen Verhältnis zur Skalarleistung zu erhöhen.

In der Abbildung 17.21 ist eine Übersicht der Gleitkommaleistung in MFLOPS der sogenannten Supercomputer bis zum Jahr 1996 dargestellt. Dabei erreicht der Vektorrechner VPP 500 der Firma Fujitsu eine Spitzenleistung von $5*10^5$ MFLOPS, während dieser Rechner unter ungünstigsten Bedingungen noch 10^4 Millionen Gleitkomma-Operationen pro Sekunde ausführen kann.

Obwohl sich die Vektorrechner bisher traditionsgemäß in Form von Großrechenanlagen präsentiert haben, gibt es Ansätze, die Vektoreinrichtungen in Mikroprozessoren zu integrieren. Infolge der Implementierungen, die unter dem Begriff ´Dynamic Execution´ (siehe Kapitel 15) zusammengefaßt werden, ist es modernen Mikroprozessoren möglich, pro Maschinenzyklus bis zu 2 Gleitkomma-Operationen auszuführen. Vektor-Pipelines und superskalare Pipelines unterscheiden sich praktisch nicht. Es treten auch keine Schwierigkeiten bei der zusätzlichen Implementierung von Vektorregistern auf einem Silizium-Chip auf. Die Adressierung der Vektorregister z. B über ein 5 Bit-Feld (32 Vektorregister) im 32 Bit Maschinenbefehlswort bereitet ebenso wenig Probleme.

Die Fujitsu VPP300-Architektur implementierte erstmalig einen Vektorrechner in CMOS-Technologie. Dieser Rechner benutzt zwar Mikroprozessoren der /390-Architektur, die Vektor-Facility ist aber nicht /390-kompatibel, sondern stellt eine Eigenentwicklung der Firma Fujitsu dar. Die Architektur bildet einen eng gekoppelten Parallelrechner mit 16 Mikroprozessoren und repräsentiert als ganzes einen VLIW-Rechner. Ein weiteres Beispiel für die Implementierung von Vektor Facilities repräsentiert die AltiVec-Architektur im Mikroprozessor MPC7400 der Firma Motorola.

17 Vektorrechner

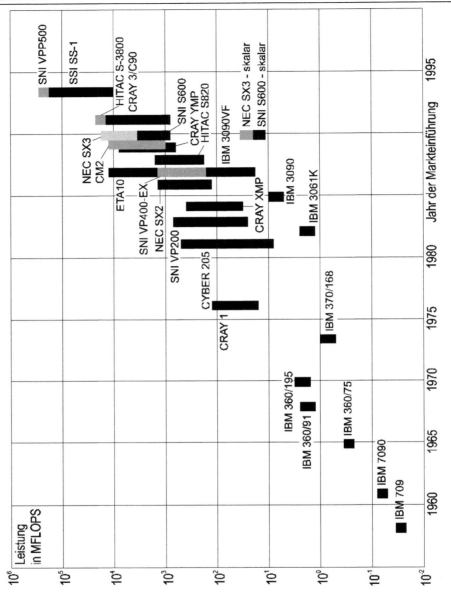

Abbildung 17.21   Zeitliche Entwicklung der Gleitkommaleistung von Supercomputern

18 Hardware-Komponenten zur Unterstützung des Betriebssystems

18.1 Einführung

Ein Betriebssystem stellt dem Nutzer einer Rechnenanlage eine Schnittstelle (Architektur) zur Verfügung, die leichter benutzbar ist als die direkten Zugriffe zur Hardware (siehe Kapitel 5). Weiterhin besteht die Aufgabe des Betriebssystems darin, die Betriebsmittel (Ressourcen) wie Hauptspeicher-und Plattenspeicherplatz, Zugriff zu den E/A-Geräten und CPU-Zeit für eine bestimmte Anzahl von Benutzern und Prozessen zu verwalten. Damit das Betriebssystem, das sich aus dem Überwacher und weiteren Systemprogrammen zusammensetzt, diese Aufgabe erfüllen kann, muss es von den spezifischen Hardware-Einrichtungen unterstützt werden. Diese Einrichtungen lassen sich grob in vier Komponenten einteilen: Neben dem Speicherschutz (siehe Abschnitt 5.3) zählen dazu Privilegstufen, Stapel (Stack) und Unterbrechungen.

18.2 Privilegstufen

Die Zentraleinheit kann je nach ihrem Status in unterschiedlichen Privilegstufen arbeiten. Entsprechend der Privilegstufe bestehen für die CPU Einschränkungen in

- Benutzung bestimmter sogenannter ´privilegierter´ Maschinenbefehle (Programm Status Wort laden, Speicherschutz ändern, Ein-/Ausgabe)
- Umfang der Autorisierung des Zugriffs auf Bereiche des Hauptspeichers
- Verfügbarkeit des Zugriffs auf bestimmte Register der Zentraleinheit

Alle Rechnerarchitekturen verfügen über eine Privilegstufe ´0´, die als ´Überwacher-Status´ bezeichnet wird, und ein oder mehrere Privilegstufen 1, 2,..., n, die gemeinsam unter dem Begiff ´Problem-Status´ zusammengefaßt werden. Der Überwacher arbeitet im ´Überwacher-Status´ und hat die größten Privilegien, d.h. im ´Überwacherstatus´ laufende Programme haben Zugriff auf den gesamten virtuellen und realen Adressraum. Normale Benutzerprogramme haben die wenigsten Privilegien, sie laufen im ´Problem-Status´ mit der Privilegstufe n. Programme mit einer niedrigen Privilegstufe können den Wechsel zu einer höheren Privilegstufe durch Verzweigen in eine spezielle Überwacher-Routine erreichen. Der Aufruf des Überwachers erfolgt entweder mittels Überwacheraufruf-Unterbrechung[1] oder Systemaufruf-Maschinenbefehl[2].

Während ältere Rechnerarchitekturen entweder im Überwacher- oder im Problemstatus betrieben wurden, ist in modernen Rechnern der Überwacher des Betriebssystems in zwei verschiedene Systemkomponenten geteilt. Die 1. Teilkomponente wird als Kernel bezeichnet. Eine zweite Komponente bildet die Executive, die ursprünglich

---

[1] z.B. SVC (Supervisor Call)-Unterbrechung bei /370, TRAP # n Exception bei 68030
[2] z.B. Change Mode Befehl bei VAX, GATEWAY-Befehl bei PRECISION

mit zum Kernel gehörte. In modernen Betriebssystemen wird diese Komponente aus dem Hauptspeicher ausgelagert (transient) und zählt somit nicht mehr zum residenten Teil des Überwachers. Die Executive führt ebenfalls Betriebssystemfunktionen aus, aber mit einer niedrigeren Privilegstufe als der Kernel selbst, d.h. die Menge der ausführbaren Betriebssystemroutinen ist gegenüber der des Kernels eingeschränkt. Der Problemstatus verfügt über die unterste Privilegstufe und ist lediglich für die Benutzerprozesse vorgesehen.

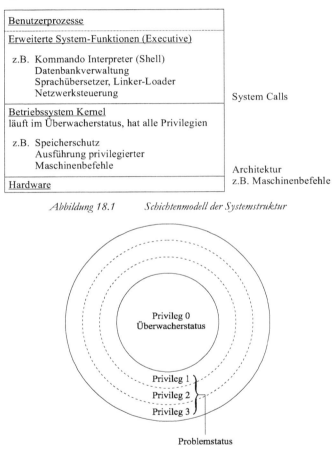

Abbildung 18.1   *Schichtenmodell der Systemstruktur*

Abbildung 18.2   *Ringstruktur mit Privilegstufen*

Die Systemstruktur wird häufig in Form eines Schichtenmodells dargestellt, in dem die Rechner-Hardware die unterste und die Benutzerprozesse die oberste Schicht einnehmen (Abbildung 18.1). Eine andere Art der Darstellung bildet die ringförmige Struktur. In der Abbildung 18.2 befindet sich im inneren geschützten Ring der Überwacher mit der Privilegstufe 0. Den nach außen gehenden Ringen entsprechen dann die Privilegstufen 1, 2, 3 usw.

18.2 Privilegstufen

Die Darstellung der unterschiedlichen Privilegstufen erfolgt in der Regel innerhalb eines Feldes im Programm Status Wort[3]. Während für 2 verschiedene Privilegstufen 1 Bit ausreichend ist, sind für 3 Stufen mindestens 2 Bits notwendig. Für einige Architekturen sind in der folgenden Tabelle die Anzahl der verwendeten Privilegstufen, die betreffenden Bezeichnungen und ihr Verwendungszweck angegeben:

	Stufe	Bezeichnung	Gebrauch
S/370 (VM)	2	Benutzer-Status	Compiler, Anwendungsprogramme
	1	Semi-privilegierter Status	Systemroutinen, logische E/A-Routinen
	0	Überwacher-Status	Kernel-Funktionen
80486 (OS/2)	3	Benutzer-Status	Compiler, Anwendungsprogramme
	2	„Customer Extensions Status"	Spezial-E/A-Routinen, vom Benutzer geschrieben
	1	„System-Dienste Status"	Nicht benutzt
	0	Kernel-Status	Kernel-Funktionen
Alpha (Open-VMS)	3	Benutzer-Status	Compiler, Anwendungen
	2	Überwacher-Status	Kommando-Interpreter
	1	Executive Status	Logische E/A
	0	Kernel-Status	Kernel-Funktionen
Alpha (OSF/1)	1	Benutzer-Status	
	0	Kernel-Status	
MIPS R4400	3	Benutzer-Status	
	2	Nicht benutzt	
	1	Überwacher-Status	
	0	Kernel-Status	
Unix System V	1	User-Status	
	0	Kernel-Status	

Für ein Unix-Betriebssystem stellt eine Intel-Architektur zwar 4 Privilegstufen zur Verfügung, das Betriebssystem nutzt aber nur 2 Stufen davon aus. In der 80486-

---

[3] Das Programm Status Wort ist in modernen Rechnerarchitekturen typischerweise ein 32 Bit-Register, das alle für die CPU wichtigen Informationen (Flag's als Ergebnis einer Compare-Operation, Privilegstufen, Maskierungs-Bits von Unterbrechungen, Überlauf arithmetischer Operationen, Speicherschutzschlüssel) enthält. Bei einem Context Switch (Context: Definition des eingefrorenen Prozeß-Zustands zu einem definierten Zeitpunkt, gegeben durch den Inhalt von Registern, Latches in der CPU und den Hauptspeicher-Inhalt) müssen der Inhalt von Programm Status Wort und Befehlszähler gerettet werden.

18 Hardware-Komponenten zur Unterstützung des Betriebssystems

Architektur werden von den 4 Privilegstufen durch das OS/2-Betriebssystem 3 Stufen verwendet. Bei dem Unix-Betriebssystem für die MIPS R4400-Rechner liegen ähnliche Verhältnisse vor. Die DEC Alpha-Architekturen implementieren auch 4 Stufen, von denen das Unix-System nur 2, das Open VMS-Betriebssystem von DEC dagegen alle 4 zur Verfügung gestellten Privilegstufen ausnutzt.

Die Identifikation der Privilegstufe, in der die Zentraleinheit arbeitet, geschieht architekturabhängig. Ein weit verbreitetes Verfahren dazu stellt die Verwendung eines 1 oder 2 Bit-Feldes im Programm Status Wort dar (VAX, /390, MIPS). Die HP PRECISION-Architektur legt die Information über die Privilegstufe in den Befehlszähler (Process Level-Feld). Als RISC-Architektur haben alle Maschinenbefehle eine Breite von 4 Byte und liegen auf 4 Byte-Grenzen. Letzteres bedeutet, dass die beiden wertniedrigsten Bits für die Adressierung nicht benutzt werden und deshalb für die Angabe der Privilegstufe dienen können. Der Pentium-Mikroprozessor verwendet für diesen Zweck die zwei wertniedrigsten Bits des Code Segment Selektors.

18.3 Stapel

Die Implementierung eines Stapels (Stacks) umfasst 2 Elemente: Ein spezifischer Bereich im Hauptspeicher und ein Register (SP, Stack Pointer). Der Inhalt dieses Registers adressiert die höchste Speicherstelle des Hauptspeicherbereichs (Abbildung 18.3). Das Manipulieren des Stapels erfolgt z.B. in der Intel 80x86-Architektur[4] mit Hilfe von zwei Maschinenbefehlen: Push, Pop.

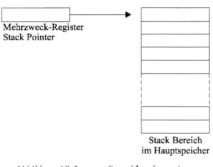

Abbildung 18.3   Stapel-Implementierung

Die Anwendung des Push-Befehls auf ein Register bedeutet, dass der Inhalt des betreffenden Registers auf dem Stack abzuspeichern ist. Die Push-Operation bewirkt zwei verschiedene Aktionen in der angegebenen Sequenz:

---

[4] In der VAX-Architektur entsprechen diesen die Befehle MOVL Reg. Name,- (SP) und MOVL (SP) +, Reg. Name, in der 68030-Architektur sind es die Befehle MOVE.L.

- Dekrementieren des Inhalts vom Stack Pointer um eine Wortlänge (4Byte)
- Abspeichern des Register-Inhalts auf der Stack-Adresse, die der Stack Pointer enthält

Bei der Anwendung des Pop-Befehls bezüglich eines Registers wird der Inhalt des Stacks, auf den der Stack Pointer zeigt, in das bezeichnete Register geschrieben. Die beiden Aktionen in dieser Reihenfolge sind:

- Schreiben des Inhalts der Stack-Adresse, auf die der Stack Pointer zeigt, in das spezifizierte Register
- Inkrementieren des Inhalts vom Stack Pointer um eine Wortlänge (4 Byte)

Dieser Mechanismus ist in der Abbildung 18.4 für zwei Push-Operationen und eine anschließende Pop-Operation dargestellt (Adressen des Stacks nehmen von oben nach unten zu). Vor der Anwendung der 1. Push-Operation enthält der Stack Pointer die Hauptspeicher-Adresse 7FFF8000. Nach der 1. Push-Operation auf ein Register mit dem Inhalt AAAAAAAA wird im ersten Schritt der Inhalt des Stack Pointers um 4 Byte dekrementiert (7FFF7FFC). Im zweiten Schritt wird der Inhalt des Registers auf dieser Hauptspeicher-Adresse auf dem Stack abgelegt. Die 2. Push-Operation speichert in analoger Weise den Wert BBBBBBBB eines evtl. anderen Registers auf dem Stack auf der Hauptspeicher-Adresse 7FFF7FF8 ab. Die folgende Pop-Operation liest zunächst den Inhalt der Hauptspeicher-Adresse 7FFF7FF8 in ein angegebenes Register und inkrementiert anschließend den Inhalt des Stack Pointers (7FFF7FFC).

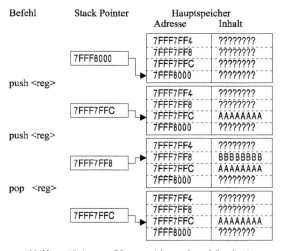

Abbildung 18.4   Hauptspeicherstack und Stackpointer

Der Stapel ist nicht in allen modernen Rechnerarchitekturen mittels Hardware implementiert. Die ursprüngliche RISC-Philosophie widerspricht einer Stack-Implementierung. Der Stack Pointer belegt im Normalfall ein Mehrzweckregister (z.B. Register 14 bei der VAX-, Register 15 bei der 68040-Architektur). Während die Alpha- (Register

30), die Pentium- (ESP-Register) und die 68040-Architektur einen Stapel realisieren, verzichten die Architekturen PRECISION, /390, PowerPC, i80860, R4400 und M88110 darauf.

Der Stapel wird aus unterschiedlichen Gründen benutzt. Er dient als Ersatz oder als Ergänzung für Mehrzweckregister und besonders zum Aufruf von Unterprogrammen.

Die bekannteste Stack-Architektur ist die Burroughs B5000 der Firma UNISYS. Sie enthält überhaupt keine Mehrzweckregister, d.h. die Register in der CPU bilden den Stapel. Abgesehen von dem Vorteil einer optimalen Auslastung des Hauptspeichers ist die Rechenleistung der B5000 (momentan als A19 von der Firma Sperry Rent vertrieben) gering. Die Ursache liegt besonders darin, dass die häufigsten von der Burroughs ausgeführten Operationen in der Umordnung der Operanden im Stack bestehen.

Vorrangig benutzen die VAX-, 68030- und 80x86-Architekturen den Stapel zusätzlich zu den vorhandenen Registern in der Zentraleinheit.

Die wichtigste Aufgabe des Stapels besteht in der Unterstützung des Unterprogramm-Mechanismus. Letzterer ist in der Abbildung 18.5 für die VAX-Architektur dargestellt. Im Hauptprogramm wird an einer bestimmten Stelle (1) ein Unterprogramm ANTON mittels des Maschinenbefehls JSB (Jump Subroutine Branch) aufgerufen. Als Folge dieses Befehls wird der Inhalt des Stack Pointers um 4 Byte reduziert und auf die so erhaltene Adresse der Inhalt des Befehlszählers abgespeichert. Anschließend erfolgt das Laden der Unterprogrammadresse in den Befehlszähler und die Abarbeitung des Unterprogramms ANTON. Als letzter Maschinenbefehl des Unterprogramms lädt der Befehl RSB (Return Subroutine Branch) den Inhalt der Hauptspeicheradresse, auf den der Stack Pointer zeigt, in den Programmzähler und der Inhalt des Stack Pointers wird um 4 Byte erhöht. Mit dem Programm Status Wort wird in analoger Weise verfahren. Das Hauptprogramm kann im Anschluss daran seine Arbeit fortsetzen. Der gleiche Mechanismus läuft ab, wenn der Aufruf an einer anderen Stelle des Hauptprogramms vorgenommen wird (2). Den VAX-Maschinenbefehlen JSB und RSB entsprechen JSR und RTS für die 68030- sowie CALL und RET für die 80386-Archtitektur.

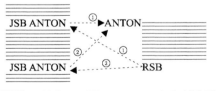

Abbildung 18.5   Unterprogramm-Aufruf (VAX)

Diejenigen Rechnerarchitekturen, die nicht über einen Stack verfügen, benutzen einen ´Branch and Link´-Mechanismus. Dieser besteht z.B. für die /390-Architektur in der Anwendung des sogenannten BALR (Branch And Link Register)-Maschinenbefehls. Unter der Annahme, dass das Register R15 die Adresse des ersten Unterprogramm-

Maschinenbefehls enthält und das Register R14 frei zur Verfügung steht, veranlasst der Befehl

        BALR   R14, R15

das Retten des Befehlszähler-Inhalts in das Register R14 und anschließend das Laden des Befehlszählers mit dem Inhalt des Registers R15. Die Rückkehr vom Unterprogramm ins Hauptprogramm wird mittels des Maschinenbefehls BR (Branch Return)

        BR   R14

erreicht. Dieser lädt den Inhalt des Registers R14 zurück in den Befehlszähler.

Die Verwendung des Stacks hat gegenüber dem ´Branch and Link´-Mechanismus den Vorteil, dass in geschachtelten Unterprogrammen die Schachtelungstiefe beliebig sein kann, während im Fall des ´Branch and Link´ das Unterprogramm bei einem weiteren Unterprogramm-Aufruf den Inhalt des Registers R14 zwischenspeichern muss. In Architekturen ohne Stack übernimmt die sogenannte ´Save Area´ dessen Funktion. Jedes Unterprogramm einschließlich des Hauptprogramms verfügt über eigene ´Save Area´s, in der außer dem Inhalt des Befehlszählers des aufrufenden Programms noch die Inhalte der anderen Register abgespeichert werden. Die ´Save Area´s sind Bereiche im Hauptspeicher und haben eine sorgfältig festgelegte Größe. Die /390-Architektur stellt für das Abspeichern einen Store Register-Maschinenbefehl zur Verfügung, bei dessen Anwendung sämtliche 16 Mehrzweckregister zwischengespeichert werden. In der Abbildung 18.6 ist dieser Mechanismus für den Fall dargestellt, dass zunächst das Hauptprogramm Main mittels des Maschinenbefehls BALR das Unterprogramm Sub1 aufruft. Für die spätere Rückkehr nach Main steht der Inhalt des Befehlszählers im Register R14 (/390). Ruft das Unterprogramm Sub1 wiederum das Unterprogramm Sub2 auf, so darf Sub1 das Register R14 nicht mit dem Inhalt seines Befehlszählers überschreiben. Das bedeutet, Sub1 muss den Inhalt seines Befehlszählers in einem seiner ´Save Area´s ablegen, damit beim Rücksprung aus Sub2 in Sub1 an der richtigen Adresse in Sub1 fortgesetzt werden kann. Der Inhalt des Registers R14 wird beim Aufruf des Unterprogramms Sub1 in ´Save Main´ aufgehoben.

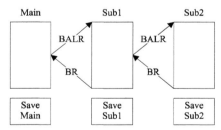

Abbildung 18.6   *Geschachtelter Unterprogramm-Aufruf mit Save Area für jedes Programm (/390)*

Im Zusammenhang mit dem ´Branch and Link´-Maschinenbefehl werden von den Rechner-Herstellern konkrete Empfehlungen bezüglich der Benutzung spezieller Re-

18 Hardware-Komponenten zur Unterstützung des Betriebssystems

gister für die Ablage des Befehlszähler-Inhalts und der Anfangsadresse des aufgerufenen Unterprogramms gegeben. Diese ´Linkage Conventions´ sind für einen Anwender nicht zwingend vorgeschrieben. Sie stellen Vereinbarungen dar, die von allen Systemprogrammen des Herstellers, von Compilern und allen Assembler-Anwenderprogrammierern eingehalten werden, um die Lesbarkeit für den Nachnutzer zu erhöhen. In der Abbildung 18.7 ist die ´Linkage Convention´ für die Register 0-31 der MIPS-Architektur angegeben. Obwohl die MIPS-Architektur keinen Stack implementiert, werden für den Fall, dass ein solcher simuliert werden soll, die Register 29 und 30 empfohlen.

Der ´Branch and Link´-Mechanismus versagt bei rekursiven Programmen, weil in dem Fall die ´Save Area´s für jedes Unterprogramm einschließlich des Hauptprogramms mehrfach vorhanden sein müßten. Er hat aber im Vergleich zu der Stapel-Implementierung signifikante Vorteile bezüglich der Geschwindigkeit, da die Stack-Operationen relativ viele Maschinenzyklen benötigen. Dieser Nachteil ist auch maßgeblich dafür verantwortlich, dass der Stapel in vielen modernen Architekturen nicht realisiert ist.

Register name	Number	Usage
zero	0	Constant 0
at	1	Reserved for assembler
v0	2	Expression evaluation and results of a function
v1	3	Expression evaluation and results of a function
a0	4	Argument 1
a1	5	Argument 2
a2	6	Argument 3
a3	7	Argument 4
t0	8	Temporary (not preserved across call)
t1	9	Temporary (not preserved across call)
t2	10	Temporary (not preserved across call)
t3	11	Temporary (not preserved across call)
t4	12	Temporary (not preserved across call)
t5	13	Temporary (not preserved across call)
t6	14	Temporary (not preserved across call)
t7	15	Temporary (not preserved across call)
s0	16	Saved temporary (preserved across call)
s1	17	Saved temporary (preserved across call)
s2	18	Saved temporary (preserved across call)
s3	19	Saved temporary (preserved across call)
s4	20	Saved temporary (preserved across call)
s5	21	Saved temporary (preserved across call)

s6	22	Saved temporary (preserved across call)
s7	23	Saved temporary (preserved across call)
t8	24	Temporary (not preserved across call)
t9	25	Temporary (not preserved across call)
k0	26	Reserved for OS kernel
k1	27	Reserved for OS kernel
gp	28	Pointer to global area
sp	29	Stack pointer
fp	30	Frame pointer
ra	31	Return address (used by function call)

Abbildung 18.7   'Linkage Convention' für die Register 0-31 der MIPS-Architektur

18.4 Unterbrechungen

Eine Unterbrechung ändert den Status der Zentraleinheit als Folge von Bedingungen, die außerhalb (Ein-/Ausgabe-Unterbrechung) oder innerhalb (illegaler Befehl) der Zentraleinheit auftreten. Unterbrechungen veranlassen die Ausführung spezieller Programme (Unterbrechungs-Routinen) außerhalb des normalen Programmablaufs, sie verändern damit die Reihenfolge der Befehlsverarbeitung. Innerhalb der Unterbrechungs-Routinen erfolgt die Unterbrechungsbehandlung, d.h. der Grund für das Auftreten der Unterbrechung wird analysiert und entsprechende Aktionen ausgelöst. Durch Hardware-Einrichtungen ist es beispielsweise möglich, konkrete Betriebssystemfunktionen über Unterbrechungen aufzurufen.

Die Tatsache, dass nur über Unterbrechungen Betriebssystemfunktionen aufrufbar sind, führt dazu, dass sie oft mit Systemaufrufen gleichgesetzt werden. Unter Systemaufrufen werden aber irrtümlicherweise auch Unterprogramm-Aufrufe im Problemstatus verstanden, die letztendlich zu einem Betriebssystemaufruf führen können.

Typische Unterbrechungen in Rechnerarchitekturen (Systemaufruf-, Zeitgeber-, E/A- und Fehlseitenunterbrechungen) treten in Abständen von Millisekunden auf. Dazwischen liegen ca. 10^5 bis 10^6 Maschinenbefehle (Pfadlänge).

Die Terminologie für die Unterbrechungen sowie deren Aufteilung in mehrere Klassen bzw. Arten ist von Architektur zu Architektur sehr unterschiedlich. Die VAX-Architektur bezeichnet Unterbrechungen als 'Events'. Diese 'Events' gliedern sich in 'Exceptions' und 'Interrupts' und die 'Exceptions' weiter in 'Traps', 'Faults' und 'Aborts'. In der PRECISION-Architektur heißen die Unterbrechungen 'Interrupts' und werden in 'Faults', 'Traps', 'Checks' und 'Interrupts' aufgeteilt. Während in den /370-Rechnern die Unterbrechungen 'Interrupts' genannt und durch 'Exceptions' verursacht werden, entsprechen diesen in der PowerPC (PPC 403 GA, MPC 500)-Architektur 'Exceptions'. Die gleiche Bezeichnung verwendet der 68000-Mikroprozessor, in dem einige 'Exceptions' durch 'Interrupts' ausgelöst werden. Unterbrechungen des Hyperstone E1-32 und E1-16-Mikroprozessors nennen sich auch

18 Hardware-Komponenten zur Unterstützung des Betriebssystems

'Exceptions'. In der Intel-Architektur benutzt man die Bezeichnungen 'Interrupt' und 'Exception' parallel nebeneinander. Um diesem Terminologie-Problem aus dem Weg zu gehen, soll der einheitliche Ausdruck 'Unterbrechung' benutzt werden.

Bei einer Unterbrechung läuft folgender Mechanismus ab:

In einer CISC-Architektur wird ein umfangreiches Mikroprogramm benötigt, um einen einzigen Maschinenbefehl auszuführen (Abbildung 18.8). Parallel dazu existieren aber eine Menge von Hardware-Einrichtungen (z.B. Zeitgeber, Ein-/Ausgabegeräte), die ebenso auf Bearbeitung durch die CPU warten. Über eine Unterbrechungsleitung, über die jede Einheit verfügt, wird für den Fall, dass diese Einheit bearbeitet werden muss, ein Impuls mit logisch 'High' ausgegeben. Alle Unterbrechungsleitungen werden durch ein 'OR'-Gatter miteinander verknüpft und dessen Ausgang mit dem 'SET'-Eingang eines FlipFlops verbunden, d.h. ein 'High'-Signal setzt das FlipFlop auf logisch 'High' und signalisiert das Anstehen einer Unterbrechungsbedingung. Bei einem mikroprogrammierten Maschinenbefehl testet der erste Mikroprogramm-Befehl den Ausgang des FlipFlops. Fällt dieser Test positiv aus, wird sofort in eine Unterbrechungs-Routine verzweigt. Die Verzweigung in die Unterbrechungs-Routine ist analog zum Aufruf eines Unterprogramms, d.h. zu Beginn müssen Programm Status Wort, Befehlszähler sowie die Steuer- und Mehrzweckregister abgespeichert werden. Nach Beenden der Unterbrechungs-Routine werden mit Hilfe des Return From Interrupt (RFI)-Befehls diese Registerinhalte wieder zurückgeladen und das Benutzerprogramm an der unterbrochenen Stelle fortgesetzt (Abbildung 18.9).

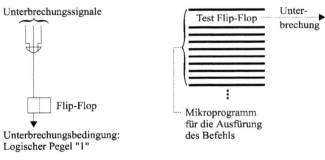

Abbildung 18.8   Unterbrechungsmechanismus

Prinzipiell ist jede Unterbrechung mit einem Maschinenbefehl vergleichbar, dessen Ausführung durch ein Ereignis ausgelöst wird. Dieses Ereignis kann vorhersehbar (synchrone Unterbrechung) oder nicht vorhersehbar (asynchrone Unterbrechung) sein. Die Unterbrechungs-Zeitpunkte liegen im Zeitintervall zwischen dem Ausführungs-Ende des Befehls n-1 und dem Ausführungs-Anfang des Befehls n (Abbildung 18.10) [5].

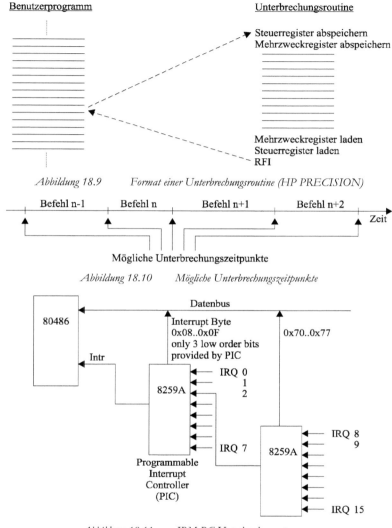

Abbildung 18.9   *Format einer Unterbrechungsroutine (HP PRECISION)*

Abbildung 18.10   *Mögliche Unterbrechungszeitpunkte*

Abbildung 18.11   *IBM PC-Unterbrechungssteuerung*

Die Implementierung der Unterbrechungssteuerung ist rechnerabhängig verschieden. Die Abbildung 18.11 zeigt die Unterbrechungssteuerung im IBM PC mit der Intel

---

[5] Eine Ausnahme von dieser Regel bilden lange Maschinenbefehle (IBM /390: MOVE LONG, COMPARE LONG, DEC Alpha: sämtliche Zeichenketten-und Arithmetik-Befehle)

80486-Architektur. Dieser Mikroprozessor wie auch der Pentium kann 15 verschiedene Unterbrechungssignale generieren mit den Prioritäten IRQ0, IRQ1, IRQ8, IRQ9, ..., IRQ15, IRQ3, IRQ4, ..., IRQ7. Der Programmable Interrupt Controller (PIC 8259A) verfügt über 8 Eingänge, die folglich von 8 verschiedenen Ein-/Ausgabegeräten auf diese geführt werden können. Als der IBM PC auf dem Markt erschien, stellte sich bald heraus, dass diese 8 Eingangsleitungen nicht ausreichten. Um diesem Umstand zu genügen, wurden 2 PICs kaskadiert, d.h. der Ausgang eines zweiten PIC mit wiederum 8 Eingangsleitungen wurde mit einem der 8 Eingänge des ersten verbunden. Dadurch ergaben sich insgesamt 15 Eingangsleitungen mit den oben angegebenen Prioritäten der IRQ-Signale. Die höchste Priorität (IRQ0) hat der Timer, über den die Plattenspeicher-, DMA- und Memory Refresh-Operationen gesteuert werden. IRQ1 ist mit dem Ausgang der Tastatur, IRQ2 mit dem Ausgang des zweiten PIC verbunden. IRQ3 und IRQ4 sind den Ports COM2 bzw. COM1 zugeordnet. IRQ5, 6, 7 sind für Drucker LPT2, Floppy Disc, bzw. LPT1 vorgesehen. IRQ13, 14 werden für CPU- bzw. Plattenspeicherfunktionen benutzt. Die restlichen IRQ-Leitungen sind nicht belegt und können für den Anschluss zusätzlicher Geräte (z.B. Scanner) genutzt werden. Die Festlegung der Unterbrechungs-Prioritäten ist notwendig, falls gleichzeitig mehrere Unterbrechungen auf Grund verschiedener Ursachen auftreten. Diese werden dann in der angegebenen Reihenfolge behandelt.

Wenn ein angeschlossenes Gerät eine Unterbrechung erzeugen möchte, dann wird vom ersten PIC eine 4 Bit Information auf den Datenbus gelegt, und die CPU kann mit Hilfe von 3 Bit ($2^3 = 8$) bei einer Unterbrechung den Verursacher innerhalb eines PICs ermitteln. Das vierte Bit entscheidet, ob das IRQ-Signal vom ersten oder zweiten PIC generiert wurde. Dieses sogenannte ´Interrupt-Byte´ wird für zwei unterschiedliche Informationen verwendet. Im ersten Fall besteht dieses ´Interrupt-Byte´ aus 4 Bit und identifiziert die angeschlossenen Unterbrechungsleitung für die CPU auf dem Bus. Wenn eine Unterbrechung erfolgt, laufen über die Hardware eine Reihe von sogenannten IntA-Maschinenzyklen ab, wobei der erste IntA- das 4 Bit-´Byte´ übernimmt und der zweite IntA-Zyklus das angeschlossene Gerät motiviert, ein 8 Bit-´Byte´auf den Bus zu übertragen. In beiden Fällen werden diese beiden Bytes, die völlig unterschiedliche Funktionen erfüllen, als ´Interrupt-Byte´ bezeichnet.

Aus einem Wirrwarr von Begriffen der Unterbrechungs-Klassen und -Gruppen verschiedener Hersteller wird eine Klassifizierung von 6 Unterbrechungsklassen mit mehreren Unterbrechungsarten definiert. Die Unterbrechungsklassen einschließlich der Ursachen sind in Abbildung 18.12 angegeben. Die Unterbrechungsklassen Maschinenfehler, Reset, E/A und Extern zählen zu den asynchronen Unterbrechungen. Ihr zeitliches Auftreten läßt sich aus einer Analyse des Programmablaufs nicht vorhersagen. Im Unterschied dazu gehören die Unterbrechungsklassen Programm und Systemaufruf zu den synchronen Unterbrechungen. Sie lassen sich zeitlich aus dem Programmablauf ableiten.

18.4 Unterbrechungen

Klasse	Ursache
Maschinenfehler	Paritätsfehler (Bus, Hauptspeicher), inkorrekte Addition
Reset	Setzt Zentraleinheit (und System) in jungfräulichen Zustand
E/A	Signalisiert z.B. den Abschluss einer E/A Operation
Extern	System externes Signal, z.B. Ablauf des Zeitgebers
Programm	Division durch Null, Fehlseitenunterbrechung, illegaler OP-Code, illegale Adresse
Systemaufruf	Aufruf des Überwachers im Benutzerprogramm (eigentlich ein Maschinenbefehl)

Abbildung 18.12   Unterbrechungsklassen und Ursachen

Das in der Abbildung 18.10 dargestellte Unterbrechungsmodell setzt eine Architektur voraus, in der ein Maschinenbefehl nach dem anderen ausgeführt wird. In modernen Pipeline-Architekturen gestaltet sich der Unterbrechungsmechanismus komplizierter. Eine Standard-Pipeline enthält 4 Maschinenbefehle gleichzeitig. Wenn im Fall einer Programmunterbrechung (Trap oder Fault[6]) ein in der Pipeline befindlicher Maschinenbefehl die Unterbrechung hervorruft, so ergibt sich das Problem der Identifikation des auslösenden Maschinenbefehls. Außerdem wird ein Maschinenbefehl schrittweise ausgeführt und ist für mehrere Taktzyklen unvollständig. Ist der betreffende die Unterbrechung auslösende Befehl identifiziert, muss nach dem Verzweigen in die Unterbrechungs-Routine der Befehlszähler dieses Maschinenbefehls abgespeichert werden.

Für die Lösung der auftretenden Probleme ergeben sich zwei Alternativen. Die eine besteht in der Implementierung der 'präzisen Unterbrechung'. Diese setzt voraus, dass die Pipeline z.B. bei einer Programmunterbrechung unter zwei Bedingungen in ihrer Arbeit angehalten werden kann:

1. Die Befehle unmittelbar vor dem fehlerhaften sind beendet.
2. Die Befehle nach dem fehlerhaften können neu gestartet werden.

Infolge der hohen Komplexität der heutigen Rechnerarchitekturen ist die Implementierung der 'präzisen Unterbrechung' besonders schwierig. Aus dem Grund haben auch einige Hersteller in der Anfangszeit bei Pipeline-Architekturen darauf verzichtet (IBM /360 Modell 91) bzw. das Zulassen 'unpräziser Unterbrechungen' als besonderen Vorteil herausgestellt (DEC Alpha). Es hat sich aber in zunehmendem Maß als

---

[6] Bei einem Trap zeigt der abgespeicherte Wert des Befehlszählers auf den folgenden auszuführenden Maschinenbefehl, während im Falle eines Faults der abgelegte Befehlszähler auf den momentan ausgeführten Maschinenbefehl zeigt.

unbedingtes Erfordernis für Fälle wie ´Demand Paging´ und Gleitkomma-Arithmetik ergeben, Unterbrechungen als ´präzise´ Unterbrechungen entweder mit Hard- oder Software-Unterstützung zu implementieren.

Die Alpha-Architektur definiert den sogenannten ´TRAP BARRIER´-Maschinenbefehl. Letzterer wird bei arithmetischen Unterbrechungen (INVALID OPERATION, DIVISION BY ZERO, OVERFLOW, UNDERFLOW, INEXACT RESULT, INTEGER OVERFLOW) verwendet, um ´präzise Unterbrechungen´ zu garantieren. Der Compiler fügt dabei an geeigneter Stelle TRAPB-Befehle in die Befehlsequenz ein. Diese generieren für die Befehle, die sich noch in der Pipeline befinden, NOP (NO OPERATION)-Befehle, um zu garantieren, dass diese ausgeführt werden.

Um bei einer auftretenden Unterbrechung die betreffende Unterbrechungs-Routine zu finden, wird normalerweise in einem Rahmen des Hauptspeichers die Vektortafel implementiert (Abbildung 18.13). Diese enthält die Anfangsadressen der Unterbrechungs-Routinen (Intel 80486 insgesamt 256 Einträge), die über eine Mindestbreite von 4 Byte (Pentium) verfügen und bei einer Unterbrechung in den Befehlszähler geladen werden. Die Anfangsadresse der Vektortafel ist wiederum in einem Steuerregister der CPU (Intel 80486: Interrupt Descriptor Table Register, IDTR) enthalten, und die Vektor-Nr. innerhalb der Vektortafel bildet den Offset (Versatz). Ausnahmen bilden die /390-, 68000-und R4400-Architekturen, deren Anfangsadresse der Vektortafel fest verdrahtet ist (/390: 0x00000000, 68000: 0x00000000, R4400: 0x80000000 für 32 Bit-Mode). Von den unterschiedlichen Unterbrechungen wird das 8 Bit Unterbrechungs-Byte, das die Anfangsadresse der Unterbrechungs-Routine identifiziert, auf den Daten-Bus gelegt (E/A oder externe Unterbrechungen). In der Intel-Architektur ist interne Logik für Programm-und SVC-Unterbrechungen verantwortlich. Bei einem INT-Maschinenbefehl wird der Operand des Befehls verwendet. Das ´Unterbrechungs-Byte´ kann auch in Abhängigkeit von der Anzahl der Unterbrechungsvektoren mehr als 8 Bit enthalten (Motorola 88110-Architektur 512 Unterbrechungsvektoren).

18.4 Unterbrechungen

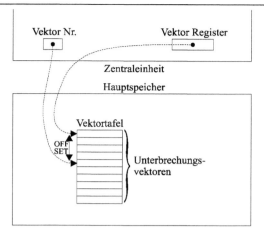

Abbildung 18.13   Vektor-Tafel und Vektor-Register

Für den Fall, dass während der Ausführung einer Unterbrechungs-Routine eine weitere Unterbrechung auftritt, sind besondere Maßnahmen erforderlich. Die Möglichkeit der Abspeicherung von Befehlszähler und Programm Status Wort in einer ´Save Area´ nach dem Verzweigen in eine weitere Unterbrechungs-Routine scheidet aus, weil während der Ausführung des Unterbrechungs-Befehls bereits die nächste Unterbrechung erfolgen kann. Daraus ergibt sich die Notwendigkeit, für die Zeit, in der die Unterbrechungs-Routine abläuft, keine weiteren Unterbrechungen zu gestatten, d.h. der Rechner wird gegen nachfolgende Unterbrechungen maskiert. Das Maskieren wird dadurch vorgenommen, indem ein oder mehrere Bits im Programm Status Wort auf den logischen Pegel ´1´ gesetzt werden, bevor der erste Maschinenbefehl der Unterbrechungs-Routine zur Ausführung kommt. Eine weitere Alternative besteht darin, nach dem kurzzeitigen Eintritt in die Unterbrechungs-Routine die Maskierung wieder aufzuheben. Dieses Verfahren setzt das Ablegen der Bedingungen auf einem dafür vorgesehenen Stapel voraus.

Als Beispiel soll der Ablauf einer E/A-Unterbrechung in mehreren Schritten wie folgt beschrieben werden:

1. Unterbrechungsleitung aktivieren
2. CPU führt die Unterbrechung aus, nachdem die Ausführung des laufenden Befehls abgeschlossen ist
3. Befehlszähler und PSW retten (nach Spezial Register, Stack oder Hauptspeicher)
4. Interrupt Byte einlesen (von CPU-Bus, Hauptspeicher oder Spezialregister)
5. Interrupt Byte als Zeiger in der Vektortafel benutzen

6. Befehlszähler mit dem Eintrag in der Vektortafel laden,
   PSW laden (von Vektortafel oder reset = 0)

7. Start der Unterbrechungsroutine (maskiert gegen weitere
   Unterbrechungen)

   - Alten Befehlszähler und altes PSW abspeichern
   - Mehrzweckregister retten
   - Evtl. Demaskieren
     :

Die Unterbrechungs-Routine endet mit einem speziellen Maschinenbefehl:

VAX:	REI (Return from Exception or Interrupt)
Pecision:	RFI (Return From Interruption)
/370:	LPSW (Load Program Status Word)
80386:	IRET (Interrupt RETurn)
68030, 88110:	RTE (ReTurn from Exception)
MIPS R4400:	ERET (Exception RETurn)

Dieser Maschinenbefehl veranlasst das Laden des Programm Status Wortes und des Befehlszählers. Die dafür erforderlichen Daten befinden sich im Unterbrechungsstapel (VAX), Überwacherstapel (80386, 68030), in mehreren Steuerregistern (PRECISION) oder im Hauptspeicher (/370).

19 Ein- und Ausgabe-Organisation

19.1 Einführung

Das Leistungsverhalten einer Rechnerarchitektur wird in der Regel von drei Komponenten bestimmt:

- Verarbeitungsleistung der CPU
- Größe des Hauptspeichers und Effektivität der Hauptspeicher-Ansteuerung
- Ein-/Ausgabe-Organisation

Die Ein- und Ausgabe eines Rechners bildet die Schnittstelle nach außen, d.h. sie verknüpft periphere Geräte (Tastaturen, Bildschirme, Drucker usw.) mit der Zentraleinheit und implementiert die wichtige Komponente, die in der Regel unsichtbar ist. Durch spezifische Hardware-Einrichtungen (Direct Memory Access, Ein-/Ausgabe-Prozessor) wird die CPU mittels direkter Datenübertragung zwischen Hauptspeicher und Ein-/Ausgabe-Einheit entlastet. Voraussetzung dafür bildet eine optimale Ansteuerung der Plattenspeicher, die in der Speicherhierarchie einer Rechnerarchitektur die Ressource mit der größten Zugriffszeit darstellt.

An die Plattenspeicher schließen sich häufig sogenannte Archivspeicher an, die entweder noch als Magnetbandspeicher oder in modernerer Form als optische Platten implementiert werden. Bei Archivspeichern tritt häufig das Problem auf, dass sie sich wie ein ´schwarzes Loch´ verhalten. Letzteres bedeutet einerseits die Möglichkeit der Archivierung von großen Datenmengen und andererseits die Schwierigkeit, diese in einer vertretbaren Zeit wieder auszulesen. Man stelle sich dabei das Magnetband-Archiv einer größeren Versicherung vor, das z.B. über eine bedeutende Menge von Magnetband-Kassetten (ca. 1.000 Terabyte = 10^{15} Byte Informationen) verfügt und mittels eines drei-dimensional bewegbaren Roboter-Arms aus einem bestimmten Fach eine Kassette entnimmt und diese in einer Lesestation plaziert. Um auf diese Art an eine gewünschte Information zu gelangen, werden ca. 100 s benötigt. Daraus ergibt sich für die Dauer eines Tages (24 Stunden = 86.400 Sekunden), dass unter optimalen Bedingungen theoretisch maximal 864 Zugriffe vorgenommen werden können. Praktisch sind aber infolge unvermeidlicher Warteschlangen-Effekte nur wenige hundert Zugriffe pro Tag möglich. Im Verhältnis zu ca. 20-30 Millionen Hauptspeicher-Zugriffen pro Sekunde ist diese Zugiffsrate verschwindend gering. Damit beschränken sich solche Archivspeicher auf Anwendungen, die mit der meist rechtlich begründeten Abspeicherung von Daten einhergehen, und auf die in Zukunft nur in Ausnahmefällen zugegriffen werden soll.

Die Plattenspeicher zählen neben den Magnetbändern und Floppy Disks zu den wichtigsten Massenspeichern einer Rechnerarchitektur. Die Technologie zur Herstellung von Plattenspeichern und Floppy Disks ist sehr ähnlich.

19 Ein- und Ausgabe-Organisation

19.2 Plattenspeicher

19.2.1 Magnetische Plattenspeicher

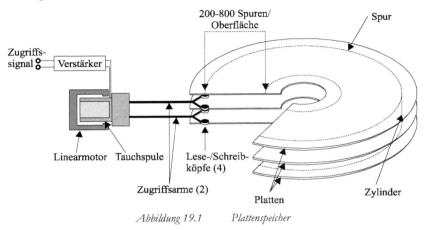

Abbildung 19.1   Plattenspeicher

Die magnetischen Plattenspeicher bestehen aus einem Stapel übereinander angeordneter Aluminium-Platten (Abbildung 19.1), deren Oberfläche aus einer dünnen ferromagnetischen Schicht besteht.

Das physikalische Prinzip der Datenaufzeichnung auf magnetischen Platten besteht darin, die dünne Oberflächenschicht der Platte informationsabhängig zu magnetisieren. Die Oberfläche der Platte wird logisch in konzentrische Spuren unterteilt (Abbildung 19.1), in denen die Informationen aufgezeichnet werden. Beim Schreiben der Daten wird für kleine Teile dieser Oberfläche (Weiss´sche Bezirke) die Richtung der Magnetisierung gezielt verändert, während beim Lesen aus der Magnetisierungsrichtung die Information hervorgeht. Die Funktionseinheiten für diese beiden Arbeitsgänge bilden die Schreib- bzw. Leseköpfe, von denen für jede Plattenoberfläche, ausgenommen die beiden äußersten Oberflächen des gesamten Stapels, jeweils einer vorgesehen ist. Je eine Gruppe von 2 Lese-/Schreibköpfen ist an einem Arm befestigt und schwebt durch die Drehbewegung der Platten auf einem Luftkissen im Abstand von 0.3 bis 1 µm über der Plattenoberfläche. Sämtliche Zugriffsarme sind mit einem Träger verbunden, der über einen Linearmotor angetrieben wird. Letzterer existiert momentan in zwei unterschiedlichen Formen. In größeren Plattenspeichern wird der Linearmotor vorwiegend in Verbindung mit einer Tauchspule verwendet. In dieser Anordnung können die Köpfe an jede beliebige Stelle der konzentrischen Spuren bewegt werden. In moderneren kleinen Plattenspeichern dienen Schrittmotoren zum Antrieb, die in der Herstellung billiger sind, aber nicht die Geschwindigkeiten der Tauchspul-Implementierung erreichen.

Beide Realisierungen weisen auf Grund der notwendigen Bewegung des Lese-/Schreibkopfes die Eigenschaft auf, dass die Neupositionierung (Spurwechsel) des

Lese-/Schreibkopfes im Vergleich mit der Dauer des Lese-/Schreibvorganges viel Zeit benötigt. Die für den Spurwechsel benötigte Zeit ist von der Entfernung der beiden Spuren abhängig. Je größer der Abstand der beiden Spuren ist, je mehr Zeit vergeht, bis der Lese-/Schreibkopf die neue Position erreicht hat. Die Optimierung der Zugriffszeit ist eine wichtige Zielstellung bei der Entwicklung von Plattenspeichern, stößt aber verständlicherweise an physikalische Grenzen. Moderne Linearmotoren für die Zugriffsarme magnetischer Plattenspeicher erreichen Beschleunigungen bis zu 100g (g = 9.81m/s^2). Derartige Beschleunigungen sind aber praktisch nicht anwendbar, weil die Materialien der Zugriffsarme den dabei auftretenden Kräften (Kraft = Masse * Beschleunigung) nicht gewachsen sind, d.h. es treten Verformungen auf, die den gesamten Zugriffsmechanismus unbrauchbar machen. Die mittlere Zugriffszeit für das Lesen/Schreiben eines beliebigen Sektors der Platte liegt momentan zwischen 12 - 25 ms.

Um das Zugriffsverhalten so günstig wie möglich zu gestalten, wird bei einer Bewegung des Zugriffarms nicht nur ein Kopf, sondern die Gesamtheit aller Lese-/Schreibköpfe auf eine andere Spur gesetzt. Die übereinander liegenden Spuren eines Plattenspeichers bilden einen sogenannten Zylinder. Von einem Mechanismus, der elektronisch von einem Lese-/Schreibkopf auf einen anderen umschaltet, wird das Selektieren der richtigen Spur übernommen. Dieser Umschalt-Vorgang erfolgt in wesentlich kürzerer Zeit als der Spur-zu-Spur-Wechsel, da keine Bewegung des Armes notwendig ist.

Jede Spur enthält eine bestimmte Anzahl von Sektoren bzw. Blöcken. Die Blockgröße variiert in Abhängigkeit von dem benutzten Betriebssystem. Das Betriebssystem Windows arbeitet mit Blockgrößen von 512 Byte, Linux und Unix-Betriebssysteme verwenden Blockgrößen von 1024 Byte. Die Sektorgröße ist dagegen konstant (512 Byte). Beim Zugriff auf einen spezifischen Block entsteht eine Zeitverzögerung, die sich aus zwei Komponenten zusammensetzt: Die Verzögerung zum Auffinden der richtigen Spur und die Verzögerung infolge des Suchvorgangs des richtigen Blocks innerhalb dieser Spur. Um die Zeit, die für diesen Vorgang erforderlich ist, zu minimieren, sind hohe Umdrehungszahlen der Plattenspeicher wünschenswert. Bei 3600 Umdrehungen/min für eine 14´´- Platte erreicht man auf dem äußeren Rand Bahngeschwindigkeiten (Bahngeschwindigkeit = Winkelgeschwindigkeit * Bahnradius) von annähernd Schallgeschwindigkeit, die störende Turbulenzen des Luftstromes über der Plattenoberfläche hervorrufen. Eine Alternative zur Erhöhung der Platten-Umdrehungszahl bildet die Verringerung des Plattendurchmessers. Damit kann bei konstanter Bahngeschwindigkeit die Umdrehungszahl erhöht werden. Moderne 3.5´´ und 2.5´´- Platten bewegen sich mit 5400-15.000 Umdrehungen/min. Der Nachteil, der sich bei großen Umdrehungen bemerkbar macht, besteht in einem relativ hohen Geräuschpegel.

Die Lese-/Schreibköpfe bestehen aus einem Ringkern von weichmagnetischem Material (geringe Remanenz) mit einem Spalt, über den beim Schreiben das magnetische Streufeld möglichst gut in das Speichermaterial eindringen kann. Der Lesekopf verfügt

19 Ein- und Ausgabe-Organisation

über eine größere Anzahl von Wicklungen als der Schreibkopf. Durch diese Maßnahme wird eine höhere Lesespannung induziert. Dagegen muss die Induktivität der Schreibspule im Interesse einer vernachlässigbaren Selbstinduktivität klein gewählt werden. Die Aufzeichnungsverfahren unterscheiden sich in der Art, wie die Weiss'schen Bezirke nach der Ausrichtung durch das magnetische Streufeld auf der Plattenoberfläche ausgerichtet sind: Parallel (horizontale Aufzeichnung) oder senkrecht (vertikale Aufzeichnung) (Abbildung 19.2). Die vertikale Methode ist schwieriger zu implementieren, gestattet aber eine höhere Magnetisierung und Aufzeichnungsdichte.

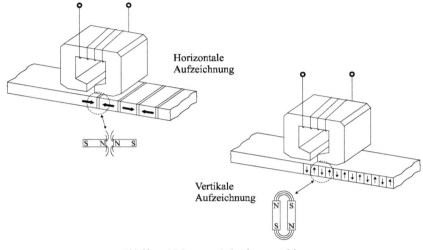

Abbildung 19.2   Aufzeichnungsverfahren

19.2.2 Optische Plattenspeicher

Im Unterschied zu magnetischen Plattenspeichern werden optische Platten aus einem Plastikträger dem Anwender in drei unterschiedlichen Arten zur Verfügung gestellt:

- Read only (nur Lesen)
- Write once (WORM, Write Once Read Multiple)
- Read/Write (Lesen/Schreiben)

Der CD-ROM Plattenspeicher wird industriell hergestellt, indem die Platten über einen Preßvorgang mit Informationen versehen werden. Diese Informationen werden in Form von Löchern in der Oberfläche der Platte aufgebracht. Der Lesevorgang tastet optisch die Plattenoberfläche ab und interpretiert die Stellen mit und ohne Loch als die entsprechenden Binär-Informationen '1' bzw. '0'. CD-ROM's finden in zunehmendem Maße Anwendung in der Software-Distribution.

WORM's bieten dem Nutzer die Möglichkeit, spezifische Informationen selbst in einem einmaligen Schreibvorgang auf dem Plattenspeicher unterzubringen. Zu diesem

Zweck befindet sich in dem Plattenspeicher-Antrieb ein leistungsfähiger Laser, der das Brennen der Löcher in die Plattenoberfläche vornimmt. Dieser Arbeitsgang ist nicht reversibel, so dass die Platte anschließend ausschließlich gelesen werden kann. Diese Plattenart bildet momentan ein weitverbreitetes Archivierungs-Medium.

Die dritte Art der optischen Platten sind diejenigen, die zumindest theoretisch beliebig oft beschrieben und gelesen werden können. Es existieren gegenwärtig zwei unterschiedliche, miteinander konkurrierende Technologien, die als Magneto-Optic- und Phase-Change-Technologie bezeichnet werden.

Magneto-Optic-Speichermedien nutzen drei verschiedene Effekte in der magneto-optischen Schicht aus: Den magneto-thermischen für das Schreiben, den magnetischen für das Speichern und den magneto-optischen für das Lesen der Informationen. Während des Schreibvorgangs bringt man die Platte in ein äußeres Magnetfeld und erhitzt lokal einzelne Bereiche des Materials mittels eines Laser-Strahls. Oberhalb der sogenannten Curie-Temperatur verlieren die Bereiche ihre Magnetisierung. Bei der anschließenden Abkühlung nimmt das magneto-optische Material die Magnetisierung des äußeren Magnetfeldes an (vertikales Aufzeichnungsverfahren).

Die Phase-Change-Technologie beruht auf der Eigenschaft spezieller Materialien, in Abhängigkeit von der zugeführten äußeren Energie zwei verschiedene Zustände anzunehmen. Im Grundzustand (ohne Energiezufuhr) verhält sich das Material amorph. Beim Bestrahlen mit Laser-Licht begrenzter Energie erfolgt ein Übergang vom amorphen in den kristallinen Zustand, der wieder in den Grundzustand wechselt, wenn das Material zuerst sehr energiereich bestrahlt wird und sich anschließend abkühlt. Infolge der dosierten Energie-Zufuhr kann bestimmten Bereichen eine unterschiedliche Information zugeordnet werden, je nachdem, ob sie sich in dem amorphen oder kristallinen Zustand befinden. Da beide Zustände Licht unterschiedlich reflektieren, wird das Auslesen der Informationen möglich.

Die magnetischen und optischen Plattenspeicher zeichnen sich durch verschiedene Merkmale aus, die einerseits von Vorteil sind, sich andererseits aber auch nachteilig auswirken. Zu den Vorteilen der optischen Platten zählen vor allem die höhere Speicherdichte und die Möglichkeit zum Plattenaustausch. Als Nachteile im Verhältnis zu den magnetischen Platten gestalten sich die größere Zugriffszeit infolge des höheren Gewichts der Lese-/Schreibköpfe sowie der Umstand, dass bei einem Schreibvorgang auf einer magneto-optischen Platte zwei Umdrehungen notwendig sind (jeweils eine Umdrehung für das Löschen der vorhandenen und für das selektive Beschreiben mit der neuen Information). Ein weiterer Nachteil ergibt sich speziell für Magneto-Optic- und Phase-Change-Platten, die infolge von Alterungseffekten nur eine begrenzte Anzahl von Schreibvorgängen (z.B. 50000) zulassen. Letztere Eigenschaft ist vermutlich der Hauptgrund dafür, dass die optischen Plattenspeicher mit Ausnahme der Read only-Platten den erhofften Durchbruch gegenüber den magnetischen nicht erreicht haben.

19.2.3 Holographische Speicher

Abgesehen von magnetischen und optischen Speichermedien laufen seit einigen Jahren Forschungsarbeiten, die eine Entwicklung sogenannter holographischer Speicher zum Ziel haben. Spezielle Kristalle in Form eines Würfels (z.B. Barium-Strontium-Niobate) verfügen über die Eigenschaft, holographische Abbildungen (3-dimensional) zu speichern. Dieses holographische Bild setzt sich aus mehreren Schichten zusammen, die in einer Richtung übereinander gestapelt sind. Das Auslesen der gespeicherten Informationen erfolgt mit Hilfe optischer Verfahren (Laser-Licht). Es existieren von dieser Speicherart bereits Labormuster mit sehr hohen Speicherdichten und signifikant besseren Zugriffszeiten als die von magnetischen und optischen Speichern, so dass diese holographischen Speicher möglicherweise die Massenspeicher der Zukunft darstellen.

19.3 Festplattenspeicher-Ansteuerung

Die ersten Personalcomputer (z.B. IBM PC) implementierten eine einstufige Bus-Struktur. Über den ursprünglich 8 Bit breiten Bus (IBM XT-Bus), der sich aus Adressen-, Daten- und Steuer-Bus zusammensetzt, werden CPU, Hauptspeicher und Adapterkarten für verschiedene Ein-/Ausgabegeräte (Plattenspeicher, Bildschirm, Drucker usw.) angeschlossen. Beispiele einer solchen Busstruktur, die in der Abbildung 19.3 dargestellt ist, bilden der 16 Bit Unibus (DEC), der 16 Bit PC-AT Bus und 32 Bit Micro Channel (IBM), der 16 Bit Multibus 1 (Intel) und der VME Bus (Motorola).

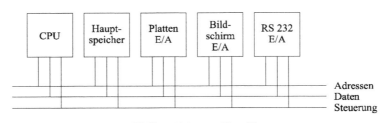

Abbildung 19.3   Einzel-Bus

Für die Optimierung der Geschwindigkeit von Datenübertragungen zwischen CPU, Cache-, Haupt- und Plattenspeicher ergeben sich hauptsächlich zwei Probleme: Das eine besteht in der Bus-Länge, das zweite Problem wird durch die kapazitive Belastung verursacht. Jeder Bus-Anschluss erhöht die Kapazität der Signalleitungen gegenüber der Masseleitung. Aus diesen Gründen wird der Bus in zwei Teile getrennt (Abbildung 19.4): CPU-Bus und Ein-/Ausgabe-Bus. Beide Busse werden durch einen Bus-Adapter (Bus-Bridge) elektrisch voneinander entkoppelt. Auf Grund der Tatsache, dass der CPU-Bus speziell auf Geschwindigkeit optimiert ist, wirken sich weitere Anschlüsse negativ aus. Um für spezielle Adaptoren (Bildschirm-Adapter für Workstations und Plattenspeicher-Adapter) ähnliche Übertragungsbedingungen wie im Fall des CPU-Bus zu schaffen, wurde ein zusätzlicher Bus entwickelt, der das gleiche Pro-

19.3 Festplattenspeicher-Ansteuerung

tokoll verwendet. Damit entstand eine dreistufige Bus-Struktur, die in modernen Rechnerarchitekturen implementiert ist (Triton-Chipsatz für Pentium-Rechner).

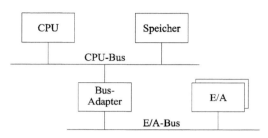

Abbildung 19.4   Zweistufige Bus-Struktur

In Bezug auf die Anschlussmöglichkeiten der Plattenspeicher an den Ein-/Ausgabe-Bus bzw. über den CPU-Bus an die Zentraleinheit und den Hauptspeicher existieren zwei verschiedene Alternativen. Die erste, die in der Abbildung 19.5 skizziert ist, verwendet einen Anschluss-Adapter, der über eine spezielle Schnittstelle ein oder mehrere Plattenspeicher mit dem Ein-/Ausgabe-Bus verbindet. Der Anschluss-Adapter kann aus einfacher passiver Logik bestehen (Floppy-Controller NEC PD 765 für PCs). Speziell für Plattenspeicher werden in dieser Funktionseinheit leistungsfähige RISC-Mikroprozessoren (E/A-Prozessor) zur Entlastung der CPU eingesetzt. Die Schnittstellen ST506 (Seagate Type 506) mit 5 MBit/s, ESDI (Enhanced System Device Interface) mit 10 MBit/s und DCI (Direct Controller Interface) mit 4.2 MByte/s sind inzwischen durch wesentlich leistungsfähigere ersetzt worden.

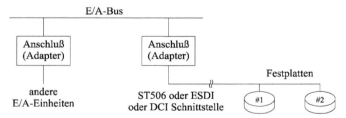

Abbildung 19.5 Plattenspeicher-Anschlussmöglichkeit

Die Elektronik-Funktionen für die Plattenspeicher-Ansteuerung sind auf den Plattenspeicher selbst und auf den zugehörigen Anschluss-Adapter verteilt.

Zu den Aufgaben der Platten-Elektronik gehören:

- Umsetzen der analogen Lese-/Schreibsignale in Bit-Folgen
- Suchen des Spuranfang-Signals
- Steuerung des Zugriffmechanismus
- Selektieren des Lese-/Schreibkopfes

Die Elektronik des Anschluss-Adapters muss folgende Funktionen erfüllen:

- E/A-Befehle ausführen, z.B. SEEK, SEARCH, READ, WRITE (SEEK adressiert eine Spur, SEARCH sucht einen bestimmten Block einer Spur)
- Fehlerprüfung
- Fehlerkorrektur
- E/A-Befehlswiederholung
- Statusinformationen sammeln und an die CPU weiterleiten
- Unterbrechungssignale generieren und der CPU übergeben
- Eine von mehreren Festplatten selektieren
- Daten weiterleiten

Als Schnittstellen für die Anbindung von Festplatten dienen heute vor allem die Serial-ATA II (oder auch kurz S-ATA II) Schnittstelle und die SAS2-Schnittstelle. In Großrechnern gibt es einige weitere Anbindungsmöglichkeiten, da hier oft Festplattenspeicher in Storage Server ausgelagert werden. Während die Serial-ATA Schnittstelle in den letzten Jahren die zuvor verwendete IDE-Schnittstelle vor allem im PC-Bereich abgelöst hat, ist die SAS2-Schnittstelle als Nachfolger der SCSI-Schnittstelle vor allem im Serverbereich von Bedeutung.

S-ATA (Serial Advanced Technology Attachment) wurde Anfang dieses Jahrtausends von zahlreichen namhaften Computerfirmen gemeinsam entwickelt und seitdem mehrfach verbessert. Der zweiten Generation der Serial-ATA Schnittstelle gelang es schließlich, die bis dahin vorherrschende IDE-Schnittstelle für den Anschluss von Festplatten und CD/DVD-Laufwerken abzulösen. 2008 kam auch eine eS-ATA genannte Schnittstelle für externe Laufwerke auf den Markt. In den nächsten Jahren wird das bereits veröffentlichte S-ATA III Protokoll seinen aktuell um die Hälfte langsameren Vorgänger ablösen. Serial-ATA III erlaubt Übertragungsgeschwindigkeiten von 6 GBit/s.

Eine ähnliche Entwicklung nahm auch die SCSI-Schnittstelle. Aus ihr wurde im Jahre 2004 die Serial Attached SCSI-Schnittstelle (SAS), welche mit 3 GBit/s bereits die Übertragungsgeschwindigkeit des S-ATA II Protokolls erlaubte. 2009 wurde diese mit SAS2 verdoppelt und damit auf S-ATA III Niveau angehoben. Während diese Übertragungsraten im PC-Bereich außer für die dort noch wenig verbreiteten Solid State Drives noch nicht benötigt werden, spielen diese im Server-Segment bereits eine immer wichtigere Rolle. Daher ist die SAS3-Schnittstelle, welche Übertragungen mit 12 GBit/s ermöglichen soll, bereits in der Entwicklung.

19.4 Ein-/Ausgabe-Befehle

Ein- und Ausgabe-Befehle können in drei unterschiedliche Gruppen gegliedert werden:

- Befehle zur Steuerung von E/A-Geräten (Control), z.B. Band zurückspulen, Drucker-Zeilenvorschub
- Befehle zum Abfragen des Zustandes eines E/A-Gerätes (Sense), z.B. Positionieren des Plattenspeicher-Zugriffsarms
- Befehle zur Datenübertragung,
  Read: E/A-Daten → Hauptspeicher,
  Write: Hauptspeicher-Daten → E/A-Gerät

Für die eigentliche Daten-Ein-/Ausgabe ist es notwendig, dass jeder Ein-/Ausgabe-Adapter und jede Steuereinheit über eine bestimmte Anzahl von Registern verfügt. Zu diesen gehören ein Datenregister zur Ablage von Daten zwischen dem Ein-/Ausgabegerät und der Zentraleinheit bzw. dem Hauptspeicher sowie ein Adressenregister, das den Hauptspeicher adressiert. Weiterhin gehören Steuer- und Statusregister dazu, wobei letztere von der CPU im Fehlerfall abgefragt werden. Da es sich im Normalfall um mehr als eine Ein-/Ausgabeeinheit handelt, die diese Register bei Bedarf benutzen wollen, wird die Register-Adressierung einheitlich in einem Ein-/Ausgabe-Adressraum zusammengefaßt. Dieser Adressraum liegt entweder innerhalb (z.B. die obersten 256 MByte für die 32 Bit HP PRECISION-Architektur) oder außerhalb (Intel-, /390-, PPC-Architektur) des Hauptspeicher-Adressraums. Der Ein-/Ausgabe-Adressraum ist nicht durch einen Silizium-Speicher implementiert, sondern es handelt sich dabei um fest verdrahtete Adressen, die zu den Registern in den Adaptoren führen. Ein Beispiel für ein einfaches Plattenspeicher-Steuerprogramm (Kanalprogramm, ESA /390) wird durch folgenden Code dargestellt:

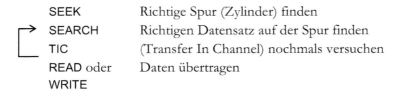

Die diesem Programm entsprechenden Aktionen sind in der Abbildung 19.6 gezeigt.

19 Ein- und Ausgabe-Organisation

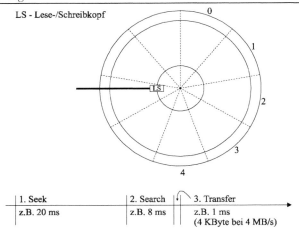

Abbildung 19.6   *Plattenspeicher Lese-/Schreiboperation*

19.5 Arten der Ein-/Ausgabe

Die Zentraleinheit einer Rechnerarchitektur ist u. a. für den Datentransport zwischen Haupt- und Plattenspeicher verantwortlich. Es stellt sich dabei die Frage, auf welche Art und Weise die Zentraleinheit sicherstellt, dass dieser Datentransport zwischen Platten- und Hauptspeicher bzw. CPU problemlos und in möglichst kurzer Zeit durchgeführt werden kann.

Es existieren drei unterschiedliche Arten der Ein-/Ausgabe:

- Programmierte Ein-/Ausgabe
- Unterbrechungsgesteuerte Ein-/Ausgabe
- Kanalgesteuerte Ein-/Ausgabe

Während bei der 'programmierten Ein-/Ausgabe' die gesamte Steuerung von der CPU ausgeführt werden muss, übernimmt im Fall der 'unterbrechungsgesteuerten' und der 'kanalgesteuerten Unterbrechung' ein E/A-Prozessor diese Aufgabe.

Die erste Art der Ein-/Ausgabe besteht darin, einen Plattenspeicher mit Hilfe der 'programmierten Ein-/Ausgabe' anzusprechen. Dabei wird z.B. ein ganzer Sektor von 512 Byte von dem Plattenspeicher gelesen und in einem gleich großen Pufferspeicher der Steuereinheit abgelegt. Anschließend führt die CPU eine Routine aus, die Byte für Byte jeweils über einen E/A-Befehl von diesem Puffer in den Hauptspeicher oder umgekehrt schreibt. Es ist also ein E/A-Befehl notwendig, um 1 Byte, Halbwort oder Wort zu übertragen. Obwohl diese Methode momentan aus Performance-Gründen nicht akzeptabel erscheint, könnte in zukünftigen Architekturen, die den Einsatz von

19.5 Arten der Ein-/Ausgabe

Plattenspeichern mit einem Durchmesser von 0.7´´ (z.B. Eingebettete Systeme) vorsehen, eine solche Ein-/Ausgabe-Möglichkeit wieder zur Anwendung kommen (Optimale Speicherplatz-Nutzung).

Ein weiteres Verfahren der Ein-/Ausgabe bildet die ´unterbrechungsgesteuerte Ein-/Ausgabe´. Bei diesem Verfahren wird durch den E/A-Befehl ein E/A-Gerät, ein Pufferbereich im Hauptspeicher und die Anzahl der zu übertragenden Bytes spezifiziert. Die Steuerlogik (Steuereinheit) des E/A-Gerätes nimmt die Übertragung vom oder zum Hauptspeicher selbständig vor und meldet den Abschluss der E/A-Operation an die CPU über eine E/A-Unterbrechung. Für die Übertragung eines Datenblocks beliebiger Länge wird somit nur ein E/A-Befehl benötigt. Dieses Verfahren wird allgemein als Direct Memory Access (DMA) bezeichnet. Die DMA-Steuerung wird von einem Mikroprozessor (DMA Controller) ausgeführt und hat folgende Aufgaben (Abbildung 19.7) zu erfüllen:

- Adressieren des Hauptspeichers durch Adressfortschaltung
- Adressieren der Geräteschnittstelle
- Steuerung der Buszugriffe für Lesen oder Schreiben
- Zählen der übertragenen Bytes
- Rückmelden an die CPU

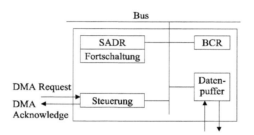

SADR - Speicheradressregister
BCR - Bytezähler

Abbildung 19.7   Aufgaben der DMA-Steuerung

Die DMA-Einheit konkurriert mit der CPU bezüglich des Hauptspeichers bzw. des Bus-Zugriffs. Dieses Problem wird mit Hilfe der drei unterschiedlichen Betriebs-Modi a) - c) gelöst.

a) Der erste Modus wird als ´Transparentes DMA´ bezeichnet. Das bedeutet, dass der DMA-Controller darauf wartet, dass die CPU keine Zugriffe zum Hauptspeicher durchführt. Wenn dieser Fall eintritt, dann können diese freien Bus-Zyklen vom DMA-Controller genutzt werden. Daraus ergibt sich, dass der DMA-Controller der CPU untergeordnet ist.

b) Der Modus des 'Cycle Steeling' reserviert mittels einer Steuerlogik eine bestimmte Anzahl von Bus-Zyklen für den DMA-Controller. Falls die CPU gerade diese Zyklen in Anspruch nehmen will, muss sie warten.

c) Der 'Blocktransfer' (Burst Modus) teilt dem DMA-Controller für die Übertragung eines ganzen Datenblocks (evtl. mehrere Blöcke durch Verketten) den Bus zu, und die CPU hat während dieser Zeit keine Möglichkeit, den Bus zu benutzen.

Welcher Modus konkret implementiert wird, hängt vor allem von den Anwendungen ab. Durch das 'Transparente DMA' wird der Bus optimal ausgelastet, während die Übertragungsrate minimal ist. Dagegen garantiert der 'Blocktransfer' höchste Übertragungsraten und ist deshalb z.B. für Datenbank-Anwendungen besonders geeignet.

Die dritte mögliche Art der Ein-/Ausgabe stellt einen Sonderfall der 'unterbrechungsgesteuerten Ein-/Ausgabe' dar und wird mit 'kanalgesteuerte Ein-/Ausgabe' bezeichnet. Letztere setzt auch eine programmierte (intelligente) Steuereinheit voraus. Diese Steuereinheit (E/A-Prozessor) führt eine Folge von E/A-Befehlen (Kanalprogramm) aus, um komplexe E/A-Operationen durchzuführen. Die Startadresse des Kanalprogramms wird der E/A-Steuereinheit jeweils zu Beginn der E/A-Operation übergeben. Dafür ist ein Befehl der Zentraleinheit erforderlich (START I/O). Anschließend führt die Steuereinheit eine Folge von E/A-Befehlen durch und meldet den Abschluss der E/A-Operation an die Zentraleinheit über eine E/A-Unterbrechung.

20 Parallelrechner

20.1 Einführung

In multiprogrammierten Architekturen (siehe Kapitel 5) erfolgt die zeitlich verzahnte Verarbeitung von mehreren Prozessen auf einer einzigen CPU. Im Unterschied dazu werden bei der Mehrfachverarbeitung (Multiprocessing) mehrere Prozesse gleichzeitig auf mehrfach vorhandenen CPUs ausgeführt, wobei in der Regel die Anzahl der Prozesse größer ist als die der CPUs. Seit Ende der 60er Jahre werden Großrechenanlagen von den Herstellern fast ausschließlich als Mehrfachrechner vertrieben. Dem Anwender bleibt aber die Option, diese Architektur als Monoprozessor zu betreiben. Der Implementierungs-Trend als Mehrfachrechner beginnt sich inzwischen bis zur Ebene der Arbeitsplatzrechner durchzusetzen.

Im Gegensatz zur Mehrfachverarbeitung wird bei der Parallelverarbeitung ein einziger Prozess gleichzeitig auf mehreren CPUs ausgeführt. Unter der Voraussetzung, dass eine geeignete Hardware zur Verfügung steht, kann ein Mehrfachrechner als Parallelrechner eingesetzt werden. Hochleistungs-Rechner (Cray, Fujitsu, IBM, Amdahl), die gezielt zur Lösung wissenschaftlicher Problemstellungen benutzt werden, implementieren neben diesen Einrichtungen zur Parallelarbeit noch spezielle Einrichtungen zur Verarbeitung von Vektoren. Außer diesen Architekturen existieren eine Reihe von Produkten, die speziell als Parallelrechner entworfen wurden und deshalb nur als solche effizient nutzbar sind.

Neben der Prozess-Ebene kann Parallelverarbeitung auch auf Job-Ebene, Anweisungs-Ebene und auf der Ebene der Elementaroperationen stattfinden [Gil 93]. Die Anweisungs-Ebene ist diejenige, die momentan am besten beherrscht und aus diesem Grund am häufigsten in der Parallelarbeit eingesetzt wird. Speziell bietet sich dafür die parallele Ausführung von Schleifen-Durchläufen auf verschiedenen CPUs an.

Die wichtigsten Ziele für den Entwurf und die Implementierung von Parallelrechnern bilden:

- Erhöhung der Verarbeitungsleistung
- Effektivere Ausnutzung von Betriebsmitteln
- Benutzung gemeinsamer Daten durch unterschiedliche Prozesse

20.2 Klassifizierung

In Anlehnung an die Klassifizierung von Flynn [Fly 66] wird vorrangig zwischen 2 Parallelrechner-Klassen unterschieden:

- SIMD (Single Instruction Multiple Data)
- MIMD (Multiple Instruction Multiple Data)

Dagegen repräsentiert die SISD-Architektur (Single Instruction Single Data) den klassischen 'von Neumann'-Rechner. Letzterer enthält eine CPU, Hauptspeicher und Ein-/Ausgabe-Einrichtung.

Zusätzlich zu der Klassifizierung in SIMD- und MIMD-Architekturen existieren noch eine Reihe anderer paralleler Architekturen, zu denen u. a. sogenannte 'Systolic Arrays' [KuL 78], 'Data Flow'-Architekturen [Den 74] und Neuronale Netzwerke [Ram 92] gehören. Diese zählen zu den aktuellen Forschungsgebieten und besitzen deshalb momentan wenig praktische Bedeutung.

Eine SIMD-Architektur enthält eine bestimmte Menge von Prozessoren, die zeitlich parallel einen identischen Maschinenbefehl aber mit unterschiedlichen Daten ausführen. In den letzten zehn Jahren sind zahlreiche Konzepte von SIMD-Architekturen entwickelt und teilweise in Hardware implementiert worden. Typische Vertreter dieser Parallelrechner stellen die sogenannten 'Massiv parallelen' Architekturen dar, die von den Firmen MasPar und Thinking Machines vertrieben wurden. Als Verarbeitungseinheiten werden abhängig vom Hersteller sehr einfache (z.B. CM-1, CM-2: 1 Bit-CPU) [Hil 85] oder leistungsfähige Rechnerknoten (MP-1216, MP-2216: 32 Bit) eingesetzt. Die Klasse dieser Parallelrechner implementieren in der Regel eine Prozessor-Anzahl in Stufen von n*K mit n = 1/2, 1, 2, 4,..., 32. Die Hersteller 'Massiv Paralleler' Rechner konzentrierten sich zuletzt entweder auf spezifische Anwendungen (MasPar: Signalverarbeitung) oder auf die Entwicklung paralleler Software-Werkzeuge und Data Mining-Lösungen bzw. erweitern ihre Produkt-Palette um MIMD-Architekturen (Thinking Machines: CM-5). Sowohl MasPar als auch Thinking Machines wurden wenig später von anderen Firmen übernommen.

Das Dilemma der SIMD-Architekturen besteht in ihrer schweren Programmierbarkeit. Die Hardware wird in der Regel von Elektronik-Ingenieuren entworfen, es mangelt aber an geeigneter Unterstützung durch Betriebssysteme und Compiler. Bis auf wenige Versuche, die Anwender-Akzeptanz dieses Parallelrechner-Typs für bestimmte Problemklassen zu erhöhen [Brä 91], wird die Lösung der Schwierigkeiten bei der Ausnutzung der gegebenen Hardware (Prozessor-Kommunikation) dem Nutzer/Programmierer überlassen. Es ist bisher nicht gelungen, die Lücke zwischen Hard-und Software-Architektur befriedigend zu schließen. Diese Einschätzung des momentanen Entwicklungsstadiums der SIMD-Architekturen bedeutet selbstverständlich nicht, dass die bisherigen Forschungsarbeiten auf diesem Sektor der Rechnerarchitektur nutzlos waren. Bei allem Optimismus wird sich aber voraussichtlich in den nächsten Jahren an dieser Situation wenig ändern.

Kennzeichnend für SIMD-Architekturen ist, dass die Prozessoren den gleichen Maschinenbefehl auf einem jeweils eigenen Datenstrom ausführen. MIMD-Architekturen sind dagegen dadurch gekennzeichnet, dass die Prozessoren auf jeweils eigenen Befehls- und Datenströmen arbeiten. Die Rechner arbeiten nicht synchron wie im Fall der SIMD-Architekturen sondern asynchron. Sie synchronisieren sich nur bei Bedarf mit Hilfe spezieller Mechanismen. Parallelrechner des MIMD-Typs arbeiten gegenwärtig relativ erfolgreich und sollen aus diesem Grund ausführlicher behandelt werden.

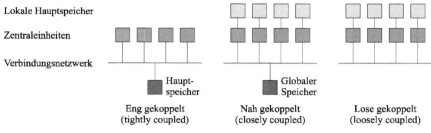

Abbildung 20.1   Klassen von MIMD-Parallelrechnern

Die MIMD-Architekturen werden nochmals in zwei unterschiedliche Sub-Klassen (Abbildung 20.1) eingeteilt, die sich hinsichtlich ihrer Kommunikation unterscheiden:

- Tightly coupled (eng gekoppelte) MIMD-Architekturen
- Loosely coupled (lose gekoppelte) MIMD-Architekturen

Neben diesen beiden fundamentalen MIMD-Typen existiert noch eine Zwischenstufe, die sowohl einen lokalen Hauptspeicher für jeden Prozessor als auch einen globalen Speicher enthält. Architekturen dieses Typs werden als ´Closely coupled´ MIMD-Architekturen bezeichnet.

20.2.1 Tightly coupled MIMD-Architekturen

Eng gekoppelte Parallelrechner zeichnen sich durch eine Menge von Zentraleinheiten aus, die über einen Bus mit dem gemeinsamen Hauptspeicher verbunden sind [SHL 97].

Die Tightly coupled MIMD-Parallelrechner werden weiterhin in symmetrische und asymmetrische Architekturen gegliedert. In den asymmetrischen Architekturen existiert eine ausgezeichnete Zentraleinheit, die sämtliche Ein-/Ausgabefunktionen übernimmt, während alle übrigen CPUs davon befreit sind. Diese Eigenschaft wirkt sich insofern negativ aus, dass die betreffende CPU derart mit der Ausführung von Ein-/Ausgabefunktionen überlastet werden kann, dass die Ausführung anderer Arbeiten nicht mehr möglich ist und sich dadurch ein sogenannter ´Flaschenhals´ ausbildet.

Moderne Parallelrechner dieses Typs werden aus diesem Grund fast ausschließlich als symmetrische Architekturen implementiert, d.h. jeder Rechner kann gleichberechtigt eine Ein-/Ausgabeoperation übernehmen. Für einen SMP (Symmetric Multi Processor) sind aber außer zusätzlicher Hardware spezielle Eigenschaften des Betriebssystems notwendig. Ein Beispiel dafür bildet das MVS-Betriebssystem der IBM /390-Großrechner, das die Fähigkeit hat, bis zu 10 CPUs im Multiprocessing-Betrieb zu verwalten. Mittlerweile ist das IBM-Betriebssystem z/OS in der Lage zSeries-Mainframes mit deutlich mehr Prozessoren zu verwalten.

Ein typisch symmetrischer Parallelrechner ist die Sn (n = 16, 27, 81)-Serie der Firma SEQUENT, bei der Intel 80386 und 80486 Prozessoren zum Einsatz kamen. Die nächste Rechnergeneration bilden die S 2000 und S 5000-Parallelrechner, die im Unterschied zum Vorgänger den Pentium-Mikroprozessor einsetzen. Während die S16 (6 CPUs) und S27 (10 CPUs) mittels des Betriebssystems DYNIX einen effektiven Parallelbetrieb ermöglichen, trifft das für CPU-Zahlen größer als 10 nicht mehr zu. Die Ursache liegt in der begrenzten Multiprozessor-Fähigkeit des Betriebssystems. Der Hauptspeicher wird mit größeren CPU-Zahlen zunehmend zum ´Flaschenhals´. Das bedeutet nicht, dass dieser ´Flaschenhals´ aus der Hardware-Implementierung des Hauptspeichers folgt. Diese Aussage gilt ganz allgemein für diese Rechnerklasse und trifft nicht nur für die SEQUENT-Parallelrechner zu.

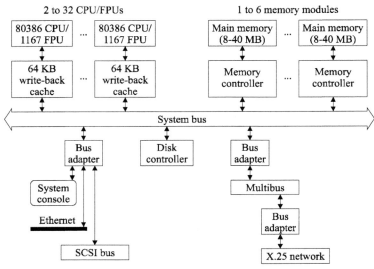

Abbildung 20.2   *SEQUENT Symmetry Multiprocessor*

Alle SMPs implementieren einen gemeinsamen Bus, zu jeder CPU einen individuellen Cache, einen Hauptspeicher, der mehrere Hauptspeicher-Module enthält sowie eine entsprechende Anzahl von Controllern für das I/O-Subsystem.

20.2 Klassifizierung

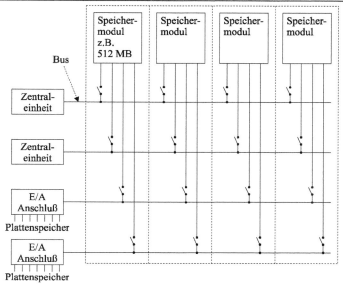

Abbildung 20.3   Aufteilung des Hauptspeichers in Module mit eigenen, unabhängigen Matrixschaltern

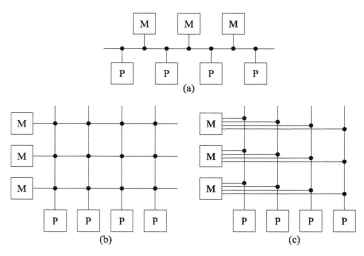

P - Processor   M - Memory

Abbildung 20.4   (a) Time-Sharing Bus, (b) Crosspoint Switch, (c) Multiport-Speicher

Der SMP der Firma SEQUENT ist in der Abbildung 20.2 dargestellt. Er kann bis zu 32 Mikroprozessoren mit je 64 Kbyte 2-Weg-Set-assoziativem Cache (Write-back) implementieren. Der Bus stellt nur eine logische Verbindung dar und ist in modernen SMPs physikalisch in Form eines Crossbar-Matrix-Switch realisiert. Dabei wird die Hauptspeicheransteuerung mit in den Switch integriert, so dass mehrere Zentralein-

409

heiten und Ein-/Ausgabeeinheiten auf unterschiedliche Speicherbänke zugreifen können (Abbildung 20.3). Für die erforderliche Bandbreite werden Busse mit einer Breite von 64 bzw. 128 Bit gewählt. Weitere Verfahren zur Prozessor-Speicher-Kopplung bilden der Time-Sharing-Bus und der Multiport-Speicher (Abbildung 20.4).

Ähnliche Architektur-Merkmale enthalten auch die VAX- (System Control Unit) und die IBM- (Processor Control Element) Parallel-Architekturen.

Alle Tightly coupled MIMD-Architekturen implementieren zu jeder CPU einen eigenen Cache-Speicher. Aus dieser Tatsache heraus ergibt sich das Problem der Cache-Kohärenz (siehe Abschnitt 9.7.3.5). Im Fall von 2 CPUs soll z.B. im Hauptspeicher die Cacheline XX gespeichert sein (Abbildung 20.5). Diese Cacheline ist außerdem sowohl im Cache der CPU0 als auch im Cache der CPU1 vorhanden. Im Fall eines Schreibzugriffs existieren zwei Möglichkeiten, dass z.B. die CPU1 in ihrem Cache den Inhalt XX nach YY ändert: Die CPU1 verwendet entweder das Write-In-Cache- (Copy-back-) oder das Write-Through-Cache-Verfahren. Beim Write-In-Cache-Verfahren wird nur im Cache der Inhalt YY eingetragen, während das Write-Through-Cache-Verfahren den Wert YY einmal im Cache und zum anderen im Hauptspeicher einträgt. Unabhängig von der Art des Verfahrens unterscheidet sich der Eintrag YY im Cache der CPU1 vom Eintrag XX im Cache der CPU0, d.h. das Cache-Kohärenz-Prinzip ist verletzt. Dem Problem kann man im Fall von Write-Through Caches mittels einer Snooping (Schnüffel) Logik begegnen. Dabei erhält jede CPU eine solche Snooping Hardware, die feststellt, ob eine Cacheline zwischen einer CPU und dem Hauptspeicher bzw. Cache bewegt wird. Stellt die Logik einen derartigen Transport fest, so kann die betreffende Cacheline im Cache der CPU0 für ungültig erklärt und die korrekte Cacheline nachgeladen werden. Die Schwierigkeit der Cache-Kohärenz besteht darin, dass ein moderner Parallelrechner normalerweise nicht mit einem einfachen Bus sondern mit einem Crossbar-Matrix-Switch arbeitet, über den gleichzeitig mehrere CPUs auf eine entsprechende Menge von Speicher-Module zugreifen. Aus diesem Grund ist für eine solche Snooping Logik ein zusätzlicher Crossbar-Matrix-Switch notwendig. Es muss der Zustand der Cacheline abgefragt und automatisch ein korrektes Update vorgenommen werden. Cache-Kohärenz-Probleme treten normalerweise nur in Daten-Caches auf, da die Daten aus den Befehls-Caches grundsätzlich nicht modifiziert werden (RISC-Prozessoren). Die Intel- und die /390-Architektur lassen dagegen selbstmodifizierenden Code zu und benötigen deshalb zusätzliche Logik.

20.2 Klassifizierung

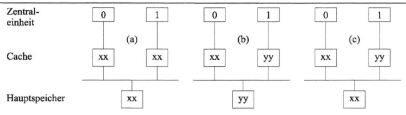

(a) Cacheinhalt, nachdem beide Zentraleinheiten die gleiche Cacheline aus dem Hauptspeicher gelesen haben
(b) Speicherinhalte, nachdem Zentraleinheit '1' die Cacheline abgeändert hat, Write-Through-Cache-Verfahren
(c) Speicherinhalte, nachdem Zentraleinheit '1' die Cacheline abgeändert hat, Write-In-Cache-Verfahren

Abbildung 20.5   Cache-Kohärenz

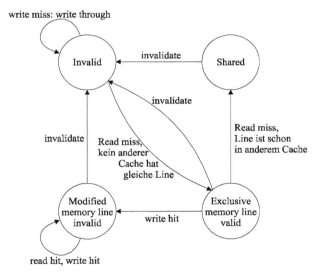

Abbildung 20.6   MESI-Protokoll (unvollständig)

Ein praktikabler Mechanismus zur Erhaltung der Cache-Kohärenz stellt das MESI (Modified Exclusive Shared Invalid)-Protokoll dar (Abbildung 20.6). Dieses wird bei Write-In Caches benutzt und ordnet jeder Cacheline einen von 4 Zuständen zu:

- Die Cacheline befindet sich exclusiv in einem Cache und wurde modifiziert (Modified exclusive).
- Die Cacheline befindet sich exclusiv in einem Cache und wurde nicht modifiziert (Exclusive unmodified).
- Die Cacheline befindet sich in mehr als einem Cache und wurde nicht modifiziert (Shared unmodified).
- Die Cacheline ist ungültig (Invalid).

20 Parallelrechner

Der Zustand wird mit Hilfe von 2 Bits im Steuerfeld jeder Cacheline ausgewiesen. Die Implementierung des MESI-Protokolls erfordert einen hohen Hardware-Aufwand, der mit steigender Prozessor-Anzahl zunimmt. Trotz dieses Nachteils kann bereits eingeschätzt werden, dass die MESI-Implementierung in MIMD-Parallelrechnern künftig zum Standard gehören wird.

Neben den Kommunikationsprozessen, die für den Nutzer vollkommen transparent ablaufen, stellen manche MIMD-Architekturen Mechanismen zur Verfügung, die es erlauben, mittels eines spezifischen Maschinenbefehls über die ausführende CPU eine externe Unterbrechung einer anderen CPU auszulösen mit dem Ziel, mit dieser zu kommunizieren. Die /390-Architektur implementiert für Parallelrechner den sogenannten ´signal processor´-Befehl. Das Format dieses Maschinenbefehls ist in der Abbildung 20.7 dargestellt. Von den drei Operandenfeldern beziehen sich zwei auf Register, das dritte bildet den sogenannten ´Order Code´ (External Call, Initial Micro Programm Load, Sense Status, Stop and Store Status, Start, Stop, Reset). Eines der beiden Register kann die Adresse einer anderen CPU aufnehmen. Da es sich um eine 32 Bit-Adresse handelt, können auf diese Art 2^{32} unterschiedliche Zentraleinheiten angesprochen werden.

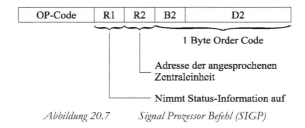

Abbildung 20.7   *Signal Prozessor Befehl (SIGP)*

20.2.2 Loosely coupled MIMD-Architekturen

Im Unterschied zu den eng gekoppelten Parallelrechnern verfügt in einem lose gekoppelten Parallelrechner jede CPU über ihren eigenen Hauptspeicher. Die Verbindung der einzelnen Zentraleinheiten erfolgt durch ein Hochgeschwindigkeitsnetzwerk [KuR 02], über das die CPUs Nachrichten austauschen.

Für die physikalische Verbindung der einzelnen Rechnerknoten werden verschiedene Topologien [Gil 93] verwendet (Abbildung 20.8). Kreuzschienenverteiler, die es erlauben, beliebige Rechner untereinander zu verbinden, werden bis zu Rechnerknoten-Quantitäten von maximal 512 eingesetzt. Darüber hinaus muss man zu einer Netzwerktechnik übergehen. Diese Technik besteht aus mehrstufigen Verbindungsnetzwerken, die als Grundelement einen Crossbar-Switch mit n Ein-und Ausgängen (n = 2, 4, 8, 16) enthält. Die Grundelemente werden in mehreren Schichten in der einen und stufenweise in der anderen Richtung angeordnet. In der Abbildung 20.9 ist ein dreistufiges Netzwerk mit insgesamt 4*2 Ein-und Ausgängen gezeigt. Über einen spezifischen Algorithmus ist die erste Stufe mit der 2. und diese wiederum mit der 3. verbunden.

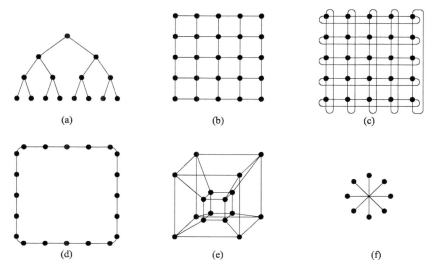

Abbildung 20.8 Unterschiedliche Netzwerk-Topologien für lose gekoppelte Parallelrechner: (a) Baum, (b), 2-dimensionales Netz, (c) Torus, (d) Ring, (e) 4-dimensionaler Hypercube, (f) Stern

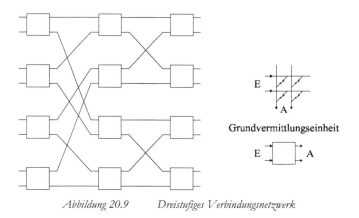

Abbildung 20.9 Dreistufiges Verbindungsnetzwerk

Die bekanntesten Netzwerke dieser Art stellen die sogenannten Delta-Netzwerke dar. Letztere haben die Eigenschaft, dass für das Routing keine komplexen Leitwegtabellen notwendig sind. Der Verbindungsweg vom Ein- zum Ausgang ist allein durch die Angabe der Zieladresse (Ausgangsadresse) festgelegt. In der Abbildung 20.10 ist ein 4 stufiges Delta-Netzwerk dargestellt. Innerhalb jedes 2*2 Crossbar-Switchs gilt, dass im Fall der Ziffer 0 in der Zieladresse der betreffende Eingang mit dem oberen Ausgang und bei der Ziffer 1 der Eingang mit dem unteren Ausgang verschaltet wird.

20 Parallelrechner

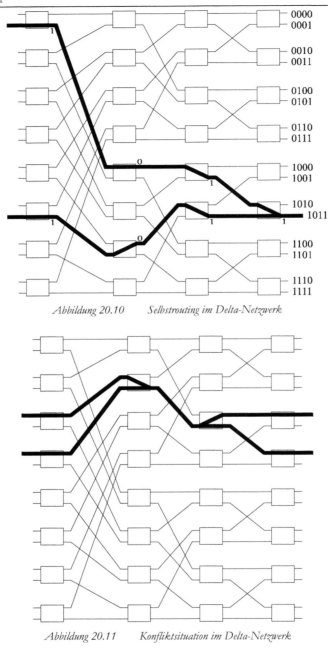

Abbildung 20.10   Selbstrouting im Delta-Netzwerk

Abbildung 20.11   Konfliktsituation im Delta-Netzwerk

In jeder Stufe wird jeweils eine Ziffer der Adresse von links nach rechts abgearbeitet. Im Vergleich zum üblichen einstufigen Kreuzschienenverteiler können Delta-Netzwerke blockieren [Erm 85]. Ein solcher Fall würde z.B. dann eintreten, wenn zwei verschiedene Eingänge des Netzwerkes (Abbildung 20.11) gleichzeitig einen identischen Verbindungsweg zwischen der 2. und der 3. Stufe benutzen müssen, um mit ihren vorgegebenen Ausgängen verbunden zu werden. Zur Lösung dieses Problems werden Puffer verwendet, die die Information zwischenspeichern, wenn eine Signalübertragung aus diesem Grund nicht zum gewünschten Ausgang durchgeführt werden kann.

Der SP2 (Scalable POWERparallel Systems)-Parallerechner der Firma IBM implementiert ein Delta-Netzwerk mit 4*4 Crossbar-Switchs als Kommunikations-Subsystem (Abbildung 20.12).

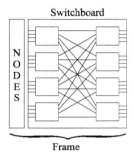
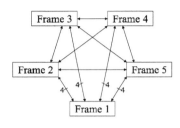

Abbildung 20.12   SP2 High Performance Switch Network (80-way)

Die Prozessorknoten (PowerPC-Architektur), die physikalisch in dünne (Rechnerknoten) und dicke (Serverknoten) eingeteilt werden, kommunizieren untereinander direkt über dieses mehrstufige Netzwerk (HPS: High Performance Switch). Es ermöglicht die sogenannte ´any-to-any´-Verbindung. Die Knotenentfernungen sind äquidistant, und die Kommunikationsleistung zwischen zwei beliebigen Prozessoren ist nahezu unabhängig von deren relativer Lage. Diese Eigenschaft unterscheidet die SP2-Architektur deutlich von anderen MIMD-Architekturen dieser Art mit unterschiedlicher Netz-Topologie. Die maximale Bandbreite pro Verbindung beträgt 40 MByte/s bei einer Latenz von 500 ns. Für die Kontrolle des Datenstroms wird im HPS der SP2-Architektur das ´packet-switching´-Verfahren implementiert. Die Pakete enthalten einen ´header´ mit der Routing-Information, die von jedem Schaltelement für die Wahl des betreffenden Ausgangs ausgewertet wird. Gegenüber dem ´circuit switching´ besitzt dieses Verfahren entscheidende Vorteile: Skalierbarkeit, Zuverlässigkeit und Multi-User-Unterstützung. Innerhalb des ´packet switching´ unterscheidet man weiterhin zwischen dem ´store-and-forward´- und dem ´cut-through´-Verfahren. Während das ´store-and-forward´-Verfahren ein Paket komplett empfängt, bevor es auf den Weg zum Empfänger geschickt wird, wird der ´Header´ beim ´cut-through´-Verfahren zuerst nach seinen Routing-Informationen untersucht. Für den Fall, dass der Weg zu dem Ausgang frei ist, erfolgt sofort die Übertragung. Im Fall der Blockierung wird das Paket derart zwischengespeichert, dass es nicht in einem Puffer eines Schaltelements (virtual cut-through), sondern zerlegt in mehreren Puffern abgelegt wird (wormhole-routing). Die SP2-Architektur implementiert (außer in sämtlichen Eingängen) zusätzlich innerhalb jedes Switch-Elements (4 Ein-und Ausgänge) einen zentralen Puffer (central queue) von 8 KByte. Letzterer dient zur Speicherung komplett blockierter Pakete und wird dynamisch bereitgestellt.

Einen lose gekoppelten Parallelrechner stellt das IBM S/390 Cluster (zSeries Parallel Sysplex, Parallel System Complex) dar [IBM 97].

Das erste Modell der IBM zSeries wurde im Oktober 2000 angekündigt. Darauf folgten die Modelle z990 (Mai 2203), z9 (Juli 2005) und z10 (Februar 2008). Die Veröffentlichung der neusten IBM zSeries-Entwicklung erfolgte mit der z196 am 22.7.2010.

Aufgrund des ständig zunehmenden Internet-Computings (e-economy, e-business) erhalten Mainframes in Client/Server-Architekturen [HKS 02] einen erhöhten Stellenwert. Die Renaissance von Großrechnern stützt sich auf hohe Zuverlässigkeit und Sicherheit sowie auf eine enorme Verarbeitungsleistung. Nach Aussagen der Firma IBM [Lew 99] beträgt die Verfügbarkeit der zSeries (Parallel Sysplex)-Architekturen pro Jahr 99,998% (Ausfallzeit: 10 Minuten). Dagegen liegen bei Mini-Computern (z.B. Digital VAX, Unix-basiert) und Windows-basierten PCs die Verfügbarkeiten im gleichen Zeitraum bei 99,78 % (Ausfallzeit: 18,9 Stunden) bzw. 97,44% (Ausfallzeit: 224,5 Stunden). Zusätzlich verfügen die Mainframes über riesige I/O-Bandbreiten, gewaltige Hauptspeichergrößen und sehr große Plattenspeicher verglichen mit Workstations und PCs.

Diese genannten Vorteile veranlassen zunehmend große Wirtschaftsunternehmen, Mainframes als zentrale Unternehmensserver [Zac 99] einzusetzen. Die IBM zSeries-Mainframes stellen mit dem z/OS-Betriebssystem und der Einbindung moderner Internet-Technologien (z.B. Web-Browser, CORBA, Java Enterprise Beans, Java Frameworks) [OHE 98] weltweit einen wesentlichen Anteil.

Das System-Modell des zSeries Parallel Sysplex [IBM 97] besteht aus den Prozessor-Knoten, Shared Storage Devices, Netzwerk-Kontrollern und den Kern-Cluster-Technologie-Komponenten. Letztere umfassen Syplex-Timer, Switch (FICON Director) und Coupling Facility (CF).

Die Abbildung 20.13a und 20.13b zeigen einen Parallel Sysplex System-Modell und eine Konfiguration unter OS/390, wobei maximal 32 Prozessor-Knoten unterstützt werden. Jeder dieser Knoten stellt einen SMP dar und enthält zwischen 1 und 10 Prozessoren. Die Knoten müssen nicht homogen sein, d.h. ein Knoten kann aus S/390-CMOS- und ein anderer aus ES/9000-Bipolar-Prozessoren aufgebaut sein. Jeder der Prozessoren ist in der Lage, auf die Daten der Shared Storage Devices zuzugreifen (Shared Data (Disc)-Modell).

Ähnlich können auch aktuelle IBM Mainframes der zEnterprise 196 oder der z10-Generation betrieben werden. Dabei unterstützt das Betriebssystem z/OS mittlerweile auch größere SMPs.

20.2 Klassifizierung

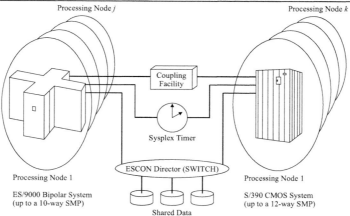

Abbildung 20.13a: Parallel Sysplex System-Modell

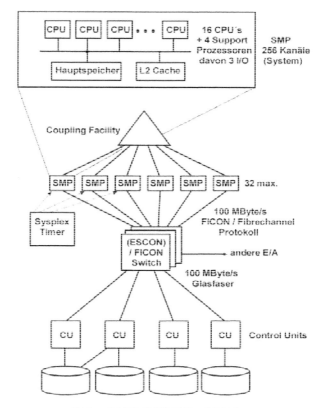

Abbilung 20.13b: OS/390 Parallel Syplex

20 Parallelrechner

Die I/O-Architektur benutzt das von IBM entwickelte ESCON (Enterprise Systems CONnection) Channel-Konzept. Das Channel-Subsystem der ES/9000-Architektur (Abbildung 20.14) bildet die Grundlage für den ESCON-Channel. Dieses integriert Off-Load-Prozessoren (IOPs), Channels und die sogenannte Staging-Hardware. Die IOPs sind verantwortlich für die Kommunikation zwischen den zentralen Prozessoren und den Work Queues des Channel Subsystems. Die Channels selber führen das Channel-Programm aus: Sie initialisieren das Channel-Programm, führen die Datenübertragung aus und liefern die abschließenden Status-Informationen an die IOPs. Die Staging-Hardware stellt die Kommunikations-Pfade zwischen den IOPs, den Channels und dem Rest des Systems zur Verfügung. Jeder Channel ist über seinen eigenen Channel Attachment Bus mit der Staging-Hardware verbunden. Sämtliche Kommunikationen mit anderen System-Komponenten erfolgen über diesen Bus.

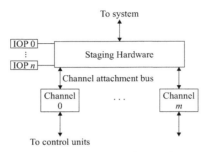

Abbildung 20.14   Struktur des ES/9000 Channel Subsystems

Von CF werden drei Verhaltensmodelle in Form von Cluster-Protokollen realisiert:

- Lock-Modell: Es unterstützt feingranulares, globales Locking für hohe Performance und Signalisierung von konkurrenten Ressource-Zugriffen.

- Cache-Modell: Liefert globale Kohärenz-Steuerung für verteilte lokale Prozessor-Caches und Shared Data Cache.

- Queue-Modell: Implementiert einen umfangreichen Satz von Queuing-Konstrukten für die Verteilung von Workloads und zur Realisierung von Message Passing sowie Sharing der Status Information.

CF setzt sich physisch aus Hardware und speziellem Mikrocode (Control Code) zusammen. Die Kopplung mit anderen S/390-Prozessoren erfolgt mittels des z/OS, OS/390- oder MVS-Betriebssystems über High-Speed Coupling Links. Diese Links benutzen spezielle Protokolle für den Transport der Kommandos zum und vom CF. Die Hardware der Links besteht aus Glasfaser-Kanälen mit einer Übertragungsrate von 100 MByte/s. CF-Speicher-Ressourcen können dynamisch partitioniert und einer der CF-Strukturen (Lock-, Cache-, Queue-Modell) zugewiesen werden. Innerhalb derselben CF sind mehrere CF-Strukturen desselben oder unterschiedlichen Typs möglich.

20.2 Klassifizierung

Der FICON/ESCON Director bildet die Kerneinheit der FICON/ESCON-Architektur. Er implementiert eine Switched Point-To-Point-Topologie für zSeries- oder S/390-I/O-Channels und Control Units. Bis zu 60 Channels und Control Units können durch den Director dynamisch und nichtblockierend (Crossbar Switch) über ihre Ports miteinander verschaltet werden. Entfernungen von bis zu 3 km für optische Übertragungen sind möglich, d.h. ein ESCON Director erlaubt Channel-To-Channel- oder Channel-To-Control Unit-Distanzen bis zu 6 km, bei zwei Director-Einheiten bis zu 9 km. Diese zulässigen Entfernungen erhöhen sich bei der Implementierung des Laser-Link-Produkts ESCON XDF (Extended Distance Feature) auf 20, 40 bzw. 60 km. Die Abbildung 20.15 zeigt eine typische System-Konfiguration mittels ESCON Director. Die Übertragungsgeschwindigkeit für FICON Channels liegt bei 800 MByte/s bis 1 GByte/s (FICON Express) gegenüber ESCON mit 17 MByte/s.

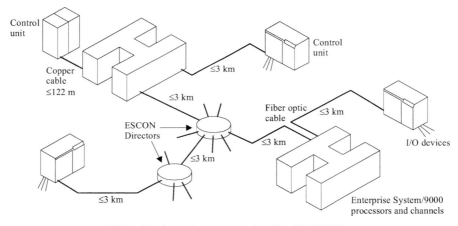

Abbildung 20.15   System-Verbindung über ESCON Director

Die Anforderungen an ein gekoppeltes Rechnersystem bezüglich Genauigkeit und Konsistenz des Taktes in den einzelnen Teilsystemen werden durch einen Sysplex Timer erfüllt. Letzterer stellt eine externe Zeit-Referenz (ETR, External Time Reference) dar. Der Timer generiert den synchronen Time Of Day (TOD)-Clock für alle Systemknoten bzw. -prozessoren. Von der ETR-Architektur (Abbildung 20.16) werden 3 Signale (oscillator signal, on-time signal, data signal) für die Clock-Synchronisation erzeugt und an die Central Processing Complexes (CPCs) gesendet. Der Sysplex Timer kann umgekehrt auch Informationen aus einer externen Quelle erhalten (z.B. Time Code Receiver). Im Falle eines Sysplex Timer-Ausfalls arbeiten die Knoten weiter und verwenden ETR aus einem lokalen Modul. Beim Wiederanschluss des Timers besteht je nach ETR-Parameter die Möglichkeit der Resynchronisation.

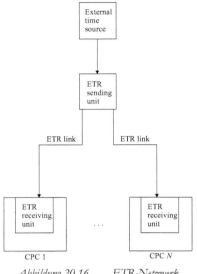

Abbildung 20.16   ETR-Netzwerk

Ein weiteres Beispiel dieser Parallelrechnerklasse bildet die Cray T3D-Architektur [Bel 92]. Dieser Parallelrechner enthält bis zu 1024 CPUs, die Standard-Mikroprozessoren der Firma DEC (Alpha) darstellen. Das Nachfolgeprodukt Cray T3E arbeitet mit maximal 2048 Mikroprozessoren vom Typ DEC Alpha EV5. Die Hauptspeicher können bis zu einer Größe von 128 GByte ausgebaut werden. Als Verbindungsnetzwerk dient eine 3-D Torusstruktur. Die Datenbandbreite für die 1024 CPU-Konfiguration beträgt 77 GByte/s (77 MByte/s pro CPU).

Der aktuellste CRAY-Rechner mit dem Namen XT6 arbeitet mit dem AMD Zwölfkernprozessor Magny-Cours. Bis zu 192 solche Prozessoren und somit bis zu 2304 Prozessorkerne bringt CRAY in einer Recheneinheit unter, wobei sich natürlich zahlreiche dieser Einheit verbinden lassen.

Die momentan größte Parallelrechner-Architektur dieser Art basiert auf dem Vorgänger CRAY XT5. Der in den Oak Ridge National Laboratories in den USA stehende Supercomputer mit dem Namen Jaguar vereint 224.256 Prozessorkerne. Es wurden hierbei AMD Opteron Sechskernprozessoren mit einer Taktfrequenz von 2,6Ghz verwendet. Der Rechner ist in 18.688 Knoten mit je 16 GB Hauptspeicher aufgeteilt. Insgesamt wurden somit im Jaguar fast 300 TB Hauptspeicher verbaut [NCS 10].

Parallelverarbeitung in lose gekoppelten MIMD-Architekturen erfolgt im Allgemeinen auf der Ebene der kooperierenden Prozesse. Der Kommunikations-Mechanismus zwischen den Prozessen kann in drei Klassen eingeteilt werden [Gil 93]:

- Remote Procedure Call (RPC): Der Sender einer Nachricht bleibt nach dem Senden der Nachricht solange im Wartezustand, bis der Empfänger die Aus-

führung des in der Nachricht enthaltenen Auftrags an den Sender meldet (synchrone Kommunikation).
- Rendezvous: Der Sender schickt dem Empfänger zunächst eine Nachricht, in der er den Empfänger um Kommunikation bittet. Erst wenn der Empfänger dazu bereit ist, beginnt die Übertragung der Daten vom Sender zum Empfänger. Der Sender wartet solange, bis der Empfänger seine Bereitschaft zur Kommunikation meldet (synchrone Kommunikation).
- No-Wait Send: Der Sender schickt seine Nachricht an den Empfänger ab und setzt danach seine eigentliche Arbeit bis zu einer Stelle fort, an der er ohne die Antwort des Empfängers nicht weiterarbeiten kann (asynchrone Kommunikation).

Diese Synchronisations-Modelle werden in konkreten Anwenderprogrammen durch folgende Konstrukte realisiert:

- send: Senden der Nachricht durch den Sender
- reply: Senden der Antwort durch den Empfänger
- receive: Empfangen der Antwort durch den Sender

Dabei muss das Programm dafür sorgen, dass zwei Prozesse nach einer stattgefundenen Kommunikation unabhängig voneinander ihre Arbeit fortsetzen können.

20.3 Leistung von Parallelrechnern

Eine ideale Parallelrechner-Architektur würde ein Programm auf n Prozessoren n-mal schneller ausführen als auf einem einzelnen Prozessor. In der Regel ist die tatsächliche Leistungsverbesserung jedoch kleiner.

Um für ein spezifisches Programm auf einem Parallelrechner mit n Prozessoren einen möglichst hohen Speedup[1] [Mär 94] zu erreichen, sind zusätzliche, der parallelen Rechnerarchitektur angepaßte, parallele Algorithmen eine notwendige Voraussetzung. Letztere sollen die Parallelitäten in den Anwendungen erkennen und auflösen. Die Entwicklung derartiger Algorithmen ist ein aktiver Forschungsbereich.

Es wird prinzipiell zwischen expliziter und impliziter Parallelität unterschieden. Während explizite Parallelität z.B. bei der Verarbeitung von strukturierten Daten (Vektoren, Matrizen) vorliegt, ist implizite Parallelität in Programmen oft nur mit Hilfe einer Datenabhängigkeits-Analyse zu ermitteln.

Die Tatsache, dass der Speedup nicht linear mit der Prozessor-Anzahl zunimmt, ist hauptsächlich auf drei unterschiedliche Ursachen zurückzuführen:

---

[1] Speedup Sn ergibt sich als Quotient aus der Ausführungszeit der seriellen Verarbeitung eines Programms (serieller Algorithmus) auf einem Prozessor T1 und der Ausführungszeit der parallelen Verarbeitung (paralleler Algorithmus) auf n Prozessoren Tn: Sn = T1 / Tn

Die Hardware der Parallelrechner [HoJ 88] zwingt einerseits die Maschinenbefehle dazu, zusätzliche Zyklen in Anspruch zu nehmen, da der Parallelisierbarkeitsgrad der Befehle begrenzt ist. Zudem treten Interferenzen (z.B. Wartezeiten bei gemeinsam genutzten Ressourcen) zwischen den Zentraleinheiten auf. Die sehr komplexe Cache-Kohärenzkontrolle wird gleichfalls mit hohem Hardware-Aufwand implementiert und kostet insgesamt Verarbeitungszeit.

Für die Kommunikation und Synchronisation von parallelen Prozessen werden von einigen Betriebssystemen Software-Werkzeuge bereitgestellt [SpG 93], die zusätzliche Operationen erfordern (Semaphores, Locks, Barriers). Diese verlängern signifikant die Pfadlänge der Überwacherfunktionen des Betriebssystems, sobald mehr als eine CPU bei der Programmverarbeitung verwendet wird[2].

Neben Hard- und Software spielt der sogenannte Großsystem-Effekt eine Rolle bei Leistungsverlusten in Parallelrechnern. Ein solcher Effekt tritt z.B. dann auf, wenn zwei Großrechner in einer Anlage integriert werden. In diesem Fall verfügt die entstandene Architektur normalerweise über einen wesentlich größeren Hauptspeicher. Der Verwaltungsaufwand dafür sowie für die Gesamtzahl der Plattenspeicher und der angeschlossenen Bildschirme usw. nimmt zu. Dieser Großsystem-Effekt ist aber nicht nur charakteristisch für den aus zwei Rechnern entstandenen Parallelrechner, er stellt auch eine Eigenschaft jedes separaten Großrechners dar.

Messungen des Speedups in Abhängigkeit von der Anzahl der verwendeten CPUs haben gezeigt, dass der Speedup für 2 Zentraleinheiten infolge der angeführten Ursachen zwischen 1,6 und 1,9 liegt. Für 4 und 8 CPUs ergeben sich Werte von 2,6 bis 3,6 bzw. 4,1 bis 6,7. Diese Tendenz ist steigend mit zunehmender Prozessorzahl. Somit ist der Einsatz großer CPU-Zahlen in eng gekoppelten MIMD-Parallelrechnern nicht sinnvoll.

Das Amdahl'sche Gesetz, das die Performance von Vektorrechnern beschreibt, kann in analoger Form auch auf Parallelrechner angewendet werden. Als Beispiel soll ein sequentielles Programm dienen, das sich aus den Abschnitten A, B und C zusammensetzt (Abbildung 20.17). Die Abschnitte A und C werden als nicht parallelisierbar vorausgesetzt, während die Teile von B (B1, B2, B3, B4) parallel abgearbeitet werden können. Für eine erfolgreiche Parallelverarbeitung dieses Programms müssen mehrere Voraussetzungen erfüllt sein. Eine davon stellt die Bedingung dar, dass sich die Summe der Programmanteile A und C gegenüber dem Anteil von B klein verhält. Wenn die Teile von B vier verschiedenen Prozessoren zur Verarbeitung zugeordnet werden, so führt diese Maßnahme nur zu einem Leistungsgewinn, wenn alle vier Prozessoren näherungsweise für ihre Arbeit die gleiche Zeit benötigen. Bei der Aufteilung der Arbeit können evtl. Datenabhängigkeiten auftreten, die nach Möglichkeit vorher zu be-

---

[2] In symmetrischen MIMD-Architekturen kann die Anzahl der an der Programmbearbeitung beteiligten CPUs vom Nutzer frei gewählt werden.

seitigen sind. Einen weiteren leistungssenkenden Einfluss können die bereits erwähnten Betriebssystemfunktionen ausüben.

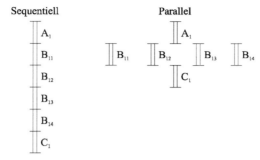

*Abbildung 20.17   Parallelisierung eines sequentiellen Programms
(Vorraussetzungen: $(A+C)<2B_{ij}$, B_{ij} etwa gleich groß)*

Aus diesen Betrachtungen heraus kann das Amdahl'sche Gesetz folgendermaßen auf die Leistung von Parallelrechnern erweitert werden:

$$S = \frac{1}{((1-F)+F/P)}$$

Es beschreibt die Abhängigkeit des Speedup S von der Anzahl der Prozessoren P und von der Größe des parallelisierbaren Programmanteils F = b/N, wobei N die gesamte Pfadlänge des Programms und b die absolute Pfadlänge des parallelisierbaren Teils bedeutet.

Ein weiteres nicht zu unterschätzendes Problem in Parallelrechnern stellt die Zeit dar, die für die Datenübertragung zwischen den kommunizierenden Prozessen benötigt wird (Latenz). Die Latenz setzt sich aus einem konstanten und einem variablen Anteil zusammen. Der konstante Anteil gibt die Zeit wieder, die vom Senden des 1. Bits bis zum Eintreffen des 1. Bits beim Empfänger vergeht. Der variable Anteil ist eine lineare Funktion der zu übertragenden Bit-Anzahl und beschreibt die Zeit, die vom Senden/Empfangen des 1. Bits bis zum Senden/Empfangen des letzten Bits benötigt wird.

20.4 Datenabhängigkeit

Für die Parallelisierung und Vektorisierung eines sequentiellen Programms sind Untersuchungen zur Datenabhängigkeit zwischen den individuellen Befehlsfolgen bzw. Programm-Statements notwendig. Dieser Abschnitt soll einige grundlegende Begriffe und Zusammenhänge zum Thema Datenabhängigkeit erläutern. Die hier aufgeführten Definitionen basieren auf den Arbeiten von [KKL 80], [HdG 89] und [Brä 93].

Definition: Input- und Output-Satz

- Der Input-Satz IN(S) einer Anweisung S:
  IN(S) = ´Menge aller Eingabe-Elemente, deren Wert von S gelesen wird´
- Der Output-Satz OUT(S) einer Anweisung S:
  OUT(S) = ´Menge aller Ausgabe-Elemente, deren Wert durch S verändert (geschrieben) wird´

Als einfaches Beispiel dient das folgende Programm:

```
for i : = 0 to 2 do
    X[i] : = A[i+1] + B
enddo;
```

Daraus ergeben sich: IN(S) = {A[1], A[2], A[3], B}
                       OUT(S) = {X[0], X[1], X[2]}

Definition: Ausführungsreihenfolge

Wenn das Statement S1 in einer Schleife mit dem Index i enthalten ist, so wird mit $S1^{i'}$ die Instanz von S1 während des Schleifendurchlaufs $i = i'$ bezeichnet. Ist Θ die Relation, die die Ausführungsreihenfolge der Statements angibt, so bedeuten:

$S1 \Theta S2$ Eine Instanz von S1 kann vor einer Instanz von S2 in einem Programmablauf ausgeführt werden.

$S1^{i'} \Theta S2^{i''}$ S1 und S2 sind beide in einer Schleife eingeschlossen und $S1^{i'}$ kann vor $S2^{i''}$ im Programmablauf ausgeführt werden.

Definition: Datenabhängigkeits-Relationen

1. $\exists x: x \in OUT(S1) \land x \in IN(S2) \land$ $\Leftrightarrow$ S2 ist ´flow-dependent´
   ´S2 benutzt den Wert x, der in S1 berechnet wurde´   von S1: $S1 \; \delta \; S2$

2. $\exists x: x \in IN(S1) \land x \in OUT(S2) \land$ $\Leftrightarrow$ S2 ist ´anti-dependent´
   ´S1 benutzt den Wert x, bevor er von S2 verändert wird´   von S1: $S1 \; \underline{\delta} \; S2$

3. $\exists x: x \in OUT(S1) \land x \in OUT(S2)$ $\Leftrightarrow$ S2 ist ´output-dependent´ von S1:
   $\land$ ´S2 überschreibt den Wert x, der zuvor von S1 berechnet wurde´ $S1 \; \delta^o \; S2$

Trifft weder 1. noch 2. noch 3. zu, so sind S1 und S2 datenunabhängig.

20.4 Datenabhängigkeit

Während die Datenabhängigkeits-Regeln 1.-3. notwendig und hinreichend sind, werden oft folgende vereinfachte Regeln angewendet, die notwendig aber nicht hinreichend sind:

1'. $\exists x: x \in OUT(S1) \land x \in IN(S2) \land S1 \Theta S2 \Leftarrow S1 \delta S2$

2'. $\exists x: x \in IN(S1) \land x \in OUT(S2) \land S1 \Theta S2 \Leftarrow S1 \underline{\delta} S2$

3'. $\exists x: x \in OUT(S1) \land x \in OUT(S2) \land S1 \Theta S2 \Leftarrow S1 \delta° S2$

Als Beispiel für die Benutzung der Regeln 1'.-3'. zur Bestimmung der Datenabhängigkeiten soll eine Folge von 4 Statements dienen:

S1: A := B + D;
S2: C := A * 3;
S3: A := A + C;
S4: E := A / 2;

Aus dieser Sequenz ergeben sich die Datenabhängigkeiten

bezüglich A: S1 δ S2
S1 δ S3
S3 δ S4
S2 $\underline{\delta}$ S3
S1 δ° S3

und bezüglich C: S2 δ S3

Die nach der vereinfachten Regel 1'. zu ermittelnde Datenabhängigkeit (S1 δ S4) erweist sich nach Anwendung der Regel 1. als falsch. Der Grund dafür liegt im Überschreiben der Variablen A in S3.

Neben der behandelten Datenabhängigkeit existieren noch die indirekte Datenabhängigkeit zwischen zwei Statements S1 und S2 sowie eine gerichtete Datenabhängigkeit bezüglich Variablen in Programm-Schleifen [Brä 93].

21 Multimedia-Rechner

21.1 Einführung

Ein Multimedia-Rechner ist für die simultane Manipulation von Daten diskreter und kontinuierlicher Medien konzipiert [Ste 93].

Unter diskreten Medien versteht man solche wie Text und Graphik. Letztere sind zeitunabhängig, d.h. die Informationen bestehen ausschließlich aus einer Folge einzelner Elemente in einem Kontinuum ohne Zeitkomponente. Werte anderer Medien wie Ton und bewegte Bilder verändern sich in Abhängigkeit von der Zeit. Die Informationen sind nicht nur in den einzelnen Werten sondern auch in den Zeitpunkten ihres Auftretens enthalten. Diese Medien heißen allgemein zeitabhängige Medien. Die Verarbeitung von zeitabhängigen Medien ist zeitkritisch, weil die Gültigkeit der Daten von spezifischen Zeitbedingungen abhängt. Die einzelnen Darstellungswerte treten bei Audio und Video als eine kontinuierliche Sequenz auf. Ein Video bildet eine Menge von bewegten Bildern. Die Kombination von Audio und bewegten Bildern (Film, Fernsehen) ist nicht identisch mit dem Begriff "Video". Zu den sogenannten kontinuierlichen Medien zählen Video (bewegte Bilder) natürlichen oder künstlichen Ursprungs, Audio als Folge digitalisierter Schallwellen-Abtastungen und Signale verschiedener Sensoren wie Luftdruck-, Temperatur-, Feuchtigkeits- oder Radioaktivitätssensoren.

21.2 Multimediale Datenverarbeitung

Die Verarbeitung von Einzelbildern und insbesondere von kontinuierlichen Medien stellt erhöhte Anforderungen bezüglich Speicherplatz und Datendurchsatz an eine Rechnerarchitektur. Für unkomprimierte Daten bedeutet das z.B. für bewegte Bilder einen Bedarf an Speicherplatz im Gigabyte-, für Zwischenablagen im Megabyte-Bereich. Weiterhin bedingt sie Datenübertragungsraten von ca. 140 MBit/s innerhalb des Systems und über die systemverbindenden Rechnernetze. Um diese Größenordnungen mit den momentanen Technologien kostengünstig realisieren zu können, müssen geeignete Daten-Kompressionsverfahren eingesetzt werden. Dazu gehören: **J**oint **P**hotographic **E**xpert **G**roup (**JPEG**) für Einzelbilder, **M**otion **P**icture **E**xpert **G**roup (**MPEG**) für bewegte Bilder und Audio, **D**igital **V**ideo **I**nteractive (**DVI**) für Einzelbilder und kontinuierliche Medien, **H.261**(px64) für Videosequenzen mit geringer Auflösung.

Zu den Komponenten eines Multimedia-Rechners zählen:

- Standard-Prozessor(en) zur Verarbeitung von Daten diskreter Medien,
- Hauptspeicher und Sekundärspeicher mit entsprechenden Steuerrechnern,
- Universal-Prozessoren (DSPs) zur Verarbeitung von Daten in Echtzeit,

- Spezial-Prozessoren für die Bearbeitung von Graphik-, Audio- und Videodaten
- Graphik- bzw. Videoadapter,
- Kommunikationsadapter.

Wichtige Peripherie-Komponenten bilden die Geräte zur Ein-/Ausgabe multimedialer Daten. Dazu gehören Mikrofone, Kopfhörer, passive und aktive Lautsprecher sowie die Kamera als Video-Ein- und Monitor als Video-Ausgabe.. Die physikalischen Schnittstellen der Video-Komponente müssen sich nach den üblichen Normen der Video-Technik richten (Fernsehstandards NTSC, PAL und SECAM mit FBAS, RGB, YUV, YIG).

Audio- und Videodaten werden zwischen verschiedenen Komponenten übertragen und dabei beeinflusst.

Neben einer ausreichenden Hauptspeicher-Größe sind für einen Multimedia-Rechner besondere Anforderungen an die Sekundärspeicher erforderlich. Für eine hohe Datendichte ist für die CD-DA (Compact Disc Digital Audio) eine gleichmäßige Bahngeschwindigkeit (CLV) festgelegt worden. Damit ist die Datendichte für die gesamte CD konstant. Die Zugriffszeit auf die Daten wird aber wegen der Anpassung der Umdrehungsgeschwindigkeit erhöht. Aus diesem Grund sind Systeme mit konstanter Winkelgeschwindigkeit (CAV) besser geeignet (Bahngeschwindigkeit = Winkelgeschwindigkeit * Bahnradius).

In einem Multimedia-Rechner wird die zu leistende Arbeit auf mehrere Prozessoren verteilt. Im Unterschied zu einem Multiprozessor-System (s. Kapitel 20) sind die Prozessoren in Form der CPU und mehreren Signalprozessoren (DSPs) für verschiedene Aufgaben vorgesehen. Die DSPs übernehmen die Kompression/Dekompression der Sprache in Echtzeit sowie die Video-Datenverarbeitung.

21.3 Multimedia-Erweiterungen

Momentan existieren in Universal-Prozessoren spezielle Multimedia-Erweiterungen mit entsprechenden Befehlen. Der Pentium 4-M ist z.B. besonders für graphikintensive Multimedia-Anwendungen ausgelegt. Er ist in 0,13 µm-Technologie gefertigt und lässt Takt-Frequezen bis zu 2 GHz zu (s. Kapitel 15.4). Zukünftige Entwicklungen von Multimedia-Systemen werden mehrere Universal-Prozessoren integrieren, die alle Eigenschaften von DSPs und CPUs miteinander vereinen. Die einzelnen Bausteine eines multimedialen Multiprozessors (Abbildung 21.1) müssten in Abhängigkeit von der Anwendung zur exklusiven Verarbeitung sowohl diskreter als auch kontinuierlicher Medien konfiguriert werden. Für die parallele Verarbeitung beider Medien sind geeignete Betriebssysteme erforderlich.

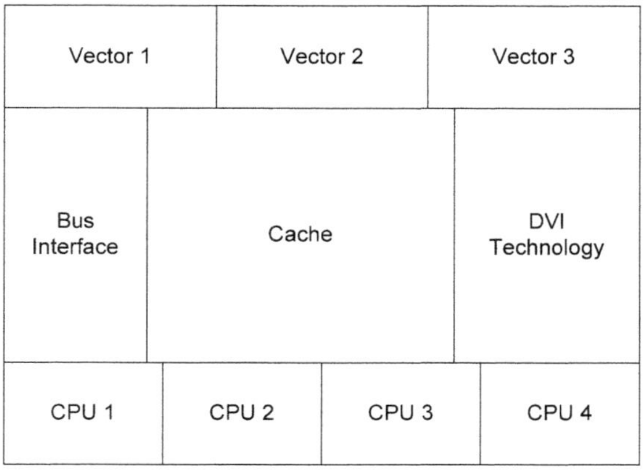

21.3 Multimedia-Erweiterungen

```
┌─────────────┬──────────────┬──────────────┐
│  Vector 1   │   Vector 2   │   Vector 3   │
├─────────────┼──────────────┼──────────────┤
│    Bus      │              │     DVI      │
│  Interface  │    Cache     │  Technology  │
├──────┬──────┴──────┬───────┼──────────────┤
│ CPU 1│   CPU 2     │ CPU 3 │    CPU 4     │
└──────┴─────────────┴───────┴──────────────┘
```

Abbildung 21.1   Struktur eines multimedialen Multiprozessors

Eine zukünftige potentielle Methode unterscheidet zwischen Prozessen zur Verarbeitung diskreter und kontinuierlicher Daten. Diese können auf jedem Prozessor laufen. Mit Hilfe geeigneter Betriebssysteme wäre es möglich, die unterschiedlichen Prozess-Klassen auf einen Prozessor aufzuteilen. Ansätze in dieser Richtung bestanden z.B. in der Integration kontinuierlicher Medien durch sogenannte Connectors und Active Devices im Unix-Betriebssystem. Mit diesem Verfahren ist es möglich, Quellen und Senken kontinuierlicher Medien an den Systembus eines Prozessors anzuschließen.

Ein Audio- oder Video-Datenstrom setzt sich aus einzelnen, periodisch auftretenden Daten (Abtastwerte, Einzelbilder) zusammen. Die Präsentation dieser logischen Dateneinheiten muss innerhalb bestimmter Fristen erfolgen. Weiterhin müssen Schwankungen im Präsentations-Gleichlauf verhindert werden. Um diese Anforderungen zu erfüllen, kann man Algorithmen für die Echtzeit-Verarbeitung einsetzen. In herkömmlichen Echtzeitsytemen (Prozessautomation) haben Sicherheit und Zuverlässigkeit Priorität. Für Multimedia-Systeme gelten weniger strenge Anforderungen. Fehler bei Audio- und Video-Daten sind unterschiedlich tolerierbar. Der Grund dafür liegt darin, dass das Auflösungsvermögen von Auge und Ohr verschieden ist. Aus der Verarbeitung kontinuierlicher Medien ergibt sich eine periodisch auftretende Arbeitslast, die einfacher zu bewältigen ist als eine sporadisch anfallende. Zusätzlich kann in Multimedia-Systemen die Arbeitslast der verfügbaren Verarbeitungskapazität angepasst werden.

Ein Multimedia-Betriebssystem setzt sich momentan noch aus einem Bereich für die klassische Datenverarbeitung und einem für die Verarbeitung kontinuierlicher Daten zusammen. Die spezifische Anwendung kontrolliert mittels einer Schnittstelle zwischen diesen beiden Bereichen die Datenströme und Geräte kontinuierlicher Medien.

Der Pentium MMX war der erste Intel-Prozessor mit speziellen Multimedia-Erweiterungen. Letztere Befehle dienten der Beschleunigung der Verarbeitung von Audio- und Video-Daten. Dadurch konnte auf die Implementierung spezieller Multimedia-Coprozessoren verzichtet werden. Die Firma Sun entwickelte schon 1995 mit der UltraSparc I eine volle 64 Bit-Architektur. Während die bisherige Prozessoren von Sun (Sparc) nur für die Ausführung von Textverarbeitungs- und Tabellenkalkulations-Programmen ausgelegt waren, wurde die UltraSparc-Architektur gezielt für Graphik, Audio und Video, d.h. für Multimedia, entwickelt. Die UltraSparc II implementiert 23 neue Befehle für multimediale Anwendungen (z.B. Kompression von Echtzeitvideo). Diese Befehle heißen **VIS** (**V**isual **I**nstruction **S**et) und dienen der Bereitstellung allgemeiner Multimedia-Fähigkeiten anlog zu den MMX-Befehlen von Intel. Inzwischen existieren eine Reihe von unterschiedlichen Multimedia-Erweiterungen.

Im Laufe der Zeit sind in CPUs mehr und mehr Features eingeflossen, um mehr Performance im Bereich Multimedia zu erreichen. Durch diese Erweiterungen werden bestimmte Operationen, die im Multimedia-Bereich oft vorkommen, beschleunigt und erhöhen damit die Performance der CPU. Gerade in der heutigen Zeit spielt dieser Bereich eine große Rolle.

21.3.1 SIMD

Die Beschleunigung im Multimedia-Bereich werden unter anderem über das SIMD-Konzept erreicht. SIMD steht für Singe Instruction Stream - Multiple Data Stream (s. Kapitel 20). Es wird also auf mehreren Daten eine bestimmte Operation ausgeführt. Diese Parallelverarbeitung kann speziell zur Berechnung von RGB-Werten (Pixel) verwendet werden.

21.3.2 MMX

MMX steht für MultiMedia Extensions und wurde bei den späteren Pentium-Architekturen von Intel eingeführt. Die Implementierung von MMX erfolgte auch auf Prozessoren von AMD und Cyrix. MMX integriert die SIMD-Verarbeitung von Integer-Werten für Multimedia-Anwendungen wie z.B. Audio-, Video- oder Bild-Daten. MMX benutzt 8 Register(mmx0, mmx1, ..., mmx7) mit je 64 Bit Breite, in denen entweder 8 Bytes (8 Bit), 4 Words (16 Bit), 2 DWords (32 Bit) oder ein QWord (64 Bit) gespeichert werden können.

Um kompatibel zur x86-Architektur zu bleiben, werden diese Register auf die FPU-Register abgebildet. Damit können entweder FPU- oder MMX-Operationen ausgeführt werden, aber nicht beide gleichzeitig.

Der MMX-Befehlssatz umfasst arithmetische Operationen, z.B. Addition: paddb addiert parallel 8 Bytes eines Registers, logische Operationen (pand, por), Schiebeoperationen sowie Befehle zum Holen. Mittels MMX ist es möglich, eine sogenannte "saturierte" Arithmetik zu nutzen. Wenn diese aktiviert ist, kann es nicht zu einem Zahlenbereichsüberlauf oder −unterlauf kommen, d.h. die Zahl nimmt dann den maximal bzw. minimal zulässigen Wert an.

21.3.3 SSE

Mit dem Pentium III führte die Firma Intel SSE-Erweiterungen (Streaming SIMD Extensions) ein, die auch SIMD-Erweiterungen für Gleitkommabefehle ermöglicht. Dazu wurden 8 neue, 128 Bit breite Register (xmm0, xmm1, ..., xmm7) eingeführt, die unabhängig von den bisherigen Registern benutzt werden können. Diese Modifikation macht jedoch eine Anpassung des Betriebssystems an SSE erforderlich, ermöglicht dann jedoch die parallele Nutzung zusammen mit der FPU bzw. mit MMX.

SSE erlaubt das Rechnen mit 32 Bit-Gleitkommazahlen (SP, Single Precision) und erweitert damit den Einsatzbereich der SIMD-Befehle auf Bereiche, in denen Integer-Zahlen nicht mehr ausreichen, so z.B. im Grafik- oder auch bei Audio-Bereich.

Neben den Erweiterungen der arithmetischen Operationen auf Gleitkommazahlen sind weitere Befehle eingeführt worden, so z.B. sqrtps zur parallelen Berechnung der Quadratwurzel von SP-Zahlen.

21.3.4 SSE2

Mit SSE2 wurde der SSE-Befehlssatz noch einmal erweitert. Mit diesem ist es nun auch möglich, 64 Bit-Gleitkommazahlen (Double Precision) zu verarbeiten. Dadurch ist SSE2 auch für den wissenschaftlich-technischen Bereich interessant, in dem auf hohe Genauigkeiten von Gleitkomma-Berechnungen besonderer Wert gelegt wird.

Im 3D-Grafik-Bereich verliert SSE2 jedoch zunehmend an Bedeutung, da heutige Grafikkarten viel schnellere und leistungsfähigere Berechnungseinheiten für 3D-Operationen besitzen.

Videokodierung (z.B. MPEG-4) wird durch SSE2 deutlich beschleunigt, vorausgesetzt eine angepasste Kompressions-Software ist implementiert.

Literaturverzeichnis

[ABB 64]   Amdahl G., G.Blaauw and F.Brooks, Architecture of the IBM System/360, IBM J. of Research and Development, April 1964

[Ant 97]   Antonakos, J. L., The Pentium Microprocessor, Upper Saddle River, NJ, Prentice Hall, 1997

[Bae 84]   Baer, J.-L., Computer Architecture, IEEE Computer, October 1984

[Bel 92]   Bell, G., Ultracomputers: A Teraflop Before Its Time, Comm., ACM, August 1992

[Bod 90]   Bode, A. (Ed.), RISC-Architekturen, 2. Auflage, BI Wissenschaftsverlag, 1990

[BoH 80]   Bode, A., Händler, W., Rechnerarchitektur, Grundlagen und Verfahren, Springer Verlag, 1980

[Brä 91]   Bräunl, T., Designing massively parallel algorithms with parallaxis, Proceedings of the 15th Annual International Computer Software & Applications COMPSAC, September 1991

[Brä 93]   Bräunl, T., Parallel Programming An Introduction, Prentice Hall International, 1993

[CaP 78]   Case, R., A. Padges, Architecture of the IBM System/370, Comm.ACM, Januar 1978

[Cha 00]   Chasin, A., Predication, Speculation and Modern CPUs, Dr.Dobb's Journal, May 2000

[Coh 81]   Cohen, D., On holy wars and a plea for peace, Computer, October 1981

[CuW 76]   Curnow, H.J., Wichmann, B.A., A Synthetic Benchmark, The Computer Journal 19, 1, 1976

[DeB 90]   De Blasi, Mario, Computer Architecture, Addison-Wessley, 1990

[DEC 92]   Alpha Architecture Handbook, Digital Equipment Corporation, 1992

[Den 74]   Dennis, J.B., First Version of a Data Flow Procedure Language. Lecture Notes in Computer Science, No.19, Springer-Verlag, 1974

[Don 79]   Dongarra, J., Brunch et al., Linpack Users Guide. SIAM Philadelphia, PA., 1979

[Don 92]   Dongarra, J., Performance of of Various Computer Using Standard linear Equations Software, Computer Architecture News, Vol.20, No. 3, June 1992

[Dör 92]	Döring, A., RISC-Prozessoren: Architektur, Leistungsfähigkeit, Schwachstellen, Diplomarbeit, Fachhochschule Augsburg, 1992
[Dul 98]	Dulong, C., The IA-64 Architecture at Work, IEEE Computer, Juli 1998
[DXC 10]	TrendForce Corp. DRAMeXchange, DRAM Spot Price List, http://www.dramexchange.com/#dram, September 2010
[Erm 85]	Ermel, W., Untersuchung zur technischen Realisierbarkeit von Verbindungsnetzwerken für Multicomputer-Architekturen, Dissertation, Technische Universität Berlin, FB Informatik, 1985
[Eve 98]	Evers, M., et al. „An Analysis of Correlation and Predictability: What Makes Two-Level Branch Predictors Work", Proceedings, 25th Annual International Symposium on Microarchitecture, July 1998
[Fis 84]	Fisher, J.A., The VLIW Machine, A Multiprocessor for Compiling Scientific Code, COMPUTER 17,7, July 1984
[Fly 66]	Flynn, M., Very High Speed Computing Systems, Proceedings of the IEEE, vol.54, 1966
[FMM 87]	Flynn, Mitchell, Molder, IEEE Computer, 9, 1987
[GAB 88]	Garner, R., A. Agarwal, F. Briggs, E. Brown, D. Hough, B. Joy, S. Kleimann, S. Munchnik, M. Namjoo, D. Patterson, J. Pendleton and R. Tuck, Scalable processor architecture (SPARC), COMPCON, IEEE (March), San Francisco, 1988
[Gei 90]	Geiger, R.L. et al., VLSI Design Techniques for Analog and Digital Circuits, McGraw-Hill, 1990
[Gen 92]	Gentzsch, W., Methoden zur Leistungsmessung von Supercomputern, Informationstechnik it., 1/92
[Gil 93]	Giloi, W.K., Rechnerarchitektur, Springer Verlag, 1993
[Han 98]	Handy, J., The Cache Memory Book, Orlando, FL, Academic Press, 1998
[HäR 99]	Härder, T., Rahm, E., Datenbanksysteme-Konzepte und Techniken der Implementierung, Springer-Verlag, 1999
[HdG 89]	Hwang, K., DeGroot, D., Parallel Processing for Supercomputers & Artifical Intelligence, McGraw-Hill, New York, 1989
[HeP 96]	Hennessy, John L., Patterson David A., Computer Architecture, Morgan Kaufmann Publishers, 1996
[Hil 85]	Hillis, W.D., The Connection Machine, MIT Press, 1985

[Hin 01]	Hinton, G., et al., The Microarchitecture of the Pentium 4 Processor, Intel Technology Journal, Q1 2001
[HKS 02]	Herrmann, P., Kebschull, U., Spruth, W.G., z/OS und OS/390, Oldenbourg-Verlag, 2002
[HMK 99]	Herrmann, P., Michaelsen, N., Kühnert, A.: Anleitung für das Praktikum Logic Design Automation, Universität Leipzig, Institut für Informatik, Abteilung Technische Informatik, 1999
[HoJ 88]	Hockney, R.W., Jesshope, C.R., Parallel Computers (1st edition 1981, 2nd edition 1988), Adam Hilger, Bristol and Philadelphia, 1988
[Huc 00]	Huck, J., et al., Introducing the IA-64 Architecture, IEEE Micro, Sept./Okt. 2000
[IBM 90]	IBM RISC System/6000 Technology, 1st edition, IBM, 1990
[IBM 97]	IBM Systems Journal, Vol. 36, No. 2, 1997
[Int 90]	i486 Microprocessor Hardware Reference Manual, Intel Corp., 1990
[Int 00]	Intel Corp. Intel IA-64 Architecture Software Developer's Manual, Vol. 1, Document 245317-245320, Aurora, CO, 2000
[Kat 97]	Katayama, Y., Trends in Semiconductor Memories, IEEE Micro, Nov./Dez. 1997
[KKL 80]	Kuck, D., Kuhn, R., Leasure, B., Wolfe, K., The structure of an advanced vektorizer for pipelined processors, Proceedings of the 4th International Computer Software and Applications Conference, COMPSAC 80, Chicago IL, October 1980
[Kog 81]	Kogge, P.M., The Architecture of Pipelined Computers, McGraw-Hill, New York, 1981
[Kop 87]	Koopman, P., Microcoded Versus Hard-wired Control, BYTE, 1987
[Koh 89]	Kohn, L., Architecture of the Intel i860TM 64-bit Microprocessor, Proc. Spring Compcon, March 1989
[KSR 01]	Kathail, B., Schlansker, M., Rau, B., Compiling for EPIC Architectures, Proceedings of the IEEE, Nov. 2001
[KuL 78]	Kung, H.T., Leiserson, C.E., Systolic Arrays (for VLSI). Spare Matrix. Proc., Duff et al. (Eds.) Society of Indust. and Appl. Math., Philadelphia, PA., 1978
[KuR 02]	Kurose, J.F., Ross, K.W., Computernetze, Pearson Studium, 2002
[Lai 92]	Laird, M., A Comparison of Three Current Superscalar Designs, Computer Architecture News, vol.20, No.3, June 1992

[Lee 89]   Lee, R., PRECISION architecture, Computer, Januar 1989

[LeS 84]   Lee, J.K., Smith, A., Branch Prediction Strategies, IEEE Computer 17(1), 1984

[Lew 99]   Lewis, T., Mainframes Are Dead, Long Live Mainframes, IEEE Computer, August 1999

[Lil 88]   Lilja, D.J., Reducing the Branch Penalty in Piplined Processors. IEEE Computer, July 1988

[Lin 82]   Lincoln, N.R., Technology and design trade offs in the creation of a modern supercomputer, IEEE Trans. On Computers, May 1982

[Lip 68]   Liptay, J.S., Structural aspects of the System/360 Modell 85, part II: The Cache, IBM Systems J., 1968

[Mär 01]   Märtin, C., Rechnerarchitekturen, Fachbuchverlag Leipzig, 2001

[Mit 97]   Mitchell, J. L., MPEG video compression standard, Chapman & Hall, 1997

[Müs 94]   Müschenborn, H.-J., OS/2 System und Netzwerkprogrammierung, tewi-Verlag, München, 1994

[Mot 90]   Anonymous, MC88110 32-Bit Microprocessor, Preliminary Functional Specification, Motorola Inc., 1990

[NCS 10]   National Center for Computer Sciences Oak Ridge / USA, http://www.nccs.gov/computing-resources/jaguar/

[OHE 98]   Orfali, R., Harkey, D., Edwards, J., Instant CORBA, Addison Wesley Longman, 1998

[OrS 98]   Orzessek, M., Sommer, P., Integrating Digital Video into Broadband Networks, Prentice Hall, 1998

[PeS 85]   Peterson, J., Silberschatz, A., Operating System Concepts, Second Edition, Addison-Wesley, Reading MA, 1985

[Ram 92]   Ramacher, U., SYNAPSE - A Neurocomputer That Synthesizes Neural Algorithms on a Parallel Systolic Engine. Journ. Of Parallel and Distributed Computing, 1992

[Rus 78]   Russell, R.M., The Cray-1 computer system, Comm. of the ACM, January 1978

[SBN 84]   Siewiorek, D.P., Bell, C.G., Newell, A., Computer Structures: Principles and Examples, International Student Edition 2nd Printing, McGraw-Hill, 1984

[SCA 97]	Sprangle, E., Chappell, R. S., Alsup, M., Patt, Y. N., The Agree Predictor: A Mechanism for Reducing Negative Branch History Interference, Proc. 24th Ann. Int'l. Symp. on Computer Arch., ACM, 1997
[Sch 93]	Schnurer, G., Die fünfte Generation: Pentium-Technik im Detail, c't, Heft 4, 1993
[Ser 86]	Serlin, O., MIPS, Dhrystones and Other Tales, Datamation, Juni 1986
[ShA 00]	Sharangpani, H., and Arona, K., Itanium Processor Microarchitecture, IEEE Micro, September/October 2000
[SHL 97]	Stentstrom P., Hagersten, E., Lilja, D. J., Martonosi, M., Venugopal, M., Trends in Shared Memory Multiprocessing, IEEE Computer, Dez. 1997
[Sit 93]	Sites, R.L., Alpha AXP Architecture. Comm. ACM, Februar, 1993
[SiW 92]	Simmons, M.L., Wasserman, H.J. et al., A Performance Comparison of Four Supercomputers, Comm. ACM, August 1992
[SPE 92]	SPEC Newsletter, Issue 2. Standart Performance Evaluation Corporation, 1992
[SpG 93]	Spertus, E., Goldstein, S.C. et al., Evalution of Mechanisms for Fine-Grained Parallel Programs in the J-Machine and the CM-5, Proc. of 20th Annual Int. Symp. on Comp. Architecture, Comp. Arch. News, vol.21, no.2, May 1993
[SS 92]	Schiffmann, W., Schmitz, R.: Technische Informatik, Band 1, Grundlagen der digitalen Elektronik, Springer 1992
[Sta 02]	Stallings, W., Computer Organization & Architecture, Prentice Hall, 2002
[Ste 93]	Steinmetz, R., Multimedia-Technologie, Springer-Verlag, 1993
[Str 78]	Strecker, W.D., VAX-11/780: A virtual adress extension to the DEC PDP-11 family, AFIPS NCC47, 1978
[TaG 01]	Tanenbaum, A. S., Goodman, J., Computerarchitektur, Pearson Studium, 2001
[Tan 92]	Tanenbaum, Andrew S., Computer Netzwerke, Wolfram's Fachverlag, 1992
[TeI 99]	Technical Brief: TMS320C6000, Texas Instruments, SPRU197D, February 1999
[Tho 64]	Thornton, J.E., Parallel operation in Control Data 6600, proc. AFIPS Fall Joint Computer Conf. 26, 1964

[Toc 95]	Tocci, Ronald J., Digital Systems Principles and Applications, 6th ed., Prentice Hall, 1995
[TOP 10]	TOP500 Supercomputer Sites, TOP500 List, http://www.top500.org, June 2010
[Tri 98]	Triebel, W. A., The 80386, 80486, and Pentium Processor, Upper Saddle River, NJ, Prentice Hall, 1998
[Tri 01]	Triebel, W., Itanium Architecture for Software Developers, Intel Press, 2001
[Wak 94]	Wakerly, John F., Digital Design Principles and Practices, 2ed ed., Prentice Hall, 1994
[Wei 84]	Weicker R.P., Dhryston: A Synthetic Systems Programming Benchmark, Comm. ACM., Oktober 1984
[Wie 92]	Wieder A. W., Systems on Chip: Die Herausforderung der nächsten 20 Jahre, Informationstechnik it, 4/92
[Wop 93]	Wopperer, B., Der Pentium-Prozessor. Sonderdruck, Design und Elektronik, 1993
[WWW 93]	Wiesböck, J., Wopperer, B., Wurthmann, G., Pentium Prozessor, Markt und Technik, 1993
[Yeh 91]	Yeh, T., Patt, Y., Two-Level Adaptive Training Branch Prediction, Proceedings, 24th Annual International Symposium on Microarchitecture, 1991
[Zac 99]	Zack, W. H., Windows 2000 and Mainframe Integration, Mac Millan Technical Publishing, 1999

Stichwortverzeichnis

/
/360, /370, /390 · 9

6
6502 · 8
650-Trommelrechner · 83
6800 · 8

8
801-Mikroprozessor · 250
80286 · 8
8080 · 8

9
90/10-Faustregel · 138

A
Abakus · 1
Abstrakte Syntax-Notation (ASN.1) · 92
Adreßrechnung · 96, 117
Adreßumsetzpuffer · 141
Adreßumsetzung · 85
Akkumulator (Akku) · 38
Allokierung, dynamische · 102
Allokierung, statische · 101
Alpha-Architektur · 8
Alpha-Partikel · 178
AltiVec · 324, 375
ALU · 38
Amdahl · 4, 138
Änderungs-Bit · 109
Architektur der Uhr · 5
Auftrag (Job) · 103

B
Babbage · 3
BASIC · 7
Befehlssatz-Architekturen · 87
Benchmark · 269
Betriebslast · 268
Big Endian · 90
Bipolar-Technologie · 33
Blaauw · 4
BLAS - Basic Linear Algebra Subprograms · 271
Blasenspeicher · 192
BRANCH-Befehl · 94
Brooks · 4
Burroughs · 8
Burroughs-Architektur · 266
Burst Modus · 404
Byte Ordering · 90

C
Cache flush · 223
Cache Kohärenz · 216
Cache Miss · 204
Cache, direct mapped · 206
Cache, L1 & L2 · 195
Cache, L3 · 220
Cache, look aside cache · 218
Cache, look through cache · 218
Cache, set-assoziativ · 206
Cache, vollassoziativ · 206
Cache-Directory · 206
Cache-Line · 206
CAS - Column Adress Strobe · 187
CD-ROM · 396
Check-Bit · 178
CISC · 249
CMOS · 32
Code Segment Selektor · 380
Code-Segmente · 98

Context Switch · 94
CORBA · 416
core image Format · 101
CPI · 17, 263
CPU-Bus · 10
Cray · 8
Cycle Steeling · 404

D

data-output buffer · 187
D-FlipFlop · 41
Dhrystone-Benchmark · 270
Direct Memory Access · 393
DMA · 162
Doppelwort · 86
Drei-Adreß-Maschine · 95
Dual-in-line · 25
Dual-Precision-Linpack · 271

E

E/A-Leistung · 267
ECL - Emitter Coupled Logic · 200
ECL-Schaltkreis · 32
Ein-/Ausgabe-Leistung · 12, 267
Ein-/Ausgabe-Prozessor · 393
Ein-Adreß-Maschine · 94
Einer-Komplement · 89
EPROM · 10
ESCON · 416

F

Fast Page Mode · 189
Festkopfspeicher · 192
FIFO-Prinzip · 268
Flip-Chip · 25
Flynn · 265

G

Gallium-Arsenid-Technologie · 33

H

Halbwort · 86
Hammer · 351
Hamming-Abstand · 180
Hamming-Code · 181
Hash Anchor Index · 133
Hauptspeicher-Effizienz · 264
holographischer Speicher · 398
HyperTransport · 352

IJ

IA-64 · 8, 98, 323, 325
I-Bandbreite · 266
IBM · 3
Itanium · 8, 98, 323, 348
Java Enterprise Beans · 416

K

Kanäle · 261

L

least significant bit · 88
Leitwerk · 48
Linpack-Benchmark · 271
Little Endian · 90
Lochkarte · 3
Lokalität, räumliche · 139
Lokalität, zeitliche · 139

M

Magneto-Optic-Technology · 397
Maskieren · 391
Mehrzweckregister · 24
memory compaction · 110
Memory Interleave · 249
Metal-Gate-Transistor · 193
MFLOPS - Million FLOating point operations Per Second · 271
Mikroarchitektur · 8

Mikrocode · 54
Mikroprogramm · 55, 228, 386
Mikroprogrammierung · 225
MIMD-Parallelrechner · 405
Miniarchitekturen · 8
MIPS · 86, 126, 147, 266, 282, 301, 353
MIPS64 · 353
Mitchel · 265
Molder · 265
MOS-FET · 19
most significant bit · 88
MPC 7400/7500 · 34, 324
Multiplexer · 44
MWIPS - Mega Whetstone Instructions Per Second · 269

N

Nepperche'schen Stäbe · 2
Nibble Mode · 190

O

ODER-Schalter · 20

P

Packaging · 25
PAL-Code · 235
Parallel Sysplex · 416
Parallelrechner · 18
Parallelrechner, enggekoppelte · 216
Paritätscheck · 178
partially good chips · 191
PDP/11 · 8
Pentium 4 · 316
Pentium II/III · 301
Phase-Change-Technology · 397
pin-through-hole · 26
Plattenspeicher · 393
Power 4 · 356
Präsenz-Bit · 148

Process · 103
Programm Status Wort · 379
Programmable Interrupt Controller · 388
Programmausführungszeit · 261
programmierten Ein-/Ausgabe · 402
Prozeß · 103
Push, Pop · *Siehe* Stapel

Q

Quadwort · 86

R

Rahmen · 86
RAM · 10
RAMP-C-Benchmark · 271
RAS - Row Adress Strobe · 187
Rechenanlagen, (a)synchrone · 249
Rechenbrett · 1
Rechnerarchitektur · 4
Redundanz-Bit · 180
reentrant (pure) · 162
Registerarchitektur · 84
Register-Windows · 252, 255, 256, 258
RESET · 81
RICC · 250
Riese, Adam · 1
RISC · 94
RISC 1-Mikroprozessor · 253
ROM · 10
Round-Robin-Algorithmus · 105
RS/6000 · 133, 167, 171, 219, 224, 291

S

S/1 Mikroprozessor · 8
S/370-Architektur · 55
SBus · 11
Schickard, Wilhelm · 2
Scrubbing · 186
Segmentierungs-Register · 97

Seiten · 114
Seitentafel · 115
Seitentafelregister · 125
sense amplifier I/O gate · 187
Sequenz-Controller · 199
Sign Extension · 89
Silicon-Gate-Transistor · 193
SIMD - Single Instruction Multiple Data · 271
SIMD-Parallelrechner · 405
SMP · *Siehe* Symmetric Multi Processor
snooping · 216
SOI-Technologie · 33, 324
Solder Ball Connect · 27
Spaltenadresse · 187
SPARC · 355
Sparcstation · 11
SPEC - System Performance Evaluation Cooperative · 271
SPEC89 · 272
SPEC92 · 272
SPEC96 · 272
SPECfp89 · 272
SPECint89 · 272
Speicherdichte · 173
Speicherhierarchie · 195
Speicherzelle · 46
Speicherzelle, dynamische · 176
Speicherzelle, statische · 175
SSE · 431
SSE2 · 431
Stack · 85, *Siehe* Stapel
Staging-Hardware · 418
Stapel · 380
Static-Column Mode · 190
storage gap · 192
Supraleitung · 30
Swing-Architekturen · 259
Symmetric Multi Processor · 407

System-Bus · 10
System-Clock-Signal · 49
Systemleistung · 261

T

Tag RAM · 205
Taktzykluszeit · 17
Task · 103
TCM · 30
Thread · 258
Time Sharing · 104
TLB - Translation Lookaside Buffer · 141
TMS320C62x/C67x · 296
Trace Cache · 318
Transparentes DMA · 403

U

Unterbrechung · 385
unterbrechungsgesteuerte Ein-/Ausgabe · 403
Unterbrechungsklassen · 388
Unterbrechungs-Routinen · 385

V

Vax 11/780 · 272

W

Whetstone-Befehl · 269
Whetstone-Benchmark · 269

X

x86-64 · 350
Xeon · 301

Printed by Books on Demand, Germany